한권으로 흐르는

중국문학 수천년

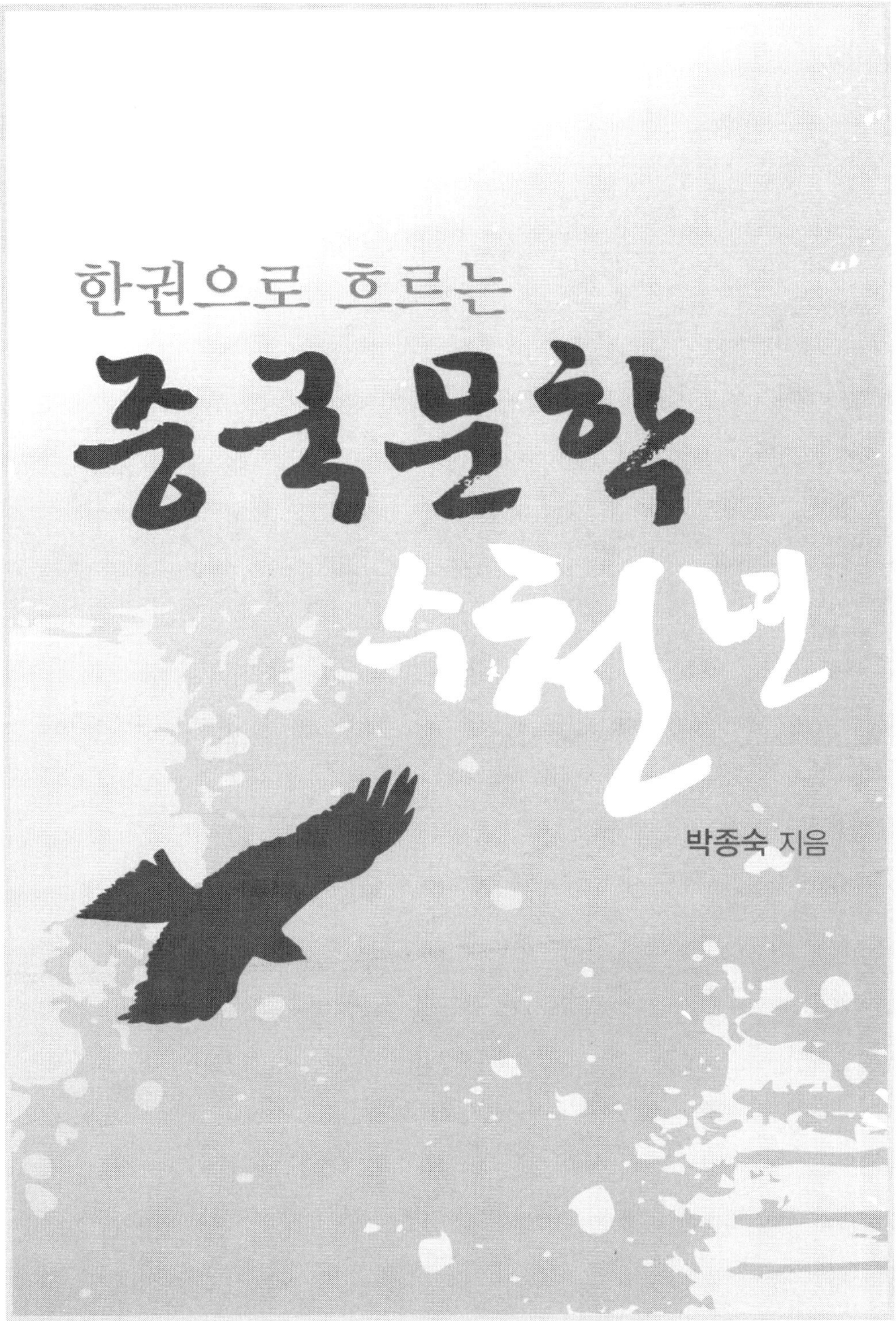

박종숙 지음

신아사

들어가는 글

중국문학은 수 천 년을 흘러온 거대한 물줄기다. 상류에서 발원하여 중류를 거쳐 하류에 이르는 강물처럼 중국문학은 고대서부터 중·근대 및 현대까지 도도히 흘러왔고 지금도 끊임없이 흐르고 있기 때문이다. 그런 의미에서 볼 때 중국문학을 기술하는 것은 원래 흐르는 물을 손으로 움켜잡는 것처럼 무리한 일이다. 그럼에도 불구하고 중국문학을 기술할 수밖에 없는 것은 중국문학을 알고 싶고 가르치고 싶고 또 배우고 싶은 사람들이 많이 있기 때문이다. 이 같은 현실적 필요에 의해서 쓰게 된 중국문학을 본서는 크게 2부로 분류했다. 첫 번째는 중국문학의 상류와 중류이고 두 번째가 중국문학의 하류이다. 그래서 제1부 중국문학의 상류와 중류에서는 중국의 고대와 중세 및 근대문학을 다루고, 제2부 중국문학의 하류에서는 중국의 현대문학을 다룬다.

먼저 중국문학의 상류와 중류에서 다루는 중국의 고대와 중세 및 근대 문학에서는 두어 가지 꼭 유의해야 할 점이 있다. 첫째는 고대 중국문학에 있어서 문학과 학문의 구분이 애매하다는 점이다. 한마디로 문학은 학문이었다. 글로 된 것은 다 문학이니 그럴 수밖에 없었을 것이다. 고대 그리스에서 철학자는 과학자이기도 하고 또 문학가이기도 했듯이 말이다. 중국에서는 특히 문文·사史·철哲, 즉 문학과 역사와 철학은 고대문학에서는 떼려야 뗄 수 없는 관계였다. 예를 들어 경전이나 신화 전설 등은 문학이면서 동시에 역사이고 철학인 것이다. 그 때문에 본서를 펼쳐서 사서삼경 등 경전과 『노자』 『장자』 등 고전을 보게 되면 "이건 문학서가 아니라 정치서·역사서·철학서 아니야?"라고 의문을 가질 독자도 있을 것이다.

하지만 옛날에는 지금처럼 필기도구가 많지 않고 교육의 기회도 많지 않았기 때문에 문학과 학문의 구분이 없었고, 글을 읽고 쓰는 사람도 그리 많지 않았다.

그래서 고대의 문학은 비유 · 상징 · 수사를 일삼는 소설 · 시 · 산문 · 희곡 · 평론 따위의 장르에 국한된 문예로 이해되는 오늘날의 문학이 아니었다. 물론 『뇌』 · 『야간비행』 · 『허준』 · 『대장금』 같은 현대소설이나 드라마를 이해하려면 의학 · 천문학 · 식품영양학 등 과학적 지식이 요구된다는 점에서 현대의 문학도 문학만은 아니다. 그러나 고대의 문학은 내용은 물론 형식과 문체까지도 오늘날의 문학을 뛰어 넘어 정치 · 사회 · 역사 · 철학 등이 총망라된 인문사회과학이었다. 문학이 정치 · 역사 · 철학 등으로부터 분화된 것은 대략 위진남북조시대라고 하니 그전까지의 문학은 학문이라고 봐야 한다.

둘째는 중국 고대 및 중 · 근대 문학의 주체인 민족의 문제이다. 현대 중국문학의 주체는 중국인, 즉 한족이라는 데 이견이 있을 수 없다. 하지만 고대 및 중 · 근대 중국문학의 주체는 한족만이 아니라 동이족 · 호족 · 몽고족 · 만주족이기도 했다. 이는 은나라의 동이족과 남북조시대의 호족과 원나라의 몽고족 및 청나라의 만주족 등이 주나라의 화하족, 한나라의 한족, 당나라의 당족 및 명나라의 명족 등과 우열을 다퉜다는 뜻이다. 물론 현대 중국의 한족은 조선족, 몽고족, 만주족 등 50여 개 소수민족을 아우르고 있는 중심 민족이다. 그래서 오늘날의 한족 역사가들은 고대서부터 줄곧 언제나 한족이 중심이 되어 동서남북의 모든 오랑캐들을 다 흡수했다고 주장한다.

하지만 그건 어디까지나 현대 한족 역사가의 주장이지 역사의 수레바퀴를 고대와 중 · 근대로 돌리면 사정이 달라진다. 고대 중국 대륙에서는 동이족이 대륙의 중심이 되어 화하족에게 영향을 끼치기도 했고 호족이 중심이 되어 한족을 흡수하기도 했기 때문이다. 또 중세에 이르러서는 몽고족이 중심이 되어 송족을 흡수하기도 했고, 근대에는 만주족이 중심이 되어 또 명족을 흡수하기도 했다는 뜻이다. 이렇게 볼 때 고대와 중 · 근대의 중국문학은 고대의 한국문학과 중세의 몽골문학 및 근대의 만주문학과 상당부분의 공통점이 있다. 그 때문에 한자를 기본으로 하는 고대와 중·근대의 한문학은 중국만이 아니라 한국·몽골·만주의 것이기도 하다는 점을 염두에 두지 않으면 안 된다.

이 같이 복잡다단한 중국 고대와 중·근대 문학은 기술에 있어서도 문제가 있다. 연도별로 기술할 것이냐 아니면 왕조별로 기술할 것이냐의 문제 말이다. 하지만 그 어느 쪽을 택해도 어려운 점이 있다. 수 천 년의 문학을 정확하게 연도 또는 왕조 별로 묶는 것 자체가 무리하기 때문이다. 이런 이유로 제1부 중국문학의 상류와 중류에서는 연도나 왕조별이 아닌 장르 중심으로 묶었다. 반면에 제2부 중국문학의 하류에서는 중화민국과 중화인민공화국이라는 분명한 국가가 성립된 상태이므로 연도별로 기술하였다. 연도별 기술은 보다 생생한 역사의 현장감을 느낄 수 있기 때문이다.

또 한 가지 한자의 발음과 표기에 있어서 제1부와 제2부는 다르다. 즉 1부에서는 한자를 한국어 발음으로 쓰는 반면 2부에서는 중국어 발음으로 표기한다. 왜냐하면 고대와 중·근대 중국문학의 수많은 한자들은 한국어 발음으로 읽고 쓸 때, 이해가 훨씬 빠르기 때문이다. 이는 앞서 언급한 대로 몽고족·만주족 및 한국인의 선조인 동이족과 호족도 한자를 만들고 쓰는 데 기여했기 때문이기도 하다. 반면에 2부에서는 한자를 중국어 발음대로 표기한다. 그 이유는 현대의 한국과 중국은 엄연히 다른 국가로 존재하기 때문에, 국제적인 관례에 따라 외국어 표기를 그 나라에서 발음하는 대로 쓴 것이다. 이처럼 본서의 기술에 있어서 필자가 취한 일관성이 없는 태도에 문제를 제기할 사람이 적지 않을 것이지만 지금으로서는 이를 감수할 수밖에 다른 방도가 없음을 고백하는 바이다.

2010. 1.

저자 박종숙

한권으로 흐르는
중국문학 수 천 년

목 차

제 1 부 중국문학의 상류와 중류

제3장 신화 전설과 역사 철학 산문

제4장 사 · 부 · 시 등 운문

제6장 민요와 판소리류 및 희극

제2부 중국문학의 하류

제1부

한권으로 흐르는 중국문학 수 천 년

중국문학의 상류와 중류

서론

'들어가는 말'에서도 언급했지만 고대와 중·근대, 즉 은殷나라에서 청淸나라 때까지 중국문학을 이야기할 때 유의해야 할 중요한 점이 있다. 이는 고대와 중·근대 중국문학의 주체, 즉 중국문학을 이룩해 온 민족의 주체는 오늘날 중국민족을 일컫는 한족뿐 아니라 조선족, 몽고족, 만주족의 선조이기도 했다는 사실이다. 역사적으로 볼 때 고대에는 화하족華夏族과 동이족東夷族, 한족漢族과 호족胡族이 번갈아 중원을 차지했다. 또 중·근대에는 수·당·송·명족과 요·금·원·청족이 번갈아 중원대륙을 차지했기 때문이다. 요컨대 고대와 중·근대의 중국문학은 이처럼 서로 다른 민족의 정서가 번갈아 우위를 다투며 합쳐지면서 흘러온 강물이라고 할 수 있다.

그럼에도 불구하고 고대 중국문학을 고대 한국문학과 별개로 보고 중세 중국문학을 몽고문학과 다르게 인식하고 근대 중국문학을 만주문학과 분리하여 보는 관점이 우세한 듯하다. 이 같은 관점은 물론 당연하기도 하다. 왜냐하면 만주의 경우 이미 중국에 편입되어 국가 자체가 없어졌고, 한국과 몽골은 현재 중국과는 엄연히 다른 나라이기 때문이다. 하지만 자세히 살펴보면 고대·중세 및 근대 중국은 한국과 몽골·만주 등과 영토와 민족을 공유하는 시기가 매우 많았음을 알 수 있다.

먼저 고대 중국과 한국의 영토를 보자. 은나라로부터 춘추전국시대의 노魯나라·추追나라·연燕나라·제齊나라·월越나라 및 남북조시대의 송宋나라·제齊나라·양梁나라·陳진나라 등 중국 고대의 나라들은 고조선·부여·동예·고구려·백제 등 한국 고대의 나라들과 중국 대륙의 동북부와 동남부를 나누어 차지하고 있었다. 또한 일찍이 한나라 때 아시아의 북쪽에 있던 흉노족의 후손이 원나라를 세워 중세 중국의 땅덩어리를 통째로 차지했음은 주지의 사실이다.

그런가 하면 예로부터 숙신·말갈족으로 대륙의 동북부에 살았던 만주족도 훗날 청나라를 세움으로써 근대 수 백 년 간 중국대륙의 영토를 호령했음도 모르는 사람이 없다.

이 같은 상황이었으므로 고대 중국의 화하족과 고대 한국의 동이족은 당연하게도 민족·역사·종교·철학·문학·음악·희극 등등에 있어서 상당부분을 공유했다. 이는 『산해경山海經』『회남자淮南子』『초사楚辭』 등에 기록된 신화와 전설뿐 아니라 사서삼경과 『노자老子』『장자莊子』『춘추春秋』『전국책戰國策』 등에 실려 있는 정치·사상·역사·문학도 공유했음을 의미한다. 뿐만이 아니다. 『사기史記』『자치통감資治通鑑』『남사南史』『북사北史』『통전通典』『수서隋書』『당서唐書』 등 역사서에는 고조선·부여·고구려·백제의 중국 대륙 점거 기록이 확인된다. 이는 한나라와 남북조 시대의 문체로 알려진 사辭와 부賦도 실은 한족과 고구려·백제 등 호족胡族의 상호 교류로 인해 변화되고 발전된 문체일 가능성을 높여준다.

몽고족과 중국 민족의 관계 또한 한나라 이전부터 밀접했다. 하지만 무엇보다 원나라에 의해 몽고족의 한족에 대한 영향력이 강화되었다. 그 때문에 중세 중국의 언어와 문학·종교·음악·미술 등등 문화 전반에 걸쳐 한족에 끼친 몽고족의 발자취는 너무도 뚜렷하다. 마찬가지로 청나라를 세운 만주족 문화가 의식주를 비롯하여 정치·사회·문학·풍속 등 모든 분야에 있어서 한족 문화에 끼친 영향 또한 결정적이다.

요약하면 한족 역사가들이 당연시하듯 고대와 중세 및 근대 중국문학은 언제나 한족이 중심이 되어 오랑캐인 조선족·몽고족·만주족을 한문화에 동화시켜온 것이 아니다. 오히려 때로는 조선족이 때로는 몽고족이 또 때로는 만주족이 중원의 중심 민족이 되어 오히려 한문화를 '오랑캐' 문화에 동화시키면서 오늘날의 중국문학을 함께 이룩했다고 보는 편이 타당하다. 그 때문에 고대·중세 및 근대 중국문학은 한족뿐만이 아니라 조선족·몽고족·만주족이 중원에서 서로 주종관계를 바꿔가면서 피차 유기적으로 통합해서 발전시킨 동아시아문학임을 잊어서는 안 된다.

제1장

중국문학의 배경

화하족華夏族과 동이족東夷族

현대의 중국 민족, 즉 한족이 자신들의 정통 조상이라 믿는 화하족華夏族은 황제黃帝의 자손으로, 대략 하夏나라 문화와 주周나라 문화의 주체민족을 뜻한다. 하남성 앙소仰韶현에서 채색 도기인 채도彩陶를 빚으며 문화를 일군 화하족은 하夏나라보다는 오히려 주周나라(기원전 1100-770년)의 지배민족으로 여겨진다. 문헌에는 명시되어 있지만 하나라의 고고학적 자료가 아직 발견되지 않았기 때문이다.

한편 산동성 용산龍山현에서 흑도黑陶 문화를 일군 동이족東夷族의 은殷나라는 주나라보다 먼저 세워진 나라로, 문헌과 고고학적 자료를 갖춘 최초의 고대 국가였다. 오늘날의 중국 역사가들은 의도적으로 은나라와 동이족의 사이를 갈라놓고, 은나라를 동이족과 관계가 없는 중국의 선조 나라로 보는 반면, 동이족은 동쪽의 오랑캐라 하여 중국민족에서 배제했다. 이 같은 태도는 주나라 이후 더욱 두드러져 한족 역사가들 사이에 화하족을 존중하고 동이족을 멸시하는 분위기가 익어갔다. 즉 화하족이 고대 중국문명의 주류이고 동이족은 비주류라는 태도를 견지한 것이다. 화하족의 채도문화는 당연히 선진적이고, 동이족의 흑도문화는 낙후했다는 고정관념을 심어준 것이다.

하지만 근래에 방진호逄振鎬 등 중국 사학자들에 의해 용산문화(기원전 2400-1900 BC)뿐 아니라 기원전 5000년-4300년 무렵의 북신北辛문화와 기원전 4300-2400년의 대문구大汶口문화의 주체도 동이족이었음이 밝혀졌다. 이들에 따르면 동이족은 화하족보다 앞서 일찍이 중국대륙의 산동성과 강소성 · 하남성 동부 · 하북성 · 요녕성뿐 아니라 한반도와 일본 섬까지 퍼져 있었다고 한다. 특히 흑도문화인 용산문화의 주체세력으로 알려진 동이족은 오늘날 하남성 동부의 예수濊水와 산동성의 회수淮水 및 제수濟水 유역에 있었던 은나라의 주체민족이었다는 것이다. 이 같은 주장은 그간 한족 중심의 중국역사를 세우려는 중국인 역사가들이 의도적으로 분리시킨 은나라와 동이족의 관계를 결정적으로 연결시켜주는 학설로, 적지 않은 증거가 이 학설을 뒷받침하고 있다.

다음은 방진호 등 학자들에 의해 주장되는 동이족 문화의 특징이다 :

첫째, 래이萊夷 또는 구이九夷로도 불리는 동이족은 새를 토템으로 한다.
둘째, 부권제 · 사유재산제 · 노예제 등 법제도가 잘 정비되어 있었다.
셋째, 흰옷을 숭상한 백의민족이었다.
넷째, 순장제도가 있었다.
다섯째, 무당이 있어서 점복을 시행했다.
여섯째, 복희씨와 소호씨 · 치우씨 및 순임금의 후예이다.

실제로 은나라의 시조 설契은 새에서 태어났으니 은나라의 지배민족은 새를 토템으로 했고, 엄정한 법제도를 갖춘 백의민족이었다. 또한 은나라의 유적지인 은허殷墟(하남성 안양 일대)에서 발굴된 거북 등껍질과 소의 허벅지 뼈에 새겨진 갑골문 내용을 보면 은나라 때 점복이 활발했음도 알겠다. 점괘가 발견되었다면 이를 해석하고 의식을 집행하는 무당도 있었을 것이다. 그러니 삼황오제 가운데 팔괘八卦를 가르친 복희씨伏羲氏와 새를 상징하는 소호씨少昊氏가 은나라 민족의 숭앙 대상이었음도 부인하기 어렵다.

그런데 고조선古朝鮮의 지배민족 또한 동이족이었다. 그 때문에 은나라가 주나라에 망하자 은나라의 신하였던 기자箕子는 주나라에 가기보다는 차라리 조선이라는 이름을 자신의 국호로 삼았던 것이다. 고조선 또한 새를 토템으로 하고 단군이라는 무당을 군주로 하는 제정일치의 나라였다. 뿐만 아니라 오늘날 한국 대통령의 문장이 바로 봉황이다. 새의 문양은 솟대 끝에 달려져 오늘날까지 한국의 민속을 상징하고 있다. 이로서 볼 때 소호씨는 은나라 사람들 뿐 아니라 고조선 사람들의 숭앙 대상이었음이 분명하다.

실제로 고조선의 팔조금법八條禁法 가운데 3개 조항, 즉 사람을 죽이면 사형이고, 다른 사람의 몸을 상하게 하면 곡물로 갚고, 남의 물건을 훔치면 그 집의 종이 된다에서도 보이듯이, 고조선은 사유재산제와 노예제 등 엄격한 법제도를 가지고 있었다. 또한 흰옷을 숭상한 백의민족이기도 했다. 뿐만 아니라 고조선 사회에도 은나라 사회와 마찬가지로 순장제도가 있었다. 또 고조선에 단군이라는 제정일치의 무당이 있었음을 볼 때 틀림없이 점도 쳤을 것이다. 또 오늘날 한국의 태극기에 새겨진 음양과 사괘를 보면, 한국인의 선조인 고조선 사람들이 팔괘를 연 복희씨를 섬겼을 가능성도 매우 높다.

이처럼 은나라와 고조선은 둘 다 동이족의 나라로 동이족의 문화를 공유했다. 그 때문에 기원전 770년 경 주나라가 망하고 중국대륙이 사분오열하는 춘추전국시대(기원전 770-220)에 이르러 동이족은 자신들의 나라를 대륙 동북부에 다시 세웠다. 다시 말하자면 산동성과 하북성 및 강소성 일대의 동이족은 춘추전국시대에 노魯, 제齊, 연燕, 추鄒, 한韓, 초楚 등의 나라를 세우고 패권을 다퉜다. 산동성·하북성·강소성 지역의 동이족이 노·제·연·추·한·초나라를 세웠듯이 요녕성 동부와 조선 북부에 흩어져 있던 동이족도 부여·동예·옥저 등의 나라를 세워 동이족의 문화를 이어나갔다. 이들 동이족에게 예족濊族, 맥족貊族 또는 예맥족濊貊族이라는 이름이 붙기 시작한 것도 이 무렵이었을 것이다.

중국대륙의 동북부 및 한반도에 퍼져 있던 동이족은 아마도 유교를 집대성한 공자와 맹자의 사상을 기반으로 삼은 것 같다. 춘추시대 동이족의 나라인 노나라에서 태어난 공자는 주나라 성왕 때에 공자 자신의 고향인 산동성 곡부를 다스린 주공周公을 흠모한 성인이었기 때문이다. 전국시대 맥족貊族의 나라인 추鄒나라 출신으로 알려진 맹자 또한 같은 의미에서 동이족의 성인이었다. 이렇게 볼 때 공맹사상이 주축을 이루는 『논어』『맹자』『대학』『중용』 등 사서와 『역경』『시경』『서경』『예기』『춘추』 등 오경은 동이족의 원시유교문화가 집대성된 경전들이라고 할 수 있다.

많은 학자들은 사서가 송宋나라 朱子에 의해 편찬된 한족 고유의 문헌이라고 주장한다. 하지만 공자의 언행이 담긴 『논어』와 맹자가 지었다는 『맹자』와 함께, 『예기』의 일부분인 『대학』과 『중용』도 모두 춘추전국시대 이전부터 대륙 동북부와 반도에 흩어져 살았던 동이족의 문화유산이다. 그 때문에 중국뿐 아니라 한국 사람들에게도 이 책들은 조상의 얼이 담긴 고전인 것이다.

오경의 경우도 마찬가지다. 『역경』은 동이족의 선조인 복희씨가 전해준 팔괘八卦를 기본으로 하고 있고, 『시경』에는 동이족의 나라인 한韓나라를 찬양하는 「한나라는 위대하다 ; 韓奕」 등이 실려 있다. 동이족인 순舜임금과 은나라 역사가 포함된 『서경』은 두 말할 필요도 없다. 『예기』 또한 춘추전국의 여러 나라뿐 아니라 고조선·부여·동예 사람들이 대대로 받들어 온 고전이다. 『춘추』도 동이족의 노나라 중심의 역사책이니 더 말할 나위가 없다.

그럼에도 불구하고 아직도 많은 사람들이 고대 중국 민족과 한국 민족의 조상을 동이족으로 함께 묶는 것을 주저한다. 하지만 한국 민족의 선조를 동이족으로 분류한 것은 한국 측 역사서만이 아니라 중국 측 역사서에서도 그러했다. 중국 측 사서인 『삼국지』위지魏志 동이전東夷傳에 마한·진한·변한 등 삼한三韓을 기록해 놓은 것만 봐도 분명하다. 이는 또 상고시대 중국어의 방언을 연구한 한국 언어학자 김경숙의 논문을 통해서도 검증이 된다. 이 논문에 따르면 춘추전국시대 산동지방에 있었던 노나라와 제나라의 음운은 고조선의 음운과 동일한 방언으로 함께 묶여 있었다는 것이다.

한족漢族과 호족胡族

춘추전국시대를 거쳐 진秦나라가 비록 천하를 통일했지만 진나라는 만리장성을 쌓기 시작하고 아방궁을 짓고 시황의 황릉을 짓는 등 국고를 탕진하여 겨우 30년 남짓 지속되었을 뿐이다. 그 때문에 강소성 출신의 유방이 세운 한漢나라(기원전 202년-기원후 220년)가 오늘날 중국인을 한족으로 부르는 결정적인 나라가 되었다. 하지만 한나라를 구성한 한족은 화하족과 동이족이 합쳐져서 이루어진 새로운 민족임을 잊지 말아야 한다. 물론 모든 동이족이 다 한족이 된 건 아니고, 일부분은 중국대륙의 동북부와 한반도의 북부에 자리한 고구려와 백제 등 나라의 백성을 이루었을 것이다.

어쨌든 한나라를 세운 민족은 약 사백년에 걸쳐 정치・경제・사회・언어・문자 등등 많은 면에 있어서 고대 한족의 문화를 일궈냈다. 오늘날의 중국인들이 스스로를 한족이라고 일컫는 것만 보아도 한나라의 힘이 얼마나 결정적이었는지 알 수 있다. 한나라 때 비단 길이 열렸고, 이 길을 통해 장건張騫이 한나라 무제武帝의 명을 받아 서역을 향해 떠난 것만 보아도 한족의 한나라가 당시 천하의 중심 국가였음을 잘 알 수 있다. 중국의 문자 또한 오늘날까지 한나라 문자인 한자로 일컬어지지 않는가?

하지만 220년 무렵 한나라가 망하고 위魏, 촉蜀, 오吳의 삼국시대(220-304)가 열리자 다시 대륙은 여러 나라들로 갈라져 민족들이 또 한번 헤쳐 모인다. 이 때부터 한족으로 동화된 동이족을 제외한 동이족 및 예맥족들은 오랑캐를 뜻하는 호족胡族이라는 이름을 갖고 오호십육국五胡十六國(304-589) 또는 남북조시대(420-589)에 한족漢族을 위협하는 큰 세력을 형성하게 되는 것이다.

한나라 이래 흉노족(몽골인의 조상)과 말갈족(만주족의 조상)이 북방 오랑캐였다면 오호십육국 및 남북조시대의 호족은 동쪽 오랑캐였다. 도이島夷로도 불리었던 호족의 주체 민족은 다름 아닌 고조선과 부여의 후예인 고구려족과 백제족이었다. 이는 『송서』에 "진晋나라 때 양자강 이남에 호구胡寇가 강성했다."는 기록에서 확인된다. 진나라 때 양자강 이남을 점거했던 민족은 다름 아닌 백제족이었기 때문이다. 이 같은 사실은 남북조 여러 나라의 역사책인 다음 기록에서도 검증된다. 즉 『주서』 백제전에 따르면 "동진東晋 때부터 송・제・양나라 때까지 백제가 양자강 좌안(남쪽)을 점령했다."라고 했고 『북사北史』 백제전에는 같은 시기에 백제가 양자강 남쪽 뿐 아니라 우안(북쪽)도 점거했다고 기록되어 있다. 당시 만주지역을 차지했던 고구려족과 함께, 대륙 동해안에 요서군遼西郡과 진평군晋平郡이라는 식민지를 건설했던 백제족이야말로 한족을 위협한 호족이었던 것이다.

이에 대한 기록은 이밖에도 비록 단편적이기는 하지만 『자치통감資治通鑑』 『통전通典』 『남사南史』 『남제서南齊書』 『수서隋書』 『양서梁書』 『당서唐書』 등 수많은 중국 측 사서에 기록되어 있다. 예를 들어 『당서』 백제전에 보면 "백제는 서쪽으로 월주(현 절강성 지방), 남쪽으로 왜국, 북쪽으로 고구려와 국경선을 가르고 있었는데, 모두 바다를 건너다녔다."고 되어 있다. 이 말은 백제가 서쪽으로는 양자강 하류인 중국 남방에, 남쪽으로는 일본 섬에, 북쪽으로는 황하강 하류인 중국 북방에까지 영토를 두고 서해와 남해로 왕래했음을 뜻한다. 특히 "모두 바다를 건너 다녔다"는 구절은 백제가 한반도 북쪽에 고구려와 국경선을 긋고 있지 않고, 중국대륙 북동부에서 고구려와 국경을 맞대고 있었음을 뜻한다. 이에 대해서는 『양서』와 『남사』 백제전에 "동진 때 백제는 요서遼西군과 진평晋平군 등 2군을 설치하여 백제군을 설치했다."라는 기록에서도 확인된다. 뿐만 아니라 『통전』 백제전에도 비슷한 기록이 있는데, 이 책에서는 요서군의 위치가 "하북성의 유성柳城과 북경 사이"라고까지 명기하고 있다.

이 같은 사실은 한국 측 기록에서도 확인된다. 즉 『삼국사기』 최치원전에서 최치원은 "백제가 강성했을 때 대륙의 유幽(하북성 북부와 요령성 남부), 연燕(하남성 북부와 하북성 남부), 제齊(산동성), 노魯(산동성 남부 강소성 북부), 吳(강소성), 越(절강성) 일대를 차지했다."고 쓰고 있다. 또한 근대의 민족사학가 신채호도 『조선상고사』에 백제가 일찍이 대륙의 하북성, 요령성, 산동성, 강소성, 절강성 등지에 진출하여 광대한 토지를 마련했다고 기록한 바 있다.

백제의 대륙 진출은 대륙 북부(요서군)로부터 점차 대륙 남부(진평군)로 옮겨간 듯하다. 아마도 북부에 고구려, 말갈 등 오호십육국의 세력과 영향력이 확장되면서 백제는 시각을 남쪽으로 돌린 것 같다. 이는 다산 정약용의 『강역고疆域考』에 "삼국 가운데 백제가 가장 강했고 그 뒤에 고구려가 강해졌다."는 기록을 대륙 북부에서 고구려에 밀린 백제가 남부로 진출한 시기에 맞추어 보면 알 수 있다.

이 같은 사실은 무덤 · 불상 · 도자기 · 기와 · 벽돌 등 백제의 유물과 유적이 양자강 유역의 남조 여러 나라의 유물 유적과 거의 판박이로 동일한 것에서도 증명된다. 뿐만 아니라 중국어학자 엄익상이 「중국어와 한국어의 유형학적 비교」에서 현대중국어와 현대한국어의 유사성이 25%라고 전제한 후, 고대한국어는 현대한국어보다 오히려 상고중국어에 더 가까웠다고 논증한 것을 보아도 검증된다. 또 다른 고대 중국어학자 유창균도 고구려의 한자음이 한나라 때 음인 한음漢音에 가까운 반면, 백제의 한자음은 남북조 시대 옛 오나라 음인 오음吳音

에 가깝다고 논증한 바 있다.

백제의 문학·음악·연극과 남북조 여러 나라의 문학·음악·연극 등의 유사점도 적지 않다. 즉 남북조시대의 유행 문체인 대구체 병문駢文은 백제의 비문碑文과 『삼국사기』에 인용된 백제인의 문장 등에서 확인되고, 탈춤의 일종인 백제의 기악무伎樂舞도 남북조 시대의 기악무와 명칭까지 같다. 이에 대해 지금까지 많은 중국 역사가뿐 아니라 한국 역사가들조차 백제가 남북조 여러 나라 문화의 영향을 받은 결과라고 주장해왔다. 하지만 호족의 실질적 주체였던 백제가, 대륙에 요서군과 진평군 같은 식민지를 건설할 만큼 정치적으로 강국이었던 백제가, 상대적으로 약소국이었던 남북조 여러 나라들로부터 일방적으로 영향을 받았다고 보기는 어렵다. 문화의 흐름은 정치적으로 강한 나라에서 약한 나라로 흐르게 되어 있기 때문이다.

요컨대, 수 천 년 간 한족漢族을 대륙의 중심에, 오랑캐인 이민족들을 변두리에 고정시켜 놓고, 한족이 끊임없이 오랑캐 민족들을 자기네 문화로 동화시켰다고 주장하는 한족 중심의 역사관은 진실이 아니다. 도대체 역사상 어떤 민족이 언제나 중심에 있으면서 다른 민족들에게 일방적으로 영향을 끼쳐 왔단 말인가? 시대가 흐르면서 영토와 민족은 자연히 서로 피차 영향을 주고받으며 뒤바뀌게 되어 있는 것이다. 그런 의미에서 만주족이 지배한 청나라가 망하고 한족 중심의 중화민국과 중화인민공화국이 들어선지 백년 쯤 지났으니 한족이 다시 한족 중심의 역사를 주장하는 것도 어쩔 수 없는 현실이다. 고려가 망하고 조선이 들어서면서 제일 먼저 한 일이 고려의 왕족인 왕王씨 문화를 조선의 이李씨 문화의 발아래 깔았듯이 말이다.

하지만 거듭 강조하지만 한족이 위기에 몰린 남북조시대의 한족과 호족과의 관계는 한족 중심의 오늘날과는 분명 달랐다. 당시의 한족은 호족에게 영향을 끼치며 호족을 동화시키지 못하고 오히려 호족에게서 많은 영향을 받고 동화되었다고 할 수 있다. 훗날 송나라를 멸하고 대륙에 원나라를 세운 몽고족에게 한족이 깊은 영향을 받고 동화되었듯이 남북조시대의 한족은 호족의 영향을 받고 호족 문화에 동화되었던 것이다. 그 때문에 한나라 때부터 사용해온 언어와 문자가 남북조시대에 이르러 심한 변화를 겪는다. 이는 이 시기에 외래어와 신조어가 많이 생기고 어순도 획기적으로 바뀌었다는 여러 문헌 기록을 통해 확인할 수 있다. 바로 그 때문에 한족이 일으킨 당나라에 이르러 남북조 당시 호족의 영향을 받아 문란해진 말과 글을 한나라 때의 말과 글로 돌리자는 이른바 고문운동古文運動이 한유韓愈와 유종원柳宗元에 의해 벌어졌던 것이다.

수隋, 당唐, 송宋족과 요遼, 금金, 원元족

오호십육국을 거쳐 한족이 통일한 수나라(589-618)는 고구려에게도 밀리는 약소국이었다. 그나마 무리한 대운하 공사로 수나라는 단 30년 정도밖에 지속하지 못했으니, 수나라는 진시황의 진나라보다 오히려 못한 상황이라 하겠다. 다행히 이연李淵이 당나라(618-907)를 일으켜 약 300년간 한족의 문화를 이어간다. 하지만 당나라를 이룬 한족은 한나라 때의 한족과는 이미 다르다. 위진남북조시대를 거치며 많은 호족이 한족에 포함되었다는 뜻이다. 이는 당 황실의 외척들이 상당수 호족 출신이었음을 통해 확인할 수 있다.

당나라는 백제와 고구려를 멸망시키고 중원을 차지한 대국이었음은 두 말할 필요도 없다. 정치 경제 사회뿐만 아니라 문학적으로도 당나라 때는 시 등 여러 장르에 있어서 온갖 꽃이 만발했다. 한나라 이후 가장 막강한 한족의 나라로서 당나라는 한반도 남쪽의 동맹국인 통일신라를 비롯한 주변 나라들에게 많은 영향을 주었음도 다 아는 사실이다.

하지만 당나라가 망하고 오대십국五代十國 시기(907-960)에 이르러 대륙 북방에 또 다시 거란, 여진 등이 강성해지면서 당족은 위축된다. 당시 당족 가운데는 몽골에서부터 일어나 동쪽으로 세력을 강화한 거란족으로 동화되는 사람들도 생겼다. 이는 조광윤이 가까스로 일으킨 송나라(960-1276)가 거란의 요나라(916-1125)에 밀려 중원에서 밀려나 대륙 남쪽으로 쫓겨 간 상황만 봐도 알 수 있다.

당나라의 뒤를 이어 약 300년 정도 지속했다고 되어 있는 송나라는 사실은 그리 강대국이 아니었다. 건국 초기부터 야율아보기가 건국한 거란의 요나라에 시달리다가 1126년 다시 여진족의 금나라(1115-1234)에게 밀려 수도인 개봉을 빼앗겼기 때문이다. 이처럼 송나라는 남쪽으로 내려온 후에도 계속 금나라에 조공을 바치다가 얼마 후 몽고족의 원나라에 멸망당한다. 이로 보아 송나라는 당나라만큼 강대한 한족의 나라가 못 되었음이 확실하다.

오히려 요나라 · 금나라 · 원나라 민족이 송나라 민족보다 우위에 있었다. 특히 1206년 징기스칸이 일으킨 몽고족의 힘은 1215년 북경을 점령한 이래 1368년까지 약 150년간 세계 역사상 가장 넓은 영토를 차지하면서 위세를 떨쳤다. 흔히 원나라의 지속 시기를 남송을 멸망시킨 1276년부터 1368년까지 약 100년으로 잡는데 이는 움츠러든 송나라의 역사를 연장하고 원나라의 역사를 고의로 축소시키려고 하는 한족 역사가들의 주장일 뿐, 진실은 아니다.

원나라가 멸망한 이후 한족 역사가들은 원나라의 정치 · 외교 · 경제 · 문화를 축소시키는 데 열중했다. 이미 13세기 초부터 표음문자인 몽골문자를 사용하며 이라크와 폴란드 및 프랑스까지 진출한 원나라의 문화를 심하게 훼손하고 폄하한 것이다. 사실 원나라 때에 송나라 출신 한족들은 많은 설움을 받았다. 신분제도를 실시했던 원나라 시절 송나라 사람들은 최하층 신분의 설움을 겪었던 것이다. 원나라의 신분제도에 따르면 첫째가 몽고인, 그 다음이 색목인色目人(푸른 눈을 가진 민족), 그 다음에 만주족인 한인, 그리고 맨 마지막 제4계급이 바로 송족인 남인이었으니 말이다. 그 때문에 원나라가 망하고 송나라의 맥을 잇는 명나라가 들어선 이후, 명나라 한족은 용의주도하게 원나라의 국력을 약화시키고 몽고족의 문화를 깎아내리기 시작했다. 그래서 명나라 이래의 한족 역사가들은 몽고족이 야만적인 힘으로 송나라를 짓밟았으나 결국 문명인이 못되었던 몽고족은 한족의 문화에 동화될 수밖에 없었다고 결론짓는다. 하지만 과연 그럴까?

사실 모든 역사가 그렇듯 힘이 있는 나라가 문화도 주도하게 되어 있다. 그 때문에 원나라 당시에 몽고족이 한족에 동화되었다기보다 한족이 몽고족의 영향을 많이 받았다고 보아야 옳다. 그 단적인 예로 민족이나 종교 등 모든 점에서 다문화적인 원나라 언어가 현대중국어에 끼친 영향을 들 수 있다. 이는 고려 말 조선 초에 명나라 말을 배우기 위한 회화교본인 『노걸대老乞大』에서 그 증거를 찾을 수 있다. 이 회화교본을 연구한 학자인 양오진梁伍鎭은 원나라 말 명나라 초의 언어에서 몽골어의 영향이 절대적이었다고 주장한다. 어휘와 용법 및 어순에 있어서 그러하다는 것이다. 원나라 때 주덕청周德淸이 지은 『중원음운中原音韻』에 송나라 때까지 있었던 입성入聲이 존재하지 않음이 이를 뒷받침해 준다.

역시 중국어학자로서 명성이 있는 왕력王力도 『중국언어학사中國言語學史』에서 현대중국어는 원나라의 수도였던 대도大都(북경)의 어음이 95%라고 밝힌 바 있다. 즉 현대중국어에 있어서 몽골어의 영향은 결정적이었다는 것이다. 그 때문에 중국어학자 이종구는 원나라를 물리치고 명나라를 세운 주원장이 악소봉樂韶鳳에게 편찬하게 한 『홍무정운洪武正韻』에서 송나라 때까지 존재했던 한족 언어의 발음인 입성을 살려냈지만 전국적인 활용에는 실패했다고 주장하고 있다.

발음뿐만 아니라 어휘나 표현 또한 몽골의 영향을 받아, 문장도 원나라 이전과 이후가 다르다. 학자들에 따르면 원나라 이전 한나라 · 당나라 · 송나라의 문장이 고문古文이라면 원나라 이후의 문장은 백화문白話文이라고 한다. 원나라 말부터 시작해서 명나라와 청나라 때 본격적으로 집필된 『수호전』『서유기』『유림외사』『홍루몽』 등에서 주로 사용된 문장이 바로 이 백화문이었다.

청나라의 만주족 문화

청나라의 지배족인 만주족은 금나라로부터 청나라로 이어졌다. 특히 청나라는 중화인민공화국이 건립되기 수 년 전(1945)까지 만주국으로 이어졌으니 그 역사는 300년이 넘게 이어졌다. 하지만 오늘날의 한족 역사가들은 청나라 역사를 1644년부터 계산하여 대략 1911년까지 250년 정도로 줄여 놓았다. 한 왕조의 역사를 늘이거나 줄이는 데는 항상 역사를 쓰는 당사자의 입김이 강하게 작용하는 법이니만큼, 원나라 역사가 그랬듯 청나라의 역사 또한 한족 역사가들에 의해 줄어들었다고 볼 수 있다.

퉁구스계 민족인 만주족은 일찍이 숙신·읍루·물길·말갈·여진 등의 명칭으로 고대 동북아시아에 집거했는데, 금金나라에 이르러 한족의 송宋나라를 압박하면서 급부상했다. 금나라의 문명 수준은 상당히 높았던 듯, 1192년 북경 영정하永定河 위에 건설된 노구교 다리를 마르코폴로는 『동방견문록』에서 "세계에서 가장 아름다운 다리"라고 극찬한 바 있다. 또한 언어 면에서 볼 때 금나라 때 발간된 『오음집운五音集韻』은 틀림없이 만주어의 음운을 중심으로 집필되었을 것이므로, 만주족의 언어도 몽고족의 언어처럼 일찍부터 중국어에 영향을 끼쳤다고 하겠다.

하지만 만주족이 본격적으로 중국대륙을 지배한 것은 1599년 청나라 태조인 누르하치가 집권하여 이른바 팔기군八旗軍을 만든 때부터였다. 원나라와 명나라 치하에서 움츠러들었던 만주족은 16세기 초부터 중원을 제패하기 시작하여 정치·경제·사회·문화 전반에서 막강한 영향력을 행사하기 시작한 것이다. 오늘날 북경과 그 부근에 남아 있는 청나라 건축물로는 긴 회랑을 갖춘 이화원頤和園, 피서산장避暑山莊 등이 있고 천단·자금성 등 명나라 때의 많은 건축물도 청나라 기술자들에 의해 개축되고 보수되었다고 할 수 있다.

중국의 의식주 생활에 있어서도 만주족의 영향은 결정적이다. 한족과 달리 전족을 하지 않은 발, 그리고 땋아서 올린 머리에 섬세하게 두르는 화려한 구슬 장식은 만주식 의생활의 일면이다. 치파오라 불리는 중국의 전통 의상도 만주족의 옷이다. 남자들의 경우 앞머리를 반쯤 대머리로 밀고 뒷머리를 땋아 내린 변발 또한 만주식이다. 청나라 때의 관복官服도 명나라 때와는 다른 만주식임은 물론이다.

중국음식에 대한 만주족의 영향 또한 지대하다. 이에 대한 보다 구체적인 자료는 『홍루몽紅樓夢』에 나오는 요리 및 청나라의 궁중요리에서 찾을 수 있겠다. 물론 중국의 음식은 청나라 이전부터 지역마다 다양하게 발전해 왔다. 하지만 한국에서 중국요리를 청요리, 즉 청나라 요리라고 부르는 사람들이 있는 걸로 보아 청나라의 만주족이 집대성한 음식이 오늘날의 중국요리라고 해도 과언이 아니다.

청나라는 원나라와 마찬가지로 소리글자를 창제했다. 청 태조 때, 즉 1600년 무렵에 제정된 만주글자는 표음문자로, 이 글자는 청나라 때 중요 건물의 편액과 비석에 두루 사용되었다. 그 때문에 청나라 당시에는 사서오경을 비롯한 많은 경전과 『수호전』 『금병매』 같은 소설도 만주문자로 된 언해본을 만들어 보급했을 것이다. 뜻글자인 한문에 비해 소리글자인 만주글자가 이해하기 쉽기 때문이다. 이는 훈민정음이 창제된 이후 사서삼경을 비롯한 많은 한문 고전이 한글 언해본으로 만들어졌던 것과 같다.

하지만 청나라가 망한 후, 현 중국은 각종 편액과 비석에서 만주 문자를 하나 둘 삭제했다. 그래서 지금 중국의 명승고적에서 만주 문자를 보기는 쉽지 않다. 1990년대까지만 해도 북경대학의 캠퍼스나 원명원圓明園에서 만주 문자로 새겨진 비석을 발견할 수 있었는데, 지금은 거의 흔적을 찾을 수 없다. 다행히 신강성으로 이주한 만주인들의 후손 수 만 명이 지금도 만주어를 일상적으로 사용하고, 만주문자로 신문도 발행하고 있다고 한다. 하지만 정작 만주족의 터전이라고 할 수 있는 동북아 3성, 즉 요녕성 · 길림성 · 흑룡강성에서는 만주어를 말하고 만주 글자를 쓰는 사람이 열 손가락 안에 꼽힐 정도라고 한다.

그럼에도 불구하고 만주어가 현대 중국어에 끼친 영향을 부인할 수는 없다. 만주어로부터 가장 직접적 영향을 받은 언어로는 북경을 중심으로 청나라 황실과 관리들이 사용했을 이른바 관방화官方話이다. 현대중국어 발음에 있어서 가장 만주어적인 특색으로 얼화(兒化)와 권설음捲舌音을 드는데, 음운학자들에 따르면 얼화, 즉 거의 모든 명사 뒤에 접미사 격으로 따라붙는 '얼兒'음이 대략 3백여 년의 역사를 가지고 있다고 추론한다. 3백 여 년 전이라면 바로 청나라 초기로, 이들에 따르면 혀를 입천장으로 말아 올리며 발음하는 권설음 또한 이 시기부터 등장했다고 한다.

학술 방면에 있어서 만주족은 그간의 한자문화를 그대로 받아들였다고 알려졌다. 청나라의 황금시기를 연 강희황제가 『강희자전康熙字典』을 반포하고, 건륭황제가 방대한 『사고전서四庫全書』를 펴낸 것을 볼 때 그렇다. 하지만 청나라의 한학에 있어서 만주족의 영향은 그간의 고전에 대한 재해석과 고증을 통해 드러난다고 할 수 있다. 한족의 반만주反滿洲 사상을 억누르기 위해서는 한자로 되어 있는 문헌들에 대하여 근본적이고 종합적인 평가보다는 부분적인 자구字句 해석에 한족 학자들을 묶어놓을 필요가 있었기 때문이다. 이는 일제 강점 시대에 한국인의 조선사 연구를 실증사학이라는 미명 하에 역사의 주체민족이 누구냐 같은 본질적인 문제제기보다 자잘한 자구 해석에 묶어놓은 일본 제국주의자의 역사정책과도 같은 맥락이라고 할 수 있다.

아무튼 고증학 또는 훈고학으로 불리는 청나라의 한학은 고염무顧炎武, 대진戴震, 장병린章炳麟, 황간黃侃 등 학자의 활약으로 고대 중국의 언어 및 청동기 등에 새겨진 문자 연구 등에서 괄목할 만한 성과를 냈다. 또한 계복桂馥, 주준성朱駿聲, 왕균王筠 등 학자들의 『설문해자說文解字』 연구는 단옥재段玉裁의 『설문해자주說文解字注』와 함께 한자 연구의 큰 수확으로 평가된다.

한자에 관하여

오늘날 수 만 자에 달하는 한자의 기원에 대해 한나라 허신許愼이 쓴 『설문해자說文解字』에는 "한자는 황제黃帝 때 창힐蒼頡이 새의 발자국을 본떠 만든 문자로, 이후 노끈을 묶은 형태의 문자로 발전했다"고 되어 있다. 그러나 고고학적으로 볼 때 한자의 기원은 갑골甲骨문자 또는 정공丁公문자로 본다. 갑골문자는 약 3000년 전 은나라의 유적지인 은허(하남성 안양현 소둔촌)에서 발견된 것으로, 거북의 등껍질과 소의 허벅지 뼈에 새겨진 글자를 말한다. 19세기 말경에야 비로소 발굴되기 시작한 갑골문자는 기원전 1200년에서 1300년까지 사용한 글자로, 그 수는 약 4천자이다. 갑골문의 내용은 매우 다양한데, 특히 왕의 행차를 점치는 내용이 많다고 전해지고 있다. 한편 정공문자는 20세기 후반 산동성에서 발견되었는데, 갑골문자보다 약 500년 앞선 3500년 전 것으로 추정된다.

정공문자는 주로 양의 뼈에 새겨진 글자로, 발견된 지역이 산동성 일대로 보아 동이족의 문자일 가능성이 높다.

『설문해자』에 기록된, 새 발자국 형태의 문자나 노끈을 묶은 형태의 문자가 상형문자이듯, 갑골문자와 정공문자도 모두 상형문자이다. 그런데 문제는 상형문자가 이상 네 가지만 있었던 것이 아니라 올챙이 모양 글자, 꽃 모양 글자, 용 모양 글자 등 다양하게 존재했다는 점이다. 이는 고대 중국 대륙의 지역과 민족에 따라 만들어 쓴 상형문자의 종류가 저마다 달랐음을 의미한다. 운남성 려강에 사는 소수민족인 납서納西족은 지금도 자기 선조들이 창제한 상형문자를 문기둥과 제단에 써놓고 있는데, 이 글자 또한 독특한 문양이다. 이로 볼 때 한자는 한나라 문자가 아니라 한나라 이전부터 동이족, 화하족 및 기타 민족들이 나름의 특성을 살려 창제하고 사용한 고문자라고 하겠다.

한자는 상형象形문자로 시작하여 지사指事문자, 회의會意문자, 형성形聲문자, 전주轉注문자 및 가차假借문자로 발전해 왔다고 한다. 육서六書로 불리는 이 여섯 개의 단계 가운데 앞의 네 단계, 즉 상형 · 지사 · 회의 · 형성은 문자를 만드는 단계이고, 뒤의 두 단계인 전주와 가차는 이미 만들어진 문자를 운용하는 단계이다. 그래서 상형문자 · 지사문자 · 회의문자 · 형성문자를 제조한 문자라 하고 전주문자 · 가차문자를 운용하는 문자라 한다. 이 여섯 가지 문자를 간략히 설명하면 다음과 같다.

먼저 상형문자는 잘 알다시피 자연물의 형상을 본 따서 그린 글자다. 해 일日, 달 월月, 나무 목木, 뫼 산山, 내 천川 등이 그 예이다. 물론 이 상형문자들의 모양은 지방에 따라 또 시대에 따라 서로 다르게 변화하고 발전하여 오늘날의 글자가 되었다. 다음으로 지사문자는 눈으로 볼 수 있는 자연물은 아니지만 생각과 뜻으로 약정한 글자다. 예를 들어 위 상上, 아래 하下 등이다. 즉 상이라는 글자는 수평선을 한 일一자로 놓고 그 위에 점을 찍어 수평선 위에 있으니까 위 상으로 정한 것이다. 반대로 하라는 글자는 일一자 아래에 점 하나를 찍어 아래 하로 정한 것이다. 이 지사글자도 지방과 시대에 따라 조금씩 다른 모양으로 변화하고 발전되어 오늘날의 글자가 되었다.

회의문자는 상형문자를 두 개 이상 또는 지사문자를 두 개 이상 모아 놓은 글자이다. 예를 들어 해 일日과 달 월月 이라는 두 개의 상형문자를 합해서 밝을 명明을 만들었다. 또 나무 목木자를 두 개 합해서 수풀 림林, 세 개 합해서 울창한 숲 삼森을 만든다. 또 위 상과 아래 하라는 두 개의 지사문자를 위 아래로 합해서 억류할 카卡라는 글자를 만들었던 것이다.

다음으로 형성문자는 뜻 부분과 소리 부분을 조합한 글자로, 예를 들어 하河는 왼편에 물 수水라는 뜻을 두고 오른편에 가可라는 소리를 둔 것이다. 강江 또한 왼쪽에 물 수라는 뜻을 두고 오른 쪽에 공工이라는 소리를 둔 형성문자이다. 어떤 학자들은 형성문자가 언제나 왼 편에 뜻글자를 두고 오른 편에 소리글자를 둔 것이 아니고 때로는 오른 편에도 뜻을 둔다고 주장한다. 예를 들어 천할 천賤이나 얕을 천淺의 오른 편에 있는 전戔은 소리만이 아니라 작다라는 뜻도 가지고 있었다는 것이다. 형성문자는 모든 한자의 삼분의 이에 달할 만큼 가장 많은 분량을 차지하고 있다.

상형, 지사, 회의, 형성 문자에 비해 지금부터 설명할 전주와 가차 글자는 이해하기가 쉽지 않다. 먼저 변하다 또는 바꾸다라는 뜻을 가진 전주문자는 두 가지가 있다. 하나는 한 의미의 글자가 다른 글자로 바뀌는 경우이고, 다른 하나는 한 글자의 의미와 발음이 다른 의미와 발음으로 바뀌는 경우를 말한다. 예를 들어 '늙다'라는 한 의미가 원래는 고考자의 뜻이었는데 노老자로 바뀌고, 악惡이라는 글자가 원래는 악할 악자였는데, 미워할 오惡자로 바뀐 것이다. 이를 정리하면 늙을 노老자는 늙을 고考에서 글자가 바뀐 전주 글자이고, 미워할 오惡자는 악할 악惡자에서 뜻이 바뀐 전주 글자인 것이다.

마지막으로 빌어오다라는 뜻을 가진 가차문자도 대략 두 가지 방식이 있다. 그 하나는 나타내려는 뜻을 가진 글자가 없거나 생각이 안 날 때, 알고 있는 다른 글자를 빌어 와서 그 뜻을 표현하는 경우이다. 예를 들어 우두머리 또는 대장이라는 뜻을 표현하고 싶은데 글자를 모를 때, 길 장長자를 빌어 와서 대장 장長자를 삼는 것이다. 다른 하나는 표현하고 싶은 소리를 가진 글자가 없을 때 같거나 비슷한 소리를 가진 다른 글자를 빌어 와서 사용하는 경우다. 그 예로는 미국의 대통령이었던 부시를 표현할 때 부와 시의 소리와 같거나 비슷한 발음을 가진 글자인 포布자와 십什자를 빌어와 쓰는 것이다. 가차문자는 이처럼 인명이나 지명 또는 코카콜라 같은 외국어를 표현할 때 사용하는 글자이다. 요컨대, 대장 장長자는 길 장長이라는 글자를 빌어온 가차 글자이고, 코카콜라를 뜻하는 가구가락可口可樂은 소리를 빌어온 가차 글자이다.

하지만 전주 글자와 가차 글자는 정확하게 구분하기 어려운 점이 있다. 한마디로 경계가 애매하다는 뜻이다. 예를 들어 가차 글자로 분류한 장長 자의 경우 길 장자를 빌어다가 우두머리 장자로 쓴다고 하면 가차 글자지만, 길 장자가 우두머리 장으로 바뀌었다라고 한다면 전주 글자가 되는 것이다. 이처럼 전주 글자와 가차 글자는 보는 입장에 따라 같을 수도 있고 다를 수도 있다. 한 글자가 다른 글자로 바뀌었다면 전주 글자이지만 한 글자가 다른 글자를 빌어 왔다라고 한다면 가차 글자가 되니까 말이다.

흔히 한자는 표의문자, 즉 뜻글자라고 한다. 그래서 옛날부터 한자의 소리를 표기하는 발음기호가 따로 있었다. 예를 들어 한나라 때는 반절反切이라는 발음기호가 있었다. 반절은 한자의 발음을 한자로 다는 것으로, 예를 들어 겨울 동冬의 발음을 동東 + 홍紅으로 표기했다. 즉 초성인 'ㄷ'을 '동'에서 따고 중성과 종성인 'ㅎ'을 '홍'에서 딴다는 식이다. 즉 이 글자에서 앞의 반절을 따고 저 글자에서 뒤의 반절을 따는 방식이 바로 반절표기법이다. 하지만 이 같은 반절 표기법은 오늘날의 중국인이나 한국인에게 이해하기 어려운 발음표기법이 되어 버렸다.

반절법 이후 한자의 발음을 표기하는 기호가 없었을 리는 없다. 하지만 이에 관한 기록을 찾아보기가 극히 어렵다. 짐작컨대 14세기 경 원나라 때 창제된 몽고 문자가 당시 한자의 발음기호로 쓰였을 것이다. 하지만 이에 관한 증거 자료를 지금 제시하지 못함이 유감스럽다. 그러나 16세기 중반에 창제된 만주 문자는 지금으로부터 불과 100년 정도 전까지도 사용되었고 또 지금도 신강성에 이주한 만주인들에 의해 사용되고 있기 때문에 증거자료로 제시될 수 있다. 즉 북경의 중요 유적지인 천단, 원명원, 이화원의 현판에 한자와 함께 만주 글자가 나란히 씌어져 있는 것이다. 뿐만 아니라 십 수 년 전만 해도 북경대학 캠퍼스 안에는 만주 글자가 새겨진 비석도 있었다.

하지만 한족이 지배하는 현 중국에서는 만주 글자도 중국의 유적과 유물에서 점차 사라지고 있다. 원명원과 북경대학 캠퍼스에서 필자가 발견했던 만주 글자 비문들은 이미 사라져버렸고, 새 단장하고 있는 자금성과 천단의 현판에서도 한자의 발음기호인 만주문자가 사라지고 있다. 이는 물론 만주족의 청나라가 망한 이후 한족의 중국이 만주 글자를 의도적으로 배제하고 있기 때문이다. 한족 정치가뿐 아니라 한족 역사학자나 언어학자 또는 한족 문학자도 언어사와 문학사를 기술할 때 만주 문자의 역할을 무시하고 있다. 원나라가 망한 이후 명나라의 한족 역사가들이 몽고 문자를 무시했던 것처럼 말이다.

몽고문자와 만주문자 이후에 등장한 한자의 발음기호로는 1913년 중화민국에서 반포한 주음부호注音符號와 1957년 중화인민공화국에서 반포한 한어병음자모漢語拼音字母를 들겠다. 다 알다시피 한자의 한 부분을 따서 만들었다는 주음부호는 오늘날 대만에서 사용되고 있다. 또 로마자 즉 알파벳으로 쓰는 한어병음자모는 현재 중국 대륙에서 공용되는 한자의 발음기호이다. 주음부호와 한어병음자모는 중국어를 배우는 사람이라면 다 잘 알고 있는 것들이라 이에 대해서는 더 설명할 필요를 느끼지 않는다.

사실 1443년, 즉 15세기 중반에 창제된 훈민정음도 민중이 배우고 쓰기 편리한 문자라는 역할 이외에 한자의 발음기호 역할을 톡톡히 했다. 사서삼경의 한글 언해본은 물론이고 따로 『동국정운東國正韻』을 만들어 명나라와는 다른 조선의 한자 발음을 표기했다. 따지고 보면 한글이 창제되기 이전인 고려 말에도 구결口訣, 즉 입겿이라는 부호가 있어서 주로 한문으로 씌어진 불경에 토씨로 사용되었다. 주로 『구역인왕경』 같은 불경을 베끼는 과정에서 많이 사용되었다고 하는 구결 역시 일종의 표음문자로, 오늘날 일본문자인 가다까나의 セ・ハ・ヒ 등과 모양이 비슷하다. 이 때문에 고대언어를 연구하는 학자들 중에는 9세기경에 집대성된 일본 문자 가나假名와 고려 문자 구결이 한 뿌리에서 나왔고, 그 뿌리는 백제 문자라고 추정하기도 한다.

이처럼 일본의 가나와 고려의 구결, 몽고의 문자, 조선의 한글 및 만주의 문자는 한자로부터 발전된 표음문자인 동시에 시대별로 한자의 발음기호 역할도 했다. 이는 로마자, 즉 알파벳이 이집트의 상형문자에서부터 발전되어 영어・불어・독일어 등이 된 것과 마찬가지다. 학자들에 따르면 오늘날의 영어・불어·독어 등의 기본이 되는 알파벳은 8세기 무렵 지중해를 중심으로 무역에 종사한 페니키아 사람들이 이집트의 상형문자를 토대로 만든 것이라고 한다. 그러니까 로마자는 오늘날 시리아와 레바논 사람들의 조상인 페니키아 상인들이 쉬운 문자가 필요했기 때문에 만들었다는 것이다. 이처럼 상형문자에서 발전된 로마자와 마찬가지로 몽고 문자·만주 문자와 함께 한글과 일본의 가나도 상형문자인 한자에서 발전된 표음문자인 것이다.

그럼에도 불구하고 많은 사람들은 한자가 중국의 고유한 문자이기 때문에 중국인들은 한자를 쓰고 한국인들은 한글을 쓰는 게 아니냐고 반문한다. 일본인이 가나를 쓰고 몽고인이 몽고 문자를 쓰는 것도 이들 국가의 문자가 한자가 아니기 때문이라는 것이다. 이를 다른 각도에서 말하자면 한국인과 몽고인·일본인·만주인이 한자가 아닌 한글·몽고 문자·가나·만주 글자를 사용하고 있다는 사실이야말로 이들 민족들이 원래 한자와 관계가 없는 민족이기 때문임을 뜻한다는 것이다. 그러니까 중국인만이 원래 한자의 유일한 주인이기 때문에 다른 문자를 필요로 하지 않고 한자를 쓰고 있다는 논리다.

하지만 위에서도 언급했듯 원나라 때 중국 대륙에서는 몽고 글자를 사용했고 청나라 때는 만주 글자를 사용했다. 그렇게 볼 때 남북조시대에 구결 비슷한 표음 부호를 한자의 발음기호로 사용하지 않았다고 주장할 수 없다. 당나라의 여황제 무측천武則天도 문자를 만들었다는 기록이 있는데, 어쩌면 이 문자도 표의문자인 한자를 보조하는 표음문자가 아니었을까?

게다가 20세기 초부터 중화민국에서는 주음부호를 쓰고 있고, 20세기 중반부터 중화인민공화국에서는 한어병음자모를 사용하고 있다. 하지만 주음부호와 한어병음자모는 어디까지나 발음기호에 불과할 뿐 문자가 아니라고 반박하는 사람이 있을 것이다. 하지만 1930년대 노신과 구추백 등 계몽적 지식인들이 한어병음자모를 발음기호뿐 아니라 문자로 사용하자고 주장한 적이 있었다. 만약 그들의 주장이 받아들여졌다면 지금 중국의 문자는 한어병음자모가 되었을지도 모른다. 실제로 오늘날 중국의 젊은이들은 컴퓨터나 휴대전화를 사용할 때 한어병음자모를 문자처럼 쓰기도 한다.

요컨대 한자가 중국인의 문자이기 때문에 몽고인·한국인·일본인과 달리 중국인만 문자를 따로 창제하지 않은 게 아니라, 56개 민족의 언어를 두루 담을 소리글자를 당장 찾지 못하고 있다고 보는 편이 맞다. 다시 말해서 수많은 방언, 즉 사투리를 통일하지 못하기 때문에 표음문자를 쓸 수 없는 것이다. 사실 한자는 눈으로 보면 대충 그 뜻을 알 수 있다. 중국어를 전혀 모르는 한국 사람이 중국에 가서 필담을 할 수 있는 것도 바로 한자가 뜻글자이기 때문이다. 이처럼 한자는 중국인만 사용해온 것이 아니라 한국인 · 몽고인 · 일본인의 선조가 모두 함께 창조하고 발전시켰을 뿐 아니라 지금까지도 사용하고 있는 동아시아의 표의문자인 것이다.

마지막으로 한자에 있어서 문어체와 구어체란 어떤 의미인지 알아본다. 사실 표음문자인 한글에도 글 쓰는 투의 문어체 문장과 말하는 투의 구어체 문장이 있다. 하지만 한글이 창제되어 비교적 널리 사용되었던 조선시대의 구어체 한글은 현대 한국의 구어체 한글이 아니다. 조선시대의 구어와 오늘날의 구어가 이미 다르기 때문이다. 그런 의미에서 조선시대의 한글은 우리에게 이해하기 어려운 고문이 되어 있다.

오백여년의 역사를 지닌 한글이 이러한데, 수 천 년의 역사를 지닌 한자는 어떻겠는가? 짐작하겠지만 한자로 씌여진 한문에도 문어체 문장이 있고 구어체 문장이 있다. 문어체 한문은 뜻을 위주로 하는 속성 때문에 시대와 지역을 뛰어넘어 비교적 이해하기 쉽다. 또한 문어체 한문은 명사 · 동사 및 형용사가 중시되는 관계로 비록 조사 · 접속사를 모른다 하더라도 대강의 뜻을 알 수 있다. 실제로 문어체 한문에서는 명사 · 동사 · 형용사를 실제 내용을 담은 품사인 실사實辭라고 하고 그밖에 조사 · 전치사 · 접속사 따위는 중요한 의미가 없다고 해서 허사虛辭라고 한다. 그래서 한문을 처음 보게 되면 무조건 반복되는 중심 명사와 동사 및 형용사를 찾아 여러 차례 반복해 읽다보면 대략의 뜻이 잡힌다.

『역경』『논어』『사기』『삼국사기』『일본서기』 등 수많은 동아시아의 고전이 모두 뜻 중심의 문어체 한문으로 씌어졌기 때문에 해독이 그리 어렵지 않다. 이처럼 문어체 한문은 소리보다는 뜻 중심으로 씌어졌고, 조사 · 전치사 · 접속사 같은 허사가 아니라 명사 · 동사 같은 실사 중심으로 쓰인 관계로, 오늘날 동아시아 여러 나라에서 고문으로 계승되고 있는 것이다. 중국어를 모르는 한국인들이 한문 필담을 통해 중국인과 몽고인 또는 일본인과 최소한의 의사소통을 할 수 있는 것도 뜻 중심의 한자 덕이다.

이에 비해 소리 중심의 구어체 한문은 훨씬 복잡하다. 예를 들어 한나라 때 구어체로 씌어진 문장이나 춘추전국시대의 구어체 한문 또는 남북조 시대의 구어체 한문을 오늘 우리가 정확히 알 수 있을까? 당나라 때 구어체 한문을 그대로 이해할 수 있을까? 물론 일부 구어체 문장은 학자들에 의해 해독되기는 한다. 특히 원나라 때 쓰였던 구어체 한문은 상당 부분 해독이 가능하다고 한다. 원나라 때의 구어가 현재 중국어의 기반을 이루고 있기 때문이다.

하지만 각 지방과 시대에 따라 달리 쓰인 사투리와 은어 및 속어 등을 어떻게 다 알 수 있겠는가? 그렇게 볼 때 고대 중국과 한국의 구어체 한문이 상당 부분 아직 해독되지 않은 채로 남아 있는 것은 너무도 당연한 일이다. 예를 들어 남북조 시대의 수많은 한문 작품을 비롯하여, 백제 무녕왕릉에서 발굴된 팔찌에 새겨진 한문이 지금도 해독되기를 기다리고 있다. 그런 의미에서 신라의 구어체 한문인 이두문吏讀文으로 씌어진 향가가 한글학자 양주동에 의해 해독된 것은 기적 같은 일이다. 이로서 오늘의 한국어가 신라어를 기반으로 하고 있다는 놀라운 사실도 알게 되었다. 만약 그렇지 않았다면 향가의 해독은 아예 불가능했을 것이기 때문이다.

위 내용을 정리하자면 한자는 고대 중국·한국·몽골·만주 사람들이 저마다 만들어 사용하고 발전시킨 동아시아의 고문자이다. 그래서 뜻을 중심으로 쓰는 문어체 한문은 각 나라들이 공유하는 반면, 소리를 중심으로 하는 구어체 한문은 각자 달랐다. 바로 그 때문에 오늘날에도 한국과 중국에서 사용하는 한자는 발음과 의미가 서로 다른 것이다. 예를 들어 주走는 한국어로는 '주'라고 읽고 뜻은 '달아나다'지만 중국어로는 '저우'라고 읽고 뜻은 '가다'이다. 또 고소告訴는 한국어로 고소라고 읽고 뜻은 고소하다이지만 중국어로는 까오수라고 읽고 뜻은 알려주다이다. 결속結束의 뜻도 한국어로는 단단히 묶다지만, 중국어로는 마치다이다.

한자에 대해 다시 한번 강조하고 싶은 점은 몽골문자·한글·일본글자·만주글자는 뜻 중심의 한자를 소리 중심의 문자로 발전시켜 많은 민중들이 쓰기

편하게 하려고 창제된 것이지, 한자가 자기네들의 문자가 아니어서 창제된 것이 아니다. 오히려 이들 나라의 민족들은 각각 고유한 표음문자들을 만들어서 이를 민중의 문자로 이용하는 동시에 예로부터 공동으로 계승해온 한자의 발음기호로 사용함으로써 한자를 더욱 발전시켰다고 봐야 한다.

그럼에도 불구하고 일부 한글전용론자들은 한자는 한국의 고유 문자가 아니기 때문에 한국의 글자인 한글만 사용해야 한다고 강변한다. 그렇다면 동이족 등 한국인의 조상이 참여해서 만들고, 고조선 · 고구려 · 백제 · 신라 및 고려 · 조선 시대에 서로 다른 문법으로 발전시켜 사용해온 한자는 우리 것이 아니라는 말인가? 물론 한자가 워낙 배우고 사용하기 어렵기 때문에 신문이나 공문서 같이 일반 대중이 접하는 글의 경우에는 이해하기 쉬운 한글을 전용하는 것이 타당하다. 한글 덕분에 한국에는 중국처럼 글자를 모르는 문맹자들이 거의 없으니 말이다. 하지만 앞서 설명한 대로 한글을 사용하기 이전부터 우리 선조들이 사용한 구어체 한문과 문어체 한문도 중국 것이 아니라 우리의 것인 만큼 이 또한 소중히 계승 발전시켜야 마땅할 것이다.

제2장

사서삼경

삼경

본 장의 제목인 사서삼경을 순서대로 풀면 사서부터 시작해야 마땅하다. 하지만 따지고 보면 사서의 기반이 되는 경전이 바로 삼경이다. 그 때문에 본 절에서는 삼경을 먼저 다루고 사서를 나중에 다루기로 한다. 잘 알다시피 삼경은 『역경易經』『서경書經』『시경詩經』을 말한다. 물론 삼경 말고도 『예기禮記』『춘추春秋』가 더해진 오경도 있다. 또한 세월이 흐름에 따라 삼경과 오경만이 아니라 육경·칠경·구경·십이경·십삼경 등으로 경전의 수가 늘어났다. 육경의 경우는 앞의 오경에다가 음악에 관한 경전인 『악경樂經』이 더해진 것인데, 현재 『악경』은 소실되어 전해지지 않으니, 오늘날에는 육경이란 말도 쓸 수 없게 되었다.

칠경은 오경에다가 『논어論語』와 『효경孝經』이 더해진 것으로, 이 가운데 『효경』은 공자가 증자에게 한 말 중에 효에 관한 것을 증자의 제자들이 정리한 책이다. 또한 『효경』은 백제의 왕인박사가 『논어』『천자문千字文』과 함께 왜국에 전해준 경전이기도 하다. 다음으로 구경은 오경 가운데 『예기』와 『춘추』를 분야와 주석에 따라 각각 세 개의 경전으로 늘려서 합해 놓은 숫자이다. 그렇게 되면 『예기』 하나가 『예기』『주례周禮』『의례儀禮』 등 세 개의 경전으로 늘고, 『춘추』하나였던 것이 『좌씨춘추左氏春秋』『공양춘추公羊春秋』『곡량춘추穀梁春秋』 등 세 개의 경전으로 늘어난다. 이렇게 늘어난 여섯 개의 경전에 『역경』『서경』『시경』 등 세 개의 경전을 합한 것이 바로 구경이다.

십이경은 구경에다가 『논어』『효경』 및 『이아爾雅』를 더한 숫자로, 여기에 첨가된 『이아』는 최초의 한자사전이라고 한다. 수많은 어휘를 모아 설명한 사전이 경전으로 받들어지는 것이 이상할지 모르나, 경전은 고전古典이라는 점을 감안하면 그리 이상한 분류는 아니다. 마지막으로 십삼경의 경전들을 보면 앞서 말한 십이경에다가 『맹자孟子』를 더한 것이다. 이로 보아 삼경에서부터 십삼경까지 있는 경전은 공자와 맹자의 도, 즉 유가사상을 주축으로 삼고 있음을 알 수 있다. 『이아』가 예외일지는 모르나, 이 또한 유가 학자의 손을 거쳐 나왔을 가능성이 높다.

이제 십삼경의 기본이 되는, 동아시아 고전의 백미라고 불러도 지나치지 않을 『역경』 『서경』 『시경』 등 삼경을 소개한다.

1. 『역경』

『역경』은 『역』 또는 『주역周易』으로도 불리는데, 이 가운데 『주역』은 주나라 역이란 뜻으로, 은나라나 다른 나라의 역과 구분해서 부르는 이름이다. 원래 역易이라는 글자는 날 일日과 달 월月이 합쳐진 글자로, 해와 달처럼 돌고 돈다는 뜻이다. 많은 사람들이 『역』 또는 『주역』을 점치는 책으로 알고 있듯, 실제로 이 책은 오래 전부터 점치는 책으로 활용되었다.

하지만 그 보다 더 중요한 것은 이 경전이 담고 있는 변화와 순환의 원리이다. 이 원리에 따르면 모든 것은 고정됨이 없이 흘러간다. 생명이 있는 것이나 없는 것이나 모두 다 한자리에 머물러 있지 않고 끊임없이 바뀐다는 뜻이다. 만물만생이 시작도 끝도 없이 돌고 돈다는 변화와 순환의 원리가 담긴 고전이 바로 『역경』인 것이다. 이 경전에 따르면 달도 차면 기울고, 기울대로 기운 그믐달은 머지않아 다시 꽉 찬 보름달로 바뀐다. 심지어 음陰과 양陽도 가변적이어서, 여자와 남자 중 여자가 음이고 남자가 양이지만 어머니와 아들의 경우는 아들이 음이고 어머니가 양이다.

『역경』은 복희씨伏羲氏가 열어준 팔괘八卦를 벌려서 만든 육십사괘六十四卦에 대한 해설이 핵심을 이루고 있다. 복희씨에 관해서는 다음 장인 신화전설에서 다시 설명하겠지만, 신농씨 · 여왜씨 등과 함께 삼황三皇으로 꼽히는 매우 중요한 신이다. 아무튼 육십 사개의 괘에 해설문이 하나씩 붙여져 모두 육십 사개의 괘사로 구성된 『역』을 공자가 얼마나 애독했던지, 괘사가 새겨진 죽간竹簡, 즉 길쭉한 대나무 판을 이은 끈이 세 번이나 끊어졌다고 한다. 이처럼 공자는 스스로 육십 사개의 괘사를 열렬히 애독했을 뿐 아니라, 그 자신이 육십 사 괘사에 열 가지 주석을 달았는데, 이를 십익十翼이라 한다.

잘 알다시피 팔괘의 명칭은 건乾 곤坤 감坎 리離 손巽 진震 간艮 태兌로, 이는 하늘·땅·물·불·바람·우뢰·산·못을 나타낸다. 하늘 건·땅 곤·물 감·불 리·바람 손·우뢰 진·산 간·못 태 등 팔괘의 부호는 바로 ☰ ☷ ☵ ☲ ☴ ☳ ☶ ☱ 이다. 이 여덟 개의 괘를 차례로 두개씩 묶어 나가면 모두 육십 사 괘가 되는데, 그 첫 번째 괘가 건괘乾卦(건+건)이고, 마지막 예순 네 번째 괘가 미제괘未濟卦(리+감)이다. 이처럼 팔괘는 각각 세 개의 부호를 가지고 있지만, 육십 사 괘는 모두 각각 여섯 개의 부호를 가지고 있다.

하지만 팔괘 이전의 사상四象은 각각 두 개의 부호를 지니고 있다. 사상은 노양老陽·소양少陽·소음少陰·노음老陰이라 부르고 그 부호는 ⚌ ⚎ ⚍ ⚏ 이다. 오늘날 사상의학四象醫學에서 말하는 태양인·소양인·소음인·태음인은 바로 노양·소양·소음·노음의 체질을 가진 사람들이다. 또한 역학자들은 사상을 봄(소양) 여름(노양) 가을(소음) 겨울(노음)같이 계절로 대입하여 보기도 하고, 동(소양) 서(소음) 남(노양) 북(노음)같이 방위로 대입하여 설명하기도 한다.

이처럼 사상이 각각 두 개의 부호를 가지고 있다면, 사상의 기초를 이루는 음양陰陽은 당연히 각각 한 개의 부호를 가지고 있다. 이 부호는 효爻라고 부르는데 음과 양의 효는 잘 아다시피 —와 --이다. 이 음양은 또 태극에서 나왔다. 태극은 흔히 점이나 동그라미로 표현되는데, 편의에 따라 양의 효와 같이 쓰기도 한다.

요컨대, 태극에서부터 음양이 갈라져 나왔고, 음양에서부터 사상(노양 소양 소음 노음)이 나왔고, 사상으로부터 팔괘(건 곤 감 리 손 진 간 태)가 나왔으며 팔괘를 하나하나 더하여 육십 사 괘(건괘에서 미제괘)가 나왔다. 그러니까 하나에서 둘이, 둘에서 넷이, 넷에서 여덟이, 다시 여덟에서 예순 넷이 나온 것이다. 『역경』을 천문·지리·인간의 원리로 해설해본다면 육십 사 괘의 예순 넷이라는 숫자는 자연과 인간이 모두 펼쳐진 모습이고, 태극의 하나라는 숫자는 자연과 인간이 모두 합쳐진 모습이라고 할 수 있다.

태극기는 『역』의 사상이 일목요연하게 녹아 있는 국기이다. 즉 가운데 자리 잡은 태극 속에 음양이 펼쳐있고, 태극기의 네 귀퉁이에는 팔괘의 앞 네 개인 건·곤·감·리가 있다. 일찍이 백제 시대에 역박사를 왜국에 파견했다는 기록이 있음을 보아 『역』과 한국인과의 관계는 어쩌면 중국인의 관계보다 더 밀접하다고 할 수 있다. 한국의 국기가 태극기인 반면 중국의 국기는 붉은 바탕에 노란 별 다섯 개가 있는 오성홍기五星紅旗이기 때문이다. 물론 중국에도 도교사원인 백운관白雲觀 같은 곳에 가보면 태극기와 비슷한 문양이 있다. 도교에서는 태극 이전에 무극이 있는데, 태극을 숫자 1로 본다면 무극은 없을 무無로 시작되는 만큼 숫자 0으로 표기될 수 있겠다. 무극은 노자의 무위無爲사상과도 통하는 개념으로, 이에 대해서는 제3장에서 보다 자세히 다룰 것이다.

『역』은 하나인 태극에서부터 음양·사상·팔괘 및 육십사괘까지 펼쳐지면서 천문·지리 및 인간의 원리를 담고 있는 경전이다. 바로 이 때문에 이 책은 예로부터 인간의 길흉화복을 점치는 기본서로 활용되었다. 『역』으로 점을 치는 방법 가운데 가장 잘 알려진 방법은 50개의 점대를 가지고 점을 치는 시초蓍草점이다. 시초 점은 몇 가지 단계를 거쳐 모두 여섯 개의 음 또는 양의 부호인 효를 얻는데, 이는 반드시 육십사괘 가운데 하나가 된다. 그러면 점치는 이가 그 괘사의 해설을 하는 것이다.

그럼 『역경』에 나와 있는 두세 가지 괘사를 살펴보자. 먼저 하늘과 하늘이 위아래로 겹쳐진 첫 번째 괘인 건괘乾卦(☰)의 설명을 보면 다음과 같다 :

> 건괘는 으뜸이고 형통하며 이롭고 곧다.
> 하지만 초구는 물에 잠긴 용이니 쓰지 말아라.
>
> 乾元亨利貞 건원형리정
> 初九潛龍勿用 초구잠룡물용

이처럼 첫 괘인 건괘는 모든 것 중 으뜸이고 만사형통하며 이롭고 곧지만, 물에 잠긴 용처럼 쓸 수 없다는 해석이다. 완벽한 괘지만 주의하고 경계해야 한다는 것이다.

다음으로 제26괘인 대축괘大畜卦의 괘사를 보자 :

> 대축괘는 이롭고 곧다. 집에서 먹지 않아야 좋고, 큰 강을 건너야 이롭다.
>
> 大畜利貞, 不家食吉, 利涉大川. 대축리정, 불가식길, 리섭대천.

팔괘로 따지면 위에는 산, 아래는 하늘이 있는 대축괘(䷙)는 산 아래에 하늘이 묻혀 있는 형국으로, 어찌 보면 매우 답답한 상태이다. 하지만 해설의 첫머리는 "이롭고 곧다"이다. 그렇지만 집에 콕 박혀서 먹고 산다면 화가 올 수 있으니, 큰 강을 건너서 멀리 가야 좋다고 한다. 이 또한 나쁘기만 한 것도 아니고 좋기만 한 것도 아니다.

마지막으로 제64괘인 미제괘未濟卦의 괘사를 보자 :

> 미제괘는 형통하다. 새끼 여우가 마른 물 위를 건너다 꼬리를 적시니 이롭지 않다.
>
> 未濟亨. 小狐汔濟濡其尾, 無攸利. 미제형, 소호흘제유기미, 무유리.

물 위에 불, 즉 불 밑에 물이 있는 미제괘(䷿)는 물이 불에 의해 말라가는 다급한 상황임을 느끼게 한다. 그래서 여우가 황급히 건너가다가 꼬리를 적시니 이롭지 않다는 해설이 붙어있다. 하지만 이 경우에도 해설은 형통하다로 시작된다. 이처럼 『역경』의 괘사는 대부분의 경우 완벽히 좋은 것도 없고 완전히 나쁜 것도 없다. 마음먹기에 따라 얼마든지 바뀌고 고쳐진다는 것이다. 하지만 후대의 역술가들에 의해 『역경』의 해석이 점차 운명적으로 결정되는 쪽으로 흘러온 감이 있다. 그렇게 변한 데에는 또 그만한 이유가 있겠지만, 중요한 것은 『역경』의 괘사를 참고하여 스스로 자유로운 삶을 사느냐 아니면 괘사를 풀어주는 사람들의 말에 전적으로 의지한 나머지 부자유스럽게 사느냐는 순전히 그 사람의 선택에 달려 있다는 사실이다.

『역경』을 기반으로 하여 훗날 오행설과 상생상극설이 나왔다. 이 설에 따르면 오행, 즉 화 수 목 금 토가 서로 돌아가며 상대를 살리기도 하고 죽이기도 한다.

그러니까 상생의 원리에 따르면 수(물)는 목(나무)을 살리고 목은 화(불)를 살리고 화는 토(흙)를 살리고 토는 금(쇠)을 살리고 금은 다시 수를 살린다. 한편 상극의 원리에 따르면 수는 화를 죽이고 화는 금을 죽이며 금은 목을 죽이며 목은 토를 죽이고 토는 수를 죽인다. 이른바 오행설과 상생상극설은 바로 이 같은 기초 위에서 자연과 인간이 돌고 돌면서 죽이거나 살리는 학설인 것이다.

흔히 말하는 사주四柱는 태어난 년 월 일 시를 간지干支로 짚어낸 다음 이를 주로 음양과 오행으로 풀이하는 것이다. 간지력은 해를 기본으로 하는 태양력과 달을 기본으로 하는 태음력을 조합한 것으로, 10개의 해를 뜻하는 십간十干(갑을병정무기경신임계)에 12개의 달을 뜻하는 십이지十二支(자축인묘진사오미신유술해)를 하나씩 맞춰가며 만든다. 여기 나오는 십이지는 또 쥐 소 호랑이 토끼 용 뱀 말 양 원숭이 닭 개 돼지 등 열 두 짐승을 상징하는 띠의 명칭이기도 하다.

십간은 또 양陽인 하늘의 줄기라는 뜻으로 천간天干이라 부르고, 십이지는 음陰인 땅의 가지라는 뜻으로 지지地支라 부르기도 한다. 이 십간과 십이지를 조합하여 갑자甲子년 · 을축乙丑년 · 병인丙寅년……등 년 월 일 시의 명칭을 삼는 역법이 바로 간지력이다. 간지력으로 보면 매 60년마다 똑 같은 간지가 돌아온다. 그래서 만약 갑오년에 태어난 사람이라면 만 60세가 되면 또 갑오년을 맞게 되는 것이다. 흔히 환갑還甲이라고 말하는 건 바로 이를 두고 하는 말이다.

잘 알다시피 사주四柱는 태어난 년 · 월 · 일 · 시를 표시하는 네 개의 기둥을 뜻하고, 팔자八字는 년 월 일 시라는 네 개의 기둥에 각각 두 글자씩 부여하여 만든 여덟 글자를 뜻한다. 예를 들어 생년이 갑오, 생월이 병자, 생일이 계축, 생시가 경신인 사람은 갑오 · 병자 · 계축 · 경신이라는 네 개의 기둥, 즉 사주四柱와 갑 · 오 · 병 · 자 · 계 · 축 · 경 · 신이라는 여덟 개의 글자, 즉 팔자八字를 얻게 되는 것이다. 사람들이 말하는 사주팔자는 바로 이를 두고 하는 말이다.

사주팔자는 주로 음양오행으로 풀이하지만 해석에 따라 큰 차이를 보이기도 한다. 또한 당唐사주 송宋사주 한韓사주 등 시간과 공간에 따라 서로 다른 풀이가 있다. 그래서 한 역술가가 나의 사주팔자를 이렇게 풀었다고 해서 나의 운명이 꼭 그렇게 전개되는 것은 아니다. 왜냐하면 만물의 영장인 사람은 각자 자유로운 마음을 지니고 있어서 그 마음을 어떻게 쓰느냐에 따라서 팔자도 운명도 바꿀 수 있기 때문이다.

그런 의미에서 본다면 흔히 말하는 아홉수(19세 29세 39세……)나 삼재(전쟁 질병 기근), 팔난(배고픔 목마름 추위 더위 수해 화재……)을 피하는 비방을 쓰거나 부적을 붙이는 일은 어리석은 일이다. 또한 점치는 사람을 찾아 신수나 궁합을 보거나 택일을 하기보다 자기 마음에 중심을 단단히 세우는 일이 더 긴요하고 시급한 일이다. 그래서 발을 보는 족상足相이 손을 보는 수상手相보다 못하고, 수상은 얼굴을 보는 관상觀相만 못하고, 관상은 마음 씀씀이를 보는 심상心相만 못하다고 하는 것이다. 『역경』이 보여주고 있는 육십 사 점괘의 무수한 변수는 바로 이를 깨우쳐주고 있다.

2. 『서경』

『서경』은 문헌으로 전해지는 가장 오래된 정치서이다. 『서』 또는 『상서尙書』라고도 불리는 이 책에는 요堯임금에서부터 주周나라 무武왕까지 역대 임금들의 언행이 기록되어 있다. 『서경』은 원래 3천편이 넘었는데, 공자가 이를 정리한 후 100편을 뽑아서 전했다고 한다. 하지만 지금 우리가 볼 수 있는 『서경』은 위진남북조시대 동진東晋 사람 매색梅賾이 전했다는 32편이다. 이렇게 된 과정에는 진시황의 분서갱유로 인한 원본의 소실과 한나라 사람 공안국孔安國의 복원 노력이 깃들여져 있다.

물론 동진의 매색이 전했다는 32편도 당나라 송나라 원나라 명나라 청나라를 거치면서 많은 사람들이 넣고 빼고 했을 것이다. 앞서 다룬 『역경』 또한 수천 년 전 공자가 정리한 그대로 우리가 보는 것이 아니라 후대의 학자들에 의해 고쳐지고 또 바뀌졌음은 물론이다. 그 증거로는 경전의 내용이 앞뒤가 안 맞는다든가 심지어 문맥이 안 통하는 부분이 적지 않다는 점을 들 수 있다. 그 때문에 모든 경전 내용을 놓고 늘 진짜냐 가짜냐 하는 문제가 따라다닌다.

『서경』은 모두 네 개의 부분으로 나뉘어져 있다. 「우서虞書」 「하서夏書」 「상서商書」 「주서周書」가 그것이다. 먼저 「우서」는 요임금과 순舜임금 등을 다루고

「하서」는 우禹임금과 걸桀임금 등을 다루고 있다. 또한 「상서」는 탕湯임금과 주紂임금을 다루고, 「주서」는 문文임금과 무武임금을 다루고 있다. 「우서」는 요임금과 순임금이 다스린 나라가 우나라였기 때문에 붙은 명칭이고, 「하서」는 우임금 걸임금이 다스린 나라가 하나라였기 때문에 붙은 명칭이다. 또 「상서」는 탕임금 주임금이 다스린 나라가 상商나라였기 때문에 붙은 명칭이고, 「주서」는 문임금 무임금이 다스린 나라가 주나라였기 때문에 붙은 명칭이다. 여기서 말하는 상商나라는 은殷나라의 다른 이름으로, 고고학적으로는 바로 이 은나라로부터 중국의 역사가 시작되었고 그 이전의 우나라와 하나라는 신화시대로 간주된다.

『서경』의 내용은 역대 왕들이 어떻게 왕위에 올랐는지, 또 누구를 만나서 무슨 이야기를 나누었고 어떻게 권자에서 물러났는지 등으로 이루어졌다. 예를 들어 「우서」에 보면 요임금이 나라를 평화롭게 다스리다가 왕위를 자신의 아들이 아닌 순에게 넘겨주었다고 기록되어 있다. 순임금 또한 자신의 아들에게 왕위를 세습하지 않고 우임금에게 선양했다고 한다. 이 이야기는 오늘날 알고 있는 혈연 중심의 유교적 전통이 훗날의 유학자들에 의해 변질된 것이지 원래 유교적인 전통이 아님을 알려주고 있다. 원시 유교 사상은 조상의 대를 잇는 것보다 성인의 도를 잇는 것을 더 중시했던 것이다.

민주주의 사회인 오늘날 한국에서도 기업체의 사장이 자신의 아들에게 회사를 상속하고, 사회주의 국가인 북한에서도 최고지도자가 자식에게 나라를 통째로 물려준다. 그런데 그 옛날 왕국에서 왕세자가 나라를 다스릴 그릇이 되지 못하기 때문에 세손이나 대군도 아닌 생판 남에게 나라를 물려주었다니 놀라운 일이다. 바로 그 때문에 요임금과 순임금의 왕위선양은 유교의 이상인 현군賢君의 덕치德治로 추앙되고 있다. 그래서 지금도 요순시대 하면 태평성대를 가리키는 의미로 사용되는 것이다.

다음으로 「하서」에는 곤鯀임금이 다스리지 못한 홍수를 우禹임금이 잘 다스려서 백성을 편하게 했다는 기록이 있다. 또한 「상서」에는 하나라의 마지막 왕인 걸임금이 애첩 말희妺喜에 빠져 정사를 그르치다가 은나라를 세운 탕임금에게 멸망당한 이야기가 실려 있다. 마지막으로 「주서」에는 은나라의 마지막 왕인 주임금이 역시 애첩 달기妲己에 빠져 매일 술과 고기를 즐비하게 늘어놓고 방탕하다가 주나라를 세운 무임금에게 멸망당하는 이야기가 있다. 주지육림酒池肉林이라는 고사성어는 바로 이로부터 비롯된 것이다.

이 같은 이야기는 주나라의 마지막 임금인 유왕幽王과 그의 애첩 포사褒姒의 이야기로 후대에 계속 이어진다. 그럼 나라를 망하게 할 만큼 예쁜 여자라는 뜻을 가진 경국지색傾國之色의 유래이기도 한 포사의 이야기를 보자. 주나라 유왕의 애첩 포사는 잘 웃지를 않았다. 한번은 봉화를 잘못 올려 사방에서 제후들이 군대를 이끌고 왔다가, 아무 일이 없자 허탈한 표정이 되는 제후들을 본 포사가 깔깔 웃었다. 이 모습을 본 유왕은 그녀의 웃는 모습을 또 보려고 일부러 거짓 봉화를 올려 사방에서 제후들이 군대를 이끌고 오게 했다. 좀처럼 웃지 않는 포사가 제후들이 허둥지둥 궁궐로 달려오는 모습을 보고 또 깔깔 웃었다. 그러자 유왕은 그녀를 웃기고 싶을 때마다 거짓 봉화를 올렸다. 그때마다 번번이 속은 제후들은 진짜 적들의 공격을 당해 유왕이 봉화를 올렸지만, 어떤 제후도 이를 믿지 않고 오지 않았기 때문에 결국 주나라가 망했다는 것이다.

『서경』에서 유래된 경국지색은 훗날 춘추시대 월나라의 서시西施로 이어진다. 즉 월나라 왕 구천이 서시를 오나라 왕 부차에게 바쳐 오나라를 멸망하게 했다는 것이다. 또 당나라 현종의 비였던 양귀비도 비록 나라를 당장 멸망하게 하지는 않았다 하더라도 임금의 총기를 흐리게 하여 안록사의 난을 불러일으켰다는 점에서 경국지색으로 친다. 오늘날 중국에서는 서시와 양귀비와 함께 한나라 원제元帝 때 흉노에게 시집간 궁녀 왕소군王昭君을 3대 미녀로 치는데, 왕소군만은 경국지색을 면했다고 할 수 있다.

하지만 말희 · 달기 · 포사 · 서시 때문에 하나라 은나라 주나라 그리고 오나라가 망했다는 기록은 사실이 아닐 수도 있다. 왜냐하면 역사는 항상 멸망당한 자의 입장에 서기보다 멸망시킨 자의 입장에서 기술되기 때문이다. 한 나라를 멸망시킨 승리자는 자신의 행위를 정당화하기 위해 멸망당한 패배자의 인격적 파탄을 과장한다. 백제 의자왕의 삼천 궁녀 또한 같은 맥락에서 재조명할 필요가 있다. 그럼에도 불구하고 오늘날에도 한 여인이 집권자의 총기를 흐리게 하여 온 나라를 뒤흔든다고 수군거리는 사람이 많은 걸 보면 예나 지금이나 미인계는 여전히 유효한 듯하다.

이제 「주서」의 한 대목을 살펴보자. 아래 대목은 주나라 무왕武王이 은나라의 유신이자 기자조선을 세운 기자箕子를 초빙하여 하늘의 법도를 물은 데 대하여 기자가 답변한 내용이다 :

> 제가 듣기에 옛날 곤임금이 홍수를 막지 못해 오행을 어지럽혔습니다. 이에 하느님께서 진노하사 아홉 가지의 큰 법도인 홍범구주를 내려주지 않아서, 아름다운 법도가 사라졌습니다. 그 결과 곤임금은 사형을 당하고 우임금이 그 뒤를 이어 나라를 일으켰습니다. 그러자 하늘이 마침내 우임금에게 홍범구주를 내려주어 아름다운 법도가 펼쳐졌습니다.
>
> 아름다운 법도인 홍범구주의 첫째는 오행이고 둘째는 오사를 정중히 처리함이고 셋째는 팔정에 힘씀이고 넷째는 오기를 조화로이 씀을 말합니다. 다섯째는 황극을 굳게 세움이고 여섯째는 삼덕으로 다스림이고 일곱째는 의심스러운 점을 밝힘이고 여덟째는 갖가지 징조를 잘 생각함을 말합니다. 마지막으로 아홉째는 오복을 베풀고 육극으로 권위를 세움을 말합니다.
>
> 我聞在昔, 鯀陻洪水, 汨陳其五行, 帝乃震怒, 不畀洪範九疇, 彝倫攸斁. 鯀則殛死, 禹乃嗣興, 天乃錫禹洪範九疇, 彝倫攸敍.
>
> 初一曰五行, 次二曰敬用五事, 次三曰農用八政, 次四曰協用五紀, 次五曰建用皇極, 次六曰乂用三德, 次七曰明用稽疑, 次八曰念用庶徵, 次九曰嚮用五福威用六極.
>
> 아문재석, 곤인홍수, 골진기오행, 제내진노, 불비홍범구주, 이륜유두. 곤즉극사, 우내사흥, 천내석우홍범구주, 이륜유서.
>
> 초일왈오행, 차이왈경용오사, 차삼왈농용팔정, 차사왈협용오기, 차오왈건용황극, 차육왈예용삼덕, 차칠왈명용계의, 차팔왈염용서징, 차구왈향용오복위용육극.

위 대목을 요약하자면 다음과 같다. 즉 곤임금이 수 금 화 목 토의 오행五行 중 하나인 수, 즉 물을 다스리지 못해 오행의 흐름을 어지럽혀 하느님의 진노를 샀다. 그래서 곤임금은 하늘의 법도인 아홉 가지의 큰 법도인 홍범구주를 받지 못했고, 그 결과 나라가 어지러워졌으며 결국 죽임을 당했다. 그 후 우임금이 홍수를 잘 다스리자 하늘이 우임금에게 홍범구주를 하사하여 나라가 잘 다스려졌다는 것이다.

이어서 기자는 홍범구주를 이렇게 설명한다. 먼저 첫째 법도는 수水 화火 목木 토土 금金 등 오행의 흐름을 잘 유지하는 것이다. 물·불·흙·나무·쇠를 잘 다스려야 하는 것이다. 둘째는 모貌 언言 시視 청聽 사思 등 오사五事, 즉 몸가짐·말하는 것·보는 것·듣는 것·생각을 정중히 해야 한다. 좋은 표정과 태도로 잘 말하고 잘 보고 잘 듣고 잘 생각해야 한다는 뜻이다. 셋째는 식食 화貨 사祀 사공司空 사도司徒 사구司寇 사師 빈賓 등 팔정八政에 힘써야 한다. 여기에서 식은 먹거리이고 화는 일상용품이고 사는 제사를 뜻한다. 또 사공은 국토를 다스림이고, 사도는 국민을 다스림이며 사구는 공공의 적을 다스림을 말한다. 또한 사는 군대이고 빈은 외국 손님을 말한다. 요컨대 팔정, 즉 여덟 가지 다스림은 나라의 여덟 개 정부 부처에서 하는 정무이다. 그러니까 식은 농수산부가 맡는 일이고 화는 상공부가 처리하는 일이다. 사는 제사를 담당하는 부서로 오늘날 이에 해당하는 부처는 없다. 다음으로 사공은 국토건설부·사도는 내무부·사구는 법무부에 해당된다. 마지막으로 사는 국방부·빈은 외무부에 대입될 수 있겠다.

다음으로 넷째 법도는 연 월 일 성신 역법 등 오기五紀, 즉 연 월 일 시를 역법에 맞게 잘 조절해야 한다는 것이다. 그러니까 연월일시를 태음력이나 간지력 같은 역법에 맞게 잘 운용하는 것을 말한다. 다섯째는 황제의 중심자리인 황극皇極을 굳건히 세우라는 법도이다. 한마디로 중심축을 황제에게 둔다는 뜻이다. 여섯째는 삼덕, 즉 정직과 권위와 관용으로 다스리는 법도이다. 민중을 다스릴 때는 정직을 기본으로 하되, 때로는 권위로 제압하고 때로는 관용으로 다독이라는 뜻이다.

일곱째 법도는 의심스러운 일이 발생했을 때는 반드시 이를 밝히라는 것이다. 임금 혼자 독선적으로 묻어두지 말라는 뜻이다. 여덟째는 나라에 이상한 징조가 보이면 이를 심사숙고해야 한다는 것이다. 예를 들어 개미떼가 갑자기 높은 산으로 올라가면 홍수가 올 징조로 받아들이라는 뜻이다. 마지막으로 아홉 번째 법도는 백성이 장수·부유함·편안함·후덕함과 천수를 다하는 등의 오복五福을 누리게 하고, 요절·질병·근심·가난·악함·약함 등의 육극六極을 경계하도록 한다. 성실한 백성에게는 복을 주고 불성실한 백성에게는 화를 준다는 뜻이다.

이처럼 홍범구주는 하느님이 임금에게 부여하는 크고 아름다운 법도로, 자연과 인간의 기본법인 오행을 바탕으로 하고 있다. 중요한 점은 임금의 몸가짐과 언행을 무엇보다 강조하고 있다는 사실이다. 임금의 수신修身과 수행修行을 가장 중시하고 있는 것이다. 그리하여 임금은 국민을 잘 살 수 있도록 먹거리에서부터 외교까지 나라 안팎을 하나하나 점검하고, 날짜와 시간을 계산하는 법을 잘 조절하여 백성들이 때맞춰 농사짓고 생활하는 데 불편이 없게 해야 한다. 그러기 위해서 황제의 중심자리를 굳게 세우고 정직과 권위와 관용이라는 덕으로써 백성을 잘 이끌어야 한다. 하늘이 부여하는 권력을 마구 휘두르지 않고 백성을 위해 근중하게 쓰라는 뜻이다.

또한 의심스러운 점은 반드시 만천하에 밝히고, 나라 안팎에 나타나는 이상한 징조를 잘 헤아려서 대책을 세워야 한다. 그리하여 백성들로 하여금 오래 살고 부유하고 편안하며 덕행을 좋아하다가 제 명에 죽는 오복을 향유하게 한다. 다른 한편으로는 흉하게 일찍 죽거나 질병에 시달리고 근심걱정하고 가난하고 사악하고 유약한 이른바 육극을 멀리 하도록 위엄을 세워야 하는 것이다.

중요한 점은 기자가 주나라 무왕에게 이 같이 홍범구주를 설명하면서 은근히 무왕에게 만약 하늘의 법도인 홍범구주를 잘 펼쳐내지 못하면 곤왕처럼 홍범구주를 빼앗기고 죽음에 이를 것이라고 경고하고 있다는 사실이다. 여기서 또 짚고 넘어갈 점은 기자가 동이족인 은나라 출신으로서, 은나라가 망하자 주나라의 신하되기를 원하지 않았다는 사실이다. 뿐만 아니라 오히려 조선의 이름을 취하여 국명을 기자조선이라고 했다는 사실이다. 그렇게 볼 때 「주서」홍범편에 있는 홍범구주는 은나라와 고조선 등 동이족의 정치철학이라고 해도 지나친 억측은 아닐 것이다.

3. 『시경』

『역경』과 『서경』이 가장 오래된 산문이라면 『시경』은 가장 오래된 운문이라고 할 수 있다. 『시』라고도 불리는 『시경』은 사실 시詩뿐만 아니라 사辭 부賦 사詞 등 후대 모든 운문의 모태가 되는 경전이다. 『시경』은 『역경』과 『서경』이 그렇듯 공자의 손을 거쳐서 나왔다고 알려졌다. 즉 공자가 생존했던 춘추 시대의 여러 나라에 수천편의 시들이 있었는데, 공자가 그 가운데서 삼백다섯 편을 추려서 전했다는 것이다. 그래서 『시경』은 『시삼백』으로도 불린다.

실제로 공자는 음악과 시를 매우 즐겼다고 전한다. 그래서 자신의 목숨이 경각에 달려 있을 때에도 느긋하게 거문고를 탔다고 한다. 또한 그는 "시에는 사악함이 없다"라고 했다. 평론이나 소설이 화려하고 교묘한 수식어를 동원하여 사악한 선동을 할 수 있는 반면에 시는 상대적으로 그렇게 하기 어렵다는 점을 생각할 때, 공자의 이 말은 맞다. 공자는 심지어 "시를 모르는 사람과 대면하면 마치 담벼락과 마주하고 있는 것 같다"라고 할 만큼 시의 중요성을 강조했다.

하지만 오늘날 우리가 볼 수 있는 『시경』은 공자가 간추렸다는 삼백다섯 편의 『시삼백』이 아니다. 오늘날의 『시경』은 다음과 같은 과정을 거쳐서 우리에게 전해졌다. 즉 한나라 때에는 『삼가시三家詩』와 『모시毛詩』 등 두 가지 판본이 있었는데, 이 가운데 『삼가시』는 소실되었다. 원래 『삼가시』는 「한시韓詩」「제시齊詩」「연시燕詩」 등 세 나라의 시를 모은 것으로, 한나라 제나라 연나라가 모두 동이족의 터전인 산동성과 하북성에 있음을 볼 때 이 판본의 소실은 안타까운 일이다. 하지만 다행히 모공毛公이라는 사람이 편집했다는 『모시』가 전해져 오늘에 이르렀다. 그렇다고 해서 한나라 때 모공이 편집한 『모시』를 지금 우리가 보는 것은 아니다. 지금 우리가 보고 있는 『시경』은 이후 많은 왕조를 거치면서 수많은 학자들에 의해 수정되고 가필된 판본인 것이다.

모두 305편이 수록되어 있는 『시경』의 시들은 대략 두 가지 방식으로 모아졌다고 전한다. 그 하나는 관리가 민요를 수집하는 방식이고, 다른 하나는 글을 아는 선비들이 지어서 바치는 방식이다. 흔히 『시경』은 풍風 아雅 송頌 등 세 부분으로 이루어졌다고 하는데, 이 중에 풍이 바로 각 나라에서 수집된 민요이고, 아와 송은 선비들이 지어서 바친 시들이다.

『시경』 305편의 반 이상을 차지하는 160편이 풍으로, 풍은 주로 황하 유역 15개국의 민요와 노동요로 이루어져 있다. 비교적 짤막한 서정시인 풍은 오늘의 하남성 하북성 산동성 산서성 섬서성 및 호북성 등지에 있었던 열다섯 나라에서 불러졌다는 민요이다. 다음으로 아는 모두 105편으로, 주로 조정에서 조회를 할 때나 연회를 베풀 때 읊었던 격조 높은 시이다. 그 때문에 아는 풍에 비해서 좀 더 길고 수사적이고 서사적인 내용으로, 역시 우아한 곡조인 아악雅樂에 맞춰 낭송되었다고 전한다. 마지막으로 송은 주로 나라에서 제사를 지낼 때 편종이나 편경 같은 장중한 악기의 반주에 맞춰 낭송된 제시祭詩이다. 춘추시대 노나라의 송과 주나라의 송 및 은나라의 송 등 모두 40편이 전해지고 있다.

그럼 백문이 불여일견이라고 『시경』의 풍 한 작품과 아 한 작품을 감상하기로 하자. 먼저 풍 「관관저구關關雎鳩」, 즉 「꽌꽌 우는 물새」를 감상해 보자 :

꽌꽌 우는 물새가 황하 가에 있듯이
아리따운 숙녀를 군자가 즐겨 찾는다오.
들쭉날쭉한 물풀을 이리저리 헤집듯이
아리따운 숙녀를 자나깨나 찾는다오.
구해도 얻지 못하자 자나깨나 그 생각에
오랫동안 오랫동안 이리 뒹굴 저리 뒹굴
들쭉날쭉 물풀을 이리저리 채집하듯이
아리따운 숙녀와 금슬 좋게 벗을 삼아
들쭉날쭉 물풀을 이리저리 고르듯이
아리따운 숙녀와 북을 치며 즐긴다오

關關雎鳩 在河之洲 관관저구 재하지주
窈窕淑女 君子好逑 요조숙녀 군자호구
參差荇菜 左右流之 참치행채 좌우류지
窈窕淑女 寤寐求之 요조숙녀 오매구지
求之不得 寤寐思服 구지불득 오매사복
悠哉悠哉 輾轉反側 유재유재 전전반측
參差荇菜 左右采之 참치행채 좌우채지
窈窕淑女 琴瑟友之 요조숙녀 금슬우지
參差荇菜 左右芼之 참치행채 좌우모지
窈窕淑女 鐘鼓樂之 요조숙녀 종고락지

원래 한 행에 4자씩 모두 20행으로 되어 있는 이 시를, 위에서는 두 행씩 묶어 한 행에 8자씩 총 10행으로 만들었다. 물새를 군자로 상징하고 물풀을 숙녀로 상징한 이 시는 모두 16자씩 5부분으로 나뉜다. 즉 관관저구에서 군자호구까지의 첫 부분은 물새가 황하에 있으면서 물풀을 찾듯이 군자가 아름다운 숙녀를 찾는 마음을 표현했다. 참치행채부터 오매구지까지의 두 번째 부분은 물새가 갖가지 물풀을 이리저리 헤집으며 찾듯이 군자도 숙녀를 자나 깨나 찾음을 나타냈다.

또 구지불득에서 전전반측가지의 세 번째 부분은 군자가 숙녀를 찾았지만 사랑을 얻지 못하자 자나 깨나 생각하며 오래오래 잠들지 못하고 뒤척임을 표현하고 있다. 다음 참치행채부터 금슬우지까지의 네 번째 부분은 물새가 물풀을 이리저리 뜯어내듯 군자도 아름다운 숙녀의 마음을 얻어 벗을 삼게 됨을 나타낸다. 마지막 참치행채에서 종고락지까지의 다섯 번째 부분은 물새가 물풀을 잘 고르듯이 군자도 숙녀와 잘 조율하여 풍악으로 즐기게 됨을 말한다.

한마디로 통속적인 민요이다. 재미있는 점은 여기서 말하는 군자는 공자가 말하는 수신을 이룬 군자라기보다 그냥 한 선비 또는 한 남자에 불과하다고 할 수 있다. 숙녀 또한 마찬가지로 한 여자로서, 이 둘은 평범한 선남선녀라고 하겠다. 한 행에 4글자, 즉 사언체로 되어 있는 이 시는 군자를 물새로 숙녀를 물풀로 상징하는 상징법과 참치행채나 요조숙녀를 반복해서 사용하는 반복법 및 압운押韻법을 잘 운용하고 있다. 압운법이란 각 행의 맨 첫 글자의 발음인 두운頭韻과 각 행의 중간 글자인 요운腰韻 및 각 행의 마지막 글자의 발음인 각운脚韻을 맞추는 것을 말한다. 이 시에서는 각운(우 · 으 · 어)을 맞추고 있다. 뿐만 아니라 이 시에서는 "꽌꽌"같은 의성어와 "들쭉날쭉"같은 의태어를 잘 살려 청각적이고 시각적인 효과도 노리고 있다.

이처럼 단순하지만 깔끔한 수사법을 구사한 것으로 보아 이 시는 서민들이 자연스럽게 지어서 유포된 민요라기보다 글을 알고 풍류를 즐기는 선비가 지었을 가능성이 높다고 하겠다. 아니 어쩌면 원래 민간에 유포된 민요였으나 선비들의 손을 거쳐 단정한 모습을 갖추었을 수도 있다.

「꽌꽌 우는 물새」가 서정적인 민요, 즉 풍風의 대표작이라면 다음에 소개할 「한혁韓奕」, 즉 「한나라는 위대하다」는 비교적 길고 서사적인 아雅 작품이다. 이 시는 춘추시대 한韓나라와 그 나라를 다스리는 제후의 위대함을 찬미하고 있다. 한국의 한과 같은 글자인 한나라는 물론 현재 한국과 직접 관계는 없다. 하지만 춘추시대의 한나라는 지금의 하북성에 있었던 맥족貊族의 나라로, 맥족은 예맥족의 한 갈래임을 볼 때, 현재의 한국과 연관이 없다고 보기도 어렵다. 이제 「한나라는 위대하다」를 감상해 보자 :

위대한 양산 지방을 우임금이 다스렸는데
도에 밝은 한나라 제후가 명을 받았다
왕이 명하기를 그대가 조상을 계승하여
짐의 명을 저버리지 말고 조석으로 부지런히
자리를 삼가면 짐의 명은 바뀌지 않으리니
조공 안하는 나라를 다스려 짐을 보좌하라.

네 마리 말들은 크고도 높은데
한나라 제후 입궐할 때 큰 홀을 들고 있다
입궐하여 왕을 뵈니 왕이 선물을 하사한다
멋진 깃대와 깃머리 장식, 차 가리개와 말 멍에
검은 곤룡포와 붉은 신, 말 배띠와 이마장식, 그리고 수레장식
호피 가죽 덮개와 고리 달린 고삐.

한나라 제후 궁성을 나와 도 지방에 머무르니
현보가 송별회를 여는데 맑은 술 백단지라
안주는 무엇인가? 구운 자라와 생선이다
채소는 무엇인가? 죽순과 부들이다
선물은 무엇인가? 네 마리 말과 큰 수레다
그릇마다 요리가 그득하니 제후가 기뻐 즐긴다

한나라 제후가 아내를 얻으니 분왕의 조카인
궤보의 따님으로, 한나라 제후 그녀를 맞으러
궤씨 마을에 가는데, 수많은 수레들 덜컹덜컹
말방울 달랑달랑 그 빛 몹시도 환하구나
여러 시녀들 따라오는데, 구름처럼 많고 많아
한나라 제후 돌아보니 대문 안이 찬란하다

궤보 매우 용감하여 안 가본 나라 없는데

딸의 혼처 알아보니 한나라만한 곳 없었다
즐거운 한나라 땅엔 냇물 못물 넘쳐흘러
방어 연어 큼직하고 암사슴 숫사슴 우글우글
곰 있고 말 곰 있고 삵도 있고 범도 있어
좋게 보고 딸을 시집보내니 그의 딸 편히 즐긴다

거대한 한나라 성은 연나라 백성들이 쌓은 뒤
선조의 명을 받들어 많은 오랑캐를 다스렸다
왕이 한나라 제후에게 추와 맥 나라를 맡기고
북방 나라까지 하사하여 주인 노릇 하게 하니
한나라 제후 성을 쌓고 논 갈고 세금 정해
담비가죽과 붉은 호피, 말 곰 가죽을 바친다

奕奕梁山 維禹甸之 혁혁양산 유우전지
有倬其道 韓侯受命 유탁기도 한후수명
王親命之 纘戎祖考 왕친명지 찬융조고
無廢朕命 夙夜匪解 무폐짐명 숙야비해
虔共爾位 朕命不易 건공이위 짐명불이
榦不庭方 以佐戎辟 간불정방 이좌융벽

四牡奕奕 孔脩且張 사모혁혁 공수차장
韓侯入覲 以其介圭 한후입구 이기개규
入覲于王 王錫韓侯 입구우왕 왕석한후
淑旂綏章 簟茀錯衡 숙기수장 점불착형
玄衮赤舄 鉤膺鏤錫 현곤적석 구응루석
鞹鞃淺幭 鞗革金厄 곽굉천멱 조혁금액

韓侯出祖 出宿于屠 한후출조 출숙우도
顯父餞之 清酒百壺 현부전지 청주백호
其殽維何 炰鱉鮮魚 기효유하 포별선어
其蔌維何 有筍及蒲 기속유하 유순급포
其贈維何 乘馬路車 기증유하 승마로거
籩豆有且 侯氏燕胥 변두유차 후씨연서

韓侯取妻 汾王之甥 한후취처 분왕지생

蹶父之子 韓侯迎之　궐부지자 한후영지
于蹶之里 百兩彭彭　우궐지리 백량팽팽
八鸞鏘鏘 不顯其光　팔난장장 불현기광
諸娣從之 祁祁如雲　제제종지 기기여운
韓侯顧之 爛其盈門　한후고지 란기영문

蹶父孔武 靡國不到　궐부공무 미국불도
爲韓姞相攸 莫如韓樂　위한길상유 막여한락
孔樂韓土 川澤訏訏　공락한토 천택우우
魴鱮甫甫 麀鹿噳噳　방서보보 우록우우
有熊有羆 有貓有虎　유웅유비 유묘유호
慶旣令居 韓姞燕譽　경기영거 한길연예

溥彼韓城 燕師所完　부피한성 연사소완
以先祖受命 因時百蠻　이선조수명 인시백만
王錫韓侯 其追其貊　왕석한후 기추기맥
奄受北國 因以其伯　엄수북국 인이기백
實墉實壑 實畝實籍　실용실학 실무실적
獻其貔皮 赤豹黃羆　헌기비피 적표황비

비교적 긴 서사시인 이 시는 한韓나라 후가 주周나라 왕에게 가서 양산 지방을 하사받았을 뿐 아니라 왕에게 갖가지 귀한 선물을 받고, 또 도屠 지방과 분汾 지방의 실력가들에게 환대를 받고 아내까지 얻어 금의환향하는 모습을 세세히 그리고 있다.

시의 첫 부분에 나오는 양산은 지명으로, 옛날 하夏나라의 우禹왕이 다스렸던 곳이다. 이곳은 또 춘추시대 연燕나라와 제齊나라가 있었던 땅으로, 오늘날 하북성 일대를 말한다. 주나라 왕은 한나라 후를 불러들여 바로 이 땅과 함께 깃발과 마차, 그리고 귀한 말 장식과 호피 깔개, 그리고 곤룡포와 붉은 신까지 하사하는 것이다. 또한 도 지방을 다스리고 있는 실력가 현보도 그를 초대해서 상다리가 부러질 만큼 차린 송별 연회를 베풀어주고, 네 필의 말과 수레까지 선물한다. 그 뿐이 아니다. 분왕의 조카인 궤보도 한나라의 실력가인 그에게 자기 딸을 내준다.

이 시의 마지막 부분은 한나라의 풍요롭고 정돈된 모습을 찬미하고 있다. 즉 한나라의 산에는 곰과 범, 그리고 사슴이 뛰어놀고, 물에는 연어와 방어 등 물고기로 가득하다. 또한 제나라 때부터 쌓은 성곽도 잘 갖춰져 있어 맥나라와 추나라 등 북방 나라들까지 한나라의 그늘 하에 있다는 것이다.

이 시에 따르면 주나라 왕이 한나라 후에게 추나라 맥나라 땅뿐 아니라 온갖 선물을 하사했다고 한다. 실제로 후는 왕의 밑에 있는 신분이다. 그래서 시의 끝 부분에 한나라 후가 왕에게 세금을 낸다. 하지만 실제로 주나라 왕은 거의 명목상의 왕일 뿐 실권은 한나라 후에게 있는 것으로 보인다. 그렇지 않고서야 그가 한나라뿐 아니라 추나라 맥나라까지 다스릴 수 있었을 리가 없다. 또한 도지방의 실력가 현보가 그를 대대적으로 환대하고, 분왕의 조카인 궤보가 자기 딸을 그에게 시집보냈을 리도 없다.

물론 이 시에 나오는 한나라 민족이 오늘날 한국의 민족과 똑같은 민족은 아니다. 하지만 이 시에 등장하는 연나라・추나라・맥나라의 민족이 하북성과 산동성 등지에 살았던 동이족 또는 예맥족이었음을 감안하면 「한나라는 위대하다」의 한나라는 마한 변한 진한 등 삼한三韓의 한나라와 무관한 나라라고 보기는 어렵다.

사서

사서는 삼경과 함께 고려 광종 때부터 조선시대까지 과거시험의 주요 과목이었다. 참고로 조선시대의 과거제도를 잠깐 보면 문과, 무과, 잡과가 있었다. 이 가운데 중인中人이 보는 잡과(통역, 의술, 음양)는 제외하고, 양반이 보는 무과武科와 문과文科를 보면 무과는 『손자병법』 같은 병서와 무술 실기만 치르면 되었다. 이에 비해 문과는 문학・역사・철학 등 고전을 두루 이해하지 않으면 안 되었다. 문과에는 진사進士과와 생원生員과가 있었는데, 이 가운데 생원과의 시험과목이 바로 사서삼경 또는 사서오경이었다. 2차에 걸쳐 소과小科 시험에 합격해서 생원이 되면 또 3차에 걸친 대과大科를 치러야 급제할 수 있었기에 문과 출신의 선비는 많은 사람들의 존경과 찬탄의 대상이 되었다. 그런 만큼 『대학大學』『중용中庸』『논어論語』『맹자孟子』 등 사서는 앞서 소개한 『역경』『서경』『시경』 등 삼경과 함께 중국 뿐 아니라 한국 선조들의 필독서였다.

1. 『대학』

『대학』은 다음 소절에 소개할 『중용』과 마찬가지로 『예기』의 일부 내용을 따로 떼어 놓은 것이다. 여기서 오경의 하나로 꼽히는 『예기』를 잠시 소개할 필요를 느끼는데, 이 경전은 한마디로 온갖 예禮의 보물창고라고 할 수 있다. 자신을 수양하는 수신의 예로부터 가정과 사회, 국가, 세계를 이끄는 대동의 예에 이르기까지 총망라한 책이 바로 『예기』인 것이다. 그 때문에 『예기』에는 먹고 입고 말하고 청소하고 나가고 들어오고 하는 자잘한 예의범절과 관혼상제에 관한 의례에서부터 부자지간과 형제·친구·부부 및 군신 사이의 의리까지 포괄하고 있다. 이처럼 『예기』는 자기 자신과 가정·사회·국가·세계를 아우를 수 있는 대동大同의 도리를 다루고 있는 책이지, 하찮은 예절禮節만을 규정해 놓은 책이 아니다.

흔히 말하는 오륜五倫은 바로 『예기』의 십의十義에서 비롯되었다. 그럼 왜 십의가 오륜의 뿌리인지 설명하겠다. 이를 설명하기에 앞서 임금은 신하의 근본이라는 군위신강君爲臣綱, 아버지는 아들의 근본이라는 부위자강父爲子綱, 그리고 남편은 아내의 근본이라는 부위부강夫爲婦綱의 삼강三綱을 먼저 소개한다. 흔히 삼강오륜이라고 해서 오륜보다 삼강을 먼저 언급하기 때문이다. 위에서 소개한 대로 삼강은 상하관계가 분명한 덕목으로, 한나라 때 동중서董仲舒가 임금의 권위를 위해 세운 법도라 한다. 반면 오륜五倫은 임금과 신하는 의리가 있어야 한다는 군신유의君臣有義, 아버지와 아들은 친함이 있어야 한다는 부자유친父子有親, 남편과 아내는 역할이 다르다는 부부유별夫婦有別, 어른과 젊은이는 순서가 있어야 한다는 장유유서長幼有序, 친구 사이에는 신의가 있어야 한다는 붕우유신朋友有信 등 비교적 상호 존중하는 합리적인 덕목이다.

흔히 삼강오륜 하면 삼강이 먼저이고 오륜이 나중에 있기 때문에 사람들은 삼강이 오륜보다 먼저 나온 것으로 생각한다. 하지만 사실은 오륜이 삼강보다 오히려 먼저 나온 도리이다. 『맹자』에 오륜이 순임금의 도리라고 되어 있음을 볼 때 그렇다. 그럼에도 불구하고 삼강오륜이라 부르고 오륜삼강이라고 부르지 않는 것은 한나라의 동중서가 그랬듯, 역대 왕들의 권력을 강화하는 데 기여한 정치가와 문인들이 수평적이 아닌 수직적인 인간관계를 강조했기 때문이다. 그런데 오륜보다 먼저 나온 도리이자 오륜의 기초가 되는 것이 바로 『예기』의 십의十義다.

십의는 부자父慈, 자효子孝, 형량兄良, 제제弟悌, 부의夫義, 부청婦聽, 장혜長惠, 유순幼順, 군인君仁, 신충臣忠 등 열 가지 도의를 말한다. 이를 하나하나 풀자면 다음과 같다. 먼저 부자父慈는 아버지가 자애로움이고, 자효子孝는 아들이 효성스러움이다. 또 형량兄良은 형이 선량함이고, 제제弟悌는 아우가 공경함이다. 또 부의夫義는 남편이 의로움이고, 부청婦聽은 아내가 귀 기울임이다. 다음으로 장혜長惠는 어른이 베푸는 것이고, 유순幼順은 젊은이가 따름이다. 마지막으로 군인君仁은 임금이 인자함이고, 신충臣忠은 신하가 충성함이다.

여기서 부자가 자효보다 먼저 나온 것은 부자가 자효의 전제조건이기 때문으로 볼 수 있다. 마찬가지로 형량이 제제보다 앞서 나온 까닭도 형량이 제제의 전제 조건인 것이다. 이어서 부의는 부청의 전제이고 장혜는 유순의 전제이고 군인은 신충의 전제가 된다고 보겠다. 즉 아버지가 자애로워야 아들은 효성을 다하고 형이 선량해야 아우가 공경하고 남편이 의로워야 아내가 남편의 말을 듣는다. 또 어른이 베풀어야 젊은이가 순종하고 임금이 인자해야 신하가 충성한다는 뜻이다. 이 같이 십의는 윗사람이 시키면 무조건 해야 하는 도리가 아니다. 윗물이 맑아야 아랫물이 맑은 법이듯, 십의는 윗사람이 아무렇게나 해도 아랫사람은 윗사람이 하라는 대로 하는 도리가 아니라는 뜻이다.

십의를 둘둘 씩 엮어서 다섯 개의 도리로 만든다면 부자자효, 형량제제, 부의부청, 장혜유순, 군인신충으로, 부자 · 형제 · 부부 · 장유 · 군신간의 도리가 된다. 여기서 형제만 붕우, 즉 친구 간의 도리로 바꿔놓은 것이 오륜五倫이다. 하지만 윗사람의 자세를 더 강조한 십의에 비해 오륜은 위아래 사람에게 책임을 평등하게 부여하고 있다. 그래서 십의의 군인신충君仁臣忠은 오륜의 군신유의君臣有義가 되고, 부자자효父慈子孝 대신 부자유친父子有親이 된 것이다.

원래 예禮의 진짜 목표는 대동大同인 만큼 시대와 지역에 따라 변모하는 매우 융통성 있고 설득력 있는 실천이 바로 예이다. 중국뿐 아니라 한국도 동방예의지국으로도 불릴 만큼 고대로부터 예를 중시했다. 『양서梁書』 백제전에 보면 백제인들은 길을 다닐 때 팔짱을 끼지 않았으며 사람들끼리 마주치면 서로 먼저 지나가라고 길을 양보했다고 한다. 조선시대에도 김장생金長生이라는 유학자가 예학을 중시하여 예의 이론을 공부하고 실천하는 예학파를 이루었다.

하지만 청나라 말기에 권력을 쥐고 있는 세력가들이 힘이 없는 민중들을 강압적으로 다스리기 위해 걸핏하면 예교를 들먹였기 때문에 신교육을 받은 지식인들은 예를 봉건적인 낡은 인습으로 보고 배척했다. 오늘날 자유민주주의를 국가이념으로 하는 한국이나 공산사회주의를 국가이념으로 삼는 중국의 젊은이들도 예는 어딘지 모르게 시대에 뒤떨어지는 번거로운 의식으로 멸시하는 경향이 있다. 그러나 이는 예 자체의 문제가 아니라 예를 이용하여 권력을 휘두르는 지배층 기득권자들의 문제이다. 진정한 예는 대동大同의 이상을 온 세상에 실현하는 것이기 때문이다.

『대학』은 대동이라는 예에 이르기 위해서 사람은 어떻게 수행해야 하는지에 관해 매우 구체적인 과정을 다음과 같이 설명하고 있다 :

> 대학의 도는 밝은 덕을 밝힘에 있고, 백성을 새롭게 함에 있고, 지극한 선에 머무름에 있다. (지극한 선에) 머무를 줄 안후에 정할 수 있고 정한 후에 고요할 수 있고, 고 요한 후에 편안할 수 있고, 편안한 후에 생각할 수 있고, 생각한 후에 얻을 수 있다.
>
> 옛날에 밝은 덕을 천하에 밝히려는 사람은 먼저 자기 나라를 다스렸고, 자기 나라를 다스리려는 사람은 먼저 자기 집안을 정돈했다. 또 자기 집안을 정돈하려는 사람은 먼저 자기 자신을 수양했다. 자기 자신을 수양하려는 사람은 먼저 자기 마음을 바르게 했고, 자기 마음을 바르게 하려는 사람은 먼저 자기 뜻을 참되게 했다. 또 자기 뜻을 참되게 하려는 사람은 먼저

앎에 도달했고, 앎에 도달함은 개개 사물을 규명하는 데 있다.

> 大學之道，在明明德, 在新民, 在止於至善. 知止以後能定, 定以後能靜, 靜以後能安, 安以後能慮, 慮以後能得.
> 古之欲明明德於天下者, 先治其國, 欲治其國者, 先齊其家, 欲齊其家者, 先修其身, 欲修其身者, 先正其心, 先正其心者, 先誠其意, 欲誠其意者, 先致其知, 致知在格物.
>
> 대학지도, 재명명덕, 재신민, 재지어지선. 재지이후능정, 정이후능정, 정이후능안, 안이후능려, 려이후능득.
> 고지욕명명덕어천하자, 선치기국, 욕치기국자, 선제기가, 욕제기가자, 선수기신, 욕수기신자, 선정기심, 선정기심자, 선성기의, 욕성기의자, 선치기지, 치지재격물.

위에 소개한 원문과 해석은 송나라 주희의 『대학장구大學章句』를 따랐다. 모두 두 단락으로 되어 있는 위 글의 앞 단락은 "대학지도"에서부터 "려이후능득"까지다. 이는 대학의 도가 밝은 덕을 온 천하에 밝히는 것이고, 그러려면 자기 백성을 새롭게 혁신시켜야 하고, 또 그러려면 자기 자신이 지극한 선에 머물러야 한다는 세 가지 단계를 순서대로 기술하고 있다. 그 다음은 거꾸로 자기 자신이 지극한 선에 머무른 후에야 마음이 정해지고, 마음이 정해진 후에야 고요해지고, 고요해져야 편안해지고, 편안해져야 생각할 수 있고, 생각한 후에야 비로소 제 나라 백성과 온 천하를 얻을 수 있다고 말한다. 이 말은 한마디로 천하를 얻고 만백성을 얻으려면 무엇보다 자기 자신이 지극한 선을 실천할 수 있는 편안한 중심이 잡혀야 한다는 뜻이다. 그래야만 백성을 혁신시키고 밝은 덕을 온 천하에 밝힐 수 있다는 것이다.

다음 두 번째 단락은 우리가 잘 알고 있는 "수신제가치국평천하" 에 대한 내용이다. 즉 "고지욕명명덕어천하자"로부터 "치지재격물"까지는 옛날에 밝은 도를 천하에 밝히고 싶은 사람이 어떤 방식으로 이를 실천했는지 설명하고 있다. 즉 옛날에 온 천하에 밝은 덕을 밝히고 싶은 사람은 먼저 자기 나라를 잘 다스렸고, 자기 나라를 잘 다스리고 싶은 사람은 먼저 제 집안을 가지런히 했고, 자기 집안을 가지런히 하고 싶은 사람은 먼저 자기 자신을 잘 닦았다는 것이다. 이상 4개 조목은 많은 사람들이 알고 있는 내용이지만 다음 4조목에 대해서는 의외로 모르는 사람이 많다.

다음의 4조목은 바로 정심正心, 성의誠意, 치지致知, 격물格物인데, 이는 바로 수신에 이르는 네 단계를 말한다. 그러니까 자기를 잘 닦고 싶은 사람은 먼저 정심, 즉 자기의 마음을 바르게 하고, 마음을 바르게 하고 싶은 사람은 먼저 성의, 즉 자기의 뜻을 참되게 하고 뜻을 참되게 하려는 사람은 먼저 치지, 즉 전체적인 앎에 도달하고, 전체적인 앎에의 도달은 격물, 즉 개개 사물을 규명해 나가는 가운데 있다는 것이다.

『대학』은 한 나라의 지도자나 전 세계의 지도자가 되려는 큰 뜻을 품은 사람들을 위한 책이다. 오늘날 세계적인 지도자에게 요구되는 것은 어쩌면 능력과 카리스마 또는 리더십일 것이다. 하지만 정작 『대학』에서 말하는 지도자는 밝은 덕을 밝힐 줄 아는 사람이다. 밝은 덕을 밝힐 수 있어야 진정한 능력과 리더십이 작용한다고 본 것이다. 뿐만 아니라 밝은 덕을 밝히려면 무엇보다 수신해야 하고 수신하려면 사물 하나하나를 규명하는 데서부터 시작해야 한다는 것이다.

그런데 수신을 하기 위해 마음을 바르게 한다는 것, 뜻을 참되게 한다는 것, 앎에 도달하는 것, 그리고 사물을 하나하나 규명해나가는 것이 모두 정확히 무엇을 뜻하는지 모르는 사람이 많다. 또한 앞 단락에 나오는 대로 지극한 선에 머무른 다음에 마음이 정해지고, 그 다음에 마음이 고요해지고, 그 다음에 편안해지고, 그 다음에 생각할 수 있다는 것이 도대체 무엇인지 아리송한 사람도 많을 것이다. 사실 『대학장구』에서 주희朱熹가 설명하는 용어들이 정확히 무엇인지에 대해서 속 시원하게 설명하기는 어렵다. 다만 주희는 대학의 도를 작은 것에서부터 하나하나 공부하고 수양하여 마침내 태양처럼 온 천하를 두루 비칠 밝은 덕을 비칠 수 있는 성인군자가 되는 것으로 설명하고 있다.

한편 명나라 유학자 왕양명王陽明은 『대학고본방역』을 써서 주희의 『대학장구』와 다른 입장을 표명했다. 우선 『대학』 원문에서 왕양명은 한 글자를 주희와 다르게 보았다. 즉 주희는 "대학지도, 재명명덕, 재신민......"했는데, 왕양명은 "대학지도, 재명명덕, 재친민......"이라 하여 "신민新民" 대신 "친민親民"을 썼다. 그러니까 주희는 대학의 도가 백성을 새롭게 하는 데 있다고 했지만 왕양명은 대학의 도가 백성과 친해지는 데 있다고 본 것이다. 주희가 백성을 대상으로 보고 이들을 혁신시키려 했다면 왕양명은 백성을 자기와 같은 혈육처럼 보고 이들과 친해지라고 한 것이다.

해석문에 있어서도 왕양명은 주희와 몇 군데에서 다른 입장을 취한다. 즉 명명덕을 주희는 밝은 덕을 밝힌다고 했지만 왕양명은 밝은 본성을 밝게 비춘다고 본다. 또 치지도 주희가 종합적 앎에 도달한다고 본 반면에, 왕양명은 선량한 앎에 이른다고 본다. 선량한 앎에 이른다는 말은 사실 왕양명의 독창적 해석이 아니라 송나라 때 육상산陸象山이라는 유학자의 해석이기도 하다. 이로 보아 왕양명은 치지의 해석에 있어서 육상산의 학설을 계승했다고 볼 수 있다. 또 격물에 대해서도 주희가 개개 사물을 규명한다고 본 반면 왕양명은 개개의 사물을 있는 그대로 본다고 해석했다.

이제 위 대목을 왕양명의 해석으로 바꾸어 보면 다음과 같다 :

> 대학의 도는 밝은 본성을 비추는 데 있고, 백성과 친함에 있고, -중략- 자기의 뜻을 참되게 하려는 사람은 선량한 앎에 이르러야 하고 선량한 앎은 개개의 사물을 있는 그대로 보는 데 있다.

요컨대 주희를 비롯한 후대 주자학파의 관점은 군자와 소인, 지배자와 피지배자, 주체와 객체, 개개 사물을 각각 다르게 보았다. 이 같이 이분법적인 주자학파의 관점과 달리 왕양명을 비롯한 후대 양명학파의 관점은 개개 사물의 같은 점을 중시한다. 즉 왕양명은 주체와 객체, 지배자와 피지배자, 심지어 군자와 소인까지도 하나로 통합하여 일거에 모든 단계를 뛰어 넘어 버린다. 왕양명은 일찍이 지행합일知行合一, 즉 아는 것과 행동하는 것이 하나가 되어야 한다고 주장한 사람인만큼 모든 것을 하나로 통합하기를 원했던 것이다.

2.『중용』

앞에서 말했듯『중용』은『대학』과 마찬가지로『예기』의 한 장을 독립시킨 것이다.『대학』을 공자의 제자 증자曾子가 편찬했다고 하듯『중용』도 공자의 손자인 자사子思가 펴냈다고 전한다.『중용』또한『대학』과 마찬가지로 예로부터 많은 유학자들이 해석본을 펴냈고, 한글 번역서도 적지 않다. 하지만 그 어떤 판본과 해석서도 주희의 『중용장구』만큼 영향력을 끼치지 못하고 있다.

그럼 주희가 펴낸 『중용』의 한 구절을 인용한다 :

> 중니(공자)께서 말씀하셨다 : 군자는 중용을 취하고 소인은 중용을 취하지 않는다. 군자의 중용은 언제나 때에 맞지만 소인의 중용은 언제나 제멋대로이다.
>
> 仲尼曰 : 君子中庸, 小人反中庸. 君子之中庸也, 君子而時中 ; 小人之中庸也, 小人而無忌憚也.
>
> 중니왈 : 군자중용, 소인반중용. 군자지중용야, 군자이시중 ; 소인지중용야, 소인이무기탄야.

주희는 중용을 어느 한쪽에도 치우치지 않고, 넘치지도 모자라지도 않는 평상의 도리라고 해석했다. 또한 군자의 중용은 언제나 때에 맞게 조절되지만 소인의 중용은 때를 가리지 않고 거리낌이 없다고 설명했다. 다시 말해서 군자는 때와 장소에 맞게 변화하는 융통성 있는 행동(중용)을 하는 반면 소인은 때와 장소를 가리지 않고 자기가 하고 싶은 행동(반중용)을 한다는 것이다.

『중용』의 또 한 대목을 인용하면 다음과 같다 :

> 공자께서 말씀하셨다 : (중용의) 도가 행해지지 않는 이유를 나는 안다 ; 똑똑한 사람은 지나치고, 우둔한 사람은 모자라기 때문이다. (중용의) 도가 알려지지 않는 이유를 나는 안다 ; 현명한 사람은 지나치고, 어리석은 사람은 모자라기 때문이다. 사람들이 다 음식을 먹지만 맛을 알 수 있는 사람은 드물다.
>
> 子曰 : 道之不行也, 我知之矣 : 知者過之, 愚者不及也. 道之不明也, 我知之矣 : 賢者過之, 不肖子不及也. 人莫不飮食也, 鮮能知味也.
>
> 자왈 : 도지불행야, 아지지의 : 지자과지, 우자불급야. 도지불명야, 아지지의 : 현자과지, 불 초자불급야. 인막불음식야, 선능지지야.

공자는 중용의 도가 행해지지 않는 이유를 "똑똑한 사람은 지나치고, 우둔한 사람은 모자라기 때문이다"라고 했는데, 주희는 이를 똑똑한 사람은 아는 게 너무 많아서 실천을 하지 못하고, 우둔한 사람은 아는 게 부족해서 실천하지 못하기 때문이라고 해석했다. 또 중용의 도가 제대로 알려지지 않는 이유를 공자는 "현명한 사람은 지나치고, 어리석은 사람은 모자라기 때문이다"라고 했는데, 주희는 이를 현명한 사람은 실천에 치중한 나머지 도를 알리는 데 신경을 쓰지 않은 반면에 어리석은 사람은 아예 도를 알려고 애쓰지 않기 때문이라고 해석했다.

이를 보면 중용의 도에 대해 아는 게 너무 많거나 또는 너무 적어도 중용이 실천되지 않고, 중용의 실천을 너무 많이 하거나 또는 너무 적게 해도 도가 알려지지 않음을 알 수 있다. 아는 게 너무 많으면 실천이 따르지 않으니 병이 되고, 묵묵히 실천만 해도 도가 알려지지 않으니 문제가 있다는 것이다. 그러니 언행이 병행되어야지 언과 행 어느 한쪽에 치우치면 안 된다는 뜻이다. 이론과 실천은 똑같이 중요한 것이기 때문이다.

팽이가 축에 의해 돌아가고 맷돌이 중쇠에 의해 돌아가고 지구가 축에 의해 돌아가듯, 사람도 중심이 있어야 돌아간다. 중용은 이처럼 중심을 잡고 돌아가는 것이다. 요즘처럼 물질에 치우치는 세상에서 중용의 삶을 살려면 마땅히 정신으로 무게 중심을 조금 옮겨야 한다. 또한 지나치게 나 위주로 사는 사람은 남들을 생각하는 역지사지의 마음을 키워야 한다. 또 인간만 생각해서 자연을 마구 훼손한다면 그 또한 중용의 삶이 아니니 당연히 자연보호 쪽으로 무게 중심을 옮겨야 하는 것이다.

뿐만 아니라 크고 작은 것, 예쁘고 미운 것, 돈이 많고 적은 것, 지위가 높고 낮은 것, 늙은이와 젊은이, 여자와 남자, 동양과 서양, 심지어 선과 악, 천국과 지옥까지도 어느 한쪽으로 치우치지 않고 조화로운 균형을 이루어야 한다. 왜냐하면 우리 인간의 몸속에 깨끗한 것만 있는 게 아니고 더러운 것도 있으니, 이 둘이 서로를 인정하고 화합해야 건강을 유지하기 때문이다.

『중용』의 위 대목을 찬찬히 뜯어보면 똑똑한 사람과 우둔한 사람의 중간이 중용의 도이고 현명한 사람과 어리석은 사람의 중간이 중용이라고 할 수 있다.

그런 의미에서 추측하자면 공자는 아마도 군자와 소인의 중간이 중용의 도라고 했을 것이다. 다시 말해서 똑똑한 사람도 필요하고 우둔한 사람도 필요하니 현명한 사람과 어리석은 사람 모두 다 받아들이라는 뜻이다. 군자와 소인 또한 마찬가지다. 이렇게 볼 때 유교의 중용은 불교의 중관中觀과도 통하고 도교의 중도中道와도 통한다. 실제로 송나라 때의 유교 사상은 불교와 도교 사상과 어우러져 새로운 경지에 도달하게 되는데, 후대 학자들은 이를 유불도儒佛道 사상의 통합이라고 보고 이 같은 통합을 추구한 유학자들을 신유학자新儒學者 또는 도학자道學者라고 불렀다.

3. 『논어』

사서 가운데 『논어』만큼 우리에게 잘 알려진 경전은 없을 것이다. 공자의 어록집이라고 할 이 책은 백제 사람이 왜국에 전했다는 기록으로 보아 삼국시대에 이미 읽히고 있었음을 알 수 있다. 다음 구절은 알만 한 사람들은 다 아는 대목이다.

> 배우고 때로 익히니 기쁘지 아니한가? 친구가 먼 데서 오면 또한 즐겁지 아니한가?
>
> 學而時習之, 不亦悅乎? 有朋自遠方來, 不亦樂乎?
> 학이시습지, 불역열호? 유붕자원방래, 불역낙호?

배움과 친교의 즐거움에 대해 이 보다 더 유명한 구절이 없을 것이다. 왜 사느냐고 물으면 공부하기 위해 산다고 대답하는 사람은 행복한 사람이다. 죽을 때까지 배우고 익히면서 산다면 그 죽음은 편안하지 않겠는가? 죽음까지도 배우고 익혔을 테니까 말이다. "친구가 먼 데서 오면 또한 즐겁지 아니한가?"는 이 같은 깨달음을 먼 데서 온 벗과 함께 공유한다면 더 이상 즐거운 일이 없겠다는 뜻이다.

다음 대목도 한문을 조금이라도 아는 사람이라면 거의 다 외울 수 있는 명구이다 :

나는 열다섯에 배움에 뜻을 두었고, 서른에 섰고, 마흔에 유혹에 넘어가지 않았고, 쉰에 하늘의 명을 알았고, 예순에 귀에 거슬리는 말이 없었고, 칠순에는 마음대로 해도 법도를 넘는 일이 없었다.

吾十有五而志於學, 三十而立, 四十而不惑, 五十而知天命, 六十而耳順, 七十而從心所欲不踰矩
오십유오이지어학, 삼십이립, 사십이불혹, 오십이지천명, 육십이이순, 칠십이종심소욕불유구

이 구절은 너무나 유명하여 『논어』를 잘 모르는 사람조차 '불혹'하면 사십 세를 가리키고 '지천명'하면 오십 세를 말하는 줄 안다. 여기서 열 다섯에 배움에 뜻을 두었다는 말은 열 다섯에 배움에 뜻을 두고 평생 배웠다는 뜻이고, 삼십에 섰다는 말은 삼십에 중심을 잡아 이후로도 흔들리지 않았다는 뜻이다. 그 결과 사십에는 어떤 유혹에도 넘어가지 않고, 오십에는 하늘의 뜻을 알게 된 것이다. 그런 다음 육십이 되었을 때 어떤 나쁜 말과 사건을 들어도 울끈 불끈 화가 나는 일이 없고, 칠십에는 어떻게 행동해도 도에 어긋나지 않는 자유인이 되었다는 뜻이다. 인격수양의 과정을 공자는 이렇게 보여준 것이다.

그럼 여기서 공자(기원전 551-479)의 생애를 간단히 살펴보자. 공자의 어릴 적 이름은 구丘이고, 그의 자字, 즉 성인의 이름은 중니仲尼이며, 춘추시대 노나라 사람이다. 그의 고향은 지금의 산동성 곡부인데, 모든 종교를 부정하는 중국 공산당 극좌파에 의해 문화혁명 때는 묘소가 파헤쳐지는 수난을 당했다. 하지만 개혁개방 이후 지금까지 그의 묘소를 비롯하여 모든 유적이 잘 보수되어 있다.

공자는 어린 나이에 아버지와 어머니를 차례로 여의고 목공木工 생활을 하며 스스로 독학하고 정진한 끝에 마침내 인仁을 완성했다. 장대한 체구에 73세라는 천수를 누린 공자는 안회顔回와 자로子路를 비롯하여 70여 명의 문하생을 두고 3백 여 명의 제자를 거느렸다. 흔히 공자를 예수 · 석가모니 · 소크라테스와 함께 4대 성인으로 꼽는다. 자비를 말한 석가나 사랑을 강조한 예수, 그리고 사람들에게 "너 자신을 알라"고 말한 소크라테스가 그랬듯, 공자도 자기 자신의 중심에서 간절히 우러나오는 인의 등불을 켤 것을 설파했다.

『논어』는 공자의 언행을 그의 제자가 기록한 것으로, 전국 시대 말엽에 집대성되었다고 한다. 공자와 제자들의 문답 형식으로 되어 있는 이 책은 학이편學而篇을 비롯하여 모두 20편으로 구성되었는데, 다른 어떤 경전보다 공자의 사상을 알 수 있는 가장 직접적인 자료로 평가된다.

공자의 사상은 앞에서도 언급했지만 한마디로 인仁이다. 오늘날 어질 인으로 풀이하는 이 인은 훗날 인의예지의 첫 번째인 측은지심惻隱之心으로 풀이되었다. 모든 생명을 불쌍히 여기는 마음인 측은지심은 훗날 부끄러워할 줄 아는 마음인 수오지심羞惡之心·양보하는 마음인 사양지심辭讓之心·그리고 옳고 그름을 가리는 마음인 시비지심是非之心과 함께 사단四端으로 발전된다. 공자의 인에 대해서는 무엇보다 다음 한 구절을 음미해볼 필요가 있다 :

> 아름답게 꾸민 말과 얼굴에는 인이 드물다
>
> 巧言令色, 鮮矣仁 교언영색, 선의인

예쁘게 치장한 말과 얼굴에 왜 인이 드물다고 했을까? 요즘처럼 자기 홍보와 외모 지상주의 시대에서는 뛰어난 언변과 아름답게 치장한 얼굴을 최고로 치는데 말이다. 공자가 이런 말을 한 것은 말을 잘 하고 용모를 멋있게 차리는 사람에게는 이익을 추구하는 마음이 도사리고 있음을 간파했기 때문이다. 뭔가 사리사욕을 추구하는 마음이 있기 때문에 말을 그럴 듯하게 하고 외모를 잘 꾸미게 된다는 뜻이다. 물론 아름다운 말과 예쁜 얼굴에도 인이 있을 수 있다. 그렇기 때문에 공자는 인이 아예 없다고 하지 않고 인이 드물다고 말한 것이다. 공자의 핵심 사상인 인에 대해서 더 잘 이해하기 위해 또 다음 한 구절을 소개한다 :

> 오직 인한 자만이 사람을 좋아할 수 있고 미워할 수 있다
>
> 唯仁者能好人能惡人 유인자능호인능오인

이 구절이 뜻하는 바는 이렇다. 그러니까 인한 자는 좋은 행위를 하는 사람이

나 나쁜 행위를 하는 사람을 모두 사랑하는데, 단지 사랑하는 방식이 대상에 따라 다를 뿐이다. 즉 좋은 행위를 하는 사람은 칭찬하는 방식으로 사랑하고, 나쁜 행위를 하는 사람은 꾸지람하는 방식으로 사랑한다. 하지만 소인은 사람들을 자기 이익에 따라 구분해놓고 좋아하거나 미워한다. 그렇기 때문에 인한 자가 어떤 사람을 칭찬하면 좋아한다 하고, 어떤 사람을 꾸짖으면 미워한다고 생각한다. 그런 의미에서 볼 때 위 구절은 소인의 눈에 보인 인한 자의 공평한 사랑이라고 할 수 있다.

인한 자는 이처럼 인을 실천하는 사람으로, 공자는 인한 자를 군자라고 칭했다. 그는 『논어』 곳곳에서 소인은 이익에 따라 행동하지만 군자는 언제 어디서나 오직 인에 따라 행동한다고 했다. 군자에 대해 공자는 또 다음과 같이 말했다 :

> 비록 다른 사람이 나를 알아주지 않아도 성내지 아니하니, 또한 군자가 아닌가?
>
> 人不知而不慍, 不亦君子乎? 인불지이불온, 불역군자호?

비록 다른 사람이 나의 진심을 알아주지 않을 뿐 아니라 오해하고 심지어 핍박한다 하더라도 성을 내지 않고 오히려 그에 대해 측은한 마음을 가진다면 군자인 것이다. 예수가 자신을 핍박한 자들에 대해 가졌던 사랑도 인과 다를 바 없다. 공자 자신도 삼십에 진실한 뜻을 세운 이후 사십에는 어떤 상황에도 미혹되지 않았고 오십에는 하늘의 명에 따라 생활할 수 있었다. 그랬기에 육십에는 좋은 말이든 나쁜 말이든 귀에 거슬리지 않았으며 칠십에는 하고 싶은 대로 해도 도에 어긋나지 않았다. 그랬기 때문에 공자는 또 다음과 같이 말할 수 있었다 :

> 자기가 하고 싶지 않은 일을 남에게 시키지 말라
>
> 己所不欲 勿施於人 기소불욕 물시어인

내가 갖고 싶지 않은 것을 남을 주거나 내가 원하지 않는 일을 남에게 떠맡기지 말라는 뜻을 담은 이 구절은 "내가 대접받고 싶은 대로 남을 대접하라"는 예수의 가르침을 생각나게 한다. 이처럼 군자는 나와 남이 따로 없는 삶을 묵묵히 사는 자이고, 또한 다음과 같이 하는 사람이다 :

> 군자는 말은 더듬지만 행동은 민첩하게 한다
>
> 君子欲訥於言, 而敏於行 군자욕눌어언, 이민어행

이처럼 군자는 이론보다는 실천을 하고 말보다는 행위를 앞세우는 자이다. 공자는 자기 자신과 제자들뿐 아니라 춘추시대 여러 나라들을 순방하며 임금들에게도 인을 갖춘 군자가 되기를 권했다. 다음은 공자가 한 임금에게 한 말이다 :

> 임금께서는 정치를 하시는데 어찌하여 죽임으로써 하십니까? 임금이 선해지면 백성도 선해집니다. 군자의 덕은 바람이고 소인의 덕은 풀이니, 풀 위로 바람이 가면 풀은 반드시 엎드릴 것입니다.
>
> 子爲政, 焉用殺. 子欲善而民善矣. 君子之德風, 小人之德草, 草上之風, 必偃
>
> 자위정, 언용살. 자욕선이민선의. 군자지덕풍, 소인지덕초, 초상지풍, 필언

추운 날 사람들의 옷을 벗기려면 따뜻한 난방을 해주면 자연히 사람들은 더워서 옷을 벗는다. 이처럼 임금이 덕의 바람을 백성들에게 불어주면 백성들은 자연히 엎드리게 되어 있다는 뜻이다. 윗물이 맑으면 아랫물이 맑은 법이니, 아무리 악한 사람도 사형으로 다스리기보다 인과 덕으로 다스리면 결국 순종하게 된다든 것이 바로 공자가 주장하는 덕으로 다스림, 즉 덕치德治인 것이다.

4. 『맹자』

『논어』와 함께 『맹자』는 예로부터 한문을 배우는 사람들에게 좋은 고급 교재로 알려져 있다. 『논어』가 짤막짤막한 어록으로 되어 있다면 『맹자』는 비유가 풍부하고 짜임새 있는 문체로 이루어져 있기 때문이다. 모두 7편으로 구성된 『맹자』의 지은이에 대해서는 맹자 자신이 썼다고도 하고 맹자가 죽은 후 그의 제자들이 스승의 말을 정리해 기록했다고도 한다.

유가사상을 공맹사상이라고 할 만큼 맹자는 공자의 뒤를 이은 유학자로 알려져 있고, 『맹자』에 대한 관심도 높다. 하지만 맹자 자신에 대해서는 공자보다도 잘 알려져 있지 않다. 그의 이름이 가軻이고 전국시대 추鄒나라 사람이라는 기록은 있지만, 그가 언제 태어나서 언제 죽었는지, 그의 자字는 무엇이었는지 등은 잘 알려져 있지 않은 것이다. 다만 그가 공자의 출신지와 같은 산동성 출신이라는 점과 공자의 손자인 자사의 문하생에게서 배웠다는 정도가 알려져 있을 뿐이다. 맹자에 대해서는 맹자 자신보다는 묘지 근방에 살다가 시장 부근으로 이사하고, 시장 부근에서 다시 학교 근처로 이사하여 맹자를 대학자로 키운 맹자 어머니의 맹모삼천지교孟母三遷之敎가 오히려 더 잘 알려져 있을 정도이다.

하지만 무엇보다 중요한 점은 맹자가 공자의 핵심 사상인 인을 발전시켜 인의仁義를 역설했다는 사실이다. 또한 공자가 임금에게 덕으로 다스리도록 권한 덕치德治를 맹자가 왕도정치王道政治로 발전시켰다는 것이다. 이 때문에 후대 학자들이 맹자의 도를 공자의 도와 함께 묶어서 공맹지도孔孟之道라 불렀다.

맹자는 인仁이 사람의 마음이요, 의義는 사람의 길이라고 역설했다. 인을 사람의 마음이라고 본 만큼, 맹자는 사람의 본성은 선하다고 주장했다. 또한 그는 착한 본성인 인을 따라 살아가는 길이 의라고 보았다. 이 같은 맹자의 성선설과 인의설은 훗날 정이程頤의 사단설四端說로 발전되었다. 정이에 따르면 사람은 선천적으로 사단四端, 즉 남을 불쌍히 여기는 인仁과 부끄러워할 줄 아는 의義, 사양할 줄 아는 예禮, 그리고 시비를 가릴 줄 아는 지智를 갖고 태어난다고 했다. 그럼에도 불구하고 후천적으로 잘못된 학습 때문에 칠정七情, 즉 기쁘고 화내고 사랑하고 두려워하고 슬퍼하고 미워하고 욕심에 휩싸이며 점차 악해지는 것이라고 보았다. 이처럼 송나라의 정이는 맹자의 인의에다가 예와 지를 더해 인의예지의 사단을 만들었고, 이 사단은 훗날 주희에 의해 계승되고 발전되었다.

반면 역시 공자의 제자임을 자처하는 순자荀子는 사람의 본성은 악하므로 공자가 말한 인을 발현시키기 위해서는 끊임없이 교육하고 순화해야 한다고 주장했다. 순자의 성악설은 한비자韓非子에 이르러 더욱 발전되었다. 즉 한비자는 천성이 악한 사람들을 교육해야 한다는 순자의 교치敎治보다는 오히려 법으로 다스려야 한다는 법치法治를 주장한 것이다.

맹자는 성악설을 주장한 순자와 대립했을 뿐 아니라 인간의 본성은 선하지도 악하지도 않다고 주장한 고자告子와도 논쟁했다. 뿐만 아니라 모든 사람을 평등하게 사랑해야 한다고 주장한 평등주의자 묵자墨子를 맹렬히 비판했다. 맹자는 또 모든 것을 개인이 자발적이고 자유롭게 해야 한다고 역설한 자유주의자 양자楊子에 대해서도 가차 없이 비판했다. 이 같은 날카로운 비판의식 때문에 후대의 학자들은 맹자가 인의의 정치를 하지 못하는 폭군이라면 몰아낼 수도 있다는 이른바 역성혁명易姓革命의 길을 열었다고 주장하기도 한다.

앞에서 언급한 대로 맹자는 공자의 인을 인의로 발전시키고, 공자의 덕치를 왕도정치로 발전시켰다. 맹자도 공자처럼 각국을 돌아다니며 임금들에게 왕도정치를 하도록 권하였으나, 부국강병을 추구하는 전국시대의 왕들에게 전혀 채택되지 않았다. 다음은 맹자가 전국시대의 왕 가운데 하나인 양혜왕에게 말하는 대목이다 :

> 맹자가 대답하기를 왕께서는 전쟁을 좋아하시니 전쟁으로 비유해 보겠습니다. 둥둥 북을 치며 무기의 칼날이 이미 맞닿아 있는 상황에서 군인이 갑옷을 벗어버리고 무기를 끌며 도망가는데, 어떤 사람은 백 걸음 달아난 후 멈춰 서고 어떤 사람은 오십 걸음 달아난 뒤 멈춰 섰다고 합시다. 이때 오십 걸음 달아난 사람이 백 걸음 달아난 사람을 비웃는다면 어떻겠습니까?
>
> 孟子對曰, 王好戰請以戰喩. 塡然鼓之 兵刃旣接 棄甲曳兵而走, 或百步以後止, 或五十步以後止, 以五十步笑百步, 則何如
>
> 맹자대왈, 왕호전청이전유. 전연고지 병인기접 기갑예병이주, 혹백보이후지, 혹오십보이후지, 이오십보소백보, 즉하여

이것은 양혜왕이 맹자에게 자신은 백성을 위해 정치를 잘하는데, 왜 자기네 백성이 이웃나라 백성보다 늘어나지 않느냐는 질문에 대한 그의 대답이다. 맹자는 이 비유를 통하여 양혜왕이 자신의 정치가 다른 왕들의 정치보다 낫다고 자부하는 것은 전쟁터에서 오십 걸음 도망간 군인이 백 걸음 도망간 군인보다 낫다고 자부하는 것과 마찬가지임을 말하고 있다. 맹자의 눈에는 양혜왕의 정치나 이웃나라 왕들의 정치는 도토리 키 재기였던 것이다. 오늘날 별 큰 차이가 없다는 뜻으로 쓰는 고사성어 오십보백보의 유래가 바로 『맹자』의 이 대목인 것이다. 맹자는 이처럼 임금들에게 많은 비유와 설득을 통해 인의에 입각한 왕도정치를 권유했으나 왕들에게 제대로 받아들여지지 않자, 말년에는 고향에 돌아와 조용히 후학을 가르쳤다고 전한다.

제3장

신화 전설과 사 · 철학 · 산문

신화와 전설

1. 삼황오제

1) 삼황

삼황오제三皇五帝 신화는 사실 중국의 신화만은 아니다. 따지고 보면 삼황오제 신화 및 기타 신들의 이야기는 고대 중국 대륙의 서로 다른 민족들이 공유한 동아시아의 신화라고 해야 옳다. 그 때문에 그리스 로마 신화처럼 삼황오제의 명칭이 같지 않은 것이다. 예를 들어 삼황만 하더라도 세 가지 서로 다른 설이 있다. 즉 첫 번째 삼황설은 천황天皇 지황地皇 인황人皇설이고, 두 번째는 수인씨燧人氏 복희씨伏羲氏 신농씨神農氏설이고, 세 번째는 수인씨 축융씨祝融氏 여왜씨女媧氏설이다.

첫 번째 삼황설을 이루고 있는 천황 지황 인황의 천天 지地 인人은 하늘과 땅 그리고 인간을 가리키는 것이다. 이는 하늘을 주관하는 신인 천신과 땅을 주관하는 신인 지신 및 사람을 관장하는 신인 인신의 삼신설三神說로도 알려져 있다. 삼신설에 따르면 사람도 신인 것이다. 여기에서의 사람, 즉 인간은 만물의 영장으로서의 인간임은 두 말할 필요도 없다. 그 때문에 천신・지신・인신의 삼신설은 고조선의 환인・환웅・단군의 삼신설로 변형되어 고대 한반도 신화의 중요한 토대가 되었던 것이다.

두 번째 삼황설을 이루는 수인씨・복희씨・신농씨 가운데 먼저 수인씨는 불을 사용하는 법과 음식물을 요리하는 법을 전한 신으로 알려져 있다. 그리스 로마신화의 프로메테우스와 같은 역할이다. 다음으로 복희씨는 팔괘를 열고 그물로 물고기를 잡는 법을 알려준 신이다. 복희씨는 포희庖犧씨 또는 태호太昊씨라는 다른 이름도 있으며, 몸은 뱀이고 얼굴은 사람인데, 소의 머리와 범의 꼬리를 가진 기괴한 형상이었다. 마지막으로 신농씨는 수인씨처럼 불을 담당했고 농사짓는 법을 알려줬으며, 쇠붙이를 녹여 여러 가지 도구를 만드는 주물鑄物의 신이기도 했다. 뿐만 아니라 술 빚는 양조의 신, 그밖에 의료 · 음악 · 교역 · 상업의 신으로도 알려져 있다. 이렇게 볼 때 신농씨의 직능이 어떤 다른 신보다 다양하다고 할 수 있다. 신농씨는 염제炎帝라고도 불렸고, 몸은 사람인데 머리는 소였다고 한다.

마지막으로 세 번째 삼황설의 주인공인 수인씨 · 축융씨 · 여왜씨 중 수인씨는 두 번째 설과 중복되니 더 설명할 필요가 없을 것이다. 다음은 축융씨인데, 그 또한 불의 신이고 남쪽 바다를 관장하는 신, 즉 남방신으로도 알려져 있다. 일설에 의하면 축융씨는 삼황이 아니라 오제의 하나인 전욱의 아들 혹은 손자라고도 하고, 또 다른 설에 따르면 축융씨는 오제의 하나인 제곡의 불 담당 관리에 불과했다고 한다. 마지막으로 여왜씨는 인류창조의 신으로 유명하다. 여성신이기도 한 여왜씨는 진흙으로 사람을 빚어 만들었다. 또한 여왜씨는 기울어지는 하늘을 오색 돌로 보수하고, 자라의 발을 잘라 동서남북의 사극을 세웠으며, 갈대를 태운 재로 홍수를 막는 등 세상을 정비한 신으로 알려져 있다. 여왜씨는 여희女希씨 또는 왜황媧皇으로도 불렸고, 복희씨나 신농씨처럼 반은 동물이고 반은 사람이었다. 즉 여왜씨의 몸은 뱀이고 얼굴은 사람이었다고 한다. 재미있는 점은 그녀가 복희씨의 누이동생으로, 오빠와 근친상간하는 복희 · 여왜도라는 그림이 전해지고 있다는 사실이다.

위 삼황설들을 종합해보면 몇 가지 특징이 눈에 띤다. 첫째 특징은 수인씨 · 신농씨 · 축융씨가 모두 불의 신이라는 점이다. 이는 그리스로마 신화뿐 아니라 동양신화에서도 불이 얼마나 중요했는지 보여준다. 결국 불의 신을 부르는 이름이 수인씨 · 신농씨 · 축융씨 등 다양했다고 볼 수 있다. 이는 서로 다른 지역과 시대에 따라 불의 신의 이름이 각각 달랐음을 뜻한다. 또한 복희씨와 여왜씨 및 신농씨의 이름이 한 가지가 아니라 여러 가지인 것도 지역과 민족과 시대에 따라 달라졌음을 알 수 있다.

둘째 특징은, 복희씨 · 신농씨 · 여왜씨의 형상이 사람 얼굴에 짐승의 몸인 인면수신人面獸身, 또는 사람 몸에 짐승 머리인 인신수수人身獸首라는 점이다.

제일 복잡한 모습으로 묘사된 신은 복희씨로, 그는 뱀 몸에 사람 얼굴에다가 소머리에 범 꼬리가 조합된 형상이다. 여왜씨가 복희씨의 누이동생이라는 설이 맞다면, 여왜씨 또한 복희씨와 같은 형상이어야 할텐데, 여왜씨는 그냥 뱀의 몸에 사람 얼굴로 되어 있다. 한편 신농씨는 사람 몸에 소머리이다. 요컨대, 복희씨·여왜씨·신농씨는 신이면서 인간이고, 인간이면서 동물인 셈이다. 이는 중국신화에서는 신 따로 인간 따로 동물 따로 존재하는 것이 아니라, 모두 한 덩어리로 존재함을 뜻한다고 볼 수 있다.

셋째 특징은 서로 다른 삼황설을 직능상으로 묶어서 하나의 삼황설로 만들 수 있다는 사실이다. 즉 불의 신 신농씨와 중복되는 수인씨와 축융씨를 다 신농씨로 묶어버리면 신농씨·복희씨·여왜씨의 삼황만이 남는 것이다. 하지만 천황·지황·인황의 삼황설은 여전히 독자적인 설로 남길 수밖에 없다. 그렇게 볼 때 삼황설은 크게 두 가지 설만 남는다. 즉 신농씨·복희씨·여왜씨설과 천황·지황·인황설이 그것이다.

2) 오제

이제 오제를 이야기하자. 오제도 삼황처럼 두세 가지 설이 있다. 먼저 첫 번째 설은 방위신으로서의 오방신설이다. 오방신은 동방·서방·남방·북방·중방을 대표하는 청제青帝 백제白帝 적제赤帝 흑제黑帝 황제黃帝를 말한다. 이는 사방 신인 사신四神에다 중방의 신인 황제黃帝를 더한 것으로, 각각 색깔을 대표하고 있다는 점이 눈에 띈다. 이 가운데 사방신인 사신은 고구려 백제의 벽화에도 묘사된 것으로, 동방신은 푸른 용, 서방신은 흰 호랑이, 남방신은 붉은 공작, 그리고 북방신은 검은 거북이다. 이로서 볼 때 오제 또한 신과 동물이 어우러진 형상임을 알 수 있다.

오제의 두 번째 설을 구성하는 신들은 바로 황제·전욱·제곡·요·순이다. 황제는 첫 번째 오제설에도 등장하는 중요한 신으로, 구름과 안개를 주관하는 신이다. 뿐만 아니라 인간에게 곡물 재배법을 가르치고 문자와 음악 및 도량형을 정한 신이기도 하다. 헌원씨軒轅氏라는 다른 이름도 지니고 있는 황제의 직능은 농사를 가르치고 음악을 관장했다는 신농씨와도 겹친다. 하지만 창힐이라는 사람에게 문자를 만들게 했다는 기록만은 황제黃帝만의 업적으로 알려져 있다. 현재 중국 섬서성 서안 부근에 황제의 묘소가 잘 정비되어 있다.

다음으로 전욱은 황제의 손자로 고양씨高陽氏로도 불린다. 그 다음 제곡은 황제의 증손이며 요의 할아버지로 고신씨高辛氏로도 불린다. 하지만 고양씨와 고신씨에 대한 기록은 헌원씨나 다음에 설명할 요와 순에 비해 그리 많지 않다.

도당씨陶唐氏라고도 불리는 요堯는 『서경』에서도 언급했지만 중국 군주의 이상형으로, 권력을 혈육이 아닌 순舜에게 이양한 양위讓位의 주인공이다. 한편 도당씨로부터 최고 권력을 받은 순은 유우씨有虞氏로도 불린다. 유우씨는 지혜뿐 아니라 효성도 지극해서, 새 어머니의 말만 듣고 아들인 자기를 죽이려하는 아버지 고수瞽瞍에게 다음과 같이 지혜로운 효심을 다했다는 이야기가 전한다. 즉 고수가 순에게 쌀 창고에 올라가 일을 하게 한 후 밑에서 불을 질러 산 채로 태워 죽이려 하자, 그는 삿갓으로 자신을 보호하며 창고를 빠져 나왔다. 또 아버지 고수가 순에게 우물을 파게 한 후 물에 빠뜨려 죽이려 했지만 그는 우물을 팔 때 몰래 딴 구멍을 하나 더 파서 그리로 빠져 나왔다. 이런 일을 겪고도 순은 부모를 조금도 원망하지 않고 여전히 문안을 드렸다는 것이다. 순도 요와 마찬가지로 자기의 친아들인 상균商均이 똑똑하지 못하다고 판단하고 왕위를 우禹에게 양위했다.

세 번째 오제설을 이루는 신들은 두 번째 설과 거의 같다. 다만 헌원씨가 소호씨少昊氏로 대체되었을 뿐이다. 금천씨金天氏로도 불리는 소호씨에 관해서는 그다지 많은 이야기가 알려져 있지 않다. 다만 소호씨는 복희씨와 마찬가지로 태양과 새, 즉 봉황의 모습으로 알려져 있다는 점이 눈에 띈다.

삼황오제에 대한 이 같은 설명에서 드러나듯이, 삼황오제를 이루는 신들의 이름도 여러 가지이고 그 직능도 서로 중첩되는 게 많다. 예를 들어 수인씨·축융씨·신농씨가 모두 불의 신이고 신농씨와 헌원씨가 다 농사짓는 법을 가르쳤고, 축융씨와 여왜씨는 각각 삼황의 하나라고도 하고 아니라고도 하는 등 앞뒤가 맞지 않는다. 왜일까? 물론 워낙 오래 전의 이야기이다 보니 이를 기록해오는 과정에서 서로 아귀가 맞지 않는 일이 벌어졌을 수 있다. 하지만 삼황오제의 신들을 추앙하는 민족이 서로 다르기 때문에 명칭이 다르거나 직능이 중첩되었을 가능성도 높다. 어떤 학자는 이 같은 모순을 상고대 동아시아 민족들이 믿었던 토템의 차이로 해석하기도 한다.

즉 상고대 동아시아에는 새를 토템으로 하는 민족과 용龍을 토템으로 하는 민족이 있었다. 새를 떠받드는 민족은 동이족으로, 이들은 봉鳳새를 신앙하여 봉족이라고도 불리었고, 용을 떠받드는 민족은 화하족으로, 이들은 용족이라 불리었다. 그런데 동이겨레의 후예임을 자처하는 한국민족은 솟대 끝에 새를 조각해 놓고 새를 신성시한다. 청와대의 문장紋章, 즉 로고도 봉황이다. 또한 남북조 시대에 양나라를 방문한 백제의 사신도 머리에 새의 깃털을 꼽고 있는 모습이다. 반면에 황제의 자손이며 화하족의 후예임을 자부하는 중국인들은 용을 숭앙한다. 그래서 중국에는 용춤 추기 · 용선 젓기 등, 용에 얽힌 민속놀이가 많다. 물론 화하족과 동이족은 훗날 연합되어 서로 긴밀한 관계를 가졌기 때문에, 오늘날에는 한국에도 용 신앙이 있고 중국에도 새 신앙이 있게 되었다. 다만 상고대 시절, 즉 동이족과 화하족이 아직 얽히지 않은 시점에서는 이 두 민족의 토템이 분명 달랐다고 할 수 있다.

이제 봉족과 용족을 삼황오제와 연결시켜 보면 봉족 계열에는 복희씨 · 소호씨 · 고신씨(제곡) · 유우씨(순)가 있고, 용족 계열에는 신농씨 · 헌원씨(황제) · 고양씨(전욱) · 도당씨(요)가 있다. 이 설을 왕조와 연결시키면 복희씨 · 소호씨 · 고신씨 · 유우씨로 이어지는 봉족, 즉 동이족은 다음 절에서 설명할 치우씨 등과 함께 은殷나라의 지배민족이 된다. 반면 신농씨 · 헌원씨 · 고양씨 · 도당씨로 이어지는 용족, 즉 화하족은 주周나라의 지배민족이 된다. 요컨대, 삼황오제를 비롯한 상고대 동아시아의 신화가 이처럼 서로 중첩된 이유는 고대 중국의 양대 종족인 동이족과 화하족이 자웅을 다투면서 서로 제 것으로 챙겼기 때문이라는 것이다. 신들의 이름이 하나가 아니라 둘 셋, 심지어 네 개씩 갖는 것이나, 직능이 같은 신이 여럿 있는 것 또한 이런 관점에서 보면 해석하기 어렵지 않다.

2. 기타 신들의 이야기

1) 치우씨와 공공씨

삼황오제 이외에도 상고대 동아시아에는 치우씨蚩尤氏·공공씨共工氏·반고盤古·마고麻姑·서왕모西王母·예羿·항아姮娥 등등 많은 신들이 있었다. 이들 가운데 먼저 바람의 신인 풍신 치우씨를 소개한다. 앞에서도 잠깐 언급했지만 치우씨는 동이족의 신이다. 한국인의 조상을 환인시대와 환웅시대 및 단군시대로 기술하고 있는 『환단고기桓檀古記』에는 제 14대 자오지 환웅이 바로 치우씨로 되어 있다. 그는 안개바람을 일으켜 황제 헌원씨에 대항한 영웅적인 천황이었다고 한다. 하지만 다른 기록에 의하면 치우씨는 황제 헌원씨에게 반기를 들다가 멸망당한 반역자였다고도 한다. 이처럼 서로 반대되는 기록이 있게 된 배경에는 동이족과 화하족의 역사관이 서로 정반대였기 때문임은 짐작이 간다. 치우씨를 영웅적 신으로 묘사한 사관史官은 동이족의 후예일 것이고, 그를 반란의 앞잡이로 묘사한 사관은 화하족의 후예일 것이기 때문이다.

또 하나의 신인 공공씨는 수신水神, 즉 물의 신이다. 치우씨가 황제 헌원씨와 싸웠다면 공공씨는 전욱 고양씨와 다투다가 그에게 패한 것으로 전해진다. 화가 난 공공씨는 하늘과 땅을 지탱하는 천주天柱, 즉 하늘 기둥을 끊어버렸다. 그때부터 하늘은 서북쪽으로 기울고 땅은 동남쪽으로 기울어 모든 강물이 동남쪽으로 흐르게 되었다고 한다. 이로 볼 때 공공씨 또한 동이족의 신이었을 가능성이 크다. 그래서 그를 동이족의 신인 소호씨의 불초자식이라는 기록이 있는 것이다. 왜 불초자식이라 했을까? 그가 전욱에게 패하여 천주를 끊는 난동을 부렸기 때문이 아니었을까?

2) 반고와 마고

치우씨와 공공씨가 동이족 신이라면 지금부터 설명할 반고와 마고는 천지창조를 주관한 근원적인 신으로, 동이족 또는 화하족 등 민족이 형성되기 이전의 신이라고 할 수 있다. 반고와 마고는 둘 다 천지창조와 인류창조의 신이라는 공통점을 지녔다. 하지만 그 방식은 전혀 다르다. 먼저 반고의 이야기를 소개한다.

반고는 한자 표기가 磐古·盤固 등 똑같지 않다. 반고는 또 반고씨로도 불리는데, 앞서 치우씨·헌원씨 등에서처럼 이름에 씨를 붙이는 것은 극존칭이다. 이 때문에 반고보다 반고씨가 더욱 존칭이 된다. 하지만 본 소절에서는 그냥 친근하게 반고라고 부르려 한다. 반고의 깨어남과 죽음은 다음과 같은 과정을 겪는다.

태초 이전의 혼돈 속에 반고가 깊이 잠들어 있었다. 마치 날계란 같은 소용돌이 속에서 깊이 잠들어 있던 반고는 어느 날 기지개를 켜고 나왔다. 마치 부화하는 병아리처럼 껍질을 깨고 나온 반고는 일어나서 두 팔을 들어 가볍고 투명한 기운을 위로 올렸다, 또 두 발로는 무겁고 탁한 기운을 내리 눌렀다. 이렇게 오랜 세월을 보내자 마침내 하늘과 땅이 생기게 되었다. 가볍고 투명한 기운이 위로 올라가 하늘이 되고, 무겁고 탁한 기운이 아래로 내려가 땅으로 다져진 것이다. 이렇게 천지를 만든 후 반고는 힘이 다해 숨을 거두었다.

하지만 반고는 그냥 죽어 없어진 게 아니었다. 살신성인殺身成仁하는 성인처럼 그는 죽어서 자신의 몸으로 하늘과 땅을 채운 것이다. 즉 그의 두 눈은 해와 달이 되었고 그의 근육은 산맥을 이루었으며, 그의 털은 울창한 숲이 되었다. 그의 피는 강과 바다를 이루었고 그의 살은 비옥한 땅이 되었다. 또한 그의 한숨은 바람이 되었고 그의 땀은 비가 되었다. 뿐만 아니라 그의 이빨은 반짝이는 보석이 되었고, 그의 머리털은 밤하늘의 뭇별이 되었다. 마지막으로 반고의 옆구리에서 벌레가 하나 나왔으니, 이 벌레가 진화를 거듭하여 사람이 된 것이다.

천지창조와 인류창조의 본체인 반고신화는 이처럼 인간을 우주만물의 총화로 보고 있다. 공공씨·신농씨·치우씨·헌원씨 등이 물·불·바람·구름 등 자연과 한 몸을 이루었듯이 반고 또한 그러했던 것이다. 예로부터 사람을 소우주로 본 것도 바로 반고신화가 있었기 때문에 가능했다. 즉 인간의 몸은 바로 우주의 축소판으로, 반고 식으로 본다면 나의 두 눈은 해와 달이요, 피는 강과 바다이다. 내 근육은 거대한 산맥이고 내 살은 비옥한 논과 밭이다. 그 뿐인가? 바람은 내가 내쉰 한숨이요, 비는 내가 흘리는 땀이다. 밤하늘의 뭇별은 내 머리칼이요, 영롱한 오색의 보석은 다름 아닌 내 이빨인 것이다.

반고신화는 『역』의 사상과도 일맥상통한다. 반고가 잠을 자고 있던 태초의 혼돈상태를 태극으로, 깨어나 하늘과 땅을 가른 것을 음양의 갈라짐으로 볼 수 있기 때문이다. 이후 반고의 몸으로 이루는 삼라만상을 팔괘와 육십사괘의 펼쳐짐으로 볼 수 있음은 물론이다. 여왜씨가 최초의 인간을 진흙으로 빚음으로써 신과 인간을 분리시켰다면, 반고씨의 인류창조는 인간을 반고 자신의 옆구리에서 나온 벌레가 진화된 것이라고 함으로써, 신과 인간을 합일시켰다. 아울러 벌레와 인간을 동일시함으로써 곤충과 인간도 통합했다.

다음으로 『부도지符都誌』에 기록된 마고麻姑신화를 소개한다. 마고이야기에 따르면 태초에는 오직 빛과 소리만이 있었다. 태초의 빛에 대해서는 특별한 설명이 없어 뭐라 형용하기 어렵고, 태초의 소리는 팔여음八呂音, 즉 여덟 개의 음으로 기록되어 있다. 바로 이 팔여음에서부터 허달성虛達城과 실달성實達城이 나왔고 허달성과 실달성 사이에서 마고성이 나왔다. 여기에서 허달은 선천을 의미하고 실달은 후천을 의미하니, 마고는 선천시대와 후천시대의 중간에 태어난 셈이다. 허달성과 실달성 사이에 있는 마고성는 지상에서 가장 높은 곳에 있었다. 마고성의 주인인 마고는 선천을 남자로 삼고 후천을 여자로 삼아 스스로 두 딸, 궁희穹姬와 소희巢姬를 낳았다. 마고는 과거를 의미하는 선천과 미래를 의미하는 후천의 만남만으로 배우자 없이 무성생식을 했고, 처녀출산을 한 것이다. 두 딸인 궁희와 소희 또한 배우자 없이 선천과 후천의 정만으로 각각 두 천인과 두 천녀를 낳았다.

궁희씨가 낳은 두 천인·두 천녀와 소희씨가 낳은 두 천인·두 천녀, 합해서 네 천인과 네 천녀는 마고성의 땅에서 나오는 지유地乳를 먹으며 자랐다. 궁희가 낳은 두 천인은 황궁黃穹씨와 청궁靑穹씨이고 소희가 낳은 두 천인은 백소白巢씨와 흑소黑巢씨였다. 하지만 유감스럽게도 궁희와 소희가 낳은 네 천녀들의 이름은 알려져 있지 않다. 어쩌면 이때부터 모계사회에서부터 부계사회로 진입했을지 모른다. 그래서 천녀들의 역할보다 천인들의 역할이 중시되었을 것이다. 실제로 황궁씨·청궁씨·백소씨·흑소씨는 각각 마고성의 사방을 맡아 다스린 반면에 네 천녀들은 어떤 직분도 없다. 네 천녀는 다만 소리를 맡았다고 기록되어 있다.

즉 이 무렵엔 태초의 팔여음 대신 십이율려음十二律呂音이 등장한다. 십이율려는 육률六律과 육려六呂가 엇갈려 만들어진 음으로, 이 가운데 육려를 네 천녀가 맡았다. 육률은 물론 네 천인이 맡았다. 이로서 율律은 양陽의 소리이고 려呂는 음陰의 소리임을 알 수 있다. 그렇게 볼 때, 태초의 팔여음에서 십이율려가 나왔음은 태극에서 음과 양이 나왔음을 뜻한다고 할 수 있다.

시인 김지하가 이 땅에 실현하고 싶은 세계가 율려의 세상이라 했는데, 그가 말하는 가장 평화로운 우주의 소리인 율려는 바로 이 마고신화에서 유래되었다. 중요한 점은 네 천인과 네 천녀가 담당했다는 십이율려음 이전인 태초, 즉 마고와 궁희·소희 시대에는 오직 팔여음만 있었다는 것이다. 여기서 팔여음은 남성에 대비되는 여성의 소리가 아니라, 여성과 남성을 낳는 원형으로서의 모성의 소리를 말한다. 그 때문에 팔여음은 음陰이 아닌 태극太極의 소리라고 하겠다.

아무튼 마고뿐 아니라 궁희와 소희 및 네 천인과 네 천녀도 모두 선천시대와 후천시대의 중간에 있었다. 하지만 선천시대, 즉 과거를 의미하는 허달성의 운이 다하고 후천시대, 즉 미래를 뜻하는 실달성의 운이 열리자, 마고가 실달성을 떨어뜨렸다. 그러자 실달의 몸체가 열리면서 비로소 물과 땅이 생겼다. 물과 땅이 바람과 함께 돌고 돌면서 불이 생겼다. 다음으로는 점차 낮과 밤이 갈라지고 봄·여름·가을·겨울 등 사계절이 생겨 식물과 동물을 길러냈다. 물질 세상이 열린 것이다. 이때 황궁씨는 지地를 맡았고 청궁씨는 수水를 맡았고 백소씨는 풍風을, 흑소씨는 화火를 맡았다.

요컨대, 선천시대의 성城이 허달성이고 후천시대의 성이 실달성이다. 다시 말하면 선천의 시대는 무無의 시대이고 후천시대는 유有의 시대라는 뜻이다. 그래서 마고가 실달성을 떨어뜨려 물과 땅, 바람과 불이 생겨 낮과 밤이 생기고 사계절이 벌어져 온갖 식물과 동물이 생겼다는 것은 마고가 무와 유의 가운데에서 무의 운행을 끝내고 유의 운행을 시작했음을 뜻한다. 천지만물은 이렇게 창조된 것이다.

그렇다면 사람은 어떻게 출현하게 되었을까? 마고신화에 따르면 최초의 인간은 네 천인이 네 천녀와 근친결혼을 해서 각각 삼남삼녀를 낳음으로써 비롯되었다고 한다. 최초의 인간 한 명을 탄생시킨 것이 아니라 4명의 부부가 각각 6남매를 낳았으니 합해서 24명의 인간이 한꺼번에 탄생된 것이다. 이들은 또 몇 대를 거치면서 그 수가 3천명으로 불었다. 이들 사람들은 모두 네 천인과 네 천녀가 그랬던 것처럼 지유地乳를 마시고 살았다. 그 때문에 인간들은 신과 마찬가지로 기혈이 맑아서 보고 듣고 가고 옴이 자유자재로 가능했다. 이들은 소리 내지 않고도 말을 하고, 형상을 감춘 채 움직였으며, 그 수명도 한이 없었다. 이쯤 되면 신과 인간의 구분이 따로 없는 셈이다.

하지만 평화롭고 완벽하던 이들은 백소씨의 족속이 오미五味의 맛을 알게 되어 다툼이 일어났고, 결국 헤어지게 되었다. 백소씨의 족속이 오미, 즉 달고 쓰고 맵고 짜고 쓴 다섯 가지 맛을 어떻게 알게 되었는지에 대해서는 알 길이 없으나, 어쨌든 분란의 시초는 백소씨에서부터 비롯된 것으로 되어 있다. 결국 선악과를 먹고 에덴동산에서 쫓겨난 아담과 이브처럼 백소씨는 자기의 족속을 이끌고 서쪽으로 갔다. 한편 흑소씨의 족속은 남쪽으로 갔고 황궁씨의 족속은 북쪽으로 갔으며 청궁씨의 족속은 동쪽으로 갔다. 백소씨가 향한 서쪽은 지금으로 치면 서아시아 지역이고, 흑소씨가 간 남쪽은 남아시아 지역이고 황궁씨가 향한 북쪽은 북아시아 지역이고 청궁씨가 간 동쪽은 동아시아 지역이라고 한다. 인류학적으로 한국인을 흔히 북몽골족으로 분류하는데, 그렇게 보면 한국인은 황궁씨의 후예라고 할 수 있고 중국인은 청궁씨의 후예라고 볼 수 있다. 하지만 한국인과 중국인은 북아시아와 동아시아를 무대로 끊임없이 섞여 왔다고 볼 때 이를 단정하기는 어려운 일이다.

다시 마고신화로 돌아와 정리해보면, 마고이야기는 품격과 체계를 갖춘 천지창조 신화이자 인류창조 신화이다. 그럼에도 불구하고 마고는 언제부터인가 중국신화에서 희화되었다. 즉 마고를 천지창조와 인류창조 신화의 주인공으로 추앙하는 대신에 마고할미라고 폄하하여 우스꽝스러운 모습으로 각색한 것이다. 즉 마고할미는 한漢나라 때 고여산에서 살던 노파로, 새의 발톱 같은 긴 손톱으로 사람들의 가려운 데를 긁어주었다는 이야기가 대표적인 희화 사례이다. 이는 한국에서 천신・지신・인신 또는 환인・환웅・단군의 삼신三神을 삼신할미로 폄하하여 고작 여인네들에게 아들이나 점지해주는 할매 취급하는 것과 똑같다.

한 문헌 기록에 따르면 신라의 최치원도 마고신화를 알고 있었다. 이 같은 사실은 「여도사와 이별하며」라는 그의 시 속에 다음과 같이 나와 있다 :

> 속세에 액난이 뒤덮여 있음이 한스러울 때마다
> 오랜 세월 마고를 알게 되어 심히 기뻤다오.
> 이제 떠나면서 진심으로 말하노니
> 바닷물이 언제 마를 날 있겠소?
>
> 每恨塵中厄宦涂 매한진중액환도
> 數年深喜識麻姑 수년심희식마고
> 臨行爲眞心說 임행위진심설
> 海水何時得盡枯 해수하시득진고

"오랜 세월 마고를 알게 되어 심히 기뻤다"는 구절을 통해 최치원은 마고를 알고 있었을 뿐 아니라 당나라 당시 마고라는 이름을 가진 여도사女道士도 알고 있음이 드러난다. 이 시에서 최치원은 마고를 마고할미가 아닌 마고선녀로 추앙하고 있다. 그래서 마고의 도는 바다와 같아서 바닷물이 마를 리 없듯 마고의 도도 다함이 없으리라고 한 것이다.

마지막으로 오늘날 남아 있는 마고의 발자취를 살펴본다. 먼저 대만 사람들 사이에 널리 퍼져 있는 마조媽祖 신앙을 소개한다. 태초의 여신으로 숭배되는 마조의 마媽와 마고의 마麻는 물론 한자가 다르다. 하지만 그 발음이 중국어나 한국어가 다 똑 같은 '마'임을 볼 때, 마조와 마고는 동일 여신이라고 볼 수 있다. 실제로 한자에는 발음에 따라서 빌어올 수 있는 가차假借 글자가 많기 때문이다. 다음으로 한국 지리산에 있는 노고단의 노고老姑를 유의해볼 필요가 있다. 노고단은 노고에게 제사를 올리는 제단을 뜻하는데, 여기서 노고의 고는 마고의 고와 한자와 발음이 같다. 요컨대, 마고는 마고할미 · 마조 · 노고 등으로 오늘날 중국과 대만 및 한국에 그 자취를 남기고 있다고 할 수 있다.

3) 서왕모

『산해경山海經』에 전해지는 서왕모西王母는 옥산玉山에 사는 선녀로, 사람 얼굴에 범의 이빨과 꼬리를 가진 형상이다. 게다가 머리는 헝클어진 더벅머리에 꽃으로 만든 화관을 쓴 모습이라고 하니 그 모습이 아연 엽기적이다. 그녀는 동굴에서 살았는데, 소리를 잘했으며 하늘의 살기殺氣를 지니고 다섯 가지 잔혹한 일을 주관했다고 한다. 여기까지 묘사된 서왕모는 괴물 또는 마귀나 지옥의 여신으로, 생각만 해도 소름이 끼치는 흉측한 존재라고 할 수 있다. 그야말로 사악한 귀신인 그녀에게 걸리면 꼼짝 없이 엄청난 고통과 죽음을 당할 것도 같다.

하지만 이처럼 사악한 마귀가 아닌 천상의 선녀로서의 서왕모에 대한 이야기도 있다. 『목천자전穆天子傳』에 보면 주나라 목왕穆王과 서왕모의 낭만적인 사귐에 대해 다음과 같이 기록되어 있다. 즉 주나라 목왕이 서쪽 곤륜산崑崙山에 가서 서왕모를 만나 요지瑤池라는 연못에서 노닐었다. 이 때 서왕모는 목왕에게 검은 옥과 흰 옥을 선물하고 함께 술을 마시며 서로 시詩를 주고받았다. 서왕모가 목왕에게 지어준 시는 목왕을 칭찬하고 또 다시 자기에게 놀러오라는 내용이었고, 목왕이 화답한 시는 자신이 돌아가서 백성을 편안히 다스리고 3년 후에 꼭 다시 돌아오겠다는 내용이다. 목왕은 서왕모와의 만난 내용을 엄산弇山의 한 돌에 잘 기록한 후, 엄산을 '서왕모의 산'이라 불렀다고 한다.

그런가 하면 서왕모는 주나라 목왕 이후 몇 백 년이 지난 다음 한나라 무제와도 사귀었다. 『한무제고사漢武帝故事』에 다음과 같은 이야기가 전해진다. 즉 한나라 임금 무제가 죽지 않고 영원히 살기를 간절히 바라니, 이를 감지한 서왕모가 7월 7일 7시에 천관을 쓰고 자주색 수레를 타고 푸른 새의 호위를 받으며 지상에 내려왔다. 한나라 무제가 그녀를 만나 불사약不死藥을 달라고 하자, 서왕모가 대답하길 "그대는 지상에 쌓아놓은 정이 너무 많아서 불사약을 줄 수 없다."고 했다. 그 대신 선도仙桃, 즉 하늘의 복숭아 7개를 품에서 꺼내어 2개는 자기가 먹고 나머지 5개를 무제에게 주었다. 무제가 그 복숭아를 먹은 후 그 씨를 지상에

심으라고 명령했다. 그러자 서왕모는 "이 복숭아는 하늘의 복숭아로서 천상에서도 3천년에 한번 열매를 맺을 뿐이다. 그러니 지상에서는 아예 심을 수 없다."고 잘라 말한 후 사라졌다는 것이다.

요컨대, 서왕모에 대한 신화는 이처럼 극과 극이다. 하나는 인간에게 벌을 주고 심지어 죽음을 주는 마귀이고, 다른 하나는 인간을 위로하고 소통하면서 교제하는 선녀이다. 하지만 공통점은 둘 다 인간과 긴밀한 관계를 맺고 있다는 점이다. 즉 서왕모는 인간을 격려하고 하늘의 복숭아를 통해 하늘의 맛을 보여주기도 하는가 하면, 잘못한 인간에게는 잔혹한 형벌과 하늘의 살기를 내려주는 양면적인 여신이었다고 볼 수 있다.

4) 예와 항아

다음으로 예羿와 항아姮娥의 이야기를 소개한다. 예와 항아는 사실 각각 서로 다른 신이다. 하지만 보통은 부부로 더 잘 알려져 있다. 먼저 예에 대한 이야기 중 하나를 소개하면 다음과 같다. 즉 예는 오제의 하나인 요임금의 신하였는데, 활쏘기의 명인인 명궁名弓이었다. 기록에 따르면 요임금 때 10개의 태양이 떠올라 온갖 초목을 말려 죽이는 괴수가 등장하여 백성들을 괴롭히자 명궁인 예가 활을 들고 나가 아홉 개의 태양을 쏘아서 떨어뜨리고 한 개의 태양만 남겼다. 뿐만 아니라 예는 백성들을 해치는 괴수를 퇴치해서 백성들로부터 천자로 추앙을 받았다고 한다.

또 하나의 설은 요임금 때가 아니라 하나라 때, 예가 지금의 산동성 지방을 지배했는데, 그 세력이 강대해져 하나라를 멸망시키고 천자가 되었다는 이야기다. 하나라를 멸망시키고 들어선 나라는 은나라이니, 이 이야기에 따르면 예가 은나라의 시조가 된다. 즉 예는 요의 신하가 아니라 은나라의 임금이 되는 것이다. 기록에 따르면 은나라의 시조는 설楔인데, 그렇다면 설은 예의 다른 이름인지 아니면 설과 예가 각각 다른 존재인가? 이에 대해서는 정확한 답을 찾지 못하고 있다.

아무튼 예에 관한 위 두 가지 설을 종합해서 역사적으로 재해석해보면 이렇다. 즉 태양신인 예는 상고대 요임금 때부터 힘을 길러 하나라에 이르러 산동성을 무대로 강대해졌다. 그리하여 태양을 숭배했던 동이족의 10개 부족 가운데 9개 부족을 멸망시키고 하나의 부족으로 통일하여 천자로 추앙을 받았다는 것이다. 요컨대, 예도 치우씨와 마찬가지로 동이족의 천자였다는 이야기가 된다.

다음 항아嫦娥는 항희嫦羲로도 불리는데, 예와 마찬가지로 서로 다른 이야기의 주인공이다. 그 하나는 그녀가 태양신인 제준帝俊의 아내이며 달의 신으로, 달덩이 같은 알 12개를 낳고 일월산日月山 골짜기에서 목욕을 했다고 한다. 이 설에 따르면 그녀가 달의 신이고 태양신인 제준과 부부로서 평화롭게 잘 지냈다는 것이다. 항아에 관한 또 하나의 설은 좀 색다른 이야기다. 즉 항아는 원래 제준의 아내가 아니라 예의 아내였다. 하지만 남편인 예가 서왕모로부터 불사약을 얻어오자, 항아는 남편 몰래 불사약을 훔쳐서 달로 달아나 토끼 혹은 두꺼비가 되었다는 것이다.

위 두 가지 설의 공통점은 둘 다 항아를 달의 신으로 본 것이다. 두 설 다 항아를 달의 정령 또는 달의 요정으로 본 것이다. 아무튼 예의 경우처럼 항아에 관한 위 두 가지 설을 연결시켜 재구성해보면 이렇게 되지 않을까? 즉 원래 항아는 태양신 제준의 아내이자 달의 신으로 평화롭게 살았는데, 또 다른 태양신인 예가 나타나서 제준을 비롯한 아홉 명의 다른 태양신들을 물리치고 항아를 제 아내로 삼았다. 하지만 항아는 자신이 원하지 않았던 새 남편 예를 배반하고 달에 가서 독자적인 삶을 살았다고 말이다. 그녀가 달에 가서 토끼가 되었는지 아니면 두꺼비가 되었는지는 사실 그다지 중요한 부분은 아닌 것 같다. 하지만 토끼와 두꺼비에게 부여된 고대인의 상징이 의미하는 바가 무엇인지는 흥미로운 연구 대상이 될 것이다.

한편 예와 항아의 이야기를 신들의 이야기가 아니라 영웅의 전설로 보는 학자도 있다. 하지만 예는 한나라 무제가 서왕모로부터 얻을 수 없었던 불사약을 얻었고, 활로 아홉 개의 태양을 쏘아서 떨어뜨린 신 같은 존재다. 항아 또한 12개의 달을 낳고 토끼 또는 두꺼비로 화할 수 있는 신적인 존재다. 그렇게 볼 때 예와 항아도 복희씨 · 신농씨 · 여왜씨가 그랬듯 신과 인간과 동물 사이를 자유자재로 오가는 전능한 존재라고 볼 수 있다.

예와 항아의 이야기를 통해 상고시대부터 민간에 10개의 태양과 12개의 달이 있다는 설이 있었음이 확인된다. 예가 상대한 10개의 태양은 훗날 갑甲 을乙 병丙 정丁 무戊 기己 경庚 신辛 임壬 계癸의 십간十干이 되었고, 항아가 낳았다는 12개의 달은 자子 축丑 인寅 묘卯 진辰 사巳 오午 미未 신申 유酉 술戌 해亥의 십이지十二支가 되었다. 바로 이 십간과 십이지를 서로 조합하여 간지력을 만들었고, 이를 통해 사주와 팔자를 논하게 되었음은 잘 알고 있을 것이다. 그런 의미에서 간지력은 예와 항아의 이야기와 긴밀히 연결된 역법임을 알 수 있다.

항아 말고도 중국 신화에는 많은 선녀들이 있었다. 이들은 주로 영산靈山을 무대로 활동했는데, 이 가운데 10명의 무녀가 유명하다. 이들은 백 가지 영약으로 온갖 병을 낫게 해주었다고 한다. 사실 여왜씨나 마고씨 및 궁희와 소희, 그리고 서왕모도 모두 여성 신이므로 선녀 또는 무녀로 불릴 수 있을 것이다. 이들은 옥산 · 엄산 · 곤륜산 등을 중심으로 위에 소개한 중요한 일들을 했다.

이밖에도 곤륜산에는 얼굴은 사람이고 몸은 아홉 개의 꼬리가 달린 범의 형상을 한 육오陸吾라는 신이 있었다. 또한 눈이 밝아 무엇이든 꿰뚫어 보는 개명수開明獸도 있었다고 한다. 또한 창해 바다 속에는 도삭산度朔山이 있었는데, 이 산에는 아름드리 복숭아나무와 갈대가 있었다. 이 산에는 또 수많은 귀신이 드나드는 귀문鬼門이 있어, 이 귀문을 신도神荼와 울루鬱壘라는 두 신인神人이 지키다가 몹시 해롭고 사악한 귀신이 오면 이들을 갈대 끈으로 꽁꽁 묶어 범에게 먹이로 던져주었다고 한다.

결론적으로 말하자면 삼황오제를 비롯한 동아시아의 신들도 그리스 로마 신들이 올림푸스산을 주 무대로 활약했던 것처럼 곤륜산 등을 무대로 종횡무진 활약했다. 단지 동아시아 신들의 이야기는 단편적으로 이 문헌 저 문헌에 흩어진 채로 있기 때문에 많은 사람들이 잘 모르고 있을 뿐이다. 앞으로 여기저기 산재되어 있는 중국 · 한국 · 몽골 등지의 신화를 종합하여 그리스 로마신화처럼 재구성하고 각색한다면 동아시아의 신화도 재미있고 감동적인 신화이야기로 환하게 거듭날 것이다.

역사산문

『서경』의 뒤를 이은 고대의 역사 산문을 시대별로 꼽자면 춘추시대의 역사를 담은 『춘추春秋』와 전국시대 역사를 담은 『전국책戰國策』, 그리고 한나라 때 편찬된 『사기史記』 등을 꼽을 수 있다. 『춘추』와 『사기』는 따로 설명할 기회가 있을 터이니 여기서는 『전국책』을 잠시 소개한다. 이 책은 전국시대의 책사들이 나라를 경략하는 방법을 군주 앞에서 아뢰는 내용이 주를 이루는데, 특히 소진蘇秦과 장의張儀의 이야기가 잘 알려져 있다. 소진은 한韓나라 위魏나라 조趙나라 연燕나라 제齊나라 초楚나라 등 여섯 나라의 왕에게 강대한 진秦나라에 대항하여 연합하라는 이른바 합종책合縱策을 주장했다. 반면에 장의는 위 여섯 나라로 하여금 따로따로 진나라와 화해의 조약을 맺게 하는 연횡책連橫策을 주장했다. 훗날 진나라의 시황이 이 여섯 나라들을 누르고 중국을 통일한 것을 놓고 학자들은 장의의 연횡책이 소진의 합종책을 눌렀다고 평가했다. 아무튼 소진의 합종책과 장의의 연횡책은 매우 유명한 책략으로, 훗날 이 두 사람은 합종의 '종'과 연횡의 '횡'을 따서 종횡가縱橫家라는 칭호를 받고 백가百家에 속하게 된다.

종횡가의 대표격인 소진은 특히 재미있는 이야기를 많이 했는데, 휼방상쟁鷸蚌相爭 또는 어부지리漁父之利로 알려진 고사성어는 바로 소진이 조趙나라 임금에게 들려준 우화이다. 황새와 조개의 싸움으로 해석되는 휼방상쟁 이야기는 다음과 같다. 어느 맑은 날 조개가 물 밖으로 나와 껍질을 열고 일광욕을 하고 있는데, 황새가 날아와 느닷없이 조개의 살을 물었다. 그러자 조개도 날쌔게 껍질을 닫아 황새의 부리가 빠져나가지 못하게 했다. 조개가 황새에게 "오늘도(내 껍질 밖으로) 나가지 않고 내일도 나가지 않으면 죽은 황새가 될 것이다."라고 하니 황새도 지지 않고 "오늘 비가 오지 않고 내일도 비가 오지 않으면 죽은 조개가 있게 될 것이다."라며 버텼다. 이렇게 황새와 조개가 서로 상대에게 양보할 것을 주장하며 싸우고 있는 사이에 지나가던 어부가 힘도 안 들이고 황새와 조개를 사로잡는다.

이 이야기는 소진이 연燕나라를 치려고 준비하는 조趙나라 왕에게 진秦나라를 경계하라고 들려준 이야기이다. 즉 소진은 연나라를 조개로, 조나라를 황새로 비유하고, 진나라를 어부로 비유하여 조나라와 연나라가 서로 싸우는 사이에 엉뚱하게도 진나라가 두 나라를 다 차지할 것이라고 경고한 것이다.

『전국책』은 이밖에도 많은 고사성어의 원전이기도 한, 재미있는 이야기의 보고이다. 그래서 『전국책』의 책策이 훗날 정책을 펼치는 문체가 되었다. 즉 정치적인 책략을 담은 문체를 책策이라고 한 것이다. 그 때문에 명나라뿐 아니라 조선시대 과거 시험 중 진사과에 응시하려면 시詩 부賦 송頌과 함께 이 책策을 잘 쓰지 않으면 안 되었다. 그럼 『전국책』에 대해서는 이쯤 줄이고 이제 오경의 하나인 『춘추』와 사마천司馬遷의 『사기』를 소개한다.

1. 『춘추』

춘추라는 말은 오늘날 "올해 춘추가 어떻게 되십니까?"에서처럼 '나이'의 높임말로 쓰이지만, 옛날에는 '역사'라는 뜻으로 쓰였다. 새 임금이 보위에 오르는 즉위식이나 제사 같은 나라의 큰일은 대개 봄과 가을에 벌어지기 때문에 춘추를 역사라는 보통명사로 사용한 것이다. 그래서 「노나라춘추」는 노나라의 역사를 말하고 「제나라춘추」는 제나라 역사를 의미했다.

하지만 오늘날까지 전해지는 『춘추』는 오직 춘추시대 노魯나라의 역사만을 담고 있다. 사실상 『노나라춘추』인 셈이다. 아무튼 『춘추』는 노나라의 은공隱公으로부터 환공桓公 장공庄公 민공閔公 희공僖公 문공文公 선공宣公 성공成公 양공襄公 소공昭公 정공定公 애공哀公 등 모두 12명의 임금 시절인 약 242년의 역사이다. 저자는 역시 공자라고 전하지만 이는 논란의 여지가 있다.

은공 원년 · 은공 2년……식의 연대별로 정리된 『춘추』는 원래 임금과 그 주변 사람들의 행적을 짤막히 기술했다고 한다. 예를 들어 누가 태어나서 왕위를 놓고 싸우다가 죽었다든가 언제 일식이 있었다든가 하는 식이었다는 것이다.

하지만 유감스럽게도 『춘추』의 원문은 유실되었고, 오늘날 볼 수 있는 『춘추』는 앞 장에서 잠깐 언급한 대로, 세 사람의 학자가 주석을 붙인 주석본들이다. 즉 좌구명左丘明이 주석을 붙인 『춘추좌전春秋坐傳』과 곡량적穀梁赤이 주석을 붙인 『춘추곡량전春秋穀梁傳』, 그리고 공양고公羊高가 주석한 『춘추공양전春秋公羊傳』 등 세 권이다. 이 가운데 노나라 좌구명이 주석한 『춘추좌전』이 가장 잘 알려져 있다. 『좌씨춘추左氏春秋』 또는 그냥 『좌전左傳』이라고도 불리는 『춘추좌전』은 짤막짤막한 『춘추』의 원문에 대구법과 압운법 및 대화체 등을 사용한 긴 해설을 붙임으로써, 문학적인 효과를 높였다고 평가된다. 예를 들어 은공 원년(기원전 721년)에 이웃 정鄭나라의 권력투쟁에 대해 간단히 기록한 원문에 대해 좌구명은 다음과 같은 긴 해설을 붙였다 :

> 원래 정나라 무공은 신나라에서 무강이라고 부르는 부인을 맞아 장공과 공숙단을 낳았다. 그런데 장공은 어머니 무강이 잠자는 사이에 태어나 어머니를 무척 놀라게 했으므로, 무강은 장공의 이름을 오생(잠잘 때 태어남)이라 부르며 그를 싫어했다. 반면 둘째아들인 공숙단을 사랑한 나머지 그를 태자로 세우려고 했다. 무강이 여러 차례 남편인 무공에게 이를 청했지만 무공이 허락하지 않았다.
> 마침내 큰아들 장공이 왕으로 즉위했다. 그러자 무강은 장공에게 동생 공숙단을 위해 제 땅을 요구했다. 이에 대해 장공은 "제 땅은 험난한 곳으로 괵숙부도 거기서 죽었답니다. 다른 땅을 요구하면 들어드리지요."했다. 그러자 무강은 경 땅을 요구했고 장공은 공숙단에게 경 땅을 주니, 이후 공숙단은 경성대숙이라 불렸다.
> 장공의 신하 제중이 "경성의 규모가 너무 커지면 나라의 해가 될 겁니다. 선왕 때에도 대도시는 수도의 3분의 1을 넘지 못하게 하고, 중도시는 5분의 1, 소도시는 9분의 1을 넘지 않게 했습니다. 현재의 경성은 법도에도 맞지 않고 제도에도 어긋나니 임금께서 장차 감당하지 못하실 겁니다."라고 했다. 이에 대해 장공은 "어머니가 원하시는데 어찌 나라에 해가 된다고 거절하겠느냐?"했다. 그러자 제중이 대답했다 ; 모친이 임금께 피해 끼침을 마다하겠습니까? 그러니 미리 조치를 취하셔서 피해가 더 이상 자라나지 않게 하십시오. 더 자라나면 대처하기 어려울 것입니다. 덩굴 풀도 무성해지면 제거하기 힘이 드는데, 임금의 사랑하는 아우는 얼마나 더 힘들겠습니까? 장공이 말했다 : 불의를 많이 행하면 스스로 죽음을 자초하는 법이니 그대

는 잠시 기다려 보라.

初, 鄭武公娶於申, 曰武姜, 生莊公及共叔段. 莊公寤生, 驚姜氏, 故名曰寤生, 遂惡之. 愛共叔段, 欲立之. 亟請於武公, 公不許.
及莊公卽位, 爲之請制. 公曰制巖邑也, 虢叔死焉, 佗邑唯命. 請京, 使居之, 謂之京城大叔.
祭仲曰都城過百雉, 國之害也. 先王之制, 大都不過參國之一, 中五之一, 小九之一. 今京不度, 非制也, 君將不堪. 公曰姜氏欲之, 焉辟害? 對曰姜氏何厭之有? 不如早爲之所, 無使滋蔓, 蔓難圖也. 蔓草猶不可除, 況君之寵弟乎? 公曰多行不義, 必自斃, 子姑待之.

초, 정무공취어신, 왈무강, 생장공급공숙단. 장공오생, 경강씨, 고명왈오생, 수오지. 애공숙단, 욕입지. 극청어무공, 공불허.

급장공즉위, 위지청제. 공왈제암읍야, 괵숙사언, 타읍유명. 청경, 사거지, 위지경성대숙.

제중왈도성과백치, 국지해야. 선왕지제, 대도불과삼국지일, 중오지일, 소구지일. 금경불도, 비제야, 군장불감. 공왈강씨욕지, 언벽해? 대왈강씨하염지유? 불여조위지소, 무사자만. 만난도야. 만초유불가제, 황군지총제호? 공왈다행불의, 필자폐, 자고대지.

이 대목은 정나라 무공의 부인 무강이 출산 때부터 맘에 들지 않았던 큰아들 장공 대신 둘째 아들 공숙단을 왕위에 올리려고 노력한 것으로 시작된다. 하지만 무공은 끝내 장자인 장공에게 왕위를 물려준다. 임금이 된 장공은 어머니의 간청으로 아우 공숙단을 경성에 살게 한다. 하지만 공숙단이 경성대숙으로 호칭되며 은근히 세력을 키우자, 장공의 측근인 제중이 나서서 장공에게 동생을 견제하라는 주청을 한다. 이에 대해 장공은 어머니의 비호를 받고 있는 아우를 선뜻 제거하지 않고 "불의를 많이 행하면 스스로 죽음을 자초하는 법"이라며 자못 군자와 같은 태도를 보이고 있다. 하지만 속으로는 제거할 계산을 하고 있을 것은 불을 보듯 뻔한 일이다.

비록 문장 여기저기 생략이 많아 보충해서 이해해야 하는 어려움이 있지만, 『춘추좌전』은 이처럼 흥미진진한 이야기가 많다. 그 때문에 『춘추좌전』은 『춘추』라는 뼈대에 많은 살을 풍성하게 붙여놓은 역사소설이라는 평을 받고 있다.

한편 노나라 사람 곡량적이 주석한 『춘추곡량전』과 공양고가 주석한 『춘추공양전』은 매우 현학적인 주석을 하고 있다고 전한다. 그래서 일반 독자들은 물론 전문 연구가도 쉽게 이해하기 어렵다고 알려져 있다. 한 가지 짚고 넘어가야할 점은 두 주석서 중에서 『춘추공양전』은 한나라 때의 유학자인 동중서董仲舒에 의해 한족漢族 중심의 국가관을 세운 기본 경전으로 받들어졌다는 사실이다. 이후 춘추필법春秋筆法으로 알려진 기술방식이란 바로 공양고가 『춘추공양전』을 기술한 방식을 말한다.

공양고는 『춘추』본문에 주석을 가하면서 철저하게 한족 중심의 사관을 견지했다. 그 때문에 춘추필법의 가장 중요한 두 원칙은 다름 아닌 한족 중심의 대통일과 양이攘夷이다. 한족 중심의 대통일이란 당연히 한족이 지배하는 대통합을 의미하고, 양이란 오랑캐 민족을 물리친다는 뜻이다. 한마디로 역사를 기술하는 데 있어서 한족을 중심에 놓고 치켜세우는 반면에, 이민족은 깎아내리고 변방으로 몰아내는 필법이 바로 춘추필법이다.

춘추필법은 이후 중국의 역사를 기술하는 데 있어서 한족의 역사를 과대 포장하는 한편 만주족·몽고족·조선족 등 고대·중세·근대까지 상당기간 동안 중국 대륙을 석권한 이민족들의 역사를 축소하고 왜곡하는 중요한 근거가 되었다. 그 때문에 남북조시대와 수나라 때 중국대륙의 남과 북을 상당부분 차지하며 맹활약한 고구려·백제 등 호족의 역사가 묻혀버렸다. 또한 원나라를 다스린 몽고족과 청나라를 지배한 만주족의 역사도 평가 절하되었다.

실제로 당나라의 태종이 수나라를 멸하고 대륙을 통일한 후, 남북조와 수나라의 많은 역사책들을 정리하면서 춘추필법에 따라 고구려족·백제족의 중국 대륙 점거 기록이 실린 『진서晋書』 등 많은 역사서를 없애거나 왜곡시켰다. 또한 원나라를 무너뜨리고 명나라를 일으킨 한족 사관들은 춘추필법에 따라 몽고족의 활약을 축소시켰다. 뿐만 아니라 청나라가 망하자 그 뒤를 이은 중화민국과 중화인민공화국의 역사가들이 춘추필법에 따라 지금도 만주족의 역사를 깎아내리고 왜곡시키고 있는 것이다.

2. 『사기』

『사기史記』는 중국고대사에서 가장 중요한 국보급 역사서이다. 그 이유는 차차 설명하기로 하고 먼저 『사기』의 지은이 사마천司馬遷(기원전145?-86?)을 소개한다. 사마천은 한나라 무제武帝의 사관이었다. 그의 아버지 사마담司馬談도 무제 때 사관이었으니 부자가 대를 이어 태사령太史令이라는 벼슬을 지닌 국사 편찬 관리였던 셈이다. 여기까지 그의 삶은 잘 나갔다고 할 수 있지만 다음부터 전개되는 그의 삶은 매우 비통하다.

즉 사마천은 흉노와의 싸움에서 투항한 벗 이릉李陵을 변호하다가 무제로부터 궁형宮刑을 당한다. 많은 병사들을 살리기 위해 항복할 수밖에 없었던 이릉장군 편을 들다가 무제의 노여움을 산 것이다. 그 결과 사마천은 기원전 99년, 중년의 남자로서는 치욕적인 형벌인 궁형을 받고 옥에 갇히는 신세가 된다. 하지만 그는 감옥에서도 전부터 써왔던 역사를 계속 집필하여 마침내 기원전 90년에 『사기』를 완성했다고 전한다.

『사기』는 황제黃帝를 비롯한 오제五帝에서부터 한나라 무제 초기에 이르기까지의 역사를 포괄적으로 다룬 책이다. 사마천은 이 책의 서문에서 저술 동기를 가문의 전통인 사관史官으로서의 사명감에 따라 『춘추』를 계승했다고 말했다. 아울러 궁형이라는 치욕적 형벌을 극복하기 위해 이 책의 완성에 몰두했다고 밝혔다. 이는 국가적으로는 한족의 정통성을 계승하는 춘추필법을 따르고, 개인적으로는 자신의 불행을 승화시키려는 염원이 그가 이 책을 쓴 원동력이 되었음을 뜻한다.

사마천은 또 『사기』의 저술목표가 인간과 하늘의 관계를 규명하고 과거와 현재의 변화를 통합적으로 보는 데 있다고 했다. 이는 『사기』가 단순히 임금과 그 주변 사람들의 언행을 기록한 역사서가 아니라, 황제에서부터 일반 서민에 이르기까지 수많은 사람들의 역사서임을 뜻한다. 뿐만 아니라 천문과 지리, 역사와 철학 및 문학과 종교 등을 총망라한 전혀 새로운 종합역사서임을 의미한다.

이처럼 새롭고 총체적인 내용을 담기 위해 사마천은 전혀 새로운 체재인

기전체紀傳體로 『사기』를 썼다. 기전체는 잘 알다시피 본기本紀의 기紀와 열전列傳의 전傳을 합한 말이다. 이는 『사기』가 황제黃帝부터 무제武帝까지 역대 제왕의 기록인 본기와 개인이나 국가의 이야기를 담은 열전이라는 두 개의 기둥으로 구성되었음을 말한다. 물론 『사기』에는 본기와 열전 말고도 공자 등 위대한 인물을 기록한 세가世家와 역대 중요한 제도의 연혁을 실은 서書, 그리고 연대표인 표表 등도 있다. 하지만 본기로 시작해서 열전으로 끝나는 『사기』는 그 양과 질에 있어서 본기와 열전이 핵심을 이루고 있기 때문에, 기전체 양식이라고 불리는 것이다. 아무튼 『사기』의 기전체는 이후 많은 역사책에서 모방하는 중요한 체재가 되었다. 고려 시대 김부식이 편찬한 『삼국사기』도 『사기』의 기전체를 따라 했음은 물론이다.

그럼 백문이 불여일견이라고 먼저 본기 가운데 「항우項羽본기」의 한 구절을 보자 :

> (항우가) 큰 길을 잃고 한 농부에게 길을 묻자, 농부가 "왼쪽 왼쪽이요"라고 말하는 바람에 마침내 큰 늪에 빠지게 되었다.
>
> 迷大道問一田父, 田父紿曰左左, 陷大澤中.
> 미대도문일전부, 전부급왈좌좌, 함대택중.

한나라의 시조가 된 유방의 적수였던 항우가 한 농부의 거짓말에 속아 큰 곤경에 처하게 되었다는 이야기다. 이처럼 농부의 마음을 얻지 못한 항우였기 때문에 아무리 힘이 세고 유리한 입장에 있었어도 유방에게 패하게 되었음을 암시하고 있기도 하다. 또한 위 구절의 문체를 보면 사마천은 "왼쪽 왼쪽이요." 같이 반복적이고 어눌한 농부의 대화까지도 인용하는 세심함을 지니고 있다. 읽어보면 리듬감도 있다. 이를 보면 『사기』는 분명 정통 역사책이지만 어찌 보면 역사소설 같다고 하는 평이 나올 법하다. 바로 이점 때문에 『사기』는 역사가와 정치가뿐 아니라 문학을 연구하는 학자들의 주목을 끌고 있다. 여러 종류의 번역본이 한국과 중국에 넘쳐나는 것도 바로 이 때문이다.

하지만 흔히 『사기』의 백미는 본기가 아니라 열전에 있다고 한다. 『사기』는 본기·세가·서·표·열전을 다 합하면 총 130편인데, 이 중 반이 넘는 70편이 열전이기 때문이다. 열전은 은나라의 유신으로서 끝까지 주나라의 지배를 거부한 백이伯夷와 숙제叔齊 이야기로 시작해서 이익을 추구하는 상인들의 이야기로 끝이 나는데, 내용도 의미가 있지만 전개방식도 흥미진진하다. 먼저 앞 절에서 잠깐 언급했던 전국시대의 종횡가 소진의 열전 가운데 한 구절 소개한다 :

> 소진이 웃으면서 형수에게 말했다 ; 어째서 전에는 거만하더니 지금은 공손하십니까? 형수가 벌레처럼 기면서 얼굴을 땅에 대고 사죄했다 ; 도련님의 지위가 높고 돈이 많음을 몰라 뵈었어요.
>
> 蘇秦笑謂其嫂曰, 何前倨以後恭也. 嫂委蛇蒲服, 以面掩地而謝曰 見季子位高金多也
>
> 소진소위기수왈, 하전거이후공야. 수위사포복, 이면엄지이사왈 견계자위고금다야.

소진이라고 하면 전국시대 조나라가 연나라를 치려고 하자 조개와 황새 및 어부의 이야기를 들어 조나라 군주를 말렸던 휼방상쟁, 즉 어부지리 이야기가 생각날 것이다. 진나라에 대항하기 위하여 합종책을 펼쳤던 그도 이처럼 지위도 높지 않고 돈도 없었던 시절이 있었던 것이다. 위 대목을 보면 소진이 빈한하던 시절 그의 형수가 얼마나 시동생을 박대했는지 알 수 있다. 그럼에도 불구하고 소진은 지위가 높아지고 돈이 많아진 이후 형수에게 웃으면서 말을 건네고 있는 것이다. 이 구절을 보면 소진과 형수의 됨됨이를 독자는 충분히 느낄 수 있다. 비록 현실적으로는 진나라 시황의 통일을 도운 장의의 연횡책이 성공하고 소진의 합종책은 실패했지만, 소진의 인품은 훈훈했다는 것이다.

다음으로 백이숙제열전의 내용을 간략히 소개한다. 즉 백이와 숙제는 은나라 고죽군의 두 아들이었다. 이들 형제는 은나라의 신하였던 무왕이 반란을 일으켜 임금인 주紂왕을 죽이고 주나라를 세우자, 신하가 임금을 죽이는 것은 옳지 않다고 하며 무왕이 세운 주나라를 인정하지 않았다. 이들은 결국 주나라에서 생산된 것을 입에 댈 수 없다고 선언하고, 수양산에 들어가 고사리를 캐먹다가 죽었다. 백이와 숙제는 이처럼 비극적으로 죽었지만 『사기』열전의 첫머리에 기록된 이후 충신과 은자의 대명사가 되었다.

열전에서 또 하나 흥미 있는 점은 사람이 아닌 국가의 열전도 있다는 사실이다. 즉 『사기』 조선열전에 따르면 한나라 때 연나라 출신 위만이 한나라에 반대하는 연나라와 제나라 사람들을 모아 왕검성에 도읍을 정하고 조선이라는 국호를 사용했다고 한다. 이는 바로 위만조선에 대한 이야기다. 재미있는 점은 위만을 비롯한 고대 조선 사람들이 동이족 남성의 두발 형태인 상투를 틀었다는 대목이다. 뿐만 아니라 위만조선은 한나라에게 조공하지 않았으며, 근방의 다른 나라들이 한나라에 조공하려 하면 하지 못하게 가로막았다는 기록도 있다. 비록 위만의 손자인 우거왕 때 조선은 한나라 무제에 의해 멸망당하지만, 강성했던 시기에는 인근의 진번과 임둔이 다 조선에 복속되었고, 한나라에서 망명해오는 사람도 많았다고 전한다.

사마천은 『사기』 열전에서 철학자・역사가・문학가・협객 및 상인에 이르기까지 신분 고하를 가리지 않고 다루었다. 그것도 승자와 패자, 또는 대의명분과 사사로운 이익 사이에서 방황하고 고뇌하는 사람들의 모습을 생생하게 그림으로써, 시간과 공간을 뛰어넘어 살아 있는 인간을 맛보게 한다는 평가를 받고 있다. 이 같은 호평을 받게 된 데에는 인생에 대한 그의 식지 않는 열정과 날카로운 식견, 그리고 운문과 산문을 적절히 조화시킨 글 솜씨도 한몫 하고 있다.

사마천의 글 솜씨 뒤에는 사실 그의 냉정하고 균형 잡힌 비판의식과 풍자정신이 도사리고 있다. 그는 비록 한나라 무제 치하에 있었지만 무제에 대해 마냥 굴종적이지 않았고, 다른 나라에 대해서도 함부로 비난하지 않았다. 또한 한나라에서 유가儒家 사상을 나라의 근본으로 삼고 있었기에 공자를 세가에 넣고 노자나 묵자 등을 열전에 넣기는 했지만, 도가道家 법가法家 묵가墨家 음양가陰陽家 명가名家 등 다른 철학사상가에 대해서도 장단점을 날카롭게 분석하고 폭넓게 종합했다. 그의 여섯 가지 철학사상에 대한 객관적 검토는 다음 절인 철학산문에서 좀 더 자세히 다루기로 한다.

요컨대, 『사기』가 단순한 역사책이 아닌 동아시아의 고전이 된 이유는 사마천의 남달리 풍부한 지식과 균형 잡힌 사고가 그 자신이 겪은 뼈아픈 체험과 어우러졌기 때문이다. 그의 굴곡진 삶이 그를 단정적인 흑백 논리로 흐르지 않게 하고 상징과 암시가 풍부한, 생생하고 감동적이며 독창적인 기전체 역사서를 완성하게 한 것이다.

철학산문

철학산문 하면 이른바 제자백가諸子百家가 떠오른다. 그러니까 공자 · 묵자 · 노자 등 여러 자子와 유가 · 묵가 · 도가 등 많은 가家 말이다. 자 가운데는 맹자와 동시대를 살며 인간의 본성이 선도 악도 아니라고 주장했다는 고자告子 같이 일반인에게 잘 알려지지 않은 사람도 있다. 또 가 가운데는 시장 통이나 마을 어귀에서 자잘한 소문을 전하거나 흥미로운 이야기를 하는 소설가小說家 같이 보통사람들에게 친근한 가도 있다. 소설가는 이처럼 백가 중에 속했지만 오늘날에는 소설을 쓰는 사람이라는 보통명사로 바뀌었다.

그럼 먼저 앞 절에서 예고한 대로 『사기』의 사마천이 말하는 여섯 가家의 장단점을 짤막하게 소개한다. 그 첫째는 추연鄒衍을 비롯한 음양가陰陽家다. 사마천은 음양가가 천체의 운행과 사계절의 변화 등 음양의 법칙을 인생의 길흉화복과 연결시켜 조화시키는 장점이 있지만, 실제 적용하는 데 있어서 피해야할 게 너무 많은 것이 단점이라고 지적했다. 두 번째, 공자의 유가는 인을 기본으로 군신 또는 부자간의 관계를 예로 풀어나가는 장점이 있지만, 역시 실제 적용에 있어서 예가 너무 번다해지는 단점이 있다고 했다. 세 번째, 한비자韓非子의 법가는 상하관계의 원칙을 수호한다는 장점이 있지만, 법 적용이 너무 냉혹하다는 문제점이 있다고 했다. 넷째, 묵자墨子의 묵가는 모든 사람을 차별 없이 두루 사랑하고 근검절약하는 생활을 하자는 정신은 좋지만, 이 또한 실제로는 실천이 어려운 게 문제라고 지적했다.

다섯째, 공손룡公孫龍을 비롯한 명가의 이론에 대해서는 궤변론이라는 단점이 있지만, 이름을 사용함에 있어서 중시되는 이름과 무시되는 이름을 가려냈다는 장점이 있다고 했다. 예를 들어 명가의 대표적 이론으로 백마비마론白馬非馬論, 즉 흰 말은 말이 아니다라는 이론이 있는데, 언뜻 보면 이는 분명 궤변이다. 하지만 사람들이 보통 흰 말을 이야기할 때는 검은 색 말이나 붉은 색 말이 아닌 흰색 말이라고 해서, 흰색이라는 색깔에 집중한다. 이처럼 '흰' 빛깔이 중시되고 '말'이라는 동물은 무시되기 때문에 흰 말은 말이 아니라는 것이다. '말'이 중시되려면 소나 돼지 등 다른 동물과 대비되는 경우에 한한다는 뜻이다.

마지막으로 사마천은 노자와 장자의 도가에 대해서 언급했는데, 도가만은 오직 장점만 말하고 단점을 말하지 않았다. 그에 따르면 도가 사상은 오롯한 정신이 무無에서 태동하여 리理와 합치되는 경지로서, 만물을 포용하는 사상이라는 것이다. 이로서 볼 때, 사마천은 유가를 국기로 삼은 무제의 신하였으므로, 비록 겉으로는 유가 사상을 내세웠지만 속으로 진짜 믿은 사상은 도가 사상이 아니었을까 생각된다.

사마천이 이처럼 각각 안과 밖으로 무장한 도가사상과 유가사상은 사실 중국 철학의 양대 사상이다. 서양철학의 양대 사상이 그리스철학과 기독교사상인 것처럼 말이다. 이 가운데 유가사상은 앞 장의 사서삼경 절에서 이미 다뤘기 때문에 이 절에서는 도가사상의 두 핵심인물인 노자와 장자의 사상을 다룬다. 이에 앞서 많은 사람들이 궁금해 하는 농가農家와 잡가雜家 및 병가兵家 사상에 대해 잠시 짚고 넘어가려 한다.

먼저 농가는 허행許行 등이 주장한 학파로, 허행은 사람이라면 마땅히 농사를 지어야한다고 생각했다. "심은 대로 거둔다"는 말이 있듯 사람이라면 반드시 씨를 심어야 하고 가꿔야 하고 거둬야 한다는 것이다. 그래서 농가 학파는 임금과 백성 모두 농사를 기본으로 해야 한다는 농본주의를 원칙으로 삼았다고 전한다. 농가의 이 같이 극단적인 농본주의는 농사만을 지나치게 중시하다가 점차 임금도 필요 없다는 무정부주의 사상에까지 이르렀다고 한다. 하지만 오늘날에도 농촌에서 농한기에 "농자천하지대본農者天下之大本"이라는 깃발을 휘날리며 농부들이 상무를 돌리며 풍물을 하는 광경을 보면, 인생의 기본은 역시 농사라는 생각이 든다.

다음으로 잡가雜家의 주창자로 알려진 열자列子는 춘추시대 노나라 사람이라고도 하고 전국시대 진나라 사람이라고도 한다. 『열자』라는 책으로도 알려진 잡가사상은 문자 그대로 이것저것 다 종합한 학파이다. 대체로 유가와 도가 사상에다가 신선사상을 혼합한 것으로 전하는 잡가 사상은 독창적인 사상이 아니어서인지 그간 학자들의 주목을 그리 받지 못했다. 성선설을 주장한 맹자나 성악설을 주장한 순자荀子에 비해 성선설과 성악설을 종합한 고자告者가 빛을 보지 못한 것과 비슷한 이치다. 하지만 어느 한 학파에 지나치게 치우치는 대신 모든 학파를 포괄적으로 아우르는 잡가의 태도는 매우 바람직하다고 본다.

셋째 병가兵家는 손자孫子와 오자吳子 등이 주장한 학파이다. 손자는 춘추시대 오나라 합려를 도와서 오나라를 승리로 이끈, 『손자병법孫子兵法』의 주인공이기도 하다. 흔히 "지피지기知彼知己는 백전백승百戰百勝이다", 즉 남을 알고 나를 알면 백번 싸워 백번 이긴다라고 하는 구절은 바로 이 책에서 나왔다. 한편 오자는 손자의 뒤를 이은 전국시대의 병가 사상가로 알려져 있다. 따지고 보면 오자뿐 아니라 소진과 장의도 병가 사상가로 볼 수 있다. 하지만 6개 나라들이 힘을 합쳐 진나라에 대항해야 한다는 합종책을 주창한 소진과 이들 나라들이 진나라와 화친해야 한다는 연횡책을 편 장의는 따로 종횡가縱橫家로 분류되어 있음은 익히 알고 있을 것이다.

지금까지 소개한 학파 말고도 백가 중에는 신선가神仙家가 있었다. 앞서 소개한 대로 잡가 사상은 유가와 도가 및 신선가의 사상을 종합했는데, 이 가운데서도 신선가의 사상이 유가와 도가 사상의 바탕이 되는 사상이라고 할 수 있다. 흔히 신인神人·선인仙人, 또는 도인道人이라고 불리는 신선은 모든 것을 보고 들을 수 있으며 어디나 가고 올 수 있을 뿐만 아니라 남의 마음, 심지어 동식물과 무생물의 마음까지 알고, 자기가 어디서 왔고 어디로 가는지도 아는 전능한 존재를 말한다.

신선가는 오늘날 한국의 국선도國仙道와 일본의 신도神道 및 중국의 황도黃道와 직결되어 있다. 국선도에서는 고조선의 단군과 청산靑山도사를 신선으로 숭앙한다. 많은 사람들은 국선도를 그저 단전호흡을 수련하는 정도로 알고 있지만, 사실은 신선도에 그 맥이 닿아 있다. 또 일본 신도神道의 사원인 신사神社에서는 숭신崇神천황을 비롯한 일본의 개국 신들을 모시고 있다. 흥미로운 사실은 일본의 신사에 장보고가 적산대명신赤山大名神이라는 신인으로 모셔져 있다는 점이다. 한편 중국의 도교 사원에서는 다음 절에 설명할 노자와 함께 황제黃帝가 도인으로 추앙되고 있다. 중화인민공화국은 종교를 인정하지 않는 공산당 정권이기에 옛날부터 민간에 내려오는 신인神人·선인仙人, 또는 무녀에 대한 신앙을 무시해왔다. 하지만 현 중국에 토속신앙과 불교를 종합한 파룬궁法輪功의 신도가 나날이 늘어가고 있음을 볼 때 중국에도 여전히 신선가가 존재하고 있음을 알겠다.

1. 『노자』

노자老子는 도가의 창시자로 알려져 있다. 하지만 어떤 의미에서 볼 때 노자는 도가의 시조라기보다는 중시조이다. 왜냐하면 노자 이전에 도인道人·신인神人·선인仙人, 또는 무녀巫女 등이 분명히 있었을 것이기 때문이다. 이는 공자가 유가의 창시자가 아니라 구이九夷의 원시 유가 사상을 집대성한 중시조라고 평가하는 것과 맥을 같이 한다.

노자의 생애에 대해서는 여러 가지 설이 있는데, 이 가운데 『사기』에 기록된 그의 생애가 가장 잘 알려져 있다. 이에 따르면 노자의 성은 이李씨이고 이름은 이耳이다. 한국어 발음으로는 조선시대 율곡 이이와 같은 성명이다. 하지만 죽은 후에는 담聃이라고도 불렀다. 노자는 초나라 출신이지만 주周나라에서 말단 관리를 지냈다. 한번은 공자가 노자에게 찾아가 가르침을 청했다. 그러자 노자는 인과 군자를 강조하는 공자의 공부 방법에 대해 엄한 충고를 했고, 공자는 돌아가 노자를 용龍에 비유하며 찬양했다고 한다. 이는 인이나 군자 따위를 강조하지 않아야 천하가 제대로 다스려진다는 노자의 충고를 공자가 선선히 받아들임으로써, 둘은 이미 하나로 통했다는 뜻이다.

노자는 자신의 재능을 숨기고 자기 이름이 세상에 알려질까 두려워했다. 결국 주나라의 덕이 시드는 것을 본 노자는 주나라를 떠나 함곡관函谷關에 이르렀다. 그 당시 함곡관의 관장인 윤희尹喜가 노자에게 한 말씀 해주기를 권하자 노자는 도道와 덕德에 관한 오천 글자를 남기고 떠났다. 이것이 바로 『노자』 또는 『도덕경』으로 불리는 책이다. 그 후 노자의 행적은 아는 바가 없다고 한다.

또 다른 설에 의하면 노자는 초나라 사람으로 공자와 동시대를 살았다. 여기까지는 『사기』의 내용과 같다. 하지만 그가 15편의 책을 쓴 노래자老萊子였다는 점은 다르다. 이 15편의 내용이 무엇인지에 대해서는 알 수 없으나, 아마도 『노자』의 내용과 흡사하지 않을까 추측된다. 그런가 하면 노자는 공자가 죽은 후, 주나라에서 태사太史라는 벼슬을 했던 노담老儋이라는 사람이었다고 하는 설도 있다. 이 설에 따르면, 노담은 전국시대의 여러 나라들 가운데 결국 진나라가 통일할 것이라고 예언했다고 한다. 하지만 이 설은 『노자』의 내용이 단순한 예언서가 아님을 볼 때 신빙성이 다소 떨어진다.

위 설들을 종합해보면 노자는 양자강 유역 초나라 출신으로서, 주나라에서 활동을 했다. 또한 그는 공자와 거의 동시대 사람이었지만 공자와 달리 자신의 존재를 알리고 싶어하지 않았음도 알 수 있다.

그러면 오늘날 모두 5천자로 전해지는 『노자』 또는 『도덕경』의 핵심 사상은 무엇일까? 그것은 한마디로 무위無爲다. 무위를 해석하면 '하지 않음'이다. 흔히 사람들은 이 해석을 보고 "에게? 하지 않음이라니, 무슨 도가 이렇게 부정적이야?"할 것이다. 이 또한 당연한 반응이다. 하지만 노자의 무위는 '함'에 반대되는 '하지 않음'이 아니다. 오히려 하는 일이 너무 많기 때문에 무엇을 한다고 딱 꼬집어서 말할 게 없기 때문에 하지 않는 것처럼 보인다는 뜻이다. 팽이나 프로펠러가 돌아갈 때 너무 빨리 움직이게 되면 움직이지 않는 것처럼 보이듯이 말이다.

마고신화에 허달성인 선천시대에서 실달성인 후천시대가 나온 것처럼 무에서 유가 나오는 것이다. 그러니 무無야말로 유有의 근원이다. 그래서 태극도 무극에서 나왔다고 하는 것이다. 그럼 먼저 『노자』의 첫 구절을 보자 :

> 도라고 말할 수 있는 도는 진정한 도가 아니다. 이름이라고 부를 수 있는 이름은 진정한 이름이 아니다. 이름 없음에서 하늘과 땅이 시작되었고, 이름 있음에서 만물 만생이 태어났다. 그러므로 진정한 없음으로 오묘한 본체를 보고, 진정한 있음으로 온갖 현상을 본다. 이 두 가지, 즉 없음과 있음은 모두 한 자리에서 나와 이름만 다른데, 그 한 자리가 바로 검은 곳이다. 검고 검은 그곳이 바로 온갖 묘용의 문이다.

道可道非常道, 名可名非常名. 無名天地之始, 有名萬物之母. 故常無欲以觀其妙, 常有欲以觀其徼. 此兩者, 同出而異名, 同謂之玄, 玄之又玄, 衆妙之門.

도가도비상도, 명가명비상명. 무명천지지시, 유명만물지모. 고상무욕이관기묘, 상유욕이관기요. 차양자, 동출이이명, 동위지현, 현지우현, 중묘지문.

도라고 말하면 진정한 도가 아니라는 말은 사람들이 도라고 말하면서 도道에 집착해서 인仁이나 애愛를 거부하는 태도를 비판한 것이다. 그러니 진정한 이름이란 이름에 얽매이지 않는 것으로, 이름 없는 이름이 진정한 이름이다. 이름 없음이란 모든 이름을 다 포괄하기 때문에 어떤 이름이라고 부를 수 없는 것이다. 그 때문에 없음은 보이지 않는 천지만물의 본바탕이고, 있음은 마치 어머니가 만물을 출생시키듯이 보이는 모든 형상이다. 그러므로 진정한 없음으로 정신적인 흐름의 본체를 보고, 진정한 있음으로 물질적인 온갖 모양을 보는 것이다. 상식적으로 말해서 있음과 없음은 분명 서로 다른 둘이지만, 이 둘은 모두 한 자리인 검은 그곳에서 나온다. 마치 블랙홀처럼 검고 깊은 생산처가 바로 하지 않는 것 같으면서 모든 것을 하는 '무위無爲'의 문이다.

요컨대, 노자의 무위 사상은 단순히 무슨 일을 하지 않는 것이 아니라 하지 않는 것처럼 보이지만 사실은 모든 것을 낱낱이 다 하는 것을 말한다. 분명히 하면서도 하지 않는 듯하고, 하지 않으면서도 하는 자유인이 바로 무위의 실천을 하는 사람이다. 이를 쉽게 말하면 집착이나 매임이 없는 삶을 말한다. 즉 공부하고 사랑하고 돈을 벌 되 거기에 얽매이지 않는 것이다. 무위의 공부를 하는 사람은 누구를 이기고 일등을 하겠다고 고집하지 않고 그냥 열심히 한다. 또 무위의 사랑을 하는 사람은 상대에게 집착하거나 소유하려 하지 않고 그냥 사랑할 뿐이다. 무위의 돈을 버는 사람도 악착같이 한 푼이라도 더 긁어모으려 하지 않고 그냥 버는 것이다.

이처럼 그냥 공부하고 사랑하고 돈을 버는 사람은 자연스럽다. 마치 바람이 불고 구름이 지나가고 물이 흐르듯 그렇게 자연스러운 것이다. 꽃이 피고 새가 울듯 저절로 그렇게 되어가는 것이다. 어떤 상황이 닥쳐도 조급하거나 초조하거나 억지를 부리지 않고 편안할 수 있다면 자연스럽게 무위의 행위를 한다고

할 수 있다. 그런 의미에서 무위의 도는 자연을 본 받는다. 이에 관한 『노자』의 한 구절을 보자 :

> 혼돈된 것이 있으니 이것은 하늘과 땅보다 먼저 생겼다. 이것은 고요하고 적적하며 홀로 있어도 바뀌지 않는다. 또 이것은 돌아다녀도 막힘이 없으니 천하의 어머니라고 할 수 있다. 나는 그 이름을 모르지만 굳이 글자를 붙이자면 도道라 부르고 굳이 이름을 붙이자면 대大라 부른다. 크다는 것은 사라진다는 것을 말하고 사라진다는 것은 멀어진다는 것을 말한다. 또 멀어진다는 것은 돌아온다는 것을 말한다. 그래서 도가 크고 하늘이 크고 땅이 크고 사람이 크다. 이처럼 우주에는 네 개의 큰 것이 있으니 사람도 그 중의 하나이다. 그러므로 사람은 땅을 본받고 땅은 하늘을 본받고 하늘은 도를 본받고 도는 자연을 본받는다.

> 有物混成, 先天地生, 寂兮寥兮, 獨立不改, 周行而不殆, 可以爲天下母. 吾不知其名, 强字之曰道, 强爲之名曰大. 大曰逝, 逝曰遠, 遠曰反. 故道大, 天大, 地大, 人亦大. 域中有四大, 而人居其一焉. 人法地, 地法天, 天法道, 道法自然.
> 유물혼성, 선천지생, 적혜료혜, 독립불개, 주행이불태, 가이위천하모. 오불지기명, 강자지왈도, 강위지명왈대. 대왈서, 서왈원, 원왈반. 고도대, 천대, 지대, 인역대. 역중유사대. 이인거기일언. 인법지, 지법천, 천법도, 도법자연.

위 구절의 첫 부분, 즉 처음부터 "천하의 어머니라고 할 수 있다"까지는 앞서 설명한 유의 생산처로서의 무를 말한다. 천지보다 먼저 생긴 혼돈, 소리도 없고 형상도 없고 홀로 있으면서도 꿋꿋하고, 아무리 돌아다녀도 막힘이 없는 천하의 어머니가 바로 블랙홀 같은 무의 생산처인 것이다.

두 번째 부분, 즉 "나는 그 이름을 모르지만 굳이 글자를 붙이자면 도라 부르고"에서부터 끝까지는 무에서부터 생산되어 나온 유의 모습이 시시각각 변화함을 설명한 것이다. 즉 그것은 도道라고 부르기도 하고 대大라고 부르기도 하는 등 변화한다. 대는 크지만 크게 머물러 있지 않고 차차 사라진다. 또 차차 사라지다 보면 멀어지고, 멀어지면 다시 또 돌아온다. 한마디로 자연스럽게 순환한다는 것이다. 그래서 도가 큰 것처럼 하늘도 크고 땅도 크고 사람도 크다. 또한 사람은 땅에서, 땅은 하늘에서, 하늘은 도에서, 또 도는 자연을 본받아 끊임없이 사라졌다가 다시 돌아온다는 것이다.

여기서 중요한 점은 도가 크고 하늘이 크고 땅이 클 뿐 아니라 사람도 크다고 말한 대목이다. 이는 사람에게도 도와 하늘과 땅과 똑같은 큰 품성이 있다는 뜻이다. 사람에게 부여된 이 큰 품성을 『노자』에서는 덕德이라 했다. 그러니까 덕은 바로 인간이 도를 실천할 수 있는 크나큰 성품인 것이다. 그래서 『노자』의 다른 이름을 『도덕경』이라고 부르는 것이다.

도를 실천할 수 있는 덕이 사람에게 있다는 말을 현대적으로 풀면 천부인권天賦人權, 즉 하늘이 사람에게 부여한 권리를 우리 모두가 갖추고 있다는 뜻이다. 『중용』에서 하늘이 인간에게 부여한 명命을 성性이라 한 것도 같은 맥락이다. 아무튼 도를 실천할 수 있는 덕이 모든 사람에게 이미 갖추어져 있음에도 불구하고 사람들은 이를 믿지 않는다. 그 결과 자기 속에 내장되어 있는 덕을 무시하고 각자 자기 겉을 싸고 있는 오관五官이나 지각知覺에 의지하여 삶으로써 나날이 도로부터 멀어지고 있는 것이다.

그렇다면 어떻게 각자 덕을 회복해서 도의 길을 갈 수 있을 것인가? 그것은 매우 간단하다. 각 개인의 겉에서 나오는 생각과 느낌의 한계를 깨달으면 된다. 다시 말해서 개인의 무지無知를 깨닫는 것이다. 그랬을 때 비로소 자신 속에 내장되어 있는 진정한 덕이 밝게 드러난다. 나라고 믿고 있는 나는 대부분 껍데기 나고 가짜 나이고 작은 나이다. 그 나가 진짜가 아닌 껍데기임을 인정하는 것이 바로 자기의 무지를 인정하는 것이고, 바로 그 순간에 진짜 알맹이인 큰 나가 보름달처럼 떠오르는 것이다. 소크라테스가 그리스의 잘난척하는 사람들에게 "너 자신을 알라"고 말했을 때의 '너 자신'도 바로 자신에게 내장된 진짜 알맹이인 덕을 말하는 것이다.

그럼 어떻게 하면 진짜 알맹이 나인 덕을 회복할 수 있을까? 그러려면 먼저 나라고 생각하는 나를 부정하지 않으면 안 된다. 나를 부정해야만 나를 긍정한다는 말이다. 노자의 사상을 역설의 철학이라고 말하는 이유가 여기에 있다. 역설이란 상식적으로 알고 있는 생각과 느낌을 뒤집어 보는 것이다. 『노자』의 다음 대목은 바로 이 역설을 통해 덕을 회복하고 도에 가까이 가는 과정을 보여주고 있다 :

천하 사람들이 다 아름다운 것을 아름답다고 생각하지만 그것은 미운 것일 뿐이다. 또한 모두 착한 것을 착하다고 생각하는데 그것은 착하지 않은 것이다. 있음과 없음이 서로를 낳고 어렵고 쉬움이 서로를 만들고 길고 짧음이 서로를 이루고 높고 낮음이 서로를 채우고 모음과 자음이 서로 화합하고 앞과 뒤가 서로 따르는 이것이 진정 영원한 것이다. 그래서 성인은 무위의 일을 하고 불언의 가르침을 베푼다. 만물이 작용하지만 시작한 바가 없고, 생겨나지만 존재하지 않는다. 배우되 그 배움에 의지하지 않고, 공을 이루되 그 공에 머물지 않는다. 무릇 머물지 않으면 떠나가지도 않는다.

天下皆知美之爲美, 斯惡已. 皆知善之爲善, 斯不善矣. 有無相生, 難易相成, 長短相形, 高下相盈, 音聲相和, 前後相隨, 恒也. 是以聖人處無爲之事, 行不言之交. 萬物作而弗始, 生而不有, 學而不恃. 功成而不居, 夫唯不居, 是以不去.

천하개지미지위미, 사오이. 개지선지위선, 사불선의. 유무상생, 난이상성, 장단상형, 고하상영. 음성상화, 전후상수, 항야. 시이성인처무위지사, 행불언지교. 만물작이불시, 생이불유, 학이불시, 공성이불거. 부유불거, 시이불거.

아름다움은 미운 것이라는 말은 아름다운 모습은 곧 미운 모습으로 바뀌게 되어 있다는 뜻이다. 실제로 어제는 아름다웠는데 오늘은 미울 수 있다. 마찬가지로 착한 것은 악한 것이라는 말도 지금 착하지만 조금 후에는 악하게 될 수 있다는 뜻이다. 그러니 미추나 선악이 동전의 양면이라고 보지 않을 수 없다. 또한 있음과 없음, 어렵고 쉬움, 길고 짧음, 높고 낮음, 모음과 자음 및 앞과 뒤도 다 동전의 앞뒷면이다. 『노자』의 이 대목은 모든 반대 되는 것을 통합시켜 하나로 보는 것이야 말로 진정 영원한 것임을 보여준다.

덕을 갖추고 도를 행하는 성인이라면 이처럼 모든 상대적인 것들을 하나로 통합시켜 블랙홀 같은 무의 생산처로 보낸다. 이를 일러 무위無爲의 일을 하고 불언不言의 가르침을 베푼다고 하는 것이다. 그래서 만물이 각각 존재하며 작용하지만, 사실은 하나도 생겨난 바가 없다고 하는 것이다. 그러니 내가 가진 어떤 지식이나 공적도 붙들고 늘어질 게 아니라 놓아서 흘러 보내야 한다는 것이다. 이렇게 모든 것을 다 놓아 흘러 보낼 때 오히려 그 모든 것이 내게 흘러 들어온다는 뜻이다.

그럼에도 불구하고 노자의 무위 자연사상을 아무 것도 하지 않고 산속에 들어가 자연 속에서 사는 은자의 철학으로 보는 경향이 있는데, 이는 하나만 알고 둘을 모르는 것이다. 그런가 하면 노자의 사상은 신이나 가능한 것이지 인간은 불가능하다고 보고, 인간은 이들 신들에게 복이나 빌 수 있을 뿐이라고 하는데, 이 또한 어리석은 일이다.

도는 그렇게 먼 데 있지도 않고, 또 그리 비싸거나 어렵지도 않다. 오히려 물처럼 공기처럼 아주 가까이 있어서 보통 사람도 얼마든지 맛보고 실행할 수 있다. 단지 내가 어떻게 생각하고 마음먹느냐에 달려 있을 뿐이다. 지금 여기에 있는 내 안에 하늘이 부여해준 도와 덕이 있음을 진짜로 믿고 묵묵히 살면 되는 것이다. 그런 의미에서 내가 만물의 영장인 사람이 되는지 아니면 조롱 속의 새가 되는지는 전적으로 내 자신에게 달려 있다.

노자 이후에 내 안의 자유를 전적으로 추구한 사람으로는 양자楊子를 들 수 있다. 노자가 백성이 덕을 잃는 것은 임금이 무위의 정치를 하지 않고 백성에게 덕을 강요했기 때문이라고 본 것처럼 양자도 강요를 싫어했다. 그는 사람들에게 각자 자신을 자유롭게 표출하게 하면 세상은 절로 다스려진다고 주장했다. 고대 중국의 자유주의자라고도 불리는 양자는 외부 권력의 강압에 의해 인간 본연의 자유가 무너짐으로써 사람들이 길들여지고 잘아진다고 보았다. 그래서 그는 "내 머리카락 한 올로 세상을 구제한다고 할지라도 내가 원하지 않으면 하지 않겠다."라고 했다. 이 말로 인하여 맹자는 양자를 극단적인 이기주의자 취급을 했지만, 그는 아무리 옳은 일이라고 해도 바깥에서 강요되었다면 도가 아니라고 생각했다. 자기 안의 덕은 각자 자유롭고 자발적으로 발현되는 것이지 다른 사람에 의해 억지로 끌어내지는 것이 아니라는 뜻이다. 그런 의미에서 양자는 노자의 뜻을 이은 사람이라고 할 수 있다.

하지만 인간의 본성이 악하니 교육에 의해 공자의 인을 되살려야 한다고 한 순자가 공자의 정통 후계자로 알려져 있지 않은 것처럼, 양자도 노자의 정통 후계자로 알려져 있지 않다. 그 이유는 후대 학자들이 양자의 자유주의를 받아들이기 힘들었기 때문일지 모른다. 또 어쩌면 맹자가 양자를 극단적인 이기주의자라고 신랄하게 비판했기 때문일지도 모른다. 왜냐하면 맹자는 공자의 정통 후계자로 인정받았기 때문이다. 그 맹자가 양자를 배척했기에, 맹자를 존경했던 후대의 학자들이 양자의 진의를 이해하고 널리 알리기보다 이단 사상으로 배척했던 것이다. 그 결과, 노자 이후로 가장 잘 알려진 도가 사상가는 양자가 아니라 장자莊子가 되었다.

2.『장자』

장자莊子의 이름은 주周이고 전국시대 송宋나라 사람이다. 송나라는 지금의 하남성 일대에 있었던 나라로, 은나라의 마지막 임금인 주紂왕의 형의 후손이 세운 나라였다고 전한다. 장자의 신분에 대해서는 송나라의 말단관리였다고도 하고, 신발을 깁는 일로 생계를 꾸렸던 천민이었다고도 한다. 사실 그의 생애에 대해서는 노자보다도 알려진 게 별로 없다. 그래서 어떤 학자는 심지어 장자가 노자 이전에 태어난 사람이라고도 한다.

장자의 사상이 집대성되어 있는『장자』에 대해서도 나온 시기와 진위 여부를 놓고 논쟁이 있다. 즉 이 책의 내용을 볼 때 한 사람의 저작이라고 보기 어렵다거나,『장자』가『노자』보다 앞서 씌어진 책이라거나 하는 등 의견이 분분하다. 또 장자 자신의 생애가 애매하기 때문에 어떤 사람은 심지어 그가 실존한 사람인지 아닌지도 불분명하다고 한다. 하지만 장주라는 사람이 있었다는 기록이 있고, 또 어떤 과정을 거쳐서든지 현재까지『장자』라는 책이 전해지고 있으니 한번 볼 가치는 있을 것이다.

현재 우리가 볼 수 있는『장자』는 내편·외편·잡편 등 세 부분으로 구성된 10여만 자 분량의 책이다.『노자』가 5천 자에 불과하니, 분량으로 따지면『장자』가『노자』보다 20배가량 더 많다.

『장자』의 핵심 사상은 지인至人 또는 진인眞人 사상이다. 진인이란 노자의 무위를 실천하는 참 사람을 말한다. 장자 자신도 남화진인南華眞人으로 불린 만큼, 그 스스로가 바로 진인이었다고 할 수 있다.『장자』에 따르면 진인의 삶은 어떤 외부의 제도나 법에 의해서 교육되는 것이 아니다. 오직 스스로 고요히 앉아서 모든 것을 여의는 '좌망坐忘'으로 완성된다. 좌망의 '좌'는 몸을 앉히라는 뜻이 아니다. 마음을 고요히 가라앉히라는 뜻이다. 앉아 있을 때뿐 아니라 길을 걷거나 일을 하거나 누워있을 때도 마음을 고요히 가라앉혀 움직이지 않는 상태가 바로 좌망인 것이다. 마음이 움직이지 않는다는 것은 내 안과 밖에서 일어나는 온갖 변화무쌍한 것들에 흔들리지 않은 채 묵묵히 할 일을 해나감을 말한다.

장자의 좌망은 훗날 불교의 좌선 수행에 영향을 주었다고 한다. 참선이라고도 하는 좌선은 어떤 일을 당해도 마음이 가라앉아 움직이지 않기 위해, 모든 생각과 느낌을 녹인다는 점에서 분명 좌망과 공통점이 있다. 또한 위진남북조 시대의 많은 지식인들이 불교 경전과 함께 『장자』를 많이 읽었다는 기록이 있음을 볼 때, 장자 사상과 선불교禪佛教는 실천뿐 아니라 이론 면에 있어서도 상당히 비슷한 것을 알 수 있다.

이렇듯 좌망으로 완성된 진인의 삶은 한마디로 어디에도 걸림이 없는 대자유인의 삶이다. 양자楊子가 추구했던 자유 또한 이러했을 것이다. 그럼 이 걸림 없는 자유인의 삶을 사는 진인은 어떤 모습인지 『장자』의 다음 구절에서 알아보자 :

> 도를 얻는다는 것은 도와 하나가 되고 하늘과 하나가 되고 천지만물과 하나가 되고 조물주와 벗이 되는 것이다.
>
> 得道, 與道爲一, 與天爲一, 與天地萬物爲一, ……與造物者爲友.
> 득도, 여도위일, 여천위일, 여천지만물위일, ……여조물자위우.

도를 얻는 다는 것은 바로 도와 하늘과 땅과 만물과 하나가 됨을 말한다는 이 구절은 그대로 『노자』의 도이다. 또한 『중용』의 도이기도 하고 불교의 도이기도 하다. 우리가 각자 자기 안에 내장되어 있는 진짜 크고 영원한 보배인 도를 발견하여 그것을 중심축으로 삼고 살아간다면, 도 자체와 천지만물뿐 아니라 천지만물을 창조한 조물주와도 대등하게 사귈 수 있다는 것이다.

이처럼 진인은 대자유를 추구한다. 그래서 초나라 위왕威王이 장자를 재상으로 모시려고 신하에게 귀한 선물을 들려 보냈지만 장자는 다음과 같이 말하며

거절했다 : 재상은 분명 높은 자리이고 이 선물 또한 매우 값진 것들이지만, 제사 때 바쳐지는 소를 보시오. 여러 해 동안 맛있는 먹이를 먹고 비단으로 몸을 치장하지만 결국 제삿날이 되면 희생의 제물이 되어 제단으로 끌려가지 않소? 그때 소가 자유로운 들판을 생각한들 이미 때늦은 일 아니겠소? 이어서 장자는 다음과 같이 결론지었다 :

> 나는 차라리 시궁창에서 놀며 홀로 유쾌하게 살지, 절대로 나라를 가진 사람에게 재갈 물리지는 않겠소이다.
>
> 我寧遊戲汚瀆之中自快, 無爲有國者所羈.
> 아영유희오독지중자쾌, 무위유국자소기.

한 나라의 수상을 제사 때 바쳐질 희생의 제물로 보는 장자의 시각이 날카롭다. 거친 것을 먹으며 시궁창에서 노는 소가 맛있는 것 먹으며 귀한 자리에 모셔지는 제사용 소보다 자유롭듯이, 가난하지만 구속 없는 개인의 삶이 화려한 수상의 삶보다 자유롭다는 뜻이기도 하다. 그래서 노자가 말단관리조차 사직하고 떠났듯이, 장자 또한 말단관리직을 그만 두고 신발 깁는 일로 생계를 유지했던 것이다. 아니 어쩌면 그는 아예 관리 노릇을 하지 않고 처음부터 신발을 깁는 사람이었을 수도 있다.

『장자』의 내용 또한 『노자』처럼 역설적이다. 이에 대해서는 많은 사람들에게 잘 알려진 우화가 있는데, 그것은 다름 아닌 "장주와 나비"이야기다. 그 내용을 간략히 소개하면 이렇다 : 어느 날 장주가 꿈을 꾸었는데, 꿈속에서 장주는 기쁘게 훨훨 날고 있는 한 마리의 나비였다. 그러다가 문득 눈을 뜨고 보니 나비가 아닌 장주가 누워서 팔을 벌린 채 웃고 있었다. 그렇다면 장주가 나비가 된 꿈을 꾼 것일까? 아니면 나비가 장주가 된 꿈을 꾸고 있는 것일까?

이 이야기는 꿈이 생시고 생시가 꿈이라는 역설을 말하고 있다. 즉 우리가 지금 이렇게 살아가고 있는 현실이 환상일 수 있다는 뜻이다. 또한 우리가 나비가 되어 날아다니고, 심지어 벌레가 되어 기어 다니는 환상이 오히려 현실일 수 있다는 뜻이다. 앞에서도 인용했지만 진인의 삶은 도와 하나 될 뿐 아니라 천지만물과 하나 되는 삶이니, 어찌 나비와 내가 다른 존재이겠는가? 당연히 나비가 나요, 내가 나비일 수 있다는 의미다.

요컨대 『장자』의 진인은 작게는 미생물에서부터, 또 크게는 우주 삼세에 이르기까지 모습을 바꿔가며 자유자재할 수 있는 존재이다. 이렇게 말하면 "진인은 도인이나 신선처럼 아주 특별한 사람만 될 수 있는 경지이지, 우리처럼 평범한 사람이 도달할 수 있는 경지가 아닐거야"라고 생각하는 사람이 많을 것이다. 하지만 아니다. 상식과 과학이라는 미명 하에 관심을 온통 물질에 집착하지 않고, 관심을 우리 안에 내장되어 있는 정신에 모으기만 하면 된다. 그러면 유한한 껍데기일 뿐인 거짓 나를 벗어버리고 영원한 알맹이인 참 나에 안주하는 방법을 하나 둘 알게 될 것이다.

제 4장

사 · 부 · 시 등 운문

초사

1. 사辭에 대하여

오늘날 축사祝辭 조사弔辭 등에서 사용하는 사辭는 일찍이 『역경』의 계사繫辭에서부터 이미 사용되었다. 하지만 문학 장르로서의 사는 『초사楚辭』로부터 널리 알려졌다. 잘 알다시피 초나라 때 굴원屈原이 지은 「이소離騷」가 가장 대표적인 『초사』의 작품이다. 물론 사는 이후 한나라와 위진남북조 시대에도 지어졌다. 진晋나라 때 도연명陶淵明이 지은 「귀거래사歸去來辭」가 그 단적인 예이다. 물론 초나라 때 굴원의 사가 길고 서사적이라면 진나라 때 도연명의 사는 비교적 짧고 서정적인 차이는 있다.

사는 운문이면서도 산문처럼 길게 이어진다는 점에서 반산문半散文이라고 한다. 또 시처럼 운율이 정형화되어 있지 않다는 점에서 반운문半韻文이라고도 할 수 있다. 이처럼 사는 사실 운문과 산문의 중간쯤에 있는 장르이다. 하지만 역시 운율을 중시한다는 점에서 운문으로 분류되는 것이다.

사의 가장 큰 특징은 대우체對偶體, 즉 대구체對句體를 꼽는다. 그래서 사는 점차 4·4체·6·6체 또는 3·4 : 3·4체·4·6 : 4·6체로 발전된다. 글자 수만 이렇게 맞추는 것이 아니라 품사도 맞추고 위치와 의미도 짝을 이루게 하는 것이 바로 대구체 사이다. 이 같은 대구체 사는 한나라와 위진남북조시대의 부賦와 문文에서 더욱 두드러진다. 요컨대, 한대와 위진 남북조 시대의 부와 문은 초사로부터 발전된 문체이다.

그런 의미에서 사·부·문의 특징인 전고典故에 대해 간단히 소개한다. 전고는 한마디로 고전의 한 대목을 끌어와 적절히 인용하는 것이다. 예를 들어 『서경』 『시경』 『논어』 『맹자』 등 사서삼경이나 『산해경』 등 신화 전설, 또는 『전국책』

등 역사산문과 『장자』 등 철학산문의 한 구절을 인용하는 것이 바로 전고이다. 요즘에도 고사성어나 속담 또는 격언 등을 인용하여 표현하고자 하는 뜻을 더 잘 나타내듯, 사에서도 전고를 인용하여 그러한 효과를 얻었던 것이다.

이제 『초사』에 대해서 간략하게 소개하겠다. 이 책은 기원전 233년 무렵까지 현 중국의 동정호 남북, 즉 호북성과 호남성 일대에 있었던 초나라의 사를 묶어 놓은 것이다. 그래서 『초사』는 대부분 전국戰國시대 말엽에 씌여진 것으로 알려졌다. 하지만 『초사』에 전해지는 작품들 가운데는 한나라 작가들도 많이 끼어 있다고 한다. 심지어 굴원이나 그의 문하생이었던 송옥宋玉 같이 초사의 작가로 알려진 작가들의 사조차도 대부분 한나라와 그 이후 작가들의 작품이라고 보는 연구가들도 있다.

사실 경전문학을 비롯한 모든 고대 작품들은 이같이 진짜냐 가짜냐 하는 진위眞僞의 문제에서 자유로울 수 없다. 왜냐하면 시대가 워낙 이르기 때문에 그 전달과정에 있어서 원문이 고스란히 전달되기가 극히 어렵기 때문이다. 근대나 심지어 현대의 글도 출판을 거듭하는 과정에서 내용이 상당히 변질되는 것을 볼 때, 옛날의 글들은 오죽했을지 알만 한 일이다. 그러니 고문古文의 내용이 달라지고 지은이가 바뀌고 연대가 수정되는 일은 매우 자연스런 현상이라고 할 수 있다. 물론 때로는 누군가가 옛 문헌을 정리하면서 자신의 입장을 강화하기 위하여 고의로 내용을 왜곡시키거나, 기존의 내용을 빼거나 새로운 내용을 붙이기도 할 것이다. 그 때문에 고전을 대할 때 우리는 항상 이 같은 점을 충분히 감안하지 않으면 안 된다.

아무튼 이처럼 많은 사람들의 손때가 묻어 오늘날까지 전해지는 『초사』에는 약 70편의 사가 실려 있다. 이 가운데 25편이 굴원의 작품이고, 나머지가 송옥과 경차景差 등 다른 작가의 작품으로 알려져 있다. 즉 굴원의 사로는 시름노래라는 뜻의 「이소」 1편, 아홉 곡의 노래인 「구가九歌」 11편, 하늘에 묻는다는 뜻의 「천문天問」 1편, 아홉 개의 문장이라는 뜻의 「구장九章」 9편, 멀리 나가 노닐다라는 뜻의 「원유遠遊」 1편, 살 곳을 점치다라는 뜻의 「복거卜居」 1편, 그리고 「어부漁父」 1편 등 25편이 전해진다.

굴원의 사로 들어가기 전에 마지막으로 『초사』의 문체적인 특징을 간단히 소개한다. 초나라 사의 외관상의 특징으로는 먼저 문구 안에 어김없이 혜兮자를 집어넣는다는 점을 들 수 있다. 혜는 일종의 접속사 또는 조사로, 한 행에서 앞뒤의 단어를 이어주는 교량적인 구실을 한다. 가끔은 혜자 대신 사些자를 넣기도 하는데, 사자는 혜자에 비해서는 훨씬 드물게 나온다. 또한 초사의 한 행은 대체로 6언으로, 전체적으로 볼 때 6·6체로 짝을 이루는 경우가 많다.

마지막으로 『초사』의 문체를 『시경』의 문체와 비교해보면 『시경』이 사언체四言體로 비교적 짧다면 『초사』는 육언체六言體로 비교적 길다. 내용적으로 보면 『시경』이 비교적 단순하고 현실적이라면 『초사』는 다소 복잡하고 낭만적인 색채가 짙다. 지리적으로도 『시경』은 황하 유역에 사는 북방 사람들의 작품으로, 작가도 무명씨가 많다. 반면에 『초사』는 양자강 유역 남방 사람들의 작품으로, 굴원을 비롯하여 지은이의 이름이 또렷이 전해진다.

2. 굴원의 사

이제 굴원屈原과 그의 사에 대해 간략히 소개하겠다. 먼저 굴원의 생애를 간단히 요약하자면, 그의 이름은 평平이고 높임 이름인 字는 영균靈均이며, 초나라 회왕懷王 때 꽤 높은 벼슬을 했다. 굴원은 초나라 회왕에게 나날이 강성해지는 진秦나라의 소왕昭王을 경계해야 한다고 수차례 직언했으나, 끝내는 회왕에게 영향력이 강했던 상관대부의 모함을 받아 내침을 당한다. 그 후 회왕은 진나라의 책사인 장의張儀의 꾐에 빠져 그때까지 동맹국이었던 제나라와 동맹을 끊었다. 제나라와 동맹을 끊고 진나라와 연합하면 땅도 떼어주고 진나라 처녀와 혼인도 시켜주겠다는 장의의 술수에 넘어간 것이다. 그 결과 회왕은 진나라로부터 땅을 얻지도 못했을 뿐 아니라 진나라 처녀와 혼인하기 위해 제 발로 진나라에 가서 죽임을 당하게 된다.

회왕의 뒤를 이어 초나라 왕이 된 양왕襄王도 회왕처럼 불민했던지 굴원의 충심을 받아들이지 않았다. 그는 자신의 동생인 자란에게서 굴원이 자기를 원망한다는 참소를 듣고, 왕도王都 근처에 머물면서 충언을 마다않던 굴원을 멀리 양자감 이남으로 쫓아냈다. 쫓겨난 굴원은 옛 성인의 도를 본받기로 하고 오제의 하나인 순임금의 무덤에 가서 무참히 죽어간 옛 충신들을 생각하며 슬픈 눈물을 흘린다.

그런 다음 분연히 자리를 떨치고 일어나 바람신인 풍신風神과 비신인 우신雨神 등을 거느리며 하늘을 날아 천국의 문에 이른다. 하지만 천국을 지키는 문지기가 그에게 문을 열어주지 않는다. 그러자 구름신인 운신에게 명하여 구름을 타고 고대의 왕녀인 복비宓妃를 찾아가 구애하지만 그녀에게도 퇴짜를 맞는다. 복비는 원래 복희씨의 딸로서, 락수洛水에 익사하여 수신水神이 되었다고 하는 신녀이다. 굴원은 또 유융씨有娀氏의 장녀 간적簡狄에게 청혼했으나 그녀에게도 거절당한다. 간적은 오제의 하나인 제곡帝嚳의 부인이 되어, 현조玄鳥가 떨어뜨린 알을 삼키고 설을 낳았다고 전하는 신녀이다.

기록상으로 볼 때 굴원이 퇴짜를 맞은 두 여신, 즉 복희씨의 딸 복비나, 제곡의 부인이자 훗날 은殷나라의 시조가 되는 설의 어머니 간적은 모두 굴원보다 훨씬 전에 태어나 활약한 여신들이다. 마찬가지로 그가 풍신과 우신을 거느리고 운신에게 명령했다는 대목도 비현실적이다. 풍신 치우씨와 우신 공공씨 및 운신 황제씨 또한 기록상 굴원이 태어나기 전에 존재했던 신들이기 때문이다. 재미있는 점은 굴원이 풍신과 우신 및 운신 등 남신은 잘 다스린 반면 복비와 간적 등 여신들에게는 버림을 받았다는 것이다. 이는 그가 신선의 세계에 속할 수 없는 구실이 되었다고 볼 수 있다. 번민 끝에 굴원은 영분靈氛이나 무함巫咸 같은 무녀들에게 가서 점을 친다. 그들로부터 굴원은 초나라가 아닌, 머나먼 타국에 가면 현명한 군왕을 만날 수 있다는 점괘를 얻고, 다시 현실 세상으로 돌아오기로 결심한다.

용이 끄는 아름다운 상아수레를 타고 구름 깃발을 날리며 굴원은 곤륜산에서 적수赤水를 거쳐 불주산不周山을 돌았다. 하지만 서해를 바라보며 황홀한 하늘빛 속에 있던 그는 문득 저 아래로 까맣게 내려다보이는 고국 초나라 강산에서 눈과 발을 뗄 수가 없다. 결국 그는 현명한 군왕을 만나러 초나라가 아닌 타국에 가려던 계획을 포기하고 그리던 조국 초나라로 돌아간다. 그렇지만 임금의 사랑을 잃고 내침을 당한 굴원을 반겨줄 사람이 있을 턱이 없다. 양왕을 비롯한 모든 사람들로부터 외면을 당한 끝에 외톨이가 된 그는 마침내 스스로 멱라강에 몸을 던져 물고기 밥이 되고 만다.

여기까지의 이야기는 거의 대부분 굴원의 사 「이소」에 담겨 있는 내용이다. 다시 말해서 굴원의 대표작인 「이소」는 그 자신의 생애를 다룬 자서전적인 작품이다. 이처럼 「이소」는 처음에는 매우 역사적인 현실이 서사적으로 기술되다가, 문득 신화와 전설의 세계가 낭만적으로 펼쳐진다. 그러다가 결국 다시 냉엄한 현실세계로 귀결되는 것이다. 즉 시작은 초나라에서 태어나 높은 벼슬을 하던 굴원이 양왕에게 내침을 당하고 순임금의 묘소에 가서 눈물을 흘리는 것으로 지상에서의 인간 생활을 끝낸다.

그런 다음 그는 천상으로 올라가 바람신 치우씨와 비의 신인 공공씨를 거느리며 생활하기 시작한다. 그래서 구름신 황제씨에게 명하여 복희씨의 딸 복비에게 구애하기도 하고 유융씨의 딸 간적에게 청혼하기도 하는 것이다. 하지만 의탁하고 싶은 여신들에게 배척당한 굴원은 영분 · 무함 등 무녀의 점괘에 따라 천상의 생활을 포기하고 지상에 있는 현명한 군주를 찾아 떠난다. 충신으로서 새 삶을 개척하려고 하늘 수레를 타고 구름 깃발을 날리며 곤륜산 · 적수 · 불주산 같은 신들의 산과 강을 건너서 지상으로 내려오는 것이다.

하지만 고향 초나라가 발아래 내려다보이자 그는 그만 고향땅으로 돌아왔고, 얼마 지나지 않아 그는 또 다시 자초한 고통스러운 지상 생활을 접고, 멱라강에 몸을 던져 스스로 목숨을 끊고 마는 것이다.

굴원의 「이소」에는 풍신 · 우신 · 운신처럼 이미 다른 문헌에 나와 있는 신들뿐 아니라 유융씨 · 복비 · 간적 · 영분 · 무함 등 독특한 호칭의 신들과 무녀들이 나와서 눈길을 끈다. 굴원의 「이소」가 중국신화 연구가들에게는 필수적인 것도 이 때문이다. 「이소」에 나오는 풍신과 우신은 곧 치우씨와 공공씨로, 이들은 앞서 신화전설 장에서도 언급했듯 동이족의 신들이다. 반면에 운신 헌원씨는 화하족의 신이다. 그밖에 복비 · 간적 · 영분 · 무함 가운데 복비는 복희씨의 딸이고, 유융씨와 간적은 은나라 시조 설의 할아버지와 어머니이니, 이들 또한 치우씨와 공공씨와 같은 동이족의 신들이라고 할 수 있다. 이렇듯 「이소」에 나오는 신들이 대부분 동이족의 신들임을 볼 때, 굴원 자신도 동이족의 후예라고 보아도 지나치지는 않을 것이다.

이제 굴원의 「구가」 가운데 운신雲神을 노래한 부분을 소개한다 :

난초 물에 몸을 씻고 향초 물로 머리 감고
꽃무늬 옷 입은 무녀는 꽃부리 같은데
구름신 휘감듯 내려와 머물러 계시니
그 밝고 휘황한 빛 끝 간 데 없구나

아! 구름신을 편안히 제궁에 모셔
해와 달과 나란히 빛을 비추려는데
구름신은 용 수레 타고 제왕의 옷을 입고
천천히 날아올라 두루두루 도는구나

구름신 황망히 내려오셨다가
또 불꽃처럼 높이 올라 구름 속에 계시면서
황하 이북 땅을 내려다보며 머뭇거리다가
또 사해를 가로질러 가니 어찌 다함 있으랴

님 그리워하며 깊은 탄식 내뱉고
노심초사하며 괴로워할 뿐.

浴蘭湯兮沐芳 욕란탕혜목방
花采衣衣若英 화채의의약영
靈連蜷兮旣留 영연권혜기류
爛昭昭兮未央 난소소혜미앙

謇將憺兮壽宮 건장담혜수궁
與日月兮齊光 여일월혜제광
龍駕兮帝服 용가혜제복
聊翺遊兮周章 료고유혜주장

靈皇皇兮旣降 영황황혜기강
猋遠擧兮雲中 염원거혜운중
覽冀州兮有餘 람기주혜유여
橫四海兮焉窮 횡사해혜언궁

思夫君兮太息 사부군혜태식
極勞心兮忡忡 극노심혜충충

구름신에 대한 무녀의 사랑을 노래한 위 작품은 「이소」와 마찬가지로 상당 부분 굴원 자신의 이야기이다. 어쩌면 목욕재계하고 꽃단장한 무녀가 굴원 자신이고 용 수레를 타고 천제의 복장을 한 운신은 초나라 왕일지 모른다. 휘황하게 치장한 무녀가 제궁을 꾸며놓고 운신을 궁에 모셔 일월처럼 빛나게 해주려 하지만 운신은 잠시 머무르는 듯하다가 다시 휭하니 달아나 버린다. 그러다가 또 문득 하강하여 무녀 가까이 있다가 또 다시 불꽃처럼 치솟으며 더 멀리 사라진다. 이처럼 변덕스런 운신에 대해 무녀는 어찌할 방도가 없다. 다만 그리워하며 탄식하고 노심초사하며 괴로워할 뿐.

굴원은 이 작품에서 자신을 곁에 두었다가 쫓아낸 회왕과 양왕에 대한 누를 수 없는 사랑을 읊고 있다. 예로부터 임금을 남자에 비유하고, 신하를 그 남자의 사랑을 구하는 여자로 상징하는 수법을 '기탁寄託'이라고 하는데, 문학사상으로 볼 때, 이는 굴원의 사로부터 시작되었을 가능성이 높다. 조선시대 송강 정철의 『송강가사』 가운데 나오는 「사미인곡」도 이 수법을 사용했다. 만해 한용운의 시 「님의 침묵」 또한 이 수법을 사용했다. 다만 「님의 침묵」에서는 기탁의 대상이 임금이 아니라 조국이라는 점이 다를 뿐이다.

앞서 소개한 「이소」에서 굴원은 구름신에게 명령하고 구름을 타고 구름깃발을 휘날리는 등 구름신을 마음대로 움직이지만, 「구가」에서는 그렇지 못하다. 구름신의 사랑을 얻고자 연연해하는 것이다. 하지만 굴원은 「이소」에서도 복비와 간적에게 다 거부당하고 천국의 문 안으로 들어가지도 못하기는 마찬가지다. 그런 의미에서 굴원은 자신이 궁극적으로 원하는 상대의 마음을 얻지 못하고 울울해하는 쓸쓸한 인간의 표상이라고 할 수 있다.

굴원은 오늘날에도 많은 중국인들의 추모 대상이다. 매년 단오절을 맞으면 중국인들은 강물에 투신자살한 굴원을 기념하기 위해 용모양의 배를 저으며, 종자粽子라고 하는 먹거리를 강물에 던진다. 용선을 젓는 이유는 물속에 있는 굴원의 몸을 물고기들이 건드리지 못하게 하기 위함이다. 또 종자를 던지는 것은 배고픈 물고기들이 굴원의 몸에 입질하지 않게 하기 위함이라고 한다. 이처럼 굴원의 생애는 역사적으로 많은 사람들의 관심을 끌었다. 그래서 소설로 쓰여지거나 드라마로 만들어진 굴원의 삶은 아직도 많은 사람들의 열렬한 사랑을 받고 있다. 어쩌면 굴원은 살아서보다 죽어서 더욱 유명해진 문인인지도 모르겠다.

남북조 부

앞서도 언급했지만 부賦는 사辭와 거의 비슷한 문체이다. 그래서 굴원의 「이소」를 사라고도 하지만 부라고도 불렀다. 하지만 부는 주로 한나라 때에 이르러 많이 나온 장르로, 주로 궁궐이나 황실, 또는 귀족이나 농민의 생활을 길게 묘사했다. 다시 말해서 한나라의 부는 개인적인 서정성보다 국가사회적인 서사성이 훨씬 강화되었다. 그 때문에 사마상여司馬相如·반고班固·매승枚乘 등 한나라 때 활약한 부 작가들의 작품은 역사성이 짙다는 평을 듣는다.

예를 들어 사마상여의 「자허부子虛賦」는 자허라는 사람이 초나라 왕족의 사냥하는 광경을 자세히 묘사한 작품이다. 그래서 이 부를 통해 초나라 왕족의 사냥에 대한 많은 지식을 얻을 수 있다. 또 반고의 「양도부兩都賦」는 한나라의 두 수도, 즉 동도東道인 낙양洛陽과 서도西都인 장안長安의 풍경을 그린 작품이다. 그래서 이 작품은 한나라 수도에 대한 역사적인 기록이기도 한 것이다. 하지만 이 작품들은 자연히 국가와 왕족의 화려한 생활을 찬양함으로써 황실과 귀족에게 아첨하는 측면이 강하다.

물론 그렇지 않은 부들도 있다. 예를 들어 매승의 「칠발七發」은 부유층 자제의 사치스런 생활을 비판적인 시각으로 묘사했다. 또 장형張衡은 「귀전부歸田賦」에서는 농민의 고통에 무게중심을 두었고, 채옹蔡邕의 「술행부述行賦」는 사회적 신분에 따른 빈부격차를 풍자했다. 그렇다고 하더라도 한나라 부는 대체로 기록성이 뛰어난 역사적 가치를 지니는 반면, 문학적인 가치는 다소 떨어진다는 평가를 받고 있다.

이에 비해 위진 남북조 시대, 특히 남북조 시대에 이르러 부는 아연 활기를 띤다. 이 시기에는 강엄江淹・서릉徐陵・유신庾信 등 기라성 같은 부 작가들이 많이 나와 활발한 작품 활동을 했는데, 특히 짝을 맞추는 대구체는 이들의 부에서 더욱 빛을 발한다. 이들의 부는 사사・육육 또는 사륙 : 사륙 등으로 한 행의 글자 수를 맞추고, 품사나 의미의 짝을 맞췄을 뿐 아니라 성률까지도 짝을 맞췄다.

성률이란 성조를 말하는데, 중국어에 있어서 성조는 이처럼 남북조시대에야 본격화되었다. 오늘날 표준 중국어에 있는 1, 2, 3, 4성의 네 성조는 사실상 남북조시대의 평성平聲, 상성上聲, 거성去聲, 입성入聲의 네 성조가 변화한 것이다. 가장 큰 변화라면 오늘날의 중국어에는 남북조 때 있었다는 입성이 없어졌다는 점이다. 남북조시대에 있었던 평성은 오늘날 1성과 2성으로 분화되었고, 상성은 3성이 되고 거성은 4성이 되었다.

남북조 시대의 성조는 이처럼 평성・상성・거성・입성 등 사성四聲으로 분류하기도 했지만 평측平仄으로도 분류했다. 평측은 평성平聲과 측성仄聲을 말하는데, 사성법에서의 평성은 평측법에서도 평성에 속하고, 사성법에서의 상성・거성・입성은 평측법에서는 모두 측성에 속했다. 남북조에서 부를 지을 때는 사성과 평측 말고도 음양陰陽도 따졌다. 음양은 평성의 경우에만 해당되는데, 받침이 ㄴ이나 ㅁ, 또는 ㅇ 같이 비음, 즉 콧소리로 끝나는 음을 양성陽聲이라고 하고 나머지는 다 음성陰聲이라고 했다. 성률에 대한 이 같은 법칙은 남조 때 심약沈約의 『사성보四聲譜』로부터 시작되었다고 한다. 하지만 남북조의 부에 이 같은 기법을 얼마나 철저히 적용했는지는 알 길이 없다.

남북조의 부賦 문체는 문文 문체에서도 그대로 적용되었다. 그래서 제사지낼 때 읽는 제문이나 비석에 새기는 비문, 책의 앞머리에 쓰는 서문 및 임금이 내리는 조서인 조문도 부처럼 성률에 많은 신경을 썼다. 그 때문에 안연지의 「제굴원문」이나 백제의 비문인 「사택지적비문」 등 문도 모두 부와 문체적인 공통점을 가지고 있다. 문에도 부의 특징인 철저한 대구체와 전고가 그대로 적용된 것이다.

당나라 때에는 부를 사륙문四六文으로 불렀다. 글자 수를 사사, 육육, 또는 사륙사륙으로 짝을 맞췄기 때문에 붙은 이름이다. 부는 당나라를 거쳐 송나라 때도 지어졌다. 그 단적인 예로는 소식의 「적벽부赤壁賦」를 들 수 있다. 「적벽부」는 호북성의 적벽에서 촉나라 유비와 오나라 손권의 연합군이 조조의 위나라 군대를 크게 무찌른 적벽대전을 읊은 오백여 자에 달하는 긴 작품이다. 요컨대, 남북조의 부는 당나라의 문文과 송나라의 부賦로 이어지며 원나라 명나라 이후까지 살아남았다. 그 결과 부는 조선시대 진사과의 주요 과목이 되어 많은 서생들이 지었다.

다시 남북조시대의 부로 돌아와 보자. 사실 남북조의 부는 문학연구가들 사이에서 후대의 어떤 부보다 해석하기 어렵다는 평가를 받고 있다. 실제로 포조鮑照의 「무성부茂城賦」나 안연지顔延之의 「제굴원문祭屈原文」, 제齊나라 무제武帝의 「칙조제금사미조勅條制禁奢靡詔」 등 남조의 부 작품들을 해석하려고 보면 어디서부터 손을 대야 할지 모를 만큼 난감할 때가 많다.

그 이유는 부의 특징인 엄정한 대구체와 수많은 전고 때문만이 아니라 생소한 어휘들이 너무 많고, 문법도 이전과 사뭇 다르기 때문이다. 이는 한漢나라의 고문古文을 잇는 옛 단어들이 많이 사라지고 남북조의 새로운 어휘들이 많이 생겼다는 뜻이다. 신조어新造語가 수없이 늘었을 뿐만 아니라 단어를 배열하는 순서도 많이 바뀌었기 때문이다. 이를테면 위로 올라가야 할 글자가 아래로 내려가고, 그 반대의 경우도 많았다는 것이다. 글자의 위치가 무엇보다 중요한 한문에 있어서 위치가 바뀌었다는 것은 문법에 있어서나 의미에 있어서 획기적인 변화가 있었음을 말한다. 이처럼 남북조시대의 글이 획기적으로 변화했다는 것은 말 또한 달라졌음을 의미한다. 말과 글, 즉 언어와 문자는 서로 떼서 생각할 수 없기 때문이다.

왜 그렇게 되었는지는 제1장에서 언급한 대로 한족에 비해 호족의 영향력이 커졌기 때문이다. 합해서 약 170년 동안 중국 대륙의 남쪽과 북쪽에서 집권했던 남조의 송宋나라 제齊나라 양梁나라 진陳나라와 북조의 북위北魏 북제北齊 북주北周 등 한족의 왕조들은 한마디로 미약하기 짝이 없는 나라들이었다. 이들 왕조 가운데는 한족이 실권을 잃고 오랑캐인 호족이 실권을 쥐고 있었던 나라들도 적지 않았다. 특히 남조 네 나라의 경우는 평균 수명이 40여년에 불과한 하루살이 왕조들이었다. 그래서 중국사 연구가들은 대부분 남북조시대를 한족의 암흑기로 보는 데 이견이 없다. 그러니 당시 한족의 언어와 문자가 호족의 언어와 문자에 깊은 영향을 받은 것은 피치 못할 일이었을 것이다.

남북조 당시의 언어와 문자가 얼마나 많이 변화했으면 남북조 나라들이 멸망하고 수나라를 거쳐 당나라에 이르렀을 때, 한유와 유종원 등에 의해 문자순화운동인 고문운동이 일어났겠는가? 한유와 유종원 등 당나라의 문인들은 남북조시대에 한족의 언어와 문자가 호족의 언어와 문자에 심하게 훼손당했다고 보고 이를 한나라 때의 고문으로 되돌려야 한다고 생각했던 것이다.

이는 조선 후기와 일제강점시기 및 미군정시기의 한글 변화 상황과 마찬가지다. 청나라를 큰 나라로 섬겼을 당시 조선에는 많은 한자어가 한글에 유입되었다. 물론 여기서 말하는 한자어는 고구려 · 백제 · 신라 때부터 써온 이두吏讀식 토박이 한자가 아니라 청나라 식 한자어를 말한다. 그러다가 한일합방이후 일제강점기에는 또 많은 일본어가 사용되었다. 해방 이후 오늘날까지 운전 용어나 도배 용어 등등 곳곳에 일본어가 스며들어 있음을 잘 알 것이다.

이차 대전 이후 세계가 미국의 영향권 안에 들어가면서부터 한국어와 한글은 또 영어의 영향권 안에 들었다. 오늘날 한국어를 배우는 외국인에게는 영어외래어사전이 필요할 만큼 한국어에 대한 영어의 영향력은 막강하다. 자고 일어나면 몰랐던 영어외래어가 신문에 뜨는 정도이다. 그래서 한국에서도 이따금 국어순화운동이 필요하다고 주장하는 사람들을 만날 수 있다. 이처럼 한 나라의 말과 글은 정치적으로 영향력이 강한 다른 나라의 말과 글의 영향을 받게 되어 있다. 남한이 미국의 강한 영향 아래 있어왔던 반면 북한은 그렇지 않았기 때문에 북한의 말과 글은 영어외래어의 영향이 거의 없음을 잘 알 것이다.

앞에서도 여러 차례 언급했듯이, 남북조 시대의 한족은 정치적으로 호족의 영향 아래 있었기 때문에, 당시 한족의 말과 글은 호족의 언어와 문자의 강한 영향을 받을 수밖에 없었다. 한 인도의 언어학자가 남조의 양나라 언어와 백제의 언어를 비교한 논문에 따르면, 단어의 발음에 있어서 두 나라가 동일했다고 한다. 즉 선량할 량良의 양나라 발음과 백제의 발음이 같았다는 것이다.

물론 이 논문 한편으로 양국의 언어가 같았다고 말한다면 침소봉대가 될지도 모른다. 또 비록 두 나라의 언어가 같았다고 해도 이는 백제가 양나라에 끼친 영향이라기보다 양나라 언어가 백제어에 끼친 영향이라고 주장할 수도 있다. 만약 그 주장이 맞다면, 남북조 시대의 언어와 문자가 어휘와 문법에 있어서 엄청난 변화를 겪었다는 기록을 어떻게 이해해야 할까? 또 한족 문인들 스스로 자기네 말과 글이 심히 문란해졌다고 통탄하며 한나라 때의 옛 글살이로 돌아가야 한다고 고문운동을 벌인 것을 어떻게 해석해야 할까?

아무튼 위와 같은 이유로 해석이 어려워진 남북조의 부 가운데 비교적 이해하기 쉬운 부 몇 편을 감상해보자. 먼저 강엄江淹이 한을 노래한 「한부恨賦」를 소개하고, 다음으로 서릉徐陵의 이나에게 주는 편지 「여이나서與李那書」, 그리고 마지막으로 유신庾信의 작은 정원에 관한 「소원부小園賦」를 소개한다.

1. 강엄의 「한부」

이 작품은 역사적으로 유명한 사람들의 한을 다루고 있는 비교적 긴 작품이다. 그 가운데 흉노에 항복한 한나라 이릉장군의 한과, 역시 흉노에게 시집간 한나라 궁녀 왕소군王昭君의 한을 담은 대목을 차례로 인용한다 :

이릉이 흉노에게 항복할 때에
명예는 더럽혀지고 몸은 억울했다
큰칼 뽑아들고 기둥을 치면서
그림자에 조문하고 영혼에 참회했다
그리움은 한나라 상군으로 가는데
마음은 흉노의 안문에 멈춰져 있다
비단을 찢어서 편지를 묶어 보내며
한나라 은혜에 보답하리라 맹세했다
아침이슬처럼 홀연히 사라질 인생이니
손을 맞잡은들 무슨 말을 할 것인가

왕소군이 떠나갈 때에
하늘을 우러러 장탄식했다
한나라의 자대는 멀어지는데
흉노의 관산은 끝이 없다

바람이 요동하며 홀연히 일어나니
밝은 태양이 서쪽으로 숨었다
농 지방에는 기러기가 날지 않고
대 지방에서는 구름도 빛을 잃었다
임금을 바라본들 만날 날 기약 없고
결국 타향에서 쓸쓸히 스러져 가리라

至於李君降北 지어이군항북
名辱身寃 명욕신원
拔劍擊柱 발검격주
弔影慙魂 조영참혼
情往上郡 정왕상군
心留雁門 심류안문
裂帛繫書 열백계서
誓還漢恩 서환한은
朝露溘至 조로합지
握手何言 악수하언

若夫明妃去時 약부명비거시
仰天太息 앙천태식
紫臺稍遠 자대초원
關山無極 관산무극
搖風忽起 요풍홀기
白日西匿 백일서익
隴雁少飛 농안소비
代雲寡色 대운과색
望郡王兮何期 망군왕혜하기
終蕪絶兮異域 종무절혜이역

첫 번째 부분은 사마천의 절친한 벗 이릉의 한을 담고 있다. 흉노에 항복할 수밖에 없는 이릉의 한이 짙게 느껴지는 대목이다. 특히 제3행과 4행의 "큰 칼을 뽑아들고 기둥을 내리치며 그림자에 조문하고 영혼에 참회"하는 대목은 죽게 될 자신의 그림자를 보며 미리 조의를 표하고 자신의 영혼에게 스스로 참회하는 영화의 한 장면 같다. 하지만 제5행서부터 제8행까지 이어지는 지명地名들과 전고典故는 독자를 답답하게 할 것이다.

특히 제7행의 "비단을 찢어서 편지를 묶어 보냈으니"는 이릉의 친구 소무가 이릉을 위해 취한 행위라는 전고를 모르고서는 이해할 길이 없다. 이 전고는 소무가 비단을 찢어서 거기다가 한나라 군대가 이릉을 구하려고 잠복해 있다는 내용의 편지를 써서 묶은 다음, 이를 흉노에게 보낸 고사를 말한다. 그런 의미에서 비록 흉노에게 항복하는 굴욕을 겪지만 이릉은 소무와 사마천 같은 진정한 동지들의 우정을 받은 행운아라고 할 수 있다. 그 때문에 이릉은 한나라의 은혜에 보답하리라 서약하는 것이다. 하지만 아침이슬 같은 자신의 운명 속에서 이들 동지들과 손을 맞잡은들, 이들의 우정에 보답할 어떤 말을 하겠는가하며 한스러워하는 것으로 끝을 맺는다.

두 번째 부분은 흉노에게 시집가는 왕소군의 탄식이다. 하지만 역시 제3행에서부터 제8행까지 이어지는 지명과 전고 때문에 이해하기가 쉽지 않다. 오직 첫 두 행과 마지막 두 행에서 왕소군의 애끊는 한을 느낄 뿐이다. 이 부를 접하면 농이나 대 같은 흉노의 지명도 일일이 찾아야 하겠지만, 제5행과 6행에 나오는 전고는 더욱 알쏭달쏭할 것이다.

이 부분을 이해하려면『장자』「소요유」에 나오는 붕조鵬鳥의 고사를 알지 않으면 안 되기 때문이다. 이 고사에 따르면 붕새는 원래 북해에 살던 곤鯤이라는 물고기였는데, 순식간에 새로 변해서 뻗으면 삼천리나 되는 날개를 퍼덕이며 하루에 구만리를 날았다고 한다. 이 대목에서 붕새는 흉노이고 밝은 해는 한나라 임금을 상징한다. 그래서 붕새가 바람을 뒤흔들며 날아오르자 밝은 해가 숨어버렸다는 이 표현은 흉노가 일어나자 한나라가 빛을 잃었다는 뜻이라고 볼 수 있다. 왕소군은 기러기조차 날지 않고 태양도 빛을 잃은 만리타국에서 임금을 만날 어떤 기약도 없이 생을 마쳐야 하는 자신의 신세를 한탄하고 있는 것이다.

「한부」는 대부분 한 행이 4언으로 일관되어 있고, 시작과 끝만 6언으로 되어 있다. 부의 특징인 4·4체와 6·6체를 따르고 있음이다. 또 이 작품은 초사楚辭를 계승하여 거의 각 행마다 혜兮자를 사용하고 있다. 뿐만 아니라 두 번째 행의 끝 운을 맞추는 각운脚韻을 하고 있다. 즉 앞부분은 원·혼·문·은·언의

ㄴ으로 맞췄고 뒷부분은 식·극·익·색의 ㄱ으로 맞췄다. 또 앞부분의 각운이 성조로는 제1성 또는 2성, 즉 평성이라면 뒷부분의 각운은 제4성, 즉 입성이다. 이는 성조도 한 행 건너 맞췄다는 뜻이다. 게다가 부의 중요한 특징인 전고가 들어 있어 「한부」역시 쉽게 이해되는 작품이라고 보기는 어렵다.

2. 서릉과 유신의 부

다음으로 서릉과 유신의 부를 간략하게 소개한다. 먼저 서릉은 남조의 제나라와 양나라 때 살았던 작가로, 다음은 그의 「여이나서與李那書」, 즉 「이나에게 주는 편지」의 한 대목이다 :

악기들이 나란히 울리는 소리가
능히 조앙의 영혼을 놀라게 하고
휘황찬란한 빛이 서로 어우러져
불시에 안풍의 눈을 멀게 한다

鏗鏘並奏　갱장병주
能驚趙鞅之魂　능경조앙지혼
輝煥相華　휘환상화
時瞬安豊之眼　시순안풍지안

위 대목은 조앙이나 안풍 같은 고유명사를 모르고는 그 의미를 알 수 없다. 한마디로 이 대목은 전체가 다 전고와 얽혀있다. 먼저 조앙은 춘추시대 진晋나라 사람으로, 한때 진나라의 재상을 지냈다. 하지만 순인荀寅과 범길사范吉射에게 쫓겨 진양으로 도망갔다가 천신만고 끝에 돌아왔다. 그래서 첫 두 행의 "악기 소리 나란히 울리는 소리가 능히 조앙의 영혼을 놀라게 하고"는 아직도 두려움이 가시지 않은 조앙이 힘찬 악기 소리를 자신을 죽이러 오는 말발굽 소리로 착각하고 놀랐음을 나타낸다.

다음 "휘황찬란한 빛이 서로 어우러져, 불시에 안풍의 눈을 멀게 한다"는 남조 송나라의 도시 안풍의 몰락에 관한 고사를 전고로 삼았다. 즉 현 안휘성 서남부 지역에 있던 도시 안풍은 한때 번화의 극에 달했으나, 오히려 그 극에 달한 휘황함 때문에 그 도시가 눈 깜짝할 사이에 사라지게 되었다는 해석이다. 안풍이라는 도시를 마치 눈이 달린 사람처럼 의인화하는 수법이 매우 독특하다.

형식 또한 정연하다. 글자 수도 사륙문, 즉 4·6 4·6체이고 완벽한 대구체를 유지하고 있다. 즉 둥둥이라는 소리를 나타내는 의성어 '갱장'과 반짝거리는 모습을 의미하는 의태어 '휘환'을 대비시키고 있다. 또한 나란히라는 부사 '병'과 서로라는 부사 '상'등 품사와 위치까지 완전한 대우 형태를 취하고 있다. 이어서 연주하다라는 동사 '주'와 빛나다라는 동사 '화'도 대구가 되어 있다. 뿐만 아니라 제2행과 4행은 각운이 되어 있다. 하지만 서릉의 「여이나서」도 대부분의 남북조 부가 그렇듯 고대 지명이나 인명 같은 고유명사를 모르면 아예 이해할 수 없는 어려움이 있다.

그럼 마지막으로 「마당에 관한 부」라고 해석되는 유신의 「소원부小園賦」를 감상해보자 :

> 황학이 이슬을 경계함은
> 수레에 뜻이 없어서이고
> 원거가 바람을 피함은
> 풍악에 정주지 않으려함이다.
>
> 黃鶴戒露　　황학계로
> 非有意於輪軒　　비유의어륜헌
> 爰居避風　　원거피풍
> 本無情於鐘鼓　　본무정어종고

역시 4·6 4·6체이고 완벽한 대구체이다. 먼저 첫 행의 황학과 셋째 행의 원거는 둘 다 새 이름으로, 이 새들은 고상한 품격을 갖고 있는 새들로서, 속세의 부귀영화에 뜻이 없는 은사隱士를 상징한다. 또한 경계할 '계'와 피할 '피'는 동사로서 대우를 이루고 있고, 이슬 '로'와 바람 '풍'도 명사로서 대우를 이루고 있다. 이같이 정연한 대우법은 제2행과 제4행에도 절묘하게 적용되어 있다.

「소원부」의 내용을 보면 다음과 같다. 즉 "황학이 이슬을 경계함은 수레에 뜻이 없어서이고"는 선비가 풀 위를 굴러다니는 귀족의 수레에 관심이 없다는 의미를 나타낸 것이다. 또 "원거가 바람을 피함은 풍악에 정주지 않으려함이다" 도 귀족의 풍류나 풍악에 마음을 주지 않는, 꼿꼿한 선비의 의지를 드러낸 것이다. 이 대목은 한마디로 권력에 한눈을 팔지 않는 선비의 고고하고 유유자적한 삶을 노래하고 있다.

이처럼 남북조의 부는 대우법과 전고가 잘 어우러진, 문학적 감각이 뛰어난 문체이다. 재미있는 점은 이 같은 특성을 지닌 문체가 6세기 전반 백제 성왕 때 새겨졌다는 「사택지적비문砂宅智積碑文」에도 거의 똑같이 나타나고 있다는 사실이다. 비교를 위해 사택지적이 썼다고 하는 이 비문을 소개한다 :

> 갑인년 정월 초아흐레 날
> 나지성 성주 사택지적은
> 마음 된 해가 쉽게 떠나감이 서럽고
> 몸 된 달이 어렵게 돌아옴이 슬퍼서
> 금을 뚫어 진귀한 불당을 짓고
> 옥을 쪼아 보배로운 탑을 세우니
> 우뚝하니 자애로운 얼굴은
> 신령한 빛을 토해 구름을 배웅하고
> 뾰족하니 가여운 자태는
> 성스러운 밝음을 머금어……

> 甲寅年正月九日 갑인년정월구일
> 奈祇城砂宅智積 나지성사택지적
> 慷身日之易往 강신일지이왕
> 慨體月之難還 개체월지난환
> 穿金以建珍堂 천금이건진당
> 鑿玉以立寶塔 착옥이립보탑
> 巍巍慈容 외외자용
> 吐神光以送雲 토신광이송운
> 峨峨悲貌 아아비모
> 含聖明以□□ 함성명이□□

아쉽게도 마지막 행의 두 글자를 비롯하여 뒷부분이 다 사라져버린 위 비문은 부여박물관에 소장되어 있다. 「사택지적비문」은 523년에서 554년 사이 어느 겨울날, 불심이 깊은 백제의 귀족 사택지적이 문득 자신의 몸과 마음의 덧없는 삶을 느끼고 불당과 탑을 세웠다는 내용이다. 어마어마한 경비를 들여 금으로 불당을 짓고, 옥으로 탑을 세우고 보니 그 모습이 해와 같고 달과 같았다는 것이다. 사택지적은 해 같은 불당에 사라지지 않는 영원한 마음을 담고, 달 같은 탑에는 돌고 도는 영원한 몸을 담고 싶었을 것이다.

해는 발광체로서 스스로 빛을 발하지만, 달은 암체로 빛을 받아서 반사한다. 그래서 햇빛은 금빛과 같이 자애로운 얼굴로 신령한 빛을 토하며 구름을 배웅한다. 반면 달빛은 옥빛과도 같이 가여운 자태로 성스러운 밝음을 머금으며……. 어쩌면 사라진 두 글자는 비를 마중한다는 영우迎雨가 아니었을까? 송운送雲의 대우가 되는 표현은 영우迎雨이기 때문이다. 사실 "구름을 배웅한다"는 "비를 마중한다"와 좋은 대구를 이룬다. 구름의 대는 비이고 배웅한다의 대는 마중한다이기 때문이다.

「사택지적비문」도 남북조 시대 서릉과 유신의 부처럼 완벽한 대구체이다. 먼저 제 1행의 7언과 2행의 7언은 각각 시간과 공간을 말하는 대구이다. 1행의 갑인년과 2행의 나지성, 1행의 정월구일과 2행의 사택지적이 그렇다. 다음 3행의 6언과 4행의 6언도 한 글자씩 맞춰보면 완벽한 대우체임을 알 수 있다. 즉 3행과 4행의 강과 개, 신과 체, 일과 월, 이와 난, 왕과 환이 완벽한 대우다. 5행 6행의 경우도 마찬가지다. 즉 천과 착, 금과 옥, 건과 립, 진과 보, 당과 탑이 짝을 이루고 있다. 마지막으로 7행과 8행도 4·6；4·6체로 짝을 이루었음에 틀림없다. 즉 7행과 8행의 외외와 아아, 자와 비, 용과 모, 토와 함, 신과 성, 광과 명이 완벽한 짝을 이루고 있으니, 7행의 송送에 대우가 되는 8행의 글자는 영迎이고, 7행의 운雲과 대가 되는 8행의 글자는 우雨일 가능성이 매우 높다고 하겠다.

이처럼 각 행의 글자마다 같거나 반대이거나 또는 비슷한 글자로 짝을 맞춘 대우체 글은 문학적으로 세련된 수법이 아니라고 비판하는 비평가도 있다. 하지만 한눈에 들어와야 하는 비문에는 이런 수법이 오히려 좋다고 본다. 비문이란 될수록 많은 사람들이 보고 금방 이해할 수 있는 쉬운 내용과 형식이라야 제 구실을 할 수 있기 때문이다. 그렇지 않아도 파악하기가 쉽지 않은 비문에다가 어려운 글자와 복잡한 전고를 많이 써놓으면 누가 읽기나 하겠는가?

요컨대, 남북조의 부는 부뿐만 아니라 서書·제문祭文·비문碑文 등에도 두루 쓰이는 반운문 또는 반산문으로, 비록 전고 등으로 인하여 일반인이 쉽게 이해할 수 있는 문체는 아니었지만, 대우와 상징이 풍부한, 음악적이고 미술적인 문체였다. 물론 「사택지적비문」 같이 쉬우면서도 음악적이고 미술적인 예외도 있다.

시

부와 함께 과거시험의 중요한 과목이었던 시는 물론 『시경』에서 비롯되었다. 하지만 『시경』이 민중과 지식인의 시들을 함께 모아놓은 것이라면, 한나라 때의 시는 양자가 분리되어 발전했다고 하겠다. 민중의 시는 악부민가樂府民歌로 묶이고 지식인의 시는 고시古詩로 묶이게 된 것이다. 민중의 시를 악부민가라고 부르는 이유는 악부가 한나라 시절 음악을 관장하는 부서 이름으로, 민중의 시는 주로 악부의 관리들이 민간을 돌아다니며 채집한 시들이기 때문이다.

솔직한 감정으로 희로애락을 노래하는 악부민가는 한나라와 위진남북조 시대를 거쳐 당나라 송나라 원나라 및 청나라에 이르기까지 저자미상의 민요로 발전한다. 이들 민요에 관해서는 제6장에서 좀 더 자세히 다루기로 한다. 다만 한 가지 짚고 넘어갈 점은 악부민가는 민중의 노래지만, 당나라의 이백李白 백거이白居易 같은 지식인들도 악부민가 체의 시를 지었다는 사실이다. 이들의 악부민가 체의 시는 악부시 또는 신악부로 불린다. 또한 송나라 원나라 때 지식인들도 민요체의 시를 지었는데, 이 가운데 송나라 문인들이 지은 민요체의 시는 사詞로 불리고 원나라 때는 곡曲으로 불린다. 요컨대, 당나라의 시인들로부터 송나라 원나라의 시인 문인들은 지식인들의 시체詩體만 쓴 게 아니라 민중들의 시체도 즐겨 썼다는 것이다.

이제 지식인들의 시체詩體인 고시古詩로 돌아오자. 고시는 한나라 때의 문인 매승枚乘으로부터 시작되었다고도 하고, 이릉李陵과 소무蘇武로부터 시작되었다고도 한다. 하지만 5언 또는 7언으로 정형화된 고시는 위진 시대에 기틀을 잡았다고 보는 학설이 힘을 얻고 있다. 물론 공작이 동쪽으로 날아가다라는 뜻의 「공작동남비孔雀東南飛」나 「고시십구수古詩十九首」 같은 저자미상의 한나라 고시도 비교적 정연한 외양을 갖추고 있다. 그래서 고시는 한나라 때부터 비롯되었다고 주장하는 학자들이 있는 것이다.

어쨌든 위진 시대에 와서 제대로 기틀을 잡은 오언五言 또는 칠언七言 고시는 이후 당나라에 이르러 4행시인 절구絕句와 8행시인 율시律詩로 발전한다. 뿐만 아니라 16행의 배율排律로도 발전되어 정형시의 전성기를 이룬다. 그래서 시 하면 당시唐詩를 제일로 치게 된 것이다. 당나라 이후 송나라 원나라 명나라 청나라 때도 수많은 시가 지어지고 시집으로 묶여졌다. 하지만 본 절에서는 그 모든 시대의 시들을 다루기보다 많은 연구가들에 의해 시의 발아기로 꼽히는 위진 시대의 시들과, 시의 전성기로 꼽히는 당나라의 오언 칠언시들만을 소개하기로 한다.

1. 위진 시대의 시

5언 · 7언 고시는 위魏 · 촉蜀 · 오吳의 삼국시대를 위나라의 우세로 이끌어 간 조조 등에 의해 꽃을 피웠다. 즉 조조曹操와 그의 뒤를 이어 위나라를 다스린 둘째 아들 조비曹丕, 그리고 셋째 아들 조식曹植 등 삼부자가 위진 시대 초기 시를 장식했다. 오언 칠언 고시는 이어서 위나라 말 진나라 초기의 이른바 죽림칠현竹林七賢에 의해 절정을 이룬다. 죽림칠현은 완적阮籍 · 혜강嵇康 · 산도山濤 · 상수向秀 · 완함阮咸 · 왕융王戎 · 유령劉伶 등 일곱 명의 문인들을 말한다. 이들을 죽림칠현이라 부르는 이유는 이들이 세속을 떠나 주로 대나무 숲에서 시를 짓고 형이상학적인 담론을 즐겼기 때문이다. 본 소절에서는 조식과 완적, 그리고 진나라의 전원시인 도연명의 시들을 감상하기로 한다.

1) 조식의 「우차편吁嗟篇」

조식(192-232)은 조조의 셋째 아들로, 조씨 삼부자 가운데 문학적인 재능이 가장 뛰어난 시인이다. 하지만 그는 가정적으로나 사회적으로 매우 불행한 왕자였다. 즉 그는 아버지 조조가 죽고 형인 조비가 왕위를 계승하자 형에게 목숨까지 위협 당한다. 나중에는 형의 아들인 조카에게까지 박해를 당하게 되는 등 조식은 거의 평생 괴로운 마음을 안고 살았다.

이에 대해서는 그가 「칠보시七步詩」를 짓게 된 이유를 보면 잘 알 수 있다. 즉 이 시는 동생을 의심한 나머지 그에게 일곱 걸음을 걷는 사이에 시를 짓지 않으면 죽이겠다는 형 조비의 위협 속에서 지어졌다고 전한다. 이 시에서 조식은 콩과 콩깍지의 비유를 들어 형제의 사랑과 미움을 읊었다. 즉 콩과 콩깍지는 원래 찰싹 붙어 있어 누구보다 친밀한 관계를 유지했지만, 수확된 후, 콩깍지에서 떼어낸 콩은 솥 안으로 들어가고 콩깍지는 말려진 후 솥 아래에 놓여 콩을 삶는 땔감이 된다. 조식은 이 시에서 콩은 자신을 상징하고 콩깍지는 형 조비를 상징하여, 원래는 콩 나무에 붙은 콩과 콩깍지처럼 떼려야 뗄 수 없는 가까운 사이였지만 이제 형이 솥 아래의 땔감이 되어 솥 속의 자신을 콩 삶듯 삶고 있음을 탄식한 것이다.

다음은 조식의 울적하고 괴로운 심정이 담긴 오언고시 「우차편」이다. 우차는 의성어로서, 휴우-하는 탄식 소리를 나타낸다 :

휴우-이 굴러다니는 쑥대
세상살이가 어찌 이리 외로운가
오랫동안 뿌리에서 떨어져
잠잘 밤에도 휴식할 틈이 없구나
동서로 일곱 두렁을 지나고
남북으로 아홉 두렁을 넘는다
갑자기 회오리바람이 일어
나를 구름 사이로 날려 보낸다
하늘 끝까지 날아갈 것이라 했지만
홀연히 심연으로 떨어지는구나

놀란 바람이 나를 받아내어
저 들판 한가운데로 되돌려 보낸다
남쪽으로 가려하면 오히려 북쪽이고
동쪽이라 말하면 도리어 서쪽으로
이리저리 구르니 누굴 의지할까
문득 죽었다가 또다시 살아나는구나
날리며 여덟 연못을 휘돌고
연이어 다섯 산을 지난다
구르고 도느라 정처가 없으니
누가 알랴 나의 이 괴로움을
바라기는 숲 속의 풀이 되어서
가을 밤 산불에 태워지기를
태워질 때 어찌 고통스럽지 않으랴
다만 뿌리에 이어지기를 바랄 뿐

吁嗟此轉蓬 우차차전봉
居世何獨然 거세하독연
長居本根逝 장거본근서
宿夜無休閒 숙야무휴한
東西經七陌 동서경칠맥
南北越九阡 남북월구천
卒遇回風起 졸우회풍기
吹我入雲間 취아입운간
自謂終天路 자위종천로
忽然下深淵 홀연하심연
驚飈接我出 경표접아출
故歸彼中田 고귀피중전
當南而更北 당남이경북
謂東而反西 위동이반서
宕宕何當依 탕탕하당의
忽亡而復存 홀망이부존
飄颻周八澤 표요주팔택
連翩歷五山 연편역오산
流轉無恒處 유전무항처

誰知吾苦艱 수지오고간
願爲中林草 원위중림초
秋隨夜火燔 추수야화번
糜滅豈不痛 미멸기불통
願與根荄連 원여근해연

조식은 「휴우-편」에서 자기를 이처럼 뿌리에서 떨어져 나와 이리저리 굴러다니는 쑥대에 비유하고 있다. 그래서 자신이 쑥대처럼 낮이나 밤이나 쉴 틈도 없이 동서남북으로 굴러다니고 있다고 한다. 뿌리 뽑힌 쑥대가 되어 돌풍에 날렸다가 심연으로 추락하고, 또 다시 바람에 날려 들판 가운데로 돌아오는 자신의 신세를 한탄하고 있는 것이다. 이는 그가 자신의 의지와 관계없이 온갖 고초를 겪고 있음을 토로함이다. 그래서 그는 그렇게 사느니보다 차라리 건조한 가을 밤 산불에 타죽어서라도 자신의 진짜 뿌리에 이어지기를 소망한다. 이는 유한한 몸의 죽음이라는 고통을 감내함으로써, 영원한 마음의 고향으로 돌아가고 싶은 조식의 염원을 표현한 것이다.

이로서 조식이 불교와 도교 사상에 심취해서 자기의 몸을 줄기와 잎으로 보는 한편, 자기의 마음을 뿌리로 보고 있음을 알겠다. 그는 비록 자신의 육체가 사라진다 해도 정신은 살아남아 뿌리를 내린다고 믿었던 것 같다. 실제로 조식의 시 「승천행昇天行」·「선인편仙人篇」·「유선遊僊」의 주인공들은 하늘로 승천하는 선인仙人이 되어 자유로이 노닌다. 하지만 조식이 진정한 불교나 도교의 수행자라고 보기는 어렵다. 만약 그가 진정한 수행자였다면 살아서 그렇게 고통스러워하지도 않았을 것이고, 또 그리 길게 탄식을 늘어놓지는 않았을 것이기 때문이다. 그는 불교적 인생관을 가진 고통스런 왕자요, 감수성이 예민한 시인이었을 뿐이다.

5언이 한 행을 이루며 모두 24행으로 이어지는 이 시는 한 행 건너 압운을 맞추고 있다.

즉 제2, 4, 6, 8, 10, 12, 16, 18, 20, 22, 24행의 연, 한, 천, 간, 연, 전, 존, 산, 간, 반, 연이 각운을 이루고 있다. 또한 행마다 동사·명사·접속사 등 품사의 대우뿐 아니라 의태어도 짝을 이루게 하는 대구체를 구사하고 있다. 즉 5행과 6행의 동서와 남북, 칠맥과 구천, 9행과 10행의 천로와 심연, 17행과 18행의 팔택과 오산 등 유사하거나 반대되는 명사의 대우가 있다. 또 5행과 6행의 경과 월, 7행과 8행의 회와 입, 13행과 14행의 당과 위, 경과 반 등 비슷한 뜻의 동사 대우가 있다. 또한 17행과 18행의 표요와 연편의 의태어 대우가 있고 13행과 14행의 이와 이 등 접속사 대우도 있다. 뿐만 아니라 전편을 통해 쑥대를 비롯한 상징과 비유도 풍부하다. 이로 보아 남북조 시대의 시 또한 부와 마찬가지로 대구와 성률에 많은 공을 들였음을 알겠다.

2) 완적의 영회시

앞에서도 언급했듯 완적(210-263)은 죽림칠현의 하나다. 죽림칠현 가운데 거문고를 잘 탔다는 혜강은 위나라 왕실과 인척관계도 있고, 그 자신도 정치적인 성향을 솔직히 드러내는 바람에 진나라의 사마소에게 죽임을 당했다. 하지만 완적을 비롯한 나머지 여섯 명은 정치에 전혀 관여하지 않고 술과 시로 소일했다. 죽림칠현 중에서도 괴상한 언행으로 주목을 끈 사람이 바로 완적과 유령인데, 특히 유령의 일화는 유명하다. 즉 유령은 술만 마시면 집에서 발가벗고 누워있기를 즐겼다. 이를 안타깝게 여긴 한 친구가 그를 찾아가 점잖지 못하게 왜 그러냐고 넌지시 나무랐다. 그러자 유령은 다음과 같이 응수했다 : 하늘이 내 지붕이고 땅이 내 구들장이다. 이 집은 내 고쟁이일 뿐인데, 자네는 왜 남의 고쟁이 속에 들어와서 시끄럽게 구는가?

완적 또한 유령 못지않게 기인이었다. 어머니가 돌아가셨다는 부음을 듣고도 집에 달려가지 않고 머리를 산발한 채 땅바닥에 퍼질러 앉아서 동이 술을 마셨다. 그는 또 산에 올라가 마치 새의 울음소리 같은 휘파람을 분 것으로도 유명하다. 그의 휘파람 소리는 낭랑하고도 우렁차서 많은 사람들이 신기하게 여겼다고 한다. 하지만 무엇보다 완적은 백안시白眼視한 것으로 유명하다. 즉 그는 사람들을 바라볼 때 두 가지 색의 눈을 떠서 보았다. 그 하나는 청안青眼, 즉 검은 눈동자로 보는 것이고, 다른 하나는 백안白眼, 즉 흰자위로 흡떠서 보는 것이다. 요컨대 검은 눈동자를 바로 뜨고 제대로 보는 것이 청안시라면, 흰자위를 만들어서 흘겨보는 것이 백안시다. 완적은 기분에 따라서 보기 좋은 사람들은 청안시하고, 보기 싫은 사람들은 백안시했다. 한마디로 싫은 사람들을 무시한 것이다. 오늘날 사람을 무시한다는 뜻으로 쓰이는 백안시는 완적의 백안시로부터 유래된 것이다.

완적을 연구하는 사람들은 완적이 원래 기인이었다기보다 의도적으로 기행을 했다고 보는 편이다. 그가 살았던 시대가 워낙 난세亂世였으므로, 정색을 하고 할 말을 했다가는 혜강처럼 목숨을 부지하기 어려웠기 때문에 고의로 미친 척했다는 것이다. 그럴 듯한 해석이다. 죽림칠현 가운데 완적뿐만 아니라 유령이나 다른 사람들도 주로 술을 마시며 당시의 정치상황과 상관없는 내용의 이야기를 하면서 소일했음을 보면 더욱 그렇다. 그래서 어떤 사람들은 죽림칠현을 비싼 밥을 공으로 먹으면서, 마땅히 해야 할 일을 회피하면서 빈둥거린 지식인들이라고 비난하기도 한다.

어쨌든 문학사상에서 기인 중의 기인으로 알려진 완적은 아버지 완우阮瑀의 문학적 재능을 이어받아 시를 잘 썼다. 그의 시 가운데서도 마음 속 회포를 읊은 시인 영회시 82수는 높은 평가를 받고 있다. 그럼 그 가운데 한 수를 감상해 보자 :

한밤중에 잠을 이루지 못해
일어나 앉아 거문고를 탄다
얇은 커튼에 밝은 달 비치고
맑은 바람이 내 옷깃에 인다
외로운 기러기는 들 밖에서 우짖고
북녘 새는 북쪽 숲에서 운다
서성거린들 무엇을 볼 것인가
걱정 근심에 홀로 상심한다

夜中不能寐 야중불능매
起坐彈鳴琴 기좌탄명금
薄帷鑒明月 박유감명월
淸風吹我襟 청풍취아금

孤鴻號外野 고홍호외야
朔鳥鳴北林 삭조명북림
徘徊將何見 배회장하견
憂思獨傷心 우사독상심

한밤중에 잠을 이루지 못하고 뒤척이다가 마침내 일어나 앉아 거문고를 탄다. 여름 밤 열린 문에 쳐진 얇은 커튼에는 밝은 달이 비치고, 맑은 바람이 거문고를 타는 완적의 얇은 옷에 일렁인다. 여기까지는 완적의 침실을 그린 가까운 풍경, 즉 근경近景이다. 하지만 5행과 6행에서는 저 멀리 들 밖에서는 짝 잃은 외로운 기러기가 서럽게 울고, 저 넘어 북쪽 숲에서는 북녘이 고향인 새가 고향을 그리며 울고 있다. 이것은 완적이 사는 마을 너머의 먼 풍경 즉 원경遠景이다. 마지막 7행과 8행은 다시 근경으로 돌아와 하릴없이 서성거리며 홀로 마음 아파하는 완적의 모습이 선연히 보인다.

마치 활동사진을 보듯 가깝고 먼 장면이 그대로 눈에 들어오는 시다. 이처럼 시각적인 효과 말고도 청각적 효과도 강렬하다. 즉 5언 8행으로 된 이 시는 당나라의 오언율시의 기초를 닦고 있을 뿐 아니라 압운과 대우도 정연하다. 즉 2 · 4 · 6 · 8행의 마지막 글자를 금 · 금 · 림 · 심의 ㅁ으로 각운하고 있는 동시에 성조도 평성, 즉 1성과 2성으로 통일되어 있다. 또 3 · 4행의 박유와 청풍, 명월과 아금, 그리고 5 · 6행의 고홍과 삭조, 외야와 북림이 모두 명사로 대우를 이루고 있다. 그래서 이 시를 소리 내어 낭송하면 절로 선율과 리듬이 느껴진다.

그림 같고 음악 같은 점 말고도 이 시는 매우 뛰어난 은유와 상징을 구사하고 있다. 이를테면 아무도 보거나 듣지 않을 한밤중에 혼자 일어나 거문고를 탄다는 것은 완적 자신이 아무와도 소통하지 못할 독백을 하고 있다는 뜻이다. 심지어 밝은 달도 그에게 직접 비치지 않고 커튼을 통해서 비치고, 바람 또한 그의 몸에 직접 불지 않고 그의 옷깃에 일렁일 뿐이다. 그만큼 그는 인간과 자연과도 거리를 둔 채 절대고독을 읊조리고 있다. 뿐만 아니라 완적은 자신을 저 들 밖에서 우는 외로운 기러기와 북쪽 숲에서 통곡하는 북녘 새와 동일시함으로써 그가 느끼는 절대고독을 한 번 더 강조한다. 이 같은 자폐적 상황에서 배회해 본들 무슨 의미가 있겠는가? 서성거린다 해도 아무 볼 게 없으니 어찌 울적하지 않을 것인가? 그러니 완적은 동이 술을 마시고 휘파람을 불고 괴팍한 언행을 할 수 밖에 없었을 것이다. 그나마 시를 썼기 때문에 그의 삶이 이어졌고 문학사에 이름이 남았을지 모른다.

사람들은 그의 아버지 완우가 위나라의 조조 밑에서 벼슬을 했고 그 자신도 비록 말단직이기는 해도 위나라에서 벼슬을 했기 때문에, 혜강처럼 진나라 사마소의 경계를 받았고, 이를 피하기 위해 일부러 미친 척 했다고 한다. 이는 앞에서 언급한 대로 사실이었을 것이다. 왜냐하면 그가 진정 권력에 대해 조금의 야심도 없었다면, 위 시에서처럼 그렇게 한밤중에 일어나 앉아 거문고를 타고 하릴없이 배회하며 걱정하고 상심하지도 않았을 것이기 때문이다. 그런 의미에서 완적 또한 조식처럼 자신의 처지를 한탄하고 괴로워하며 울적한 심사를 시로 토해냈다고 하겠다.

3) 도연명의 「귀원전거歸園田居」

완적이 정치적 야심을 숨긴 채 영회시에 가슴 속 울분을 토했다면 도연명은 정치에 뜻이 없는 자연인이었다. 그는 지금의 강서성 출신으로, 증조부 · 조부 및 부친이 모두 상당한 벼슬을 했기 때문에 그 또한 벼슬아치에 뜻을 두지 않을 수 없었다. 실제로 그는 29세부터 시작해 41세까지 벼슬살이를 했다고 전한다. 하지만 번번이 관리생활에 적응하지 못하고 사직과 복직을 반복했다. 천생이 자연과 더불어 생활하기를 좋아한 탓이었다. 결국 41세 이후 세상을 뜬 61세까지 약 20년간 그는 전혀 벼슬을 하지 않은 채, 낙향하여 농사를 짓고 시를 지으며 살았다.

도연명의 시는 당연하게도 단순하고 소박한 자연이 배어 있다. 노장사상의 실천자라고도 할 그는 시뿐 아니라 사辭와 기記 같은 반운문 반산문도 지었다. 그 가운데 고향으로 돌아온 기쁨을 읊은 「귀거래사歸去來辭」와 복숭아꽃이 만발한 계곡의 별세계를 묘사한 「도화원기桃花源記」가 잘 알려져 있다. 하지만 본 소절은 시를 다루고 있으므로, 그의 시 「전원에 돌아와 살다」, 즉 「귀원전거」를

감상하기로 한다 :

젊어서부터 속세와 어울리지 못하고
천생이 본래 산과 언덕을 좋아했다
어쩌다 세속의 그물망에 잘못 떨어져
단번에 삼십년이 지나버렸다
갇힌 새가 옛 숲을 그리워하고
웅덩이의 물고기가 옛 못을 그리워하듯
남쪽 들판 황무지를 개간하고
소박한 본성 찾아 전원으로 돌아왔다
택지 삼십여 평에
초가집은 팔구 칸
느릅나무와 버드나무 우거져 뒤 처마를 덮고
복숭아나무와 자두나무는 대청 앞에 늘어섰다
가물가물 마을과 동네는 멀고
모락모락 인가의 연기가 허허롭다
개 짖는 소리 골목 저 편에서 나고
닭 울음소리 뽕나무 끝에서 울린다
뜰 안에는 먼지와 잡티 하나 없고
빈 방에는 한가로운 여유가 있다
오랫동안 새장에 갇혀 있다가
이제 다시 자연으로 돌아왔구나

少無適俗韻 소무적속운
性本愛丘山 성본애구산
誤落塵網中 오락진망중
一去三十年 일거삼십년
羈鳥戀舊林 기조연구림
池魚思故淵 지어사고연
開荒南野際 개황남야제
守拙歸園田 수졸귀원전
方宅十餘畝 방택십여무
草屋八九間 초옥팔구간
楡柳蔭後簷 유류음후첨

桃李羅堂前 도리라당전
曖曖遠人村 애애원인촌
依依虛里煙 의의허리연
狗吠深巷中 구폐심항중
鷄鳴桑樹顚 계명상수전
戶庭無塵雜 호정무진잡
虛室有餘閒 허실유여한
久在樊籠裏 구재번롱리
復得返自然 복득반자연

어릴 적부터 자연을 좋아했던 도연명은 이런 저런 이유로 부득이 관리 노릇을 했지만 늘 부자유함을 느꼈다. 마치 넓은 숲에서 놀던 새가 잡혀와 새장에 갇힌 것처럼. 또는 깊은 못에서 맘껏 뛰어놀던 물고기가 잡혀와 작은 웅덩이에 갇힌 것처럼. 그래서 그는 결국 농촌으로 돌아와 남녘의 황무지를 개간하고 인가로부터 멀리 떨어진 곳에 초가집을 지었다. 뒤란에는 느릅나무·버드나무 같이 좀 습한 나무를 심고, 앞뜰에는 복숭아나무와 자두나무를 심었다. 도연명은 이처럼 세속의 먼지가 없는 마당과, 세간살이 없는 빈 방에서 여유로움과 편안함을 느꼈다. 문명의 감옥에 갇혀 있던 생명이 자연으로 돌아온 것처럼 말이다.

총 20행의 비교적 긴 오언시인 이 시는 한 행 건너 정연한 각운을 하고 있다. 즉 2·4·6·8·10·12·14·16·18·20행의 마지막 글자인 산·년·연·전·간·전·연·전·한·연이 ㄴ으로 압운되어 있다. 성조도 다 평성, 즉 1성 또는 2성이다. 명사·동사·부사·수량사·의태어 등 품사의 대우도 있다. 하지만 도연명의 이 시는 운문이 갖는 상징적이고 압축적인 시어를 정교하게 구성했다기보다 산문을 단순히 행만 갈라놓은 것 같다. 그만큼 문체의 밀도가 떨어진다. 그래서일까? 다음 장에서 소개할 시 평론서인 종영鍾嶸의 「시품詩品」에서 그의 시는 상중하上中下 가운데 중품中品으로 분류되어 있다. 또한 유협劉勰은 『문심조룡文心雕龍』에서 그의 시를 언급조차 하지 않았다.

하지만 소통蕭統이 『문선文選』에서 도연명의 작품을 높이 평가한 이래, 송나라에 이르러 소식蘇軾, 즉 소동파蘇東坡가 도연명의 작품을 매우 좋아하여 점차 높은 평가를 받게 되었다. 사실 완적 등 위진 시대 시인들과 남북조 시대의 시인들은 머리와 마음의 치열한 단근질을 통해 다중적이고 함축적인 시어들을 만들어내는 데 몰두했다. 특히 남조의 시인들은 고사성어 등 전고의 사용을 즐겼다. 그 때문에 전고를 거의 쓰지 않고 서사체의 평이하고 단순한 문체를 사용한 도연명의 작품이 유협과 종영 등 남조 시대 평론가의 눈에 들지 않았을 것이다. 그러나 순박한 농민처럼 물 흐르듯 자연스럽게 쓴 도연명의 시는 오늘날 많은 연구가와 독자의 사랑을 받고 있다.

2. 당시

당나라는 과거제도가 실시된 때로, 오늘날 대학에 해당되는 태학 등 학교 교육이 확립된 시기이기도 했다. 또한 서역과 인도와의 교역도 활발해져 상공업이 발달되었고, 그에 따라 자산계급도 두터워졌다. 예술과 종교 등 문화의 색채도 다양해지고 풍부해진 시기이기도 했다. 무엇보다 과거제도에서 시를 매우 중시했기 때문에, 신분상승을 원하는 많은 사람들이 시 짓기에 열중했다. 그 덕분에 당나라 때는 악부시와 고시는 물론이고 절구絕句 · 율시律詩 등 산뜻하고 품격 높은 체제의 시들이 탄생되었다. 그래서 중국문학 연구가들 사이에 "시는 당나라 시가 최고이고, 소설은 명나라 청나라 소설이 최고다."라는 말이 있다. 심지어 중국문학 하면 무조건 이백과 두보의 시를 떠올릴 만큼 당시의 명성은 높다.

흔히 당시를 네 개의 시기, 즉 초당初唐시 · 성당盛唐시 · 중당中唐시 · 만당晩唐시의 시기로 구분한다. 먼저 초당시는 왕발王勃 · 노조린盧照隣 등에 의해 주도되었는데, 이들은 남북조 말의 지나친 형식주의와 유미주의를 탈피하여 비교적 단순하고 신선한 시를 썼다. 다음 성당시는 왕유王維 · 맹호연孟浩然으로부터 이백 · 두보 같은 시인들이 나와서, 내용면이나 형식면에 있어서 당시의 전성기를 이룬다.

이후 중당은 안록사의 난 이후 백거이白居易 · 한유 · 유종원 등이 활약한 시기이다. 흐트러진 당나라 왕실과 민중의 힘든 삶 등 현실적인 주제의 시가 많이 나온 시기가 바로 중당 시기다. 마지막으로 만당시는 당나라의 기운이 쇠하는 시기의 시를 말한다. 이 시기는 두목杜牧·이상은李商隱 같은 시인들이 나와서 주로 개인의 감정을 아름다운 형식에 담았다. 물론 정치 사회적으로 어수선했던 만당 시기에도 피일휴皮日休 같은 현실주의 시풍을 가진 시인이 있음으로 보아 초당·성당·중당 시기에 활동했던 시인들이 다 그 시기의 풍조에 맞는 시만 썼다고 볼 수는 없다. 그런 의미에서 당시의 사분기법은 그저 필요에 따라 문학사상에서 서술되는 한 설일 뿐, 그 이상도 이하도 아니다. 본 절에서는 초당시는 생략하고 성당시의 이백과 두보, 중당시의 한유와 유종원 및 만당시의 두목을 소개하기로 한다.

1) 이백李白과 두보杜甫의 시

이백과 두보는 비슷한 시기에 활약한 시인이지만 그 성품과 시풍은 사뭇 다르다. 이백(702-762)은 시선詩仙으로 불리는 만큼, 신선처럼 자유롭게 단번에 붓을 날려 시를 썼다. 반면 두보(712-770)는 시성詩聖으로 불리는 만큼, 성자처럼 고행하며 힘들게 시를 썼다. 이백이 풍요로운 환경에서 불교·도교적 사상을 바탕으로 자유로운 형식의 악부시와 고시를 즐겨 썼다면, 두보는 빈곤한 삶을 간신히 지탱하며 유교적 사상을 근간으로 엄격한 형식의 절구와 율시에 능했다.

그럼 먼저 이백의 생애를 보자. 이백이 어디서 출생했는지는 알 수 없다. 다만 그가 5세까지 신강성에서 살다가 사천성으로 이사해서 25세까지 살았다고 전할 뿐이다. 아버지는 감숙성 사람이라고 하는데, 어머니는 한족인지 이민족인지 알 수 없다. 이백은 26세부터 전국의 명승지와 불교 및 도교 사원을 돌아다녔다. 두 번의 결혼도 했고 자녀도 두었다. 뿐만 아니라 42세 때는 당나라 황제인 현종의 부름을 받고 벼슬도 했다.

이백이 벼슬을 살던 당시 다음과 같은 일화가 전해져 온다. 즉 그가 황제의 명을 받아 입궐할 때 당시의 세력가인 고력사高力士에게 신발을 벗기게 하고, 시를 쓸 때는 양귀비에게 벼루를 받쳐 들게 했다는 것이다. 하지만 천성이 자유로운 그는 벼슬도 오래 하지 못하고 다시 유랑생활을 했다. 두보 등 시인들도 만나고 도교 사원에서 도사道士 생활도 했다. 그러다가 이백은 62세에 어디에선가 병사했다고 전한다. 하지만 후대 사람들의 입으로 전해지는 이백의 죽음은 매우 낭만적이다. 즉 말술을 즐기던 그가 어느 날 물가에서 술에 취해 물 속에 비친 달을 건지려고 물속에 뛰어들어 숨졌다는 것이다.

이제 그의 시 「술을 건네며」, 즉 「장진주將進酒」를 감상하기로 하자 :

그대 보지 못 하는가
황하 강물이 하늘에서 내려와
바다로 흘러가서 다시 돌아오지 않음을.
그대 보지 못 하는가
고대광실 밝은 거울이 백발을 슬퍼함을
아침에 푸른 실 같던 것이 저녁에 흰 눈 되었다고.
인생은 뜻 얻었을 때 맘껏 펼쳐야 하는 법
금 술독 빈 채로 달을 마주하지 말게나
하늘이 '나'라는 재목을 냈을 땐 반드시 쓸 데가 있는 법
천만금도 다 쓰면 다시 돌아온다네
양 잡고 소 잡아서 즐겨 보세나
마셨다 하면 삼백 잔은 되어야 하네
잠 선생! 단구 군!
술을 건네니 멈추지 말고 쭉 마시게나
내 그대들에게 노래 한 곡 부를 터이니
부디 나를 위해 귀 기울여 들어주시게
신나는 풍악과 진귀한 요리는 귀하지 않으니
다만 취한 채 오래 깨어나지 않기를 바라네
옛날의 많은 성현들 모두 잠잠히 사라졌으나
오로지 술 마신 사람들만 이름을 남겼다네
조식이 옛날 평락관에서 잔치를 할 때
천만금의 말술을 마음껏 마시며 즐겼다네
주인은 어찌하여 돈이 떨어졌다고 하는가
빨리 술을 사다가 그대들과 마셔야겠으니
오색의 말과 천금의 갑옷을 내줄테니
아이 불러서 좋은 술과 바꿔오게 하오.
그대들과 만고의 시름을 녹여 보세나

君不見　　　　　군불견
黃河之水天上來　황하지수천상래
奔流到海不復回　분류도해불복회
君不見　　　　　군불견
高堂明鏡悲白髮　고당명경비백발
朝如靑絲暮如雪　조여청사모여설
人生得意須盡歡　인생득의수진환
莫使金樽空對月　막사금준공대월
天生我材必有用　천생아재필유용
千金散盡還復來　천금산진환복래
烹羊宰牛且爲樂　팽양재우차위락
會須一飮三百杯　회수일음삼백배
岑夫子丹丘生　　잠부자단구생
將進酒君莫停　　장진주군막정
與君歌一曲　　　여군가일곡
請君爲我側耳聽　청군위아측이청
鐘鼓饌玉不足貴　종고찬옥불족귀
但願長醉不願醒　단원장취불원성
古來聖賢皆寂寞　고래성현개적막
惟有飮者留其名　유유음자유기명
陳王昔時宴平樂　진왕석시연평락
斗酒十千恣讙謔　두주십천자환학
主人何爲言少錢　주인하위언소전
徑須沽取對君酌　경수고취대군작
五花馬千金裘　　오화마천금구
呼兒將出換美酒　호아장출환미주
與爾同銷萬古愁　여이동소만고수

이백이 잠 선생이라는 선배와 단구 군이라는 후배와 더불어 술집에서 술을 마시면서 읊은 시이다. 처음부터 거침없이 흐르는 이 시는 황하 강물이 하늘에서 내려왔다는 환상적인 발상으로 시작된다. 또한 고대광실의 밝은 거울이 백발을 슬퍼한다는 의인법이 기발하다. 보통은 거울에 비친 백발을 보고 내가 슬퍼하는 법인데, 이 구절은 거울이 사람의 백발을 슬퍼한다고 되어있다. 또한 검은 머리를 푸른 실로 상징하고 흰 머리를 흰 눈으로 상징한 수법은 지금도 많은 사람들에 의해 인용되고 있다.

또 사람은 뜻을 얻었을 때 그 뜻을 마음껏 펼쳐야 하지 금 술독을 빈 채로 달 앞에 놓아두지 마라는 대목에는 귀중한 자아를 달같이 밝은 기회 앞에 헛되이 버려두지 말라는 은유가 있다. 즉 금 술독은 귀중한 자아요, 밝은 달은 뜻을 펼 수 있는 기회이다. 이를 좀 더 확실히 알리기 위해 이백은 잠시 은유를 버리고 다음과 같은 직설적 설명을 한다. 즉 하늘이 '나'라고 하는 재목을 태어나게 한 것은 반드시 쓸모가 있기 때문이다. 이어서 그는 천만금의 돈을 아끼지 말라고 한다. 돈이란 다 써버리면 다시 돌아오는 것이니 말이다. 예나 지금이나 물질에 얽매인 사람들의 좁은 마음은 마찬가지인지, 이백은 물질에 매어 있는 마음을 풀고 맘껏 취하자고 한다. 돈 타령하지 말고 자기의 비싼 말과 갑옷을 팔아서 술을 마시자고 하는 것이다.

많은 사람들은 이백의 「장진주」를 술을 권하는 권주가 정도로 알고 있을지 모른다. 마셨다 하면 삼백 잔을 마셔야 하고, 술 못 마시는 옛 성현들은 역사에 이름을 남기지 못했다고까지 하니 그리 생각할 수도 있을 것이다. 그래서 이 시를 술의 미학을 노래한 시라고 보는 사람도 있다. 하지만 잘 들여다보면 꼭 그렇지 않음을 발견한다. 이백은 좋은 술이 중요하지 풍악을 울리거나 고급 안주는 중요하지 않다고 한다. 좋은 음악을 듣고 맛난 요리를 먹으며 진탕 술이나 마시자는 게 아니라는 뜻이다. 그런 의미에서 볼 때 그가 건네는 술은 오히려 탈속의 깨달음으로 가는 매개체이다. 즉 속세의 권력과 재력에서 벗어나 초연한 마음 상태를 유지하는 게 중요한 것이다. 그랬을 때 하늘이 내게 준 재능을 발휘면서도 그 어떤 집착 없이 자유롭게 살 수 있기 때문이다. 그래서 탈속하지 못한 성인군자들은 이름을 남기지 못했지만 오직 탈속한 사람만이 이름을 남겼다고 하는 것이다. 요컨대, 이백이 말하는 음주는 단순한 음주가 아니라 초연한 깨달음을 얻는 숭고한 행위이다.

대체로 7언체로 되어 있는 이 시는 넉자 석자씩 떼어 읽으면 낭송하는 맛이 난다. 자유로운 이백의 성품에 맞게 중간 중간 호칭과 대화도 나온다. 또 후반부의 "내 그대들을 위해 노래 한 곡 부를 터이니 부디 귀 기울여 들어주시게" 다음부터 마지막 행까지는 이백 자신이 그들에게 불러준 노래 가사 형식으로 되어 있다. 시 속의 시인 셈이다. 어려운 전고는 딱 한 군데, 즉 조식이 평락관에서 잔치를 했다는 대목뿐이고 전체적으로 매우 평이하다. 대우나 압운도 틀에 맞추지 않고 매우 자연스럽게 되어 있다. 하지만 앞에서도 언급했듯 상징과 은유 및 의인과 환상이 풍부하다. 한마디로 천의무봉天衣無縫한 이 시를 보면 그가 왜 시선으로 칭송되는지 알 듯하다.

이백보다 약 10년 연하인 두보는 현실 속에서 착실하게 살려고 노력한 사람이었다. 그는 지금의 호북성 양양에서 태어나 열심히 과거시험 공부를 했건만 두 번이나 낙방의 고배를 마셨다. 어찌어찌 해서 30세 중반부터는 전국을 돌아다니며 말단직 공무원을 했으나, 어린 아들을 굶어죽일 만큼 곤궁했다. 두보는 평생을 궁핍하게 지내다가 59세의 나이로 배 위에서 급사했다고 전한다.

두보의 시는 빈곤한 생활 때문인지 거의 대부분 절박한 현실이 담겨 있다. 그가 남긴 1400수의 시 가운데 오언시인 「석호마을의 관리」, 즉 「석호리石壕吏」를 감상해보자 :

> 날 저물어 석호 마을에 투숙했는데
> 밤에 관리가 사람을 잡으러 왔다
> 할아버지는 담을 넘어 도망가 버리고
> 할머니가 문을 나와 관리를 바라본다
> 관리의 호통소리 얼마나 노엽고
> 할머니 울음소리는 얼마나 서러운지.
> 할머니가 관리에게 이렇게 호소한다 :
> 세 아들이 업성에 싸우러 갔는데
> 한 아들이 부쳐온 편지에 보니
> 두 아들은 새 전투에서 죽었다오
> 산 사람이야 또 그렁저렁 살겠지만
> 죽은 사람은 영 끝장난 거 아니요
> 이제 집안에 더는 사람이 없고
> 젖먹이 손자 하나밖에 없다오
> 젖먹이가 있으니 그 어미는 갈 수가 없죠

외출한다 해도 변변히 입을 치마도 없다오
이 할미 비록 늙고 힘도 없지만
제발 나으리를 따라가게 해주오
급히 가면 하양 전쟁터에 도착해서
내일 새벽밥은 지을 수 있을 거요.
밤이 깊어 말소리는 끊기고
흐느끼는 소리 들린 듯도 했는데
날이 밝아 길을 떠날 때는
오직 할아버지와 작별하였다

暮投石壕村 모투석호촌
有吏夜捉人 유리야착인
老翁逾牆走 노옹유장주
老婦出門看 노부출문간
吏呼一何怒 리호일하노
婦啼一何苦 부제일하고
聽婦前致詞 청부전치사
三男鄴城戍 삼남업성수
一男附書至 일남부서지
二男新戰死 이남신전사
存者且偷生 존자차투생
死者長已矣 사자장이의
室中更無人 실중경무인
惟有乳下孫 유유유하손
有孫母未去 유손모미거
出入無完裙 출입무완군
老嫗力雖衰 노구력수쇠
請從吏夜歸 청종리야귀
急應河陽役 급응하양역
猶得備晨炊 유득비신취
夜久語聲絕 야구어성절
如聞泣幽咽 여문읍유열
天明登前途 천명등전도
獨與老翁別 독여노옹별

첫 행부터 7행까지는 두보가 석호 마을의 한 농가에 투숙하여 그 마을 관리의 패악을 본 대로 묘사하고 있다. 즉 한밤중에 할아버지를 잡으러 온 관리의 불호령에 이미 세 아들을 군대에 징발당한 할머니는 재빨리 남편을 뒷담 넘어 도망가게 한다. 제8행부터 20행까지는 할머니가 통곡하면서 하소연하는 내용이다. 즉 세 아들이 다 전쟁터에 갔고 그 중 둘은 이미 전사했으며 집안에는 젖먹이 손자와 며느리, 그리고 자신밖에 없다고 한다. 젖먹이 손자 때문에 며느리는 집을 떠날 수가 없고, 설사 간다고 해도 외출할 때 입을 치마조차 없다고 통사정한다. 그래도 굳이 한 사람을 징발하겠다면 할머니 자신이라도 가겠다고 나선다. 적어도 취사병 노릇은 할 수 있다는 것이다. 이처럼 할머니는 할아버지가 도망갈 수 있게 시간을 벌 양으로 길게 이야기를 하는 것이다.

제21행부터 마지막까지는 다시 두보 자신의 시각과 청각으로 보고 들은 내용이다. 즉 밤늦게까지 이어지던 관리와 할머니의 말소리가 어느덧 끊어지고, 할머니의 흐느낌 소리를 들으면서 잠들었던 시인은 아침에 일어나 할머니가 징발당한 것을 알게 된다. 그래서 두보가 길을 떠날 때는 할머니 대신, 도망갔다 돌아온 할아버지와 작별하는 것이다.

이처럼 두보는 관찰자로서 비교적 담담하게 서민의 궁핍한 상황과 관리들의 횡포 등, 잘못 돌아가는 사회를 풍자하고 있다. 그래서인지 그의 시를 접하는 독자들은 자연히 잘못된 사회에 울분을 금할 수 없게 된다. 두보의 이 같은 풍자시는 중당 시기 백거이의 풍유시諷諭詩로 이어진다고 할 수 있다. 형식면에서 볼 때 정연한 오언체인 「석호리」는 어떤 전고도 없고 특별한 상징도 없이 그냥 평범하다. 또 도연명의 「귀원전거」처럼 행을 떼지 않고 죽 이어서 읽으면 산문 같은 느낌도 준다. 물론 대구도 있고 한 행 건너 압운도 있지만 그렇게 철저하지 않다. 문학적 밀도 면에서 볼 때 두보의 「석호리」는 내용면이나 형식면에 있어서 뛰어나다고 보기는 어렵다.

그럼에도 불구하고 많은 시인들이 두보의 시를 좋아한 이유는 어디에 있을까? 그것은 철저히 현실적인 그의 소박한 삶의 태도 때문이 아니었을까? 또한 끊임없이 노력하고 퇴고를 거듭하는, 그의 시에 대한 성실성 때문이 아니었을까? 사실 그가 두 번이나 과거에 낙방한 것은 그에게 천부적인 문학적 재능이 없었다는 뜻도 된다. 그럼에도 불구하고 그는 이에 굴하지 않고 천 사백 여 수라는 많은 시를 썼다. 그 결과 그는 품사와 성조의 대구 등 고도의 형식을 갖춘 최고의 시체詩體로 알려진 율시律詩를 완성한 것이다. 「달밤에 동생을 그리며」, 즉 「월야억사제月夜憶舍弟」가 그 단적인 예이다. 그 때문에 후대의 많은 시인들이 두보의 시를 애독했고 또 즐겨 모방했던 것이다.

2) 한유와 유종원의 시

중당의 대표 시인이라 할 한유와 유종원은 성당 시기의 이백과 두보처럼 후세 사람들에게 나란히 병칭竝稱되었다. 그 이유는 이들이 전개한 고문운동古文運動 때문이다. 이들이 선도한 고문운동의 핵심은 당나라 당시의 어문이 너무나 문란해졌기 때문에 한나라 때의 고문으로 돌아가야 한다는 것이다. 위진 남북조와 수나라를 거쳐 당나라에 이르기까지 말과 글이 엄청난 변화를 겪었음은 앞에서도 언급한 바와 같다.

말 살이와 글 살이에 있어서 몇 가지 변화를 꼽자면 발음과 단어 및 표현법의 변화를 들 수 있다. 그런데 한나라의 고문古文은 남북조 시대에 와서 발음과 어휘 및 표현법이 큰 변화를 겪었다. 새로운 단어들이 많이 생겨났으며 단어들의 위치도 크게 바뀌었다. 즉 아래에 쓸 글자가 위로 올라가고 위에 써야 마땅할 글자가 아래로 내려오는 어순 변화가 일어난 것이다. 이 같이 변화된 언문은 당나라에 이르러서도 크게 개선되지 않았다. 이는 앞 소절에서 언급한 대로 당나라 때에도 한족이 이민족 즉 호족으로부터 정치 · 경제 · 사회 · 문화 등 각 방면에서 받은 영향을 완전히 극복하지 못했다는 뜻이다.

이 같은 상황을 더 잘 이해하기 위해서는 한국 어문의 변화를 보면 금방 알 수 있다. 즉 한국어와 한글은 일제 강점시대와 미군정시대를 거치면서 오늘날까지 많은 변화를 겪었다. 일본어의 잔재는 말할 필요도 없고 영어의 영향력은 막강하다. 발음만 하더라도 언제부터인가 한국어의 'ㅅ' 발음이 영어의 's'발음과 비슷해지고 'ㄹ'발음은 'l'과 비슷해졌다. 또한 'ㅈ'발음이 'j'발음과 비슷해졌다. 또 '와이프' '스타일' '핸드폰' 등등 영어 외래어도 이루 셀 수 없을 만큼 많이 늘었다. 아예 영어 단어를 한국어에 섞어 쓰는 사람들도 많다. 또 언제부터

인가 '신라호텔'이 '호텔신라'로 바뀌고 "아무리 강조해도 지나치지 않다"거나 "-가운데 하나" 같은 영어식 표현도 생겼다. 이처럼 강대한 나라가 상대적으로 약소한 나라에 끼치는 언어문자적인 영향력은 막강한 것이다.

한유와 유종원은 이 같이 문란한 어문을 옛 어문으로 돌리려는 고문운동을 한 것이다. 하지만 둘은 고문운동의 원칙에는 동의했지만 그 방법에 있어서는 다소 달랐다. 즉 한유는 유가 사상을 고집하며 한나라 식 산문散文에 집착했다. 반면에 유종원은 유가만이 아니라 불가와 도가 사상도 받아들이며, 한나라 때의 산문만이 아니라 남북조 시대의 병문騈文도 완전히 배척하지 않았다. 성격적으로 볼 때 한유는 강직하고 다소 배타적인 편이라면, 유종원은 다소 우유부단하고 포용하는 편이라고 할 수 있다.

그럼 먼저 한유(768-824)와 그의 시를 소개한다. 한유는 하북성 출신으로, 세 살 때 부모를 잃고 형수의 손에 자랐다. 총명했던 그는 일찍이 과거시험에 합격하여 진사가 되었지만, 곧장 벼슬길에 오르지는 못했다. 하지만 자신감과 적극성을 가졌던 한유는 중앙의 고관에게 자기 자신을 추천하는 글을 올린다. 결국 그는 중앙의 한 자리에 등용되어 벼슬살이를 했으나 불교를 배척하는 글을 올려 귀양을 가기도 했다. 이제 그의 시 가운데 당구唐衢라는 현인賢人에게 바치는 칠언율시 「증당구贈唐衢」를 소개한다 :

범에게는 발톱이 있고 소에게는 뿔이 있어
범은 후려칠 수 있고 소는 치받을 수 있다
어째서 그대는 빼어난 재능 품고도
쟁기 호미 쥔 채 빈 골짜기에서 굶주리는가
지금 천자께서 어진 인재를 급히 구하고
민의 묻는 상자를 내놓아 대궐문이 환한데
어찌 그대는 스스로 추천하는 상서를 올려
온 천하를 요순시대로 만들지 않는가?

虎有爪兮牛有角 호유조혜우유각
虎可搏兮牛可觸 호가박혜우가촉
奈何君獨抱奇才 나하군독포기재

手把犁鋤餓空谷 수파리조아공곡
當今天子急賢良 당금천자급현량
匭函朝出門明光 계함조출문명광
胡不上書自薦達 호불상서자천달
坐令四海如虞唐 좌령사해여우당

위 시는 당구라고 하는 재능 있는 현자가 능력을 사장시킨 채 시골에서 굶주리고 있음을 안타까이 여긴 한유가 그에게 권면하는 시다. 한유는 당구에게 범의 발톱처럼 혹은 소의 뿔처럼 자신의 재능을 무기 삼아 패악한 세상을 잘 다스리기 위해, 자기처럼 스스로 나서라고 충고한다. 그래서 옛날 우나라의 순임금과 당나라의 요임금처럼 태평성대를 만들라는 것이다. 이 시를 보면 한유가 『서경』에 나오는 이상적인 현군賢君인 요임금과 순임금을 흠모하는 유가적인 사상을 가졌음을 알 수 있다. 그의 강직하면서도 자신감 넘치는 성품도 엿보인다.

이처럼 유가의 도를 유일무이한 진리로 인식한 한유는 고문운동가답게 칠언율시라는 빡빡한 틀 속에서도 『초사』에 나오는 '혜兮'자를 쓰고 있다. 고문의 단어를 쓴 것이다. 또 그는 병문에 많이 나오는 전고나 짝짝 들어맞는 대구는 거의 사용하지 않는다. 첫 두 행만이 대구일 뿐이다. 하지만 율시인 만큼 각운과 성조는 맞추고 있다. 즉 앞 네 행은 각 · 촉 · 곡의 ㄱ으로 압운했고, 뒤 네 행은 량 · 광 · 당의 ㅇ으로 압운했다. 성조도 앞 네 행은 입성으로 맞추고 뒤 네 행은 평성으로 맞췄다.

한편 유종원(773-819)은 산서성 출신으로, 한유와 마찬가지로 과거에 급제하여 진사가 되었다. 또 한유와 함께 유가의 도를 중심으로 고문운동을 했다. 하지만 유종원은 한유와 달리 유가의 도에 집착하지 않고 불교와 도교의 도도 배척하지 않았다. 또한 한유가 "문이재도文以載道"라 하여 글에는 도道를 실어야 한다고 강한 주제의식을 드러냈다면, 유종원은 "문이명도文以明道"라 하여 글은 도를 밝혀야 한다고 했다. 즉 도를 환히 밝히기 위해 문체의 도움을 얻어야 한다는 입장을 취한 것이다. 이로 보아 유종원은 한유보다는 융통성 있고 감수성도 풍부한 시인이라고 하겠다. 이제 그의 「호초상인과 더불어 산을 바라보며 서울의 친구에게 부치다」라는 긴 제목의 시를 소개한다 :

바닷가의 뾰족한 산봉우리가 칼끝과도 같이
가을이 오면 곳곳마다 애간장을 찌른다
만약 이 몸이 천만 개로 화할 수 있다면
흩어져 봉우리마다 올라 고향을 바라보리라

海畔尖山似劍鋩 해반첨산사검망
秋來處處割愁腸 추래처처할수장
若爲化得身千億 약위화득신천억
散上峰頭望故鄕 산상봉두망고향

이 시의 원제는 「여호초상인동간산기경화친고與浩初上人同看山寄京華親故」이다. 제목치고는 사실 좀 긴 편이다. 하지만 정작 시 자체는 짤막하고 산뜻한 칠언절구이다. 칠언절구七言絕句는 한 행에 일곱 글자씩 모두 네 개의 행으로 이루어진 시의 체제를 말한다. 물론 절구는 단지 네 행으로 이루어진 사행시四行詩만을 의미하지는 않는다. 네 행으로 이루되 절구에 맞는 압운과 대구와 성률을 갖춰야 비로소 절구로서 인정을 받는 것이다. 그래서 이 시는 망・장・향의 ㅇ으로 각운하고, 평성으로 성조를 고르고 있다.

바닷가에 있는 뾰족한 산봉우리를 칼끝으로 비유하고, 그 칼이 높고 맑은 가을 하늘을 날카롭게 찌르듯이 시인 자신의 애간장을 찌른다는 표현이 놀랍다. 이어서 후반부에는 타향에서 가을을 맞는 시인이 천만 개의 몸으로 화하여 봉우리마다 올라가 고향을 보겠다고 한다. 한 봉우리에서는 보기 어려우니 모든 봉우리에 다 올라가서라도 고향을 기어이 보고 말겠다는, 시인의 짙은 향수가 서려진 표현이다.

이 시는 흔히 시의 두 가지 미학이라고 말하는 정경융합情景融合과 시정화의詩情畵意를 확실히 보여준다. 정경융합이란 시인이 어떤 경치를 보고, 그 경치와 자신의 정서와 일치시켜 하나로 통합하는 것을 말한다. 또 시정화의는 시적 감정이 마치 그림처럼 형상화되어 있는 것을 말한다. 뾰족하게 솟은 봉우리를 칼끝으로 보고 그 칼끝이 고향을 그리워하는 시인의 창자를 끊는다는 표현과, 시인 자신이 수많은 몸으로 화하여 단숨에 봉우리에 올라 고향을 바라보겠다는 표현은 바로 정경융합과 시정화의의 표본이다. 뿐만 아니라 이 표현들은 유종원이 굴원·조식·이백처럼 현실을 뛰어넘어 상상과 이상의 날개로 비상할 줄 아는 사람이었음을 보여준다. 또한 그가 한유와 달리 유교 사상뿐 아니라 도교나 불교 사상까지 아우르는, 자유로운 상상력의 소유자였음도 보여준다.

3) 두목杜牧

두목(803-852)은 당나라 말, 지금의 서안에서 태어나 26세에 진사進士가 되었다. 하지만 관운은 그다지 좋지 못했다. 그도 그럴 수밖에 없었던 것이 그가 활동했던 당나라 말기는 한나라 말처럼 곳곳에서 난리가 일어나는 어수선한 시대였기 때문이다. 그래서 그는 말년에는 세속을 등지고 시와 더불어 한적한 생활을 했다고 전한다. 그는 두보가 그랬듯 절구와 율시를 잘 지었으므로 사람들은 그를 작은 두보라는 뜻으로 '소두小杜'라 불렀다. 어떤 비평가는 두목을 지식인로서 사회 변혁을 할 생각은 없고 시의 형식에만 몰두한 퇴폐적 유미주의자라고 혹평한다. 하지만 그는 난세에 섣불리 세상을 바로잡는다고 나서기보다 차분히 자신의 마음에 침잠하여 수신修身을 하고 싶었던 것 같다. 이 같은 그의 마음이 그의 칠언절구 「산행山行」에 잘 담겨 있다 :

멀리 추운 산에 오르자니 돌길은 비스듬한데
흰 구름 일어난 곳에 인가가 보인다
수레 멈추고 저물도록 단풍 숲에 홀려 앉아보니
서리 맞은 단풍잎이 삼사월 꽃보다도 붉구나

遠上寒山石徑斜 원상한산석경사
白雲生處有人家 백운생처유인가
停車坐愛楓林晩 정거좌애풍림만
霜葉紅於二月花 상엽홍어이월화

어느 추운 가을날, 두목은 비스듬한 돌길을 따라 수레를 타고 산에 올라 흰 구름 저편의 인가人家를 내려다본다. 얼만 큼 오른 그는 수레를 멈추고 단풍 숲에 정좌한다. 얼만 큼 앉아 있던 시인은 문득 고개를 들어 단풍을 바라본다. 그가 본 단풍은 가을의 단풍이었을텐데, 그는 이 서리 맞은 가을 단풍잎이 음력

2월, 즉 초봄에 핀 빠알간 꽃잎보다 더 붉다고 느끼는 것이다.

이 시는 매우 평이한 듯하지만 사실은 치밀하게 선택된 시어들로 구성되어 있다. 가장 대표적인 상징이 마지막 행인 서리 맞은 단풍잎이 삼사월의 꽃보다 붉다는 대목이다. 즉 두목은 자신을 가을 산 서리 맞은 단풍잎으로 비유하고, 속세의 젊은 지식인들을 초봄의 꽃으로 비유한 후, 장년인 자신의 열정이 청년들의 열정보다 오히려 강렬함을 드러낸 것이다. 또한 첫 행의 비스듬한 돌길은 똑바로 곧게 나 있는 길이 아닌 혼자만의 길을 돌아간다는 의미가 있다. 그런가 하면 둘째 행의 인가가 있는 곳에 흰 구름이 일어난다는 것은 속세 생활의 허망함을 보여주는 것도 같다. 또 타던 수레를 멈추고 오래도록 단풍 숲에 앉아 있다는 뜻은 하던 일을 멈추고 가만히 앉아 참선하는 구도자의 모습도 보인다.

49세라는 그리 많지 않은 나이에 세상을 뜬 두목은 시 말고도 신라시대 장보고에 관한 최초의 기록을 남긴 문인으로 한국인에게 친근한 문인이다. 즉 두목은 자신이 말년에 살았던 번천 별장의 이름을 딴 문집인 『번천문집』에 최초로 「장보고 정년전」을 실었다. 이 글에서 두목은 장보고를 인의仁義를 아는 현인賢人으로 기록했다. 장보고가 자신의 뜻과 다른 길을 간 고향 후배 정년鄭年을 결국 관용하고 받아들인 점을 높이 평가한 것이다. 후에 나온 『신당서新唐書』의 장보고·정년 기록과 『삼국사기』 장보고 기록은 모두 두목의 『번천문집』 「장보고 정년전」을 원본으로 삼았다.

이제 위 사료들과 KBS 2003년 신년역사스페셜의 내용을 기반으로 장보고와 정년의 이야기를 재구성해본다. 통일신라 시대에 장보고(?-846)와 정년은 같은 마을 청해진, 즉 지금의 완도에서 태어나 자랐다. 장보고가 정년보다 열 살 위로, 둘은 형 아우로 잘 지냈다. 그러다가 신라에 흉년이 들자 두 사람은 당나라에 식량을 구하러 갔다. 이 둘은 지금의 강소성에 있던 무녕군武寧軍에 입대했다. 두 사람은 창 솜씨가 뛰어났고, 정년은 창 솜씨에다가 잠수 능력까지 갖췄다. 장보고와 정년은 뛰어난 무예와 지도력을 인정받아 약관 30세에 무녕군의 소장小將이 되었다.

장보고는 이제야말로 고국인 신라로 돌아갈 때가 왔다고 보고, 정년에게 함께 귀국하자고 했다. 하지만 무녕군 소장 생활을 만족스럽게 여긴 정년은 이를 거절했다. 그로서는 무녕군을 떠나는 일이나 신라에 돌아가 정착하는 일도 엄청난 모험이 따르는 일이었기 때문이었을 것이다. 마침내 장보고는 정년과 결별하고 홀로 고향으로 돌아왔다. 그 후 아마도 휘하에 상당수의 군인들을 양성했을 장보고는 신라의 흥덕왕을 만나 자신의 고향인 청해진을 줄 것을 요구했다. 그렇게 해주면 당시 서남해에 출몰하며 신라인들을 잡아서 노예로 파는 당나라 해적들을 물리치겠다는 것이었다. 흥덕왕은 장보고의 제의를 받아들여 그를 청해진 대사로 삼았다.

그때부터 장보고는 청해진을 중심으로 중국대륙의 강소성과 산동성, 그리고 일본 섬을 발판삼아 서남해를 누볐다. 또한 산동성에 법화사法華寺를 세우고 신라와 일본에서 당나라에 성지 순례하러 오는 스님들의 편의를 도왔다. 또한 해로에서 폭풍을 만나 위험에 처한 스님들의 목숨도 지켜줌으로써, 일본에서는 오늘날까지 그를 적산대명신赤山大明神으로 신사에 모시고 있다. 뿐만 아니라 장보고의 해상활동은 동남아시아와 아라비아 반도까지 펼쳐졌다는 설이 유력하다. 왜냐하면 그의 무역 품목 중에 동남아시아에서 출산되는 단향목과 아라비아 반도 해안에서만 산다는 흑거북 등 품목이 있기 때문이다. 장보고는 신라의 청자와 당나라의 차 등으로 이 같은 희귀 품목을 거래했던 해상왕이었던 것이다.

한편 무녕군 소장으로 당나라에 눌러 앉았던 정년은 어떤 연유인지 모르지만 몰락하여 연수향이라는 마을에서 근근이 생활을 했다. 그러다가 굶주림을 견디지 못해 결국 청해진의 장보고에게 찾아와 도움을 청한다. 한때 자신의 뜻을 거역한 정년이었지만 장보고는 그를 다시 받아들여 중책을 맡긴다. 그 무렵 신라의 조정에서는 쿠데타가 일어나 흥덕왕이 시해된다. 이를 불의한 거사라고 본 장보고는 흥덕왕을 시해하고 스스로 왕위에 앉은 민애왕을 물리치기 위해 정년을 급파한다. 정년이 기마병 5천명과 함께 팔공산에서 민애왕의 군대를 물리치자, 장보고는 흥덕왕의 뒤를 잇기에 적합하다고 판단되는 김우징을 신무왕으로 추대한다. 이후 신무왕을 승계한 문성왕 때까지 장보고는 자신의 딸을 왕의 부인으로 삼게 하는 등 왕실과 긴밀한 관계를 유지했다. 하지만 장보고는 그를 못마땅하게 여기던 귀족 김양이 보낸 자객 염장에게 피살당하고 만다.

두목은 장보고와 정년의 우정을 당나라의 명장 곽분양과 이임회의 우정과 똑같다고 했다. 즉 자신을 배반한 정년을 용서하고 다시 받아들여 크게 쓴 장보고의 심성이 이임회를 용서하고 받아들인 곽분양의 어진 심성과 다를 바 없다고 칭송한 것이다. 이로서 두목의 마음이 당나라 사람만이 아닌 신라 사람에게도 열려 있었음을 알 수 있다.

제 5 장

소설과 문학평론

소설

고대에는 소설이 그다지 대접을 받지 못한 문학 장르였다. 소설은 하찮은 이야기로 여겨졌기 때문에 큰 대大가 아니라 작을 소小를 썼던 것이다. 자연히 소설을 말하는 소설가의 지위도 비교적 낮은 신분의 문인들이었다. 소설은 이들이 길거리나 골목길에서 한가한 사람들에게 이야기를 해주는 것으로 시작되었다고 한다. 그래도 소설가가 제자백가의 백가 중에 하나 끼어져 있긴 했다. 옛 기록에 따르면 소설가가 유가・도가・법가・묵가・음양가・농가・명가・잡가 등에 이어 십가十家의 하나로 소개되었으니 말이다.

소설이 언제부터 씌어졌는지에 대해서는 두 가지 설이 있는데, 첫 번째 설은 한나라설이다. 이 설은 신들의 이야기를 수록한 한나라 동방삭東方朔의 『신이神異經』을 소설의 효시로 친다. 또는 한나라 무제가 서왕모와 만난 이야기를 실은 『한무고사漢武故事』를 소설의 시초로 주장하기도 한다. 아무튼 한나라 설이 첫 번째 설이라면 두 번째 설은 위진 시대설이다. 위진 시대 설은 한나라의 『신이경』이나 『한무고사』가 실은 위진 시대 이후에 씌어진 작품들이라는 고증을 바탕으로, 소설의 기원을 위진 시대로 본다. 설사 이 작품들이 한나라 때 씌어졌다 하더라도 옛날부터 전해져 오는 신화나 전설이 소설이 될 수 없다는 주장을 펴기도 한다. 실제로 누군가가 허구적으로 이야기를 만들어서 유포한 것이 소설이라고 한다면 소설의 기원은 위진 시대 이전일 수는 없다는 말이다. 본서의 입장도 위진 시대설에 따라 한나라 때의 소설은 제3장 신화와 전설에서 다루었다.

위진 남북조의 소설은 도깨비 이야기가 중심을 이룬다. 그래서 이 시대의 소설을 기괴한 일을 기록한 소설이라고 하여 지괴志怪소설이라 부른다. 물론 이 시대에도 사람의 이야기를 기록한 지인志人소설이 있기는 했지만 주로 지괴소설이 많아서 이 시대의 소설을 지괴소설이라 칭한 것이다. 위진 시대의 지괴소설은 당나라의 도깨비 이야기로 이어지는데, 다만 소설의 명칭이 지괴소설에서 전기傳奇소설로 바뀐다. 기괴한 이야기를 전하는 소설이라는 뜻으로 명칭이 바뀐 것이다.

당나라의 전기소설은 송나라에 이르러 화본話本소설로 명칭과 체재가 바뀌면서 아연 활기를 띠기 시작한다. 훗날 『서유기』로 발전되는 『대당삼장법사취경기大唐三藏法師取經記』와 『수호지』로 발전되는 『대송선화유사大宋宣和遺事』가 다 화본소설이다. 화본소설의 화본話本은 이야기의 대본이라는 뜻으로, 설화인說話人, 즉 이야기를 해주는 사람이 이 화본을 바탕으로 민중에게 이야기를 해주었다. 그래도 송나라 때까지 시와 사 같은 장르에 밀리던 소설은 명나라와 청나라에 이르러서는 어떤 문학 장르보다도 활발히 씌어지고 읽혀졌다. 명청明淸 시대에는 소설이 질적으로 양적으로 매우 풍부해진 것이다. 명청 소설은 장회章回소설이라고도 부르는데, 장회소설은 장章과 회回로 연속되는 소설이라는 뜻이다. 한마디로 연재소설 또는 연속극 대본 같은 형태가 된 것이다.

본 절에서는 위진 남북조의 지괴소설과 당나라의 전기소설 및 명나라 때 "사대기서四大奇書"라고 불리는 『삼국지三國志』 『서유기西遊記』 『수호지水滸志』 『금병매金甁梅』와 청나라 때의 대표적인 장회소설 『홍루몽紅樓夢』을 소개한다.

1. 위진 남북조의 지괴소설

앞에서 언급한 대로 위진 남북조 시대에는 기괴한 이야기를 지어내어 기록한 지괴소설과 평범한 사람들의 이야기를 쓴 지인소설이 있는데, 지괴소설이 압도적으로 많다. 위진 남북조시대 지괴소설의 대표적인 소설가와 소설집을 열거하면 다음과 같다. 먼저 위진 시대에는 장화張華가 지었다는 『열이전列異傳』, 간보干寶의 『수신기搜神記』, 도연명의 『수신후기搜神後記』 및 조태지趙台之의 『지괴志怪』 등이 있다. 또 남북조 시대에는 동양무의東陽無疑의 『제해기齊諧記』, 오균吳均의 『속제해기續齊諧記』 및 유의경劉義慶의 『유명록幽明錄』 등이 있다.

이 가운데 먼저 신비로운 이야기를 수집한 『수신기』에 실려 있는 「옥베개

이야기」의 한 대목을 소개한다 :

> 초호묘라고 하는 신당神堂에 옥베개가 하나 있었는데, 그 옥베개에 작은 틈이 있었다. 어느 날 단보 마을에 사는 장사꾼 양림이 이 신당에 소원을 빌러 왔다. 신당에 있던 무당이 그에게 물었다 : 당신은 장가를 잘 들고 싶은 거지요? 양림이 대답했다 : 그렇게만 된다면 오죽이나 좋겠습니까? 그러자 무당이 그를 옥베개 가까이 오게 하여 옥베개의 틈 속으로 들여보냈다. 양림이 들어가 보니 뜻밖에 웅장하고 화려한 집이 있었다. 그 집의 주인은 높은 벼슬아치인 조태위였다. 조태위는 양림을 보자마자 반색을 하며 사위를 삼았다. 조태위의 사위가 된 양림은 아들 여섯을 낳았고, 이들은 모두 훌륭하게 자라 비서랑이라는 높은 벼슬을 했다. 이렇게 수 십 년을 살던 양림이 어느 날 갑자기 꿈에서 깨듯 정신을 차리고 보니 자신이 옥베개 옆에 그냥 서 있는 것이었다. 양림은 오랫동안 그 자리에 선 채 처연한 마음을 가눌 수 없었다.

양림의 「옥베개 이야기」는 우리가 현실에서 꿈꾸는 부귀영화가 한낱 덧없는 환상이라는 깨우침을 주제로 하고 있다. 『장자』의 장주와 나비 이야기처럼 말이다. 이 이야기는 당나라 때에 이르러 「침중기枕中記」, 즉 「베개 속 이야기」로 변주되고, 그 이후에도 지금까지 꾸준히 각색되어 전해져 오고 있다.

다음으로 기이한 이야기의 모음집인 『열이전』에 실려 있는 귀신 이야기를 소개하면 다음과 같다 :

> 남양이라는 지방에 종정백이란 사람이 살았다. 그가 밤길을 가다가 한 사람을 만났다. 그가 "누구요?" 하니 그 사람이 "귀신이요."라고 했다. 이번에는 귀신이 종정백에게 "당신은 누구요?"라고 물었다. 종정백이 사람이라고 하면 해꼬지라도 당할까봐 무서워서 "나도 귀신이요."라고 속여서 말했다. 그러자 귀신이 정백에게 어디까지 가느냐고 물었다. 그가 완시까지 간다고 하자 자기도 완시까지 간다고 말했다. 그래서 함께 몇 리쯤 갔는데, 귀신이 그에게 각자 걸어가기보다 서로 업어주면서 가는 게 어떠냐고 제안했다. 정백이 좋다고 하자 귀신이 먼저 그를 업었다. 정백을 업고 몇 걸음을 떼던 귀신이 "당신은 너무 무거워. 귀신이 아니지?" 했다. 정백은 얼른 "나는 죽은 지 얼마 안 된 귀신이라 무거운 거요."라고 응수했다. 얼마 후 정백이 귀신을 업으니 거의 무게를 느낄 수 없었다. 이렇게 두세 번 서로 업어주다

가 정백이 귀신에게 말했다 : "나는 죽은 지 얼마 안 되어 귀신들이 무엇을 두려워해야 하는지 모르오. 무엇을 피해야 하지요?" 귀신이 "오직 산 사람의 침을 꺼릴 뿐이요."했다 …중략… 이윽고 새벽녘 완시에 거의 도착할 무렵 정백이 귀신을 업는 척 하며 귀신의 목을 졸랐다. 귀신이 크게 소리를 지르다가 캑캑거리며 몸부림을 쳤다. 정백이 더욱 조르자 곧 캑캑 소리가 멎었고 마침내 축 늘어졌다. 정백이 완전히 뻗어버린 귀신을 완시 시장에 내려놓자 귀신이 어느 새 양으로 둔갑했다. 정백이 양으로 둔갑한 귀신에게 침을 뱉어서 다시 둔갑하지 못하게 한 후, 돈 천오백 전을 주고 팔았다.

이 소설에 등장하는 귀신은 사람인지 귀신인지 구별할 줄도 모를 만큼 미련할 뿐 아니라 아무나 쉽게 믿는 단순한 도깨비다. 그래서 자기의 약점을 아무 의심 없이 상대에게 알려주고, 그로 인해 사람에게 제압당하고 팔리는 불쌍한 귀신이다. 흔히 귀신 하면 무섭고 두려운 생각이 드는데, 『열이전』에 등장하는 귀신은 이처럼 처량하고 한심한 존재이다. 귀신 중에는 이같이 사람에게 놀아나는 나약한 귀신이 있는가 하면 빗자루로 변하는 귀여운 놈도 있다. 그런가 하면 꼬리가 아홉 개 달린 여우로 변하여 사람들을 해치는 무시무시한 도깨비도 있다.

보통 귀신을 사람이 죽으면 변하는 흉측하고 무서운 공포의 대상으로 알고 있는데, 실은 귀신도 귀와 신으로 구분해서 따로 이해해야 한다. 즉 귀鬼는 죽어서도 살아 있을 때의 억울함이나 원한을 가진 영혼을 말하고, 신神은 어떤 여한도 없이 살다가 죽은 승화된 영혼을 말한다. 그래서 귀는 악귀로 불리고 신은 선신으로 불리며, 악귀의 이야기를 귀화鬼話라고 하고 선신의 이야기를 신화神話라고 하는 것이다. 한마디로 귀와 신은 죽은 영혼의 차원에 따라 정해지는 것이다.

하지만 위진 남북조의 지괴소설에 등장하는 귀신은 위 소설에서 보듯 대체로 원혼이나 악귀라기보다는 그냥 평범한 영혼이다. 심지어 산 사람에게 제압당하는 단순하고 미련한 영혼이다. 하지만 때로는 사악하고 음험한 악귀에게 사람이 제압당하기도 한다. 어쨌든 지괴 소설은 산 영혼과 죽은 영혼이 서로 관계를 맺고 왕래함을 보여준다. 이 소설뿐 아니라 다른 지괴소설들도 이처럼 이승과 저승이 동전의 앞뒷면임을 일깨워주는 불교적인 깨우침을 주제로 삼고 있다. 다음으로는 남조 제나라 때의 재미난 이야기를 담은 『속제해기』를 소개한다 :

양선 골에 사는 허언이라는 사람이 거위 두 마리가 든 바구니를 등에 메고, 수안의 산 길을 가고 있었다. 도중에 한 서생을 만났는데, 한 17-18세 쯤 되어 보였다. 그 서생은 산길에 누워 있다가 허언을 보자 대뜸 자기는 다리가 아파서 걸을 수가 없으니 허언의 거위 바구니에 태워 달라고 했다. 허언이 농담으로 그러자고 하니 서생이 바로 거위 바구니 속으로 들어갔다. 서생이 거위와 더불어 앉자 거위도 놀라지 않고 바구니도 더 커지지 않았다. 허언이 이를 신기하게 느끼면서 바구니를 등에 멨지만 이전보다 더 무겁지도 않았다. 한참을 가다가 나무 밑에서 쉬게 되었다. 그러자 서생이 바구니에서 나와 허언에게 말했다 : 당신을 위해 간단한 식사를 차리겠습니다. 그러면서 입 속에서 구리 쟁반을 꺼내니 그 위에 온갖 음식이 갖춰져 있었다.…중략…둘이 술을 몇 잔 나누고 나서 서생이 말 했다 : 사실은 아까부터 내 아내를 따라오게 했는데, 지금 여기로 데려올까 합니다. 허언이 "그렇게 하십시오."하자 서생은 또 입 속에서 한 여자를 꺼냈다. 그 여자는 15-16세 가량으로, 빼어난 용모에 아름다운 의복을 입고 있었다. 셋이서 한참을 마시고 먹다가 서생이 술에 취해 잠이 들었다. 그러자 여인이 허언에게 말했다 : 제가 비록 이 사람과 결혼을 했지만 사실은 원한을 품고 있어요. 그래서 전부터 한 남자를 몰래 사귀고 있답니다. 이제 남편이 깊이 잠들었으니 잠시 그를 데려올까 합니다. 나중에라도 이 이야기를 남편에게 하지 마세요. 허언이 또 "그러지요."하자 여인이 입 안에서 한 남자를 꺼냈다. 그 남자의 나이는 23-24세쯤으로 건장한 미남자였다. 허언이 그 남자와 인사를 나누고 있을 때 잠자던 서생이 깨어나려 했다. 그러자 여자가 입에서 병풍을 꺼내 서생을 가렸고, 서생은 여자를 병풍 안으로 끌어들여 같이 잤다. 남겨진 남자가 허언에게 말했다 : 저 여자는 비록 애정은 있지만 자기 마음을 다 바치지는 않는답니다. 그래서 전부터 또 다른 여인을 몰래 얻어서 동행하고 있습니다. 이제 잠깐 그 여자를 만날까 하니 당신은 이 일을 누설하지 마십시오. 허언이 "그렇게 하지요."라고 하자마자 그 남자가 입 속에서 20여 세쯤으로 보이는 한 여인을 꺼냈다. 셋이 술을 마시며 농담을 주고받고 있던 중, 병풍 저쪽에서 서생이 움직이는 소리가 들렸다. 그 남자는 "두 사람이 잠에서 깨어났습니다."하며 꺼냈던 여인을 다시 자기 입 속에 넣었다. 이어서 병풍 저쪽에 있던 여인이 나오더니 허언에게 "서생이 일어나려고 합니다."하며 자기가 꺼내 놓았던 병풍과 남자를 삼켜버린 후 막 일어난 서생을 향해 다소곳이 앉았다. 마지막으로 서생이 일어나 허언에게 말했다 : 잠깐 잔다는 것이 그만 오래 되었습니다. 그간 심심하셨죠? 이제 날도 저물었으니 이만 작별해 야겠습니다. 그런 다음 여자를 다시 입에 집어넣었다. 하지만 맨 처음 입에서 꺼내어 음식을 차렸던 구리 쟁반을 남겨 허언에게 주면서 이렇게 말했다 : 아무것도 보답할 게 없군요. 이 구리 쟁반을

> 드릴 터이니 기념품으로 삼으시죠. 이렇게 하여 받은 구리쟁반을 허언은 훗날 재상인 장신에게 바쳤다.

한 편의 꿈같은 소설이다. 사람이 거위 광주리 속에 들어가 앉는다든지 그가 입에서 꺼낸 온갖 음식과 부인이라든지 다 현실에서는 볼 수 없는 내용이기 때문이다. 그 뿐 아니라 서생의 부인이 입에서 꺼낸 병풍과 애인도 그렇고 또 그 애인이 꺼낸 애인도 그렇다. 마지막으로 두 여자와 한 남자, 그리고 병풍까지 다 나온 순서대로 다시 들어가 아무것도 남지 않음을 볼 때, 더욱 환상을 본 듯한 느낌이 든다. 속고 속이는 불륜의 현장이 연기처럼 사라져버린 것 같기도 하다.

다만 마지막에 서생이 허언에게 구리 쟁반이라는 실물을 기념품으로 주고, 허언이 이를 재상에게 선물했다는 대목은 생생한 현실감을 준다. 이는 『열이전』에서 종정백이 양으로 둔갑한 귀신을 1500전 주고 팔았다는 마무리 대목과도 같은 수법이다. 이 같은 수법은 독자로 하여금 귀신이라든지, 사람과 물건이 사람의 입에서 나온다든지 하는 비현실적인 이야기를 현실적으로 믿게 해주는 연결 고리와 같은 장치이다. 오늘날에도 매직 리얼리즘, 즉 환상적 현실주의 또는 마술적 사실주의라는 수법의 소설 또는 드라마가 있는데, 이 소설과 드라마의 환상적이면서도 현실적인 기법은 위 지괴소설들의 기법을 이은 것이라고 말할 수 있다.

마지막으로 지괴소설보다는 그 양이 적다고 하는 지인소설, 즉 사람에 관한 이야기를 내용으로 하는 소설을 잠깐 소개한다. 다음에 인용되는 지인소설은 『태평광기太平廣記』에 수록된 산동 출신의 사위 이야기이다 :

> 한 산동 출신 남자가 포주의 여자에게 장가를 갔다. 그런데 포주의 여인들은 유난히 혹병을 많이 앓아, 그의 장모도 목에 큰 혹이 있었다. 결혼한 지 몇 달 후 그의 장인은 사위가 변변치 못하다고 여기고, 어느 날 술상을 차려 친척들을 불러놓고 사위를 시험대에 올렸다. 먼저 장인이 사위에게 말했다 : 자네는 산동에서 공부를 했으니 이치를 알겠구먼. 홍학이 울음을 잘 우는 것은 어째서인가? 사위가 대답했다 : 하늘이 그리하도록 했습니다.

> 장인이 또 물었다 : 소나무가 겨울에도 푸른 것은 무엇 때문인가? 사위가 대답했다 : 하늘이 그렇게 한 것이지요. 마지막으로 장인이 물었다 : 우리 동네 길가의 나무에 혹이 많은 것은 어째서 그런가? 이번에도 사위의 대답은 "하늘이 그리하도록 한 것입니다."였다. 장인이 반복되는 사위의 같은 대답을 듣고 말했다 : 자네는 산동에서 살았다면서 그리도 사물의 이치를 모른단 말인가? 홍학이 잘 우는 것은 목이 길기 때문이고, 소나무가 겨울에도 푸른 것은 속이 꽉 차 있기 때문이고, 우리 동네 길가의 나무에 혹이 많은 것은 지나다니는 마차에 치어서 그런 것이다. 그런데 어찌하여 모두 하늘이 그리하도록 했다고 하는가? 그러자 사위가 정색을 하고 말했다 : 맹꽁이도 잘 우는데 목이 깁니까? 대나무도 겨울에 푸르른데 속이 꽉 찼습니까? 장모님 목의 혹도 마차에 치어서 생긴 것입니까? 이 말을 들은 장인은 응수할 말을 잃었다.

여기서 나무의 혹과 장모님의 혹을 동일시한 부분을 이해하지 못하는 사람을 위해 한마디 보충한다. 문학적으로 사람은 흔히 나무로 비유되었다. 오늘날 어린이를 꿈나무라고 비유하듯 말이다. 이 이야기는 홍학이 잘 울고 소나무가 겨울에도 푸르고, 길가의 나무에 혹이 많은 것에 대한 장인의 과학적이고 합리적인 분석이 사위의 유기적이고 포괄적인 종합에 하나하나 깨지는 상황을 잘 보여준다. 개인의 상식과 지식은 아무리 애를 써도 한계를 넘지 못하니, 무한한 하늘의 뜻으로 싸안아야 한다는 것이 산동 사위로 대표되는 남북조 지식인의 지혜였다고 하겠다.

남북조 시대에 산동지방은 매우 문명화된 곳이었던 모양이다. 그래서 그곳 출신 사위를 본 장인이 몇 개월이 지나도 가업을 잘 일으키지 못하는 사위를 못 마땅히 여긴 것 같다. 마침내 장인은 사위를 한 수 가르치려고 마음을 먹고 그를 불러 온 가족과 친척들이 보는데서 시험을 한 것인데, 결과는 도리어 자신의 완패로 끝난 것이다.

2. 당의 전기소설

당나라에 이르러 수공업과 상업의 발달과 함께 소설은 더욱 발전했다. 특히 당나라 후기에 고문운동을 일으킨 한유와 유종원이 소설을 고문운동의 좋은 장르로 여기고 소설 창작에 앞장섰다. 즉 한유는 붓을 의인화해서 쓴 우화체 소설 「모영전毛穎傳」 등 많은 소설을 썼다. 또 유종원도 목공木工에 관한 소설인 「재인전梓人傳」을 비롯해 적지 않은 소설을 썼다. 물론 당나라의 소설도 위진 남북조의 지괴소설 같이 기괴한 내용이 여전히 많다. 그래서 당나라의 소설도 기괴한 이야기를 전한다는 뜻의 전기소설이라 불린다. 하지만 이 시대에는 귀신 이야기와 함께 사람의 이야기가 더욱 다채롭고 풍부해져서, 종교소설·애정소설·역사소설·의협소설 등 주제별로 세분화된다.

먼저 종교소설을 보면 당나라의 종교소설은 위진 남북조 시절의 지괴소설의 뒤를 잇는 소설들이다. 대표적인 작품으로는 심기제沈旣濟의 「침중기枕中記」, 이공좌李公佐의 「남가태수전南柯太守傳」, 심아지沈亞之의 「삼몽기三夢記」 등을 든다. 이 가운데 심기제의 「침중기」는 위진 남북조의 「옥베개 이야기」를 이은 소설로, 그 내용을 소개하면 다음과 같다 :

> 노생盧生이라는 가난한 젊은이가 있었다. 그가 주막에서 여옹呂翁이라는 도사를 만나 자신의 어려운 형편을 한탄했다. 그러다 여옹 도사의 베개를 베고 잠이 들었다. 꿈에 그는 훌륭한 집안의 딸에게 장가를 가서 원하던 대로 출세하고 평생 동안 부귀영화를 누린다. 그러나 문득 잠에서 깨어보니 자기가 잠들기 전에 막 짓기 시작했던 기장밥이 아직 다 되지 않은 상태였다. 노생은 홀연 찰나에 불과한 인생의 참뜻을 깨닫게 되었다.

소설의 말미에서 노생은 아침이슬에 불과한 인생에 부귀영화가 무슨 소용인지를 비로소 알게 된 것이다. 여기서 우리는 이승과 저승 또는 현실과 꿈 사이의 시간차를 본다. 즉 꿈속에서 부귀영화를 누린 몇 십 년이 현실에서는 기장밥이 다 되지 않는 몇 십 분에 지나지 않는 것이다. 그렇게 따지면 지구에서 어떤 별에 가려면 몇 십 광년이 걸리지만 그 별에서 지구에 오는 것은 한 시간정도밖에 걸리지 않을지도 모르는 일이다.

아무튼 「침중기」의 불교적이고 도교적인 메시지는 명나라 때 이르러 탕현조湯顯祖의 「한단기邯鄲記」로 리바이벌된다. 탕현조는 「한단에서의 꿈 이야기」로 해석되는 「한단기」뿐 아니라 다음에 소개할 이공좌의 「남가태수전南柯太守傳」도 「남가기」로 변주해냈다. 그럼 「남가군의 태수 이야기」로 해석되는 「남가태수전」의 줄거리를 보자 :

> 순우분淳于棼이라는 사람이 있었다. 그의 집은 광릉군 동쪽 10리에 있었는데, 집 남쪽에는 아름드리 회나무가 있었다. 어느 날 순우분은 술에 만취해서 몸을 가누지 못했다. 그의 친구 둘이 그를 부축하여 집에 데리고 와서 동쪽 회랑에 눕혔다. 그가 베개를 베고 누워 있자니 멍한 것이 꿈을 꾸는 듯했다. 그때 자주색 옷을 입은 두 사람이 나타나 임금의 명이라고 하면서 함께 가자고 했다. 그가 대문을 나서 수레에 오르자 곧바로 수레가 달려서 회나무의 구멍으로 들어갔다. 큰 산과 강을 지나 마침내 수레가 큰 성으로 들어갔다. 그 성의 망루에는 대괴안국大槐安國이라고 씌어져 있었다. 순우분은 대괴안국의 왕과 공주를 만나 뜻밖에 임금의 사위인 부마가 되었다. 5남 2녀를 낳고 잘 살던 그는 이후 대 괴안국의 남가군 태수가 되었다. 순우분이 30년간 태수로 있었던 남가군의 백성들은 그의 통치를 찬양하며 그를 위해 공덕비를 세웠다. 장인인 대괴안국 왕도 그를 중히 여겨 대관을 삼았다. 하지만 순우분은 단라국檀蘿國과의 전쟁에서 크게 패하고 아내인 공주마저 잃었다. 책임을 통감한 그는 태수직을 스스로 그만 두었으나 백성들은 여전히 그를 받들었다. 하지만 임금이 그를 반역자로 몰아 가택에 연금시키고 마침내 성문 밖으로 쫓아냈다. 바로 이때 순우분은 잠에서 깨어났는데, 자기를 부축해 온 두 친구가 툇마루에서 발을 씻고 있었다. 태양도 아직 서쪽 담벽을 넘지 않고 있었다. 먹다 남은 술도 동쪽 창문 아래 그대로 있었다. 나중에 순우분이 하인에게 자기 집 남쪽에 있는 회나무 밑구멍을 파보게 했다. 그러자 그 안에 개미의 소굴이 있었다. 모든 것이 꿈과 부합되었다. 즉 그가 수레를 타고 들어가 만난 대괴안국의 왕과 공주는 개미 나라 왕과 공주였고, 그 자신도 그 나라 한쪽에 있는 남가군을 다스린 개미 태수였던 것이다. 뿐만 아니라 그가 싸워서 패한 단라국은 자기 집 동쪽으로 3백 걸음되는 곳에 있었음이 확인되었다. 박달나무와 등 넝쿨이 엉켜 있는 구멍 안에 또 하나의 개미 소굴이 있었던 것이다.

인생을 한 바탕의 꿈이라고 하는 일장춘몽과 함께 남가일몽南柯一夢이라는 고사성어가 있는데, 남가일몽은 바로 이 「남가태수전」에서 유래되었을 것이다. 이 이야기에 나오는 대괴안국의 '괴槐'자는 회나무라는 뜻이다. 또 단라국의 '단檀'자는 박달나무 단이고, '라蘿'는 등 넝쿨 라이다. 그래서 회나무 아래의 개미왕국이 대괴안국이고, 박달나무와 등 넝쿨 아래의 개미왕국은 단라국으로 불린 것이다.

이 소설의 주인공 순우분이 꾼 꿈은 마치 오늘날 우리가 보는 만화영화 『개미』를 연상시킨다. 다만 『개미』의 주인공 개미와 달리 「남가태수전」은 사람이 개미로 변했다가 다시 사람으로 돌아온다. 이 같이 사람이 꿈속에서 전혀 색다른 삶을 살다가 다시 생시로 돌아오는 구성은 「옥베개 이야기」나 「침중기」와 비슷하다. 하지만 「남가태수전」은 「옥베개 이야기」나 「침중기」보다 훨씬 규모가 크고 묘사가 치밀하다. 또한 사람이 개미가 되는 우화적인 요소와 함께 다시 사람으로 깨어난 주인공이 하인을 시켜 개미집을 일일이 확인하는 내용이 있어 묘한 현실감을 덧붙여준다. 이처럼 「침중기」나 「남가태수전」 등의 소설은 꿈과 현실, 사람과 개미를 교차시켜 인간과 곤충의 거리와 꿈과 현실의 거리를 좁혔다. 이것이 바로 불교적이고 도교적인 인생관이다. 그래서 이 소설들을 위진 남북조 시대의 지괴소설과 마찬가지로 불교 또는 도교 사상을 담은 종교소설이라 하는 것이다.

다음으로 당나라의 애정소설은 사람과 선녀 또는 사람과 귀신과의 사랑을 그린 것과 살아있는 남녀의 사랑을 그린 것이 있다. 사람과 선녀의 사랑을 그린 소설로는 동정호 용왕의 딸과 유의라는 한 남자의 사랑을 그린 이조위李朝威의 「유의전劉毅傳」이 있다. 또 사람과 귀신의 연애를 다룬 것으로는 이경량李景亮의 「이장무전李章武傳」과 진현우陳玄祐의 「이혼기離魂記」 등이 있다.

사람 사이의 애정, 즉 남녀간의 애정을 다룬 경우로는 장방蔣防의 「곽소옥전霍小玉傳」 같이 선비와 기생의 사랑을 다룬 것이 많다. 하지만 선비와 양가집 규수의 사랑이야기도 있는데, 원진元稹의 「앵앵전鶯鶯傳」이 그 좋은 예이다. 다음은 「앵앵전」의 줄거리를 요약한 것이다 :

장생張生이라고 하는 선비가 있었다. 그는 온순하고 예의바르고 용모도 준수했다. 스물 세 살임에도 아직 여자를 사귄 적이 없었다. 그가 포蒲 지방에 갔다가 보구사普救寺라는 절에 묵게 되었다. 때마침 한 과부와 그의 딸 최앵앵崔鶯鶯도 장안으로 가던 길에 보구사에서 묵고 있었다. 그 무렵 보구사가 있는 포 지방에 반란이 일어나 두 모녀는 신변에 위험을 느끼고 두려워했다. 그때 그들은 어찌어찌 장생의 도움을 받아 무사히 위기를 넘겼다. 이를 고맙게 여긴 과부는 그를 식사에 초대했고 이 자리에서 장생은 앵앵에게 반해 버렸다. 장생은 앵앵의 하녀 홍냥을 통해 프러포즈를 하는 시 2수를 지어 보냈다. 앵앵도 이에 대해 시로서 응수했다. 이렇게 두 남녀는 홍냥을 사이에 두고 밀고 당기는 실랑이를 벌인 끝에 마침내 서상西廂에서 꿈같은 한 달을 함께 보낸다. 그 후 장생은 과거를 보기 위해 장안으로 떠났다. 장생은 과거에 낙방하고도 장안에 머물면서 앵앵에게 사랑의 편지를 보냈고, 앵앵도 답장을 보냈다. 하지만 세월이 흐르면서 장생의 앵앵에 대한 사랑이 식어갔다. 그는 결국 그녀로부터 온 편지를 친구들에게 보여주며 이렇게 떠벌렸다 : 대개 빼어난 미인은 자기 스스로를 해치지 않으면 다른 사람을 해치기 마련일세. 만약 최앵앵이 천자나 대신의 총애를 얻게 된다면 온갖 재주를 다 부려 나라에 큰 변고를 일으킬 걸세. 옛날 은나라의 주왕이나 주나라의 유왕도 다 여자로 인해 망한 것 아닌가? 나 또한 미인의 간계를 이겨내지 못할 것이 뻔하니 최앵앵에 대한 연정을 참기로 했다네. 결국 둘 사이는 소원해졌다. 1년 후 앵앵은 다른 사람에게 시집을 갔고 장생도 다른 여자에게 장가를 갔다. 한참의 세월이 흐른 뒤 장생은 마침 앵앵이 사는 곳을 지나가게 되었다. 그는 이종사촌 오빠를 사칭하며 그녀를 만나려 했으나 앵앵은 다음과 같은 시를 지어 보냄으로 써 그를 거절했다 : 버리고 나서 지금 무슨 말이오? / "그때는 무척 사랑했다"니 / 역시 옛날의 그 사랑으로 / 곁에 있는 새 사람이나 챙겨주시오.

지금 보아도 매우 생생한 남녀의 연애 이야기이다. 남자는 첫 사랑을 잊지 못하고 여자는 마지막 사랑에 안주한다는 남녀의 연애 심리도 잘 드러나 있다. 예나 지금이나 남녀가 만나서 연애에 성공하여 결혼에까지 이르는 경우는 매우 드문 일임을 감안하면 원진의 「앵앵전」은 매우 현실적인 결말을 맺고 있다. 하지만 대중은 해피엔딩을 좋아하기 마련인지 이 소설은 훗날 장생과 최앵앵이 온갖 장애를 극복하고 결혼한다는 해피엔딩으로 각색된다. 원나라 때 왕실보가 쓴 『서상기』가 바로 「앵앵전」을 해피엔딩으로 각색한 것이다. 이는 안데르센 원작의 「인어공주」가 인어공주의 비극적인 죽음으로 끝을 맺었지만, 디즈니 애니메이션 『어린 인어』에서는 그렇지 않은 것과 마찬가지다. 잘 알다시피 애니메이션 『어린 인어』에서 인어공주는 죽지 않을 뿐 아니라 온갖 난관을 무릅쓰고 왕자와 결혼하여 그 후로도 오래도록 행복하게 사는 것이다.

세 번째, 당나라의 역사소설로는 곽식의 「고력사외전高力士外傳」, 요여능의 「안록산사적安祿山事蹟」 및 진홍의 「장한가전長恨歌傳」 등이 있다. 이 가운데 「고력사외전」은 현종 때 시인 이백이 신발을 벗기게 했다는 일화로 유명한 세력가 고력사에 관한 이야기이다. 또 「안록산사적」은 당나라 최대의 반란자로 평가되는 안록산의 난을 다룬 이야기이다. 그리고 「장한가전」은 현종의 연인이었던 양귀비와 그녀의 오빠 양국충의 비극적인 말로를 그리고 있다. 다음은 「장한가전」 가운데 양국충과 양귀비의 최후를 묘사한 대목을 요약한 것이다 :

> 양귀비의 오라비 양국충이 수상의 자리를 차지하고 함부로 권력을 행사하자, 안록산이 그를 토벌하기 위해 장안으로 진격했다. 현종이 버티지 못하고 남쪽으로 피신했다. 함양을 지나 마의정에 이르자 황제를 호위하던 군인들은 싸울 의지도 없이 우왕좌왕했다. 그러자 신하들이 현종의 말 앞에 엎드려 나라를 위험에 빠뜨린 양국충을 죽여야 한다고 했다. 이에 양국충은 스스로 쟁반에 물을 받쳐 들고 나와서 자신의 죄상을 자백하는 사형수의 예를 갖춘 후 자신의 갓끈을 소꼬리에 매고 말을 달리게 하여 길 위에서 죽음을 맞이했다. 그래도 신하들은 만족하지 못하고 이번에는 양귀비를 죽여서 백성의 분노를 막으라고 주청했다. 현종이 마지못해 이를 수락한 후, 끌려가는 양귀비의 얼굴을 차마 보지 못해 소맷자락으로 얼굴을 가렸다. 양귀비가 피눈물을 흘리며 끌려가던 중 그녀의 옷에 장식되어 있던 푸른 깃털이 떨어졌고, 현종은 떨어진 푸른 깃털을 주워들었다. 양귀비는 짧은 끈에 목이 졸려 마침내 숨을 거두었다.

「장한가전」의 판본은 이 한 가지가 아니다. 위에 소개된 양국충과 양귀비의 최후는 매우 품위 있고 우아하지만, 또 다른 판본에서는 양귀비가 죽음 앞에서 당황하여 소리를 질렀고 양국충도 그렇게 극형을 달게 받은 것이 아닌 걸로 되어 있다. 이는 지은이의 역사적 입장이나 관점에 따라 달라질 수 있는 것이다. 아무튼 「장한가전」은 후대에도 꾸준히 변주되어 사람들의 심금을 울린 소설 중 하나이다.

마지막으로 당나라의 의협소설로 분류되는 소설들을 들자면 두광정杜光庭의 「규염객전虯髥客傳」, 배형裵鉶의 「섭은낭전聶隱娘傳」 및 원교袁郊의 「홍선전紅線傳」 등이 있다. 먼저 「규염객전」은 규염객이라는 협객의 이야기로, 그 줄거리를 간략하게 소개하면 이렇다. 수나라 때 이정李靖이라는 남자가 있었는데, 그는 한 실력가의 총애를 받던 기생과 사랑에 빠져 함께 도망가다가 그만 사로잡히게 되었다. 그 때 홀연히 규염객이라는 협객이 나타나 이들을 구해준 후, 이정에게 "이제 수나라가 망하고 이세민이라는 자가 새 천자가 될 것이니, 앞으로 그를 섬기라."는 말을 남기고 자신은 부여로 가서 왕이 되었다.

규염객이 구해준 이정은 훗날 당 태조가 되는 이세민과 성씨가 같은 걸로 보아, 아마도 이세민과 혈연관계에 있었던 것 같다. 규염객은 수나라가 망하고 당나라가 일어날 것을 미리 예측하고 이를 도와준 것이라고 할 수 있다. 하지만 규염객이 가서 왕이 되었다는 부여라는 나라는 수나라가 건립되기 훨씬 전인 4세기 중반에 사라진 동이족의 나라이다. 그 때문에 수나라가 망할 무렵 옛 부여국은 이미 고구려 치하에 있다고 봐야 한다. 그럼에도 불구하고 그가 부여국으로 갔다고 한 것은 규염객이 동이족과 호족의 후예로, 한족이 강화되는 당나라를 떠나 동이족과 호족의 본고장인 옛 부여 땅으로 돌아갔기 때문이었을 것으로 추정된다.

다음으로 「섭은낭전」의 주인공 섭은낭과 「홍선전」에 나오는 주인공 홍선은 둘 다 젊은 여자이다. 섭은낭은 장군의 딸로서, 10살 때 한 보살을 따라 종적을 감췄다가 어느 날 돌아와 초인적인 무예를 바탕으로 반란을 진압한다. 또 홍선은 한 지방 관리의 하녀로, 안록산의 난 때에 주인의 책사 노릇을 하여 성을 지켜낸다. 우리에게 친근한 디즈니 애니메이션 『뮬란』도 사실은 수나라 때 흉노족을 물리치는 대공을 세우는 처녀 목란木蘭의 이야기인 역사소설 「목란전木蘭傳」을 바탕으로 한 작품이다.

이처럼 당나라의 의협소설에 여자 협객이 비교적 많이 등장하는 것은 왜일까? 그것은 아마도 당나라 여성의 지위가 오히려 후대인 명나라와 청나라 때 여성의 지위보다 높았기 때문일 것이다. 이는 당나라 때에 여황제 무측천武則天이 재위했음을 상기하면 이해하기 쉽다. 한국 사람들에게는 측천무후로 알려진 무측천은 중국 역사상 알려진 유일한 여 황제로서, 새 문자를 창제했을 뿐 아니라 국호를 주周로 바꾼 황제이기도 했다. 이로서 볼 때 당나라 여성의 지위와 활약은 괄목할 만한 점이 있다.

3. 사대기서

앞서도 언급했지만 중국문학사에서 소설이 가장 흥성했던 시대는 명나라와 청나라 때였다. 특히 명나라는 자본주의와 시민경제가 발달하면서 소설이 본격적으로 많이 읽히기 시작한 시대이다. 또 이 시대에는 인쇄술이 발전하여 선비들 가운데는 사서삼경이나 시와 부 같은 전통적인 과거시험 과목을 준비하지 않고 소설을 읽고 쓰는 지식인들이 많이 생겼다. 『삼국지三國志』 『서유기西遊記』 『수호전水滸傳』 『금병매金瓶梅』 등 이른바 사대기서四大奇書로 불리는 소설들은 바로 이 같은 시대에 부응하여 나온 가장 인기 있는 작품들이다. 이 소설들은 앞에서도 언급했듯 80회본·100회본·120회본 등 연재 장편소설 또는 연속 드라마의 형태를 띠고 있다.

1) 『삼국지』

먼저 중국뿐 아니라 한국과 일본에서도 끊임없는 인기를 유지하고 있는 소설 『삼국지』를 보자. 중국에서는 『삼국연의三國演義』로 불리는 이 소설은 원래 당나라 말부터 송나라 및 원나라를 거치면서 민간에 유전되어오다가 원나라 말에 이르러 소설가 나관중羅貫中이 소설로 완성했다고 전한다. 이 같은 사실은 당나라 말, 시인 이상은李商隱의 시에 "어떤 사람은 장비의 야만성을 비웃고 어떤 사람은 등애의 말더듬는 것을 우스개 삼는다."에서 『삼국지』의 인물인 장비와 등애 등이 언급되는 것으로 알 수 있다. 또한 송나라 시인 소식蘇軾의 책에도 이야기꾼이 위·촉·오 등 삼국의 이야기를 구연하는 기록으로도 확인할 수 있다. 뿐만 아니라 원나라 때에 이야기꾼의 대본 또는 희극의 극본으로 사용되었을 『전상삼국지평화』 3권이 간행되었음을 보아도 충분히 알 수 있다.

어쨌든 소설 『삼국지』는 원나라 말 또는 명나라 초에 산서성 태원 출신의 나관중이 지었다고 알려져 있다. 하지만 우리가 오늘날 보고 있는 『삼국지』는 나관중이 지은 판본이 아니라 청나라 때 강소성 소주 출신의 모종강毛宗崗이 손질한 120회본이다. 그렇지만 이 또한 지금으로부터 100여 년 전의 일이니 그간 서로 다른 출판사에서 판을 거듭하면서 누군가에 의해 가필이 되지 않았다고 말하기 어렵다.

원래 진수陳壽가 쓴 역사책 『삼국지』의 위·촉·오 세 나라의 역사에 소설적 기법을 가미해서 만든 소설 『삼국지』는 대략 전반과 후반으로 나뉜다. 전반부에서는 유비·관우·장비 등 3인이 도원에서 의형제를 맺은 후, 나중에 지략가 제갈공명을 얻어 한漢나라의 법통을 되찾는 노력을 한다. 이야기의 절정은 유비가 손권과 손잡고 적벽에서 조조의 대군을 물리치는 적벽대전으로, 이에 관한 이야기는 적벽부·적벽가 등 후대 문학작품의 주 내용을 이룬다. 『삼국지』의 후반부는 유비·관우·장비가 모두 죽고 제갈공명의 독무대가 되어 홀로 6차례에 걸쳐 북벌을 시도하다가 실패하고 결국 병으로 죽는 내용으로 채워져 있다. 그 때문에 많은 『삼국지』독자들은 제갈공명이 혼자 싸우다가 실패하는 후반부보다 유비·관우·장비가 의기투합하여 제갈공명과 함께 승승장구하는 전반부의 내용을 더 재미있어 한다.

이 소설의 주요인물은 두말할 필요 없이 유비·관우·장비와 제갈공명으로, 특히 장비의 솔직한 성격과 뛰어난 무술은 많은 독자들의 사랑을 받고 있다. 유비의 관용과 인품, 그리고 관우의 의리와 절개 또한 돋보인다. 특히 검고 긴 수염을 풍성히 기른 관우는 그 후 중국에서 민간신앙의 대상으로 발전할 만큼 신격화되어 있다. 한국에도 서울 신설동에 관우를 모시는 사당인 동묘東廟가 있다. 뛰어난 지모를 갖추고 신통력까지 있는 제갈공명과 훗날 간교한 영웅으로 독자의 뇌리에 각인되는 조조에 대한 묘사도 뛰어나다. 무엇보다 유비가 제갈공명을 사부로 모시기 위해 누추한 그의 초가집을 세 번이나 방문했다는 삼고초려三顧草廬는 이 소설에서 유래된 고사성어이다.

『삼국지』는 사실 구어체가 아닌 문어체로 씌어졌으나, 인물묘사가 생동적이어서 훗날 한국·중국·일본의 구어체 문학에 큰 영향을 끼쳤다. 이 소설은 기본적으로 역사소설로서, 후대의 많은 역사소설의 모범이 되었을 뿐 아니라,

이를 그대로 모방하는 역사소설들이 무수히 쏟아져 나왔다. 당연히도 『삼국지』는 오늘날 한국에서도 수많은 번역본과 영화・만화까지 있을 만큼 독자들의 사랑을 받고 있다. 조금이라도 글을 읽는 사람으로서 이 소설을 모르면 대화가 불가능할 만큼 말이다.

2) 『서유기』

『서유기』는 현장玄奘(삼장법사)이 627년 당 나라 태종의 칙령을 받고 28세의 나이에 인도에 가서 600여권의 불경을 구해 17년 만에 돌아온 역사적 사실을 기반으로 씌어진 소설이다. 이 같은 역사적 사실에 설화를 가미하여 소설로 꾸민 『서유기』도 다른 소설들과 마찬가지로 명나라 이전부터 이야기 대본 또는 희극 극본 등을 거쳐서 형성되었다. 즉 『서유기』도 송나라 때 이야기 대본으로 떠돌던 『대당삼장취경시화大唐三藏取經詩話』를 기반으로 한 소설이다. 거기다가 원나라 때 민간에 퍼져 있던 불교와 도교의 신선과 요괴 이야기가 더해져서 명나라 때 소설로 완성된 것이다. 고려 말 조선 초에 간행된 것으로 알려진 중국어 교본 『박통사언해』에도 『서유기』의 내용과 크게 다르지 않은 대목이 있음을 볼 때, 한반도에도 일찍부터 이 이야기가 알려졌음을 알 수 있다.

『서유기』 100회본의 저자는 오승은吳承恩으로 전한다. 그는 강소성 회안 출신으로, 과거시험에 응시는 했지만 뜻을 이루지 못했다. 다만 60이 넘어 낮은 벼슬을 7년간 했고, 글발이 좋아서 세간에 이름을 떨쳤다고 한다. 『서유기』의 판본에 대해서는 세 가지 정도가 알려져 있는데, 우리가 지금 볼 수 있는 『서유기』는 『삼국지』가 그랬듯 원작자인 오승은의 원본 그대로가 아니라 청나라 때 간행된 판본이다. 이 판본 또한 훗날 어떤 사람들의 손을 거쳐 내용이 어떻게 변화했을지는 아무도 모른다.

아무튼 현존하는 『서유기』의 구성은 크게 네 부분으로 나뉜다. 첫 부분은 주인공인 손오공의 탄생과 천궁天宮에서의 난동을 다루고 있고, 두 번째 부분은 삼장법사 현장의 등장을 다루고 있다. 다음 세 번째 부분은 당나라 태종의 지옥 탐방 이야기이고 마지막 네 번째 부분은 삼장법사 일행이 여행 도중에 요괴들과 싸우는 81난 이야기다. 이 가운데 첫 번째 부분인 손오공의 탄생과 천궁에서의 난동 이야기와, 네 번째 부분인 삼장법사 일행이 여행 도중 만나는 요괴들과 싸우는 81난이 가장 중요한 부분이다. 특히 마지막 네 번째 부분은 『서유기』 전체 내용의 거의 대부분을 차지하고 있을 만큼 중요하다. 두 번째 부분인 삼장법사의 출현과 세 번째 부분인 당 태종의 지옥 탐방에 대해서는 상대적으로 거의 무시되고 있는 것과 대조된다. 이는 『서유기』의 주인공이 삼장법사나 당 태종이 아니라 손오공과 저팔계 일행이라는 뜻이 된다.

그럼 많은 사람들에게 알려진 첫 번째와 네 번째 부분을 중심으로 『서유기』의 줄거리를 간략하게 살펴보자. 손오공은 돌에서 태어난 후 도술을 부려 천궁의 질서를 문란하게 한 죄로 5백년 간 오행산五行山에 갇혀 있게 된다. 다행히 삼장법사에 의해 오행산에서 구출된 손오공은 삼장법사를 따라 불경을 구하러 간다. 삼장법사는 손오공 말고도 돼지 형상의 낙관주의자 저팔계와 수괴水怪 형상의 비관주의자 사오정을 데리고 화염산·여인국 등을 지나 서쪽으로의 여정을 멈추지 않는다. 결국 손오공 일행은 구름을 타고 안개를 몰며 72가지 변술을 부린 끝에 온갖 요괴들을 다 굴복시키고 불경을 구해온 공덕으로 부처가 된다는 것으로 소설은 끝이 난다.

『서유기』는 위진 남북조시대의 지괴소설과 당나라 때의 전기소설의 뒤를 이은 소설이지만, 이들 소설들을 훨씬 능가하는 장점을 지니고 있다. 스케일 면에 있어서나 양적 또는 질적 면에서 매우 깊고 넓은 뜻을 지니고 있기 때문이다. 『서유기』는 단순한 인과응보나 권선징악이 아닌 신선과 요괴, 천국과 지옥, 인간과 신, 동물과 인간, 심지어 무생물에 이르기까지 종으로 횡으로 환상의 세계를 펼친다.

이 소설을 읽을 때 유의해야 할 점은 손오공이 한때 천궁에서 난동을 피우는 악동이었고 저팔계도 욕심스런 돼지의 일면을 지녔다는 점이다. 또한 수많은 요괴들도 사실은 한때 천상에서 신선의 수행을 했었다는 사실이다. 이는 신선도 잘못하면 요괴가 되고 요괴도 잘하면 신선이 된다는 뜻이 된다. 그런 의미에서 이 소설은 천국과 지옥, 신과 인간, 인간과 동물이 모두 한마음 한 몸으로 뭉쳐 있다는 불교 사상을 담고 있다. 이처럼 『서유기』는 손오공 일행이 삼라만상을 한마음으로 꿰뚫는 불성을 상징하는 불경을 얻어 마침내 부처가 되는 과정을 그리고 있다. 그렇게 볼 때 『삼국지』가 역사소설이라면 『서유기』는 불교소설이다.

하지만 『서유기』의 주제사상을 불교로 보지 않는 학자들도 적지 않다. 예를 들어 삼장법사가 여행 중에 만나는 요괴들은 백성을 압박하는 지주계급이고, 손오공은 이들 지주계급과 싸우는 영웅이라고 주장하는 연구가들이 있다. 그런가 하면 손오공 일행은 대자연과 대결하는 중국인의 불굴의 정신을 묘사했다고 보는 학자들도 있다. 이들은 대부분 중국이 공산화된 이후 중국 땅에서 『서유기』를 연구한 학자들이거나 중국민족의 정신을 고양하려는 의도를 가진 애국주의 연구가들임은 두 말할 필요도 없다.

이에 비해 노신은 손오공과 저팔계에 대해 매우 합리적인 해석을 가하고 있다. 그의 해석은 심리적이고 현실적이어서 많은 현대 학자들의 공감을 얻고 있다. 그에 따르면 원숭이 손오공은 인간의 자유로운 마음을 상징하고, 돼지 저팔계는 인간의 욕망을 상징한다. 그렇게 본다면 비관주의자 사오정은 인간의 실존적 비극성을 상징할 것이다. 하지만 손오공은 자유로운 마음만 있었던 것은 아니고 저팔계 또한 욕심만 부리지는 않고, 사오정 또한 비관주의자만은 아니다. 그렇게 볼 때 노신이 제시한 손오공 등 세 인물에 대한 상징은 세 인물들의 고정적인 특성이 아니라 가변적인 일면일 뿐이다.

아무튼 『서유기』의 인기는 대단해서 이후에도 『속서유기續西遊記』 『후서유기後西遊記』 등 소설들이 뒤를 이었다. 중국뿐 아니라 한국과 일본에서도 『서유기』는 온갖 판본의 번역본과 영화 · 만화 · 애니메이션 등으로 수많은 사람들의 사랑을 받고 있음은 두 말할 필요도 없다.

3) 『수호전』

소설 『수호전』의 형성도 『삼국지』와 『서유기』처럼 수 백 년 간 여러 사람의 손을 거쳐 이루어졌다. 첫 이야기는 송나라 역사책인 『송사宋史』에 송강宋江 등 36인이 산동에서 반란을 일으켰다는 기록을 바탕으로 만들어진 이야기에서 시작되었다. 원나라 초에 이르러서는 이 대본에 다른 영웅호걸들의 이야기가 더해져서 희극의 극본이 되었고, 이것이 원나라 말 명나라 초에 방대한 소설로 완성되었다는 것이다.

다시 말하자면 『수호전』은 송나라 때 산동지방의 양산박梁山泊을 본거지로 영웅호걸들이 활동한 전설 같은 이야기가 송나라 말 『대송선화유사大宋宣和遺事』라는 이야기 대본이 되었고, 이것이 원나라 때에 이르러 20여종의 희극 대본으로 발전되었다. 이 무렵 영웅의 숫자는 36인에서 108인으로 늘어났고 이들의 활약상도 화려해졌다. 이후 원나라 말 또는 명나라 초에 장편소설로 완성된 것이 바로 이 소설이다.

한국에서는 한때 『수호지』로도 불렸던 『수호전』의 지은이는 시내암施耐庵으로 알려져 있다. 시내암은 과거에 급제하여 2년간 관직에 있다가 관직을 버리고 강소성 소주에서 살았다고 전한다. 하지만 『삼국지』와 『서유기』가 그랬듯이, 시내암이 지었다는 『수호전』은 오늘날 전하지 않고, 대신 청나라 초 곽훈郭勛의 집에서 조상 대대로 전해온 100회본이 전해지고 있다.

곽훈의 『수호전』 100회본의 내용을 살펴보면 다음과 같이 크게 두 부분으로 나뉜다. 먼저 앞부분은 호랑이를 맨손으로 때려잡았다는 송강 등 108명의 영웅호걸들이 이런저런 이유로 도적이 되어 양산박으로 모여드는 내용이다. 대략 삼분의 이에 해당하는 이야기가 바로 이 부분에 속한다. 나머지 삼분의 일 분량인 뒷부분은 관군에 대항하던 송강 등 영웅들이 송나라에 귀순하여 정규군에 편입된 후, 거란족의 요나라를 물리치고 반란을 제압하는 등 공을 세우는 내용이다. 하지만 이 과정에서 108명 중 대부분이 전쟁에서 죽거나 병으로 죽고, 달랑 27명만이 돌아와 송나라 조정으로부터 관직과 작위를 받는다. 그렇지만 개선군으로 돌아온 송강과 이규 등은 이들을 시샘하는 간신의 손에 독살되고, 살아남은 사람들도 뿔뿔이 흩어지는 것으로 소설은 끝이 난다.

『수호전』은 이상의 내용으로 이루어진 곽훈의 100회본 말고도 양정견이 엮은 120회본도 있고 김성탄이 추려낸 70회본 등 서로 다른 판본이 있다. 이 가운데 김성탄의 70회본은 곽훈의 100회본 가운데 앞부분만 다루고, 송강 등이 송나라 조정에 귀순한 이후의 활약과 비극적 종말이 담긴 뒷부분은 없애버렸다. 이는 영웅호걸들의 용감한 행위를 부각시키는 반면에, 이들의 비극적 종말에 대해서는 생각하고 싶지 않은 독자들의 심리에 영합한 것이라고 할 수 있다.

생생한 구어체인 백화문白話文으로 씌어진 『수호전』은 인물묘사가 매우 생동적이다. "하늘을 대신해서 정의를 행한다."는 표어를 내걸고 양산박梁山泊에서 도당을 이룬 이 소설의 인물들은 크게 두 부류로 나뉜다. 하나는 졸병,·농민·어부 등 비교적 교육수준이 낮은, 거칠고 단순한 인물들로, 이규·노지심·무송 등이 그 예이다. 다른 하나는 비교적 신분이 있는 관리·장교·또는 부자 출신으로 송강·임충 등이 그 예이다. 출신 성분에 따라 인물들의 뜻도 갈리는데, 이를테면 이규·무송 등 비천한 신분 출신은 의협심과 동지애로 만족하지만, 송강·임충 등 상류층 출신은 비록 본의 아니게 도적이 되었으나 조정에 귀순하여 공을 세우고 명예를 얻으려는 생각을 끝내 버리지 않는다. 그 때문에 소설의 뒷부분에서 이들은 결국 송나라 조정의 권유를 받아들여 조정에 귀순하는 것이다.

『수호전』의 주제를 보면 앞부분은 탐관오리와 불의에 대한 반항이고, 뒷부분은 송나라 조정에 대한 충의이다. 이는 이 소설이 처음에는 반항적인 민중의 손에서 시작되어 나중에는 보수적인 사대부의 손으로 완성되었음을 뜻한다. 그래서 송강 등이 송나라 조정에 귀순하여 요나라와 싸우고 반란을 진압하는 이야기인 뒷부분을 빼버리고, 조정에 대해 반항하는 앞부분만을 남긴 김성탄의 70회본은 청나라 때 "도적질을 가르치는 책"이라고 하여 한동안 금서로 묶여 있었다.

『삼국지』가 역사소설의 대명사이고 『서유기』가 종교소설의 백미라면 『수호전』은 무협소설의 대표작이다. 그 때문에 『삼국지』와 『서유기』가 그랬듯, 『수호전』도 이후 『수호후전水滸後傳』 등 수많은 후속 소설들이 나왔다. 오늘날에도 중국·한국·일본에서 『수호전』은 영화·만화·애니메이션 등 다양한 장르로, 수많은 독자와 관객을 확보하고 있음은 물론이다.

4) 『금병매』

잘 알다시피 『금병매』는 『수호전』의 한 부분을 드라마틱하게 극화시킨 소설이다. 그 때문에 앞의 세 소설보다 늦은, 17세기 초에 첫 이야기가 출판되었다. 하지만 이야기 자체는 16세기 말부터 필사본으로 전해지다가, 17세기 초 산동성

난릉 출신 소소생笑笑生이 완성했다고 전한다.

『금병매』 또한 『삼국지』『서유기』『수호전』과 마찬가지로 처음에는 이야기 대본과 희극 극본을 거쳐 형성되었다. 그 때문에 소소생의 『금병매』역시 우리가 지금 볼 수 있는 판본은 아니다. 기록에 따르면 청나라 초에 장죽파라는 사람이 개정한 『금병매』가 있었다고 하는데, 이 개정판 역시 소실되어 전해지지 않는다. 현존하는 『금병매』의 원본은 1932년에 다시 발견된 『금병매사화金瓶梅詞話』로, 우리가 보는 『금병매』는 바로 이것을 번역한 것이다.

많은 연구가들은 『금병매사화』에 산동 사투리가 많음으로 보아 이 판본이 산동 출신의 저자 소소생의 원본에 가깝다고 본다. 하지만 『금병매』 또한 『삼국지』『서유기』『수호전』 등과 마찬가지로 첫 출판 이후 수많은 사람들의 개정과 가필이 있었을 것은 짐작하고도 남음이 있다.

이미 많은 사람이 알고 있듯이 『금병매』는 남녀의 노골적인 성애를 다룬 연정소설이다. 그 때문에 당연히 여주인공들의 역할이 두드러진다. 그래서 제목도 대표적 여주인공인 반금련潘金蓮의 금金과 이병아李瓶兒의 병瓶, 그리고 춘매春梅의 매梅를 조합해서 만들었다. 앞에도 잠깐 언급했지만 『금병매』는 『수호전』의 23회부터 27회까지의 내용을 늘여서 극화하였다. 즉 무송의 형수인 반금련이 외간남자인 서문경西門慶과 눈이 맞아 남편 무대를 독살한 것을 알고, 무송이 두 남녀를 살해했다는 이야기를 따로 떼어 내 100회본의 소설을 만든 것이다.

그래서 『금병매』의 내용은 『수호전』의 내용과는 좀 다르다. 즉 『수호전』에서는 반금련이 남편을 독살한 후 곧 무송에게 살해되지만, 『금병매』에서 반금련은 즉시 살해되지 않고, 서문경의 첩이 되어 음탕한 생활을 계속하다가 소설의 거의 마지막 부분에서 시동생에게 피살된다. 또 서문경도 『수호전』에서처럼 무송에게 살해당하지 않고, 반금련뿐 아니라 자신의 절친한 친구의 아내인 이병아와 반금련의 시녀인 춘매 등과 더불어 음욕에 가득한 생활을 하다가 병으로 죽는 것으로 그려져 있다. 뿐만 아니라 이 소설은 서문경과 반금련이 죽고 난 후에도 한참 더 계속된다. 즉 명나라 말에 오랑캐의 군대가 쳐들어오자, 서문경의 본처인 오월랑이 아들 효가를 데리고 피난하던 도중, 한 스님을 만나 효가가 출가하는 것까지 이어지는 것이다.

『금병매』는 『삼국지』 『서유기』 『수호전』과는 달리 노골적이고 그칠 줄 모르는 남녀의 성 묘사가 주류를 이루고 있어서 외설문학의 대표로 꼽힌다. 또한 이처럼 적나라한 성적 유희를 묘사하고 있기 때문에 일찍부터 점잖은 독자들이 읽을 만한 책이 아니라고 금기시되었다. 하지만 음욕과 질투와 교태로 일관하는 『금병매』의 인물들은 그 속물적인 속성 때문에 오히려 오늘날에 쉽게 받아들여지는 측면이 있다. 그만큼 인물들이 현대적이고 현실적이라는 뜻이다.

앞서도 잠깐 언급했지만 이 소설이 씌어진 16세기 말은 자본주의의 맹아기로, 특히 양자강 이남을 중심으로 상업도시가 번성하면서 상인계층이 형성되어 있었다. 이들 신흥 상인들 중 일부는 관료들에게 뇌물을 써서 자기들의 이권과 지위를 향상시키는 일이 잦았다. 게다가 당시 명나라의 임금인 세종과 신종은 올바른 정치보다는 후궁들과의 문란한 생활에 더 관심이 많았기 때문에 이런 일들이 쉽게 이루어졌다. 신하들이 앞 다투어 남녀 간의 성교 기술을 다룬 방중술을 황제에게 바쳐서 그 대가로 벼슬을 얻었을 정도니까 말이다. 당시 황제의 이 같은 퇴폐적이고 향락적인 처사는 세간에 널리 퍼져 지식인들도 섹스에 대한 일을 마음대로 이야기하고 쓰는 일을 수치로 여기지 않았다고 한다.

이 같은 상황에서 『금병매』의 주인공 서문경은 약재상·포목상 등 여러 상점을 경영하는 한편, 소금을 매점매석하고 관가에 물품을 납품하고 관리에게 돈을 빌려주면서 부를 축적한다. 당연하게도 그는 부패한 관리들에게 뇌물과 향응을 베푼 대가로 청탁을 하고 관직을 얻는다. 이렇게 형성된 막대한 재력과 권력을 가지고 서문경은 본처 오월랑을 두고도 반금련·이병아·춘매 등과 그렇듯 쾌락적인 생활을 하는 것이다.

『금병매』에 대한 세인의 평가는 엇갈린다. 어떤 사람은 부패한 관료정치와 관리들의 음탕한 생활을 폭로한 사실주의 작품이라고 하고, 어떤 사람은 관료지배와 일부다처제의 봉건적인 윤리를 옹호한 퇴폐주의 작품이라고 한다. 또 어떤 평론가는 인간의 본능인 성욕을 솔직히 드러낸, 자유로운 시대정신을 구현한 소설이라고도 하는 반면, 어떤 비평가는 남녀의 성적 욕망과 유희를 극대화한 외설 소설이라고도 한다. 그런가 하면 주인공들이 거의 다 비참하게 죽고 서문경의 아들이 출가하는 것으로 보아, 권선징악과 인과응보를 강조한 종교적 메시지가 있는 소설이라고 평가하는 학자도 있다. 아무튼 『금병매』는 『삼국지』 『서유기』 『수호전』같이 영웅적이고 기상천외한 비현실적인 세계가 가미된 소설이 아닌, 보통사람들의 세속적이고 현실적인 실상을 다룬 소설이라는 점 때문에 많은 학자들과 독자들의 관심을 얻고 있다.

『금병매』는 이후 적나라한 애정소설의 저본이 되어, 이를 모방한 수많은 연정소설이 그 뒤를 이었다. 『삼국지』 『서유기』 『수호전』이 그렇듯 『금병매』 또한 오늘날 중국뿐 아니라 한국과 일본 등지에서 번역되고 영화화되고 만화로 만들어지는 등, 수많은 사람들의 관심을 끄는 작품이 되어 있다.

4. 『홍루몽』

『삼국지』 『서유기』 『수호전』 『금병매』가 사대기서로 불릴 만큼 유명한 명나라 때 장편소설이라면, 『홍루몽』은 청나라 때의 대표적인 장편소설이다. 『홍루몽』은 처음에는 『석두기石頭記』라는 제목으로 불리었고, 분량도 80회본에 불과했었는데, 나중에 제목도 바뀌고 분량도 40회가 더 늘어 『홍루몽』 120회본이 되었다. 일설에 의하면 앞의 80회본은 조설근曹雪芹이 썼고 나머지 40회는 조설근이 죽고 나서 그의 뜻을 이은 고악高鶚이 썼다고 한다. 하지만 소설의 주요 내용이 앞의 80회에 다 있기 때문에 흔히 『홍루몽』의 저자를 조설근이라고 한다.

조설근은 1719년 경 청나라의 한 귀족 집안에서 태어나, 1763년 쯤 죽은 걸로 되어 있다. 그의 출신성분에 대해서 연구한 한 학자에 따르면, 그의 조상은 원래 한족이었는데, 어떤 이유인지 만주족이 되었다고 한다. 하지만 그는 분명 청나라 황실과 관계가 있는 만주족으로 태어나 10살까지 호사스럽게 살았다. 하지만 호화롭던 그의 집안은 그가 10살쯤 완전히 몰락해버렸다. 그 때문에 10세 이후 그는 귀족 자제의 호사스러움은커녕 말년에는 술도 제대로 사 마실 수 없는 가난한 처지가 되었다. 이처럼 비참한 생활을 하던 그가 화려했던 어린 시절을 회상하며 쓴 책이 바로 『홍루몽』이다.

『홍루몽』은 18세기 청나라 때의 금릉金陵, 즉 지금의 남경에 있는 가賈씨 집안의 흥성과 몰락의 과정을 그리고 있다. 소설은 여왜씨女媧氏가 파손된 하늘 귀퉁

이를 보수하려고 마련한 돌 가운데 못난 돌 하나가 도사의 도력으로 사람으로 태어나는 것으로 시작된다. 이렇게 태어난 남자 아이가 바로 주인공 가보옥賈寶玉인데, 보옥이란 이름은 그가 입에 옥돌을 물고 태어났다고 해서 지어진 이름이다. 바로 그 돌 때문에 『홍루몽』의 제목이 돌멩이 이야기라는 뜻의 『석두기』가 되었을 것이다.

『홍루몽』은 흔히 남주인공 가보옥을 놓고 여주인공 임대옥林黛玉과 설보채薛寶釵가 얽히는 삼각관계를 다룬 소설로 알려져 있다. 하지만 이 소설은 단순한 애정소설은 아니다. 그럼 먼저 『홍루몽』의 줄거리를 간략히 소개한다. 가씨 집안의 귀공자 가보옥은 사촌누이 임대옥을 사랑하지만 집안의 어른인 사태군 할머니와 집안의 실권자인 왕희봉의 계략으로 임대옥이 아닌 설보채와 결혼하게 된다. 사태군 등이 임대옥은 병약하여 가씨 집안의 며느리감이 못된다고 보고, 건강하고 성격도 원만한 설보채를 택한 것이다.

하지만 가보옥이 설보채와 혼인하는 날, 임대옥은 충격을 이기지 못해 지병인 폐병이 도져서 죽고, 상심한 가보옥은 결혼 후에도 정신을 차리지 못한다. 얼마 후 가보옥은 집안의 기대에 따라 과거시험도 보고 과거에 급제도 한다. 그렇지만 그는 어느 날 가족의 기대를 저버린 채 소리 없이 행방불명된다. 스님이 되었다고도 하고 도사가 되었다고도 하는 소문만 남긴 채 말이다. 이후 가씨 집안은 몰락의 길을 걷게 되고, 사라진 가보옥은 다시 한 개의 돌로 돌아가는 것으로써 소설은 끝이 난다.

흔히 『홍루몽』은 인물 형상이 뛰어나다고 한다. 실제로 가보옥을 비롯한 가씨 집안 남자들과 임대옥과 설보채를 비롯한 열 두 명의 미인들은 매우 생생하게 형상화되어 있다. 『수호전』이나 『금병매』에 등장하는 인물들이 몇 가지 유형으로 나뉘는데 반하여, 『홍루몽』의 인물들은 거기에서 한걸음 더 나아가 인물마다 다 독특한 성격과 풍모를 지니고 있다. 특히 여성 인물들의 묘사가 빼어나서 많은 사람들의 시선을 끈다. 예를 들어 다재다능하고 섬세한 가보옥, 병약하고 감수성이 뛰어난 임대옥, 활달하고 모가 나지 않는 설보채, 가씨 집안 실질적 권력자 왕희봉, 황제의 부인이 되어 입궐하는 원춘, 총명하고 활발한 탐춘, 비구니 스님이 되는 묘옥 등등.

그럼 백문이 불여일견이라고 『홍루몽』의 한 대목을 감상해보자 :

이야기를 시작한다. 왕희봉이 한참 평아를 위로하고 있다가, 갑자기 많은 자매들이 들어오는 것을 보고 급히 좌정했다. 평아가 차를 따르자 왕희봉이 웃으며 말했다 : "오늘 이렇게 많은 사람들이 오다니, 마치 초대장을 보내서 초청해온 것 같네." 탐춘이 먼저 웃으면서 말했다 : "우리에게 두 가지 일이 있어요. 하나는 제 일이고 다른 하나는 넷째 여동생이 가져온 노마님의 말씀이랍니다." 왕희봉이 웃으며 말했다 : "도대체 무슨 일이길래 이렇게 난리에요?" 탐춘도 웃으며 말했다 : 우리가 시를 짓는 시사詩社를 하나 만들었는데 처음이라 부족한 게 너무 많아요. 이렇게 마음들이 무르면 앞으로 제대로 되기 어려울 거예요. 제 생각으로는 언니가 꼭 오셔서 감사를 맡아 공평무사하게 하면 더 이상 좋을 수가 없을 거예요. 두 번째 일은 넷째 여동생이 동산 그림을 그리는데, 쓰는 물건이 이것저것 온전한 게 없어서 노마님에게 갔는데요, 노마님 말씀이 뒤채 다락 밑에 남겨둔 물건들이 있을지 모르니, 찾아봐서 만약 있으면 꺼내어 쓰고, 만약 없으면 사람을 시켜 사오라고 하셨어요. 왕희봉이 웃으며 말했다 : "나라고 뭐든 할 수 있는 게 아니에요. 나에게 젖은 것이나 마른 것이나 다 먹으라고 하면 안 되죠." 탐춘이 말했다 ; "언니가 할 수 없다면 하지 마세요. 그저 우리 가운데 안일하고 나태한 사람이 있으면 벌주기만 하면 돼요." 왕희봉이 웃으며 말했다 : "나를 속일 생각 말아요. 나를 감사로 초빙하는 것은 분명 나를 돈이나 내주는 물주로 삼으려는 속셈인 줄 다 알아챘거든요."

話說, 鳳姐兒正撫恤平兒, 忽見衆姐妹進來忙樣坐了, 平兒斟上茶來. 鳳姐兒笑道, 今兒這些 人到, 像下帖子請了來的. 探春先笑道, 我們有兩件事, 一件是我的, 一件是四妹妹的還夾着老太太的話. 鳳姐兒笑道, 有什麽事這麽要緊, 探春笑道, 我們起了個詩社, 頭一社就不齊全, 衆人臉軟, 所以亂了例了. 我想必得你去, 做個監社御使, 鐵面無私纔好. 再四妹妹爲畵園子用的東西, 這般那般不全, 回了老太太, 老太太說, 只怕後頭樓低下還有當年剩下的, 找一找若有你 拿出來, 若沒有叫人買去. 鳳姐兒笑道, 我又不會做什麽, 濕的乾的要我吃東西去不成. 探春道, 你雖不會做也, 不要你做, 你只監察着我們裡頭有偷安怠惰的, 該怎麽樣罰他就是了. 鳳姐兒笑道, 你們別哄我, 我猜了那裡是請我做監察御使, 分明是叫我做個進錢的銅商.

화설, 봉저아정무휼평아, 홀견중저매진래망양좌료. 평아짐상차래. 봉저아소도, 금아저사인도, 상하첩자청료래적. 탐춘선소도, 아문유양건사, 일건시아적, 일건시사매매적환협착노태태적화. 봉저아소도, 유십마사저마요긴. 탐춘소도, 아문기료개시사, 두일사취불제전, 중인검연, 소이난료예료. 아상필득니거, 주개감사어사, 철면무사재호, 재사매매위화원자용적동서, 저반나반불전, 회료노태태, 노태태설, 지파후두루저하환유당년잉하적, 조일조약유니나출래, 약몰유규인매거. 봉저아소도, 아우불회주십마, 습적건적요아홀동서거불성. 탐춘도, 니수불회주야, 불요니주, 니지감찰착아문리두유투안태타적, 해즘마양벌타취시료. 봉저아소도, 니문별홍아, 아시료나리시청아주감찰어사, 분명시규아주개진전적동상.

왕희봉은 가씨 집안의 며느리로, 가씨 집안의 종부인 노마님이 인정한 가씨 집안의 실력자이다. 그런 그녀에게는 위 대목에서처럼 자기 시녀인 평아를 위로하는 자상함도 있지만, 여러 자매들의 요구에 응대하는 노련함도 있다. 끝까지 미소를 잃지 않으면서도 이들의 속셈을 간파하는 카리스마도 있다. 위 대목은 『홍루몽』에 등장하는 여성인물 가운데 특히 왕희봉과 가탐춘의 성격과 심리를 단적으로 보여준다.

문체를 보면 현대 중문과 거의 흡사하다. 다만 오늘을 금아今兒라고 하고, 봉언니를 봉저아鳳姐兒라고 하여 맨 끝에 아兒를 집어넣는 어휘가 눈에 띈다. 이 같은 '아화兒化' 현상은 앞서도 설명했지만 만주어의 영향이다. 또한 위 대목의 맨 처음에 화설話說, 즉 이야기를 시작한다는 뜻의 발어사를 넣는 형식도 이채롭다. 이 같은 발어사는 소설의 매 회마다 붙여진다.

『홍루몽』에는 위에 소개한 인물들을 포함하여 수 백 명에 달하는 인물들이 나온다. 이들은 각자 독특한 성격을 통하여 당시 망해가는 귀족 집안과 사회 상황에 다양하고 다채롭게 대처한다. 이처럼 『홍루몽』은 한 귀족 집안의 흥성과 몰락뿐 아니라 청나라 귀족들의 화려하고 사치스런 생활 및 그 이면에 숨겨진 인간과 사회의 모순을 낱낱이 폭로하고 있다. 이 같이 세밀한 묘사는 작가의 실질적인 체험을 바탕으로 하지 않으면 이루어질 수 없다. 그런 의미에서 일찍이 호적胡適을 비롯한 학자들이 『홍루몽』을 저자 조설근의 자전적인 소설이라고 평가했던 것이다.

또 한 가지 『홍루몽』의 우수한 점은 한 편의 소설 속에 청나라 당시의 온갖 문화가 가득 담겨 있다는 데 있다. 즉 의복・음식・주거 등 의식주로부터 사서삼경 등 철학 · 역사와 불교 · 도교 등 종교의 의식까지 다루고 있다. 또한 산문을 비롯해서 시 · 부 · 사 · 곡 등 운문을 두루 갖춘 문학성이 풍부한 소설이기도 하다. 뿐만 아니라 그림 · 서예 · 풍속 · 의술 · 별자리 · 점복 · 잡기에 이르기까지 다채로운 문화까지 총망라되어 있는 것이다. 그 때문에 전 세계적으로 많은 『홍루몽』연구가들이 다방면에서 연구를 하고 학회를 열고 논문과 저서를 내고 있다. 얼마나 많은 학자들이 『홍루몽』연구를 했으면 『홍루몽』에 관한 학문을 "홍학紅學"이라 하고 『홍루몽』을 연구하는 학자들을 홍학가紅學家"라고 부르겠는가.

『홍루몽』은 조설근의 자전적 소설이지만, 보는 각도에 따라서 애정소설이기도 하고 사회소설이기도 하고 또 종교소설이기도 하다. 아무튼 『홍루몽』의 영향은 매우 커서 『홍루몽보紅樓夢補』『후홍루몽後紅樓夢』『속홍루몽續紅樓夢』 등 후속본이 쏟아져 나왔다. 당연하게도 『홍루몽』 또한 『삼국지』『서유기』『수호전』『금병매』처럼 영화 · 만화 · 애니메이션 등으로 각색되어 오늘날까지 수많은 사람들의 사랑을 받고 있다.

문학평론

문학이란 무엇인가? 문학은 어떻게 해야 하는가? 또 문학작품은 어떻게 평가할까? 이와 같은 질문에 답을 찾는 일이 바로 문학평론이다. 문학평론은 소설 · 시 · 희극 등의 작품을 비평해야 하기 때문에 문학의 다른 장르에 비해서 좀 더 논리적이라고 할 수 있다. 그래서 일반 독자들에게는 다소 어렵고 이해하기가 쉽지 않다. 그 때문에 문학평론은 문학 연구가들에게는 매우 중요한 분야지만 일반교양 대중에게는 외면당하기 쉽다.

하지만 보통 사람도 소설이나 시를 보고 재미있다거나 감동적이었다고 말한다. 또는 신기했다거나 인상적이었다고도 한다. 어떤 사람들은 구체적으로 어느 대목이 멋있었다거나 감동적이었다고 지적하기도 한다. 이 같은 내용을 글로 옮기면 그대로 감상문이 된다. 평론문은 바로 이 감상문을 좀 더 심화시켜 이 작품이 감동적인 이유는 무엇이고, 어떻게 인상적인지를 설명하는 글일 뿐이다. 또한 이를 잘 설명하기 위해 한 작품을 다른 작품과 비교도 하고, 또 한 작품이 다른 작가나 독자에게 어떤 영향을 끼칠지 예측하기도 한다.

문학평론도 문체로 따지면 산문이다. 문학평론도 산문처럼 주제가 있는 문학 작품이라는 뜻이다. 문학평론을 평론문학이라고 부르는 이유가 여기에 있다. 하지만 육기陸機가 쓴 문론文論의 경우는 그 형식이 산문이 아닌 부賦이다. 유협劉勰의 문학평론서 『문심조룡文心雕龍』도 반산문半散文 형식의 미문美文으로 알려져 있다. 요컨대, 문학평론은 산문 또는 반산문의 평론문학이다.

문학평론의 역사는 문학의 역사만큼 길다. 아마도 가장 오래된 문학평론은 시에 관한 공자의 평론일 것이다. 공자는 "시언지詩言志"라 했다. 이를 풀이하면 "시는 (시인이 품은) 뜻을 말한다"이다. 시에 관한 평론을 시론詩論이라고 하는데, 시론 중에는 공자의 "시언지"외에 "시연정詩緣情"도 있다. "시연정"은 "시는 (시인의) 정에서 유래한다."고 풀이되는데, 이를 공자의 "시언지"와 종합하면 시는 시인의 뜻과 정의 소산이 된다. 뜻과 정을 다른 말로 바꾸면 생각과 느낌 또는 사상과 감정이라고도 할 수 있다. 이로서 고대로부터 문학의 내용은 사상과 감정의 결합으로 이루어진다고 보았음을 알겠다.

위진 남북조시대 이전까지의 문학평론은 이처럼 주로 작품의 형식이 아닌 내용이 주를 이루었다. 앞서 공자가 시를 논한 시론도 그렇고, 한나라 때 왕충王充이 문文을 논한 문론도 그렇다. 즉 왕충은 「논형論衡」에서 문에는 아름다움보다 진실이 담겨야 한다고 주장했다. 이처럼 글을 쓰는 데 있어서 아름다운 형식보다 감동적인 내용에 치중한 문학평론은 위진 남북조 시대에 이르러서야 내용과 형식의 조화와 균형을 잡게 된다. 또 공자나 왕충의 시와 문에 대한 언급은 독립적인 문학평론이라기보다 다른 이야기를 하다가 간혹 한마디씩 언급한 단편적인 논평이었을 뿐이었다. 그렇다면 본격적인 문학평론은 역시 위진 남북조 시대의 조비曹丕로부터 비롯되었다고 할 수 있다.

본 절에서는 조비의 「논문論文」과 육기의 「문부文賦」, 유협의 『문심조룡文心雕

龍』, 종영鍾嶸의 「시품詩品」 및 소통蕭統의 『문선文選』을 소개한다. 물론 당나라 · 송나라 · 원나라 · 명나라 · 청나라 때도 수많은 시론과 문론 및 사론辭論 · 소설론 등이 나온다. 하지만 이 절의 말미에서 설명할 몇 가지 이유 때문에 남북조시대 이후의 문학비평은 본 절에서 제외했음을 밝혀둔다.

1. 조비와 육기의 문론

오늘날 문필가라고 하면 글을 잘 쓰는 사람으로 생각한다. 하지만 원래 문文과 필筆의 의미는 서로 달랐다. 즉 문文은 아름다운 무늬를 뜻하는 상형문자로, 운율과 대구 등을 갖춘 운문 또는 반운문을 말한다. 반면 필筆은 운율이나 대구가 없는 산문을 의미했다. 그래서 문이 주로 문학적인 글이라면 필은 주로 학문적인 글을 뜻했다. 필과 달리 문은 글자라는 매개를 통하여 추상적인 개념을 구체적으로 느끼게 해주는 특성이 있다. 즉 문에서 글자의 수를 맞춰 쓰는 것은 시각적 효과를 노린 것이고, 압운이나 성조를 맞추는 대구는 청각적 효과를 노리는 것이다. 또 문장의 언어들을 통해 매캐한 냄새를 맡기도 하고 달콤한 맛을 보기도 하는 것이다. 차가운 느낌이나 따뜻한 느낌 등의 감각도 문장 속에 사용되는 언어로 감지된다.

하지만 조비의 「문을 논하다」라는 뜻의 「논문論文」에서는 이 같이 아름다운 문을 논하지 않았다. 이는 무엇보다 조비 자신이 문예창작을 업으로 삼은 사람이 아니라 정치가였기 때문이었을 것이다. 하지만 조비는 정치가로서는 드물게 문에 많은 관심을 가지고 공자의 시론과 왕충의 문론을 발전시켰다. 그는 「문을 논하다」에서 "문이란 나라를 다스리는 위대한 대업이요, 영원히 썩지 않는 성대한 사업이다."라고 했다. 이는 문학의 내용이 정치적이고 사회적인 도道가 되어야한다는 뜻이다. 나라의 기강을 잡는데 문이 중심이 되어야 한다는 의미이기도 하다. 어쩌면 조비는 문을 통해서 백성들의 나라에 대한 충성심 같은 유교적인 가치를 강화하고 싶었을지 모른다.

조비뿐 아니라 역대의 많은 권력가들이 문을 정치적인 도구로 이용했다. 그래서 만약 국가의 발전에 해가 되는 글이라고 판단되면 여지없이 제재를 가했다.

진나라 시황이 법가 사상을 나라의 길로 보고 다른 사상이 담긴 책이나 그 책을 쓴 문인들을 모조리 없애버렸다는 분서갱유焚書坑儒가 그 대표적인 예이다. 역사적으로 판매 금지되고 압수된 작품들과 그 작품을 쓴 작가들이 투옥되는 것은 모두 문이 정치적으로 이용되는 과정에서 생긴 불미스런 일이다. 실제로 남한에서는 공산주의나 사회주의 사상이 담긴 문학 작품이 불온서적으로 간주되고, 그런 작가들이 발붙이기 어렵다. 반면 북한에서는 민주주의나 자유주의 사상을 가진 문인들이 살아남기 어려운 것이다.

현대 중국의 경우도 마찬가지다. 오직 계급투쟁과 공산혁명을 나라의 대업으로 삼은 모택동은 그 대업을 완수하기 위해 문을 적극적으로 이용한 정치가였다. 문화혁명 당시 수많은 문인들이 문을 통해 이 성대한 사업을 번창시켰고, 또 수많은 문인들이 이를 거부하다가 끔찍한 벌을 받고 죽었다. 이처럼 조비의 「논문」에서 말한 대로 "나라를 다스리는 위대한 대업"으로서의 문은 자칫 정치적인 선전문학 또는 선동문학이 되기 쉽다.

그럼에도 불구하고 조비의 문론이 중요한 이유는 그가 문기文氣를 중시했기 때문이다. 그래서 조비의 문론을 문기론이라고도 부른다. 문기란 문文에 있어서의 기氣를 말하는데, 기는 사람에 있어서 생명력과 같은 것이다. 그래서 사람에게 생기가 있다는 말은 그 사람의 생명력이 강하다는 뜻도 된다. 대중문화에서 흔히 말하는 '끼'도 바로 이 기를 말한다. 사실 문에 있어서의 기는 꼭 집어낼 수 없는 다소 애매모호한 개념이긴 하지만, 기가 넘치는 글은 분명 보는 사람에게 생기를 준다.

조비의 문기론은 남조의 제나라와 양나라 시절을 살았던 육기에 의해 구체적으로 발전된다. 하남성 출신의 육기는 「문부」에서 기가 넘치는 문이 되려면 다음 세 가지를 갖춰야 한다고 했다 : 첫째, 무엇을 어떻게 쓰느냐의 문제인데, 물론 내용이 중요하지만 형식도 이에 못지않게 중요하다. 특히 글에 있어서 자음과 모음의 조화를 통한 음률미가 중요하다. 음률미가 있어야만 낭독할 때 음절이 딱딱 맞아떨어지기 때문이다. 둘째, 문에는 반드시 지은이의 풍부한 상상과 감정이 살아 있어야 한다. 그래서 설교나 교훈 같은 차갑고 딱딱한 글이 아닌 따뜻하고 부드러운 글이 되어야 한다. 셋째, 문에는 반드시 참신한 독창성이 있어야 한다. 이는 유명한 옛 문인의 문체를 흉내 내어 모사하는 것을 피하고, 문인 자신의 문체를 일구어내야 한다는 뜻이다.

요컨대, 육기는 문에 있어서의 스타일, 즉 문체에 많은 관심을 가졌다. 한마디로 그는 개인의 독특한 생명력이 넘치는 문을 추구했다. 아울러 운율미, 즉 들을 때의 청각적 효과를 강조했다. 또한 삶의 특징인 끊임없는 변화와 따뜻하고 부드러운 촉감을 중시했다. 이처럼 개성이 강하고 시각·청각·후각·미각·촉각 등 오감五感으로 감지할 수 있는 문이야말로 훌륭한 문이라는 것이 육기의 입장이었던 것이다.

이처럼 육기는 문체에 남다른 관심을 가졌던 만큼, 문학 장르에 대해서도 나름대로 분류하여 하나하나 설명을 붙여 놓았다. 남북조시대의 문학 장르는 명칭에 있어서 오늘날과 사뭇 달랐는데. 육기는 이를 시詩·부賦·비碑·뢰誄·명銘·잠箴·송頌·론論·주奏·설說 등10개의 장르로 나누었다. 이 가운데 시와 부, 그리고 론과 설은 앞서 설명한 장르들이다. 즉 론은 바로 앞에 소개한 조비의「문을 논하다」같은 장르이고, 설은 앞 절에서 다룬 소설처럼 이야기를 말한다. 또한 비의 경우는 비석에 쓰는 문으로 오늘날의 비문을 상상하면 될 것이다.

나머지 뢰·명·잠·송·주에 대해서는 어렴풋할 것이다. 이를 하나하나 간략히 소개하면 먼저 뢰는 죽은 사람을 애도하는 문체이다. 제문祭文이 죽은 이를 제사 지낼 때 짓는 글이라면 뢰는 방금 죽은 이를 애도하는 글을 말한다. 둘째로 명은 새기는 문으로, 돌에 새기거나 금·은·동으로 만든 물건에 새기기도 한다. 대개는 어떤 사람의 공덕을 기리는 내용이다. 세 번째, 잠은 잠언, 즉 사람에게 훈계하고 경각심을 일깨우는 내용의 문체이다. 네 번째, 송은 앞서『시경』에서도 언급했었지만 누군가를 찬양하고 칭송하는 글이다. 마지막으로 주는 임금에게 올리는 상소문이다. 역사극을 보면 왕에게 주청한다라는 말이 나오는데, 주는 바로 이 주청奏請을 뜻한다.

2. 유협의 『문심조룡』

육기와 마찬가지로 양나라 사람인 유협은 어쩌면 중국문학평론사상 가장 중요한 문학이론가이자 평론가일 것이다. 그 이유는 차차 설명하기로 하고 먼저 그의 생애를 아주 간략히 소개한다. 유협은 산동성 출신으로, 가난한 집안에 태어났다. 하지만 어려서부터 문학에 많은 관심을 가지고 있었던 그는 과거에 급제하여 출세하겠다는 생각보다는 문학 자체에 더 많은 애정을 느꼈다고 전한다. 또한 그는 결혼에도 뜻이 없어 홀로 지내다가 만년에는 머리 깎고 스님이 되었다. 기록에 따르면, 유협은 출가하여 정림사定林寺에서 수행했는데, 법명은 혜지라 했다.

『문심조룡』은 문심文心과 조룡雕龍의 합성어로, 문심은 문학의 마음이요, 조룡은 문학의 몸이다. 문학의 몸을 말하는 조룡은 원래 아로새긴 용이라는 뜻이다. 그래서 『문심조룡』은 문학의 마음이 아름답게 새겨진 용이 승천하는 것 같은 신묘함을 담고 있는 제목이다. 이처럼 문심은 문학의 정신이고, 조룡은 그 정신을 담고 있는 정교한 육체이다. 보기 좋은 떡이 먹기도 좋다는 말이 있듯, 심오한 이야기가 구성지게 전개될 때 사람들은 재미를 느끼고 감동을 받는 법이다. 요컨대, 『문심조룡』은 문학에 있어서 내용과 형식의 떼려고 해도 뗄 수 없는 관계를 표현한 제목이기도 하다.

유협은 원래 『문심조룡』 50편을 썼다. 이 분량은 다른 문학이론서나 비평서에 비해 무척 많은 분량이다. 하지만 안타깝게도 이 가운데 「은수隱秀」편은 없어지고 「원도原道」편 등 49편만이 전해지고 있다. 소실된 「은수」편은 한자의 뜻으로 보아 문학에 있어서 숨어 있는 빼어난 표현들을 다루지 않았나 싶다. 그럼 현존하는 『문심조룡』49편 가운데 「원도」편을 비롯한 중요한 몇 편을 간략히 소개한다.

먼저 『문심조룡』의 서문에 해당되는 「서지序志」편을 짚고 넘어가도록 한다. 「서지」편에서는 제목인 『문심조룡』의 신묘한 뜻을 자세히 풀어 쓰고 있다. 즉 문에 있어서 내용과 형식은 마음과 몸처럼 불가분의 관계임을 구체적으로 역설하고 있는 것이다. 아울러 문인이라면 개성과 사회성 및 시대성을 두루 갖춰야 한다고 강조하고 있다. 여기서 말하는 개성은 남들의 눈치를 보거나 유명한 사람들의 문체를 모방하지 말고 문인 자신의 독창적인 개성을 발휘하라는 말이다. 하지만 개인은 특정 사회에 속하고 또 특정 시대에 속하는 만큼, 문인은 개성뿐 아니라 사회성과 시대성까지 지녀야한다는 것이다.

이렇게 말하면 모순을 느끼는 사람들이 있을 것이다. 이들은 개성과 사회성이 서로 모순된 개념으로, 강한 개성은 사회와 시대를 뛰어넘어 앞서 가는 천재들의 성품이 아니냐고 반문할지 모른다. 일리 있는 주장이다. 그렇지만 그 같은 해석은 지나치게 편을 가르는 분석이다. 유협은 몸과 마음을 분리할 수 없는 것처럼, 개성과 사회성 및 시대성은 서로 뗄 수 없는 것으로 종합했다. 어차피 개인은 시간과 공간의 조건 하에 세상에 태어나 살기 때문이다. 물론 인간은 만물의 영장으로, 자신의 굴레인 특정 사회와 특정 시대를 뛰어넘을 수 있다. 하지만 개인이 자신이 속한 사회와 시대를 뛰어넘으려면 먼저 자신의 사회와 시대를 잘 이해하고 꿰뚫어 보지 않으면 안 된다. 유협이 말하는 사회성과 시대성의 의미는 바로 이것이다.

다음으로 「원도原道」편을 소개한다. 원도란 원래의 도로서, 문학이 추구하지 않으면 안 되는 대도大道이다. 유협은 문학의 주제 사상은 바로 이 원도여야 한다고 역설한다. 그런 의미에서 『문심조룡』의 문심은 바로 원도를 뜻한다고 할 수 있다. 그럼 원도는 구체적으로 무엇을 말하는가? 한마디로 유교·불교·도교를 통합하는 진리를 말한다. 유협은 「서지」편에서 문인의 개성과 사회성 및 시대성을 유기적으로 통합시켰듯, 「원도」편에서는 유교와 불교 및 도교의 모든 사상을 종합적으로 연결시켰다.

유협은 온고지신溫故知新의 일념으로, 공자를 비롯한 성인들의 오경을 중시하는 유가사상을 가지고 있었다. 또한 일찍이 불교에 뜻을 두었고 말년에는 스스로 머리 깎고 스님이 되었으니 불가사상을 실천했다고도 볼 수 있다. 뿐만 아니라 그가 살았던 남북조시대는 불가사상과 함께 도가사상이 유행했던 시대이다. 그러니 그에게 있어서 유불도儒佛道의 통합은 그리 어려운 일이 아니었을 것이다. 사실 유협은 유교든 불교든 도교든 관계없이 얽매이지 않고 소통하는 진실한 마음을 추구했다고 할 수 있다.

세 번째로 「변소辨騷」편 등 21편은 문학의 각종 체재에 관한 유래와 특징을 논하고 있다. 각종 문체의 역사와 용법을 자세하고 꼼꼼하게 짚어내고 있는 것이다. 육기가 「문부」에서 10개의 체재를 다루었지만, 유협은 이를 더욱 세분하여 16개의 체재로 만들었다. 이를 열거해 보면 다음과 같다 : 사辭・서序・조詔・책策・장章・가歌・찬讚・축祝・기紀・전傳・맹盟・서誓・격檄・이移・애哀・조弔.

현대를 살아가는 우리의 눈으로 볼 때 이 같이 많은 문체적 분류는 지나치게 복잡하고 번거롭다고 생각된다. 하지만 약 천오백년 전 문인들의 입장에서는 꼭 필요한 분류였을 것이다. 그렇지 않다면 육기와 유협 등 남조의 문학평론가가 이렇게 열심히 설명할 까닭이 없었을 테니까. 아무튼 유협이 「변소」에서 분류한 16개의 체재를 순서대로 아주 간략히 소개하면 아래와 같다.

먼저 사는 앞 장에서 다뤘으니 알겠고, 서는 책의 맨 앞에 쓰는 서문을 말한다. 조는 임금이 신하에게 내리는 글이고, 책은 정치나 행정에 관하여 신하가 임금에게 제안하는 정책이다. 장 역시 임금에게 올리는 글이지만 책과 달리 임금의 정책에 대한 신하의 의견을 담은 상소문이다. 가・찬・축은 문자 그대로 어떤 사람이나 사물을 노래하고 찬양하고 축하하는 글이다. 또한 기와 전은 유명한 사람의 생애에 대한 글이고, 맹은 동맹을 맺는 글로 짐작된다.

서・격・이는 좀 색다른 체재의 글로, 먼저 서는 군대에게 훈계하는 글이고, 격은 군대를 설득하는 글이다. 또 이는 민중을 설득하는 글이다. 이 세 개는 군대나 민중을 설득하고 선동하는 문체인 셈이다. 마지막으로 애는 죽은 이를 애도하는 글이고, 조는 일찍 죽은 이를 아쉬워하는 글이라 한다.

네 번째로 「신사神思」편을 비롯한 16편은 문학 창작의 이론에 관한 내용이다. 신령스런 사고를 뜻하는 신사를 소제목으로 내세운 것은 유협이 창작에 있어서 신령스런 사고를 무척 중시했음을 의미한다. 그는 「신사」편에서 창작의 과정을 "깊은 사고가 구상을 통해 언어로 드러내는 것"이라 고 했는데, 이는 유불도儒佛道의 사상이 통합된 신실한 생각이 치밀한 구상을 통해서 영롱한 언어로 결실을 맺는다는 뜻이다.

유협은 또 "문학 작품은 꿩처럼 아름답고, 매처럼 높은 기상을 지녀야 한다." 고 했다. 꿩의 수컷인 장끼는 깃이 공작의 깃처럼 화려하지만 결코 멀고 높이 날지 못한다. 반면에 매는 비록 아름다운 깃털을 가지지 못하고 칙칙한 갈색일 뿐이지만, 매우 높이 또 멀리 날아간다. 유협은 이 두 새의 장점을 창작의 이상으로 삼고 있다. 요컨대, 문은 꿩처럼 수사만 화려하고 기상이 없어서도 안 되고, 매처럼 기상만 출중하고 수사가 너무 단조로워서도 안 된다는 것이다.

그는 창작에 있어서 상상력을 무척 중시했다. 상상력이야말로 창작의 원동력이라는 것이 그의 주장이다. 유협에 따르면 이 상상력은 허정虛靜과 관조觀照에서 온다고 한다. 허정이란 모든 관념을 비워 버리고 고요한 삼매에 들어 있는 상태를 말한다. 이 상태는 마치 진흙 물병을 마구 흔들다가 가만히 놓아두면 모든 찌꺼기가 아래로 가라앉고 맑은 물이 고이는 것과 같다. 관조는 그러한 상태에서 나오는 고요한 한마음으로 자기 내부와 외부에서 벌어지는 모든 것을 비춰봄을 말한다. 사실 이 같이 허정의 상태에서 관조하는 사람이라면 참선하는 수행승일 것이다. 이는 유협 자신이 스님이었음을 상기하면 자연스런 일이라 하겠다. 그런 의미에서 볼 때 유협이 중시하는 문학의 마음은 불심佛心이다.

마지막으로 「체성體性」 등 7편은 문학비평에 관한 글이다. 유협은 제대로 문학비평을 하기 위해서 비평가는 먼저 수많은 책을 읽고, 이를 전체적으로 조망하는 능력을 배양해야 한다고 주장한다. 아울러 반드시 갖춰야 할 비평가의 자세로는 작가의 자세와 마찬가지로 허정과 관조라고 했다. 개인의 모든 욕심을 비우고 사심 없고 공평무사한 마음이라야 작품들을 제대로 평가할 수 있다는 뜻이다.

이어서 유협은 춘추전국시대로부터 위진 남북조 시대까지 활약한 시인 문인들의 작품을 다음 여섯 가지 기준을 갖고 평가해야 한다고 했다 :

첫째, 작품의 짜임새는 어떤가?
둘째, 작품에 사용되는 언어는 어떠한가?
셋째, 작품이 전통을 계승하여 발전시켰는가?
넷째, 작품이 정통을 따르는가?
다섯째, 작품의 메시지는 무엇인가?
여섯째, 작품은 운율을 고려하고 있는가?

먼저 작품의 짜임새란 작품의 구성과 형태를 말한다. 이는 시각적으로 보는 효과를 뜻한다. 건물로 치면 뼈대와 윤곽을 의미한다. 둘째, 언어의 사용은 미각·후각·촉각으로 맛보고 냄새 맡고 느낄 수 있는 언어로 생생하게 표현되었느냐를 말한다. 이 또한 건물로 따지면 마감재와 인테리어가 정교하게 마무리되었느냐를 뜻한다. 셋째, 작품의 전통 계승은 작품이 역사성과 시대성을 갖추고 있느냐를 점검하는 것이다. 이는 작가에게 과거의 문인과 작품들을 연구하여 이를 그대로 답습하지 않고 발전시킬 것을 요구하는 것이다. 한마디로 온고지신을 하라는 거다.

넷째, 작품의 정통성은 사상의 중심이 올바르게 서 있느냐, 아니면 삿된 길로 빠졌느냐를 따지는 기준이다. 이는 정신적으로 중심·중용·중도를 취해야 한다는 뜻이다. 다섯째, 작품의 메시지는 주제, 즉 테마인데, 이 또한 유불도의 통합적 진리가 추구되어야 함은 물론이다. 마지막으로 여섯째는 압운·성조 등을 맞춰서 청각적인 효과를 내고 있는지를 보는 기준이다.

이 여섯 가지 평가 기준을 다시 보면 첫째와 둘째 그리고 여섯째가 문의 형식을 평가하는 기준이고, 셋째와 넷째 및 다섯째는 문의 내용을 평가하는 기준이다. 유협은 이처럼 형식 세 가지와 내용 세 가지로 똑 같이 나눔으로써, 형식과 내용이 한 몸 한마음임을 강조하였다. 또한 시작과 끝을 형식으로 감싸고 가운데에 내용을 둔 것은 마치 사람의 몸속에 마음이 있듯이 몸이 마음을 감싸고 있음을 느끼게 해준다. 이를 한마디로 요약하면 아름다운 외모가 아름다운 마음을 감싸고 있는 형국이다.

3. 「시품」과 『문선』 등

유협의 『문심조룡』과 육기의 「문부」 및 조비의 「논문」이 모두 문에 대한 평론서라면 종영鍾嶸의 「시품詩品」은 본격적인 시 비평서이다. 왜 본격적이라는 말을 썼느냐 하면 공자나 왕충 등 선대의 문인들이 시에 대해서 단편적인 평론을 한 적이 있기 때문이다. 하지만 종영은 그들과는 달리 한나라 때부터 남조의 양나라 때까지 활약했던 시인 100명을 선별하여 본격적으로 품평했다. 그런 의미에서 「시품」을 본격적인 시 비평서라고 하는 것이다.

「시품」은 한마디로 위 시인들의 시를 상품·중품·하품으로 그 품격을 나눈 후, 그 이유를 밝혔다. 또한 각 시인의 시들이 어떤 영향 하에 씌어졌는지 그 연원을 따졌다. 재미있는 점은 오늘날 비교적 높이 평가하는 도연명의 시는 중품에 넣고, 별 주목을 끌지 못하고 있는 육기의 시는 상품에 분류했다는 사실이다. 이는 남북조 시대가 수사와 미문의 시대이기 때문에, 직설적이고 소박한 도연명의 시보다, 의미가 함축적이고 교묘한 표현에 능한 육기의 시가 더 높은 평가를 받은 것이다. 하지만 「시품」의 저자 종영이 육기 시의 연원을 조식의 시로 보고, 조식 시의 연원을 『시경』의 풍風으로 본 것은 그가 시를 품평하는 데 있어서 아름다운 기법만을 중시한 것은 아니었음을 보여준다. 그가 주장한 풍골론風骨論이 이를 증명한다.

풍골은 풍력風力과 골기骨氣를 합한 말로, 이는 곧 힘과 기, 즉 기와 력을 뜻한다. 따지고 보면 풍골론은 조식의 형 조비의 문기론을 발전시킨 것이다. 문에 있어서 기를 말한 것이 문기론이라면 종영의 풍골론은 그 기에 힘을 더해준 것이기 때문이다. 추사 김정희의 서체나 에디뜨 피아프의 노래를 들으면 당장 느낄 수 있는 힘과 기는 예나 지금이나 매우 중요한 예술의 기초다. 종영은 남조 말엽의 시인들이 지나친 대우와 전고 및 음율에 집착한 나머지 문의 힘찬 기운을 잃는 데 대해 안타깝게 여긴 나머지 이 같은 풍골론을 들고 나왔던 것이다.

하지만 시에 대한 종영의 등급 매기기와 연원 따지기는 다분히 주관적이어서 후대의 시 비평가들로부터 많은 비판을 받기도 했다. 특히 도연명의 시를 중품에 넣은 반면 육기의 시를 상품에 넣은 것은 소박한 자연미보다는 조탁적인 인공미를 지나치게 중시한 결과라는 비판을 받았다. 그럼에도 불구하고 종영의 「시품」은 풍골론을 제기했다는 점 말고도 여성시인들의 시들을 무시하지 않았다는 점에서도 주목을 받았다. 실제로 「시품」에는 오언시에 뛰어났다는 반첩여班婕妤 등 여성 시인의 시들이 수록되어 있다.

다음으로 『문선文選』을 소개한다. 『문선』은 양나라 무제의 맏아들인 소통蕭統이 편찬한 문집으로, 소통은 소명태자昭明太子라고도 불린다. 소통은 태자임에도 불구하고 정치보다 문예에 관심이 많았던 것 같다. 그래서 그는 많은 학자와 문인들을 자신의 거처인 동궁東宮에 불러 함께 학문과 예술을 논하고 시문도 지었다. 『문선』은 소명태자가 여러 문인들과 함께 공동으로 편찬해낸 선집이다.

『문선』은 모두 30권으로 이루어졌는데, 춘추시대부터 양나라까지의 문인 127명과 그들의 작품들을 싣고 있다. 『문선』은 두 가지 점에서 이전의 문학비평서와 다르다. 그 하나는 문의 체재를 38종으로 확장시켜 더욱 세밀하게 분류했다는 점이다. 38개 문체는 「문부」의 10개 문체는 말할 것도 없고, 『문심조룡』의 16개 문체보다도 두 배가 넘는 숫자이다. 이처럼 많은 문체는 사실 오늘날 중국문학을 공부하는 사람들을 매우 혼란스럽게 만드는 부분이기는 하다. 하지만 앞서도 언급했지만 남북조 당시 문체의 분류는 매우 중요한 작업이었다. 그런 의미에서 볼 때 『문선』이 127명 문인들의 문체를 38개의 문체로 분류해서 수록한 일은 문학평론사상 큰 성과라고 할 수 있다.

『문선』이 이전의 문학평론서와 다른 또 하나의 특징은 이 책으로부터 비로소 문학이 철학과 역사로부터 본격적으로 독립되었다는 점이다. 학자들에 따르면 『문선』이전에는 『서경』·『역경』 등 경전과 『논어』·『노자』·『장자』 같은 철학 산문, 그리고 『사기』 같은 역사산문도 모두 문학의 범주에 속했다. 하지만 『문선』에서는 경학과 역사 및 철학서들을 배제하고 문학을 독립시켰다. 물론 『문선』이전의 문학평론서인 「논문」「문부」『문심조룡』「시품」도 문학을 독립시킨 책들이기는 하다. 하지만 『문선』에 이르러서야 이전의 모호한 경계를 확실히 세우고, 문학적인 문장들을 대대적으로 선별해서 묶었다. 바로 이 때문에 오늘날의 문학 연구가들은 문학이 본격적으로 꽃을 피운 시대를 남북조시대라고 기술하게 된 것이다. 『문선』의 체재는 당나라 · 송나라 · 명나라 등 역대 왕조뿐 아니라 고려 · 조선에도 많은 영향을 끼쳤다. 조선시대의 서거정이 『문선』을 본받아 『동문선東文選』을 편찬했음은 잘 알 것이다.

남북조시대 이후 당나라 · 송나라 · 원나라 · 명나라 및 청나라 때도 많은 문학이론서와 평론서가 나왔다. 예를 들어 옛 고문古文을 논한 당나라의 고문론이라든지 송나라 때 크게 유행한 사詞에 대한 평론인 사론이 있다. 또 원나라 때의 대표적인 문학 장르인 곡曲을 논한 곡론, 그리고 명나라 청나라 때의 소설론도 있다. 이로서 볼 때 당나라 때부터는 문학비평서가 점차 장르별로 분화되는 경향을 띠었다고 할 수 있다.

특히 과거시험의 주요과목인 시에 관한 평론서가 많았다. 이들 시 평론서를 시대별로 열거하자면 다음과 같다. 즉 당나라 때 사공도司空圖의 「이십사시품二十四詩品」, 송나라 엄우嚴羽의 「창랑시화滄浪詩話」 및 명나라 공안파公安派의 시론과 청나라 성령파性靈派의 시론 등이 있다. 이를 조금 더 설명한다면 먼저 사공도는 「이십사시품」에서 시의 품격을 고고高古 · 전아典雅 · 세련洗鍊 · 호방豪放 · 표일飄逸 등등 24개의 범주로 나누었다. 또 엄우는 「창랑시화」에서 묘오妙悟를 강조했다. 명나라 공안파와 청나라 성령파는 성령性靈과 신운神韻을 역설했다.

문제는 위 시론들이 내세운 고고 · 전아 · 세련 · 호방 · 표일 · 묘오 · 성령 · 신운이 과연 어떤 의미인지 다소 애매하다는 점이다. 물론 한자의 의미를 보면 고고와 전아는 전통적인 고전에 입각한 고상함을 의미하고, 세련은 정교하고 산뜻함을 의미한다. 또 호방은 화통하고 개방된 태도를 의미하고 표일은 세속을 떠난 어떤 초월을 뜻한다. 한편 묘오는 묘한 깨달음으로, 불교적 내지는 도교적인 깨달음을 의미한다. 성령은 자유로운 영혼이라는 뜻을 나타내고, 신운은 신령스런 여운을 뜻이다. 그럼에도 불구하고 위 단어들은 다분히 주관적이고 함의가 다양한 표현이어서 독자들을 혼란시킨다.

그렇다면 어째서 당나라 때부터 청나라 때까지의 문학평론서는 남조 양나라 때 유협의 『문심조룡』만큼 체계적이고 분석적이며 종합적이지 못한 것일까? 어쩌면 필자가 당나라 이래 청나라 때까지의 문학평론서를 낱낱이 살펴보지 못해서 이런 생각을 하는지도 모른다. 잘 살펴보면 어딘가에 『문심조룡』을 능가하는 문학평론서가 있을지 모른다. 하지만 일부 연구가들도 동조하듯 『문심조룡』 이후 그만큼 분석적이고 종합적인 문학평론서가 없었다고 가정한다면, 그 이유는 무엇일까?

그 이유는 중국의 문인들이 너무나 문학적인 풍토에서 살아왔기 때문이 아닐까? 그래서 그들은 새삼스럽게 "문학이란 무엇일까?"라든지 "문학을 어떻게 해야 할 것인가?" 또는 "문학의 내용과 형식을 어떻게 분석해야 할까?"를 따져 물을 필요가 없었을지 모른다. 그들의 삶 자체가 문학이었기 때문이다. 그러다 보니 문학이론이나 비평이 더 이상 세분되거나 전문화되지 못하고 그야말로 막연한 전체로 머물러 있게 된 것이다.

그래서 청나라 말 왕국유王國維 같은 문인도 시에 있어서 '의경意境'을 강조했다. 아스라하지만 어떤 여백미를 느끼게 하는 어휘이다. 오늘날 중국문학에서 가장 익숙한 문학비평 기준인 '정경융합情景融合'과 '시정화의詩情畫意'도 그 자체가 '안개 속의 달'이다. 요컨대, 중국의 문인들은 그간 너무나 자연스럽게 시문을 창작하고 감상했기 때문에, 나와 남이 따로 없이 감정이입感情移入을 해온 것이다. 이는 작가와 작품이 독자와 따로 떨어져 있지 않고 서로 유기적으로 엮여져 있음을 말한다.

그 때문에 중국의 문학평론은 비논리적이고 두루뭉수리하고 또 지나치게 주관적이라는 평가를 받기도 한다. 이 같은 평가는 물론 논리와 객관에 입각한 서양문학 비평가의 관점이다. 대부분의 서양 문학 비평가들은 작가와 작품을 대상으로 놓고 평론을 하기 때문이다. 또한 이들 서양 문학 비평가들은 역사비평·형식비평·구조주의신비평·신화비평 및 탈현대비평에 이르기까지 적지 않은 비평이론을 창출하여 객관적이고 분석적이고 논리적인 평론을 한다. 그렇기 때문에 이들의 눈에 비친 중국의 문학비평이 술에 물을 탄 듯 느슨하고 방만해 보이는 것이다.

하지만 아편전쟁 이후 서구화의 길을 걸어온 중국에도 지금은 서양식 문학이론을 끌어들여 평론을 하는 비평가들이 많다. 전통적인 미학인 물아일체物我一體, 즉 나와 대상을 하나로 보는 방식에서 벗어나 작가와 작품을 대상으로 놓고 평론을 하게 된 것이다. 그래서 이들은 더 이상 문학을 문학적으로 비평하지 않고 학문적으로 분석하기 시작했다. 이 같은 변화는 물론 서구식 문학 비평 교육을 받은 중국의 젊은 학자들에 의해 주도되고 있다.

그렇다고 해서 문학에 있어서의 정경융합情景融合이나 시정화의詩情畵意 같은 중국문학의 전통적인 평가 틀을 무시해서는 안 된다. 지나치게 작가와 작품을 대상화하여 분석하는 태도에도 문제가 있기 때문이다. 요컨대, 문학비평은 분석적이고 객관적인 동시에 통합적이고 주관적이어야 한다는 말이다. 이 시점에서 다시 떠오르는 문학평론가가 바로 남조 양나라의 문학평론가 유협이다. 유협의 『문심조룡』이야말로 주관과 객관이 어우러지고 분석과 통합이 공존하는 문학 평론서이기 때문이다.

제 6 장

민요 판소리류 및 희극

민요

민요는 민간에 전해져 오는 대중가요이다. 『시경』으로부터 청나라에 이르기까지 민중들의 희로애락을 담고 있는 민요는 다음 절에서 다룰 판소리류·희극과 마찬가지로 민간문학의 한 장르이다. 민요는 주로 입에서 입으로 전해진다고 해서 구전문학으로 분류하기도 한다. 그렇지만 구전되는 민요를 수집해서 이를 기록하여 민요집으로 묶으면 더 이상 구전문학이 아닌 기록문학이 된다. 그럼에도 불구하고 일단 입으로 부르는 내용을 옮겨 적은 것이기 때문에 여전히 구전문학이라고 말할 수 있다.

또 한 가지 민요의 특징은 지은이가 분명하지 않다는 것이다. 무명으로 지어져서 많은 민중 사이에 퍼지는 노래 가사가 바로 민요인 것이다. 시·사·부·소설 및 산문 등은 대부분 지은이가 있는 반면 민요는 이처럼 저자미상이다.

하지만 앞서도 언급했던 대로 지식인들이 민요의 형식을 빌어서 쓴 민요에는 저자가 있다. 예를 들어 당나라의 이백 같은 유명한 시인이 민요 형식에 맞춰 쓴 악부체 시라든지 송나라의 임금과 문인들이 대중가요에 가사를 붙인 사詞의 경우가 그렇다. 원나라 때 마치원 등 문인들도 대중가요인 곡曲에 가사를 붙였다. 이 같은 현상은 시대가 발전함에 따라 점차 지식인과 민중의 구분이 애매해진다는 것을 의미한다. 아울러 민중문학과 지식인문학의 간격이 줄어든다는 뜻도 된다. 하지만 본 절에서는 문인들이 민요 형식으로 쓴 악부시나 사·곡은 제외하고 무명으로 전하는 민요만을 소개한다.

민요의 명칭은 시대에 따라 다르다. 즉 『시경』에서는 풍이라고 했고, 한나라와 위진남북조시대에는 악부민가라 했다. 또 당나라 때에는 곡자사曲子詞라 했고, 송나라 때는 사라고 했다. 또한 원나라 때에는 곡이라고 했으며 명나라·청나라 때는 산가山歌 또는 민가民歌라고 불렀다. 물론 각 시대의 민요 명칭이 딱 한 가지씩만 있지는 않았을 것이다. 같은 시대라 하더라도 지역에 따라 명칭이 다를 수 있기 때문이다.

마지막으로 짚고 넘어갈 것은 현대 중국 민중이 즐겨 부르는 민요들 이외에 『시경』의 풍으로부터 한나라와 위진 남북조시대의 악부민가와 곡자사 · 사 · 곡 등은 더 이상 오늘날 민중이 즐길 수 있는 민요가 아니라는 점이다. 왜냐하면 비록 풍 · 악부민가 · 사 · 곡 등이 그 시대의 민중에 의해 지어졌고, 그 내용이 아무리 대중적이라 해도 이미 한자로 기록되어 전해져 왔기 때문에, 그 노랫말을 오늘날의 민중이 이해하기는 어려운 일이다. 문맹률이 높은 중국에서 상당수의 민중은 한자로 기록된 현대 글도 이해하기 어렵기 때문이다. 그래서 비록 고대에는 민중의 언어였겠지만, 일단 한문으로 기록되어 전해온 옛 민요를 오늘날의 민중이 이해하기는 불가능하다고 봐야한다. 그럼에도 불구하고 기록으로 전해져오는 옛 민요들을 시대별로 훑어봄으로써, 각 시대별 민중의 정서가 오늘날과 크게 다르지 않음을 확인하는 것도 의미가 있을 것이다.

1. 악부민가

한나라 때는 음악을 담당하는 관청인 악부樂府에서 민요를 수집했다. 하지만 아깝게도 대부분 유실되어 현재는 얼마 남아 있지 않다. 그 가운데 두 작품을 소개한다. 그 하나는 「하늘이여」로 번역되는 「상야上邪」로, 내용은 다음과 같다 :

> 하늘이여!
> 나, 님과 만나 오래오래 떨어지지 않을 테요
> 산봉우리가 닳아 없어지고 강물이 마른다 해도
> 겨울에 우뢰치고 여름에 눈이 온다 해도
> 하늘과 땅이 합쳐진다 해도
> 내 어찌 님과 떨어질 수 있으리오!

上邪! 상야
我欲與君相知長命無絶衰 아욕여군상지장명무절쇠
山無陵江水爲渴 산무릉강수위갈
冬雷震震夏雨雪 동뢰진진하우설
天地合乃敢與君絶! 천지합내감여군절

남녀의 결사적인 사랑이 잘 드러난 민요다. 오죽하면 산봉우리가 닳아 없어지고 강물이 말라버려도 둘 사이가 끊어질 수 없다고 했겠는가? 여름이 아닌 겨울에 천둥번개가 치고 겨울이 아닌 여름에 눈이 오는 기상 재난이 일어나고, 심지어 하늘과 땅이 하나가 되어도 헤어질 수 없는 사랑은 어떤 사랑일까? 삶과 죽음을 초월한 사랑이다. 예나 지금이나 청춘 남녀가 서로 지극히 사랑하면 하늘에 있는 별도 따줄 만큼의 용기(?)가 생기는 법이다.

여기서 한 가지 짚고 넘어 갈 문제가 있다. 원문의 맨 첫 행의 두 글자 '상야' 가운데 '야邪'의 발음문제다. 이 한자는 사전에 '사'로 표기되어 있다. 그래서 이 글자는 대부분 '사'로 읽지만 위 민요에서는 감탄사인 '야'로 읽고 있다. 한자에서는 이처럼 같은 글자를 다른 음으로 읽는 경우가 적지 않다.

또 한 수는 사랑하는 사람을 잃고 나서 부른 민요로, 제목은 「부추 잎 위의 이슬」, 즉 「해로薤露」이다 :

부추 잎 위의 이슬
얼마나 쉽게 마르는지?
이슬은 마르면 내일 아침 또 다시 내리건만
사람이 죽어 한번 가면 언제나 돌아오는가?

薤上露 해상로
何易晞 하이희
露晞明朝更復落 로희명조경부락
人死一去何時歸 인사일거하시귀

아침이슬처럼 쉬 사라지는 인생의 서글픔을 노래하고 있다. 이 민요를 지었을 사람은 아마도 부추를 많이 재배한 마을에 살았었나보다. 우리는 흔히 풀잎위의 이슬이라 하는데 부추 잎 위의 이슬이라고 하니 말이다. 오늘날에도 많은 사람들이 인생의 덧없음을 노래한다. 그래서 대중가요의 노랫말 중에 "해는 서산에 지면 내일 또 떠오르지만, 사람은 한번 가면 다시 오지 않는다."는 대목에 이르러 사람들은 인생무상을 느낀다. 예나 지금이나 죽음을 앞에 둔 민중의 정서는 이처럼 비슷하다.

한나라의 악부민가는 위진 시대 또는 그 후에 편찬된 『고시원古詩源』이나 『고금주古今注』에 수록되어 있다. 놀라운 점은 고조선의 민요인 「공후인箜篌引」이 『고시원』에는 고조선 민가가 아니라 한나라의 악부민가로 소개되어 있다는 사실이다. 물론 『고시원』을 편찬한 사람은 「공후인」의 지은이를 조선의 곽리자고霍里子高의 처 여옥麗玉이라고 써놓기는 했다. 하지만 이 노래는 원래 미친 남자의 아내가 노래한 것을 곽리자고가 듣고 돌아와 아내인 여옥에게 전한 것을 여옥이 공후를 타며 불렀다고 전한다. 그러니 저자는 여옥이 아니라 이름을 알 수 없는 한 아낙네인 셈이다.

그럼 「공무도하가公無渡河歌」로도 알려진 이 노래를 한번 음미해보자 :

당신은 강을 건너지 마시오
당신은 결국 강을 건너다가
강물에 빠져 죽고 말았으니
당신은 장차 어찌할 것이오

公無渡河 공무도하
公竟渡河 공경도하
墮河而死 타하이사
公將奈何 공장나하

기록에 따르면 이 노래의 배경은 새벽녘 조선, 즉 고조선의 한 나루터이다. 뱃사공 곽리자고가 배를 젓다가, 한 미친 남자가 백발을 휘날리며 항아리를 들고 덤벙덤벙 물을 건너는 모습을 보았다. 그 뒤를 이어 그의 아내가 황급히 좇아가 그를 붙잡고 말렸으나 남자는 이를 뿌리치고 전진하다가 결국 물속으로 사라졌다. 남편이 빠져죽는 광경을 멍하니 보던 아내는 한 노래를 불렀는데, 그 노래가 구슬프기 짝이 없었다. 하지만 노래를 다 부른 그 여자 역시 남편의 뒤를 이어 강물에 몸을 던져 죽는 게 아닌가? 이 모든 광경을 다 본 곽리자고는 죽은 여인이 불렀던 노랫말이 잊혀지지 않아, 집에 돌아와 아내 여옥에게 그 노래를 들려주었다. 여옥도 이를 듣고 매우 슬퍼하면서 공후를 타며 불렀다는 노래가 바로 이 「공무도하가」이다.

이 노래는 위진 시대를 거쳐 당나라 때까지 「공후인」이라는 곡으로 유행한 듯하다. 앞서 소개한 시인 조식도 이 노래에 가사를 지어 불렀고, 당나라 시인 이하李賀도 그랬다는 기록이 있음을 보아 그렇다. 하지만 정연한 사언체四言體로 전하는 고조선의 민가 「공무도하가」는 백수광부의 처가 노래한 바로 그 노랫말은 아닐 가능성이 높다. 물론 내용은 대체로 백수광부의 처가 노래한 것이겠지만, 이를 수집하여 편찬한 지식인들이 자구 수정을 하지 않았을 리가 없기 때문이다.

한나라에 이어 위진 남북조 때에도 적지 않은 민가가 있었다. 그 가운데 옛날 오吳나라 지방, 즉 지금의 남경을 중심으로 하는 강소성 일대에서 유행한 오가吳歌 중에서 「자야가子夜歌」 한 수를 소개한다 :

> 처음 낭군과 사귈 때에는
> 두 마음이 하나로 우러러 보았지요
> 실크 사 잘 꼬아서 베틀에 앉았건만
> 한 필이 되지 못할 줄 어찌 알았으리오
>
> 始欲識郎時 시욕식랑시
> 兩心望如一 양심망여일
> 理絲入殘機 리사입잔기
> 何悟不成匹 하오불성필

위 노래는 위진 시대 진晉나라의 자야라는 여인이 불렀다고 해서 「자야가」로 전한다. 또한 춘추전국 시대 오나라 지방의 민가라고 해서 「자야오가」라고도 불린다. 내용은 물론 남녀의 애정 노래이다. 즉 낭군과 한마음으로 사랑한 여인이 비단 실을 잘 꼬아서 성심을 다해 실크, 즉 비단을 짰지만 한 필도 짜지 못했다는 내용이다. 여기까지 보면 사랑에 들뜬 여인이 그 사랑에 정신이 팔려 실크 한 필도 못 짰다는 뜻이 된다.

하지만 이 노래는 그렇게 간단하지 않다. 제3행의 '사絲'와 제4행의 '필匹' 두 글자가 동음이의同音異義, 즉 같은 발음에 다른 뜻을 담고 있기 때문이다. 그러니까 제3행의 실크 사絲는 그리울 사思와 동음이의어다. 또 제4행의 필은 옷감의 길이를 세는 단위인 필이기도 하지만 배필, 즉 배우자를 뜻하는 필이기도 한 것이다. 그렇게 되면 해석도 달라진다. 즉 낭군과 한마음으로 사랑한 여인이 상대에 대한 그리움을 잘 다스려서 결혼하려고 했지만 뜻밖에 배우자가 되지 못했다는 내용이 된다.

이처럼 위진 시대 민가의 노랫말은 단어의 드러나는 뜻과 숨어 있는 뜻을 갖춘 매우 함축적인 재미가 있다. 「자야가」도 「공후인」과 마찬가지로 남북조시대의 많은 문인들이 각자의 노랫말을 붙여서 애창되었다. 그 가운데는 양梁나라 무제武帝의 「자야가」도 있다고 하니 위진 남북조시대의 민가 역시 민중의 것만이 아니라 지식인의 것이기도 했음을 알 수 있다. 특히 「자야가」는 매 행마다 각운을 하고 있고, 또 정연한 오언체五言體임을 보아 역시 후대의 편찬자가 가필했을 가능성이 높다.

2. 곡자사와 사

한나라와 위진 남북조시대의 악부민가는 당나라에 이르러서는 곡자사曲子詞라는 이름을 얻는다. 곡자사도 악부민가처럼 대부분 저자 미상이다. 또한 주로 돈황敦煌의 막고굴莫高窟에서 발견되었기 때문에 곡자사는 돈황가사라고도 불린다. 여기서 잠깐 1900년, 감숙성 돈황에서 곡자사를 포함하여 수많은 귀중한 자료를 발굴하게 된 배경을 소개한다.

즉 청나라 말인 1900년 한 도교의 도사인 왕도사王道士가 돈황의 막고굴에서 수행하던 중 어느날 청소하다가 우연히 빗자루로 벽을 치게 되었다. 그러자 벽에 구멍이 뚫렸고 그곳을 들여다보니 불상과 불경 및 불화와 함께 많은 문서가 있었다. 돈황의 자료들은 이렇게 하여 세상 빛을 보게 된 것이다.

돈황학자들에 따르면 막고굴에서 나온 불상을 비롯한 모든 자료들은 서기 1000년 경, 즉 송나라 초의 어지러웠던 시절, 막고굴에서 수행하던 승려들이 피난가면서 벽 속에 넣고 봉해졌던 것들이라고 한다. 비밀리에 행해졌을 이 밀봉행위는 밀봉에 참여한 당사자들이 어떤 연유인지 몰라도 다시 돌아오지 못하게 되어 이후 약 900년간 고스란히 벽 속에 갇혀 있었다. 그러다가 20세기의 문턱에서 다시 햇빛을 보게 된 것이다. 하지만 돈황의 문물들이 망해가는 청나라 시절에 온전히 지켜질 리가 만무했다.

돈황의 문물에 맨 먼저 손을 댄 나라는 영국이었다. 즉 영국이 불상과 불경 등을 영국으로 가져간 것이다. 이어서 프랑스가 한문 지식이 있는 펠리오Pelliot를 앞세워 고고학적 가치가 높은 두루마리 문서들을 프랑스로 옮겼다. 프랑스로 간 돈황의 문물 가운데는 727년 경 통일신라의 승려 혜초가 오국五國과 천축국天竺國에 가서 보고들은 바를 기록한 『왕오천축국전往五天竺國傳』도 있다. 『왕오천축국전』은 현재 프랑스 파리국립도서관에 소장되어 있는데, 빠지고 헤진 부분이 많아 원본의 전모를 파악하기는 어렵고 오직 오언시五言詩 5수만을 볼 수 있다고 한다.

영국과 프랑스에 이어 일본과 러시아 및 미국도 돈황의 문물에 차례로 손을 댔다. 이들 나라들이 손을 댄 이후까지 남아 있던 문물들은 청나라 관리에 의해 북경으로 옮겨졌는데, 그 과정에서 도난당하기도 하고 파손되기도 했다. 그 때문에 오늘날 북경에서 볼 수 있는 돈황 문물은 거의 보잘 것이 없다고 해도 과언이 아니다.

돈황에서 발견된 문헌 자료는 총 2만여 권으로, 대부분 종이나 비단에 붓으로 쓴 필사본이고 일부는 목각본이라 한다. 이 가운데 상당 부분을 차지하는 자료가 바로 저자 미상의 곡자사와 다음 절인 판소리류에서 설명할 창문唱文 자료이다. 무엇보다 재미있는 점은 이 자료들에 사용된 문자가 한자만이 아니라 10종에 달하는 다른 문자라는 사실이다. 하지만 이 가운데 오늘날 알아볼 수 있는 글자는 티베트 글자 뿐이라고 한다. 실제로 당나라와 송나라 사이의 혼란하던 시대에 약 70년 간 돈황 지역은 토번족吐藩族의 나라인 서하西夏의 지배 하에 있었다.

토번족은 티베트족의 선조이다. 바로 이 때문에 돈황의 자료들 중 상당수가 티베트 문자로 씌어졌던 것이다.

그렇다면 언제 이 같은 문헌들이 작성되었을까? 우선 이 자료들이 벽 속에 밀봉된 시기인 서기 1000년에 이 모든 자료들이 한꺼번에 작성되었을 리는 만부하다. 그래서 자료들을 연구해온 돈황 학자들은 문서들이 작성된 시기가 주로 당나라 때이고, 일부는 송나라 초로 보고 있다. 또 앞에서 언급한 대로 토번족의 서하 시대에도 많은 문서가 티베트 문자로 씌어졌다고 본다. 이 밖에도 소수 의견이지만 어떤 문서는 그 작성 시기가 남북조 시대까지 거슬러 올라간다고 한다.

다음으로는 누가 이 자료들을 작성하고 정리했나 하는 문제인데, 이에 대해서는 대체로 승려들과 서생들이라는 의견이 우세하다. 승려들이라는 이유는 돈황의 이 지역이 대대로 승려나 도사들이 수행하는 사원이었다는 점과, 실제로 불경과 불화 및 불상들이 많이 나왔다는 점을 든다. 또 서생들이라는 이유는 글을 아는 서생들이 보통 절에 와서 과거시험을 준비하는 일이 많았기 때문이다. 딱딱한 시험공부만 하기는 너무 팍팍했던지 이들은 민간에 유행하는 민요를 베껴 부르면서 위안을 삼았다는 것이다.

그럼 곡자사 가운데 이름은 알려져 있지 않지만 기생이 지었을 것으로 추정되는 「강남을 바라보며」, 즉 「망강남望江南」을 소개한다 :

내게 올라오지 말아요.
내게 올라오면 마음 너무 기울잖아요
나는 곡강 가에 있는 버드나무
이 사람이 꺾고 저 사람이 올라오지만
그 사랑은 한때뿐이죠.

莫攀我 막반아
攀我太心偏 반아태심편
我是曲江臨池柳 아시곡강임지류
者人折了那人攀 자인절료나인반
恩愛一時間 은애일시간

마치 상대를 두고 말을 하는 것처럼 첫 대목부터 대화체이다. 자신을 강가의 버드나무로 비유하고 이 사람 저 사람이 올라오고 꺾는다는 노골적인 표현을 쓰는 것을 보면, 과연 오늘날 기생의 처지와 비슷하기도 하다. 하지만 제2행의 "내게 올라오면 마음 너무 기울잖아요."라는 표현은 독자의 마음을 움직인다. 또 마지막 행의 "사랑은 한때 뿐"이라는 표현도 많은 사람들의 공감을 얻을 만하다.

「망강남」이라는 곡은 위응물韋應物·유우석劉禹錫·백거이白居易·온정균溫庭筠 등 당나라 때의 많은 문인들이 앞 다투어 가사를 붙인 것으로도 유명하다. 고려시대 이규보李奎報(1168-1241)도 「망강남령望江南令」을 지었다고 하니 송나라 때에도 이 곡이 유행했음을 알겠다. 원래 「망강남」은 1절에 불과했는데, 송나라 때부터는 2절까지 불렀다. 그래서 송나라와 동시대를 살았던 고려시대 이규보의 「망강남령」도 2절까지 가사를 붙였다.

곡자사는 송나라 때에 와서는 사詞라고 줄여서 불렀다. 흔히 당나라 하면 시를 떠올리고 송나라 하면 사를 떠올린다는 말이 있다. 그만큼 사는 송나라 때 각계각층에서 크게 유행했다. 위로는 임금인 신종과 휘종으로부터 아래로는 유영柳永·소식蘇軾·이청조李淸照 등 문인과 그밖에 양가집 부인·규수·기녀에 이르기까지 사를 지었다. 당나라 때의 「망강남」이나 「보살만」 같은 곡은 매우 유명해서 송나라 때도 많은 사람들이 이 곡에 서로 다른 가사를 붙였다. 그러니까 한 곡에 여러 가사가 있었던 것이다.

특히 송나라의 문인들과 지식인들은 너도 나도 사를 지었다. 물론 과거시험은 시로 보았기 때문에 시 짓는 일도 게을리 하지 않았다. 하지만 이들은 사 또한 많이 지어서 이들의 사를 담은 『화간집花間集』이라는 사집이 오늘날까지 전해지고 있다. 이 가운데 여성 사인인 이청조의 사는 문학적으로 높은 가치를 지녔다고 평가되어 문학사에 많이 소개되고 있다. 그러나 이 절은 민중의 가요인 민요를 다루고 있기 때문에 민중의 사가 아닌 문인들의 세련된 사들은 제외하기로 한다.

그럼 송나라 때 민중의 사를 엮은 『독성잡지獨醒雜誌』에 수록된 민요 가운데 아주 짧은 사 한 편을 감상해보자 :

늦벼도 베었고 채소도 잘라냈다
어린 양도 먹었건만 연잎만 그대로 있구나

殺了穜蒿割了菜 살료동호할료채
吃了羔兒荷葉在 흘료고아하엽재

저자미상의 이 민요는 겉으로 보면 매우 평범하다. 농민이 가을에 추수도 하고 어린 양도 잡아먹었지만, 연잎은 잘라서 연잎 밥을 만들어 먹거나 하지 않고, 그대로 두었다는 내용이다. 하지만 잘 알아보면 이 민요에는 대단한 풍자가 깃들여 있다. 즉 이 노래는 하집중何執中이라는 사람이 수상으로 있을 때 민간에 유행한 것으로, 아마도 충신이었을 동관童貫과 채경蔡京, 그리고 고구高俅 등이 다 죽임을 당하고 하집중만 건재하다는 내용이 암시되어 있다. 즉 첫 행의 늦벼 동穜은 죽임을 당한 동관의 동童과 발음이 같다. 또 채소의 채菜는 채경의 채蔡와 똑같은 발음이다. 마지막 행의 어린 양 고羔는 역시 죽임을 당한 고구의 고高와 발음이 같고 연꽃 하荷는 하집중의 하何와 같은 발음이다. 그렇게 볼 때 이 민요의 속뜻은 동관을 베어버리고 채경도 쳐버리고, 고구까지 먹어치운 하집중만 그대로 남아있다는 이야기가 되는 것이다.

민요의 이 같은 풍자성은 조선 시대 숙종 때 유행했다는 동요에도 깃들여 있다. "장다리는 한철이요, 미나리는 사철이다"가 바로 그런 경우다. 인현왕후로 알려진 중전 민씨가 희빈 장씨에게 밀려 폐비가 된 이후 민간에서 불리어졌다는 이 동요에서, 장다리는 장희빈을 가리키고 미나리는 인현왕후를 가리킴은 다 아는 사실이다. 물론 이 같이 풍자성이 짙은 의도적인 노랫말은 민중 스스로 지었다기보다 정치적인 의도가 있는 문인 또는 지식인이 지어서 퍼뜨렸을 가능성도 있다.

3. 곡과 잡가

송나라의 사는 원나라에 이르러서는 몽골 가락인 곡曲으로 명칭이 바뀐다. 곡조만 몽골화한 것이 아니라 가사 또한 몽골어의 영향을 짙게 받았다고 보는 게 옳다. 그 때문인지 오늘날 원나라 민요를 접하기는 매우 어렵다. 그래서 본 소절에서도 원나라의 민요를 인용하지 못한다. 이는 필자가 불민하여 자료를 찾지 못한 탓도 있지만, 한족 중심의 문학 연구가들이 일부러 원나라 때의 민요를 무시하여 많은 자료를 남기지 않은 탓도 있을 것이다. 원나라 민요의 일부는 당시 유행했던 잡극雜劇의 대본에서 발견된다고 하는데, 틀림없이 몽골어의 영향을 많이 받은 노랫말일 것이다. 반면에 관한경關漢卿・백박白樸・마치원馬致遠・왕실보王實甫처럼 유명한 문인들의 곡 작품은 지금도 쉽게 볼 수 있다. 이들의 곡은 송나라 때의 사를 양적으로 더욱 늘린 것으로, 산곡散曲으로도 불린다.

여기서 잠깐 역사상 가장 넓은 지역을 장악했다는 원나라의 문물을 이해해보자. 사실상 징기스칸으로 시작되는 원나라는 징기스칸의 손자인 쿠빌라이 칸에 이르러 오늘날의 이라크와 폴란드를 멸망시키고 프랑스 동부까지 진입했다. 천하를 통일한 쿠빌라이 칸이 이처럼 광활한 영토를 차지했던 시기는 1276년이었다.

13세기 후반에 중국대륙을 석권한 몽고족은 철저한 신분제도를 운영했다. 인도의 카스트제도처럼 원나라는 관리의 등급을 4등급으로 나눴다. 제1등급은 당연히 몽고족이고 2등급은 푸른 눈의 색목인이며, 3등급은 만주족이고 마지막 4등급이 한족이었다. 유교의 도를 따르는 서생들의 지위는 당연히 최하위에 가까웠다. 이로서 볼 때 원나라의 지배족인 몽고족은 송나라의 지배족인 한족을 철저히 배제하여 후환을 없애고 역시 위협적인 세력인 만주족을 그 다음으로 차별한 반면, 자기네 권력유지에 별 방해를 받지 않는다고 생각되는 푸른 눈의 서양인을 우대했음을 알 수 있다.

여기서 잠깐 원나라의 문물이 소개되어 있는 마르코 폴로의 『동방견문록東方見聞錄』을 소개한다. 마르코 폴로가 이탈리아의 베니스에서 원나라에 온 해는 1275년으로, 이 때는 이미 쿠빌라이 칸의 시대였다. 마르코 폴로는 『동방견문록』에 원나라의 수도인 대도大都(지금의 북경 부근)가 네모반듯하게 잘 구획지어 있었고, 벽돌과 기와 및 대리석으로 된 훌륭한 건물들이 많이 세워져 있다고 썼다. 그가 본 원나라는 잘 갖춰진 운하에 아름다운 다리들, 그리고 강가에는 수많은 배들이 줄지어 서 있었다. 육로에는 약 50킬로미터마다 역을 하나씩 두어 역마다

4백 필의 말을 대기시켜 놓았기 때문에 기동성이 매우 높았다는 것이다.

또한 원나라 귀족들은 금과 은 및 각종 보석이 장식된 옷을 입었다. 이 옷은 얼마나 꼼꼼하고 질기게 짜였는지, 몇 년 씩 입어도 새것 같았다고 한다. 수도인 대도에 사는 귀족들과 남방의 항주 사람들은 비단옷을 즐겨 입었다. 특히 항주의 귀족들은 매일 목욕을 했다고 기록되어 있다. 북방보다 덥고 습한 남부지방이어서 예로부터 목욕문화가 잘 발달해 있었음을 알 수 있다. 음식도 이탈리아보다 훨씬 다양하고 풍부하다고 기록되어 있다. 이 가운데 마르코 폴로의 눈에 신기하게 보인 것은 항주의 귀족들이 온갖 약재와 향료를 넣어 빚은 약주를 뜨겁게 데워서 마시는 술 문화였다고 한다.

원나라의 쿠빌라이 칸은 종교에 대해 매우 관대하여 기독교·유대교·이슬람교·불교 등 종교를 다 인정했다. 그래서 기독교의 성탄절이라든지 불교의 석탄일 등, 각 종교의 중요한 날에는 해당 종교인들을 입궐시켜 축하해 주었다. 또한 설날 같은 명절이 되면 전국 각지에서 손님들이 온갖 진귀한 선물을 가지고 입궐했는데, 선물을 등에 지고 온 코끼리만도 5천 필에 이르렀다고 한다. 이처럼 명절에 황궁에 오는 손님들은 모두 흰옷을 입어야 했고, 황제를 배알하러 입궐할 때는 또 흰 신발로 갈아 신고 대궐의 문지방을 밟지 않고 들어가야 했다. 만약 문지방을 밟았다가는 즉시 옷이 벗겨지는 수모를 당했다. 이로서 볼 때 원나라의 문화는 역시 몽골의 한 갈래인 한국의 민속 문화와도 흡사한 점이 있을 알 수 있다. 한국인도 백의민족이라 하고, 문지방 밟는 것을 금기시하는 풍습이 있기 때문이다.

원나라는 상과 벌이 엄격했다. 전쟁에서 이기고 돌아온 전사들은 금과 은으로 만든 패찰을 상으로 받아 허리에 차고 다녔고, 반란자는 가차 없이 처형되었다. 『동방견문록』에는 쿠빌라이 칸의 조카인 나얀 칸이 반역을 꾀하다가 붙잡혀와 처형되는 광경이 묘사되어 있다. 이에 따르면 황제 앞에 붙들려온 나얀은 담요에 싸여 마구 흔들어진 끝에 목숨을 거둔다. 피를 나눈 혈육끼리는 피를 흘리게 하지 않고 영혼을 떠나보내야 하기 때문에 이런 방식을 취한다는 것이다. 얼마나 어지럽고 정신없는 죽음일 것인가? 어쩌면 이 같은 죽음은 피를 흘리고 죽는 것보다 더 고통스러울 것이다.

위에서도 언급했지만 원나라는 곳곳마다 수 백 필의 말이 대기하고 있는 역이 있었고, 당연하게도 역마다 수 백 명의 군인들이 주둔해 있었다. 이로 보아 원나라는 기본적으로 군인정치를 했다고 할 수 있다. 그래서 군인들이 주둔해 있는 역을 중심으로 상공업이 꽤 발달했다. 화폐로는 소금과 산호, 그리고 조개와 금괴뿐 아니라 지폐도 쓰였다. 지폐는 뽕나무 껍질로 만들었는데, 주로 군인에게 주는 월급으로 쓰였다고 한다.

예로부터 음주가무를 즐기는 몽고인들이기에 원나라의 민요도 무척 많았을 것이다. 앞에 언급한 대로 원나라 민요인 곡은 춤과 무예 등 연극적인 요소를 갖춘 잡극의 대사 가운데 많이 나온다고 한다. 하지만 아쉽게도 여기서는 소개하지 못하는데, 그 이유는 앞에 설명을 했으니 참고하기 바란다. 그렇다고 해서 『양춘백설陽春白雪』에 수록되어 있는 관한경 · 마치원 · 왕실보 같은 유명 문인들의 긴 산곡을 소개할 수 도 없으니, 아쉽지만 이쯤에서 명나라의 민간가요로 넘어가기로 하겠다.

명나라의 민요는 원나라의 곡과 잡극을 이어받아 속곡俗曲 또는 잡가雜歌로 불렸다. 혹은 주로 산에 사는 민중이 불렀다고 해서 산가山歌라고도 불렀다. 명나라는 한족인 주원장에 의해 건립된 나라였기에, 원나라 때보다 한자의 발전이 두드러졌을 것이다. 그래서 명나라의 많은 한자 자료들이 지금까지 전해지는데, 그 가운데 풍몽룡馮夢龍이 수집하여 편찬한 『괘지아卦枝兒』에 수록된 잡가 「분리되리라」를 소개한다 :

> 분리되리라
> 하늘이 땅 되었을 때
> 분리되리라
> 동쪽이 서쪽 되었을 때
> 분리되리라
> 관료가 아전 되었을 때
> 니가 나를 떼어내려 해도 떼어낼 수 없고
> 내가 너를 떠나려 해도 떠날 수 없다
> 설사 죽어 황천에 간다 해도 귀신들은 분리되지 않으리라

要分離 요분리
除非是天做了地 제비시천주료지
要分離 요분리
除非是東做了西 제비시동주료서
要分離 요분리
除非是官做了吏 제비시관주료리
你要分時分不得我 니요분시분불득아
我要離時離不得你 아요리시리불득니
就死在黃泉也做不得分離鬼 취사재황천야주불득분리귀

생사를 초월한 남녀의 사랑 이야기이다. 하늘이 땅이 되고 동쪽이 서쪽이 되면 분리되겠다는 말은 죽어도 헤어질 수 없다는 뜻이다. 그래서 마지막에 죽어 황천에 가서 귀신이 되어서도 서로 떨어질 수 없다고 한 것이다. 하지만 관리가 아전이 되면 떨어지겠다는 대목은 언뜻 이해가 가지 않을지 모르겠다. 관료는 고급 공무원이고 아전은 하급 공무원이지만, 같은 공무원끼리 자리를 바꾸는 것이 뭐 그리 불가능할까 생각될 수 있다. 하지만 이 시절 신분을 바꾼다는 것은 하늘과 땅이 하나 되고 동쪽이 서쪽 되는 것만큼 불가능한 일이었다고 짐작할 수 있다.

이 민요에서는 분리分離를 분分과 리離로 또 나누고 있다. 그래서 분은 "니가 나를 떼어내려 해도 떼어낼 수 없고"처럼 떼어내다로 해석했고, 리는 "내가 너를 떠나려 해도 떠날 수 없다"처럼 떠나다로 해석했다. 사람과 사람이 헤어짐을 이별이라 하는데 이 민요에서는 굳이 분리라는 단어를 쓰고 있다. 이는 딱 붙어서 도저히 떨어질 수 없는 찰떡궁합을 강조하기 위한 지은이의 절박한 심정을 드러낸다. 명나라의 이 잡가는 한나라의 악부민가 가운데 "산이 닳아 없어지고 강물이 마르고 여름에 눈이 내리고 겨울에 천둥친다 해도 당신과 헤어지지 않겠다."는 대목과도 흡사하다.

또 하나의 명나라 애정민요 「기다림」, 즉 「등等」도 남녀의 애타는 사랑을 다음과 같이 묘사하고 있다 :

치자나무가 여섯 장의 꽃잎을 피울 무렵
칭 오빠가 황혼녘에 만나자고 했다
해는 아득히 길어 쉬 넘어가지 않는데
두 손으로 창문을 당겨 해를 바라본다

梔子花開六瓣頭 치자화개육판두
情哥郎約我黃昏頭 정가랑약아황혼두
日長遙遙難得過 일장요요난득과
雙手扳窓看日頭 쌍수반창간일두

치자나무가 여섯 장의 꽃잎을 활짝 피우는 여름날, 나는 칭이라는 연상의 남자로부터 황혼녘에 만나자는 데이트신청을 받는다. 하지만 여름날의 해는 길다. 특히 데이트를 기다리는 나에게 여름 해는 아득히 길게만 느껴진다. 그래서 나는 창문을 열고 아직 중천에 떠있는 해를 재촉하는 눈빛으로 바라본다. 해가 빨리 넘어가야 황혼이 오고, 그래야만 석양에 칭 오빠와 데이트를 할 텐데 하는 원망스런 눈빛이었을 것이다.

이 민요는 제1행 2행 4행이 모두 두頭로 끝나고, 2행만 빼고 모두 일곱 글자로 되어 있다. 각 행의 일곱 글자를 넉자와 석자로 낭독해보면 확실한 리듬도 느껴진다. 요컨대 이 민요도 다른 많은 민요가 그렇듯, 수집해서 편찬한 지식인들에 의해 살짝 손질되었을 가능성이 있다. 실제로 적지 않은 지식인과 문인들이 민요의 형식을 즐겨 사용했다. 지식인문학과 민중문학을 분리시키기 어려운 이유가 바로 여기 있다.

판소리류

판소리도 민중문학과 지식인문학이 얽혀 있는 장르이다. 민중을 대상으로 지식인이 쓴 대본이지만, 그 안에는 민중의 정서가 있기 때문이다. 판소리를 대중화된 소설이라고 말하는 이유도 여기 있다. 다만 판소리는 구연口演하는 사람이 있어서 때로는 구수한 입담으로 이야기해주거나, 또 때로는 구성진 소리로 노래한다는 점이 다르다. 그래서 판소리는 중국어로 설창說唱문학 또는 강창講唱문학이라고 한다. 말하고 노래하는 문학이라는 뜻이다. 그 때문에 강창문학은 글자를 모르는 많은 대중들이 즐길 수 있는 장르이다.

중국의 강창문학을 판소리라고 말할 수 있느냐고 의문을 제기할 사람들이 있을 것이다. 판소리는 한국의 고유한 예술장르이니, 중국의 설창문학과는 다르지 않느냐는 것이다. 물론 세부적으로 들어가면 다르다고 할 수 있다. 예를 들어 소리를 내는 방식, 즉 발성이 다를 수 있다. 하지만 소리꾼 또는 이야기꾼이 나와서 많은 대중 앞에서 비파나 북 같은 악기로 추임새를 넣어가며 말하고 노래하는 방식은 기본적으로 같다고 본다. 또 많은 사람들에게 강창문학 또는 설창문학이라고 말하면 어렵게 생각되겠지만 판소리라고 말하면 쉬울 것이다. 그래서 본 소절의 제목을 판소리류로 정한 것이다.

가장 오래된 판소리류의 대본은 돈황 석굴에서 발견된 창문唱文이다. 노래하는 글이라는 뜻의 창문은 변문變文으로도 불렸다. 최초의 창문 또는 변문은 당나라 때의 것으로 추정된다. 창문 또는 변문은 송나라와 원나라 때에 이르러 북을 치며 구연했다고 해서 고자사鼓子詞라고 불렀다. 또한 들려주는 이야기와 노래라는 뜻으로 설화說話 또는 사화詞話라고도 불렀다. 그러던 것이 명나라와 청나라에 이르러서는 비파 같은 현악기를 뜯으며 구연했다고 해서 탄사彈詞라고 했다. 이 시기에도 북을 치며 구연한 송나라・원나라 시절의 고자사가 고사鼓詞라는 이름으로 존재했다.

1. 창문

노래하는 글인 창문, 즉 변문은 주로 돈황에서 발견되었다. 앞서 설명한 대로 돈황에서 발굴된 문물 가운데 귀중한 것들은 다 영국이나 프랑스에 가 있다. 창문 자료도 마찬가지다. 그래서 『유마창문維摩唱文』은 영국의 런던박물관에 소장되어 있다. 또 『법화경창문法華經唱文』은 프랑스의 파리국립도서관에 소장되어 있다. 영국에 있는 『유마창문』의 유마는 유마힐경의 유마힐 거사를 말한다. 또 프랑스에 있는 『법화경창문』의 법화경도 불교의 경전이다. 이처럼 창문은 불교의 경전을 쉽게 풀어서 대중에게 들려주는 노래이자 이야기이다.

한편 북경도서관에는 『부모은중경변문父母恩重經變文』 『항마변문降魔變文』 등 변문이라는 이름으로 된 창문이 소장되어 있다. 오늘날 당나라의 판소리 대본을 변문이라고 부르는 이유는 바로 이 『부모은중경변문』 등의 대본들로부터 비롯된 것이다. 이 변문들도 주로 민중에게 불교적인 가르침을 쉽게 풀어서 들려주는 노래이자 이야기이다. 예를 들어 『법화경변문』을 구연할 경우, 먼저 불경인 법화경의 원문을 노래로 들려준 다음 이를 자세히 해설해주는 식이었다. 그러다가 점차 원문을 부담스러워하는 민중들을 위하여 원문을 빼버리고 해설만을 하게 되었다.

이렇듯 불교 경전의 풀이로 일관되던 당나라의 변문은 차츰 불경의 이야기가 아닌 재미있는 역사 이야기로 발전되었다. 그 가운데는 『오자서변문』처럼 오나라의 충신 오자서에 관한 이야기뿐 아니라 『왕소군변문』처럼 한나라의 미인 왕소군이 흉노에게 시집가는 이야기 등 많다. 이처럼 변문에는 역사의 중요 인물들 가운데 민중의 관심을 끌만 한 인물의 이야기들이 많았다. 요컨대, 당나라의 창문은 처음에는 불교적 교화가 목적이었지만 점차 민중에게 교훈도 주고 재미도 주는 민중오락의 장르로 발전되었다. 지식인이 쓴 대본을 가지고 예능을 갖춘 소리꾼이나 이야기꾼이 노래와 이야기로 민중에게 들려주는 대중문학이 바로 창문이었던 것이다.

창문은 이야기도 하고 노래도 하는 관계로, 운문과 산문이 섞여져 있는 구어체 문장으로 이루어져 있다. 많은 학자들은 이 같은 문체가 인도에서 들여온 것으로 본다. 문체뿐 아니라 내용이 불경인 점을 보면 상당히 설득력 있는 주장이다. 하지만 당나라 때 구연된 창문은 당나라의 구어체 한자로 만들어졌다. 또한 창문의 문체는 주로 칠언체와 오언체 및 사언체와 육언체로 되어 있다. 물론 칠언체에 오언체나 삼언체가 섞이거나 사언체와 육언체가 섞이기도 했다. 요컨대, 창문은 운문과 산문 또는 반산문 등이 총 동원된 자유로운 문체였다고 할 수 있다.

창문의 서술 방식은 또 다음 세 가지로 나뉜다. 첫째는 이야기, 즉 사설을 다 말한 다음 이를 간추려서 노래로 마무리하는 방식이다. 다음 둘째는 실마리만 이야기로 간단히 말한 다음 노래로 자세히 설명하는 방식으로, 오늘날 한국의 판소리와 상당히 흡사한 것이다. 마지막으로 셋째 방식은 이야기를 먼저 하고 노래를 나중에 하는 방식이 아니라 이야기와 노래를 자유롭게 섞어서 진행한다.

마지막으로 창문에서 사용된 음정에 대해 소개하자면 대략 평平·측側·음吟·단斷 등 네 개의 음정이 있었다고 한다. 이 네 가지 소리가 당시에 정확히 어떤 음정이었고, 또 어떻게 발성되었는지는 알 수 없다. 다만 불경을 풀이한 창문이었기 때문에 오늘날 스님들이 불경을 읊거나 예불을 할 때 사용하는 네다섯 가지 음정을 연상하면 되지 않을까?

그럼 역사적 내용을 담은 『오자서변문』의 한 대목을 소개한다 :

> 오자서가 다 울고 나서 앞으로 나가는데, 바람먼지 얼굴에 쏟아지고 쑥대먼지 하늘에 자욱하다. 정신이 온통 산란해지며 홀연히 깊은 물에 다다르니, 물은 바닥이 없고 강 언덕은 끝이 없다. 산에 올라 계곡에 들어서서 물줄기를 따라 돌며 원천을 찾는다. 용과 뱀이 길을 막으니 검을 빼들어 처치한다. 호랑이와 늑대가 길에 몰려오니 결국은 활을 쏜다. 배고프면 갈대 속 풀로 요기하고, 목마르면 바위 밑 흐르는 물을 마신다. 장부가 복수를 위해 분을 내면 죽음도 잠자는 것처럼 생각되는 법이다.

> 子胥哭已, 更復前行, 風塵慘面, 蓬塵暎天. 精神暴亂, 忽至深川, 水泉無底, 岸闊無邊. 登山入谷, 繞澗尋源, 龍蛇塞路, 拔劍蕩前, 虎狼滿道, 遂卽張弦. 餓乃蘆中餐草, 渴飮岩下

流泉, 丈夫爲仇發憤, 將死猶如睡眠.

자서곡이, 경부전행, 풍진참면, 봉진영천, 청신폭란, 홀지심천, 수천무저, 안활무변, 등산입곡, 요간심원, 용사색로, 발검탕전, 호랑만도, 수즉장현, 아내로중찬초, 갈음암하유천, 장부위구발분, 장사유여수면.

잘 알다시피 오자서伍子胥는 춘추시대 초나라 사람으로, 형들이 초나라 평왕에게 죽임을 당하자 오나라로 망명했다. 결국 그는 오나라 왕 부차의 책사가 되어 초나라를 쳐서 원수를 갚는다. 하지만 오나라 왕 부차가 월나라를 쳐야 한다는 그의 말을 듣지 않고 월나라 왕 구천의 미인계에 넘어가 월나라를 치지 않자, 자결했다고 전한다.

위 대목은 어쩌면 초나라를 빠져나와 복수의 칼날을 갈며 오나라로 향하는 광경일지 모른다. 또 어쩌면 오왕 부차가 자신의 충언을 듣지 않고 월왕 구천이 바친 서시西施의 미모에 홀려 흥청망청 세월을 보내자 절망한 끝에 자결을 결심한 대목일 지도 모른다. 아무튼 망연히 길을 떠난 오자서의 고통과 그 앞길에 도사린 온갖 위험이 이 대목에 그림처럼 잘 묘사되어 있다.

이제 이 이야기를 듣거나 노래로 만들어 감상하고 있을 민중을 상상해보자. 마치 자신이 오자서라도 된 양 비통한 얼굴을 하고 있지 않을까? 사언체로 구성지게 흘러가다가 마무리는 육언체로 처리한 이 창문은 문체로 볼 때 사륙문, 즉 병문駢文에 속한다고 할 수 있다. 병문의 특징은 대구와 리듬감이니, 『오자서변문』을 구연한 사람의 걸쭉한 입담과 애끓는 소리가 구성지게 들리는 듯도 하다.

2. 고자사와 설화

당나라의 창문은 송나라 때에 이르러 고자사 또는 설화 등으로 불리었다. 역사의 주체가 바뀌면서 만물의 명칭과 용어가 바뀌는 것은 일면 당연한 일이다. 하지만 명칭과 용어가 아무리 바뀌어도 그 형식과 내용은 기본적으로 비슷하게 유지되듯, 송나라의 고자사나 설화도 당나라의 창문과 마찬가지로 민중을 상대로 이야기하고 노래하는 형식을 가진다. 하지만 송나라의 고자사는 민중을 대상으로 하면서도 때로는 지식인들의 연회에서 공연되기도 했다. 그런 의미에서 고자사와 설화도 민중문학인 동시에 지식인문학이기도 하다.

송나라 때도 당나라의 창문처럼 불경을 쉽게 풀이하는 설경說經이 있었다. 하지만 대부분은 고자사와 설화로, 주로 세속적인 이야기가 많다. 먼저 고자사라는 명칭은 북을 치며 하는 노래라는 뜻으로, 『십이월고자사十二月鼓子詞』와 『금릉부회고자사金陵府會鼓子詞』가 그 예이다. 송나라 때에는 사詞라는 장르가 유행되었으므로, 고자사라는 명칭 그대로 북을 치면서 여러 곡조의 사를 노래했다. 내용도 『오자서변문』 같은 역사이야기뿐 아니라 소설처럼 창작된 이야기들이 많아졌다. 이처럼 고자사는 내용과 곡조에 있어서 창문과는 다소 다른 모습을 갖추고 있다.

원나라 때는 고자사가 제궁조諸宮調로 발전된다. 제궁조는 사실 송나라 말부터 시작되어 금나라를 거쳐 원나라 때 크게 유행했다고 한다. 내용은 고자사와 기본적으로 비슷하지만 다른 점도 있다. 즉 고자사가 비교적 단조로운 곡조의 사를 노래했다면 제궁조는 매우 다양한 곡조를 갖추고 있다. 많으면 18개의 곡조를 다채롭게 운용하는 제궁조로는 『서상기제궁조』가 가장 많이 알려져 있다. 『서상기』는 당나라 때 원진이 쓴 소설 「앵앵전」을 원나라 때 왕실보가 각색하여 제궁조의 대본이 된 것이다. 한 가지 특기할만한 점은 원나라 때는 제궁조를 전문적으로 구연하는 장인인 설창인說唱人이 무척 많았다는 사실이다. 원나라의 설창인 중에는 여성들이 많았고, 이들 여성 설창인들은 한국의 명창 김소희나 안숙선처럼 긴 시간에 걸쳐 『서상기제궁조』를 완창했다고 전한다.

고자사와 제궁조가 주로 노래 중심이라면 설화는 사설, 즉 이야기 위주의 양식이다. 내용은 불교적인 것도 있고 역사 이야기도 있고 애정 이야기도 있다. 「설공안說公案」처럼 비교적 짧은 설화도 있고, 『대송선화유사大宋宣和遺事』 같이 긴 설화도 있다. 물론 설화에는 사설 중간 중간에 노래 가사인 사가 들어간다. 그래서 설화는 사화라고도 불린다. 예를 들면 「대당진왕사화大唐秦王詞話」에서는 당나라 진왕의 이야기를 하면서 가끔식 사를 노래한다. 그런가 하면 설화에 사를 섞는 대신 시를 넣어서 읊기도 했으니, 그 경우에는 사화가 아니라 시화라는 명칭이 붙었다. 훗날 장편소설 『서유기』의 저본이 되는 『대당삼장취경시화大

唐三藏取經詩話』가 그 예이다. 이처럼 설화 중간 중간에 노래하는 사 또는 시는 보통 생황이나 피리로 반주되었다고 한다.

재미있는 점은 설화 또는 사화가 소설로 발전했다는 사실이다. 설화의 대본인 화본이 소설로 묶여져 나오게 된 것이다. 이 같은 소설을 화본話本소설이라고 한다. 앞서 소개한 설화 『대송선화유사』도 송나라 때 화본소설로 묶였다가 원나라를 거쳐 명나라 때는 『수호전』이라는 장편소설로 나왔다. 또 『대당삼장취경시화』도 화본소설을 거쳐 『서유기』라는 장편소설로 발전된 것이다.

이쯤에서 고자사나 제궁조 또는 설화의 한 대목을 인용해야 마땅하겠지만, 그 내용과 형식에 있어서 앞 소절에서 인용한 창문과 크게 다르지 않으므로 이 절에서는 생략하기로 한다. 물론 고자사나 설화의 양식은 앞에 인용한 『오자서변문』과는 몇 가지 점에서 다르다. 사용되는 어휘나 표현도 다르고, 사언체 · 육언체가 아니라 칠언체 · 오언체인 점 등 운율도 같지 않다. 하지만 기본적으로는 크게 다르지 않을뿐더러 대부분 소설화했기 때문에 굳이 인용할 필요를 느끼지 않는다. 이 점에 있어서는 다음에 소개할 탄사와 고사도 마찬가지임을 미리 밝혀둔다.

3. 탄사와 고사

송나라 원나라 때 고자사 · 설화 · 제궁조 등으로 불리던 강창문학은 명나라 청나라 때는 탄사와 고사라는 명칭을 얻는다. 비파 같은 현악기를 타면서 노래했다고 해서 탄사彈詞로 불리고, 북 같은 타악기로 반주되었기 때문에 고사로 불리게 된 것이다. 하지만 탄사와 고사는 보배로운 두루마리라는 의미의 보권寶卷으로도 불렸다.

보권에는 당나라의 창문이나 송나라의 설경처럼 불경이나 불교적 교훈을 담은 내용이 상당수 전해진다. 세상 사람들의 병고액난을 해결해준다는 관세음보살 이야기인 『관세음경문』이라든지 아픈 사람을 낫게 해준다는 약사여래불 이야기인 『약사본원경』이 그 예이다. 또한 민간의 전설을 내용으로 하는 보권도 있다. 맹강녀의 전설을 담은 「맹강선녀孟姜仙女보권」이 그 예이다. 이 보권은 제나라 여인 맹강녀가 만리장성을 쌓다가 죽은 남편을 위해 통곡하자 만리장성이 무너져 내렸다는 전설을 그 내용으로 삼고 있다. 사실 「맹강선녀보권」은 당나라 때 나온 「맹강녀변문」이 리메이크된 것이다. 이밖에도 『수호전』에 등장하는 영웅호걸들의 본거지 양산박梁山泊을 제목으로 삼은 「양산박보권」도 있다. 내용은 물론 소설 『수호전』의 영웅들에 관한 것이다.

탄사는 주로 남방에서 유행했으며, 비파를 뜯으며 노래했다. 북방에서는 주로 북방의 음으로 북을 치며 노래하는 고사가 많았다면, 남방에서는 주로 춘추시대 오나라 지방의 곡조인 오음吳音으로 비파를 뜯었다. 또 탄사에는 여러 사람의 등장인물이 나와 각각 다른 음색으로 대화를 하거나 노래를 하는데, 실제로 여러 인물들이 등장해서 대화하고 노래하는 것이 아니라, 한 사람이 다 하였다. 요컨대, 이야기하고 노래하는 사람이라는 뜻의 강창인講唱人 혼자서 일인다역一人多役을 한 것이다.

탄사의 내용으로는 역사도 있고 전설도 있고, 또 소설도 있다. 먼저 역사적인 내용을 담은 탄사의 예로는 양신楊愼의 『이십일사탄사二十一史彈詞』와 김낙金諾의 「명사탄사明史彈詞」를 들 수 있다. 『이십일사탄사』는 이십일 개의 중국 왕조사를 탄사로 풀이한 것이고 「명사탄사」는 명나라의 역사를 탄사로 만든 것이다.

한편 전설을 담은 탄사의 예로는 「백사전白蛇傳」이 유명한데, 이 작품의 내용을 잠시 소개한다 :

> 남북조 시대, 즉 남송 때 해선찬奚宣贊이라고 하는 한 청년이 길을 가다가 쓰러져 있는 소녀 백묘노白卯奴를 구한다. 이것이 인연이 되어 해선찬은 백묘노의 어머니인 흰 옷 입은 여인과 백묘노의 할머니인 검은 옷 입은 여인과 한 집에 살게 되었다. 그러던 어느 날 흰 옷 입은 여인이 갑자기 해선찬을 죽이려하자 백묘노가 그를 구해준다. 하지만 자신을 구해준 백묘노도 실은 사람으로 변신한 닭이었다. 또한 흰 옷 입은 여인은 흰 뱀이고, 검은 옷 입은 여인은 수달이었다. 결국 이 세 요괴는 도사의 영력으로 닭과 뱀, 그리고 수달의 몸을 벗고 항주杭州 서호西湖의 세 탑이 되었다.

「백사전」설화는 명나라 때 와서 탄사로 매우 유행했다. 특히 서호의 삼탑 가운데 뢰봉탑 설화로 지금까지도 많은 사람들에게 잘 알려져 있다.

청나라 때에 이르러서는 탄사의 곡조가 남방의 오음吳音 대신 북방의 국음國音으로 바뀐다. 그 이유는 만주족이 한족의 명나라를 멸하고 대륙을 석권한 뒤, 만주족의 비교적 높고 가느다란 소리를 보급시켰기 때문이다. 요컨대 국음은 만주족의 기본 곡조를 말한다. 물론 오음 중심의 탄사도 계속 이어졌다. 다만 북방의 국음이 중심이 되고 남방의 오음은 지방의 토속 소리라는 뜻의 토음土音으로 떨어졌다.

원나라의 제궁조가 그랬듯, 청나라의 탄사도 여성 예인들이 많은 활약을 했다. 예를 들어 「천우화天雨花」라는 탄사는 도정회陶貞懷라는 여성이 지은 작품이다. 이밖에도 「몽영록夢影錄」·「봉쌍비鳳雙飛」·「정충전精忠傳」 등도 모두 여성이 대본을 쓴 탄사로 알려졌다. 대부분 남녀간의 애정을 주제로 한 이 탄사들은 많은 여성들이 창작하고 구연하고 또 감상한 장르였다. 오늘날 한국에도 가야금 병창이나 판소리의 명인들 중 여성이 많은 것과 일맥상통한다.

마지막으로 북을 치며 노래하는 고사鼓詞를 소개한다. 고사는 송나라 때 고자사로 불리던 것과 비슷한 형식이다. 다만 청나라 때의 고사는 곡조가 만주족의 높은 음정이 기본이 되는 국음이라는 점이 다르다. 내용은 역시 역사와 애정소설 등이 주류를 이뤘다. 예를 들어 『삼국지』나 『충의수호전』 또는 「작교鵲橋」와 「백화정百花亭」 등이 청나라의 대표적인 고사이다. 이 가운데 『삼국지』나 『충의수호전』은 더 설명할 필요도 없겠고, 「작교」나 「백화정」은 오작교 같은 다리나 백화정 같은 정자에서 벌어지는 남녀의 사랑이야기일 가능성이 높다.

위 고사들이 소설과 다른 점이 있다면 물론 사람이 나와서 구연하는 점 이외에도 전편이 아니라 일부분만을 다룬 다는 점이다. 이는 고사가 민중을 상대로 하기 때문에, 지루하게 전편을 다 연출하기보다 민중의 심금을 울리는 대목이나 액션이 넘치는 대목을 골라서 공연하게 된 것이다. 이는 판소리 『흥보가』에서 박 타는 대목만을 한다든지 『춘향가』에서는 성춘향과 이몽룡이 사랑을 나누는 대목만을 구연하는 것과 같은 이치다.

고사도 지방에 따라 창唱, 즉 노래가 위주가 되기도 하고 강講, 즉 사설이 위주가 되기도 한다. 예를 들어 명나라 말 산동지방에서는 노래 위주의 고사가 많았는데, 이는 오늘날 한국의 판소리와 가장 흡사했을 것으로 추정한다. 산동지방은 고대로부터 현대까지 한반도와 가장 밀접한 지역이기 때문이다. 하지만 청나라에 이르러 고사도 탄사처럼 곡조가 만주족의 음정인 국음으로 변하여 높아지고 간드러졌기 때문에, 명나라의 고사와는 사뭇 다른 모양새를 갖추게 된다.

고사는 또 지역에 따라 서조西調와 동조東調라는 곡조의 차이가 있었다. 서조가 감상적이고 유려한 소리라면 동조는 비교적 격앙되고 강건한 소리라고 하는데, 그 경계가 어디인지는 명확하지 않다. 이는 한국 판소리에서 섬진강을 경계로 동쪽의 소리를 동편제라 하고 서쪽의 소리를 서편제라고 부르는 것과 같은 이치다. 전문가들은 흔히 서편제가 여성적인 소리로 흐느끼는 듯 유려한 소리라면, 동편제는 남성적인 소리로 우렁차고 기상이 있는 소리라고 평가한다. 그렇게 볼 때 청나라의 서조는 서편제와 비슷하고 동조는 동편제와 비슷하다고 볼 수 있겠다.

희극

탄사와 고사가 전설이나 소설이 소리로 표현되는 형식이라면 희극은 전설이나 소설이 연극으로 꾸며진 것을 말한다. 그 때문에 희극에는 대사와 노래에다가 동작이 곁들여진다. 한나라 때부터 내려온 가무희歌舞戲·골계희滑稽戲·괴뢰희傀儡戲·영희影戲·창극唱劇·경극京劇 등은 모두 이 같은 세 요소를 갖추고 있다. 물론 골계희는 우스개이야기가 중심이 되지만 그 안에는 대화와 노래와 춤 등의 동작이 있다. 오늘날의 개그콘서트와 비슷하다고 할 수 있다. 또 괴뢰희는 괴뢰, 즉 꼭두각시를 내세워 한다는 점이 두드러지지만, 역시 대사와 노래와 동작이 있다. 영희도 엄밀히 말하면 꼭두각시극이지만 꼭두각시 대신 얇은 호랑이 가죽인 호피虎皮로 만든 인물들을 전등을 이용해서 스크린에 비춘다는 점이 다르다. 그래서 영희는 그림자극이라고도 불리는데, 이것이 발전된 것이 아마도 오늘날의 영화가 아닐까 싶다. 물론 영희에도 대사와 노래 및 동작이 있다.

기록에 따르면 삼황오제로 알려진 복희씨·신농씨·소호씨·황제·전욱·제곡·요·순을 비롯해 은나라의 탕임금과 주나라의 무임금은 대사와 노래와 춤을 곁들인 연희를 이용해서 민중을 다스렸다고 한다. 주로 악기의 반주에 맞춰 노래를 부르고 춤을 추었다고 해서 이 시절의 연희를 가무희의 시초로 본다. 그러던 것이 춘추전국시대에 이르러 가무 중심의 연희는 무예 중심의 연희로 발전한다. 즉 칼과 방패를 가지고 노래도 부르고 춤도 추는 무무희武舞戲가 된 것이다.

『예기』에 인용된 「악기樂記」에는 공자가 주나라 임금들의 다스림을 무무희로 표현한 대목이 이렇게 묘사되어 있다 :

> 음악에 맞춰 방패를 들고 우뚝하니 서 있는 자는 주나라 무왕武王을 상징한 것이다. 소매를 들고 휘두르며 발을 구르는 자는 주나라의 재상 강태공姜太公을 상징한 것이다. 또한 어지럽게 춤추던 대열이 모두 꿇어앉는 것은 주나라 주공周公과 소공召公의 다스림을 말한다.

주나라의 다스림을 높이 평가한 공자는 이처럼 무왕과 강태공 및 주공과 소공의 다스림에 백성이 모두 순복하게 됨을 무무희로 설명하고 있다. 묵묵히 방패를 들고 서 있는 무왕의 모습은 아무런 행위 없이 눈빛으로 권위를 발하고 있음을 말한다. 또 그의 책사인 강태공은 소매를 들고 발을 굴러 상대의 굴복을 받는다. 일설에 의하면 강태공은 낚시를 드리운 채 상대를 조종하고 정복했다고 하는데, 여기서는 조금 다른 행위로 그의 다스림을 표현하고 있다. 마지막으로 산동지방을 다스린 주공과 소공의 다스림은 춤추던 백성을 다 꿇어앉게 만드는 덕치德治였음을 드러내고 있다.

이 같은 무무희는 차츰 칼을 들고 춤을 추는 검무희劍舞戲나 수건을 흔들며 춤을 추는 건무희巾舞戲로 발전된다. 그러다가 시대의 흐름에 따라 가무희歌舞戲·기악무伎樂舞·잡극雜劇·경극京劇·월극越劇 등으로 명칭이 바뀌는 것이다. 먼저 한나라 때 생긴 가무희는 이후 위진남북조 시대와 당나라 때까지 같은 명칭으로 불린다. 하지만 위진 남북조 시대에는 가무희를 기악무로도 불렸다.

기악무 또는 가무희는 원나라 때는 잡극으로, 청나라 이래 지금까지는 경극·월극 등으로 그 명칭을 달리 하고 있다.

1. 가무희와 기악무

한나라 때부터 비롯된 가무희는 위진 남북조 시대에 이르러서는 주로 탈을 쓰고 했다고 전해진다. 실제로 『삼국지三國志』와 『위서魏書』 등의 역사책에 이 같은 기록이 있다. 예를 들어 위나라에는 「요동지방의 요부」로 해석되는 「요동요부遼東妖婦」 같은 가무희가 있었고, 「뚱보와 말라깽이 이야기」로 해석되는 「설비수說肥瘦」 같은 가무희도 있었다.

다음으로 남북조 시대인 양나라 때에는 주사周捨라는 사람이 썼다는 기악무 「상운악上雲樂」이 전해진다. 「상운악」에는 특이하게도 푸른 눈에 높은 코를 한 서양 사람이 등장한다. 이 서양인은 양나라 조정의 연회에 참석하여 술도 마시고 춤도 추고 몇 가지 재주를 부린 후, 마지막으로 양나라 황제인 무제의 천수를 빌었다고 전한다. 한나라 무제 때부터 시작되었다는 비단길을 따라 동서양의 교역이 이루어진 이래, 남북조 시대 양나라의 무제 시절에도 남방에 벽안碧眼의 서양인이 있었음을 확인해주는 작품이다.

앞에서도 언급했지만 기악무의 연기자는 가면, 즉 탈을 쓴 채 춤추고 노래했다. 또한 「상운악」의 주인공이 그랬듯 재주도 부렸다. 여기서 말하는 재주는 마술일 수도 있고 써커스의 일종인 잡기雜技일 수도 있다. 그 때문에 기악무는 가무기歌舞伎로도 불렸다. 오늘날 일본의 전통극인 가부끼의 한자가 바로 이 가무기歌舞伎이다. 일본의 가부끼는 사실 백제의 미마지味摩之가 일본의 전신인 왜국倭國에 전해준 기악무가 발전된 형태이다. 이로서 남북조 시대 중국대륙에 있었던 양나라는 한반도의 백제와 일본 섬의 왜국과 문화적으로 깊은 연관을 가졌음이 다시 한번 확인된다.

여기서 잠시 백제의 기악무를 소개한다. 기록에 따르면 백제의 기악무는 기악면伎樂面이라는 가면을 쓰고 음악에 맞춰 노래도 하고 춤도 추고 재담도 하는 종합예술이었다. 앞에서도 말했지만 백제의 기악무 예인인 미마지 등 3인은 왜국의 추고推古 천황 20년인 서기 612년에 왜국에 건너가서 백제의 기악무를 전수했다. 또한 얼마 후인 백제 의자왕 20년에도 은고恩古가 왜국에 건너가 왜인들에게 기악무를 가르쳤다.

백제의 기악무는 그 내용이 불교적 교훈을 널리 전파하는 일종의 공양극供養劇이었다고 한다. 앞 소절인 판소리류에서 당나라의 창문이 불교의 경전을 쉽게 풀이하는 것에서부터 시작되었음과 같이 기악무 또한 그러했던 것이다. 이는 백제나 양나라 또는 왜국이 모두 불교국이었음을 감안할 때 충분히 이해가 되는 일이다.

다행히도 현재 일본에는 전국적으로 약 2백여 종의 기악면, 즉 기악무의 가면이 남아 있다. 전문가들에 따르면 이 가운데 나라奈良의 동대사東大寺에 비장되어 있는 기악면과 다케사키竹崎의 관음사觀音寺에 비장된 기악면에서 백제 기악면의 모습을 찾을 수 있다고 한다. 일본의 국보로 지정되어 있는 이 가면에 대하여 다케사키의 관음사에 있는 『비전고적연기』라는 책에 다음과 같은 기록이 있다 : 백제에서 귀면鬼面 2개를 보내왔는데, 그 중 하나가 이 절의 보물로 비장되어 있다. 목재를 깎아 만든 이 가면은 귀신의 형상으로, 가로가 20센티미터이고 세로는 28센티미터의 검정색 탈이다. 이 가면의 구체적 모습을 보면 두 눈이 왕방울처럼 튀어나오고 코는 둥글면서도 높으며, 입가와 이마에는 깊은 주름살이 패어 있다. 이처럼 일본에 남아 있는 백제의 기악면은 한국 탈춤의 먹중탈이나 백정탈, 또는 말뚝이탈과 비슷하다.

연구가들에 따르면 먹중탈이나 백정탈 또는 말뚝이탈은 한국의 봉산탈춤이나 양주산대놀이에 등장하는 탈로서, 봉산탈춤이나 양주산대놀이를 일본의 기악무와 비교하면 공통점이 매우 많다고 한다. 예를 들어 일본의 기악무에 등장하는 곤륜崑崙·력사力士·오녀吳女의 삼각관계가 양주산대놀이에 출현하는 노장·취바리·당녀唐女의 삼각관계와 흡사하다. 또한 일본의 기악무와 양주산대놀이 및 봉산탈춤은 모두 맨 첫 장이 부정한 사귀邪鬼를 몰아내는 축사逐邪의 의식으로 되어 있다. 즉 기악무의 치도治道와 양주산대놀이의 고사, 그리고 봉산탈춤의 상좌춤이 그것이다. 뿐만 아니라 기악무의 무덕악武德樂은 산대놀이의 무당넋두리와 봉산탈춤의 다리굿과 같은 의식이라고 한다.

이 뿐이 아니다. 일본 기악무의 가루라迦樓羅와 금강金剛이 말하는 사설은 양주 산대놀이의 팔먹중과 침노리 및 봉산탈춤의 팔먹중이 말하는 사설과 비슷하다. 모두 춤과 노래에만 취하지 말고 염불과 예불에 힘쓰라는 내용이다. 또한 기악무의 파라문婆羅門놀이는 양주산대놀이와 봉산탈춤의 사당놀이와 같다. 모두 제아무리 신분이 높고 돈이 많다 하더라도 만사를 제 뜻대로 할 수 없음을 훈시하는 내용인 것이다. 마지막으로 중의 외도를 경계하는 춤 또한 기악무의 곤륜・력사의 춤과 양주산대놀이와 봉산탈춤의 노장・취바리의 춤이 같다. 요컨대, 일본의 기악무와 한국의 양주산대놀이 및 봉산탈춤은 모두 다 민중의 관점에서 각색된 희극이다. 하지만 원래 불교국인 백제와 왜국, 그리고 양나라의 기악무는 모두 다 절에서 공연이 시작된 불교의 공양극이었다.

다시 남북조 시대의 가무희 작품으로 돌아온다. 남조 양나라의 「상운악」은 앞서 소개했고, 여기서는 북조의 가무희 「발두撥頭」를 소개한다. 발두는 남자의 이름으로, 어느 날 발두는 출타한 아버지가 호랑이에게 잡아 먹혔다는 기막힌 소리를 듣는다. 발두는 즉시 머리를 산발한 후, 흰 소복을 입고 집을 떠나서 여덟 굽이의 산을 헤맨 끝에 아버지의 시신을 찾는다. 발두가 산을 한 굽이 넘을 때마다 달라지는 사설과 함께 음악도 달라져 모두 여덟 곡의 음악이 연주된다고 한다. 이밖에도 남북조 가무희 작품 중에는 빨간 얼굴의 남자 소중랑蘇中郎에 관한 이야기인 「소중랑」도 있고, 난능왕蘭陵王에 관한 이야기인 「난능왕」 등도 있다.

당나라에 와서도 가무희는 매우 성행했다. 남북조 시대의 기악무인 「상운악」이나 「발두」 및 「소중랑」이 당나라 때도 공연되었다. 이는 당나라의 시인 이백이 「상운악」이라는 제목의 시를 지었음으로 증명된다. 물론 당나라 때도 「서량기西涼伎」나 「소막서蘇莫庶」 또는 「참군희參軍戲」 같은 새로운 기악무가 창작되고 또 연출되었다. 이 가운데 「참군희」는 천방지축인 주인공이 군대에 가서 벌이는, 풍자와 해학이 넘치는 개그 코미디이다. 이 작품은 송나라 때도 많은 대중의 사랑을 받은 기악무였다고 한다. 이처럼 가면을 쓴 인물들이 등장하여 노래를 부르고 춤을 추며 사설과 재주를 발휘하는 가무희와 기악무는 민중의 심금을 울리며 이후 송나라 원나라의 잡극과 청나라의 경극 월극 등으로 발전되는 것이다.

2. 잡극

송나라에 이르러 가무희는 유머가 넘치는 잡극으로 발전한다. 예를 들어 맹원로孟元老의 「동경몽화록東京夢華錄」은 동경, 즉 낙양洛陽에서의 꿈같은 생활을 극적으로 표현했는데, 적어도 5인의 출연자가 있었다고 전한다. 송나라 잡극에서 사용한 곡조는 남곡南曲, 즉 남방의 음악으로, 양자강 하류 옛 오나라 지방의 오음을 말한다. 남곡은 북곡北曲, 즉 북방의 음악과 달리 기본음이 비교적 낮고 창법은 안정적이면서도 끊어질 듯 이어지는 면면한 끈기가 있다. 반면에 북곡은 기본음이 대체로 높고 가성을 많이 쓴다. 창법은 간드러지면서 새처럼 재재거리는 느낌을 준다. 이는 오늘날의 경극京劇과 월극越劇의 창법 차이와 비슷하다고 할 수 있다. 경극이 북곡 계통이라면 월극은 남곡 계통이다. 이는 또 한국의 서도소리와 남도소리의 차이를 생각하면 이해하기 쉬울 것이다. 황해도 중심의 서도소리가 북곡에 가깝다면 전라도 중심의 남도소리는 남곡 계통이라고 할 수 있다.

원나라에 이르면 남곡 중심의 잡극이 북곡 중심의 잡극으로 바뀐다. 이는 당연히 지배족인 몽고족의 곡조가 다시 주류를 차지했기 때문이다. 원나라는 어떤 문학예술의 장르보다 잡극이 성행했던 시대로, 민중과 지식인을 막론하고 모두 잡극을 즐겼다. 그 때문에 원나라의 잡극은 매우 대형화하고 다양해졌다. 단막극이었던 것이 4막 이상으로 늘어났고, 등장인물들도 많아졌으며 창唱·과科·백白도 풍부해졌다. 여기서 창은 노래이고 과는 춤 등 동작이고 백은 대사를 말한다.

원나라 잡극의 특이한 점은 오직 주인공만이 창, 즉 노래를 부르고 나머지 인물들은 대사로 호응했다는 것이다. 원나라 잡극의 중심은 역시 창인 노래에 있었기 때문에, 잡극이라는 명칭 대신 원곡元曲이라고도 불렀다. 대사 또는 대화는 노래 사이사이에 드문드문 들어 있고, 때로는 관객을 향해 독백하듯 말하기도 했다. 잡극은 꼼꼼히 씌어진 대본에 따라 연출되었지만, 때로는 해당 연기자가 순발력을 발휘하여 곁들이는 이른바 애드립도 많았다고 전한다.

동작은 인사를 한다든지 무릎을 꿇는다든지 춤을 추는 따위의 모든 몸의 움직임을 말한다. 하지만 때로는 상징적인 몸짓도 있었다. 예를 들어 상체를 위아래로 구르며 채찍을 휘두르는 동작은 말을 타고 달리는 동작을 상징한다. 또 양팔을 벌리고 중심을 잡으며 조심조심 걸음을 옮기는 동작은 사람이 배에 오르는 동작을 상징한다. 말이라든지 배는 너무 커서 무대에 설치하기 어려웠기 때문에, 이처럼 실물 없이 배우가 동작으로 표현했던 것이다. 물론 탁자나 그릇 같은 간단한 소품들은 무대에 배치했다.

앞에서도 언급했지만 잡극의 대본은 매우 꼼꼼하게 표시가 되어 있었다. 창·과·백, 즉 노래와 동작과 대사는 물론, 등장인물이 남자 주인공인지 여자주인공인지도 다 표기되었다. 즉 남주인공의 명칭은 정말正末이고 여주인공의 명칭은 정단正旦이었다. 재미있는 점은 조연으로 출연하는 인물의 성격까지 부여해서 역할의 명칭을 정했다는 점이다. 즉 정淨은 개성이 강하고 특별한 역할을 하는 중요한 남자 조연의 명칭이었다. 역시 남자 조연인 축丑은 우스꽝스러운 광대 또는 어리석은 바보 역할을 의미했다. 이밖에도 노인·관리·선비·아이 등을 의미하는 배역의 명칭이 있는데, 이 같은 명칭은 청나라의 경극과 월극의 대본에까지 이어진다.

원나라 잡극에 출연하는 인물들은 주인공을 제외하고 모두 얼굴에 다양한 무늬와 색깔로 화장을 했다. 이는 위진 남북조 시대나 당나라 때 가무희나 기악무의 연기자들이 색칠한 탈을 썼던 것과 비슷한 효과를 지닌다. 그래서 흰색, 검은 색 또는 빨간 색 등의 색채와 다양한 무늬만 봐도 그 인물의 성격을 알 수 있었다. 이는 어린이를 비롯한 각계각층의 사람들로 이루어진 관객들이 비록 대사를 알아듣지 못한다 하더라도 인물의 모습만 보면 그 인물의 특성을 알아챌 수 있게 하기 위함이었다. 구성진 노래를 비롯하여 화려한 춤과 무술 같은 많은 볼거리가 있는 것도 천차만별의 관객들을 위한 연출이다. 이처럼 세밀하고 자상한 연출은 청나라의 지방극에까지 이어진다.

원나라 잡극의 대본을 쓴 사람으로는 흔히 원곡사대가元曲四大家로 불리는 네 명의 작가가 유명하다. 관한경關漢卿·왕실보王實甫·백박白樸·마치원馬致遠이 이들인데, 이들의 작품들을 간단히 소개하면 다음과 같다. 먼저 관한경은 서민적이고 소박한 내용으로 이름을 얻었다. 생생한 민중의 생활 속에서 소재를 찾아 속어나 사투리 등 구어체 언어를 사용한 관한경의 대표작은 단연 『두아원竇娥寃』이다. 『두아의 원환』으로 번역되는 이 작품은 남편을 여의고 시어머니와 사는 과부 두아의 원한을 그린 비극이다. 이 작품은 과부 두아가 장張부자의 꾀임에 넘어가지 않자, 장부자가 농간을 부려 그녀에게 시어머니를 독살했다는 혐의를 씌워 억울한 죽음을 당하게 한다는 내용이다. 『두아원』의 인기는 시대를 뛰어넘어 오늘날에도 『유월설六月雪』, 즉 『유월에 내리는 눈』이라는 경극京劇으로 리메이크되어 공연되고 있다.

이처럼 서민의 애환을 그린 관한경에 비해 백박과 마치원, 그리고 왕실보는 주로 왕족이나 양반의 사랑을 고상하고 우아한 문체로 썼다. 이 가운데 백박의 대표작으로는 『오동우梧桐雨』를 들 수 있다. 『오동나무에 내리는 비』로 해석되는 이 작품은 당나라 현종과 양귀비의 애달픈 사랑 이야기를 극화한 것으로, 당나라의 『장한가전』을 리메이크한 것이다. 한편 마치원의 대표작으로는 『한궁추漢宮秋』를 꼽겠다. 『한나라 궁궐의 가을』로 해석되는 이 작품은 흉노에게 시집가는 궁녀 왕소군에 대한 한나라 원제元帝의 애틋한 사랑을 그린 이야기이다. 이 작품 역시 당나라 때의 창문인 『왕소군변문』을 저본으로 하였다. 마지막으로 왕실보의 대표작으로는 『서상기西廂記』를 들 수 있다. 이 작품 또한 당나라 선비 장생과 최앵앵의 연애를 다룬 원진元稹의 소설 『회진기會眞記』(일명 「앵앵전鶯鶯傳」)를 극화한 것이다.

한족인 주원장이 일으킨 명나라에 와서 잡극의 규모도 엄청나게 대형화한다. 즉 원나라 잡극이 4막이었다면 명나라의 극은 몇 십 막에 이른다. 예를 들어 고명高明의 『비파기琵琶記』는 43막이고 탕현조湯顯祖의 『환혼기還魂記』는 55막이다. 물론 한 막의 길이는 많이 짧아졌지만 전체적으로 볼 때 원나라 잡극보다 훨씬 길다.

명나라의 희극은 원나라 때의 북방 곡조를 벗어나 다시 양자강 하류의 남방 곡조가 주류를 이루게 된다. 또 곡조도 훨씬 많아져서 여러 가지 곡조를 변화 있게 운용했다. 뿐만 아니라 원나라 잡극에서는 주인공만이 노래를 불렀다면 명대 희극에서는 출연자 모두가 노래를 불렀다. 모든 인물이 독창과 합창 및 여러 사람이 돌아가며 부르는 윤창輪唱도 하게 된 것이다. 또한 노랫말에도 원나라 때 사라진 입성入聲 발음이 부활한다. 앞에서도 설명했지만 입성은 오늘날 중국 남방의 광동어와 상해어에 잔존하는, p(ㅂㅍ) · t(ㄷㅌ) · k(ㄱㅋ) 받침으로 끝나는 제4성 발음을 말한다.

노래 뿐 아니라 대사에 있어서도 변화가 있다. 즉 원대 잡극의 대사에 통속적인 구어체가 많았다면, 명대 희극은 화려한 문어체로 바뀐다. 원나라보다 명나라 희극이 점차 민중으로부터 멀어져 귀족화했다는 뜻이다. 동작에 있어서도 원대 잡극의 우스꽝스럽고 평이한 동작에서 우아하고 고상한 동작의 춤이 많아졌다.

배역도 다소 달라졌다. 원대 잡극에서는 남주인공을 정말正末이라 했는데, 명대 희극에서는 정생正生으로 바뀌었다. 또한 남자 조연도 소생小生으로 바뀌고, 여자 조연도 소단小旦으로 바뀌었다. 뿐만 아니라 하인을 의미하는 잡雜이나 대중을 뜻하는 중衆이나 노파를 말하는 파婆 같이 새로운 배역도 생겨났다.

요컨대, 명나라의 희극은 점차 민중으로부터 멀어져 지식인들이 즐기는 문예장르가 되어갔다. 그래서 명대의 극작가들이 앞 다투어 평이한 구어체 대사보다 문어체로 화려하게 이어지는 노래 가사 위주로 창작하는 경향이 생겼다. 이에 따라 희극은 점차 무대 위에서 공연될 목적으로 씌어지지 않고, 문인들만 읽는 희곡 작품으로 변했다. 특히 오늘날 강소성 소주蘇州 동쪽에 있는 곤산崑山 출신의 위량보魏良輔가 고상하게 개량한 곤곡崑曲에 맞춘 노래 가사는 너무나 화려하고 우아하여 민중의 구미에 맞지 않았다. 그나마 민중의 사랑을 받은 작품으로는 탕현조의 『환혼기』로, 이 작품은 삶과 죽음을 초월하는 남녀의 애절한 사랑을 소박하고 평이한 민중의 언어와 가락에 맞추었다는 평가를 받고 있다. 하지만 명나라 당시의 문인 비평가들은 탕현조의 작품을 천박하다고 혹평하였다.

3. 경극과 월극 등 지방극

청나라에 이르러서도 원나라의 잡극과 명나라의 희극은 그대로 이어졌다. 원대 잡극의 뒤를 잇는 작품으로는 우동尤侗의 『독이소讀離騷』가 있다. 『이소를 읽다』로 해석되는 이 작품은 굴원의 「이소」를 극화한 것으로, 몽골 가락인 북곡의 곡조를 따른 잡극이다. 한편 명나라 때의 희극을 잇는 작품으로는 이어李漁의 『신중루蜃中樓』가 있다. 『신기루』로 해석되는 이 작품은 북곡이 아닌 남곡, 그 가운데서도 고상하고 우아한 곤곡에다가 고상하고 세련된 문어체 노랫말을 단 희극이다.

하지만 18세기 후반 청나라 건륭乾隆황제 시절에 이르러 희극계에 큰 바람이 불었다. 즉 원대의 잡극이나 명대의 희극 같이 틀에 박힌 희극 형식이 더 이상 먹혀들어가지 않게 된 것이다. 특히 곤곡 위주의 세련되고 고상한 명대 희극이 청나라 민중에게 너무 어려워 민중들이 각각 자기네 지방의 토속적인 곡에 맞춰 자기네 방언으로 희극을 만들기 시작한 것이다. 이를 화부희花部戲로 불렀는데, 화부희의 화부花部는 아부희雅部戲의 아부雅部의 반대 의미이다. 아부가 세련되고 우아한 희곡을 말한다면 화부는 토속적이고 대중적인 희곡을 말한다.

화부희에는 안휘성 지역의 안휘희, 호북성 지역의 호북희, 호남성 지방의 호남희, 절강성 지역의 절강희, 광동성의 광동희, 복건성의 복건희, 사천성의 사천희, 운남성의 운남희 등등 많다. 이 가운데 호북희는 옛날 초나라 지방의 곡조를 바탕으로 한 극이라 하여 초극楚劇으로 불리고 절강희는 옛날 월나라 지방의 곡조를 바탕으로 했다고 해서 월극越劇으로 불린다. 이밖에도 사천성의 사천희를 천극川劇으로도 부른다.

하지만 경극京劇의 유래는 좀 복잡하다. 오늘날 영화로도 볼 수 있는 『패왕별희』 같은 경극은 원래 호북희에서 출발하여 안휘희의 양식을 많이 받아들인 것이라 한다. 이처럼 안휘희의 특징을 갖추고는 있지만, 거기에 머무르지 않고 또 다른 지방희의 장점을 취하여 북경을 중심으로 연출되고 있는 희극이 바로 경극인 것이다.

경극뿐 아니라 오늘날 볼 수 있는 월극과 천극, 또는 초극도 몇 백 년 전 절강희나 사천희, 또는 호북희와는 사뭇 다르다. 앞에서도 언급했지만 원래 화부희는 매우 토속적이고 민중적인 마당극 같았다. 그래서 무명인사가 쓴 대본에, 연기자도 능숙하고 세련되지 못했다. 그 때문에 연기자가 중간에 대사를 잊어버리기도 하고 중언부언하기도 했고, 즉흥적인 애드립으로 밀어붙이기도 했다. 이 같이 다소 천박하고 허술한 내용과 진행 때문에 화부희는 전문적인 비평가들로부터는 외면을 받았지만, 민중의 정서와는 오히려 잘 결합되었다. 그래서 오늘날에도 설날이나 추석 같은 명절에 중국의 각 지방에서는 마을의 공터에서 토속적인 희극이 벌어진다. 재미있는 점은 이들 토속적인 지방극의 연기자들은 위진남북조 시대나 당나라 때처럼 가면, 즉 탈을 쓰고 놀기도 한다는 사실이다.

그럼 호북희에 속하는 『제봉대祭鳳臺』의 한 대목을 감상해보자 :

> 축(장간으로 분장) (대사) 황개가 군량을 실은 배를 헌납하겠다며 … 투항해 왔습니다
> 정(조조로 분장) (대사) 어디 보자 … 배 안이 가볍게 뜨는 걸 보니 필시 속임수다. 진영으로 들어오지 못하게 해라!
> 축 (대사) 퉷! 황개는 들으렸다! 승상의 분부다. 배는 진영에 들어올 수 없다!
> 정단(주유로 분장) (대사) 모두들 불을 질러라!
> 중 (불을 지르고 폭죽을 터뜨린다)
> (생과 잡이 싸우다 생이 패하여 거꾸러지고, 잡이 위아래로 추격한다)
> (축과 말이 싸우다 축이 패하여 거꾸러지고, 말이 위아래로 추격한다)
>
> 丑(扮蔣干) (白) 黃蓋獻糧船…… 前來投降!
> 淨(扮曹操) (白) 待我看來…… 船內輕浮, 想必有詐, 不許入寨!
> 丑 (白) 呔! 黃蓋聽着, 丞相吩咐, 粮船不許入寨!
> 正旦(扮周瑜) (白) 衆將放火!
> 衆 (煙火, 爆竹)
> (生同雜殺, 生敗下 : 雜追上又下)
> (丑同末殺, 丑敗下 : 末追上又下)

축(분장간) (백) 황개헌량선 …… 전래투항!
정(분조조) (백) 대아간래 …… 선내경부, 상필유사, 불허입채!
축 (백) 태! 황개청착, 승상분부, 량선불허입채!
정단(분주유) (백) 중장방화!
중 (연화, 폭죽)
(생동잡살, 생패하 : 잡추상우하)
(축동말살, 축패하 : 말추상우하)

『제봉대』는 소설 『삼국지』 가운데 적벽대전을 그 내용으로 하고 있다. 적벽대전은 예나 지금이나 민중의 사랑을 많이 받는 이야기로, 위에 인용한 대목은 촉나라와 오나라의 연합군 측의 황개가 거짓 투항하면서 전쟁이 시작되는 장면이다. 위나라 승상 조조가 연합군의 계략을 간파하는 순간, 연합군의 지휘자 주유가 병사들에게 조조의 진영에 불을 지르고 양측의 접전이 시작되는 것이다.

이 대본에서 오늘날의 독자들에게 생소한 단어들은 역시 배역의 이름이다. 앞에서 원나라의 잡극을 이야기할 때 몇몇 배역의 이름을 소개했듯이, 축丑은 다소 어리숙한 남자 배역을 말하고 정淨은 무게 있는 남자 배역의 명칭이다. 여기서는 축이 위나라의 장간 역할로 나오고 정은 조조 역할이다. 또 정단正旦은 사실 여자주인공의 명칭인데, 여기서는 연합군의 지휘자 주유 역할이다. 또한 중衆은 대중, 즉 병사들을 말하고, 생生은 역시 꽤 중요한 남자 배역의 명칭으로, 여기서는 위나라 채모蔡瑁의 역할을 맡고 있다. 잡雜은 하인 따위의 비교적 지위가 낮은 남자 배역의 명칭으로, 여기서는 연합군 쪽 감녕甘寧의 역할을 한다. 마지막으로 말末은 비교적 중책을 맡은 남자 배역의 이름으로, 여기서는 연합군 측 황개의 역할을 하고 있다.

이 대본에서 보듯이 희극의 대본에는 많은 괄호가 있다. 배역의 표시뿐 아니라 대사나 동작, 때로는 노래 같은 것을 모두 괄호 안에 표시했기 때문이다. 또한 대사는 짧고 동작이 매우 많다. 비록 대사를 다 알아듣지 못한다 하더라도 배우들의 표정과 동작만 보고도 전체 줄거리를 알 수 있게 꾸며졌기 때문이다. 이처럼 각 지방의 희극은 민중들이 편안하게 관람할 만한 볼거리였다.

이밖에 『가면 바꿔 쓰기』로 해석되는 영화 『변검變臉』에서 그 일면을 볼 수 있는 사천희도 각계각층의 사랑을 받는 사천성의 대표적인 희극이다. 천극이라고도 불리는 사천희는 특히 얼굴의 가면을 눈 깜짝할 사이에 차례로 바꿔내는 기막힌 재주 등이 더해져서 보기만 해도 흥이 나는, 민중을 위한 희극이라고 할 수 있다.

이처럼 비교적 소박한 각 지방의 희극과 달리 북경의 경극과 상해의 월극은 이미 상업화했다. 화려한 무대장치와 배우들의 세련되고 구성진 춤 솜씨와 노래 솜씨 등으로 국제적인 볼거리로 발전한 것이다. 2000년 경 한국에 와서 공연한 월극의 경우가 그 단적인 예이다. 당시 한국의 창극단과 중국의 월극단, 그리고 일본의 가부끼단이 합동으로 공연한 『춘향전』은 모두 3막으로 구성되었다.

이 가운데 제1막은 중국 상해의 백화월극단 단원들이 공연했고, 제2막은 안숙선 등 명창을 포함한 한국의 창극단이 맡았다. 마지막 제3막은 일본의 가부끼단이 마무리했다. 서울 국립극장 해오름극장에서 연출된 한중일 삼국의 소리와 춤은 비슷하면서도 달랐다. 옛날 남북조 시대의 양나라와 백제, 그리고 왜국이 공유했던 기악무를 생각하며 삼국 배우들의 소리에서 비슷한 점을 찾았지만, 유감스럽게도 그리 비슷하게 느껴지지 않았다. 춤사위 또한 중국대륙과 한반도 및 일본섬이 각각 달랐다. 이는 한중일 삼국의 전통 희극에 대한 관점과 전승이 각각 다르다는 뜻이다. 일본 가부끼단의 춤사위는 고요하고 느렸으며, 사미센에 맞춰 부르는 노래는 중저음으로 굵었다. 하지만 한국의 창극단은 동작이 거의 없고 북에 맞춰 내는 소리는 깊고 구성진 생목소리였다. 적어도 깊고 끈끈한 소리에 있어서 한국 창극단과 일본의 가부끼단은 공통점이 있었다.

반면에 중국 월극단의 공연은 뜻밖이었다. 녹음과 음향효과를 이용한 다양하고 다채로운 소리, 그리고 선녀들처럼 하늘하늘한 춤사위 등이 무척 화려하고 아름다웠다. 물론 춘향과 몽룡이 사랑을 나누는 대목의 창법은 가성이 많은 경극과 달리 다소 안정적인 생목소리도 있기는 했다. 하지만 한국과 일본의 소리가 착 가라앉아 있다면 중국의 소리는 붕 뜬 느낌이었다. 이로서 볼 때, 상해 월극단의 소리나 동작이 가장 상업적이었다고 할 수 있다. 이는 한국의 창극단이나 일본의 가부끼단이 정부로부터 보호를 받으며 전통을 고수하는 단체인데 반하여 중국의 백화월극단은 일찍부터 상업화의 길을 걸었기 때문이 아닐까 생각한다. 하지만 중국 남방의 어느 마을엔가는 아직도 상업화하지 않은 토속적 소리를 하는 월극 소리꾼이 있을 것으로 본다.

아무튼 오늘날 경극과 월극은 화려한 무대와 의상, 그리고 배우들의 훌륭한 노래솜씨와 춤 솜씨 등으로 국제적 볼거리로 눈부시게 성장했다. 마치 이태리의 오페라좌에서 공연되는 오페라나 뉴욕의 브로드웨이에서 연출되는 뮤지컬처럼, 고급스럽고 격조 높은 종합예술이 된 것이다. 그 때문에 오늘날 중국 민중은 값비싼 입장료를 지불하고 전용극장에 가서 경극과 월극을 보기는 어렵다. 다만 텔레비전이나 컴퓨터에 무수히 떠도는 수많은 드라마와 영화를 볼 뿐이다. 그런 의미에서 청나라 또는 20세기 전반까지만 해도 중국 민중이 가장 쉽게 접할 수 있었던 희극은 이미 영화나 드라마 같은 영상물로 대체되었다고 할 수 있다. 이 같은 상황은 한국 등 다른 나라와도 크게 다르지 않을 것이다.

결론

지금까지 대략 은殷나라 때부터 청淸나라 때까지의 문학, 즉 중국문학의 상류로 거슬러 올라가 중류까지 그 흐름을 타고 내려왔다. 그 결과 중국 고대와 중세 및 근대의 문학은 현대의 중국문학과는 상당히 다른 면모를 갖고 있음을 알게 되었다. 요컨대, 고대와 중세 및 근대의 중국문학은 단순한 중국문학이 아니라 고대 한국문학과 중세 몽고문학, 그리고 근대의 만주문학과 상당부분을 공유하고 있는 동아시아문학이다. 다시 말해서 중국문학의 상류와 중류는 중국뿐 아니라 한국과 몽골, 그리고 만주족의 조상들도 적극적으로 활약하여 일구어낸 다양하고 다채로운 물줄기라고 해도 지나친 말이 아니다.

실제로 동아시아 민족들은 수없는 이합집산離合集散, 즉 만나고 헤어졌다 다시 모이고 흩어지는 과정 속에서 온갖 문화를 공유했다. 즉 고대 중국대륙의 동쪽에 거주한 동이족東夷族이 서쪽에 거주한 화하족華夏族과 서로 대립했다가 한족漢族으로 모였다. 그 한족은 다시 위진 남북조 시대에 고구려족과 백제족 등 호족胡族의 침탈을 받아 허덕이다가 다시 당족唐族과 송족宋族으로 만난다. 그러다가 대륙은 또 몽고족이 중심을 이루는 원元나라로 통합되고, 이 중심은 다시 한족이 지배하는 명明나라로 대치된다. 그러다가 다시 만주족이 지배하는 청淸나라가 수 백 년 간 중국대륙을 호령했음은 잘 아는 사실이다. 이처럼 시대에 따라 중국민족은 한국민족과 몽고족 및 만주족 등과 피차 영향을 주고받으면서 어우러져왔기 때문에 이들 민족들은 온갖 방면에서 문화의 공동유산을 갖게 된 것이다.

그렇게 볼 때 『역경易經』·『서경書經』·『시경詩經』·『예기禮記』·『춘추春秋』 등 오경五經과 『대학大學』·『중용中庸』·『논어論語』·『맹자孟子』 등 사서四書도 중국인의 경전만은 아니다. 또한 복희씨伏羲氏·신농씨神農氏·여왜씨女媧氏·황제黃帝 · 제곡帝嚳 · 전욱顓頊 · 요堯 · 순舜 등 삼황오제三皇五帝와 소호씨小昊氏 · 치우씨蚩尤氏 · 공공씨共工氏, 반고盤古와 마고麻姑, 예羿와 항아姮娥, 그리고 서왕모西王母 이야기도 중국 신화만이 아니라 동아시아인의 신화이고 전설인 것이다.

그 뿐이 아니다. 공자孔子와 노자老子, 한비자韓非子, 묵자墨子, 열자列子, 양자楊子, 손자孫子 등등 수많은 철학자들의 사상 또한 동아시아 사상이 집적된 것이다. 본격적인 문학 장르인 시詩 · 사辭 · 부賦 등 운문뿐 아니라 소설 등 산문도 이에서 크게 벗어나지 않는다. 민요 · 창문唱文 · 탄사彈詞 · 고사鼓詞 같은 판소리류 및 가무희歌舞戲 · 기악무伎樂舞 · 잡극雜劇 · 京劇 따위의 희극은 더 말할 필요도 없다. 요컨대 고대와 중세 및 근대 중국문학에 갈무리되어 있는 문학과 역사 및 사상은 현대 중국의 것만이 아니고 한국과 북한, 몽골, 어쩌면 일본을 포함한 동아시아의 것이다.

이러한 관점에서 볼 때 고려와 조선의 과거시험 과목이 왜 중국의 사서오경四書五經이나 시詩 · 부賦 · 송頌 · 책策이었는지도 지금까지와는 다른 각도에서 이해될 수 있다. 지금까지는 약소국이었던 고려와 조선이, 강대국인 송나라 · 원나라 · 명나라 · 청나라의 과거제도를 그대로 받아들여 따라 한 것으로 보았다. 물론 제도의 운영에 있어서 모방한 점은 있었을 것이다. 하지만 사서오경과 시 · 부 · 송 · 책은 고조선과 부여 · 고구려 · 백제 등 고려와 조선의 선조 문화이기도 했기 때문에 이를 통해 나라를 이끌어갈 인재를 뽑았던 것이지, 강대국의 문화를 무조건 추종한 것이 아니다.

마지막으로 꼭 짚고 넘어가야할 문제가 한자에 대한 인식이다. 지금까지 한자는 중국의 글자이고, 한국이나 몽골, 또는 일본은 이를 빌려다 쓴 것뿐이라는 생각이 지배적이었다. 어쩌면 아직도 그렇게 생각하는 사람이 많을 것이다. 하지만 제1장에서 언급한 대로 한자 역시 중국의 문자만이 아니라 고대 · 중세 · 및 근대 동아시아의 문자였고, 지금까지도 문법과 발음이 서로 다른 동아시아의 문자이다. 이로서 볼 때 왜 조선의 선비들이 한문을 진서眞書로 떠받든 반면, 세종대왕이 반포한 한글을 언문諺文으로 경시했는지 충분히 이해할 수 있다. 당시 조선의 지식인과 학자들이 한문을 고상한 문자로 보고 한글을 천박한 문자로 본 것은, 한문이 강대국인 청나라 문자이고 한글은 약소국인 조선의 문자여서

가 아니었다. 오히려 한글만 가지고는 한문에 배어 있는 고조선·고구려·백제·신라·고려의 소중한 문화를 계승하기 어렵다고 판단했기 때문이었을 것이다. 물론 그 때문에 많은 민중들이 쉽게 익히고 쓸 표음문자인 한글 창제를 해서는 안 된다는 선비들의 주장까지 옹호할 생각은 없다. 한글 창제는 많은 민중에게 쉽게 읽고 쓰는 즐거움을 주고 있기 때문이다. 다만 한문은 중국 문자이니 한국 문자인 한글만을 사용해야 한다는 무조건적인 한글전용론에 정중한 문제제기를 하는 것뿐이다.

제2부

한권으로 흐르는 중국문학 수 천 년

중국문학의 하류

서론

중국문학의 하류는 중국현대문학을 의미한다. 하지만 중국현대문학을 말할 때 조심해야 할 것이 있다. 즉 중국에서 현대문학사를 이야기할 때 '현대'는 대략 1917년부터 1949년까지만을 의미한다는 사실이다. 그 때문에 중국현대문학사는 약 30년에 불과한 이 시기에 국한된 문학사이고, 1949년 이후 지금까지의 문학은 중국에서 당대문학當代文學으로 불린다. 중국에서 현대문학과 당대문학으로 나누는 분기점인 1949년은 중화인민공화국이 수립된 해이다.

사실 어떤 문학사도 정치적 변화에 무관할 수 없다. 그래서 고대와 중세에도 왕조가 바뀌면 모든 문학의 흐름이 바뀌기 때문에 문학사의 분기를 왕조별로 하는 경우가 많았다. 중국의 근대와 현대문학사 또한 정치적 변화와 아주 밀접한 관계를 가진다. 잘 알다시피 중국의 근현대사는 서구 열강의 침입에서부터 국민당과 공산당 사이의 내전, 공산당의 승리, 그리고 문화혁명 등 치열한 사건의 연속이기 때문이다. 그런 의미에서 마오쩌뚱이 1949년 10월 1일 천안문 광장에서 중화인민공화국의 성립을 공포한 그 날부터 중국은 당대문학이라는 새로운 문학 시기에 들어선 것이다.

여기서 또 새로운 문학을 뜻하는 신문학新文學에 대한 중국인의 관점을 짚고 넘어가지 않을 수 없다. 한마디로 말하면 중국문학계에서 사용하는 신문학은 구문학舊文學에 반대되는 개념이다. 그래서 어느 시기를 기점으로 잡느냐에 따라서 신문학의 시기가 달라진다. 만약 1949년을 기점으로 삼으면, 1949년 이전의 문학은 구문학이고, 이후의 문학은 신문학이 된다. 또 만약 『신청년新青年』이라는 잡지가 발간된 1917년을 기점으로 삼는다면, 1917년 이전의 문학이 구문학이고, 이후의 문학은 신문학이 되는 것이다. 요컨대, 신문학은 구문학에 대한 상대적인 용어로서, 중국문학사상 어느 시대에도 분기점을 중심으로 사용될 수 있는 보편적인 용어이다.

물론 한국에서도 비슷한 용법으로 신문학과 구문학을 사용할 수는 있다. 하지만 한국문학사에서 말하는 신문학의 개념은 사뭇 다르다. 즉 한국문학사에서 말하는 신문학新文學은 특정 시기, 즉 대체로 19세기 말 갑오경장(1894년) 무렵부터 20세기 초 1920년을 전후한 시기에 국한되어 쓰인다. 이 시기의 신문학은 권선징악의 천편일률적인 주제의 문어체 문학에서부터 비교적 자유로운 주제의 구어체 문학이라는 특징을 지닌다. 그래서 이인직의 「혈의 누」(1905)로부터 1910년에 출판된 「치악산」·「자유종」 등을 신소설新小說이라고 하고, 최남선의 「해에게서 소년에게」(1908)를 신시新詩라고 하는 것이다.

또한 한국문학에서는 현대문학이라고 하면 신문학 시기 이후로부터 오늘날까지를 다 포괄한다. 이는 1917년부터 1949년까지만 현대문학 시기로 보는 중국문학사의 관점과는 다른 것이다. 이처럼 문학사상의 시기 구분에 있어서 중국과 한국은 다르다. 현대문학뿐 아니라 고대문학도 상고上古·중고中古·근고近古로 나눠야 한다든지, 중세中世문학의 시기 구분도 달라져야 한다든지 등 시대별로 문제가 많다. 뿐만 아니라 근세近世와 근대近代에 대한 개념을 놓고도 문학사 연구가들 사이에 의론이 분분하다.

중국문학의 하류라는 명칭 아래 다루게 될 본서의 제2부는 대략 1917년부터 2000년까지의 중국문학을 기술하는데, 그 명칭은 중국현대문학으로 할 것이다. 비록 20세기 중국의 문학을 기술하지만, 시대구분까지 중국식으로 맞출 필요가 없기 때문이다. 또 공산당의 승리와 중공의 수립이 아무리 중요하다 하더라도, 굳이 중공 수립의 시점인 1949년 이전을 현대문학 시기로 보고, 그 이후를 당대문학 시기로 규정하는 것도 불필요한 구분이라고 보기 때문이다. 이런 이유로, 본서는 1917년부터 2000년까지의 시기를 현대로 보고, 아편전쟁이 일어난 1840년부터 1917년까지를 근대로 정리한다. 본서의 주요 독자는 중국인이 아닌 한국인이기 때문이다.

1917년부터 2000년까지의 중국문학을 중국현대문학이라고 정의한 이후 부딪치는 또 하나의 문제는 현대문학 수 십 년의 기간을 또 어떻게 세분할 것인가 하는 것이다. 문화혁명 무렵부터 대략 1980년대까지만 해도 중국은 1949년까지의 현대문학을 4분기로 나누고, 1949년부터 1989년까지의 당대문학을 3분기로 나누었다.

이에 따라 중국은 현대문학의 제1시기(1917-1927)는 제1차 국내혁명문학 시기로, 제2시기(1927-1937)는 제2차 국내혁명문학 시기로 보았다. 또 제3기(1937-1942)는 항일전쟁 전반문학 시기로, 제4시기(1942-1949)는 항일전쟁 후반 및 인민해방전쟁문학 시기로 명명했다. 또한 당대문학의 제1기(1949-1966)는 사회주의문학 시기로, 제2기(1966-1976)는 문화대혁명문학 시기로 명명했다. 마지막으로 당대문학 제3시기(1977-1989)는 신시기 사회주의문학시기라고 불렀다. 이는 당연하게도 공산당 중심의 정치사적인 시기구분과 명칭으로, 이 같은 공식적인 분기와 명칭은 1980년대 이후까지도 중국의 거의 모든 중등 및 고등 교육 기관의 문학사에서 통용되었다.

하지만 1980년대의 개혁개방을 거쳐 90년대로 접어들면서 중국문학사의 기술방법도 다양해졌다. 사회주의 시장경제라는 단계로 진입하면서 중국 정부의 학계에 대한 간섭이 줄어들었기 때문이다. 그 결과 공산당 중심의 문학사 분기법에서 탈피한 새로운 문학사들이 하나 둘 등장했다. 예를 들어 황시우지黃修己는 중국현대문학사의 분기를 발생기(1917-1920), 발전 1기(1021-1927), 발전 2기(1928-1937), 발전 3기(1937-1949) 등 네 개의 시기로 나눴다. 또한 홍즈청洪子誠은 중국당대문학사를 아예 50-70년대의 문학과 80년대 이래의 문학으로 양분하여, 정치 중심이 아니라 문학 중심으로 기술했다. 그렇지만 현대문학과 당대문학의 기점을 공산당이 정권을 잡은 1949년으로 보는 관점은 여전히 변하지 않고 있다.

반면에 한국이나 일본 또는 기타 국가에서 중국현대문학사를 기술하는 연구가들은 상대적으로 자유로운 분기를 한다. 예를 들어 한국의 허세욱許世旭은 중국현대문학사를 기술하는 데 있어서 제1기 생장기(1917-1926), 제2기 발전기(1927-1937), 그리고 제3기 정체기(1937-1949) 등의 방식을 취했다. 중국현대문학의 역사를 마치 한 사람의 역사처럼 태어나서 자라고, 성장하다가 다시 움츠러드는 식으로 기술하는 것이다. 이 같은 분기 방식은 그 자체로 매우 문학적이어서, 적지 않은 사람들의 호응을 얻고 있다. 본서의 시기구분도 대체로 이 같은 방식을 따랐음을 밝혀둔다. 이처럼 1990년대 이래 중국현대문학사의 기술에 있어서 중국 안팎의 연구가들은 정치보다는 문학 자체의 발전에 관심을 두게 되었다.

그럼에도 불구하고 중국현대문학의 시기를 구분하고 기술하는 데 있어서 정치적 변수는 여전히 매우 중요한 작용을 한다. 그 때문에 아직도 대부분의 중국현대문학사 기술자들은 1927년이나 1937년, 그리고 1949년이나 1966년 등 정치적 사건을 기점으로 시대구분을 하고 있다. 잘 알다시피 1927년은 제1차 국공합작, 즉 국민당과 공산당의 합작이 실패하는 해이고, 1937년은 중일전쟁中日戰爭이 일어난 해이자 제2차 국공합작이 시작되는 해이다. 또 1949년은 중화인민공화국이 수립된 해이고, 1966년은 문화혁명이 발발한 해이다. 뿐만 아니라 1977년은 집권에 성공한 덩샤오핑鄧小平이 개혁개방과 현대화 정책을 시작하겠다고 선언한 해이다. 요컨대, 중국현대문학의 흐름은 중국현대정치의 흐름과 밀착된 채 함께 흘러온 것이다.

그 때문에 본서도 중요한 정치적 사건을 중심으로 분기하고 기술하는 방식을 취한다. 다만 대부분의 중국현대문학사의 기술 방식, 즉 중국 공산당의 입장에서 사건을 기술하고 작가나 작품을 평가하는 방식에서는 벗어나려 한다. 그리하여 공산당과의 싸움에서 패배한 국민당의 입장에서 문학 활동을 했거나, 이도 저도 아닌 중도파로서 문학 활동을 한 작가와 작품들도 배제하지 않는다. 사실 90년대 이후 일부 작가와 작품들이 재조명되고 있기는 하지만, 80년대 말까지 린위탕林語堂이나 후스胡適 등의 작품은 중국현대문학사에서 삭제되거나 혹평의 대상이 되었다. 신월파新月派나 자유인自由人 등의 문학단체도 우익 또는 회색분자라는 낙인이 찍혀 제대로 대접을 받지 못했다. 본서는 이들 작가와 작품 및 문학단체들에게도 공평한 평가와 함께 새로운 자리매김을 시도한다.

이처럼 정치적인 중립과 함께 본서가 취하는 또 하나의 입장은 작가들을 소개하는 데 있어서 공公과 사私, 즉 공적인 생활과 사적인 생활을 함께 다루는 것이다. 물론 많은 작가와 작품들의 사적인 자료는 공적인 자료에 비해 턱 없이 부족하다. 그 때문에 본서 역시 작가들에 대한 공식적인 자료에 주로 의지할 수밖에 없다. 하지만 어떤 작가에 관한 사적인 이야기는 언제나 야사野史나 야담野談으로 홀시되고, 공적인 기록만을 정사正史로 인정하는 태도는 중용의 태도가 아니다. 그런 의미에서 본고는 비록 극히 일부지만은 공과 사의 담 허물기를 시도했다.

같은 이유에서 본고는 성별의 담 허물기도 시도한다. 그간의 문학사는 분명 남성 위주의 기술이 대세였다. 이는 물론 여성 작가와 연구가들에 비해 남성 작가와 연구가들이 훨씬 많았기 때문에 당연한 귀결이었다. 하지만 실제로 1920, 30년대와 1980, 90년대에 활약한 여성작가들은 남성작가들에 비해 결코 소수가 아니었다. 그럼에도 불구하고 문학사 기술자들은 여성작가들의 소개에 매우 인색했다. 이들은 주로 남성 작가와 작품들을 소개하고 여성작가들은 양념으로, 또는 구색을 맞추기 위해 한두 명 소개하는 데 그치고 있다. 이는 물론 문학사 기술자들이 대부분 남성이고, 또 남성작가에 비해 여성작가의 활동이 미미해서 대표적인 작가로 여성 작가를 소개하기 어렵기 때문일 수도 있다. 하지만 예를 들어 삥신冰心이나 루인廬隱, 또는 장아이링張愛玲이나 수팅舒婷 같은 작가는 당 시대의 대표 작가로 손색이 없다. 그럼에도 불구하고 이들은 동 시대의 남성작가들에 밀려 마땅한 대접을 받지 못했다. 본고는 이 점에 착안하여, 남성 작가와 작품뿐 아니라 여성 작가와 작품의 소개에도 상당한 지면을 할애했다.

제 1 장
중국현대문학의 탄생과 성장

1. 현대문학의 배경으로서의 근대화

서론에서 언급했던 대로 중국의 근대는 1840년 아편전쟁의 패배와 함께 시작된다. 잘 알다시피 아편전쟁은 1800년대 전반, 청나라의 관리 임칙서林則徐가 광동으로 유입되던 아편을 몽땅 태워버린 사건이 도화선이 되었다. 영국이 중국에 수출한 아편이 중국인의 정신에 끼치는 피해가 막강함을 알게 된 임칙서는 일찍이 영국 빅토리아 여왕에게 아편수출을 금지해달라는 편지를 보냈었다. 하지만 여왕으로부터 어떤 회답도 받지 못한 그는 과감히 아편을 태움으로써 아편수출의 불가함을 항의한 것이다. 하지만 결과는 청나라의 패배로, 청나라는 이로 인해 홍콩을 영국에게 주고 상해 등 5개 항구를 개방한다는, 치욕적인 남경조약(1842)을 맺었다.

이처럼 아편전쟁을 승리로 이끈 영국과 프랑스・독일・미국 등 열강의 입김이 강화되면서 중국의 근대화는 시작된 것이다. 그런 의미에서 중국의 근대화는 한국의 근대화와 마찬가지로 서구화이기도 하다. 청나라가 영국과 맺은 치욕적인 남경조약이래 어쩌면 지금까지도 중국의 서구화는 지속되고 있다고 할 수 있다. 왜냐하면 21세기에 들어서서 중국이 비록 정치적・경제적인 열세는 면했다 하더라도 아직까지도 미국과 유럽 여러 나라의 문화적 영향에서 완전히 벗어나지는 않았기 때문이다.

이 같은 서구화의 여파는 1840년 이전의 세계사까지도 서양사를 동양사의 상위에 두는 기현상을 연출했다. 그 결과, 메이지유신明治維新으로 일찍이 서구화의 길을 걸었던 일본인을 제외한 대부분의 아시아인들은 서양인에 대해서 열등감을 갖게 되었다. 심지어 전통적으로 내려오는 모든 제도와 사상 및 종교까지도 혁파해야할 대상으로 삼게 된 것이다. 요컨대 중국의 근대와 현대는 수천 년 간 계승되어 온 전통적인 사상과 제도를 봉건적인 인습으로 부정하면서 시작되었다고 해도 과언이 아니다.

하지만 따지고 보면 서양세력의 동양 진출의 역사는 그리 길지 않다. 아편전쟁 이전까지의 세계사 판도는 오히려 그 반대였다는 뜻이다. 영국의 한 퇴역해군

개빈 멘지스의 주장에 따르면, 컬럼부스가 아메리카를 발견한 1492년보다 약 70년 전인 1421년, 명明나라 환관 정화鄭和가 함대를 이끌고 북아메리카 서안과 중앙아메리카에 당도했다고 주장한다. 멘지스는 1492년 이전에 아메리카 대륙의 지도가 있었다는 사실이 이를 뒷받침한다고 주장한다. 그 자신이 베네치아의 지도 제작자인 주아네 피치카노의 서명과 함께 1424년이라는 제작연도가 기록된 이 지도를 미국 미네소타 대학 도서관에서 발견했다는 것이다.

역사적으로 기록된 가장 오래전 동서교류 또한 기원전 139년, 한나라 무제 때 이루어졌던 장건張騫의 서역 진출이다. 이는 장안長安, 즉 오늘날의 서안에서 로마까지 이어진 비단길을 따라 적지 않은 한나라 사람들이 서쪽으로 진출했음을 의미한다. 뿐만이 아니다. 17세기 중반 조선 정조 때 네델란드 사람 하멜이 제주도에 표류해오기 훨씬 이전인 9세기 경, 신라의 장보고張寶皐가 동남아시아는 물론 아라비아해까지 진출했다. 역사상 가장 큰 영토를 차지했던 원나라의 쿠빌라이 칸이 이라크와 폴란드를 멸망시키고 프랑스 동부까지 진출한 것도 13세기 후반의 일이었다. 그 직후인 13세기 말, 원나라에 온 이탈리아의 마르코 폴로가 원나라의 선진적인 문물을 그의 『동방견문록』에 기록했음은 잘 알 것이다.

하지만 어떤 역사도 한쪽으로만 흐르지는 않는다. 어제의 권력자가 오늘 굴욕을 당하기도 하고, 어제 굴욕을 당했던 자가 오늘 권력의 보좌에 앉기도 하는 것이다. 그 때문에 프랑스의 학자 볼테르(Voltaire : 1694-1778)가 흠모해 마지 않았던 청나라 황제도 영국의 함대 앞에 무릎을 꿇었다. 이로 인해서 청나라 조정과 지식인들이 받은 충격은 실로 엄청났다. 수 천 년 간 천하의 중심이라고 자부해왔던 동양의 중심 국가가 저 변방의 오랑캐 나라에게 패망을 당했으니 말이다.

이 같은 충격은 당연하게도 청나라 지식인들을 패인의 분석과 자아성찰로 이끌었다. 아편전쟁으로 이끈 당사자인 임칙서의 고민은 누구보다도 컸다. 고민 끝에 그는 아편전쟁의 패배 원인이 청나라 군사기술의 낙후로 보고, 이를 극복하기 위해서는 굴욕적이지만 서양으로부터 군사기술을 배우는 수밖에 없다고 결론지었다. 임칙서뿐 아니라 많은 청나라 관리들도 같은 생각이었기 때문에 청나라 조정에서도 이를 받아들여 서양의 군사기술 습득에 나섰다. 일찍이 한나라 때 화약과 나침반을 발명하여 오랫동안 천하를 주름잡았던 중국의 과학기술이 어느새 오랑캐에게 배워야 할 만큼 낙후되었던 것이다.

아편전쟁 이후에도 청나라는 내우외환內憂外患에 계속 시달렸다. 즉 홍수전洪秀全이 이끄는 태평천국의 난(1851-1864)과 영국과 프랑스가 합동으로 북경과 천진을 공격한 애로우전쟁(1856) 등이 연이어 일어난 것이다. 이 같은 위기에 직면하자 임칙서의 뜻을 이은 증국번曾國藩 · 이홍장李鴻章 · 좌종당左宗棠 등이 이른바 양무운동洋務運動을 일으킨다. 양무운동은 서양의 군사기술뿐 아니라 과학기술을 더욱 열심히 습득해야 한다는 운동이다. 이홍장 등 양무운동의 주도자들은 서양으로부터 군함을 사들이고 청나라에 군수공장을 세우는 한편, 유학생들을 서양에 보내어 과학기술을 배우게 하고 중요한 과학기술 자료들을 중국어로 번역해야 한다고 주장했다. 이 같은 주장은 청나라 황실의 뜻이기도 해서 실제로 청나라 조정은 유학생의 파견과 번역사업 등을 뒷받침해주었다.

이홍장 · 증국번 등이 양무운동을 성사시킬 수 있었던 것은 이들이 이른바 중체서용中體西用을 내세워 청나라 황실의 공감을 얻었기 때문이다. 중체서용이란 중국의 전통문화, 즉 정치제도를 포함한 모든 문화유산을 중심에 놓고, 서양의 과학기술을 필요에 따라 사용한다는 이론이다. 이는 어디까지나 중국의 정신이 중요한 핵심이니, 이 같은 중심에 위배되지 않는 한도 내에서 서양의 과학기술을 이용하겠다는 입장이다.

하지만 강유위康有爲와 양계초梁啓超의 생각은 달랐다. 이들은 양무운동으로는 문제 해결이 어렵다고 보고 이른바 변법운동變法運動을 일으킨다. 변법운동은 왕정王政을 폐하고 입헌군주제도로 가야한다는 운동이다. 일본이 그랬던 것처럼 황실, 즉 군주제도는 그대로 유지하되, 정치의 기본법을 서구적인 헌법으로 바꿔야 한다는 것이 바로 변법운동이다. 이점에서 강유위와 양계초 등은 중국의 전통적인 정치제도와 과거제도는 유지하고 오직 과학기술만 서양에서 끌어다 쓰자는 중체서용론자들과는 분명 달랐다. 이들 변법론자들은 헌법을 제정하고 국회를 열고, 과거제도를 없애고 서양식 학교제도를 도입해야 한다고 주장했기 때문이다.

이들은 주장만 한 것이 아니라 실제로 주요 도시에 서구식 학교를 설립하고 신문을 발행하는 등 행동에 옮겼다. 이들의 활동은 일찍이 외국인 선교사들의 호응과 후원을 얻었음을 의미한다. 양계초는 청나라 고유의 머리인 변발을 자르고 서구식 단발에 서구식 옷을 입었다. 이들의 변법운동은 점차 진보적인 청나라 관리들의 지지를 받았고, 드디어 당시 청나라 황제인 광서光緖 황제의 공감을 얻어냈다. 하지만 대략 1888년부터 1898년까지 약 10년간 지속된 변법운동은 광서제의 뒤에서 실질적인 권력을 행사하고 있던 서태후西太后 등 보수 세력의 철퇴를 맞고 좌절된다. 이후 양계초는 일본으로 망명하고 청나라는 다시 수구세력의 온상이 된다.

이 같은 상황은 그렇지 않아도 만주족의 청나라 황실을 못마땅해 하던 한족 지식인들 사이에 만주족 황실 타도의 기운을 싹트게 하였다. 이 무렵인 1908년 수구세력의 정점에 있던 서태후가 죽자, 일부 지식인들은 만주족의 청나라 황실을 타도하고 미국식 민주공화제도를 들여와야 된다는 민주혁명론을 폈다. 이 같은 민주혁명론은 하와이에서 은밀히 세력을 규합한 손문孫文에 의해서 주도되었다. 손문은 귀국하여 신해辛亥년인 1911년 무창武昌에서 중화민국中華民國의 성립을 선언했다. 이 사건이 바로 신해혁명으로, 대만에서는 신해혁명이 일어난 1911년을 민국民國 원년으로 삼을 만큼 이 혁명을 중시한다. 또한 신해혁명을 일으킨 손문을 국부國父로 추앙한다.

그렇지만 취약하기 짝이 없는 기반 위에서 기도된 신해혁명은 말만 혁명이지, 사실상 중국 근대사에서 별 의미를 얻지 못한 사건에 불과했다. 손문 자신도 이 같은 약세를 극복하기 위해, 서양식 군대를 거느리며 청나라 관료 등 보수세력과 좋은 관계를 유지하고 있던 원세개袁世凱를 끌어들인다. 손문은 원세개와 비밀리에 협상한 끝에, 원세개가 청나라 황실을 무력화하는 조건으로, 그를 중화민국 제1대 총통으로 추대하기로 합의했다. 그 결과, 원세개는 1912년 중화민국의 초대 총통이 된다.

하지만 원세개는 중화민국의 총통이 아닌 청나라 황제가 되고 싶은 사람이었다. 그 때문에 그는 자신을 총통으로 밀어준 손문 등 혁명세력을 도리어 억압하고, 청나라의 보수 세력과 외세의 지지를 얻어 스스로 황제가 되었음을 선언했다. 이후 그는 1916년 뜻밖의 병을 얻어 죽음을 맞기까지 약 4년간 황제노릇을 한다.

원세개의 사후에도 손문은 권력을 잡지 못했다. 그 이유는 단기서段祺瑞가 이듬해인 1917년 재빨리 장작림張作霖 등 이른바 동북방의 세력가인 군벌들의 도움을 받아 북경에 북양北洋정부를 세웠기 때문이다. 북양정부는 일종의 서양식 정부로, 단기서는 이후 약 10년 간 이 북양정부의 국무총리를 모두 다섯 번 역임했다. 그 동안 단기서의 북양정부는 영국・미국・일본 등 외세와의 교섭에 있어서 중국을 대표하는 공식 창구 노릇을 했다. 요컨대, 1912년부터 장개석의 국민당 군대가 북양정부를 무너뜨린 1927년까지 약 15년간 중국의 최고 권력은 원세개와 단기서였다.

아편전쟁 이후 중국의 근대화는 이 같은 정치적 소용돌이 속에서 꾸준히 진행되었다. 즉 1862년경부터 서양의 과학기술 서적들이 중국어로 번역되기 시작했고, 서양의 정치사회제도 및 문학에 관한 책들도 속속 번역되었다. 이 시절의 번역가로는 림서林紓와 엄복嚴復이 있는데, 이들이 번역한 책으로는 듀우이(Dewey：1859-1952)의 『민주주의와 교육』, 다아윈(Darwin：1809-1882)의 『종의 기원』 및 입센(Ibsen：1828-1906)의 『인형의 집』 등이 있다.

이 무렵 이홍장 등의 양무운동에 동참한 황준헌黃遵憲은 림서와 엄복이 서양의 온갖 서적을 구어체 중국어로 번역하는 취지에 동참하여, 시를 쓰는 데 있어서도 문어체가 아닌 구어체 시를 쓸 것을 주장했다. 당시의 구어체 시는 백화시白話詩로 불리는데, 이는 물론 현대 중국어와는 조금 다른 근대 중국의 구어체라고 할 수 있다. 또한 변법운동을 펼친 양계초梁啓超는 소설에 있어서의 언문일치를 주장하며 역시 구어체 백화소설白話小說 쓸 것을 주장했다.

뿐만 아니라 많은 중국의 젊은이들이 영국・프랑스・미국・일본 등지로 유학을 갔다 와서 북경대학을 비롯한 서구식 교육기관을 창립했다. 또 북경과 상해를 비롯한 주요 도시에서는 서양식 신문도 발간되었다. 이들 유학파 문인과 지식인들은 한편으로 잡지를 간행하여 민주(德莫克拉西：democracy)와 과학(賽因斯：science)을 추구했다. 다른 한편으로 이들은 영국・미국・일본 등 외세와 단기서의 북양정부에 반대하는 이른바 반제反帝・반봉건反封建의 깃발을 높이

들었다.

2. 천뚜시우陳獨秀와 후스胡適

이 시기에 가장 활발히 활동한 문인이라면 단연 천뚜시우와 후스를 꼽겠다. 이 둘은 모두 안휘성 출신의 유학파로, 1915년 최초의 서구식 잡지인 『청년잡지青年雜誌』를 창간했다. 이를 위하여 프랑스에 유학중인 천뚜시우와 미국에 유학중인 후스는 끊임없이 서신을 교환하며 창간의 길을 닦았다. 드디어 1917년, 이들은 『신청년新青年』으로 잡지의 제목을 바꿔 중국현대문학을 선도했다. 특히 당시 북경대학에서 문과대학 학장을 지내고 있던 천뚜시우는 강의와 기고를 통해서 젊은 청년들에게 영국·미국·일본 등 제국주의 외세에 반대하고 단기서의 봉건주의 군벌에 반대할 것을 강조했다.

그 영향을 받았음인지, 1919년 5월 4일, 이른바 오사운동五四運動이 일어났다. 오사운동은 1919년 파리강화회의에서 영국 등 서양의 강대국들이 일본의 산동반도에 대한 이권을 인정한 데 대한 북경대학 학생들의 반대운동을 말한다. 이 운동은 일회성으로 그치지 않고 이후에도 일본상품불매운동을 거쳐 이른바 신문화운동으로 번져 나간다. 신문화운동의 주 내용은 사실 새로운 것은 없다. 천뚜시우와 후스가 강의와 기고를 통해 그간 꾸준히 해오던 반제反帝·반봉건反封建의 민주·과학운동이니까 말이다. 아무튼 오사운동으로 더욱 촉발된 신문화운동은 루쉰·꾸어모루어·리우반농劉半農·치엔쉬엔통錢玄同 등 문인과 지식인의 동참으로 1921년경까지 지속된다.

1921년 천뚜시우는 중국공산당을 창당하여 초대 당서기가 된다. 이는 프랑스에 유학했던 시절부터 공산주의에 관심을 가졌던 그였기에 가능했던 일이다. 하지만 천뚜시우는 불행하게도 창당 8년 후인 1929년 공산당 내부의 권력투쟁에서 패배하여 공산당 당적을 박탈당한다. 공산당에서 축출될 당시 그가 쓴 죄명은 트로츠키스트, 즉 트로츠키주의자였다. 트로츠키는 소련의 스탈린에 반기를 들다가 해외에서 암살당한 온건파 공산주의자였다.

비록 몇 년 후 권력투쟁에서 패배하여 역사의 뒤안으로 사라져가지만, 그

6년 전인 1915년, 후스와 함께 『청년잡지』를 창간할 때의 천뚜시우는 기상이 넘치는 진보적 문인이었다. 그는 이 잡지의 창간사에서 잡지의 창간 목표를 다음과 같이 공표했다 :

자주적이고 비노예적이다
진보적이고 비보수적이다
진취적이고 비은퇴적이다
세계적이고 비쇄국적이다
실리적이고 비허례적이다
과학적이고 비상상적이다

自主的而非奴隷的 쯔저우더얼페이눌리더
進步的而非保守的 찐부더얼페이바오서우더
進取的而非退隱的 찐취더얼페이투이인더
世界的而非鎖國的 스지에더얼페이쑤어구어더
實利的而非虛文的 슬리더얼페이쉬원더
科學的而非想像的 커쉬에더얼페이샹샹더

이 글을 보면 천뚜시우가 얼마나 자주적이고 진보적이고 진취적이고 세계적이고 실리적이며 과학적인 문학을 추구했는지 알 수 있다. 또 얼마나 노예적이고 보수적이고 은퇴적이고 쇄국적이고 허례적이며 상상적인 문학을 싫어했는지 알겠다. 어쩌면 이 같은 철저한 이분법, 즉 이래야 되지 저러면 안 된다는 식의 흑백논리가 그를 보다 정치적이고 혁명적인 삶으로 이끌었을 것이다.

아무튼 젊은 천뚜시우는 영국과 일본 등 외세의 노예 되기를 거부하고, 쇄국적인 군벌과 보수파 관리들의 봉건주의도 거부했다. 또한 멀찍이 물러나 허례허식적인, 상상의 세계에 빠져 있는 기성 지식인들의 안일주의도 배척했다. 그 때문에 당연하게도 그의 희망은 언제나 씩씩하게 앞으로 나아가고, 우물 안 개구리를 벗어나 눈을 세계로 돌리고 실리와 과학을 추구하는 청년에게 향할 수밖에 없었다. 천뚜시우가 1917년 『청년잡지』를 『신청년』으로 바꾼 이유도 이 같은 그의 열망을 담은 것이다.

그럼 『신청년』에 기고한 천뚜시우의 「문학혁명론」의 한 구절을 통해 그의 열망이 어떻게 강화되는지 보자 :

귀족문학 · 고전문학 · 은둔문학을 타도하고
국민문학 · 사실문학 · 사회문학을 건설하자

推倒貴族文學 · 古典文學 · 山林文學
建設國民文學 · 事實文學 · 社會文學

투이다오꾸이주원쉬에 · 구디엔원쉬에 · 산린원쉬에
지엔서구어민원쉬에 · 스스원쉬에 · 셔후이원쉬에

천뚜시우의 표현은 이처럼 거칠고 투쟁적이다. 귀족과 국민이라는 계급 이론도 나온다. 또 고전문학을 싸잡아서 비사실적인 문학으로 보고, 산림이나 전원 같은 은둔형 문학도 타도 대상으로 삼고 있다. 대신에 민중이 중심이 되는 생생한 사회주의문학을 건설해야 한다는 게 그의 혁명적인 문학이론인 것이다. 아마도 이 때쯤 그는 중국 공산당의 창설을 염두에 두었을 것 같다.

천뚜시우가 급진적인 혁명주의자였다면 후스는 온건한 개혁주의자였다. 이는 『신청년』에 기고한 그의 「문학개량추의文學改良芻議」에 다음과 같이 드러나 있다 :

첫째, 말하려는 내용이 있어야 한다.
둘째, 옛 사람을 모방하지 않아야 한다.
셋째, 문법에 신경을 써야한다.
넷째, 통증도 없는데 신음하지 않아야 한다.
다섯째, 상투적인 표현을 쓰지 않도록 한다.
여섯째, 전고를 쓰지 않아야 한다.
일곱째, 대구법에 신경 쓰지 않아야 한다.
여덟째, 속자와 속어를 피하지 않아야 한다.

一曰言之有物 이위에옌즈여우우
二曰不模倣古人 얼위에뿌모팡구런

三曰須講求文法 싼위에쉬지앙치우원파
四曰不作無痛之呻吟 쓰위에부쭈어우통즈션인
五曰務去爛調套語 우위에우취란탸오타오위
六曰不用典 리우위에부용디엔
七曰不講對仗 치위에뿌지앙뚜이장
八曰不避俗字俗語 빠위에부삐쑤즈쑤위

「문학개량에 대한 소견」이라고 해석할 수 있는 후스의 이 글은 문학 개혁에 대한 매우 구체적인 여덟 가지 제안을 하고 있다. 첫째 제안은 실상이 아닌 허상에 관한 두루뭉술한 글을 쓰지 말자는 말이다. 즉 존재하지도 않는 것을 놓고 이러쿵저러쿵 쓰지 말라는 것이다. 둘째 제안은 옛 사람의 글을 그대로 본뜨지 말자는 말이다. 온고지신의 뜻을 곡해한 나머지 무조건 옛 사람의 말을 갖다가 그대로 쓰지 말라는 것이다. 셋째는 문법에도 맞지 않는 글을 함부로 쓰지 말고 어법에 맞게 쓰도록 하자는 말이다. 또 넷째는 멀쩡한데도 아픈 척 신음하는 식의 글을 쓰지 말라는 말이다. 이는 엄살을 피우는 식의 글쓰기를 경계하는 조항이다.

다섯째는 많은 사람들이 써서 닳고 닳은 상투적인 언사를 힘써 피하라는 말이다. 산뜻하고 독창적인 자신의 표현을 하라는 뜻이다. 또 여섯째는 툭하면 과거 어느 책에서 누가 이야기했다는 식으로 전고를 끌어들이지 말라는 말이다. 이 또한 자신의 말을 하지 않고 권위 있는 타인의 글에 지나치게 의존하는 태도를 경계하는 조항이다. 일곱째는 지나치게 대구를 맞추지 말라는 말이다. 이는 습관적으로 붓만 들면 대구체로 쓰는 태도를 경계하는 것이다. 마지막으로 여덟째 속자와 속어를 피하지 말라는 말은 속된 표현이나 속된 언어를 너무 무시하지 말고, 적절히 사용하라는 말이다.

전체적으로 볼 때, 후스는 위 글에서 문학에 있어서의 참신성을 무엇보다 강조했다. 한마디로 전통적인 문어체 글에 대한 반대의 뜻을 분명히 했다. 문어체 대신에 속된 표현도 마다하지 않는 생생한 구어체 글을 쓰자는 것이다. 이는 천뚜시우가 타도 대상으로 본 귀족문학 · 고전문학 · 은둔문학을 후스 역시 극복해야 할 대상으로 본 것을 의미한다. 또한 천뚜시우가 건설할 대상으로 본

국민문학과 사실문학 및 사회문학을 후스 역시 추구했음을 의미한다. 다만 두 사람의 방식이 달랐을 뿐이다.

후스는 일찍이 1910년 미국으로 건너가 듀이에게서 실용철학을 배운 후, 7년 만에 귀국하여 북경대학 교수가 되었다. 하지만 1921년 공산당의 창당멤버가 되어 공산주의자의 길을 걸었던 천뚜시우와 달리, 그는 처음에는 정치적으로 중립을 지켰다. 후스는 이 무렵 정치보다는 교육과 창작에 더 많은 관심이 있었던 것 같다. 그렇지만 1919년 창당된 국민당과 공산당의 갈등이 심화되는 1930년대 후반, 중국에서 중도로 살아가기가 극히 어려웠던 그 때, 후스는 국민당 쪽으로 정치적 입장을 정리한다.

그 결과, 1938년 국민당 정부가 후스를 주미대사로 미국에 파견했고, 그는 중화민국 주미대사로 8년간 근무하게 된다. 1946년 귀국한 후스는 북경대학 총장이 되었고, 약 3년 후 공산당이 대륙을 석권하자 그는 다시 미국으로 간다. 얼마 후 대만으로 이동한 국민당의 지앙지에스蔣介石 정부가 미국에 있는 그를 대만 중앙연구원 원장으로 초빙했다. 후스는 이를 수락하여 1962년 69세로 생을 마감할 때까지 대만 중앙연구원 원장 직을 유지했다고 전한다.

정치가라기보다 학자 또는 문인에 가까운 후스는 실제로 직접 현대시를 썼다. 다음은 최초의 중국현대시집으로 알려진 그의 『상시집嘗試集』에 실린 「권위權威」라는 시이다 :

> 권위가 산꼭대기에 앉아서
> 쇠사슬에 묶인 노예들의 채굴 작업을 지휘한다
> 그가 말한다 : "누가 감히 대드는가?
> 하라고 하는 대로 할 일이지.
> 노예들은 만 년이나 일을 했으므로
> 목에 두른 쇠사슬이 점점 닳아졌다
> 그들이 말한다 : 쇠사슬이 끊어질 때
> 우리는 반란을 일으키리라.
> 노예들이 한마음으로 힘을 합쳐
> 한 삽 한 삽 산 밑까지 팠다.
> 산 밑이 비어버리면
> 권위는 고꾸라져 산채로 떨어져 죽으리라

權威坐在山頭上
指揮一班鐵索鎖着的奴隸替他開鑛
他說：你們誰敢倔强
我要把你們怎麽樣就怎麽樣
奴隸們做了一萬年的工
頭頸上的鐵索漸漸的磨斷了
他們說：等到鐵索斷時
我們要造反了
奴隸們同心合力
一鋤一鋤的掘到山脚底
山脚底空了
權威倒撞下來，活活的跌死
취엔웨이쭈어짜이산터우상
즈후이이빤티에쑤어쑤오저더눌리티타카이쾅
타수어：니먼세이간쥐에지앙
워야오바니먼점머양찌우점머양
눌리먼쭈얼러이완니엔더공
터우징상더티에쑤어지엔지엔더모두완러
타먼수어：덩다오티에수어두안스
워먼야오자오판러
눌리먼통신헐리
이추이추더쥐에다오산지아오디
산지아오디콩러
취엔웨이다오주앙시알라이, 후어후어더디에쓰

이 시의 제목인 권위는 분명 부당한 권력을 의인화한 것이다. 시가 씌어진 1918년은 단기서의 북양정부와 군벌, 그리고 영국·일본 등 외세가 판을 치던 시기로, 부당한 권력은 이들 봉건주의 군벌과 제국주의 외세를 가리킨다고 볼 수 있다. 국민당과 공산당도 아직 창당되기 이전이니 당시 중국민중은 노예꼴이었다고 할 수 있다. 후스의 눈에 중국민중은 이들 부당한 권력의 이익을 위하여 쇠사슬을 목에 걸고 일하는 광산 노동자였던 것이다.

특기할 만 한 점은 중국 민중이 이미 만 년 동안이나 이 같은 노예적인 생활을 해왔다고 보는 후스의 생각이다. 이에 따르면 은나라 주나라로부터 당나라·원나라 · 청나라 등 수 천 년 간 이어져온 중국 대륙의 왕조들까지도 몽땅 봉건적인 부당한 권력인 것이다. 이로서 볼 때 후스는 전통적인 중국의 정치문화를 송두리째 부정하는 듯하다. 하지만 이 때만 해도 그는 20여세의 젊은 청년으로, 기존의 권위에 대해 전반적으로 불신할 수밖에 없는 시기이다. 훗날 후스는 중국의 전통적인 문화에 관심을 가지고 『백화문학사』를 집필하고, 『홍루몽』에 관한 연구논문도 냈다.

다시 이 시로 돌아와 보면, 이 시는 외관상 모두 세 부분으로 구성된, 대화가 있는 구어체 시이다. 약간의 각운과 대구는 있지만, 깊은 함축미를 지닌 언어는 없다. 그냥 붙여 놓으면 시라기보다 리드미컬한 산문과도 같다. 후스 자신도 자기 시에 자신이 없었던지, 첫 시집의 제목을 시험 삼아 맛보기로 쓴 시라는 의미로 『상시집』이라 했다. 앞서 소개한 그의 「문학개량추의」도 문학 개혁을 위한 하찮은 제의라는 뜻임을 볼 때, 후스는 매우 겸손한 사람이었던 것 같다. 성격도 결코 급하지 않고 은근하고 끈기가 있다. 그래서 이 시에서도 부당한 권력에 직접 대항하지 않고 끈질기게 권위의 토대를 한 삽 한 삽 떠내서, 권위가 저절로 굴러 떨어지는 때를 기다린다. 그야말로 우공이산愚公移山의 정신을 가졌다고 볼 수 있다.

이처럼 후스는 사회변혁에 관심은 갖되, 천뚜시우처럼 급진적이고 강경한 혁명을 원하지 않았다. 오히려 점진적이고 온건한 방식으로 끈질기게 해야 한다고 생각했다. 그런 의미에서 천뚜시우가 태강즉절太剛則折 형이라면 그는 외유내강外柔內剛 형이라고 할 수 있다. 그 때문에 그는 공산당에 가입하지 않고 정치적으로 중립을 지켰다. 하지만 1930년대 말, 후스는 결국 국민당을 지지하게 되어 중국공산당으로부터 비판을 받는다.

사실 후스와 천뚜시우는 많은 점에서 공감했던 동향(안휘성)인이었다. 이들은 둘 다 나라의 장래를 걱정하는 유학파 애국 청년들로, 『신청년』을 통해 중국 청년들을 현대화시키는 데 앞장섰다. 비록 정치적인 성향과 성격 차이로 결별하게 되지만, 천뚜시우와 후스는 중국현대문학을 탄생시킨 장본인으로서, 앞으로도 계속 현대문학사의 첫 장에 나란히 이름이 올라 있을 것이다.

3. 보수파와 진보파

1919년 국민당이 창당된 이래, 많은 젊은 문인과 지식인들이 갖가지 조직과 단체를 만들어 진보적인 활동을 했다. 『신청년』을 비롯한 잡지와 신문만 해도 400여 종에 이르렀다. 또 교수와 학생 및 기타 문인・지식인들이 끼리끼리 모여서 각종 사상연구회를 만들었다. 그 결과 자유민주주의뿐만 아니라 사회주의・공산주의・무정부주의 등 그야말로 온갖 사상들이 난무했다. 이들은 또 진보적인 문학단체를 만들어 전통적인 문어체문학이 아닌 현대적 구어체문학을 추구했다.

그런가 하면 아직도 많은 지식인과 문인들이 양무운동의 중심사상인 중체서용中體西用의 입장을 견지했다. 이들 보수파들은 유가사상과 도가사상 등 중국의 전통적인 사상과 제도를 흔들지 않고 서양으로부터 과학기술만 들여오자고 주장했다. 또한 수 천 년을 이어온 문화유산인 문어체 문학을 계승해야지, 이를 송두리째 부정하고 구어체문학으로 나가는 것은 불가하다는 입장을 고수했다.

1) 국수파・문선파 등

전통문학을 우선적으로 계승해야한다는 입장을 가진 보수적인 문인들과 지식인들은 대체로 국수파國粹派・문선파文選派・학형파學衡派・국고정리파國故整理派 등으로 불리었다. 이 가운데 먼저 국수파를 소개한다. 오늘날 국수주의 하면 왠지 꽉 막힌 쇄국주의를 연상하지만, 실상 국수란 말은 국가의 정수를 뜻한다. 즉 나라의 중심이 되는 자랑스러운 전통 사상과 학문을 의미하는 것이다. 국수파는 바로 이 같은 중국의 정수를 보존하자는 단체로, 이 단체를 이끈 사람은 놀랍게도 린쉬林紓였다.

잘 알다시피 린쉬는 옌푸嚴復와 함께 누구보다 열심히 서양의 진보적 사상을 중국에 소개한 사람들이다. 이들은 다아윈의 『진화론』을 비롯한 많은 책들을 구어체 중국어로 번역한 문인들로, 린쉬의 국수파 활동은 뜻밖의 일로 여겨진다. 하지만 린쉬의 주장을 들어보면 이해가 간다. 이는 당시 북경대학 총장이며 구어체 문학을 주장하던 차이위엔패이蔡元培에게 보낸 그의 편지에 잘 드러나 있다. 즉 린쉬는 과학기술 같은 실용적인 분야에서는 쉬운 구어체 글을 써야지만 문학 같은 분야에서는 문어체 글을 계승해야 한다고 역설했다. 그에 따르면 백화문白話文, 즉 구어체 중문은 원래 고문古文에서 나왔기 때문에, 문어체인 고문을 없애면 결국 백화문도 없게 될 것이라고 했다.

실제로 그는 한편으로는 서양의 여러 서적들을 구어체 백화문으로 번역했고, 다른 한편으로는 문어체 소설「요몽妖夢」을『신신보新申報』에 연재했다.「요사스런 꿈」으로 해석되는 이 소설에서 린쉬는 문어체 고문을 아예 무시하고 구어체 백화문으로만 글을 써야 한다는 진보적 문인들의 행태를 요사스런 꿈으로 비난했다. 요컨대, 중체서용론자인 린쉬는 기본적으로 구어체와 문어체의 병행론자였지만, 문학에 있어서는 문어체 고문을 애호한 문인이었다.

린쉬의 국수파와 비슷한 취지를 가지고 나선 또 하나의 보수파 단체가 문선파다. 문선파는 황칸黃侃・리우스패이劉師培 등 북경대학 교수들이 세운 학파로, 이들은 천뚜시우와 후스 등이 문어체 고문을 싸잡아 무시하는 태도에 문제를 제기했다. 이들은 남북조 시대 양나라의 소명태자 소통이 편찬한『문선文選』을 자기네 학파의 이름으로 삼고 중국 고전의 연구에 전념했다. 전통적인 문어체 문학에 자부심을 가졌던 이들은 또 월간지『국학國學』을 발간하여 젊은이들에게 중국문화의 정수를 일깨우려고 노력했다.

황칸 등 문선파의 노력은 신문화운동을 주도하던 루쉰・리따자오李大釗・리우반농 등의 비판과 규탄에도 불구하고 꺾이지 않았다. 리우스패이와 황칸 등은 시간이 지나면 이들 젊은이들이 자신들의 진심을 알아주게 될 것이라고 장담했다. 과연 이들의 장담은 어느 정도 맞아떨어졌다. 구어체 문학운동에 물불을 가리지 않았던 루쉰과 후스가 불과 50년이 지나기 전에 중국 고문의 연구에 몰두하기 시작한 것이다. 그 결과 루쉰은『중국소설사략中國小說史略』을 냈고, 후스는『백화문학사』를 출판했다.

다음으로, 학문의 평형을 잡겠다는 취지로 학형파를 이끈 사람들은 남경 동남대학의 매이광띠梅光迪와 후시엔쑤胡先驌 등이다. 이들은 1922년 상해에서『학형學衡』을 창간하여 오사신문화운동의 편향성을 지적했다. 이들 교수들은 실제로 외국어를 잘 구사하였기 때문에, 서양 여러 나라의 상황을 나름대로 잘 파악하고 있었다. 그 때문에 이들은 서양의 문인과 학자들이 자기네 전통적인 말과 글을 유지하고 발전시키는 반면, 중국의 젊은 지식인들이 귀중한 전통인 문어체 한문을 함부로 폐기처분하려 한다고 비판했다.

후시엔쑤 등 학형파 학자들은 하늘 아래 새로운 것은 없다는 사실을 상기시키며, 구어체 글인 백화문으로는 심각한 주제를 적절하고 선명하게 묘사하기 어렵다고 주장했다. 즉 오랜 세월 동안 축적된, 풍부한 어휘의 문어체 글을 외면하고 한정된 글자로 된 구어체 글만 쓰면 된다는 태도는 옳지 않다고 생각한 것이다. 이들의 이런 주장은 한자를 모르는 무식한 사람들이나 쓸 만한 천박한 구어체 백화문을 유학까지 갔다 온 젊은 학자들이 앞장서서 보급하려 드는 것에 대한 노장 학자들의 우려를 드러낸 것이기도 하다.

또 하나의 보수문학파로는 국고정리파가 있다. 재미있는 점은 이 보수파의 주도자가 후스였다는 사실이다. 앞에서도 언급했지만 후스는 최초의 구어체 현대시를 쓴, 신문학운동의 선구자이다. 천뚜시우와 함께 민주와 과학을 제창하고 제국주의와 봉건주의에 반대했던 그가 어찌 하여 보수적인 문어체 글을 중시하게 되었을까? 그 이유는 간단하다. 구어체 글을 보급하는 최초의 잡지인 『신청년』을 함께 출간했던 천뚜시우가 공산당을 창당한 이후, 리따자오 같은 공산주의자들이 『신청년』을 혁명문학, 즉 공산혁명의 도구로 밀고 갔기 때문이다. 급진적인 리따자오 등과 뜻을 같이 할 수 없었던 후스는 이들과 결별할 수밖에 없었던 것이다.

후스는 일찍이 1919년 7월, 『매주평론每週評論』에 문제를 많이 연구하고 주의는 적게 말하자라는 뜻의 「뚜어옌지우시에원티多研究些問題, 샤오탄시에주이少談些主義」를 발표하여, 이 같은 사상편향을 경계했다. 이 글에서 후스는 진보를 자처하는 사람들이 구체적이고 실용적인 문제를 연구하여 하나하나 해결하려 하지 않고, 추상적이고 관념적인 주의주장만 내세우고 있다고 비판하였다. 그는 사람들이 공산주의가 옳으니 민주주의가 옳으니 하면서 탁상공론을 하는데, 이처럼 외국에서 수입한 주의주장에 너무 기울게 되면 위험하다고 경고한 것이다.

이 같이 정치적으로 중립적인 입장을 가진 후스는 리따자오 같은 공산주의자의 호된 공격을 받는다. 결국 후스는 『신청년』을 탈퇴하고, 새로이 『노력주보努力週報』『현대평론現代評論』을 창간하여 자신의 뜻을 펴나간다. 사회주의가 옳다느니 민주주의 등이 옳다느니 하면서 쓸데없는 입씨름을 할 게 아니라, 실용적인 책들을 많이 읽어 실천해야 한다고 생각한 것이다. 사실 그의 실용주의는 미국 유학 당시 영향을 받은 듀이의 철학사상으로, 이렇게 볼 때 그는 비록 스스로 정치적인 입장을 밝히지는 않았지만, 소련식 공산주의보다는 미국식 민주주의에 가까이 가 있었다고 볼 수 있다. 그랬기 때문에 공산당의 급진적인 구어체 문학운동에 참여하지 않고 중국 고전에 더 큰 관심을 갖게 되었을 것이다.

후스보다 더 보수적으로 고전을 강조한 파가 바로 1925년 경 북경에서 활동한 갑인파다. 갑인파는 갑자·을축·병인 같은 간지干支에서 딴 이름으로, 장스자오章士釗 등이 주도한 학파이다. 『갑인甲寅』이라는 잡지를 발간한 갑인파는 다른 보수파들과 달리 단기서의 북양정부의 교육정책을 대변한, 정치색 강한 파였다. 왜냐하면 주도자인 장스자오가 당시 북양정부의 사법총장 겸 교육총장이었기 때문이다. 군벌 정부의 교육부 장관인 그는 진보적인 지식인들이 벌이고 있는 구어체 문학운동이 국가의 기본을 흔들고 청년들을 함정에 빠뜨리고 있다고 보고, 각급 학생들은 마땅히 공자를 숭상하고 『시경』 등 경전을 공부해야 한다고 주장했다.

장스자오는 자신이 가진 권력을 이용해서 각급 학교의 교과과정에 경서를 필수과목으로 배정하고, 각종 행정 지침을 내려 학생들이 민주주의·사회주의 같은 외래 사상에 물들지 않도록 했다. 뿐만 아니라 이 같은 지침에 반기를 드는 교사와 공무원을 해고하는 등 강압적인 태도를 취했다. 국수파나 문선파 및 학형파와 달리 갑인파의 이 같은 강압적 태도는 사실 역효과를 낳아서, 많은 젊은이들을 오히려 구어체 문학 쪽으로 기울게 했다고 볼 수 있다.

마지막으로 문어체 소설을 즐겨 쓴 원앙호접파를 소개한다. 앞서 소개한 국수파·문선파·학형파·국고정리파 등을 주도한 사람들이 주로 문학 교수 등 학자라면 원앙호접파는 실제로 창작에 주력한 작가들이었다. 그런 의미에서 진정한 보수파 문인은 이들이라고 볼 수 있다. 원앙호접파의 주도자들은 빠오티엔샤오包天笑 · 저우서우쥐엔周瘦鵑 · 쉬전야徐枕亞 등이다. 이들은 일찍이 1914년부터 주간지 『리바이리우禮拜六』에 작품을 발표해왔기 때문에 리바이리우파, 즉 토요일파로도 불린다.

원앙호접파라는 이름은 훗날 붙여진 이름으로, 이 이름은 이들이 원앙과 호접처럼 지고지순한 남녀의 사랑 이야기를 썼기 때문에 붙여졌다. 이들의 애정소설은 사실 청나라 말에 유행했던 미남미녀의 생사를 초월한 사랑 이야기를 계승한 것이다. 영화 『천녀유혼』 또는 『사랑과 영혼』처럼 산 사람과 죽은 사람의 사랑으로까지 발전시킨 이들의 환상적인 애정 이야기는 1920년 당시 루쉰을 비롯한 많은 진보파 문인들에게 호된 비판을 받았다. 그 결과, 진보파 문인들이 지지한 공산당이 중국을 석권한 이후 약 40년간 중국현대문학사에서 원앙호접파는 자취를 감췄다. 이들 원앙호접파가 재조명되기 시작한 것은 1990년대로, 이들이 다시 각광을 받게 된 이유는 중국에 개혁개방 정책이 펼쳐지면서 애정소설 붐이 다시 일어났기 때문이다.

2) 문학연구회 · 창조사 · 신월사 등

국수파 · 문선파 · 원앙호접파 등이 보수파 문학인의 모임이라면 문학연구회文學研究會 · 창조사創造社 · 신월사新月社 등은 진보파 문학단체이다. 언문일치의 구어체문학을 주장하는 이들 진보파 문학단체 가운데 먼저 문학연구회를 소개한다. 문학연구회는 1920년 마오뚠茅盾이 창립하여 1921년 봄부터 삥신冰心 · 주즈칭朱自淸 · 루인廬隱 · 저우주어런周作人 등에 의해 주도되었다. 이들은 『소설월보小說月報』 『문학순간文學旬刊』을 무대로 활발한 작품 활동을 했다.

"인생을 위한 문학" 또는 "문학으로 사회를 건설하자" 등 진지한 구호 아래 문학연구회 회원들은 문학을 인간과 사회의 문제를 제기하고 토론하는 장으로 보았다. 그렇기 때문에 문학을 흥겨울 때의 놀이나 할 일 없을 때의 소일거리로 보아서는 안 된다는 것이 이들의 입장이었다. 이는 분명 원앙호접파 소설가들의 유희적인 사랑 이야기에 반감을 나타낸 것이다. 또한 구어체 문학을 추구했기 때문에 문어체 문학을 중시한 국수파 · 문선파 등 대부분의 보수문학파와 분명한 선을 그었다.

하지만 문학연구회 회원들의 생각은 각자 조금 달랐다. 예를 들어 마오뚠은 문학이 사회적 현상을 반영해야 한다는 생각이 강했으므로 훗날 공산혁명에 투신한다. 반면 저우주어런과 주즈칭은 사람의 문학을 강조하며 공산혁명이 아닌, 자유민주주의 노선을 걷게 된다. 그런가 하면 루인과 삥신 등 여성 작가들은 생명과 사랑 및 혼인과 가정의 문제에 관심을 가지며 관망한다. 특히 두 여 작가 가운데 루인은 남녀평등과 개성해방에 무게중심을 두고, 공산혁명에 반감을 가진 채 35세라는 젊은 나이로 세상을 떠났다. 삥신은 공산화된 중국에 뿌리를 내리기는 했지만 문화 혁명 당시 우파로 낙인찍혀 비판을 받는다. 요컨대, 마오뚠을 제외한 대부분의 문학연구회 회원들은 공산당으로부터 배척당하거나 비판을 당하는 운명에 처해진다.

이제 짧은 단시短詩로 젊은 청년 독자의 심금을 울린 삥신의 시집 『판싱繁星』, 즉 『뭇별』 가운데 한 편을 소개한다 :

연녹색 싹이
청년에게 말한다 :
"너 자신을 발전시켜라."

유백색 꽃이
청년에게 말한다 :
"너 자신을 공헌하여라."

진홍색 열매가
청년에게 말한다 :
"너 자신을 희생하여라."

嫩綠的芽兒 넌뤼더얄
和靑年說 : 허칭니엔수어
"發展你自己." 파잔니쯔지

淡白的花兒 단바이더활
和靑年說 : 허칭니엔수어
"貢獻你自己." 꽁시엔니쯔지

深紅的果兒 홍더구얼
和靑年說： 허칭니엔수어
"犧牲你自己." 시셩니쯔지

틀에 맞춘 듯 정연한 구어체 시다. 3행 3연의 이 시는 행 수와 글자 수를 맞추고, 대구와 각운도 맞추고 있다. 또한 서양의 시처럼 시각적 효과를 높이기 위해 각 연마다 두 행의 첫 글자를 한 자씩 뒤로 밀었다. 게다가 반복되는 시어들이 매우 쉬워서 이해하기 쉽고, 친근하게 느껴진다.

이 시는 한 나무의 싹과 꽃, 그리고 열매를 통하여 자라나는 청년의 인생 단계를 세 단계로 보여주고 있다. 즉 첫 연에서는 막 움튼 연록색의 싹이 청년에게 속삭인다. 자기처럼 물과 양분 및 햇빛을 마음껏 섭취하여 자신을 성장시키라고. 둘째 연에서는 얼마큼 자란 나무에 핀 유백색 꽃이 청년에게 속삭인다. 자기처럼 아름다운 모습으로 많은 사람에게 기쁨을 선사하라고. 마지막으로 셋째 연에서는 다 자란 나무에 열린 진홍색 열매가 청년에게 속삭인다. 자기처럼 풍성한 열매로 사람들에게 희생하라고. 이 시가 젊은이들에게 주는 메시지는 분명하다. 나무처럼 사람도 어렸을 때는 자신을 위해 애쓰고, 나이가 들면 다른 사람들을 위해 열심히 봉사하다가, 말년에는 후세를 위해 곱게 물러나는 삶의 지혜를 가지라는 것이다.

복건성 출신의 삥신은 1900년 해군 장교의 딸로 태어나 1923년 미국에 유학을 갔다. 3년만인 1926년에 귀국하여 북경대학과 청화대학에서 가르치면서, 앞서 말한 대로 문학연구회 등 활동을 했다. 하지만 애시 당초부터 공산혁명과 계급투쟁보다는 생명과 마음에 관심이 있던 삥신은 공산당이 집권한 1949년에 중국을 떠나 일본으로 가서 동경대학에서 가르치는 일을 계속 한다. 인생과 자연, 동심과 모성이란 주제를 즐기던 그녀였기에, 공산당의 유물론과 마르크스주의에 익숙하지 않았을 것이다.

하지만 고국에 대한 그리움과 공산당의 해외 문인들에 대한 유화적인 제스처로 인하여 귀국을 결심하고, 드디어 2년 만인 1951년 영구 귀국한다. 비록 그녀의 성품은 물질을 중시하는 유물론적이라기보다 정신을 중시하는 유심론적이었지만, 온화하고 타인을 잘 배려하는 성품으로 인하여 처음 몇 년간은 공산당의 눈에 크게 벗어나지는 않았다. 그리하여 공산당의 배려 하에 여러모로 안정된 상황에서 인도 여행도 하고 타고르Tagore의 시를 번역하는 등 활발한 작품 활동도 했다.

그렇지만 1966년 문화혁명이 터지자 그녀 또한 반혁명 우파분자 및 유심주의자로 낙인이 찍히게 된다. 그 시절 많은 지식인과 문인들이 겪었듯 그녀도 가택수색과 연금 및 비판 투쟁 등을 당하며 모진 세월을 지낸 것이다. 하지만 결코 실망하거나 낙담하지 않고 잘 견디었다. 그 결과 문혁이 끝나고 복권이 되었다. 그러자 빙신은 다시 작품 활동을 재개하여, 80 고령까지 주로 어린이들에게 주는 글들을 썼다. 그녀는 1999년, 중국현대문학의 대모大母라는 칭송을 받으며 1백 살의 천수를 누리고 눈을 감았다.

문학연구회 소속의 다른 작가들도 많지만, 다음 기회로 미루고 이제 1921년 일본 도오꾜오에서 창립된 창조사를 간략하게 소개한다. 꾸어모루어郭沫若와 위다푸郁達夫 등이 주도한 창조사는 자아 표출과 개성 해방에 역점을 두었다. 주로 『창조계간創造季刊』 『창조주간創造週刊』 등 잡지를 중심으로 활동한 창조사 작가들은 대체로 낭만주의를 선호하여, 내면적이고 예술적인 개성을 중시했다.

창조사 회원들은 개인적 관심뿐 아니라 사회적인 관심도 잃지 않았다. 이 같은 대외적 열정이 꾸어모루어를 위시한 창조사 작가들로 하여금 단기서의 북양정부 등 군벌을 정벌하는 북벌전쟁에 참여하게 하였다. 대체로 1925년부터 창조사는 개인적이고 낭만적인 문학단체로부터 사회혁명을 위한 문학단체로 변모하였다. 처음 북벌에 참여할 때만 해도 꾸어모루어 등은 국민당 편에서의 혁명을 추구하는 듯했다. 하지만 펑나이차오馮乃超와 리추리李初梨 등이 창조사 회원으로 들어오면서부터 공산혁명 쪽으로 확실한 방향을 잡았다. 그로 인하여 창조사는 1929년 국민당 정부에 의해 패쇄된다. 요컨대 창조사 회원들은 문학연구회 회원들과 달리 대부분 공산당에 적극적으로 협력한다.

그럼 창조사의 대표 작가인 꾸어모루어의 삶과 작품을 살펴보자. 꾸어모루어는 1892년 사천성에서 지주地主의 아들로 태어났다. 어려서는 서당을 다니며 당시唐詩 등 고전문학을 배웠으나, 서양식 학교인 성도成都중학교에 들어가면서부터 생각이 달라졌다. 성도중학교의 학생대표였던 꾸어모루어는 강유위와 양계초의 변법운동에 반대하고 손문의 신해혁명을 지지하는 학생운동을 벌였다. 그로 인하여 세 번이나 퇴학을 당한 끝에 그는 1914년, 비교적 이른 시기에 일본 큐슈의 한 의과대학으로 유학을 갔다. 하지만 의학보다는 괴테Goethe・휘트먼Whitman・타고르 등 낭만적이고 범신론적인 시에 매료된 꾸어모루어는 앞서 언급한 대로 창조사를 만들어 문학 활동에 열중한다. 자신의 처녀시집『여신女神』을 출판한 것도 이 무렵이다.

1923년에 귀국한 꾸어모루어는 국민당에 협력하여 북벌전쟁에도 참여했고, 1926년에는 광동대학의 문학원장, 즉 문과대학 학장이 되었다. 하지만 그는 1927년 지앙지에스의 국민당에 반기를 들고 곧바로 공산당에 입당하였다. 이로 인해 국민당의 추격을 받게 되자 이듬해인 1928년, 그는 또 다시 일본으로 도피한다. 약 9년간 일본에 있던 그는 1937년, 중일전쟁이 터지자 또다시 귀국하여, 공산당에 적극 협력한다. 1949년 드디어 중국이 공산화되자, 꾸어모루어는 공산당의 신임을 얻어 요직에 앉는다. 그는 이후 문화혁명 등 격변하는 현대사의 도가니 속에서도 출중한 정치적 수완을 발휘하여 절묘한 권력의 줄타기를 한다. 그 결과, 꾸어모루어는 중국의 어느 현대작가보다도 순탄한 삶을 살다가 1978년, 86세를 일기로 세상을 떠났다.

그럼 누구보다 역동적인 삶을 살고 간 꾸어모루어의 시『천구天狗』, 즉『하늘개』를 감상해보자 :

나는 한 마리 하늘 개다
나는 달을 삼켰고
나는 해를 삼켰고
나는 모든 별들을 삼켰고
나는 온 우주를 삼켰다
나는 바로 나다

나는 달의 빛이고
나는 해의 빛이고
나는 모든 별들의 빛이고

나는 엑스광선의 빛이고
나는 온 우주에너지의 총량이다

나는 날뛰고
나는 울부짖고
나는 불탄다
나는 열화같이 불탄다
나는 큰 바다같이 울부짖는다
나는 전기같이 날뛴다
나는 날뛰고
나는 날뛰고
나는 날뛴다
나는 내 피부를 찢고
나는 내 살을 먹고
나는 내 피를 빨고
나는 내 심장과 간을 깨문다
나는 내 신경에서 날뛰고
나는 내 척추에서 날뛰고
나는 내 뇌에서 날뛴다

나는 바로 나다
나의 나가 폭발하려 한다

我是一條天狗呀 워스이타오티엔꺼우야
我把月來吞了 워바위엘라이툰러
我把日來吞了 워바르라이툰러
我把一切的星球來吞了 워바이치에더싱치울라이툰러
我把全宇宙來吞了 워바취엔위저울라이툰러
我便是我了 워비엔스월러

我是月底光 워스위에디광
我是日底光 워스르디광
我是一切星球底光 워스이치에싱치우디광
我是X光線底光 워스엑스광시엔디광
我是全宇宙底Energy底總量 워스취엔위저우디에너지디종량

我飛奔 워페이번
我狂叫 워쾅쟈오
我燃燒 워란사오
我如烈火一樣地燃燒 워루리에후어이양디란사오
我如大海一樣地狂叫 워루따하이이양디쾅쟈오
我如電氣一樣地飛跑 워루띠엔치이양디페이파오
我飛跑 워페이파오
我飛跑 워페이파오
我飛跑 워페이파오
我剝我的皮 워바오워더피
我食我的肉 워스워더러우
我吸我的血 워시워더쉬에
我嚙我的心肝 워니에워더신간
我在我神經上飛跑 워짜이워선징상페이파오
我在我脊髓上飛跑 워짜이워지수이상페이파오
我在我腦筋上飛跑 워짜이워나오진상페이파오

我便是我呀 워비엔스워야
我的我要爆了 워더워야오빠올러

꾸어모루어의 시집 『여신』에 실려 있는 이 시는 중국의 민담의 하나를 소재로 하고 있다. 즉 이 민담에 따르면 달이 해를 가리는 일식은 하늘 개가 해를 삼켰기 때문이다. 해가 달을 가리는 월식 또한 하늘 개가 달을 삼킨 것임은 물론이다. 그래서 일식이나 월식 때, 중국 민중은 징과 북을 쳐서 하늘 개를 쫓아내는 의식을 치른다.

꾸어모루어는 이 시에서 자기 자신을 하늘 개와 동일시할 뿐 아니라, 해와 달뿐 아니라 모든 별과 온 우주의 에너지와 동일시한다. 이처럼 무한히 확장되어 불타고 울부짖는 나의 다른 한편에는 또 무한히 축소된 나가 있다. 나의 피부를 찢고, 나의 살을 먹고, 나의 피를 빨고, 나의 심장과 간을 깨무는 나 말이다. 그 나는 더욱 줄어들어 나의 신경과 척수에서 날뛴다. 이처럼 꾸어모루어는 내 바깥으로 무한히 확장되고, 내 안으로 무한히 축소되는 무소부재의 전지전능한 나를 추구했다. 미시적으로는 전자현미경으로나 볼 수 있는 미생물에서부터 거시적으로는 천체망원경으로나 볼 수 있는 우주의 구석구석까지 나 아닌 게 없다고 믿는 이 같은 태도는 사실 불교적 깨달음과 비슷하다.

하지만 그는 불교보다는 타고르의 범신론에 더 가까웠다. 실제로 그는 타고르의 범신론적인 시의 영향을 받았다고 고백했음을 보아 그렇다. 또 이후 그의 삶을 이어가는 태도를 볼 때도, 그는 불교적인 각성에서 이 시를 썼다기보다 혁명을 향한 열혈 청년의 터질 듯한 포부에서 이 같은 시를 썼다. 혁명의 불꽃을 범신론으로 펼쳐 놓은 것이 바로 『하늘 개』인 것이다.

어떤 큰일이든 아무리 작은 일이든 내가 할 수 없는 일은 없다는 꾸어모루어의 엄청난 자신감이 이 시의 마지막 구절인 "나의 내가 폭발하려 한다."에 압축되어 있다. 이 표현처럼 실제로 그는 혁명의 포부를 위해 폭발하듯 온몸을 불사른다. 이 같은 꾸어모루어의 야심은 삼나무를 붓 삼고 태양을 물감 삼아 하늘이라는 종이 위에 노을을 그리리라는 한 영국 시인의 야망을 뛰어넘는 바가 있다.

다음 세 번째로 신월사를 소개한다. 신월사는 1923년 북경에서 쉬즈모徐志摩·원이뚜어聞一多·후스胡適 등이 창립했다. 이들은 "예술을 위한 예술"이라는 구호 아래 대체로 정치와 관계가 없는 순수문학을 추구하였다. 그 때문에 쉬즈모 등은 삶과 자유를 추구하고, 허무 등 인간의 근원적 슬픔을 노래했다. 이들은 운율과 구성 등 시의 음악적이고 미술적인 효과에 심혈을 기울였기 때문에, 예술지상주의자·형식주의자·유미주의자 등으로 불리기도 했다.

재미있는 점은 보수파인 국고정리파의 주도자 후스가 어느새 다시 진보파인 신월사의 회원이 되어 있다는 사실이다. 이 같은 사실은 당시의 진보파와 보수파 단체가 어떤 면에 있어서 공통분모를 가지고 있음을 의미한다. 뒤에 소개하겠지만 루쉰 또한 후스와 마찬가지로 어사사語絲社 등 진보문학 활동과 더불어 보수파가 할 만한 고대소설 연구도 했음을 보아 그렇다.

아무튼 쉬즈모 등 신월사 회원들은 『신월新月』이라는 잡지를 출판하면서 활발한 활동을 했다. 신월이라는 이름은 원래 인도 시인 타고르의 시집 이름이었다. 타고르의 시집 제목을 잡지와 단체의 이름으로 삼은 것은 쉬즈모가 타고르를 존경했기 때문이다. 빙신과 꾸어모루어가 모두 타고르를 애호했듯이, 쉬즈모 또한 타고르의 열렬한 팬이었던 것이다. 특히 쉬즈모는 타고르가 중국에 왔을 때 통역을 맡고 함께 유럽여행을 하는 등, 누구보다 적극적으로 그의 시풍을 받아들였다.

여기서 또 한 가지 재미있는 점이 발견되는데, 문학연구회의 삥신과 창조사의 꾸어모루어, 그리고 신월사의 쉬즈모가 모두 타고르의 영향을 받았다는 것이다. 이는 이들 문학단체들의 초기 성격은 상당히 비슷했다는 뜻이다. 실제로 신월사를 설립한 쉬즈모는 문학연구회의 회원이기도 했다. 하지만 각 진보파 단체들이 점차 정치색을 달리 하면서 서로 간의 차이가 커지게 되었다. 즉 신월사는 원이뚜어 같은 친공산당적인 회원을 도태시키면서 점차 우경화했다. 반면에 창조사는 친국민당적인 회원을 도태시키면서 점차적으로 좌경화의 길을 걷게 된다.

이제 신월사의 대표 시인인 쉬즈모의 시 「우연偶然」을 감상해 보자 :

나는 하늘의 한 조각구름
우연히 그대 바다 마음에 투영된.
그대 의아해할 필요 없소
더욱 기뻐해서도 아니 되오.
눈 깜짝할 사이에 흔적도 없이 사라질 테니까.

그대와 나는 어둔 밤바다 위에서 만나지만
그대는 그대의, 나는 나의 방향이 있소
그대, 기억해도 좋지만
제일 좋기는 잊어버리는 거요
우리 만났을 때 서로 방출했던 그 빛을.

我是天空裏的一片雲 워스티엔콩리더이피엔윈
偶爾投影在你的波心 어우얼터우잉짜이니더포신
你不必訝異 니부삐야이
更無須歡喜 껑우쉬환시
在轉瞬間消滅了踪影 짜이주안순지엔샤오미엘러종잉

你我相逢在黑夜的海上 니워썅펑짜이헤이예더하이상
你有你的, 我有我的方向 니여우니더, 워여우워더팡샹

你記得也好 니찌더예하오
最好你忘掉 쭈이하오니왕디야오
在這交會時互放的光亮 짜이저쟈오휘스후팡더꽝량

이 시의 내용을 살펴보면 이렇다. 즉 나는 낮 동안 하늘에 떠돌다가 우연히 너의 바다에 투영된 한 조각의 구름이다. 바다와 조각구름은 밤에 서로 만나 하나의 빛을 내었지만 구름은 구름대로 또 바다는 바다대로 흘러가는 방향이 각각 다르다. 그러니 바다와 조각구름이 만나서 함께 만들어낸 빛을 잠시 기억했다가 잊어버리자는 것이다.

여기서 조각구름인 나는 시인 자신인 남자를 상징하고 있고, 바다인 너는 여자를 상징하고 있다. 두 남녀는 바다와 구름처럼 우연히 서로 사랑하게 된다. 그렇다고 너무 좋아할 일이 아니다. 왜냐하면 이들의 만남은 곧 그림자도 남지 않고 사라질 테니까. 비록 밤에 이들 구름과 바람은 한 덩이로 합쳐질 수 있지만, 이튿날 동이 트면 구름은 구름대로, 바다는 바다대로 제 갈 길을 가듯이 남녀 또한 갈 길이 다른 것이다. 비록 이 둘이 만나서 엄청난 사랑의 빛을 발하겠지만, 그건 곧 잠시의 기억일 뿐, 그 기억조차도 곧 사라지게 되는 것이다. 남녀의 사랑은 이처럼 덧없는 것임을 갈파한 시다.

이 시는 훗날 대만에서 대중가요의 가사로 유행하게 된다. 신월파 작품의 특징인 음악적인 운율미와 시각적인 회화미도 돋보인다. 뿐만 아니라 그다지 어려운 시어를 쓰지 않고도 그윽한 품격을 풍기는 인상적인 시이다. 일설에 의하면 이 시가 쉬즈모의 작품이 아니라 그가 짝사랑했지만 끝내 뜻을 이루지 못한 린후이인林徽因의 작품이라고 한다. 하지만 어찌 된 일인지 쉬즈모의 시로 잘못 전해졌다는 것이다. 이 시의 내용으로 보아 이 설이 사실일지도 모른다. 하지만 현대문학사에서 모두 이 시를 쉬즈모의 시로 기록하고 있으니 필자 또한 굳이 이에 토를 달지는 않겠다.

남녀간의 애정이 허망한 것임을 노래한 쉬즈모는 사실 그 누구보다도 애정을 갈망한 시인이었다. 그는 20세에 16세의 장지아펀張嘉玢과 결혼하여 아들 둘을 두었으나, 유럽 여행 중에 만난 린휘인에게 반하여 본처와 이혼을 하고 린후인에게 구애했다. 이혼 후에도 장지아펀은 쉬즈모의 부모를 봉양하며 1988년까지 시댁에서 살다가 죽었다. 하지만 쉬즈모가 부모와 자식까지 뒤로 하고 끈질기게 구애했던 린후인은 그를 외면하고 양계초의 아들인 량스청梁思成과 결혼한다. 실의에 빠진 쉬즈모는 북경 사교계의 여왕인 유부녀 루샤오만陸小曼을 사랑하게 되어 얼마 후 그녀와 결혼에 성공한다. 하지만 루샤오만은 병약한 데다 낭비벽이 심하여 평생 쉬즈모를 괴롭혔다고 전한다.

쉬즈모는 1896년 절강성에서 태어나 항주에서 중학교를 마치고 북경대학을 다녔다. 이후 그는 미국으로 유학을 가서 금융학과 정치학을 공부했다. 이어서 영국으로 유학을 가서는 정치학과 경제학을 공부한 후 1922년에 귀국하여 북경대학과 청화대학에서 가르쳤다. 하지만 미국과 영국에서 공부할 때부터 쉬즈모는 전공인 정치학과 경제학보다 영국과 미국의 시에 더 많은 관심을 가졌다. 그 때문에 귀국해서 대학 강단에 있을 때도 신월사 등을 창립하여 문학 활동을 더 열심히 했다. 상해와 남경 등지의 대학에서 가르치면서도 타고르와 함께 유럽을 여행하고 소련을 방문하는 등 시인의 꿈을 키우던 그는 36세의 나이로 뜻밖의 죽음을 맞는다. 1931년 전세 비행기를 타고 남경에서 북경을 가다가 제남濟南 상공에서 악천후를 만나 비행기가 추락한 것이다.

쉬즈모는 평생 사랑과 자유, 그리고 아름다움을 추구한 시인이었다. 그 때문에 1917년 10월 소련이 공산화되자, 소련과 레닌의 공산당에 부정적인 시각을 가졌다. 당연한 일이지만 중국 공산당에게도 고운 시선을 가졌을 리 없다. 그 때문에 1949년 중국이 공산화된 이후 1979년까지 중국현대문학사에서 쉬즈모와 그의 시는 철저히 배제되었다. 그러나 1980년대 후반부터 나온 중국현대문학사에는 자유와 사랑 및 아름다움을 추구한 그의 시가 다시 언급되기 시작했다. 그 여파로 중국 젊은이들 사이에 한동안 "쉬즈모 열熱"이라는 열풍이 일기도 했다.

문학연구회 · 창조사 및 신월사 말고도 루쉰이 관여한 어사사 · 망원사 등 진보적인 문학단체가 있었다. 먼저 어사사는 1924년에 치엔시엔퉁 · 리우반농 및 루쉰의 동생 저우주어런周作人에 의해 성립되었다. 루쉰은 필명이고 원래 이름은 저우수런周樹人이므로, 어사사는 주씨 형제가 함께 활동한 무대이기도 했다. 하지만 저우주어런은 형인 루쉰과는 다소 다른 문학을 추구했다. 그래서 그는 훗날 공산당보다는 국민당 쪽을 지지함으로써 형과는 다른 길을 걷게 된다. 아무튼 어사사 회원들은 『어사』라는 잡지를 발행했는데, 이 잡지에는 저우주어런의 글뿐 아니라 린위탕林語堂의 유머 넘치는 산문도 실렸다. 그런가 하면 리우반농 등 친 공산당적인 작가들의 글도 실리는 등 『어사』는 좌우 어느 한쪽에도 치우치지 않은 진보적인 잡지였다고 할 수 있다.

1925년에 창립된 망원사는 웨이쑤위엔韋素園 등이 간행한 『망원주간莽原週刊』에서 비롯된 문학단체로, 루쉰이 이 잡지의 주필로 추대되었다. 루쉰은 이 잡지에 봉건사회와 봉건문화를 풍자하는 산문을 많이 실었다. 그는 자신의 산문을 자질구레한 글이라는 뜻으로 잡문雜文이라고 불렀는데, 그의 잡문은 사실 잡다한 신변잡기가 아니라 어떤 산문보다 신랄하고 풍자적인 내용을 담고 있다. 그래서 그의 잡문은 당시 크게 유행하여 많은 문인들이 루쉰식 잡문을 많이 썼다고 한다.

루쉰의 생애와 그의 잡문은 다음 장에서 자세히 소개하기로 하고, 마지막으로 어떤 문학단체에도 속하지 않고 자유로이 작품 활동을 한 진보적인 문인 천형저陳衡哲를 소개한다. 1890년 강소성에서 출생한 그녀는 일찍이 미국으로 유학하여 사회학을 전공했다. 하지만 일찍부터 문학에 관심을 가졌던 그녀는 미국 여대생의 하루를 그린 단편소설 「일일一日」을 썼다. 이때가 1915년 무렵으로, 이 시기는 현대문학사상 최초의 현대소설로 기록된 루쉰의 「광인일기狂人日記」가 나온 1917년보다 이르다.

하지만 천형저의 「일일」은 문학사 집필자들 사이에서 산문인지 소설인지가 애매하고 내용도 중국인의 생활이 아닌 미국 여대생의 생활을 다뤘다고 해서 중국 최초의 현대소설로 인정하지 않았다. 대신 루쉰의 「광인일기」가 최초의 현대소설이 되었는데, 사실 이 소설은 러시아 작가 고골리의 「광인일기」를 흉내 내었고, 문체도 구어체와 문어체가 함께 섞여 있어 최초의 구어체 현대소설이라고 하기 어려운 점이 있다.

그럼에도 불구하고 현대문학사상 루쉰의 「광인일기」가 최초의 현대소설이 된 것은 분명 천형저가 공산당에 협조하지 않았다는 데서 그 이유를 찾을 수 있다. 그녀에 비해 루쉰은 좌익작가연맹의 회장을 맡는 등 친 공산당적인 활동을 했기 때문에 그에 대한 문학적 평가도 높았던 것이다. 물론 루쉰은 중국 민중과 지식인으로부터 폭넓은 지지와 존경의 대상일 뿐 아니라 창작 면에서도 뛰어난 문인이었다. 그러기에 그가 최초의 현대소설을 쓴 작가로 지목되었다고 해서 크게 반발할 사람은 없을 것이다. 다만 공산당에 적극 협력하지 않은 천형저와 그녀의 작품이 그렇게 무시되어도 좋을지 하는 것은 문제로 남는다.

공산화된 중국에서 천형저뿐 아니라 개인적으로 또는 보수 단체의 회원으로 활동한 작가들에 대한 평가는 턱없이 낮다. 이들은 현대문학사상에서 아예 무시되거나 부정적으로 다루어졌다. 예를 들어 앞서 소개한 국수파 · 문선파 · 학형파 · 갑인파 · 신월파 · 원앙호접파 등 보수문학 단체는 제외되거나, 짧게 또 아주 부정적이고 문제투성이로 소개되어 있다. 반면에 문학연구회 · 창조사 · 어사사 · 망원사 · 태양사 등 진보문학 단체는 긍정적이고 훌륭하게 소개함은 물론 작가 한사람 한사람까지 상세히 설명하고 있다.

앞서 언급한 대로 루쉰은 진보문학 활동뿐 아니라 고문 연구도 했고, 후스 또한 고문 연구뿐 아니라 구어체 시 등 진보문학을 실천했다. 이처럼 보수파와 진보파 문인을 엄밀히 구분하기 어려운 상황에서 훗날 현대문학 집필자들이 후스는 비판하고 루쉰은 추켜세운 이유는 무엇일까? 그 이유는 간단하다. 후스는 공산당에 전혀 협력하지 않았고, 루쉰은 공산당에 우호적이었기 때문이다. 이처럼 문학사의 기술은 정권의 입김을 강하게 받게 되어 있다. 그래서 어떤 작가는 살리고 어떤 작가는 죽이는 식의 극단적 평가는 순전히 그 작가가 공산당 정권에 협력하였는지 또는 공산당 정권 유지에 얼마나 도움이 되었는지에 따라 결정될 수밖에 없었다. 다행히 1990년대 이후 출판되는 현대문학사부터는 이 같은 극단적 편 가르기가 점차 극복되고 있다.

제2장

중국현대문학의 발전

좌파 우파 및 중도파 문학

중국 공산당과 국민당의 제1차 국공합작國共合作이 무산되는 1927년은 매우 중요한 분기점이다. 이때부터 1937년 중일전쟁까지 약 10년간은 문인들의 좌익 성향 또는 우익 성향이 분명해지기 때문이다. 즉 이때부터 진보파와 보수파의 대립이 좌파 우파 및 중도파 문학의 대립으로 발전된다. 사실 좌파나 우파라는 말은 1792년 프랑스혁명 당시 국회의사당을 차지한 당의 위치에서 유래된 정치적인 용어이다. 그러니까 의장석에서 볼 때, 왼쪽, 즉 좌측에 급진적인 쟈코뱅당파가 있었고, 오른 쪽, 즉 우측에 온건한 지롱드당파가 있었기 때문에 급진적인 파를 좌파, 온건한 파를 우파라고 부른 것이다. 좌파는 좌익으로, 우파는 우익으로도 부르는데, 1920년대부터 1949년까지 중국은 당연히 공산당이 좌파, 즉 좌익이고 국민당이 우파, 즉 우익이다.

하지만 좌파와 우파 또는 중도파 문인을 가르는 일은 보수파와 진보파를 가르는 일 못지 않게 어려움이 있다. 비록 어떤 문인이 좌익적인 입장을 취했다 하더라도, 상황의 변화에 따라 금방 우익 또는 중도적인 입장으로 바뀔 수 있기 때문이다. 또한 어떤 작가가 우익 또는 중도적인 문학단체에서 활동한다 하더라도, 경우에 따라 그의 작품이 좌익 성향을 가질 수도 있기 때문이다.

아무튼 이 시기에는 좌익을 표방하는 좌익작가연맹과 우익을 표방하는 민족주의문학파 등이 있었다. 또 중도를 표방하는 자유인自由人·제삼종인第三種人도 있었다. 이들은 서로 격렬한 논쟁도 하고, 때로는 자유로이 왕래도 하면서 풍성한 문학적 성과를 내었다. 이제 이들 좌·우 및 중도파 단체에 속한 문인들의 관점과 문학 활동을 소개한다. 아울러 이 시기에 유행했던 두 개의 문예사조인 현실주의와 현대주의를 대표하는 작가와 작품들을 소개하기로 한다.

1. 좌익작가연맹左翼作家聯盟

1) 좌련의 성립과 활약

좌익작가연맹(약칭 좌련)은 1930년 상해에서 창립되었다. 좌련은 대략 두 갈래 성향의 문인들이 모여서 성립이 되었다. 즉 꾸어모루어와 펑나이차오 등 창조사 계열의 문인들과 태양사 계열의 지앙광츠蔣光慈와 청팡우成仿吾 등 문인들이 주축이 되어서 루쉰 등 혁명문학에 동조하는 문인들을 끌어들여 만든 단체가 바로 좌련이다. 사실 공산당원인 지앙광츠 등은 프롤레타리아 문학, 즉 노동자문학을 제창하면서 한때는 루쉰을 공격했었다. 루쉰이 추구하는 순수한 민족혁명문학이 성에 차지 않았기 때문이다. 하지만 지앙광츠 등은 공산당의 통일전선 전략에 따라 당시 문예계에 막강한 영향력을 가진 루쉰을 좌련에 끌어들이는 것이 유리하다고 판단하고 루쉰을 대표로 모셨다.

그 때문에 좌련은 공산당원인 지앙광츠・청팡우 등과 함께 루쉰과 펑쉬에펑馮雪峰 등 비공산당원 문인들도 대거 참여했다. 이는 좌련이 공산당의 명령을 받는 공산당의 기관으로 출발한 단체가 아니라는 뜻이다. 실제로 좌련의 대표이자 좌련의 기관지 『맹아월간萌芽月刊』의 주편을 맡은 루쉰은 죽을 때까지 공산당에 가입하지 않고 정치적으로 중립적인 입장을 취했다. 또한 역시 좌련의 기관지인 『북두北斗』의 주편을 맡은 띵링丁玲도 남편 후예핀胡也頻이 국민당에 의해 처형된 이후인 1932년에야 비로소 공산당에 가입했다. 하지만 공산당원이 된 이후에도 띵링은 한동안 매우 자유로운 집필활동을 했다.

이처럼 좌련은 『맹아월간』과 『북두』 등 간행물을 통하여, 좌익 우익을 가리지 않고 많은 작가들에게 작품을 발표할 수 있게 하였다. 그러면서도 한편으로는 좌익미술가연맹 등과 연대하여 각종 집회와 시위에 음으로 양으로 관여하였다. 뿐만 아니라 마르크스주의 문예이론연구회・국제문화연구회・문예대중화연구회 등의 스터디그룹을 두고 마르크스주의문예이론과 기타 국제 문화의 흐름 및 문예대중화방안 등을 연구하였다. 좌련의 이와 같은 활동 가운데 각종 집회와 시위에 참여한다거나 마르크스주의와 마르크스주의문예이론 연구는 지앙광츠 등 공산당원 회원들이 주도하였고, 국제문화연구나 문예대중화방안 연구는 루쉰 등 비공산당 회원이 주도했을 것이다.

그럼 먼저 마르크스주의 연구회가 집중적으로 연구한 유물론과 변증법 및 노동가치설을 소개한다. 먼저 유물론은 물질이 정신을 결정한다는 이론이다. 이는 정신이 물질을 이끌어간다는 유심론의 반대 개념으로, 오직 물질만이 실체로 인정된다. 유물론에 의하면 사람의 신분은 오직 물질의 많고 적음에 의해 결정되기 때문에, 물질이 있으면 부르주아, 즉 자산계급이고 물질이 없으면 프롤레타리아, 즉 무산계급이다. 또 사람은 개별적으로 존재하기보다 그가 속한 신분과 계급으로 존재할 뿐이기에, 이 세상에는 수많은 개인이 있는 것이 아니라 유산계급과 무산계급이라는 두 계급만이 존재한다고 본다.

다음으로 소크라테스로부터 유래되었다는 변증법은 헤겔에 이르러 유토피아, 즉 천국에 이르는 한 과정으로 설명되었다. 흔히 정正 반反 합合으로 끝없이 발전된다고 하는 헤겔의 변증법은 인간이나 세계에 어떤 것(정)이 일어나면, 그것과 모순되는 것(반)이 일어나 정을 극복하고, 또 다시 그것들을 포괄하는 것(합)이 나와서 반을 극복하는 방식으로 발전되어 궁극적으로 유토피아에 이르게 된다는 것이다.

이처럼 원래 변증법은 유심론적이다. 하지만 마르크스는 헤겔의 유심론적인 변증법을 유물론적인 변증법으로 바꿨다. 변증법에서 유심론을 빼고 유물론을 넣어서 변증법적인 유물론을 만든 것이다. 마르크스의 변증법적 유물론에 따르면 인간과 세계의 본질은 물질이며, 이 세상에는 물질을 많이 소유하는 자산계급과 물질을 거의 소유하지 못한 무산계급만이 존재한다. 이에 따르면, 세계의 역사는 이 두 계급이 변증법적으로 대립하고 투쟁하면서 발전해온 발자취이다. 그러니까 자본주의세계는 필연적으로 공산주의세계로 발전해간다는 것이다. 이것이 바로 마르크스의 변증법적 유물론에 입각한 세계관이다.

마지막으로 노동가치설을 간단히 소개한다. 노동가치설은 한마디로 노동의 가치가 자본 가치나 기술 가치보다 중요하다는 설이다. 즉 한 상품의 가치는 노동량에 의해 결정되기 때문에, 제품을 생산하는 데 있어서 노동이 가장 큰 기여를 한 것이고, 자본과 기술은 작은 기여를 한 것이다. 그래서 노동가치가 중요가치라면 자본가치나 기술가치는 잉여가치가 된다. 어떤 제품을 만들기 위한 아이디어나 기획, 또는 홍보 등도 잉여가치로 분류되기 때문에, 노동 가치를 창출하는 계급은 오직 몸을 움직여서 일하는 육체노동자들만을 지칭한다. 요컨대, 노동가치설은 노동자가 가장 가치 있는 계급이라는 설이다.

1930년대 전반에 루쉰을 비롯한 양심적이고 순수한 지식인들이 변증법적 유물론과 노동가치설을 핵심으로 하는 마르크스주의를 공부했다는 것은 그 시절 중국에서 제국주의 국가의 자본과 기술의 횡포가 컸다는 뜻이다. 또한 거대 자본과 기술을 가진 사람들이 권력을 동원하여 아무것도 가진 게 없는 중국 인민을 착취했다는 뜻도 된다. 그 때문에 힘없는 다수의 편이 되어주고 싶은 지식인과 문인들이 친 민중적인 마르크스주의에 이끌리게 되었다고 볼 수 있다.

좌련의 마르크스주의문예이론연구회는 대체로 위에 소개한 변증법적 유물론과 노동가치설을 구현하는 문예이론을 연구하였다. 그러기 위해서 문인들은 무엇보다 노동 가치를 중시하는 작품을 써야 한다고 보았다. 이는 문예가 안일한 자본가의 노리개가 아닌, 열심히 일하는 노동자를 격려하고 위로하는 것이어야 함을 의미했다. 또한 모든 문예는 노동자로부터 나와서 노동자에게로 돌아가는 것인 만큼, 문예의 현장도 편안한 서재가 아니라 노동자들이 일하는 공장이어야 한다고도 했다. 그래서 문인들이 직접 공장에 가서 현장체험을 하고 글을 써야 진짜 생생한 무산계급문학을 할 수 있다는 의견도 있었다.

하지만 좌련이 소련에서 발행된『문예정책』을 번역하며 노동자를 강조하는 마르크스레닌주의 문예이론을 받아들이기는 했지만, 당시 중국은 노동자보다 농민의 수가 훨씬 많았다. 그 때문에 노동자들에게만 눈을 고정시킬 수 없었다. 오히려 중국 민중의 절대 다수를 차지하는 농민에 대한 배려가 더 절실하게 요구되는 상황이었다. 그래서 좌련 지도자들은 마르크스가 중시한 노동자들만이 아니라 농민·군인을 뭉뚱그려 피압박 인민을 대상으로 문예활동을 해야 한다고 결론지었다.

이처럼 농민과 노동자 및 병사라는 피압박 대중을 위한 문예활동을 하기 위해 만든 방안이 바로 좌련의 문예대중화방안이다. 이를 실현하기 위해 좌련의 회원들은 문예대중화연구회를 중심으로 모두 세 차례에 걸쳐 토론을 했다. 먼저 제1차 문예대중화토론은 1930년 루쉰과 꾸어모루어 등에 의하여 진행되었다. 이들은 "문예는 인민을 위한 것이다." "공장으로 가자, 농촌으로 가자." "전사들에게 가자." "피압박 대중에게로 가자." 등의 구호를 걸고 열띤 토론을 벌였다. 또한 『대중문예大衆文藝』를 발간하며 인민 대중을 위한 문예의 중요성을 강조했다. 하지만 이들의 구호와 토론은 인민대중을 위한 문예를 하자는 원론적인 다짐이었지, 실제로 작가들이 공장이나 농촌, 또는 전쟁터로 간 것은 아니다.

제2차 문예대중화토론은 이듬해인 1931년 취치우바이瞿秋白가 주도했다. 취치우바이는 지식인 중심의 문학을 벗어나 인민 대중이 즐길 수 있는 문학 장르는 민요와 설화라고 주장했다. 그에 따르면 지식인 중심의 현대시나 현대소설이 아닌, 농민과 노동자가 잘 이해할 수 있는 민간문학을 해야만 진정한 대중문예를 실천할 수 있다는 것이다. 이 같은 취치우바이의 주장은 사실 루쉰·마오뚠·꾸어모루어 등이 써온 구어체 신문학을 송두리째 부정하고, 다시 보수적인 문어체 구문학 형식으로 돌아가자는 뜻이기도 했다. 이에 대해 루쉰과 마오뚠 등 구어체 신문학 문인들은 반발했다. 이들은 취치우바이의 민간문학운동에 일리가 있지만, 그렇다고 해서 그간 일구어 온 지식인의 문학을 완전히 무시하는 태도는 옳지 않다고 주장했다.

제2차 문예대중화토론은 이듬해인 1932년까지 지속되었다. 이 무렵 공산당원 회원인 저우양周揚에 의해 이른바 프로문학운동이 불쑥 제기되었다. 프로문학이란 프롤레타리아문학, 즉 무산계급문학으로, 르뽀 형식의 보고문학과 낭송시 등이 이에 속한다. 프로문학은 소련에서 유행하던 것으로, 저우양이 이를 제안한 것은 그가 공산당 내의 소련파 간부들과 긴밀히 협조하고 있었음을 뜻한다. 저우양이 제안한 프로문학에 대해 루쉰 등은 역시 일리는 있지만 무조건 따라할 필요는 없다는 태도를 취했다. 요컨대, 제2차 토론은 취치우바이가 제안한 민간문학과 루쉰 등이 방어한 신문학 및 저우양이 제기한 프로문학 등이 의제로 올라 열띤 토론을 벌였다.

제3차 문예대중화토론은 1934년 루쉰이 시작하였다. 루쉰은 한자가 너무 어려워서 인민대중이 쉽게 접근하기 어렵기 때문에 한자 대신 로마자로 표기해야 한다고 주장했다. 그렇게 하면 배우고 익히기 어려운 한자를 모르는 민중의 문맹률을 낮출 수 있다고 본 것이다. 이렇듯 제3차 토론은 제1차와 2차 토론과 달리 일종의 문자개혁토론이라고 할 수 있다. 사실 고대로부터 똑 같이 한자를 사용해온 한국과 일본 및 몽골과 만주는 일찍부터 쉬운 표음문자를 만들어서 민중의 문맹률을 대폭 줄였다. 그런 의미에서 볼 때, 루쉰이 주장한 한자의 알파벳화, 즉 로마자 표기는 중국 인민을 위한 훌륭한 문자개혁안이라고 할 수 있다. 그 때문에 제2차토론 때는 루쉰과 다른 입장을 취했던 취치우바이도 이번에는 루쉰의 문자개혁안에 동조했다.

하지만 다수 회원들의 반대에 부딪쳐 루쉰의 문자개혁안은 성공하지 못했다. 그렇지만 루쉰의 노력은 완전히 헛된 것은 아니었다. 그로부터 20여 년 후인 1958년에 중화인민공화국이 로마자를 한자의 발음기호로 공식 발표했기 때문이다. 그런 의미에서 루쉰은 오늘날 중국어를 배우는 거의 모든 사람들이 쓰고 있는 한어병음자모漢語拼音字母의 초석을 놓은 셈이다.

이렇듯 서로 다른 입장을 갖고도 비교적 자유로운 토론과 작품 활동을 하던 좌련의 회원들은 1936년 경 드디어 국방문학파와 민족혁명대중문학파로 분열하게 된다. 사실 공산당원 회원과 비공산당원 회원 간의 이 같은 분열은 좌련이 성립된 당시부터 어느 정도 예견된 것이었다. 즉 저우양과 시아옌夏衍 등 공산당원은 언제나 공산당으로부터 은밀한 지령을 받고 있던 반면에, 루쉰 등 비공산당원은 비록 공산당에 우호적이기는 했지만 독자적인 정치관과 문학관을 가지고 있었기 때문이다.

저우양 등 공산당원 회원들은 공산당의 간부회의에서 결의된 문화계의 통일전선 전략에 따라 좌련이 국방문학國防文學을 해야 한다고 주장했다. 국방문학이 나온 배경은 다음과 같다. 즉 대장정을 통하여 공산당의 당권을 장악한 마오쩌둥은 당시 막강한 국민당의 공산당 섬멸작전에 밀려 날로 쇠진해가는 공산당을 구하기 위해 머리를 싸맸을 것이다. 그 결과 그가 취한 전략이 국민당과 또 한번 합작하여 공산당을 향한 국민당의 총부리를 일본으로 향하게 하자는 통일전선이었다. 병력이 우세한 국민당 군대가 일본과 전면전을 하는 동안 공산당은 측면에서 지원하면서 쇠진한 당을 재건하겠다는 속셈이었던 것이다. 그러나 국민당 수뇌부에서는 이 같은 공산당의 속셈을 간파하고 합작을 거부했다.

그러자 공산당 수뇌부가 착안한 것이 바로 문화계의 통일전선이었다. 국민당과의 합작에 성공하기 위하여 먼저 국민당에 우호적인 애국적 문인들을 끌어들일 필요가 있었던 것이다. 일본이라는 공동의 적에 대항하기 위해 공산당과 국민당이 손을 잡아야 한다는 주장은 사실 당파를 뛰어넘어 많은 애국지사들의 공감을 얻었다. 마오쩌뚱의 공산당은 이 같은 문화계 통일전선을 확실히 하기 위해 좌련의 도움이 필요했던 것이다. 이에 따라 저우양 등이 앞장서서 좌련의 기본 강령을 무시한 채, 국민당에 우호적인 우파 문인들에게 함께 일본에 항거하는 국방문학을 하자고 한 것이다.

하지만 루쉰과 후펑胡風 등은 공산당의 통일전선 전략을 거부하고, 좌련의 기본 원칙대로 민족혁명을 위한 대중문학을 추구할 것을 결의했다. 루쉰은 저우양의 '국방문학'이 문학적인 동기보다는 정치적인 동기에 의하여 강제되고 있다며 반대의 뜻을 분명히 한 것이다. 그럼에도 불구하고 1936년 봄, 공산당 중앙위원회가 좌련의 대표인 루쉰을 무시한 채 좌련에 대해 일방적인 해산명령을 내렸다. 이 사실을 안 루쉰은 "공산당이 발뒤꿈치를 물어뜯었다."는 격한 표현을 쓰며 분개하였다.

이 시점에서 양측을 관망하던 마오뚠과 빠진巴金 등이 서둘러 나서서 양측을 조정함으로써 쓰러져가는 좌련을 다시 세운다. 그 결과 루쉰 · 꾸어모루어 · 삥신 등 문예계의 대표 21인의 이름으로 '대동단결하여 일제 침략에 항거하고 언론자유를 위한 문예계 동인들의 선언'을 발표함으로써 일단락되는 듯하였다. 그러나 어찌 알았으랴. 공산당의 조종을 받은 저우양이 좌련 지도부의 선언을 무시하고 독자적으로 국방문학을 실천해나갈 줄을. 이에 대해 좌련 지도부는 적절히 대처하지 못했다. 좌련의 대표인 루쉰의 건강이 날로 악화되고 있었기 때문이다. 결국 그 해를 넘기지 못하고 1936년 루쉰은 세상을 떴고, 이와 함께 좌련도 해산의 운명을 맞게 된다.

2) 띵링 · 루쉰 등의 현실주의 문학

띵링 · 마오뚠 · 라오서老舍 · 루쉰 등 좌련 작가들은 1920년대 문학연구회 소속 작가들처럼 대체로 현실주의 작품을 많이 썼다. 비록 문예대중화 토론과 마르크스주의문예이론 등을 연구하기는 했지만 띵링 등 좌련 작가들은 여전히 인생과 사회 전반에 대한 사실적인 작품을 썼다. 다만 1930년대에 나온 작품들은 1920년대의 작품들에 비해 초점이 좀 더 사회현실 쪽으로 기울어지기는 했다.

그럼 먼저 띵링(1904-1986)의 삶과 문학을 살펴보자. 띵링은 좌련에 가입하기 전부터 「뭉크 夢珂」 「소피여사의 일기 莎菲女士的日記」 등 단편을 써서 여성의 애정 심리와 사회참여 현실의 어려움을 토로했다. 좌련에 가입한 뒤에도 그녀는 공산당에 가입하지 않고, 현실적으로 여성의 꿈이 어떻게 좌절되는지에 대해 관심을 갖고 작품 활동을 몰두했다. 그 때문에 열렬한 공산주의자 후예핀과 동거하면서도 그의 뜻에 동조하지는 않는다. 이는 그녀의 「1930년 봄 상해 一九三十年春上海」에 그대로 드러나 있다. 이 소설의 여주인공 마리는 열렬한 공산주의 운동가인 왕웨이望微를 사랑하지만, 그가 몰입하는 공산주의 운동에 동참하기를 거부하고 결국 그를 떠난다.

띵링은 일찍 아버지를 여의고 친가와 외가에서 살았는데, 특히 외삼촌에게 거칠게 대항하다가 결국 가출한다. 친구들과 함께 상해로 간 띵링은 어머니의 도움으로 근근이 학교를 다닌다. 이 같은 처지였기에 그녀는 자연히 자신과 같은 여성이 처한 사회현실에 관심을 갖고 남성 중심의 가부장적인 사회에 대해 반항한다. 그녀 소설의 주인공들인 뭉크・소피・마리 등은 모두 이 같이 힘든 상황 속에서 괴로워한다. 이들 여주인공들은 또 모두 남성의 사랑을 추구하기보다 독자적인 삶을 모색한다. 그래서 마리는 왕웨이를 떠나고, 소피도 남자 없이 홀로 떠나며 뭉크도 독립한다. 하지만 독립과 자아실현의 길도 만만치 않다. 그 때문에 간난고초 끝에 배우로 독립한 뭉크는 거울에 비친 자신의 얼굴을 보며, 거리의 매춘부와 다름없다고 느끼는 것이다.

이렇듯 공산당에 거리를 두고 자유로운 작품 활동을 하던 띵링에게 좌련이 기관지인 『북두北斗』의 주편 자리를 제안한 것이다. 이는 당시 다른 잡지들이 여성 작가를 깔보고, 여 작가의 작품을 장식용이나 구색 맞추기 정도로 밖에 생각하지 않는 것과는 매우 다른 태도였다. 여성 작가와 작품을 상품화하는 문학 풍토에 분노를 느끼던 띵링에게 당시 좌련이 제의한 『북두』의 주편 자리는 감지덕지한 일자리였을 것이다.

좌련의 기관지 『북두』의 주편으로서 띵링은 비교적 자유롭게 자신의 뜻을 펼쳤다. 후예핀과의 사이에서 딸도 낳았다. 물론 그때까지도 그녀는 공산당에 입당하지는 않았다. 하지만 공산주의 활동을 하던 후예핀이 국민당에 체포된 후 처형되자, 그녀 또한 국민당 당국에게 체포되어 옥고를 치르게 된다. 싫든 좋든 그녀는 공산주의자 후예핀의 아내였기 때문이다. 결국 간신히 출옥한 띵링은 공산당에 입당하고 딸을 외할머니에게 맡긴 채, 1936년 공산당 근거지인 연안延安으로 간다. 하지만 띵링의 연안 생활 또한 평탄치 않았다. 이에 대해서는 다음 장인 제3장에서 다루기로 한다.

다음으로는 훗날 중국의 문화부 장관을 지내게 되는 마오뚠의 현실주의 문학을 소개한다. 마오뚠(1896-1981)은 좌련 시절인 1933년, 장편소설 『한밤중 子夜』을 출판했다. 소설의 배경은 상해로, 이 작품은 1930년대 초기 중국의 사회상을 잘 반영한 작품으로 손꼽힌다. 이 소설의 주인공은 민족자본가인 우쑨푸吳蓀甫로, 그는 생존을 위해서 잔혹하게 노동자들을 착취하고, 농촌 경제를 파산으로 몰고 간다. 그러자 노동자와 농민들이 폭동을 일으키고, 여기에 외국 자본가의 침탈과 세계공황 및 금융자본가인 짜오보타오趙伯韜의 농간으로 우순푸의 민족 산업은 위기에 처하게 된다. 이처럼 마오뚠이 묘사한 1930년 상해 주변의 상황은 한밤중의 칠흙과 같은 어둠 속이다.

마오뚠의 단편소설 「임씨네 가게 林家舖子」도 어둡기는 마찬가지다. 이 소설은 마오뚠이 고향인 절강성 오진烏鎭에 갔다가 우연히 보게 된 광경을 소재로 쓴 것이라 한다. 소설의 주인공 임씨는 원래 성실하고 근면한 사람으로, 열심히 가게를 운영했다. 하지만 아무리 열심히 해도 수지타산이 맞지 않자, 그는 가난한 주 할머니와 순박한 장 과부 등 힘없는 농민들을 울리며 악착스럽게 돈을 번다. 이처럼 수단방법을 가리지 않고 가게를 운영했음에도 불구하고 임씨네 가게는 밖으로부터 밀려오는 한파로 인해 문을 닫게 된다. 요컨대, 마오뚠 소설의 주인공들은 근면하고 성실하지만, 잘못된 정치와 경제 및 사회제도로 인하여 옴짝달싹도 할 수 없는 상황에 빠지는 것이다.

이처럼 개인이 아무리 근면하고 성실해도, 현실적으로 잘못된 제도 속에 있다면 어찌 할 수 없는 존재라는 것이 바로 현실주의, 즉 리얼리즘이 주는 메시지다. 즉 사회가 개인을 결정하지, 개인이 사회를 결정할 수 없다는 것이다. 만주족 작가 라오서老舍의 대표작인 『낙타 샹즈 駱駝祥子』도 이 같은 주제의 장편소설이다. 이 소설의 줄거리를 간략히 소개하면 다음과 같다.

주인공인 샹즈는 농촌에서 태어나 일찍 부모를 여의고, 18세에 북경으로 상경하여 인력거꾼이 된다. 그는 튼튼한 체력과 성실한 노력으로 인력거를 끈 지 4년 만에 자기 소유의 인력거를 갖게 된다. 하지만 어느 날 일을 나갔다가 한 병정에게 끌려가 인력거를 빼앗기고 어디론가 끌려간다. 그가 끌려간 곳은 산기슭의 어떤 부대로, 그는 영문도 모른 채 누군가에게 총을 쏘고 전쟁을 해야 하는 처지가 되어 있는 자기를 발견한다. 결국 샹즈는 용기를 내어 한밤중에 부대를 탈출한다. 막사 옆에 있던 낙타 세 마리와 함께 탈출에 성공한 샹즈는 그 낙타를 35원에 팔았다고 해서 사람들에게 낙타라는 별명을 얻는다. 소설의 제목인 낙타 샹즈는 여기에서 유래된 것이다.

샹즈는 다시 인력거회사에서 인력거를 빌어 열심히 일한다. 하지만 그는 또 알 수 없는 정치적 사건에 연루되어, 갖고 있던 돈까지 다 뺏기고 알거지가 된다. 설상가상으로 연상의 여인 후니우의 유혹에 걸려 원하지 않는 결혼까지 하게 된 그는 아무리 열심히 살아도 자신의 꿈을 이룰 수 없다는 절망감에 빠진다. 절망감을 이기지 못하고 술과 담배에 빠진 샹즈는 서서히 타락한다. 그나마 아내 후니우가 출산하다가 죽고, 그가 진짜 사랑한 이웃집 여인 샤오후즈마저 사창굴에 팔려가 자살하자, 그는 최하급의 인력거꾼으로 떨어진다. 성병에 걸려 담배꽁초를 주우러 다니는 사기꾼 샹즈가 된 것이다. 이처럼 『낙타 샹즈』는 병든 사회 속에서 개인이 얼마나 노력하는가와 관계없이 떨어질 수밖에 없는 운명의 나락을 적나라하게 보여주고 있다.

마지막으로 최초의 현대소설인 「광인일기」와 「아큐정전 阿Q正傳」의 작가이자 날카로운 잡문의 대가 루쉰의 삶과 그의 문학을 소개한다. 사실 루쉰은 소설과 잡문뿐 아니라 산문시도 잘 썼다. 특히 그의 산문시집 『들풀 野草』은 척박하고 암울한 사회적 현실과 고독하고 방황하는 개인의 정서를 유기적으로 연결시킨 우수작으로 손꼽힌다. 하지만 여기서는 그의 풍자적인 잡문 한 편을 소개한다.

다음은 1933년에 출판된 그의 잡문 「싸움 구경 觀鬪」의 일부를 번역한 것이다 :

> 우리 중국 사람들은 늘 평화를 사랑한다고 말한다. 하지만 사실은 싸움을 좋아한다. 다른 사람들이 서로 싸우는 것을 구경하는 것도 좋아하고 자기들끼리의 싸움을 구경하는 것도 좋아한다.
> 싸움 중에 가장 흔한 것이 투계, 즉 닭싸움과 투실솔, 즉 귀뚜라미 싸움이다. 남방에는 꾀꼬리 싸움과 멧새 싸움이 있고, 북방에는 메추라기 싸움도 있다. 아무튼 일 없는 사람들이 둘러앉아 멍하니 이 같은 싸움을 구경하거나, 승부를 놓고 돈내기를 하기도 한다. 옛날에는 물고기 싸움도 있었다 한다. 또 마술꾼들은 벼룩끼리도 싸움을 시킬 수 있다고 한다. 올해 『동방잡지』를 보고 비로소 우리 금화 지방에도 투우, 즉 소싸움이 있다는 걸 알았는데, 스페인의 투우와는 딴판이다. 스페인에서는 사람이 소와 싸우는데, 우리는 소끼리 싸우게 한다.
> 저들에게만 싸움을 시키고, 사람들은 싸우지 않고 그저 바라볼 뿐이다.
> 군벌들만 서로 싸우고, 인민들은 싸우지 않고 그저 바라볼 뿐이다.
> 하지만 군벌들도 몸소 싸우지는 않는다. 각각 병사들을 시켜 서로 싸우게 한다. 그 때문에 병졸들은 자주 악전고투하지만 두목들은 모두 건재하다. 군벌끼리 악전고투하다가도 두목들은 갑자기 오해가 풀리고 갑자기 잔을 들어 화해한다. 그러다가 갑자기 동맹군이 되고, 갑자기……한다. 그러다가 또 갑자기 싸우기 시작한다.
> 하지만 인민들은 그들에게 모든 것을 일임하고, 그들의 마술놀이를 그저 구경할 뿐이다.

> 我們中國人總喜歡說自己愛和平, 但其實, 是愛鬪爭的, 愛看別的東西鬪爭, 也愛看自己們鬪爭.
> 最普通的是鬪鷄, 鬪蟋蟀, 南方有鬪黃頭鳥, 鬪畵眉鳥 : 北方有鬪鵪鶉, 一群閑人們圍着呆看, 還因此賭輸贏. 古時候有鬪魚, 現在變把戲的會使跳蚤打架. 看今年的『東方雜誌』, 才知道金華又有鬪牛, 不過和西班牙却兩樣的, 西班牙是人和牛鬪, 我們是使牛和牛鬪.
> 任他們鬪爭着, 自己不與鬪, 只是看.
> 軍閥們只管自己鬪爭着, 人民不與鬪, 只是看.
> 然而軍閥們也不是自己親身在鬪爭, 是使兵士們相鬪爭, 所以頻年惡戰, 而頭兒個個終于是好好的, 忽而誤會消釋

了，忽而杯酒言歡了，忽而共同御侮了，忽而立誓報國了，
忽而……. 不消說，忽而自然不免又打起來了.
然而人民一任他們玩把戲，只是看.

워먼중궈런종시환수어쯔지아이허핑, 단치스, 스아이떠우정더, 아이칸비에더똥시떠우정, 예아이칸쯔지먼떠우정.

쭈이푸통더스떠우지, 떠우시솨이. 난팡여우떠우황터우냐오, 떠우화메이냐오 : 베이팡여우떠우안춘. 이췬시엔런먼웨이저따이칸, 하이인츠두수잉. 구스허우여우떠우위, 시엔자이삐엔바시더후이스티아오자오따지아. 칸진니엔더 『동팡자즈』, 차이즈다오진화여우여우떠우니우, 부꾸어허시반야취에리앙양더, 시반야스런허니우떠우, 워먼스스니우허니우떠우.

런타먼떠우정저, 쯔지부위떠우, 즈스칸.

쥔파먼즈관쯔지떠우정저, 런민뿌위떠우, 즈스칸.

랑얼쥔파먼예부스쯔지친선짜이떠우정, 스스빙스먼샹떠우정, 쑤어이핀니엔어잔, 얼터우얼꺼거쫑위스하오하오더, 후얼우후이샤오스러, 후얼빠이지우옌환러, 후얼꽁통위우러, 후얼리스빠오구어러, 후얼……. 뿌샤오수어, 후얼쯔란뿌미엔여우따치라이러.

랑얼런민이런타먼완바시, 즈스칸.

투계나 투우는 한국에도 있는 민속놀이지만, 귀뚜라미싸움・꾀꼬리싸움・멧새싸움・물고기싸움에다가 벼룩까지 싸움을 시켰다니 참으로 놀랍다. 루쉰은 이처럼 신기하고 재미있는 민속놀이를 통하여 1930년대에도 여전히 세력싸움을 하는 군벌들을 풍자하고 있다. 뿐만 아니라 그들의 싸움을 그저 물끄러미 구경만 하고 있는 중국 인민들의 방관자적 태도도 꼬집고 있다. 이처럼 루쉰은 군벌뿐 아니라 중국 민중도 신랄하게 비판했다. 그의 철저한 비판정신은 국민당과 공산당 등 정치비판에서부터 중국민족과 문화 및 자기 자신에 대한 비판에 이르기까지 예외 없이 발동되었다. 역설적으로 이 같은 루쉰의 비판이 허무와 절망에 빠지기 쉬운 그 시절의 중국인에게 희망의 빛을 주었다. 왜냐하면 루쉰은 비판을 통해 자신을 비롯한 중국민중의 각성을 간절히 추구했기 때문이다.

중국현대정치사에서 저우언라이周恩來가 가장 인기 있는 정치가라면 루쉰은 중국현대문학사에서 가장 인기 있는 문인이다. 그래서인지 중국뿐 아니라 한국과 일본 등 외국에서 루쉰을 연구하는 사람들이 무척 많다. 이는 물론 중국이 공산화된 후 공산당이 루쉰을 공산혁명의 영웅으로 추켜세운 덕도 있다. 그래서 루쉰과 그의 작품을 연구하는 사람들이 많아진 측면도 있다. 그 때문에 어떤 평론가는 루쉰과 그의 작품을 연구하는 무리를 "루쉰의 뼈다귀를 고아먹고 사는 사람들"이라고 비아냥거리기도 한다. 하지만 중국현대문학사에서 루쉰의 위치는 분명 확고부동한 데가 있다. 그런 의미에서 그의 길지 않은 생애를 소개하는 것도 도움이 될 것이다.

루쉰은 1881년 절강성 소흥의 몰락한 사대부 집안에서 태어났다. 앞에서도 언급했지만 루쉰의 본명은 저우수런周樹人으로, 그는 문학연구회 회원이었던 저우주어런周作人의 친형이다. 루쉰은 5살에 서당에 들어가 고전을 공부했는데, 특히 소설을 즐겨 읽었다고 한다. 그는 17살에 남경으로 가서 서양식 학교인 광로학당礦路學堂을 졸업하고 국비장학생으로 일본유학을 갔다. 꾸어모루어 등 당시 많은 국비장학생이 선택한 의학을 그 또한 선택하여, 센다이仙臺의학전문학교에서 2년간 공부하게 된다.

루쉰이 의학을 그만 두고 문학을 하게 된 경위에 대해서는 다음과 같은 이야기가 전해진다. 즉 어느 날 루쉰은 일본 영화 한 편을 보았는데, 영화 속에 한 양심적인 중국인이 오랏줄에 꽁꽁 묶여 군중의 구경거리가 되는 장면이 있었다. 그 장면에 충격을 받은 그는 사람의 육체를 치료하는 것보다 정신을 개조하는 것이 낫다고 생각하고, 의학공부를 포기하고 문학을 선택했다는 것이다.

그런데, 이와는 전혀 다른 이야기가 있다. 즉 루쉰이 센다이의과대학을 다닐 당시 친구에게 보낸 편지에서 그가 "남의 가슴에 청진기를 대고 아무리 귀를 기울여도 무슨 병이 있는지 알 수 없으니, 나는 의사가 될 소질이 없다"고 토로했다는 것이다. 이로 보아 다음과 같은 추리가 가능할 것 같다. 즉 원래 문학을 좋아했던 루쉰은 서양 의사가 필요한 중국 정부의 장학금을 받기 위해서 의학을 전공으로 선택할 수밖에 없었다. 하지만 적성에 맞지 않는 의학 공부를 계속하기는 어려웠을 것이다. 그 같은 상황에서 그 영화는 그에게 의학 공부를 그만 둘 좋은 핑계거리가 되었다고.

아무튼 의학공부를 그만 둔 루쉰은 함께 유학 온 동생 저우주어런과 공동으로 서양 소설을 번역하고 출판한다. 동시에 그는 고대 한자를 연구하는 문자학을 배우는 등 고문연구에도 관심을 가진다. 뿐만 아니라 훗날 북경대학 초대 총장이 되는 차이위엔패이가 이끄는 정치단체인 광복회에도 가입한다. 이렇듯 번역가로서, 고문 연구가로서, 또 정치단체의 회원으로서 활발히 살던 루쉰은 1909년에 귀국한다.

일본에서 돌아와 고향으로 간 루쉰은 1911년부터 고향 소흥의 소흥학당 교장으로 있다가, 곧 차이위엔패이의 추천을 받아 남경에서 교사 생활을 한다. 이후 북경으로 옮겨간 중화민국 정부 하에서 그는 1926년까지 약 15년간 사범학교 교사 등 교육 공무원으로 일했다. 그러면서 루쉰은 1923년 주로 원앙호접파의 문어체 소설을 싣고 있던 『소설월보小說月報』에 문어체 소설을 발표하기도 했다. 1918년 최초의 현대소설인 「광인일기」를 쓰고 어사사 같은 진보적인 문학단체 활동을 한 그가 복고적인 문어체 소설을 발표한 것은 뜻밖이다. 그 때문에 그는 창조사의 청팡우나 태양사의 지앙광츠 등 공산당원 작가들에게 '브루주아(자산)계급의 대변자'로 비난을 당한다. 그런가 하면 국민당 정부로부터는 중국 사회의 암흑을 폭로하는 위험 작가로 지목되는 등 진퇴양난의 입장에 처하게 된다.

하지만 이 시절 공산당은 국민당보다 유연했다. 1930년 성립된 좌익작가연맹의 대표로 루쉰을 초빙한 것이다. 그러나 문예계의 통일전선을 구축하기 위해 루쉰에게 접근한 공산당은 결국 몇 년 뒤 또 다른 통일전선 전략을 구사하기 위해 루쉰을 무력화시킨다. 앞서 언급한 대로 루쉰은 후펑 등과 함께 진정한 민족혁명을 위한 대중문학을 추구했다. 하지만 공산당의 사주를 받은 저우양 등이 원칙과 정치적 중립을 고수하는 루쉰과 좌련을 해산하고 '국방문학'을 통해 제2차 국공합작을 달성하려고 한 것이다.

이때가 1936년으로, 루쉰은 바로 그 해에 지병으로 세상을 떠났다. 어쩌면 공산당에 대한 배신감을 느끼며 죽었을지 모른다. 그럼에도 불구하고 정치적으로 절묘한 시기에 세상을 등진 루쉰은 얼마 후부터 공산당의 문예 영웅이 된다. 특히 1940년 마오쩌뚱은 루쉰을 마르크스레닌주의자・공산주의자・혁명의 기수 등으로 추대했다. 이는 좌우를 막론하고 당시 많은 문인과 지식인의 존경의 대상이었던 루쉰을 이용하여, 많은 사회지도층 인사들을 공산당 편으로 끌어들이기 위한 전략이었다. 실제로 이 전략은 효력이 있었다. 당시 국민당 지구에 남아 있던 많은 양심적인 문인들이 공산당 지구인 연안으로 몰려갔던 것이다.

루쉰의 공적인 생활이 대강 위와 같이 역동적이었듯이 그의 사생활 또한 드라마틱했다. 루쉰은 일본 유학중인 25세에 잠시 귀국하여, 모친의 명에 따라 주아안朱阿安과 결혼을 한다. 하지만 어머니가 정해놓은 신부와 결혼식을 올린 그는 곧 일본으로 돌아가 버리고 만다. 하지만 주아안은 줄곧 고향에서 시어머니를 봉양하면서 남편을 기다렸다. 이를 뻔히 알면서도 루쉰은 귀국 후에도 그녀를 거들떠보지 않고, 홀로 북경에 가서 교사 생활을 했다. 뿐만 아니라 루쉰은 자기보다 20살 연하인 제자 쉬광핑許廣平과 가까운 사이가 된다. 쉬광핑이 루쉰의 집에 자주 찾아와 루쉰의 원고를 교정해주다가, 차츰 사제간에 짙은 연정이 생긴 것이다.

결국 1926년 루쉰은 교사 직을 그만두고 상해로 내려오면서부터 쉬광핑과 동거에 들어간다. 그가 고향에서부터 그리 멀지 않은 곳에서 조강지처가 아닌 여인과 동거에 들어가게 된 데는 다음과 같은 에피소드가 전한다. 즉 루쉰이 이끄는 문학 단체인 망원사에서 일을 하던 까오창홍高長虹이란 청년이 쉬광핑에게 연정을 느낀 나머지, 루쉰의 부도덕성을 공개적으로 공격하였다. 이에 대해 루쉰은 한 친구에게 다음과 같은 내용의 편지를 보내 제자 출신 쉬광핑과 동거하게 된 정황을 토로했다 : 비록 오래 전부터 쉬광핑을 사랑해 왔지만 자신의 처지를 생각하고 계속 금욕했는데, 뜻밖에 새까만 후배 까오창홍에게서 모욕과 조롱을 받자 그만 화가 나서 아무것도 보이는 게 없었다고.

민망한 일은 45세의 루쉰이 20세의 쉬광핑과 동거를 시작하면서 고향에 있던 조강지처 주아안을 그대로 방치했다는 사실이다. 아무튼 이후 약 10년간 루쉰과 동거한 쉬광핑은 루쉰이 죽은 이후 그의 미망인 자격으로 공산당의 융숭한 대접을 받았다. 심지어 1958년 무렵 루쉰의 직속 후배인 후펑 비판 때나 대부분의 문인이 고초를 당한 문화혁명 때도 비판 한번 받지 않았다. 그녀에게는 일찍이 영웅을 알아보는 혜안이 있었던 것일까?

2. 우익 문학단체들

1) 민족주의문학파와 논어파

1930년대에는 1923년 이래 활발한 활동을 하던 신월파 외에 민족주의문학파와 논어파 등 새로운 우익 문학단체가 생겼다. 민족주의문학파와 논어파로 들어가기 전에, 쉬즈모 사망 이후 1933년까지 신월사를 이끈 리앙스치우梁實秋에 대해 잠깐 소개하고 넘어가겠다. 리앙스치우는 '영원한 인간의 문학'을 주장했다. 그에 따르면 건강한 문학은 정상적인 인생 궤도에서 어긋나지 않아야 한다는 것이다. 리앙스치우는 좌련의 프롤레타리아문학을 겨냥하여, 무산계급문학의 오류는 문학을 계급투쟁의 도구로 삼는 데 있다고 역설하였다. 그는 또한 성실하게 부를 축적한 자산계급을 공격하는 것은 곧 문명에 역행하는 것이라며, 자본주의와 자산계급문학을 옹호하였다.

이처럼 계급성보다는 개성을 추구하고, 정치성보다는 문학성을 중시한 리앙스치우는 펑나이차오 등 좌련의 작가들에게 '자본가의 개'라는 혹독한 반격을 받는다. 이 같은 공격에 대해 리앙스치우는 대략 다음과 같이 반격했다 : 나를 자본가의 개라고 하는데, 나는 아직 나의 주인이 누구인지도 모른다……그런데 어떤 사람은 개도 아니라면서 소련의 주인에게 가서 무엇을 대가로 돈을 받아오는지 모르겠다. 이는 당시 좌련 소속의 공산당원 회원들이 은밀히 국제공산당인 코민테른komintern으로부터 경제적인 원조를 받고 있음을 비아냥거린 것이다.

그런데 민족주의문학파는 국민당의 지원을 받는 우익 문학단체였다. 좌련이 공산당의 지원을 받았듯이 말이다. 상해시 정부의 사회국장인 판공잔潘公展과 국민당 간부인 황전샤黃震遐 등이 주도한 민족주의문학파는 『전봉주보前鋒週報』 『선봉월간先鋒月刊』 등을 간행하며 중국민족이 문명의 선봉에 서 있음을 자부했다. 무엇보다 이들은 "문학의 의의는 바로 민족주의에 있다."라고 하며 민족주의를 강조했기 때문에 민족주의문학파로 분류되었다. 판공잔 등은 '황인종의 피'를 강조하며 옛날 원나라의 쿠빌라이 칸이 이라크와 폴란드. 및 동 프랑스를 점령했던 서양 정벌의 역사를 찬양했다.

당연하게도 민족주의문학파 회원들은 무산계급문학을 병적인 문학이라고 비난했다. 공산당이 추구하는 프롤레타리아문학은 오직 혁명을 완수하기 위해 문학을 이용하기 때문에 기형적이라는 것이다. 이에 대해 취치우바이 등 좌련의 공산당 회원들은 민족주의문학파의 브루조아문학이야말로 제국주의와 파시즘facism을 옹호하며 중국 인민을 학살하고 있다고 비난하였다. 파시즘은 이탈리아 무솔리니의 파시스트당에서 유래된 말로, 독재자의 이데올로기를 뜻한다. 좌련의 취치우바이는 황전샤가 속해 있는 국민당을 파시스트당에 빗대어 이렇게 말한 것이다.

마지막으로 린위탕이 주도한 논어파를 소개한다. 1905년 복건성에서 태어난 린위탕은 앞장에서도 언급했듯 1920년대까지만 해도 어떤 문학단체에도 속하지 않았다. 하지만 그는 1930년대에 들어서서 『논어論語』 『인간세人間世』 『우주풍宇宙風』 등을 창간하며 집단적인 문학 활동을 한다. 『논어』는 1932년 그가 저우주어런과 함께 발간한 격주간지다. 발간 취지는 일찍이 '유머대사'라는 별명을 얻을 만큼 유머러스한 산문을 즐겨 썼던 린위탕답게 "자아를 중심으로 한적하고 유머러스한 산문을 쓸 뿐, 정치를 논하지 않는다."였다. 그는 또한 인간 세상에서 일어나는 모든 일, 예를 들어 파리나 모기 같은 작은 것들에 관한 것부터 우주같이 큰 것까지 모두 문학의 소재로 삼을 수 있다고 했다. 이는 좌련의 일부 회원들이 주장하는, 항일을 위한 애국주의 문학이 아닌, 다른 문학도 가능함을 말한 것이다. 이에 대해 좌련의 일부 작가들은 린위탕이 술과 요리나 춤과 노래 등을 찬미하는 등 쾌락적인 글을 써서 인민 대중의 투쟁의지를 약화시키고 있다고 비난하였다.

좌련의 비난에도 불구하고 『논어』는 한때 40만에서 50만부의 발행부수를 내며 많은 문인들의 이목을 집중시켰다. 그 이유는 당시의 다른 잡지들에 비해 구성과 편집이 참신했기 때문이었던 것 같다. 내용 또한 좌련 회원들이 비난하는 것처럼 그렇게 자질구레하고 하찮은, 쾌락적인 것이 아니었다. 이는 『논어』의 속표지에 실려 있는 '『논어』동인이 지켜야 할 10대 강령'에서 확인할 수 있다.

10대 강령의 첫 번째는 놀랍게도 "혁명에 반대하지 않을 것"이었다. 이는 린위탕도 루쉰이 추구한 진정한 민족혁명에 반대하지 않았다는 뜻이다. 그렇지 않았다면 그가 루쉰이 주도한 잡지 『어사』에 자신의 글을 투고하지도 않았을 것이다. 또한 훗날 공산당의 호평을 받은 라오서의 소설 『낙타 샹즈』가 린위탕이 주도한 잡지 『우주풍』에 연재되지도 않았을 것이다. 아무튼 '『논어』동인이 지켜야 할 10대 강령'에는 이밖에도 "남을 욕하지 말 것", "경멸하는 사람들을 비판하지 말고, 진정으로 아끼는 사람들을 비판할 것", "연예인이나 권력가에게 아부하지 말 것" "남의 돈을 받지 말고, 남의 말을 하지 말 것" 등이 있다.

재미있는 점은 이 당시 연예인의 지위가 권력가에 버금갈 만큼 높았다는 것이다. 아마도 여기서 말하는 연예인은 경극이나 월극 등 희극의 배우들이었을 것이다.

요컨대, 린위탕은 개인의 수양을 중시한 문인이었다. 수신과 중용의 도를 추구한 선비였다고나 할까? 그 때문에 1930년대 후반부터 노골화되는 중국의 정치적인 풍토에서 어느 쪽 편도 들 수 없었던 그는 중국을 떠나 미국으로 간다. 하지만 중국 문화의 토양에 뿌리내리기를 소망하던 린위탕은 중국이 공산화된 1949년, 자신의 고향인 복건성과 제일 가까운 대만으로 가서 정착한다. 공산당 정권보다는 국민당 정권이 그에게 여유롭고 유머러스한 글을 쓸 수 있게 해줄 것으로 판단했을 것이다. 그의 판단은 크게 빗나가지 않았는지 그는 대만에서 작품 활동을 계속 하다가 결국 기독교 신자로 삶을 마감했다고 전한다.

2) 따이왕수戴望舒의 현대주의 시

따이왕수(1905-1950)는 1932년에 발간한 『현대現代』에 리진파李金髮 등과 함께 시를 발표한 현대주의 시인이다. 『현대』를 중심으로 작품 활동을 했기 때문에 현대파로도 불리는 따이왕수는 쉬즈모 등 신월파의 유미적이고 상징적인 시풍을 이었다는 평가를 받고 있다. 다음은 중년인 45세에 쓸쓸히 세상을 떠난 따이왕수의 시 「인상印象」이다 :

그것은 깊은 골짜기에 떨어진
은은한 방울소리겠지
그것은 안개 낀 물 위로 지나간
자그마한 고깃배겠지
만약 그것이 푸른빛의 진주라면
이미 옛 우물의 검은 물속에 빠져버렸다.

숲나무 끝에서 번득이는 시든 햇빛인
그것은 가벼이 거두어졌다
얼굴의 잔잔한 미소와 함께

한 쓸쓸한 곳에서부터 나온
아득하고 쓸쓸한 오열이
또 서서히 쓸쓸한 곳으로 돌아갔다. 쓸쓸히.

是飄落深谷去的 스퍄올뤄선구취더
幽微的鈴聲吧 여우웨이더링성바
是航到煙水去的 스항따오옌수이취더
小小的漁船吧 샤오샤오더위추안바
如果是青色的眞珠 루궈스칭써더전주
它已墮到古井的暗水裏 타이뚜어다오구징더안수일리

林梢閃着的頹唐的殘陽 린사오산저더퉈탕더찬양
它輕輕地檢斂去了 타칭칭디지엔리엔췰러
跟着臉上淺淺的微笑 껀저리엔상치엔치엔더웨이샤오

從一個寂寞的地方起來的 총이거지모더띠팡칠라이더
迢遙的寂寞的嗚咽 탸오야오더지모더우예
又徐徐回到寂寞的地方, 寂寞地 여우쉬쉬후이따오지모더띠팡, 지모디

따이왕수가 포착한 인상은 이처럼 쓸쓸하다. 마치 깊은 골짜기로 떨어져간 은은한 방울소리처럼. 안개 낀 물 위로 미끄러져 가는 작은 고깃배처럼. 또는 이미 옛 우물의 검은 물 속으로 떨어져버린 푸른빛의 진주처럼. 그 아련하고 애틋한 인상은 끝내 땅거미 질 무렵 나무 끝에 남아 있던 한 자락 햇빛같이 그만 가벼이 거두어진다. 보일 듯 말 듯 어렸던 시인의 미소와 함께. 그래서 그는 쓸쓸한 적막감에 오열하지만, 그 오열조차 또 다시 쓸쓸한 적막감에 파묻히고 만다. 쓸쓸히.

따이왕수는 절강성 항주에서 태어나 프랑스로 유학을 갔다. 그곳에서 베를레느Verlaine, 구르몽Gourmont 등 상징파 시인들의 시를 읽으며 이들로부터 많은 영향을 받았다. 감수성이 남다르게 풍부했던 그는 「비 내리는 골목길 雨巷」 등 은밀하면서도 특별한 사랑을 읊은 서정시를 잘 썼다. 따이왕수는 연애와 사랑을 노래한 시를 썼을 뿐 아니라 실제로도 그 같은 연애와 사랑을 갈망했다. 이점에 있어서 그는 신월파의 쉬즈모와 흡사하다.

하지만 어린 시절 앓은 천연두로 인하여 생긴 얼굴의 마마 자국 때문인지, 아니면 음울한 성격 때문이었는지는 몰라도 그에게는 여복이 없었다. 처음 그는

현대파 시인으로 함께 활동하던 작가 스저춘施蟄存의 누이동생 스쟝니엔施絳年에 반하여 쫓아다녔으나 실패한다. 다음으로는 역시 그와 함께 활동하던 동료 작가 무스잉穆時英의 여동생 물리쥐엔穆麗娟을 짝사랑한 나머지 자살소동까지 벌였다. 이 같이 필사적인 구애 끝에 따이왕수는 마침내 물리쥐엔과 결혼에 성공한다. 하지만 둘 사이에 딸까지 두었음에도 불구하고 물리쥐엔은 끝내 그를 사랑하지 않았고, 결국 둘은 오랜 별거 끝에 이혼하였다. 이혼 후 따이왕수는 또 다른 여인과 재혼하였으나 이내 헤어지고 말았다. 이처럼 따이왕수의 연애와 결혼에 대한 꿈은 번번히 좌절되었으니, 그의 사랑에 대한 열정은 죽을 때까지 미완성으로 남아 있었다고 볼 수 있다.

비록 연애와 결혼에는 실패했지 모르나 따이왕수의 시는 성공했다. 무엇보다 그의 시는 역시 프랑스 유학을 했던 리진파의 시처럼 난해하지 않다. 그래서 따이왕수의 시는 중국의 전통적인 함축미와 서양의 상징적 기법을 성공적으로 결합시켜, 중국 현대시의 새 장을 열었다는 높은 평가를 받고 있다. 실제로 그의 시는 현대주의 시로 명성을 얻은 스저춘・무스잉・신디辛笛・삐엔즐린卞之琳・페이밍廢名 등의 시들을 압도하는 바가 있다. 그런 의미에서 따이왕수는 살아서는 사랑하는 여인들의 사랑을 얻는 데 실패하였지만, 죽은 후에는 시를 사랑하는 수많은 독자의 사랑을 받고 있다고 하겠다.

3. 자유인 등 중도파 작가들

이 시기에는 좌련과 민족주의문학파 등 좌익과 우익 문학 단체에 속하지 않으면서 자유롭게 활동하는 중도파 작가들도 있었다. 스스로 '자유인'이라 주장하는 후치우위엔胡秋原과 '제삼종인'이라 주장하는 쑤원蘇汶 등이 이들이다. 이 가운데 후치우위엔은 처음에는 민족주의문학파에 대해서는 반대했지만, 좌련과는 서로 왕래하면서 나름대로 자유로운 문학을 추구하였다. 이때까지만 해도 좌련이 좌우를 가리지 않고 거의 대부분의 작가를 포용했기 때문이다. 하지만 좌련의 색채가 점차 붉은 쪽으로 기울고 있음을 느낀 후치우위엔은 좌련과도 거리를 둔다.

그래서 그는 "나는 결코 특정한 문예만을 인정하고, 그 밖의 문예를 배척할 수는 없다. 왜냐하면 나는 자유인이기 때문이다." "문학은 자유롭고 민주적이어야 하기 때문에 문학에 대한 사회주의의 침략에 반대한다."고 선언한다. 이에 대해 좌련의 취치우바이 등은 후치우위엔이 민족주의문학운동도 반대하고, 좌익문학운동도 공격하는 등 좌충우돌하고 있다고 비난했다.

한편 '제삼종인'을 자처하는 쑤원은 애시 당초부터 "국민당 우파에도 공산당 좌파에도 속할 수 없는 중도파로서의 제삼종 인간"임을 분명히 했다. 그는「제삼종 인간이 갈 길 第三種人的出路」에서 다음과 같이 주장했다 : "문학은 거울과 같아서 아름다움과 추함을 가리지 않고 그대로 드러낸다. 또 문학은 특정 계급과 전혀 관계가 없기 때문에 정치상의 필요에 따라 작가를 선동가로 만들 수 없다. 또 경제상의 필요에 따라 작가에게 매음행위를 요구해서도 안 된다." 여기서 말하는 '매음 행위'는 자본주의와 상업주의의 영향으로, 돈을 위해 문학을 사고 파는 것을 말한다. 또 '선동가'는 문학을 사회주의와 공산주의 혁명을 위한 선동으로 인식하는 문인을 말한다.

이처럼 쑤원은 정치와 계급, 경제와 자본을 초월한 문학관을 내세웠다. 그 또한 후치우위엔처럼, 문학 작품에 대한 평가는 정치성이나 경제성이 아니라 작품에 함유된 사상과 감정의 높낮이에 따라 결정되어야 한다고 주장했다. 이에 대해 좌련의 작가들은 처음에는 문학의 계급성을 부정하는 쑤원의 태도에 신랄한 비판을 가하였다. 하지만 1933년에 이르러 좌련의 평쉬에평과 장원티엔張聞天 등은 쑤원에 대한 태도를 누그러뜨렸다. 이들은 쑤원의 제삼종인 문학이 진실하고 현실적이라고 추켜세웠다. 뿐만 아니라 자신들이 속한 좌련의 무산계급문학이 지나치게 좌경화되었다는 점도 인정했다. 그런 다음 이들은 쑤원의 제삼종인 문학과 좌련의 프로문학이 각각의 장점을 살려 연합하자고 제의했다. 이 같은 좌련의 제스처는 민족주의문학파 등 우파 문인들은 배제하고 후치우위엔과 쑤원 같은 중도파 문인들은 포섭하려는 노력이 반영된 것이다.

자유인과 제삼종인 말고도 이 시기에는 어떤 정치적 편향 없이 활동한 작가들이 있었다. 이른바 경파京派와 해파海派가 이들이다. 비록 '경파' 또는 '해파'로 부르기는 하지만 사실 경파와 해파로 분류된 작가들은 훗날 평론가들에 의해 그렇게 분류된 것이지, 자기들이 모여서 파 이름을 정하고 동인활동을 한 것이 아니었다. 그저 비슷한 경향의 작품 활동을 한 작가들 중에 북경을 중심으로 활동한 작가들을 '경파'라 하고 상해를 중심으로 활동한 작가들을 '해파'로 부른 것이다. 그러니까 경파의 경은 북경의 경이고, 해파의 해는 상해의 해를 가리킨다.

그럼 먼저 '경파' 작가를 열거하면 선총원沈從文・샤오치엔蕭乾・왕정치汪曾祺 등이 있다. 이 가운데 선총원의 삶과 문학을 간략히 소개함으로써, 경파 문인들의 문학 경향을 살펴보기로 한다. 선총원은 1902년 호남성 상서에서 태어났다. 그는 소수민족인 묘족苗族의 후예로, 한때 군벌의 수하에서 군인 노릇도 했다. 그는 어린 시절 고향에 살면서 낙후되고 무지몽매한 농촌을 탈출하여 도시로 갈 꿈을 꾸었다. 하지만 천신만고 끝에 북경에서 공부를 시작하게 된 선총원은 웬일인지 떠나온 고향을 그리워한다. 막상 북경에 와서 본 북경 사람들의 도덕적인 타락과 이기적인 욕망에 대하여 염증을 느끼고, 고향의 원시적인 공생의 삶을 갈망한 것이다.

하지만 선총원의 고향 사람들이 그가 동경한 원시적인 공생의 삶을 실제로 사는 것은 아니었다. 사실 그들은 비록 순수하기는 하지만 온갖 봉건적인 인습에 젖어 답답한 삶을 습관적으로 살고 있었다. 그가 동경한 원시적 공생의 삶은 봉건적 인습을 벗어난, 원시적 공동체적 이상을 갖춘 묘족의 삶이었다. 선총원이 추구한 문학은 이 같은 공동체적 이상을 갖춘 향토문학이었다.

그 때문에 1930년대 문인들이 좌파 우파 또는 중도파로 나뉘어 열띤 공방을 벌이고 있을 때, 선총원은 오직 묵묵히 앉아서 향토소설을 썼다. 그가 쓴 소설은 고향인 호남성 묘족의 혼인 풍습과 제사 풍습 및 명절 민속 등이 주 소재이다. 또한 선총원의 고향이 옛날 초나라 지방이어서인지, 그의 소설도 초나라 시인 굴원의 「구가九歌」처럼 토속적이고 무술적인 분위기를 띠고 있다. 요컨대, 원시적인 자연 속에서 살아가는 순박한 묘족의 삶을 그린 선총원의 향토소설은 1930년대의 혼란한 정치 상황에서 청량제와 같은 역할을 했다고 할 수 있다.

해파 작가들도 좌파 우파 또는 중도파 등과 관계없이 독립적인 작품 활동을 했다는 점에서 경파와 공통점이 있다. 하지만 경파 작가들이 주로 북경에 살면서 향토소설을 썼다면, 해파는 주로 상해에서 살며 애정소설을 썼다는 차이가 있다. 물론 북경에서 활동한 모든 작가들을 경파 작가라고 보지 않듯이 상해에서 활동한 모든 작가들을 해파라고 부르지는 않는다. 또 상해에서 애정소설을 쓰는 작가들을 다 해파라고 지칭하지도 않는다. 그런 점에서 해파는 경파보다 정의하기가 애매한 점이 있다.

1930년대의 상해는 영국·프랑스 등 외국이 점령한 구역들이 많이 있었기 때문에 여러 나라의 언어와 문화가 혼재되어 있었다. 해파 작가들은 이 같이 개방된 대도시에서 살아가는 선남선녀의 통속적인 사랑 이야기를 현대적 기법으로 다룬 문인들을 지칭한다. 예를 들어 따이왕수의 처남이었던 무스잉을 비롯하여 장아이링張愛玲·쑤칭蘇青·탕쉬에화湯雪華 등이 해파 작가로 분류된다. 이들은 대부분 일찍이 해외 유학 경험이 있거나 서구 문물을 많이 접해본 작가들로서, 서구적인 미학의 맛을 본 사람들이기도 하다.

어찌 보면 1920년대 원앙호접파 작가들의 뒤를 이었다고 할 수 있는 해파 작가들에 대해 경파의 선총원은 다소 부정적인 평가를 했다. 그는 해파 작가들이 문학을 소일거리 또는 유희거리로 삼거나 돈을 버는 수단으로 삼는다고 비난하였다. 이에 대해 해파 작가들은 대꾸할 필요를 느끼지 못했음인지 별 반응을 보이지 않았는데, 제삼종인 쑤원이 나서서 해파를 두둔하였다. 그는 해파 작가들이 소설을 써서 돈을 버는 것은 어쩔 수 없는 일이라고 했다. 그에 따르면 대부분 유명 대학 교수인 경파 작가들과 달리 해파 작가들은 안정된 직업이 없기 때문에 생계유지를 위해서 상업주의와 타협할 수밖에 없다는 것이다. 하지만 좌련의 대표인 루쉰은 해파 작가들이 자본의 앞잡이라면 경파 작가들은 권력의 아첨꾼이라고 이른바 양비론을 폈다.

사실 경파와 해파는 각각 북방과 남방이라는 서로 다른 문화적 환경에서 나온 유파일 뿐이다. 그래서 경파가 중국 북방의 씩씩하고 단도직입적인 기질을 대표하고 있다면 해파는 중국 남방의 은근하고 함축적이며 우회하는 기질을 대표한다. 경파가 수도 서울의 전아한 아문학雅文學을 추구한다면 해파는 국제적 대도시의 통속적인 속문학俗文學을 추구한다고 하겠다. 이를 여성에 비유한다면 경파에게 대가 집 규수와 같은 고전적 품위가 있다면 해파에게는 신여성 같은 현대적 세련미가 있다고나 할까?

경파 작가를 이해하기 위해서 선총원의 삶과 문학을 간단히 소개했듯, 대표적인 해파 작가인 장아이링의 삶과 문학을 짚어보는 일이 필요하다. 하지만 이에 관해서는 다음 장인 제3장 마지막 절인 장아이링의 소설에서 설명할 기회가 있으므로, 여기서는 생략하기로 한다.

제3장

중국현대문학의 분열

국통구國統區 공통구共統區 점령구占領區 문학

군벌 장쉬에량張學良이 국민당의 지앙지에스를 서안西安에 감금한 서안사변이 일어난 1937년 후반부터 공산당이 정권을 수립한 1949년까지 중국 대륙은 대략 세 개의 구역으로 분열된다. 국민당이 통치하는 구역과 공산당이 통치하는 구역 및 외국이 점령한 구역이 바로 이 세 구역이다. 이 장에서는 이 세 구역을 국통구·공통구·점령구라고 줄여 부르기로 한다. 이 시기 전반부에는 대다수 문인들이 국통구와 점령구에 있었고, 극히 일부가 공통구에 있었다. 하지만 후반부의 상황은 달랐다. 국통구의 문인들이 상당수 공통구로 거처를 옮긴 것이다.

이 세 개의 통치구를 지도상으로 설명하면 국통구는 당시 국민당 정부가 있던 중경重慶과 사천성 성도成都 지역, 운남성의 곤명昆明 지역, 귀주성의 귀양貴陽 지역, 광서성의 계림桂林 지역, 광동성의 광주廣州 지역, 복건성의 하문夏門 지역 등이 포괄되었다. 반면에 공통구는 달랑 섬서구 연안延安 지역에 불과했다. 한편 점령구는 일본·프랑스·영국 등이 차지한 흑룡강성·길림성·요령성 등 동북아 3성과 상해·홍콩·대만 등지가 포괄된다. 다시 말해서 국민당은 중국의 남방 지역을 상당부분 차지했고, 일본을 비롯한 외국이 동북방과 풍요로운 동해안 지방을 차지했으나, 공산당은 척박한 서북방에 간신히 몸을 의지하고 있었다. 어느 모로 보아도 당시 공산당은 전혀 유리한 입장이 아니었다.

그럼에도 불구하고 국통구에 있던 많은 문인과 지식인들이 척박한 공통구로 거처를 옮기게 된 이유는 무엇일까? 이에 대한 답은 본 장이 끝날 무렵 저절로 얻어질 것이다. 미리 힌트를 주자면 그렇게 된 동기는 물론 공산당의 문인들에 대한 적극적인 관심과 개입이었다. 그 결과, 공산당은 1938년 3월 국통구인 호북성 무한에서 좌와 우를 가리지 않고 거의 모든 문인들을 포괄하는 문인단체를 만드는 데 성공한다. 이는 사실상 좌련의 저우양과 시아옌 등이 공산당의 사주를 받아 펼친 국방문학 운동의 성공을 의미한다. 일본군을 몰아내기 위해서 문인들은 좌파 우파 등을 막론하고 협력해야 한다는 저우양 등의 국방문학 운동은 바로 공산당의 전략인 문화계의 통일전선 운동이었기 때문이다.

본 장에서는 약칭 문협文協으로 불리는 중화전국문예계항적협회의 성립과 활동 및 아이칭艾青의 항일문학을 소개한다. 이어서 문협 밖에 남아서 문학의 독자성을 끈질기게 주장하는 문학단체들을 소개하고, 공통구의 마오쩌뚱과 국통구의 후펑의 문학이론이 서로 어떻게 다른지를 논한다. 마지막으로 점령구인 상해와 홍콩에서 활약한 '해파' 작가 장아이링의 문학을 소개하기로 한다.

1. 문협文協

1) 문협의 성립과 활동

중일전쟁이 일어나 문인들 사이에 자연스럽게 항일의식이 팽배되고 있는 바로 그때, 공산당은 문인들의 좌우합작을 추진했다. 통일전선 전략에 따라 이미 정치적으로 국민당과 제2차 합작에 성공한 마당에 문인들의 좌우합작은 그리 어려운 일이 아니었다. 그 때문에 좌련의 작가들과 신월파·민족주의문학파·자유인 등의 작가들이 대부분 참여한 문협은 약 500명의 문인이 참여한 가운데 순조롭게 발족되었다. 문협의 이사직에는 좌련의 꾸어모루어·마오뚠·띵링과 신월파의 주즈칭 및 자유인인 후치우위엔 등 좌와 우 및 중도파 문인 등 각종 파가 골고루 안배되었다. 또한 문협은 무한에 본부를 두되, 광주·상해·장사·홍콩·성도·연안·곤명 등 국통구·공통구·점령구에도 지부를 두어 명실공히 거의 모든 문인들을 아울렀다.

당연하게도 공산당은 문인들에게 인기가 있는 저우언라이를 통하여 시종일관 문협의 활동에 깊숙이 개입했다. 문협이 기관지 『항전문예抗戰文藝』를 발행하여 문인들의 항일의식을 고취하고, 항전문예공작단을 조직하여 항일전쟁을 주제로 한 작품 쓰기를 권고한 것도 다 공산당의 영향이라고 아니할 수 없다. 또한 작가전지방문단作家戰地訪問團을 조직하여 작가들로 하여금 직접 전쟁터를 방문하여 병사들의 병영생활을 묘사하는 일종의 르뽀문학에 열중하게 한 것도 공산당의 영향이었다. 이 같이 생생한 현장의 일을 보고하는 르뽀문학을 통해 작가들의 항일의식은 더욱 강화되었다.

특히 공산당은 희곡 작가들에게 인민들이 쉽게 즐길 수 있는 짤막한 단막극과 길거리에서 하는 가두극의 대본쓰기를 장려했다. 또한 시인들에게는 인민들에게 낭송하기 쉬운 낭송시와 길거리에서 외치는 가두시를 쓰도록 하여 인민 대중의 항일 의식을 고취했다. 이 모두가 사실 저우양 등이 1932년 무렵부터 소련으로부터 들여온 마르크스레닌주의 프로문학의 실천이라고 할 수 있다.

하지만 1938년 이래 문협이 실천한 중국의 프로문학은 소련의 프로문학에 중국 민족의 정서가 가미된, 중국화된 프로문학이었다. 이는 그 무렵 마오쩌뚱이 제기한 민족문학형식과 관련이 있다. 일찍이 마오쩌뚱은 민요와 설화 등 중국 인민들이 좋아하는 전통적인 민간문학을 내용으로 하는 민족형식의 문학을 강조했다. 어찌 보면 문어체의 구 형식 문학을 되살리자는 마오쩌뚱의 주장은 좌련 시절 제2차 문예대중화토론에서 취치우바이가 주장한 구식 문학과 일맥상통한다. 그러나 당시 취치우바이의 구식 문학 주장은 구어체 신문학을 이끌어 온 루쉰 등의 반발로 유야무야되었다. 그랬던 것을 마오쩌뚱이 다시 살려낸 것이다. 실제로 이 시절 인민 대중을 대상으로 실천된 단막극・가두극・낭송시・가두시의 형식은 민중이 좋아하는 민요와 설화 형식이 많았다.

그렇다면 마오쩌뚱은 왜 민족형식의 문학을 강조했을까? 그 이유는 간단하다. 중국 인구의 절대 다수를 차지하는 농민을 자신의 권력 기반으로 삼았던 마오쩌뚱은 어찌 해서라도 농민을 자기편으로 동원하지 않으면 안 되었다. 그 때문에 그는 공산당이 점령한 마을마다 제일 먼저 토지개혁을 하여 지주로부터 몰수한 땅을 농민들에게 무상으로 분배했다. 그런 다음 그는 뜻밖에 자기 땅을 공짜로 얻게 되어 공산당에게 감격하고 있는 농민들을 적절히 동원하기 위해 그들에게 호소력이 있는 민요나 설화 같은 구 형식 문학이 필요했던 것이다. 바로 이 같은 절실한 필요가 있었기에 마오쩌뚱은 문협의 작가들에게 민족형식문학을 요구했다.

이에 적극 호응한 작가는 물론 문협 내 공산당원 회원인 저우양・아이쓰치艾思奇・허치팡何其芳 등이었다. 이들은 『중국문화中國文化』 『문화전선文化戰線』 등의 잡지를 통하여 인민 대중의 언어・풍습・취미・신앙 등을 연구하여 그에 맞는 문학을 하자고 주장했다. 이들은 오사 신문학이 너무나 지식인의 취향에 맞는, 인민 대중과는 거리가 있는 문학이라고 비난했다. 그 대신 인민 대중의 눈높이에 맞는 민족형식의 문학 활동에 최선을 다해야 한다고 강조했다.

하지만 좌련 시절 루쉰과 함께 민족혁명을 위한 대중문학을 내세운 후펑의 생각은 이들과 달랐다. 그는 문학은 문인의 생활로부터 출발해야 한다고 전제하고, 민요나 설화 같은 구 형식의 문학만이 진정한 민족형식의 문학은 아니라고 주장했다. 그에 따르면 진정한 민족 형식은 민요나 설화 같은 구 형식을 지식인들이 일구어낸 신 형식과 접목시켜 더욱 넓게 발전시킴으로써 비로소 가능하다는 것이다. 거이훙葛一虹도 후펑의 주장에 동조하며 민족형식의 구 문학을 그대로 따라가자는 데 대해 반기를 들었다. 그는 문인들이 그간 애써 가꿔온 구어체 신문학을 단번에 배척하고 문어체 구 문학으로 돌아가는 것은 시대착오적인 처사라고 주장했다. 그에 따르면 젊은 작가들은 천뚜시우와 후스 등 선배 문인들이 개척한 구어체 신문학을 더욱 잘 계승하고 발전시켜야 한다는 것이다. 당시 문협 소속의 작가들 중에는 후펑과 거이훙의 의견에 동조하는 작가들이 많았다.

이때 나선 작가가 꾸어모루어다. 그는 민간형식의 구 문학은 농민 대중을 대상으로 하는 선전용 문예이므로, 문인 작가들의 구어체 신문학과는 별개라고 했다. 그러니 문인 작가들은 그들대로 신문학을 계승하여 발전시키고, 농민 대중을 대상으로 하는 민간형식의 구 문학 또한 발전시켜야 한다는 것이다. 이처럼 꾸어모루어는 마오쩌뚱이 제기한 민족형식의 구 문학과 문인들의 신문학이 사이좋게 공존하는 대동단결의 문학을 이루자고 주장했다. 그러자 마오뚠도 꾸어모루어의 논조에 동조함으로써, 문협 내의 분쟁은 일단 가라앉았고, 결과적으로 민족형식의 구 문학은 문협 내에서 한 자리를 잡게 되었다.

민족형식의 구 문학 도입이외에 문협은 또 친 국민당적인 문학단체들과 활발한 논쟁을 했다. 문협이 논쟁의 대상으로 삼은 단체들은 주로 당시 국통구에서 활동하던 항전무관론파抗戰無關論派와 전국책파戰國策派로서, 항전무관론파는 말 그대로 문학은 항일전쟁과 관계가 없다는 주장을 한 파이다. 또한 전국책파는 당시 상황을 고대 춘추전국 시대와 비슷하게 보고, 지앙지에스 蔣介石의 국민당을 중심으로 국론을 통일하자는 주장을 편 파이다. 이에 대한 문협 작가들의 논조에 관해서는 다음 절인 항전무관론파와 전국책파에서 더 자세히 설명하기로 한다.

2) 아이칭의 항일시

문협 작가들이 가장 열심히 몰두한 주제는 역시 항일의식의 고취였다. 이들은 『칠월七月』 등 잡지를 통해서 지식인들의 항일의식을 고취하는 한편, 낭송시·가두시 등 인민 대중을 항일투쟁으로 이끌기 위한 짧은 시들을 지어 스스로 낭송하기도 했다. 또한 위문단원의 자격으로 산간벽지까지 가서 시 낭송 활동을 전개하기도 했다. 주로 커중핑柯仲平·까오란高蘭·아이칭艾靑·쉬츠徐遲 등 시인들이 이 같은 활동에 활발히 참여했다. 문협의 본부가 있던 호북성 무한이 일본군에 의해 함락된 뒤에도 이들은 중경·곤명 등지로 시 낭송의 무대를 옮겨 계속 활약했다.

이들 항일 시인 가운데 단연 두각을 나타낸 시인이 아이칭이다. 그는 『칠월』의 동인으로서, 주로 이 잡지에 많은 시를 발표했다. 일찍이 프랑스에 유학하여 미술을 공부한 그였지만, 문학에 대한 열정이 남달라 나중에는 그림보다는 오히려 시에 더욱 열중했다. 하지만 화가로 출발한 그였기에 초기 시에는 형상미와 회화미가 무엇보다 두드러진다. 그럼 아이칭의 시 가운데 항일전쟁을 전후한 시기에 나온 「태양太陽」을 감상해 보자 :

태고의 묘지로부터
암흑의 시대로부터
인류 사망의 흐름으로부터
깊이 잠든 산맥을 뒤흔들며
불 바퀴가 모래언덕을 휘돌며 내려오듯
태양이 나를 향해 굴러온다.

그것은 감추기 힘든 빛살로
생명을 호흡하게 하고
큰 나무의 무성한 가지가 그것을 향해 춤추게 하고
강물이 미친 노래를 부르며 그것을 향해 내달리게 한다.

그것이 올 때 나는 들었다
겨울잠 자던 벌레가 땅 아래서 꿈틀대고
군중이 광장에서 큰 소리로 떠들어대고
도시가 먼 곳으로부터
전력과 강철로 그것을 부르는 소리를

그리하여 나의 가슴은
태양의 불꽃 손에 찢기어
내 썩어문드러진 영혼은
강가에 내팽개쳐지고
나는 마침내 인류재생의 확신을 갖는다.

從遠古的墓塋 총위엔구더무잉
從黑暗的年代 총헤이안더니엔다이
從人類死亡之流的那邊 총런래이쓰왕즈리우더나비엔
震驚沈睡的山脈 전징선수이더산마이
若火輪飛旋於沙丘之上 루어후얼룬페이쉬엔위사치우즈상
太陽向我滾來 타이양샹워곤라이

它以難遮掩的光芒 타이난저옌더꽝망
使生命呼吸 스성밍후시
使高樹繁枝向它舞蹈 스까오수판즈샹타우다오
使河流帶着狂歌奔向它去 스허리우따이저광거뻔샹타취

當它來時我聽見 땅타라이스워팅지엔
冬蟄的蟲蛹轉動於地下 똥저더총용주안동위띠샤
群衆在廣場上高聲說話 췬중짜이광창상까오성수어화
城市從遠方 청스총위엔팡
用電力與鋼鐵召喚它 용띠엔리위깡티에자오환타

於是我的心胸 위스워더신시웅
被火焰之手撕開 뻬이후어옌즈서우쓰카이
陳腐的靈魂 천푸더링혼
擱棄在河畔 거치짜이허판
我乃有對於人類再生之確信 워나이여우뚜이위런래이짜이성즈취에신 마치 영화를 보듯 생생한 시이다. 태고의 어둠과 사망 저편에서부터 떠오른 태양이 나를 향해 굴러온다. 마치 불 바퀴가 모래언덕을 휘돌 듯 굴러오면서 산을 깨우고 나무들을 춤추게 하고 강물을 노래하게 한다. 그 뿐인가? 태양은 땅속 벌레들을 꿈틀거리게 하고 사람들을 모이게 하고 도시문명에 활기를 준다. 마지막으로 태양은 강가에 무력하게 서 있는 나에게 다가와 타오르는 화염의 손으로 내 폐부를 파헤친다. 그리하여 그 안에서 썩어가고 있는 내 영혼을 파내어 패대기침으로써, 나를 소생시켜 주는 것이다.

사실 태양은 지구 위의 모든 생명을 살리는 에너지의 원천이다. 태양이 없다면 지구의 생명은 모두 죽을 수밖에 없다. 그래서 태양은 잠든 대지를 깨우고, 머물렀던 물을 흐르게 하고, 많은 생명들을 움직이게 한다. 태양은 전기를 흐르게 하고 강철을 녹이는 문명의 원천이 되기도 한다. 심지어 절망으로 죽어가는 나에게 다소 엽기적인 수술을 가함으로써 나를 다시 소생시킨다. 그 뿐 아니라 태양은 나로 하여금 모든 인류가 다시 살아날 수 있다는 확신을 갖게 만드는 것이다.

우울과 절망에 빠져 있던 아이칭에게 태양은 이처럼 새 생명을 선사했다. 그리하여 그는 다시 삶에 대한 소망을 갖게 되었고, 다른 사람들도 그리 되리라는 확실한 믿음을 갖게 되었다. 아이칭에 있어서 태양을 비롯한 불 이미지는 이처럼 생동하는 생명의 불꽃으로, 그의 시 가운데서 가장 많이 볼 수 있는 이미지이다. 그의 시 「횃불火把」에서도 불은 깊이 잠든 중국과 중국인을 각성시키는 역할을 한다.

이 각성의 불은 그 시절 자연스럽게 항일의 횃불이 된다. 아이칭은 이 같이 어떤 인위적인 강요 없이, 자연스럽게 중국인들에게 항일의식을 고취시켰다. 특히 그의 시는 젊은 학생들과 지식인들을 자연스럽게 항일투쟁으로 이끌었다. 바로 이점 때문에 많은 시 연구가들이 아이칭을 대표적인 항일시인이라고 일컫는다. 하지만 그의 시가 당시 글자를 모르는 대다수의 중국 인민들에게 끼친 영향은 그리 크지 않았을 것이다.

아이칭은 1910년 절강성 금화金華에서 지주의 맏아들로 태어났다. 하지만 난산 끝에 가까스로 태어난 그는 태어나자마자 한 농가로 보내졌다. 점쟁이가 그를 부모와 상극 관계라고 말했기 때문에, 그 말을 믿은 그의 부모가 아들을 소작농에게 맡긴 것이다. 그 때문에 아이칭은 다섯 살 때까지 농부이자 보모인 따예허의 집에서 그녀의 젖을 먹고 자란다. 농부 따예허의 우직한 사랑을 받으며 자란 그는 다섯 살 때 학교를 다니기 위해 집으로 돌아온다. 하지만 집으로 돌아온 아이칭은 여전히 아버지를 아저씨라고 부르고 어머니를 아주머니라고 부를 수밖에 없는 우울한 소년기를 보내게 된다.

꼭 점쟁이의 점괘 때문은 아니겠지만, 아이칭은 성년이 되어서도 줄곧 부모와 대립했다. 아버지의 반대에도 불구하고 미술학교에 진학했고, 프랑스로 유학을 갔다. 결국 그는 아버지로부터 학비 송금이 끊기자 1935년에 귀국한다. 귀국해서도 아버지의 뜻과 달리 좌익미술가연맹에 가입하여 활동하다가 잠시 투옥된다. 이후 아이칭은 그래도 맏아들에게 가업을 잇게 하려는 아버지의 간절한 염원을 무시한 채 부모로부터 등을 돌린다. 설사 고향에 간다 해도 아이칭은 자신의 젖어미였던 따예허의 무덤은 찾을지언정 자신의 부모형제는 찾지 않았다고 전한다.

결혼 생활도 순탄한 편이 못 되었다. 그는 미술학교 학생일 10대 후반에, 고향에 돌아가 부모의 뜻대로 결혼을 했다. 하지만 루쉰이 그랬듯, 그 또한 부모가 정해준 배필에게 사랑을 느끼지 못하고, 훗날 자신의 제자였던 웨이잉韋英가 결혼하여 네 아이를 두었다. 하지만 그녀와도 결국 파경에 이르렀다. 나중에 두 아이를 둔 유부녀 까오잉高瑛과 사랑하게 되어 결혼했는데, 그 과정에서 적지 않은 파문이 있었다고 전한다.

아무튼 아이칭은 지주의 아들이었음에도 불구하고 부모를 싫어하고 다섯 살 때까지 자신을 사랑으로 키워준 농민 따예허를 좋아했다. 그랬던 만큼 그에게는 부모가 속한 자산계급이 아닌, 유모가 속한 무산계급에 대한 애정이 강했다. 그로 인해 그는 삼십대 초에 공산당 통치지구인 연안에 간다. 하지만 그가 아무리 지주인 부모를 미워하고 농민을 사랑했다 하더라도, 그 자신이 순박한 농민이 될 수는 없었다. 적어도 지식인으로서의 엘리트 의식은 놓을 수 없었던 것이다. 그 때문에 그는 비록 공산당에 입당했지만, 작가들을 제대로 대우해주지 않는 공산당의 정책을 비판하는 글을 써서, 이른바 정풍운동의 대상이 되었다. 또한 중공 수립 이후에도 우파 문인으로 비판을 받았고, 문화혁명 때에도 당적을 박탈당하는 등, 당의 호된 비판을 피해갈 수 없었다. 그럼에도 불구하고 아이칭은 덩샤오핑 정권 하에서 모든 권리를 되찾은 후, 90이 넘게 장수했다. 죽기 얼마 전까지도 글을 쓴 그는 1985년 노벨문학상 후보에 오르기도 했다.

2. 항전무관론파와 전국책파

앞에서도 언급했지만, 국통구에는 문협의 항일문학 고취에 반대하는 문인들도 많았다. 항전무관론파와 전국책파에 소속된 문인들이 이들이다. 이 두 파의 성격은 조금 다른데, 둘 다 문협이 공산당의 사주를 받아 항일문학에 광분하고 있다는 데 의견이 일치했다.

이 가운데 먼저 항전무관론파를 소개한다. 이 파는 1938년 신월파의 회원이었던 량스치우梁實秋가 『중앙일보中央日報』에 '항일전쟁을 소재로 하지 않은 작품이어야 할 것'이라는 조건을 달아 문예작품을 공모한 데서부터 시작되었다. 량스치우는 "펜만 들면 항일투쟁을 주제로 쓰는 글은 죄다 청나라 때 과거시험 답안인 팔고문八股文 같이 판에 박은 항일팔고문이다."라고 비판했다. 그에 따르면 원래 문학은 문학이지 전쟁문학이 되어서는 안 된다는 것이다. 즉 작가가 항일전쟁에 관계되는 작품을 쓰는 것은 환영하지만, 항전과 관계없는 작품이라도 진실하고 감동적이라면 얼마든지 쓸 수 있다는 것이다. 이는 문협 작가들이 항일문학에 지나치게 치우쳐 있음을 꼬집은 것이다. 이는 또 문학이 전쟁을 위한 선전도구로 이용될 수 없다는 그의 생각을 단적으로 드러낸 것이다.

이 같은 량스치우의 견해에 타오캉더陶亢德와 선총원, 스저춘 등도 동의했다. 먼저 타오캉더는 항일전쟁과 관계없는 글도 독자에게 필요한 것이라고 역설하며, 항일문학으로만 치닫는 문협 작가들에게 경종을 울렸다. 항전과 무관한 향토문학을 하던 '경파' 작가 선총원도 1939년 「문학운동의 재 개조」라는 글을 써서 비슷한 주장을 했다. 선총원 또한 량스치우가 쓴 '항일팔고문'이란 표현을 쓰면서 항일문학은 정치선전문일 뿐이라고 잘라 말했다. 그에 따르면 문학작품의 가치는 특정 당의 정치선전에 있지 않고, 민족의 백년대계를 보여주는 경전

계승에 있다고 주장했다. 선총원과 함께 경파 작가로 분류되는 스저춘도 「문학의 빈곤」이라는 글을 써서, 공산당이 부추기는 항전문예야말로 문학의 빈곤을 그대로 드러내는 것이라고 말했다.

이 같은 항전무관론파의 주장에 대해 문협의 루어쑨羅蓀 · 빠런巴人 · 장티엔이張天翼 등이 반격에 나섰다. 먼저 루어쑨은 량스치우가 "우리 중국은 약소국이다. 그 때문에 우리에게는 제국주의 타도를 할 힘이 없다. 우리는 현재 중국이 약소국이라는 사실을 솔직히 인정해야 한다."라고 한 것은 그가 제국주의의 편을 들고 있는 것이라고 공격했다.

빠런도 항전문예를 '항전팔고문'이라고 매도하는 사람들은 사실 항전팔고문만 매도하는 게 아니라 항전 그 자체를 매도하고 있다고 비난했다. 그에 따르면 항전무관론파 작가들이 생생한 작품 현장인 싸움터에서 분투하는 젊은 작가들을 편안한 서재로 돌아오게 함으로써, 일본제국주의에 대한 항일전쟁 자체를 무력화하고 있다고 통렬히 비난했다. 또한 장티엔이도 작가가 현실이라는 공간과 시간 속에 있는 한, 중국인으로서 항일전쟁이라는 현실을 피해갈 수 없다고 했다. 그런데도 불구하고 항전무관론파 문인들은 항일전쟁이라는 현실을 애써 무시하고 여유롭게 자연을 감상하면서 개인의 감정을 즐기고 있으니, 무책임하기 짝이 없는 사람들이라는 것이다.

문협과 항전무관론파 사이의 논쟁은 이때까지만 해도 비교적 자유로운 분위기 속에서 팽팽하게 진행되었다. 그럼에도 불구하고 당시 문학은 현실적으로 항전과 관계되어 있다고 고집하는 문협 작가들과, 문예는 기본적으로 항전과 관계가 없다는 항전무관론파 작가들은 피차 깊은 골을 형성했다. 이렇게 벌어진 문예계의 깊은 골은 1942년, 국민당이 공산당을 공격하여 제2차 국공합작이 실패로 돌아가는 환남사변 이후 서로를 적대시하는 깊은 분열 국면을 초래하게 된다. 상당수의 문협 소속 문인들이 국민당을 피해 국통구에서 공통구인 연안으로 향한 것이다.

다음으로 전국책파를 소개한다. 이 파는 1940년 천취엔陳銓 · 린통지林同濟 등 교수들이 『전국책戰國策』이라는 반 월간지를 발간하며 친 국민당적인 문예활동을 펼친 파이다. 상해 · 곤명 · 중경 등지를 중심으로 활동한 이 파의 주장은

『전국책』이라는 이름이 암시하듯 매우 전투적이다. 전국책파 문인들은 고대 전국 시대 책사들이 『전국책』에 자기들의 책략을 담았듯, 반 월간지 『전국책』에 자기들의 책략을 밝혔다. 그 요지는 간단명료하다. 즉 국통구·공통구·점령구로 분열된 중국 상황은 옛날 전국 시대의 여러 나라들처럼 오직 힘의 논리에 따라 극복될 수밖에 없으니, 당시로서는 가장 막강한 국민당의 지앙지에스에게 힘을 몰아주자는 것이다.

특히 천취엔은 "세계의 역사는 영웅호걸과 천재가 창조한 것"이라고 역설하며, 국민당의 지앙지에스를 찬양하는 극본 『들장미 野玫瑰』를 썼다. 그는 또 「반지와 정의 指環與正義」라는 글을 써서 "누구든지 반지를 가지면 승리할 수 있으나, 반지가 없는 사람은 멸망하게 된다."고 했다. 이는 지앙지에스가 하늘이 내린 반지의 제왕임을 전제하고 한 말로 여겨진다. 민족주의파 문인들이 징기스칸을 찬양했듯, 전국책파는 이처럼 지앙지에스를 찬양한 것이다.

전국책파 문인들은 한걸음 더 나아가 영웅문학을 실천하기 위한 세 가지 구체적인 집단 감정을 제시했다. 이에 따르면 문학 작품은 강력한 힘을 가진 영웅을 묘사해야 하는데, 그러기 위해서는 반드시 작품 속에 첫째 공포감, 둘째 미칠 듯한 환희 및 셋째 신성한 숭배감을 유발시켜야 한다고 한다. 즉 공포는 인간의 내면 가장 깊은 곳에 똬리를 틀고 있는 감각으로, 이 공포감을 끌어내어 극복하게 되면 미칠 듯한 환희에 도달한다. 이 미칠 듯한 환희는 공포를 극복하여 획득한 자유분방한 창조의 역량으로, 이 창조력이야말로 바로 인류 역사를 이끌어 가는 천재와 영웅의 정복력이다. 그러니 어찌 이들 영웅에 대하여 신성한 숭배감을 갖지 않을 수 있겠느냐는 것이 바로 이들의 논리였다.

이 같은 전국책파의 논리에 대해 문협 작가들의 비난 또한 만만치 않다. 예를 들어 한푸漢夫는 전국책파의 주장이 반민주적인 히틀러주의이고 폭력적인 침략주의라고 비난했다. 또 옌한통顔翰彤은 「『들장미』를 읽고」라는 글을 써서 전국책파의 천취엔이 "히틀러의 죄행에 '영웅호걸'이라는 근사한 외투를 입히고, 침략전쟁을 변호하는 주석을 달았다."고 맹비난했다. 여기서 말하는 히틀러는 지앙지에스를 의미하고 침략전쟁을 일으키는 주체는 일본임은 두 말할 필요도 없다. 어우양판하이歐陽凡海도 전국책파의 영웅문예에 대해 한마디로 반이성적이고 파시즘적인 야만주의 문예관이라고 비난했다.

이처럼 문협 작가들은 국민당의 지앙지에스를 추켜세운 전국책파 천취엔의 주장이 당시 이탈리아의 파시스트당을 이끈 독재자 무솔리니나 독일의 나치당을 이끈 히틀러를 찬양하는 것과 똑같다고 비난했다. 하지만 천취엔은 이 같은 비난에 조금도 굴하지 않고 1943년, 『민족문학民族文學』을 창간하여 문협이 옹호하는 프로문학과 계급투쟁설이 지닌 정치적 야욕을 맹렬히 공격하였다.

사실 1937년에 다시 시작된 국공합작은 1939년 공산당이 소속부대인 팔로군八路軍과 신사군新四軍에게 국민당 정부를 공격하게 함으로써 위기에 처했다. 이에 국민당은 즉각 저우언라이를 통해 팔로군과 신사군의 철수를 명했다. 하지만 연안의 공산당 본부에서 이를 거부하고, 궁리 끝에 도출한 저우언라이의 조정안을 이번에는 국민당 본부에서 받아들이지 않았다. 이처럼 합작 결렬의 위기 상황이 평화롭게 해결되지 못한 채 계속되자 끝내 국민당이 공산당의 신사군을 섬멸하는 환남皖南사변으로 이어진 것이다. 이때부터 제2차 국공합작이 사실상 결렬되었고, 실제로 이 무렵부터 문협과 전국책파의 논쟁은 아군과 적군의 투쟁으로 번지기 시작했다.

3. 마오쩌뚱과 후펑의 문학이론

1) 마오쩌뚱의 「문예강화 文藝講話」

환남사변 이후 국통구의 문단 상황은 급박해진다. 즉 국민당의 문협 소속 작가들에 대한 박해가 가속된 것이다. 그 때문에 적지 않은 좌경 문인과 지식인들이 국민당의 감시를 피하여 공통구인 연안으로 발부리를 돌렸다. 하지만 연안의 처지도 풍전등화, 즉 바람 앞의 등잔불 같았다. 당초 국민당의 추격을 피해 시작된 공산당의 대장정大長征은 출발 당시에 10만 명 이었는데 연안에 도착한 숫자는 7・8천 명에 불과했었다. 연안에 와서도 공산당은 국민당의 공작으로 물자의 보급로가 끊기는 등 어려운 상황에 있었다. 그 때문에 국공합작으로 난관을 타개하려고 노력했고, 어느 만큼은 성공했던 것이다. 그런데 그 합작이 결렬되었으니 당시 연안의 상황이 어떠했을지는 짐작이 간다.

대외적으로 이 같은 어려운 상황에서 공산당은 대내적으로도 어려움에 봉착했다. 당내의 갈등이 불거지고, 몰려든 문인과 지식인들의 불만 또한 커진 것이다. 즉 한편으로 공산당 내부에 잠재해 있던 반마오쩌뚱 세력이 서서히 고개를 들었고, 다른 한편으로는 국민당의 박해를 피해 '해방구' 연안으로 온 지식인들이 '해방구'안에서 벌어지는 각종 불평등과 비리를 꼬집기 시작한 것이다.

예를 들어 띵링은 단편소설 「병원에서 在醫院中」를 써서 병원의 불결한 위생상태와 병원장의 권위주의 등을 꼬집었다. 또한 「부녀절 유감 三八節有感」이라는 산문을 써서 공산당 간부들이 '낙후된' 본처와 이혼하고 새 장가를 드는 풍조를 비판했다. 띵링은 이 작품에서 당 간부들의 새 부인들이 그 어려운 시절에도 주말에 모여 사교춤을 춘다고 썼는데, 이는 사실 마오쩌뚱의 아내 지앙칭江青이 주도한 주말 사교춤 모임을 풍자한 것이다. 게다가 항일시인 아이칭도 작가에 대한 이해심과 존경심이 전혀 없는 연안의 공산당 간부들을 겨냥한 「작가를 이해하라 작가를 존중하라 了解作家, 尊重作家」를 썼다. 그러나 무엇보다 적나라한 폭로는 왕스웨이王實味의 「들백합화 野百合花」에서 나왔다. 왕스웨이는 이 작품에서 연안의 공통구 내에도 계급서열이 있어서, 서열에 따라 의복은 3색깔로, 식량은 5등급으로 분류되어 차등적으로 지급된다고 폭로한 것이다.

이 같은 공통구의 상황이 바로 마오쩌뚱이 「문예강화」를 선포하게 된 배경이다. 마오쩌뚱은 문인들을 상대하기에 앞서 자신의 노선에 반기를 드는 당 내 간부들을 상대로 이른바 정풍운동을 실시했다. 그는 당내의 일부 간부들이 공산주의를 주관적으로 받아들여, 중국 공산당의 상황에 맞지 않는 코민테른, 즉 국제공산당을 추종하는 종파주의를 형성하고 있다고 비난했다. 이는 마오쩌뚱의 노선에 번번이 이의를 제기하는 당 내부의 국제공산당파, 즉 소련 공산당의 마르크스레닌주의를 추종하는 세력들에 대한 일격이었다.

그 다음 마오쩌뚱은 문인들을 겨냥했다. 그는 연안에 온 문인들이 노동자·농민·병사들의 언어와 문화를 이해하지 못하고, 이들 인민대중과 마찰을 일으키고 있다고 지적했다. 그에 따르면 문인 작가들이 여전히 쁘띠브루주아, 즉 소자산계급의 개인주의적이고, 유심론적인 관념만 늘어놓고 있다는 것이다. 마오쩌뚱은 이 같은 문인들의 글을 '당팔고문黨八股文'이라고 했는데, 이는 항전무관론파의 ‘항전팔고문’을 생각나게 한다. 항전팔고문이 입만 열면 항일전쟁을 외치는 문인들의 글을 풍자했다면, 당팔고문은 실제로는 유심론적 개인주의자면서 말로만 공산주의자를 자처하는 문인들의 글을 풍자한 것이다.

문인들에 대한 마오쩌뚱의 정풍운동은 그러나 밥에 뜸을 들이듯이 서서히 진행되었다. 1942년 5월 2일, 마오쩌뚱은 먼저 문인들을 위한 좌담회를 연다. 좌담회를 열면서 마오쩌뚱은 주제발표라는 형식을 빌어 두 · 세 가지 문제를 제기하였다. 그것은 첫째, 문예는 누구를 위해서 할 것인가? 둘째, 문예를 어떻게 할 것인가? 그리고 셋째, 문예와 정치는 어떤 관계를 가져야 할 것인가?였다. 이후 마오쩌뚱은 약 3주에 걸쳐 작가들에게 자유로운 토론을 하도록 하였다. 이 기간 동안 마오쩌뚱은 문인들에게 자유롭고 허심탄회하게 자신의 의견을 개진하라고 독려하면서, 자기 자신도 토론에 참여하거나 문인들과의 개별 면담을 가지면서 작가들의 의견을 경청하였다.

그러자 「들백합화」의 저자 왕스웨이를 비롯한 많은 작가들이 연안 해방구의 여러 가지 문제점을 거론했다. 또한 「병원에서」와 「부녀절 유감」의 저자 띵링과 「작가를 이해하라, 작가를 존중하라」의 저자 아이칭도 작가의 처우와 창작의 자유에 대한 솔직한 견해를 밝혔다. 그러나 누가 알았으랴? 약 3주 후인 5월 23일, 문예좌담회를 마무리하면서 마오쩌둥이 좌담회의 결론으로 삼은 것은 작가들이 개진한 의견의 종합이 아닌, 그 자신의 일방적인 결론이 될 줄을. 마치 짜고 치는 화투처럼 결론을 미리 내놓고 벌인 문예좌담회였던 것이다.

문예좌담회를 마무리하면서 마오쩌뚱이 내린 결론은 곧 이어 「문예강화」라는 이름으로 반포된다. 「문예강화」는 반포된 이래 수 십 년간 중국 작가들의 최고 지침서가 되는데, 그 내용은 대략 다음과 같다. 첫째, 문예는 누구를 위해서 할 것인가에 대한 답으로 문예는 노동자 · 농민 · 병사를 위해서 해야 한다고 했다. 문예는 오직 인민 대중의 이익을 증대하기 위해 필요하다는 것이다. 또 둘째, 문예를 어떻게 할 것인가에 대한 답으로 문예는 인민 대중이 즐길 수 있는 형식에 담아야 한다고 했다. 즉 민요나 설화 같이 인민이 즐길 수 있는 민족 형식의 문학이어야 한다는 것이다.

셋째, 문예와 정치의 관계에 대해서는 당연히 문예가 정치에 봉사해야 한다고 했다. 그 때문에 인민의 정당인 공산당과 인민의 투쟁에 대해서는 무조건 찬양해야 하고, 인민을 괴롭히는 자산계급과 일본 제국주의에 대해서는 무조건 비판해야 한다. 그러니까 적군인 일본 제국주의자와 자산계급의 잔혹함과 교활함은 낱낱이 들추어 폭로하는 반면, 아군인 인민과 공산당의 위대함은 찬양해야 한다. 설사 인민과 공산당에 결점이 있다 하더라도 이를 조용히 바로잡아 줘야지, 조소하거나 비판해서는 안 된다는 것이다.

이 같은 마오쩌뚱의 관점에서 볼 때, 당시 연안의 문인 작가들은 대부분 노동자·농민·병사 등 인민 대중의 정서와 떨어져 있었다. 그는 작가들이 인민을 묘사한다고 하면서 겉모습만 인민의 옷을 입힐 뿐, 속 모습은 소자산계급인 지식인의 몸이라고 비난했다. 마오쩌뚱에 따르면 작가들이 인간성이니 애정 따위를 주제로 삼으면서, 인민과 공산당을 멋대로 비판하고 있다는 것이다. 이를 극복하기 위해서 그는 작가들이 먼저 무산계급인 인민 대중에게 배워야 한다고 역설했다. 즉 문인 작가들은 마땅히 인민 대중의 생활 속으로 직접 들어가 그들의 문화를 학습한 다음, 인민의 이익을 대변하는 내용을 인민이 애호하는 형식으로 창작해야 한다는 것이다.

인민이 애호하는 형식이란 바로 마오쩌뚱이 제기한 민족문학형식으로, 이 시절에는 민요와 함께 앙가극秧歌劇, 즉 모내기극이 중시되었다. 원래 민요와 모내기극은 대부분 풍년을 기원하고 노동력을 북돋우는 내용이다. 하지만 이 시절에는 원래의 내용에다가 일본군과 싸우는 병사 등 인민과 공산당을 찬양하는 내용이 더해지고, 춤사위도 전투적으로 변하기 시작했다. 오늘날에도 중국에서 새벽이나 저녁에 사람들이 부채나 북, 심지어 창과 칼을 들고 일사불란하게 춤을 추는 모습을 볼 수 있는데, 이 춤에서 모내기노래춤인 앙가무秧歌舞의 흔적을 볼 수 있다.

대략 이와 같은 내용의 「문예강화」가 반포된 직후, 공산당과 인민에게 비판적인 문인들에 대한 처벌이 이루어졌다. 「부녀절 유감」의 작가 띵링은 잡지 『문예文藝』의 주편 자리에서 물러나 자아비판에 처해졌다. 또 샤오쥔蕭軍·루어펑羅烽 등은 사흘에 걸친 자아비판 끝에 중노동에 처해졌다. 그러나 누구보다 혹독한 처벌을 받은 작가는 「들백합화」의 저자 왕스웨이였다. 그는 17일간 자아비판을 한 후 투옥되었다. 이밖에도 「작가를 이해하라 작가를 존중하라」의 아이칭 등 많은 작가들이 '하방下放'되었다. 하방이란 작가들이 노동자 · 농민 · 병사 등 인민 대중의 문화를 학습하기 위해 공장 · 농촌 · 싸움터로 내려가서 사는 것을 말한다.

이렇듯 문예좌담회에서 조금이라도 공산당과 인민 대중의 문제점을 들춘 작가들은 거의 다 당의 처벌을 받았다. 어떤 의미에서 볼 때, 마오쩌뚱은 문인 작가들이 자신에게 얼마나 충성하는지 알아보기 위해 문예좌담회를 열었다고도 볼 수 있다. 그 때문에 마오쩌뚱의 「문예강화」는 단순한 문학 이론이 아니라 문인들의 창작 방향을 구체적으로 지시하는 실천 강령이 되었다. 그래서 '하방'된 작가들은 「문예강화」의 지침에 따라 공산당과 인민대중을 찬양하고 일본 제국주의와 자산계급 봉건주의를 폭로하는 작품을 쓴다. 띵링이 쓴 「태양이 상건하를 비춘다 太陽照在桑乾河上」가 그 대표적인 예이다. 이 소설은 띵링이 상건하라는 한 농촌에 하방되어, 공산당이 지주로부터 토지를 빼앗아 농민들에게 무상으로 분배하는 과정을 직접 보고 쓴 작품이다. 띵링은 이 작품으로 스탈린 문학상을 받았다. 이밖에 공산당의 토지개혁을 찬양한 소설로는 저우리뽀周立波의 「폭풍우 暴風驟雨」 등 많이 있다.

2) 후펑의 「주관론」

국통구 중경에 남아 있던 후펑은 공통구에서 「문예강화」가 반포되고 왕스웨이를 비롯한 작가들의 수난 소식을 듣고 고심했다. 이는 그가 약 2년 간 아무런 대응없이 있었던 것으로 짐작할 수 있다. 결국 1944년 4월에 후펑은 「주관론主觀論」을 발표함으로써, 조심스럽게 마오쩌뚱을 향해 쓴 소리를 던졌다. 약 2년에 걸친 장고長考 끝에 그는 마오쩌뚱의 「문예강화」에 이의를 제기한 것이다.

후펑은 「주관론」에서 "작가는 모름지기 주관적인 전투정신으로 자아를 확장하여 예술창작의 원천으로 삼아야 한다."고 선언했다. 후펑이 말하는 주관적 전투정신은 문예 창작에 있어서 작가가 묘사하는 대상과 하나로 융합될 수 있도록 끊임없이 투쟁하는 태도를 의미한다. 여기서의 대상은 물론 인민 대중을 의미한다. 그에 따르면 작가는 자신이 묘사하는 대상의 감정과 하나가 되는 진실한 체득이 있어야 하는데, 이는 작가 자신의 자아확장 노력이 있어야 가능하다. 만약 그렇게 치열한 자아확장의 노력을 하지 않고, 객관적으로 주어진 지침에 따라 대상을 찬양하거나 폭로한다면, 그 작품은 생명이 없는 도표와 다를 바가 없게 된다는 것이다.

후펑이 굳이 「주관론」이라는 제목을 붙여 주관을 강조한 것은 마오쩌뚱이 객관을 강조하며 작가의 주체적이고 자발적인 주관을 얕보고 있다고 판단했기 때문이다. 후펑은 「문예강화」의 선포 이후 연안의 작가들이 대부분 자아비판을 하고 공직에서 물러나거나 투옥 또는 하방되었다는 소식을 듣고, 마오쩌뚱이 드디어 작가를 정치가의 하위에 두고 지배하기 시작했다고 보았다. 이 같이 정치에 의해 문학이 이용당하는 상황은 문학의 위기 상황이라고 본 것이다. 그래서 그는 문인의 자발적인 주체성을 세우는 일이 시급하다고 보고 작가의 주관을 강조했다고 하겠다.

사실 후펑의 「주관론」은 문인 작가 및 지식인의 단점을 지적한 것이다. 또한 문인 작가들이 안이하게도 좁고 얕은 개인주의에 빠져서 민중과 함께 하는 지식인으로서의 사명을 망각하고 있음을 인정했다고도 볼 수 있다. 그 때문에 그는 문인은 모름지기 치열한 자아 확장의 노력을 해서, 말로만 민중을 사랑하자고 할 것이 아니라 그들과 생활을 함께 하며 그들의 생각과 느낌을 내 생각과 느낌으로 녹여서 작품을 써야 한다고 한 것이다. 그런 의미에서 「문예강화」와 비슷한 점도 있다.

하지만 후펑은 작가들뿐 아니라 인민 대중에게도 극복해야 할 단점이 있다고 지적했다. 그에 따르면 노동자・농민・병사 등 인민 대중이 오랜 세월 답습해온 봉건적인 인습과 무사안일한 태도는 비판받아야 한다는 것이다. 인민 대중의 무지한 행태를 작가가 아무런 지적 없이 무비판적으로 받아들이기보다, 오히려 작가 자신에게 하듯이 적극적으로 비판하고 계몽할 필요가 있다는 것이다. 한마디로 작가와 인민은 서로 배우고 극복하면서 융합해야 한다는 것이 후펑의 생각이었다.

후펑이 마오쩌뚱의 문학관에 문제제기를 한 것은 사실 이번이 처음이 아니다. 1938년 마오쩌뚱이 민족형식의 문학을 주장했을 당시, 후펑은 마오쩌뚱이 문학을 정치에 이용하려는 의도를 눈치 채고 제동을 걸었었다. 그러면서도 후펑은 마오쩌뚱이 주장한 신민주주의시대론에는 동조했다. 신민주주의시대론이란 마오쩌뚱이 1919년부터 1940년까지를 인민 대중의 프롤레타리아 계급과 문인 작가의 쁘띠부르주아 계급이 함께 나아가는 시대로 규정한 이론이다. 후펑은 마오쩌뚱의 신민주주의론을 적극 수용하여 작가들에게 신민주주의적인 내용을 작품에 담아야 한다고 역설하기까지 하였다. 사실 마오쩌뚱의 신민주주의론은 후펑의 생각과 일치했기 때문에 후펑은 당시까지만 해도 마오쩌뚱을 민족혁명의 동반자로 생각했을 것이다. 하지만 1942년 마오쩌뚱은 「문예강화」를 통해 신민주주의시대론을 거두어들이고, 다음 단계인 사회주의혁명시대론을 펴면서 문인 작가들을 인민 대중으로부터 분리시키자 후펑이 반기를 든 것이다.

국통구에 있는 많은 문인 작가들은 후펑의 「주관론」에 동조하였다. 특히 수우舒蕪는 「주관을 논함 論主觀」을 써서 후펑의 「주관론」이 문예창작에 있어서 작가가 지녀야 할 매우 중요한 태도를 지적한 것이라고 호평했다. 왕룽王戎 또한 「주관론」의 관점에 적극 동의하면서 이를 뒷받침하는 글을 발표했다. 하지만 린모한林默涵·사오취엔린邵荃麟 등 공통구의 작가들은 후펑의 「주관론」이 부르주아적인 유심론이라고 비판했다. 이들은 후펑이 중심을 인민 대중에게 놓지 않고 작가 자신에게 놓고 있다고 비난하였다.

이 같은 비난에 대하여 후펑은 조금도 굴하지 않고 이듬해인 1945년과 1947년 등 기회 있을 때마다 자신의 주장을 계속 펼친다. 이 시절 그가 주장한 내용을 요약하면 다음 세 가지로 압축된다. 첫째, 문예는 인민 대중만을 위한 것이 아니라, 문인과 지식인 등 모든 사람을 위한 것이다. 그러기 위해 문예는 작가가 민중의 마음과 하나가 되는 자아확장의 노력을 통해 작품 속에서 생생한 현실로 재현되어야 한다. 둘째, 인민들이 좋아하는 민족형식의 구 문학과 문인 작가들이 일구어온 구어체 신문학을 다 수용해야 한다. 이는 구어체 신문학을 배제하려는 마오쩌뚱의 의도에 쐐기를 박은 것으로 풀이된다. 마지막으로, 후펑은 문학의 독립성을 강조했다. 이는 문학이 정치의 하위 개념이 아니라는 뜻이다. 이로써 그는 문학이 정치에 이용될 수 없다는 강한 의지를 표명한 것이다.

4. 장아이링의 애정소설

라오서 · 마오뚠 · 선총원 등이 국통구에서 활동하고 띵링 · 아이칭 · 자오수리趙樹理 등이 공통구에서 활동했다면 장아이링 · 샤오홍蕭紅 · 청자오즈程造之 등은 점령구에서 활동한 작가들이다. 점령구 작가들은 대체로 마오쩌뚱의 「문예강화」나 후펑의 「주관론」과 무관하게 작품 활동을 했다. 이 가운데 장아이링처럼 오래 동안 잊혀졌다가 찬란하게 재조명된 작가는 드물 것이다. 그녀는 중국이 공산화된 이후 나온 중국현대문학사에서 철저하게 배제되었다가 1990년대의 현대문학사에서 비로소 되살아났기 때문이다. 물론 대만이나 미국의 중국현대문학 연구가들 사이에서 장아이링은 늘 주목의 대상이었다. 하지만 정작 그녀가 태어나서 30년 넘게 살았던 중국대륙에서는 근 40년간 그녀를 완전히 무시했다. 그 이유는 물론 그녀가 평생 공산당을 지지하지 않았던 자유주의 작가였기 때문이다.

장아이링은 1921년 상해에서 태어나 어린 시절 부모를 따라 북경 · 천진 등지에서 살다가 여덟 살 되던 1929년, 다시 상해로 돌아온다. 1937년 중일전쟁이 일어난 그 해에 장아이링은 16세의 어린 나이로 영국 런던대학으로 유학을 갔다. 하지만 얼마 후 전쟁으로 인하여 학비의 송금이 여의치 않았던 듯, 그녀는 홍콩대학으로 학적을 옮겼다. 그러나 그것도 잠시, 뜻하지 않은 부모의 이혼으로 1942년 그녀는 모든 학업을 포기할 수밖에 없었다.

다시 상해로 돌아온 장아이링은 생계를 위해 작가가 된다. 장아이링을 주로 상해에서 통속소설을 쓴 '해파' 작가로 분류하는 이유도 여기에 있다. 빼어난 미모의 그녀는 20대 초의 젊은 나이에 『기이한 이야기 傳奇』라는 소설집을 내어 상해 문단의 주목을 받았다. 장아이링은 1949년 중화인민공화국이 수립된 이후까지도 줄곧 상해에서 작품 활동을 하다가 1952년, 홍콩으로 이주한다. 또 4년 후인 1956년, 35세의 장아이링은 미국으로 이민하여 1995년까지 39년간 미국에서 독신으로 살다가 죽었다. 향년 74세였다.

이제 영화 『반생의 인연 半生緣』과 『색, 계』로 낯이 익은 장아이링의 소설

가운데 1940년대에 상해에서 발표된 『기이한 이야기』를 중심으로 그녀의 문학 세계를 살펴보자. 이 소설집은 상해라는 도시를 배경으로 남녀가 연애하고 결혼해서 살아가는 통속적인 애정소설들로 이루어져 있다. 하지만 그녀의 통속소설에는 다른 통속소설들과는 다른 점이 있다. 연구가들은 이 점을 그녀의 스타일, 즉 문체에서 찾는다. 한마디로 그녀의 문체는 전통적인 구소설의 장점과 현대적인 신소설의 장점을 두루 잘 살리고 있다. 다시 말해서 그녀의 작품은 『홍루몽紅樓夢』 같은 문어체 소설의 탄탄한 이야기에다가 서구적인 구어체 소설의 언어와 이미지가 조합되어 매우 참신한 분위기를 띠고 있다는 것이다.

장아이링 소설의 저변에는 1920년대 원앙호접파 작가들의 애정소설에서 볼 수 있는 성실하고도 생생한 묘사가 있다. 실제로 그녀는 당나라나 명나라의 소설 제목을 자신의 소설 제목으로 선택하기를 좋아했다. 즉 『기이한 이야기』는 당나라 때의 전기傳奇소설을 그대로 따온 것이다. 『기이한 이야기』 안에 수록된 「금 자물쇠 이야기」도 명나라 작가 엽헌조葉憲祖의 소설 『금쇄기金鎖記』를 그대로 쓴 것이다. 뿐만 아니라 장아이링은 감정과 경치가 하나로 합쳐지는 정경융합情景融合과 시적인 정서가 그림으로 드러나는 시정화의詩情畵意 등 전통적인 미학을 잘 살렸다. 이 같은 토대 위에서 그녀는 서양의 현대소설에서 맛볼 수 있는 심리 분석과 의식의 흐름을 가미하여 맛깔스런 비빔밥을 만든 것이다. 요컨대, 장아이링의 소설은 동양적인 것과 서양적인 것, 그리고 옛 것과 새 것이 알맞게 어우러져, 그럴듯한 조화를 이루어낸 수작이다.

그럼 그녀의 소설 「도시를 무너뜨리는 연애 傾城之戀」의 한 대목을 감상해보자 :

> 리우수는 이불을 끌어안고 앉아서 처량한 바람소리를 듣는다. 그녀는 천수만 부근에 있는 잿빛 벽돌 담장이 틀림없이 아직 그 자리에 우뚝 서 있음을 알고 있다. 바람이 멎자 마치 세 마리 회색 용이 달빛에 은비늘을 번득이며 담장을 기는 듯했다. 그녀는 마치 꿈을 꾸는 것처럼 그 담장 밑에 갔고, 맞은편에서 리우위엔이 왔다.……이 끊임없이 동요하는 세상에서는 금전이나 부동산뿐 아니라, 하늘과 땅같이 영원한 것들까지도 다 믿을 수 없다. 오직 믿을 수 있는 단 한 가지는 그녀의 가슴 속에 있는 사랑의 기운과 그녀 곁에서 자고 있는 리우위엔 뿐이다. 그녀는 갑자기 리우위엔 곁으로

바짝 다가가서 면 이불을 덮은 채 자고 있는 그를 끌어안았다. 그가 이불 속에서 손을 내밀어 그녀의 손을 잡았다. 그들은 서로를 뚫어지게 바라보았다. 그저 한 찰나의 완벽한 이해에 불과할 테지만, 이 한 찰나가 그들을 한 7·8년간 사이좋게 살 수 있게 해줄 것이다.

流蘇擁被坐着, 聽着那悲涼的風. 她確實知道淺水灣附近, 灰磚砌的那一面墻, 一定還屹然站在那裏. 風停了下來, 像三條灰色的龍, 蟠在墻頭, 月光中閃着銀鱗. 她彷佛做夢似的, 又來到墻根下. 迎面來了柳原. 她終于遇見柳原. ……在這動蕩的世界裏, 錢財, 地産, 天長地久的一 切, 全不可靠了. 靠得住的只有她腔子裏的這口氣, 還有睡在她身邊的這個人. 她突然爬到柳原身邊, 隔着他的棉被, 擁抱着他. 他從被窩裏伸出手來握住她的手. 他們把彼此看得透明透亮. 僅僅是一剎那的徹底的諒解, 然而這一剎那夠他們在一起和諧地活個十年八年.

리우수용뻬이쭈어저, 팅저나뻬이량더펑. 타취에스즈다오치엔수이완푸진, 후이주완치더나이미엔치앙, 이띵하이이란잔짜이나리. 펑팅러시아라이, 샹싼탸오후이써더롱, 판짜이치앙터우, 위에광중산저인린. 타팡푸쭈어멍스더, 여우라이따오치앙건시아. 잉미엔라이러리우위엔. 타종위위지엔리우위엔. ……짜이저동땅더스지에리, 치엔차이, 띠찬, 티엔창띠지우더이치에, 취엔뿌커카오러. 카오더주더즈여우타치앙즈리더저커우치, 하이여우수이짜이타선비엔더쩌거런. 타투란파따오리우위엔선비엔, 거저타더미엔뻬이, 용빠오저타. 타총뻬이워리선추서우라이워주타더서우. 타먼바뻬츠칸더터우밍터우량. 진진스이차나더처띠더량지에, 란얼저이차나꺼우타먼짜이이치허시에디후어거스니엔빠니엔.

이 소설은 청상과부 리우수와 바람둥이 리우위엔의 금전과 애욕에 얽힌 사랑 이야기이다. 비록 끝이 빤히 보이는 남녀의 애정행각임에도 불구하고 리우수는 이처럼 금전 대신 사랑을 믿는다. 위 대목은 잠든 리우위엔의 곁에 있는 리우수의 의식이 시간과 공간을 넘나드는 흐름을 마치 한 폭의 그림처럼 형상화했다. 즉 현재 방안에 있는 두 남녀가 과거에 천수만 부근의 잿빛 담장에서 만났다가 다시 현재 이 방으로 돌아오는 것이다. 또한 리우수가 리우위엔에게 다가가 그가 내민 손을 잡고 서로를 응시하는 광경과, 작가 장아이링의 다음과 같은 심리 분석이 놀랍다 : 그저 한 찰나의 완전한 이해에 불과할 테지만, 이 한 찰나가 그들을 한 7·8년간 사이좋게 살 수 있게 해줄 것이다. 남녀가 느끼는 서로에 대한 사랑의 감정은 대략 5년, 길어야 10년을 넘을 수 없다는 통설이 느껴지는 대목이다.

장아이링의 소설이 다른 통속소설과는 다른 또 하나의 특징은 비극성이다. 즉『기이한 이야기』에 수록된 소설들은 대부분 비정상적이고 비극적인 색채를 띤다. 예를 들어「마음의 경전 心經」의 남자 주인공은 자기 딸의 친구와 외도에 빠진다. 또「침향 조각과 첫 번째 향로 沈香屑·第一香爐」에서는 상해의 한 순박한 처녀가 홍콩 친척집에 가서 사교계의 꽃이 되었다가 부잣집 남자의 첩이 되고 만다.

「금 자물쇠 이야기 金鎖記」는 더욱 가관이다. 이 소설의 여주인공 차오치챠오는 30년 간 장애인의 아내 노릇을 하며 욕구불만으로 거의 미쳐간다. 자신의 애욕과 물욕을 채우지 못한 그녀는 점차 비뚤어져 마침내 아들의 결혼 생활을 망치고, 며느리를 죽음에 이르게 한다. 그럼에도 불구하고 차오치챠오는 반성은 커녕 이번에는 딸의 애정생활까지 망친다. 다음은 미쳐가는 차오치챠오가 거울을 보는 광경이다:

> 바람이 창문으로 들어와 맞은편 벽에 걸려 있는 긴 거울에 불자, 테두리에 시가 새겨진 거울이 꺼떡꺼떡 벽을 두드린다. 차오치챠오가 두 손으로 거울을 누른다. 거울에 비친 푸른 대 주렴과 녹색의 산수화 족자가 옛날 그대로 바람 속에 흔들린다. 그 광경을 한참 바라보니 곧 배 멀미가 난다. 그녀가 다시 눈을 모아 바라보니 푸른 대 주렴은 벌써 빛이 바랬고, 녹색의 산수화도 남편의 영정으로 바뀌었다. 거울 속의 그녀도 10년은 늙었다.
>
> 風從窓子裏進來, 對面掛着的回文雕漆長鏡被吹得搖搖晃晃, 磕托磕托敲着墻. 七巧雙手按住了鏡子. 鏡子裏反映着的翠竹簾子和一副金綠山水屏條依舊風中來回蕩漾着. 望久了, 便有一種暈船的感覺. 再定睛看時, 翠竹簾子已經褪了色, 金綠山水換了一張她丈夫的遺像, 鏡子裏的人也老了十年.
>
> 펑총추앙즈리진라이, 뚜이미엔꽈저더후이원띠아오치창징뻬이추이더야오야오황황, 꺼투어꺼투어챠오저치앙. 치챠오수왕서우안주러징즈. 징즈리판잉저더추이주리엔즈허이푸진뤼산수이핑타오이지우펑중라이후이땅양저. 왕지우러, 삐엔여우이종윈추안더간줘에. 짜이딩징칸스, 추이주리엔즈이징투이러써, 진뤼산수이환러이장타장푸더이샹, 징즈리더런예라오러스니엔.

이 대목에 등장하는 테두리에 시가 새겨진 긴 거울과 푸른 대 주렴 및 녹색의 산수화가 그려진 족자 등은 1940년대 상해 가정집의 인테리어다. 그런데 그 거울을 누르는 차오치챠오의 눈에는 거울 속 푸른 대 주렴의 빛이 바래고, 녹색 산수화 족자가 남편의 영정으로 바뀌고, 자기 자신도 10년 더 늙어 보인다. 완전히 돌아버린 병든 여인의 모습이다. 장아이링의 소설 속 인물들은 이처럼 비극적이다. 사실 생로병사를 반복하는 인간의 실상은 이처럼 비극에 가깝다. 그래서 셰익스피어도 희극보다는 그의 4대 비극 작품으로 이름을 남긴 것이다. 프랑스 영화가 미국의 헐리우드 영화보다 예술성을 인정받는 것도 그 비극적인 슬픔 때문이라고 할 수 있다.

장아이링 소설의 여주인공들은 대부분 이쪽도 저쪽도 아닌 양쪽의 경계 지점에 존재하면서 쉴 새 없이 갈등을 일으키는 비극적 존재들이다. 그녀들은 전통적 여성상인 현모양처도 아니고, 남성과 동등한 권리를 추구하는 당당한 여장부도 아니다. 그녀들은 현모양처와 여장부의 중간쯤에서 애욕과 물욕을 추구하는 여성들일 뿐이다. 하지만 그녀들이 추구하는 금전과 애정은 그리 쉽게 획득되는 것이 아니다. 그 때문에 「금 자물쇠 이야기」의 차오치챠오처럼 욕망이 억눌린 여성들은 한편으로 침묵하면서 다른 한편으로는 광기를 발산할 대상을 찾는다. 한마디로 은밀한 반역의 꿈을 꾸는 것이다.

「도시를 무너뜨리는 연애」의 리우수나 「침향 조각과 첫 번째 향로」의 거웨이룽도 마찬가지다. 이들 또한 말로는 사랑과 진실을 추구한다고 하면서 실제로는 애욕과 물욕을 추구한다. 그런 의미에서 장아이링은 일찍부터 여성의 본능을 그대로 드러내는 보통 여성들을 자신의 인물로 삼았다고 하겠다. 그래서 그녀가 형상화한 여성 인물은 헌신적인 어머니나 남성을 구원하는 천사 같은 여인이 아닌, 자식들과 남편에게 자신의 욕망을 거침없이 나타내는 솔직한 여성들이다.

이 같은 여성상은 오늘날 한국과 중국의 소설이나 텔레비전 드라마에서 쉽게 만날 수 있다. 한국소설 중에는 딸과 친구처럼 싸우는 어머니를 그린 『마요네즈』를, 중국소설 중에는 자신의 욕망을 낱낱이 드러내는 『상하이베이비』를 예로 들 수 있다. 특히 『상하이베이비』의 경우, 여주인공 니커는 부모를 떠나 자기가 하고 싶은 일과 사랑하고 싶은 상대를 찾아 당당하고 적극적으로 몰입한다.

이에 비해 장아이링의 『기이한 이야기』에 수록된 「금 자물쇠 이야기」·「도시를 무너뜨리는 연애」 등 소설 속 여주인공들은 은밀하고 왜곡된 언행으로 사랑과 돈을 추구하다가 대부분 비극적인 파국을 맞는다. 이는 물론 이 소설들이 씌어진 시점이 1940년대라는 점을 감안하면 당연한 것인지 모른다. 당시 중국을 비롯한 세계 여러 나라는 개인보다 사회가, 감정보다 이성이, 여성보다 남성이 주도하는 냉전의 살얼음을 걷고 있었기 때문이다. 이 같은 시대에 여성의 개인적 감정에 몰입한 장아이링과 그녀의 소설은 분명 앞서간 면이 있다. 장아이링을 페미니즘feminism과 포스트모더니즘postmodernism, 즉 여성주의와 후현대주의의 기수라고 말하는 이유가 바로 여기에 있다.

제4장

중국현대문학의 위축

중화인민공화국의 우파문학 비판

20세기 초에 탄생되어 성장하고 발전해온 중국현대문학은 중일전쟁 이후 비록 공통구·국통구·점령구로 분열되어 반목했지만, 작가들은 나름대로 자신의 입장을 가지고 비교적 자유롭게 활동하였다. 하지만 1949년 10월 1일 마오쩌뚱이 천안문 광장에서 중화인민공화국 수립을 선포한 다음부터 상황은 서서히 바뀐다. 공산당의 승리는 곧 공산당을 지지했던 문인 작가들의 승리를 의미했다. 그 때문에 국민당을 지지했거나 중립적인 입장을 가졌던 작가들은 상당수 대만과 홍콩 등지로 떠났다. 떠나지 않고 남아 있던 작가들은 대부분 기회를 엿보며 숨죽이고 있었다.

앞에서도 말했지만 중국에서는 대략 1917년에서 1949년까지를 현대現代문학 시기로 보고 1949년부터는 당대當代문학 시기로 분류한다. 그만큼 정치사와 문학사가 직결되어 있다. 그 때문에 문인 단체도 정치적인 필요에 따라 새로이 정비되었다. 그때까지 문인들의 대표 조직으로 존재하던 문협이 해체되고, 중공 수립 석 달 전에 개최된 중화전국문학예술공작자대표대회中華全國文學藝術工作者代表大會, 약칭 전문대회가 새로운 중심이 된 것이다. 호북성 무한에 본부를 둔 문협 대신 수도인 북경에 본부를 둔 문인 조직이 필요했던 것이다. 이때부터 문화혁명이 시작되는 1966년까지 마오쩌둥의 공산당은 이 조직을 중심으로 우파 문인들을 하나 둘 비판해나간다. 비록 1956년에서 1957년까지, 또 1961에서 1962년까지 문인들에게 창작과 비평의 자유가 주어지지만, 1949년부터 1966까지 17년을 전체적으로 볼 때 중국현대문학은 크게 위축되어 있었다.

1. 중화전국문학예술공작자대표대회

1949년 1월 드디어 북경에 입성한 공산군은 승리의 여세를 몰아 동해 연안의 주요 도시를 점거하면서 집권을 위한 공작에 착수하였다. 전문대회는 이 같은 배경에서 개최되었다. 제1차 전문대회는 1949년 7월 2일부터 19일까지 17일간 진행되었는데, 이 대회에는 꾸어모루어 등 7·8백 명의 문인들이 대거 참가했다. 연안 시절부터 이미 「문예강화」를 발표하며 문인들에 대한 영향력을 행사했던 마오쩌뚱은 작가들의 역할이 얼마나 중요한지 잘 알고 있었다. 그 때문에 그는 중공 수립 이전에 먼저 문인 작가들을 단도리할 필요가 있었던 것이다.

마오쩌뚱은 제1차 전문대회가 개최된 다섯 째 날에 몸소 대회에 참석하여 "여러분은 인민의 문학가들이고 인민의 예술가들"이라는 요지의 연설을 했다. 이로서 1942년 자신이 공표한 「문예강화」를 문인 작가들이 잊지 말 것을 강조한 것이다. 이어서 저우언라이가 더욱 구체적으로 마오저뚱의 문예지침을 확인한다. 즉 그는 "정신노동자는 반드시 육체노동자에게 배워야 한다. 작가는 먼저 농민을 잘 알아야 하고 노동자도 잘 알아야 한다……지금은 노동자와 농민을 계몽하고 교육하는 작품보다는 인민 대중이 좋아하는 작품을 더 많이 써야할 때이다. 그 때문에 작가는 인민이 좋아하는 구형식의 문예, 그러니까 민요 같은 민족형식의 문학을 위주로 해야 한다."는 요지의 주제발표를 했다.

꾸어모루어와 마오뚠, 그리고 저우양도 각각 발언을 했는데, 이들의 발언 역시 마오쩌뚱의 「문예강화」를 충실히 따르자는 것이었다. 즉 문학은 정치를 위해서 봉사해야 하며, 문인들은 노동자·농민·병사를 위한 문학을 해야 하며, 인민 대중을 교육하기보다는 찬양해야 하며, 또한 그들이 좋아하는 민간문학을 해야 한다는 것이다. 이들의 발언에는 연안 지역의 문예로 국한되었던 「문예강화」를 전국적으로 확산하겠다는 마오쩌뚱의 의도가 담겨 있다. 이로 보아 꾸어모루어 등 문인들은 전문대회 개최 이전에 마오쩌뚱과 의견조율을 이미 마쳤음을 알 수 있다.

요컨대, 제1차 전문대회는 국통구와 점령구에서 활동한 문인 작가들도 공통구

작가들처럼 「문예강화」의 지침을 따르게 하기 위해 개최되었다. 마오쩌뚱에 따르면 1949년부터 중국은 더 이상 신민주주의 혁명 시기가 아니라 사회주의 혁명 시기인 만큼, 문인 작가들은 이제 사회주의 혁명을 위해서 봉사해야 한다는 것이다. 이를 위하여 공산당은 전문대회에 참가한 문인 작가들을 모두 공산당의 선전부에 소속시켰다. 이는 사실상 작가들을 당 선전부의 선전대원으로 묶어두는 것으로, 당시 문인들이 그 진정한 의미를 얼마나 잘 이해하고 있었는지는 의문이다.

제1차 전문대회에서 확인된 공산당의 문예창작 지침은 새롭게 문서로 만들어져 그 해 8월 상해 연극영화계 대표 천바이천陳白塵에 의해 발표되었다. 이 문서는 「문예강화」의 내용을 기본으로 하여 대략 두 가지 새로운 점을 부가했다. 그 첫째는 문예 작품의 인물을 묘사하는 데 있어서 인민 대중을 중심인물로, 지식인은 주변인물로 해야 한다는 것이다. 이는 농민・노동자・병사를 주연으로 삼고, 지식인이나 소자산계급 등은 조연이나 단역으로 삼아야 한다는 뜻이다. 다음 둘째로는 노동자・농민・병사 등 인민 대중은 긍정적으로 그려야 하고 지식인 등은 부정적으로 그려야 한다는 것이다. 이는 인민 대중은 언제나 선하고, 지식인 등은 언제나 악해야 한다는 다소 억지스런 주문이다. 이처럼 인민 대중은 착한 중심인물이고, 지식인 등은 나쁜 주변인물이라는 이 지침은 훗날 문화혁명 시기의 문학에서 극대화된다.

제2차 전문대회는 약 4년 후에 개최되는데, 대략 다음과 같은 배경 하에 개최되었다. 1950년 한반도에서 육이오 동란이 터지자 중공은 소련도 참전한다는 약속을 받고 파병하였다. 이른바 중공군의 인해전술人海戰術이 시작된 것이다. 그러자 중국 내에서는 상인들이 물자를 매점매석하고, 농민과 노동자들이 해이해지고, 그간 잠적해 있던 반공산당 공무원들이 서서히 고개를 들었다. 이에 1951년부터 공산당은 삼반三反・오반五反 운동을 벌여 반공산당 공무원의 색출에 나섰다. 여기서 삼반은 직무유기 반대, 낭비 반대, 관료주의 반대를 말하고, 오반은 뇌물수수 반대, 탈세 반대, 국가기물의 절도 반대, 공무상의 부실 반대 및 정보 유출 반대를 말한다. 하지만 삼반과 오반 운동은 명분일 뿐이고 실은 반공산당 공무원을 뿌리 뽑기 위한 것이었다. 공산당은 또 농민을 대상으로는 애국증산운동을 벌이고 노동자를 대상으로 애국주의 생산경쟁운동을 벌였다. 상인들에게도 투기방지와 물가안정을 위한 운동을 전개하였다.

이 정도로 그치지 않고 공산당 정부는 전 국토를 국유화하고 농업과 공업을 모두 집단으로 경영하는 야심 찬 계획을 실행에 옮겼다. 이를 위하여 중국정부는 1952년 경 전 국민을 단위별로 합작사合作社라는 조직에 귀속시키기 시작했다. 또한 이듬해인 1953년에 마오쩌뚱은 "소련을 배우자"는 구호 아래 소련식 경제 건설의 중국 도입을 선언하였다. 이는 물론 소련 공산당의 스탈린이 절대적으로 후원한 결과이다. 하지만 그해 3월, 스탈린이 사망하고, 스탈린이 후계자로 지목했던 베리아가 마렌코프와의 권력투쟁에서 패배하자, 소련으로부터의 후원은 기대하기 어렵게 되었다. 스탈린의 사망은 중국 경제뿐 아니라 중국의 정치, 특히 중국 공산당 내의 권력구조에도 적지 않은 파장을 일으켰다. 제2차 전문대회는 이 같은 내우외환의 시기에 개최된 것이다.

한국전쟁이 휴전한 1953년 9월 23일부터 10월 6일까지 약 2주 간 열린 제2차 전문대회는 마오쩌뚱이 대회의 내용과 일정까지 구체적으로 지시했다고 전한다. 그만큼 마오쩌뚱이 심리적으로 다급했다는 뜻이다. 아무튼 제2차 전문대회는 저우언라이가 주제발표로 시작되었다. 그는 먼저 국내외의 정치상황을 보고한 후, 문예 종사자들의 임무는 사회주의 현실주의의 실현이라고 잘라 말했다. 사회주의 현실주의란 작가가 인민의 현실 생활 속에 있는 사회주의적 요소를 촉진시켜 사회주의 혁명을 완수하는 것을 말한다. 저우언라이는 또 사회주의 리얼리즘의 구체적인 창작방법을 다음과 같이 제시했다 : 작가는 노동자·농민·병사 등 인민 가운데서 자질이 뛰어난 훌륭한 인물을 찾아내어 이상적으로 묘사해야 한다. 이는 제1차 전문대회에서 작가들에게 인민을 중심인물로 삼되, 긍정적으로 묘사해야 한다고 요구한 데서 한 걸음 더 나아간 것이다.

이어서 저우양은 저우언라이가 말한 "훌륭한 인물을 찾아 이상적으로 묘사한다"를 "인민의 전형을 찾아 영웅인물로 부각시켜야 한다"로 발전시켰다. 저우양은 영웅인물을 인민의 모범으로 삼아서 사회주의 건설을 방해하는 모든 반동세력과 투쟁하는 것이 공산당의 정책이라고 했다. 공산당의 정책은 인민 대중의 이익을 집중적으로 반영하는 것이기 때문에 문학 작품은 이 같은 당의 정책에서 벗어나면 안 된다는 것이다. 요컨대, 그는 인민의 전형과 영웅인물이라는 용어를 사용하여 문학 작품에 있어서 인민을 극단적으로 미화하는 동시에, 문학에 대한 당과 국가의 영도를 분명히 했다.

저우양은 또 작가들이 이 같은 당의 요구를 잘못 수용하여 판에 박은 듯한, 생명이 없는 영웅인물이 만들어낼 수 있다고 우려했다. 그에 따르면 작가 자신이 사회주의 생활을 충분히 이해하지 못한 채 마치 수학 공식을 쓰듯이, 또는 철학 개념을 설명하듯이 작품을 쓰면 안 된다는 것이다. 그는 작가들 가운데 실제로 이렇게 수학 공식 쓰듯, 철학 개념 말하듯 하는 문인들이 있다고 지적했다. 이를 극복하기 위해서 작가는 몸소 인민과 생활하며 그들을 충분히 이해한 후, 적절한 예술적 기법을 찾아서 영웅인물을 창조해야 한다는 것이 그의 생각이었다.

마오뚠도 이에 동조하며 작가들이 인물을 창조하는 데 있어서 빠지기 쉬운 함정에 대해 이렇게 말했다. 즉 많은 작가들이 사회주의 현실주의 문학을 한답시고 피상적으로 파악된 인물을 충분히 성숙시키기도 전에 성급하게 묘사한다는 것이다. 그는 작가가 미처 소화하지 못한 소재를 가지고 정해놓은 주제에 맞춰 마치 수학 문제를 풀 듯 쓴 작품은 독자를 감동시킬 수 없다고 지적했다. 작가가 피와 살을 지닌, 생동하는 인물을 부각하려면 반드시 그 인물이 살아가는 생활 속에서 부딪치는 모순과 충돌을 피하거나 얼버무리지 않고 끝까지 맞서서 돌파해가는 생생한 과정을 그려야 한다는 것이다.

저우양과 마오뚠의 이 같은 주장은 1944년 이래 후펑이 주장해 온 「주관론」과 흡사한 점이 있다. 후펑은 문인 작가들이 피나는 전투정신으로 인민 대중의 생활과 자신의 생활을 일치시키는 자아확장의 노력을 해야 한다고 했으니 말이다. 그런 의미에서 볼 때, 마오쩌뚱의 「문예강화」를 지지해온 마오뚠이나 저우양도 실은 후펑의 「주관론」에서 적지 않은 영향을 받았다고 할 수 있다. 하지만 저우양과 마오뚠의 이 같은 생각에 마오쩌뚱이 동의했을지는 의문이다.

아무튼 제2차 전문대회는 제1차 전문대회의 내용을 보다 심화시켰다. 한마디로 더욱 정치색이 짙어졌다고 말할 수 있다. 이에 따라 제2차 대회에서는 문예계의 조직을 새로이 정비하였다. 두 차례의 전문대회를 개최하며 그때까지 중화전국문학예술공작자협회로 불리었던 문인 단체의 명칭도 중국작가협회, 약칭 작협으로 바뀠다. 작협의 규약도 새로 만들었다. 하지만 작협은 어디까지나 공산당 선전부에 소속되었기에 작가들은 어디까지나 선전대원으로 존재할 수밖에 없었다.

2. 우파문학 비판의 전개

앞 절에서도 언급했지만 중공 정부는 한국전쟁에 파병한 뒤 국내적으로 불안한 상황을 삼반·오반 운동 등으로 헤쳐 나가고 있었다. 하지만 일찍이 1949년 제1차 문민대회 이후에도 문인 작가들의 태도는 당이 원한 만큼 바뀌지 않고, 인민 대중의 마음도 점차 해이해진다고 판단한 당 수뇌부는 문예계에 대한 경계의 끈을 당기기 시작했다. 이것이 바로 우파문학 비판으로 드러나게 된다. 우파문학 비판의 첫 대상은 영화『무훈전武訓傳』이다. 대략 1951년 무렵부터 시작된『무훈전』비판이 채 끝나기도 전인 1952년부터는「주관론」으로 마오쩌뚱에 맞서온 문인 후펑에 대한 비판이 시작된다.

이듬해인 1953년, 여전히 후펑 비판이 진행되고 있는 상황에서 마오쩌뚱의 공산당은 앞 소절에서 설명한 대로 제2차 문민대회를 개최한다. 제2차 문민대회가 끝나자 숨 돌릴 틈도 없이 또 위핑보俞平伯의『홍루몽연구紅樓夢研究』에 대한 비판을 시작한다. 아직 후펑 비판이 끝나지도 않았음에도 불구하고 이렇게 동시다발적으로 비판운동을 벌인 까닭은 무엇일까? 그것은 중공 수립 직후 문인과 작가, 예술가와 학자들이 취한 안이하고 여유 있는 태도에 대해 마오쩌뚱이 못마땅해 했기 때문일 것이다. 문예를 통한 선전을 최우선으로 생각했던 그였기에 이 같은 문예계의 상황을 개선하기 위해서는 기선을 제압하며 끈질기게 밀어붙여야 한다고 생각했을 것이다. 이 같은 일련의 비판운동의 막후에 언제나 마오쩌뚱이 있다는 사실이 이를 증명한다.

1) 영화 『무훈전』비판

영화 『무훈전』비판은 1951년 5월 20일자 『인민일보』 사설에서 마오쩌뚱이 다음과 같이 지적함으로서 시작되었다. 즉 그는 영화 『무훈전』이 봉건문화를 선전하고, 반동적인 통치자에게 충성을 다한 무훈의 추악한 행적을 미화했다고 비판의 포문을 열었다. 그러자 지앙화江華·덩여우매이鄧友梅·저우양·아이칭·지앙칭江靑 등이 잇달아 『무훈전』을 비판하는 글을 발표했다. 이에 즈음하여 공산당 수뇌부는 청나라 때의 실존인물이었던 무훈(1838-1896) 조사단을 조직하여 무훈의 고향인 산동으로 급파했다. 당이 파견한 무훈 조사단은 조사 끝에 무훈이 반동적인 만주족의 청나라와 지주 계급에 봉사한 건달이자 대지주였다고 결론짓고, 이 같은 반동 인물 무훈을 찬양한 영화 『무훈전』에 반대한다고 공식 선언했다.

그러면 먼저 무훈은 어떤 인물이었고, 또 그의 일대기를 다룬 영화 『무훈전』은 누가 어떻게 만들었는지 살펴보도록 하자. 무훈의 본명은 무칠武七로, 그는 1838년 산동성 당읍현에서 태어났다. 그는 가난한 집안에 태어나 어려서부터 어머니를 따라 동냥을 다녔고, 커서는 남의 집에서 머슴을 살다가 쫓겨나기도 했다. 그러다가 스물이 된 무훈은 배우지 못한 한을 풀기 위해 스스로 학교를 세우기로 결심한다. 그는 헌 절간에 기거하면서 구걸을 시작했다. 머리는 거의 삭발하여 왼쪽에 머리채가 조금 남아 있을 뿐이고, 어깨에는 보퉁이를 메고 손에는 깡통을 들었다. 그는 그 깡통을 두드리며 "나는 다른 사람으로부터 속임을 당하느니 차라리 내 마음대로 밥을 빌어 먹겠소……두고 보시오. 나는 꼭 학교를 세우고 말거요."라고 외쳤다. 어쩌면 무훈은 머슴을 살면서 주인에게 속임을 당했기 때문에 차라리 구걸을 생업으로 삼았을지도 모른다.

무훈은 돈을 모으기 위해 배가 고프면 기와조각을 씹고, 목이 마르면 더러운 물을 마시며 허리띠를 졸라맸다. 그렇게 구걸한 돈을 악착같이 불린 끝에 무훈은 구걸한지 약 30년 만에 드디어 학교를 세 개나 세웠다. 그렇게 세운 학교에 그는 어린 시절의 자신처럼 가난한 농민의 자식들을 받아서 무료로 공부할 수 있게 하였다. 이 같은 그의 행적이 고을에 널리 퍼져 무훈은 마침내 청나라 황제로부터 포상을 받는다. 이후 무훈은 교육입국敎育立國, 즉 교육으로 나라를 세운 훌륭한 인물로 추앙되기에 이른다. 영화 『무훈전』은 이 같은 무칠의 일대기를 다룬 것이다.

그럼 이 영화는 누가 어떠한 과정을 통해 만들었을까? 여기에는 한 사람의 교육학자와 한 사람의 화가, 그리고 한 사람의 극작가 겸 영화감독의 관심과 노고가 있었다. 먼저 교육학자 타오싱즈陶行知인데, 그는 미국유학 후 돌아와 초등교육의 중요성을 느끼고, 농어촌 학교의 설립에 앞장섰다. 그가 1928년에 초등학교 교과서를 만들 때 최초로 무훈의 이야기를 교과서에 수록한 것이다. 그 후 십 수 년이 지나 1945년에 화가 두안청저段承澤가 무훈의 정신을 기리고, 그의 업적을 칭송하는 『무훈선생화전武訓先生畵傳』을 출판했다. 바로 이 그림책이 미국에서 영화학을 공부하고 귀국한 순위孫瑜를 감동시켰다. 순위는 상해에서 극작가와 영화감독으로 활동하면서 무훈의 이야기를 영화로 만들기로 작정한다. 드디어 1947년, 그는 직접 『무훈전』의 각본을 쓰고 이듬해부터 촬영에 들어갔다. 영화 『무훈전』은1950년 9월에 완성되어 12월부터는 상해와 북경 등 대도시에서 상영되었다.

『무훈전』은 교육계와 문예계는 물론 일반 관객으로부터도 큰 호응을 얻어 전국적으로 상영되었다. 언론계의 반응도 매우 좋았다. 영화가 상영된 지 4개월도 못되어 각종 신문과 잡지 등에 『무훈전』을 칭송하는 글이 40편 이상 발표된 것이다. 발표된 글들을 간추리면 대략 무훈이 중화민족의 근면하고 용감하며 지혜롭고 숭고한 품격을 잘 묘사했다는 것이었다. 무일푼에다가 일자무식의 무훈이 돈을 모으는 것도 쉽지 않은데, 모은 돈으로 학교를 세워 가난한 농민의 자녀를 무료로 공부시켰다는 사실이 대단한 반향을 일으킨 것이다. 그런데, 바로 이 무렵에 앞서 말한 대로 『인민일보』 사설을 통해 마오쩌뚱이 『무훈전』비판에 나선 것이다.

도대체 왜 마오쩌뚱은 교육계와 문예계 및 언론계뿐 아니라 일반 관객의 호응을 얻고 있는 『무훈전』비판에 앞장선 것일까? 그 이유는 이 영화가 봉건주의와 자본주의를 칭송하고 있다고 판단했기 때문이다. 마오쩌뚱은 무훈을 봉건주의자로 보았다. 무훈이 봉건주의자인 것은 그가 봉건적이고 반혁명적인 청나라 정부의 표창을 받았기 때문이다. 또한 무훈은 한때 자기를 도와준 은인인 주대周大가 농민봉기를 일으킨 후 그에게 도움을 요청하자 이를 거절했다. 마오쩌뚱에 따르면 바로 이점이야말로 무훈이 농민혁명을 반대하는 봉건주의자임을 증명한다고 했다.

또한 마오쩌뚱은 무훈이 구걸한 돈을 불리는 과정에서 농민들을 상대로 고리대금을 했기 때문에 그가 자본주의자라고 비판했다. 목적이 수단을 정당화할 수 없듯이 비록 무훈이 학교를 세워 농민의 자녀들에게 무료 교육의 혜택을 주었다 하더라도 고리대금업이라는 수단을 정당화할 수는 없다는 것이 그의 주장이다. 비록 무훈 자신은 가난한 인민이지만, 그가 자산계급과의 투쟁이 아닌 그들에게 구걸하는 방법으로 돈을 모아 청나라 조정의 상을 받은 것은 천부당만부당한 일이라는 것이다.

사실이 이러함에도 교육계와 문예계 및 언론계 인사들이 무훈을 근면하고 용감하며 지혜롭고 숭고하다고 칭찬하고 있으니 마오쩌뚱으로서는 통탄할 노릇이었을 것이다. 농민 혁명을 반대하고 고리대금을 하고 청나라 황실의 상까지 받은 무훈은 출신 성분이 미천한 인민이라는 점 빼고는 취할 점이 하나도 없는 반동분자일 뿐인데 말이다. 그 때문에 마오쩌뚱은 무훈을 찬양의 대상이 아니라 폭로의 대상으로 보았다. 그럼에도 불구하고 교육계와 문예계 및 언론계 지식인들이 모두 『무훈전』을 호평한 것은 무훈뿐 아니라 이들 지식인들도 사회주의 혁명을 반대하고, 자본주의와 봉건주의의 잔재를 벗어나지 못했다는 것이 마오쩌뚱의 판단이었다. 마오쩌뚱은 이 같은 지식인들의 반동 풍조에 제동을 걸 필요를 느낀 것이다. 그렇지 않으면 인민 대중 또한 이들의 영향을 받아 반혁명적인 자본주의와 봉건주의의 길을 걸을 것이기 때문이다.

이 같은 마오쩌뚱의 입장표명에 따라 앞서 언급했던 대로 문인들이 하나 둘 『무훈전』비판으로 돌아섰다. 이에 그치지 않고 제1차 문민대회 이래 당의 선전부에 소속된 모든 작가들이 1951년 11월에 모임을 갖고 스스로 자아비판을 하기로 결의했다. 이에 따라 『무훈전』의 각본을 쓰고 영화로 만든 순위를 비롯하여 그간 이 영화를 호평했던 문인 작가들이 차례로 자아비판을 했다. 많은 사람들이 모인 자리에서 일어나 스스로 자기들의 착오를 반성하는 자아비판은 이듬해인 1952년까지 지속되었다. 이와 함께 작가들은 마오쩌뚱의 「문예강화」의 학습과 실천도 해나갔다. 그 실천은 1942년 연안에서 그랬던 것처럼 작가들이 공장과 농촌 및 부대로 파견되어 인민 대중과 함께 생활하는 하방下放이었다. 이에 따라 작가들은 1952년 봄과 가을 두 차례에 걸쳐 하방된다.

2) 『홍루몽연구』 비판

『무훈전』비판이 문인과 영화인 등 문예계에 대한 비판이라면 『홍루몽연구』 비판은 학계, 교육계 및 언론계에 대한 비판이다. 비판은 1953년 10월 10일자 『문학유산文學遺產』에 실린 리시판李希凡과 란링藍翎의 「『홍루몽연구』를 평함」에서 발단되었다. 이 글에서 두 젊은 문학비평가들은 위핑보俞平伯의 『홍루몽연구』가 사회주의 현실주의 연구방법인 유물론적인 관점이 아니라 유심론적 관점을 가지고 기술되었다고 비판했다. 원래 리시판 등은 이 글을 당시 가장 권위 있는 『문예보文藝報』에 실으려 했는데, 이 잡지의 편집장인 펑쉐펑馮雪峰이 이를 무시하는 바람에 모교인 『산동대학山東大學학보』에 실었다가, 다시 『문학유산』에 실었다. 『홍루몽연구』비판은 이 글을 본 마오쩌뚱이 곧 다음과 같은 내용의 글을 당 중앙 정치국에 보냄으로써 사실상 시작되었다 :

> 보아하니 이것(『홍루몽연구』를 논박하는 두 편의 논문)으로 고전문학 영역에서 30여 년 간 청년들에게 해독을 끼친 후스胡適의 자산계급 유심론에 반대하는 투쟁을 전개할 수 있을 것이다. 일은 두 사람의 '작은 인물'이 만들었으나 '큰 인물들'이 이를 주목하지 않고 오히려 저지하고 있다. 큰 인물들은 자산계급작가들과 함께 유심론 쪽과 통일전선을 이루자며 기꺼이 자산계급의 포로가 되고 있다. 이것은 영화 『청나라 황궁 비사』와 『무훈전』을 상영하던 때의 상황과 같다.
>
> 看樣子, 這個反對在古典文學領域毒害青年三十餘年的胡適派資產階級唯心論的鬪爭, 也許可以展開起來了. 事情是兩個"小人物"做起來的, 而"大人物"往往不注意, 并往往加以阻攔, 他們同資產階級作家唯心論方面講統一戰線, 甘心作資產階級的俘虜. 這同影片『淸宮秘史』和『武訓傳』放映時候的情形幾乎是相同的.

칸양즈, 저거판두이짜이구디엔원쉬에링위두하이칭니엔싼스위니엔더후스파이즈찬지에지웨이신론더떠우정, 예쉬커이잔카이치라이러. 스칭스량거“샤오런우”쭈어치라이더, 얼“따런우”왕왕부주이, 삥왕왕지아이주란. 타먼통즈찬지에지쭈어지아웨이신론팡미엔지앙통이잔시엔, 간신쭈어즈찬지에지더푸루, 저통잉피엔 『칭궁미스』허 『우쉰주안』팡잉스허우더칭싱지후스시앙통더.

아마도 마오쩌뚱은 자신이 ‘작은 인물’이라 칭한 리시판과 란링의 글을 보고, 그 동안 계획했던 학술계와 언론계의 ‘큰 인물들’에 대한 비판의 단서를 얻은 것 같다. 아니 어쩌면 그보다 먼저 리시판과 란링을 조용히 불러 이 같은 비판문을 『문예보』에 투고하라고 시켰을 수도 있다. 「『홍루몽』연구」의 위핑보 등 학자들과 『문예보』편집장 펑쉬에펑 등 언론인들까지 비판대에 올리기 위해 그렇게 했을 가능성도 있다. 아무튼 마오쩌뚱의 명령이 떨어지자 학술계와 언론계뿐 아니라 문예계도 『홍루몽 연구』비판의 대오를 서둘러 갖췄다. 특히 작가협회, 즉 작협은 1953년 10월 28일 『홍루몽연구』좌담회를 개최하여 리시판과 란링을 초대했다. 이 자리에는 고전문학 연구가와 비평가 및 신문 잡지 편집인 등 70여 명을 출석시켜 위핑보의 『홍루몽연구』를 비판했다.

그렇다면 위핑보의 『홍루몽연구』는 도대체 어떤 연구서이기에 이 같은 비판을 받게 된 것일까? 이에 앞서 먼저 이 저서를 집필한 위핑보에 대해 알 필요가 있다. 위핑보(1900-1990)는 일찍이 북경대학에서 후스의 가르침을 받았고, 졸업 후에는 영국으로 유학을 갔다가, 귀국해서는 북경대학 교수로 재직했다. 그는 북경대학 학생 때부터 청나라 소설인 『홍루몽』에 관심을 가지고 후스의 저서 『홍루몽고증紅樓夢考證』을 열심히 연구했다. 그리하여 그는 23살의 나이에 후스의 저서를 뒷받침하는 『홍루몽변紅樓夢辨』을 썼다. 이후에도 그는 『홍루몽』에 대한 연구에 연구를 거듭하여 마침내 1952년 『홍루몽연구』를 출판함으로써 그간의 연구를 집대성했다. 후스의 뒤를 이어 위핑보는 『홍루몽』의 대가가 된 것이다.

제1부에서 이미 소개한 대로 『홍루몽』은 조설근曹雪芹이 쓴 장편소설이지만 연극과 영화 등으로 만들어져 지식인뿐 아니라 많은 인민 대중의 사랑을 받고 있는 대작이다. 이 소설은 청나라의 귀족인 만주족 가賈씨 가문의 종손인 가보옥과 그를 둘러싼 두 명의 여인, 즉 임대옥과 설보채의 애정을 중심으로 하되,

이밖에도 수많은 인물들이 등장하여 각기 독특한 개성을 보여준다. 뿐만 아니라 이 소설은 인물들의 애정 생활과 함께 당시 귀족 사회의 진면목과 의식주문화를 세밀히 묘사하고 있어, 세계 여러 나라의 많은 연구가들이 『홍루몽』을 다각도로 연구하여 해마다 학회를 연다. 그래서 학계에서는 『홍루몽』에 관한 학문을 '홍학紅學'이라고 부르고 홍학을 연구하는 학자들을 '홍학가'라고 부를 정도이다. 오늘날 북경에는 대관원大觀園이라는 관광 명소가 있는데, 이곳에는 『홍루몽』에 나오는 가씨 가문의 집과 가구 및 정원이 잘 조성되어 있다. 또한 소설에 나오는 주요 인물들도 실물 크기로 재현하여 놓았다. 뿐만 아니라 대관원 바로 옆 식당에서는 소설에 나오는 온갖 요리를 만들어 팔고 있다.

이처럼 전 국민적인 관심의 대상인 『홍루몽』의 주제를 놓고 홍학 연구가들 사이에 의견이 분분했다. 예를 들어 비교적 원로 연구가들은 이 소설이 한 귀족의 가정사와 청나라의 궁중 비사를 비판적으로 다뤘다고 했다. 어떤 학자는 이 소설의 주제가 『역경』의 역易 사상이라고 하고, 또 다른 학자는 노골적인 애욕이라고도 했다. 하지만 1921년 후스가 발표한 『홍루몽고증』에서 이 소설이 조설근이 참회하는 심정으로 쓴 자전적인 소설이라는 주장을 한 후부터 후스의 학설이 큰 호응을 얻었다. 왜냐하면 후스의 연구 방법이 그때까지의 연구와 달리 실증적이고 과학적인 고증을 거쳤기 때문이다. 위핑보는 후스의 제자이니, 그가 쓴 『홍루몽변』은 당연하게도 후스의 『홍루몽고증』을 계승 발전시킨 것이다.

이후 수 십 년 간 위핑보는 자신의 『홍루몽변』을 더욱 보강하여 마침내 다음과 같은 다섯 가지 결론이 담긴 『홍루몽연구』를 출판한다. 첫째, 꼼꼼한 고증을 통해 볼 때, 『홍루몽』은 청나라의 몰락한 귀족인 조설근의 자전적인 소설이 확실하다. 즉 소설의 주인공 가보옥은 조설근 자신이고 가씨 가문은 바로 조씨 가문이라는 뜻이다. 둘째, 이 소설의 주요 사상은 『장자莊子』의 도道이고, 불교의 공空이다. 이는 『홍루몽』의 줄거리를 볼 때, 천상의 돌멩이 하나가 가씨 가문의 종손인 가보옥으로 태어나 온갖 부귀영화를 누리다가, 마지막에 다시 돌로 돌아가기 때문이다. 그래서 이 소설의 원래 이름은 『석두기石頭記』, 즉 돌멩이이야기이기도 하다.

셋째 결론은 여주인공인 임대옥과 설보채의 관계가 서로 돕는 보완 관계라는 것이다. 이들은 비록 가보옥을 사이에 둔 연적戀敵이기는 하지만, 몸이 약한 임대옥을 위해 설보채가 약을 달여 갖다 주기도 하고, 임대옥은 또 설보채의 원만하고 활달한 성격을 칭찬하고 인정하는 등 좋은 관계를 유지하기 때문이다. 넷째, 가보옥을 비롯한 소설 속 인물들은 각자 나름의 원한이 있지만 결코 분노하지 않는 고상한 품격이 있다는 것이다. 인물들이 대체로 함부로 행동하지 않고 제각기 분노를 삭혀나가기 때문이다. 마지막으로 다섯째, 『홍루몽』은 중국의 고전인 『서상기』 『금병매』 등의 전통을 계승했다는 것이다. 이 또한 조설근이 어린 시절부터 『서상기』 『금병매』 등 많은 고전문학을 공부하여, 자신의 것으로 소화해냈다는 것을 말한다.

이 같은 결론을 담은 위핑보의 『홍루몽연구』는 출판되자마자 학계와 언론계의 높은 평가를 받았다. 특히 『문예보』는 위핑보의 연구를 중시하고 그에게 『홍루몽』의 해설을 의뢰했다. 즉 1953년 4월 경 『문예보』는 "위핑보의 『홍루몽연구』는 과거 홍학 연구가들의 오류를 배제하고, 새로운 방법으로 세밀한 고증을 한 끝에 마침내 대단한 성과를 냈다."고 극찬했다. 이때까지만 해도 아무도 『홍루몽연구』가 몇 개월 후 리시판과 란링이라는 젊은 학자들과 마오쩌뚱의 비판 대상이 되리라고 생각하지 못했을 것이다. 또한 아무도 리시판 등의 비판문을 실어주지 않은 『문예보』 편집장 펑쉐에펑이 자아비판을 하게 되리라고는 생각하지 못했을 것이다.

하지만 앞서 언급한 대로 그해 10월 마오쩌뚱의 비판 명령이 떨어지자 학술계와 언론계뿐 아니라 문예계도 『홍루몽 연구』 비판의 대오를 서둘러 갖췄다. 작협은 1953년 10월 28일 『홍루몽연구』 좌담회를 개최하여 리시판과 란링을 초대했다. 이 자리에는 고전문학 연구가와 비평가 및 신문 잡지 편집인 등 70여 명이 출석하여 위핑보의 『홍루몽연구』의 다섯 가지 결론에 대해 다음과 같이 조목조목 비판했다.

첫째, 위핑보는 『홍루몽』이 조설근의 자전적 소설이라고 결론지었는데, 이 소설은 개인 소설이 아니라 사회소설이다. 왜냐하면 이 소설에는 청나라 말 귀족 사회에 대한 이야기가 많기 때문이다. 둘째, 이 소설의 주제는 『장자』의

도道나 불교의 공空이 아니라 만주족이 지배하는 청나라 사회의 비극적 현실을 파헤친 것이다. 소설 속에 묘사된 관리의 부정부패라든가 귀족들의 문란한 성생활 등에 대한 이야기가 많기 때문이다. 셋째, 이 소설의 두 여주인공인 임대옥과 설보채의 관계는 보완적인 관계가 아니라 대립적인 관계이다. 즉 이 두 사람은 그저 겉으로 도와주고 인정해주는 척 할 뿐이지 속으로는 서로 적대시한다는 것이다.

넷째, 위핑보는 이 소설에 등장하는 인물들이 피차 원한은 있으나 함부로 분노하지 않는 고상한 품격을 가졌다고 하는데, 사실 이들은 서로 모순을 일으키며 투쟁한다는 것이다. 이는 등장인물들이 임대옥과 설보채처럼 겉으로만 고상한 척 하는 것이지 속마음으로는 끊임없이 투쟁하고 있다는 뜻이다. 다섯째, 위핑보는『홍루몽』이『서상기』나『금병매』같은 전통적인 문학을 계승했다고 하는데, 이 소설은 전통문학을 계승한 것이 아니라 오히려 전통문학과 결별하고 단절된 작품이라는 것이다. 왜냐하면 이 소설은 인물들끼리 끊임없이 충돌하고 사회적인 모순을 낱낱이 드러내고 비판하고 있기 때문이다.

이처럼 작협의『홍루몽연구』좌담회는 인민 대중의 사랑을 받는『홍루몽』을 유심론이 아닌 유물론적 관점으로 재정리했다. 이는 후스와 위핑보 등 문학연구가들이 이 소설을 작가 개인의 가정사라는 바탕 위에서 서로 다른 인물들 간에 화해를 추구하고, 전통을 계승한 것으로 평가한 것에 대한 도전을 의미한다. 즉『홍루몽』은 개인이 아닌 사회 소설이고, 화해가 아닌 투쟁을 추구하고 있으며 과거의 전통과도 단절을 시도한 사회주의 현실주의 작품이라는 것이다.

좌담회에서는 또「『문예보』편집자에게 질문한다」는 제목의 발제도 있었다. 아마도 마오쩌뚱에 의해 사전에 마련되었을 이 발제에서는『문예보』편집자가 신간 소개란에 위핑보의『홍루몽연구』를 대서특필한 것을 비판했다. 또한 당시『문예보』편집장인 펑쉬에펑이 리시판과 란링의『홍루몽연구』에 대한 비판문을 실어주지 않은 것을 비판했다. 이처럼 펑쉬에펑은 공개적으로 성토의 대상이 되었다. 펑쉬에펑 뿐만 아니라 그간『홍루몽연구』에 찬사를 보냈던 많은 문인·작가·학자·연구가 및 언론인들도 '자산계급 유심론자들'로 몰려 차례로 성토의 대상이 된다. 이로써 중국의 문예계와 학술계 및 언론계는 꼼짝없이 사회주의

현실주의에 입각한 유물론의 울타리 안으로 들어가게 된 것이다.

3) 후펑 비판

후펑에 대한 비판은 사실『홍루몽연구』비판보다 먼저 시작되었다. 어찌 보면 후펑 비판을 더욱 가열시키기 위해 위핑보의『홍루몽연구』비판을 시작했을 수 있다. 이는 비판의 진짜 표적이 위핑보나 펑쉬에펑이 아니라 후스의 문예사상을 추종하는 많은 자산계급 유심론자들이라는 뜻이다. 그 가운데서도 특히 1944년부터 마오쩌뚱의 문예사상에 제동을 걸어온 후펑이야말로 우파문학 비판의 제1표적이었다고 할 수 있다.

후펑 비판의 포문은 1952년 5월 마오쩌뚱의「문예강화」발표 10주년을 기념하는 자리에서 수우舒蕪가 열었다. 후펑의 제자였던 수우는 자신이 1945년 후펑의「주관론」을 옹호했던 주장을 번복함으로써 스승을 궁지로 몰았다. 이는 물론 마오쩌뚱의 뜻에 따라 저우양 등이 수우를 끌어들인 결과일 것이다. 이어서 7월에는 허치팡何其芳·저우양·펑쉬에펑 등이 주도한 '후펑문예사상토론회'가 열려 다섯 차례의 후펑 비판 토론이 벌어졌다. 후펑 비판은 이듬해인 1953년과 54년을 거쳐 1955년까지 계속되었다.

도대체 후펑은 어떤 사람이었기에 이처럼 비판의 제1표적이 된 것일까? 이 의문을 풀기 위해 후펑의 생애를 거슬러 올라가본다. 후펑은 1902년에 태어나 북경대학과 청화대학 영문과를 다니다가 1929년 일본 게이오慶應대학으로 유학을 갔다. 일본 유학중에 그는 무산계급 문학 단체인 프로문학 단체에 가입하여 활동하다가 갑자기 일본 공산당에 가입한다. 후펑이 왜 갑자기 일본 공산당에 가입했는지에 대해서는 알 길이 없다. 다만 그가 일본 공산당에서 활동하다가 1933년 일본 경찰에 의해 체포되어 중국으로 강제 추방되었다는 사실이 전해질 뿐이다. 상해로 돌아온 그는 역시 일본유학을 했던 루쉰과 펑쉬에펑 등과 사귀면서 좌익작가연맹에 가입하여 활동하게 된다.

후펑은 특히 루쉰을 존경하여 1936년, 루쉰이 죽을 때까지 그와 뜻을 같이 했다. 앞에서 언급한 대로 1935년 좌련이 공산당의 사주를 받은 저우양의 '국방문학파'와 루쉰의 '민족혁명전쟁을 위한 대중문학파'로 나뉘었을 때, 후펑은 물론 루쉰의 편에 섰다. 저우양 등이 좌련의 대표인 루쉰을 무시하고 공산당의 지시대로 느닷없이 원칙 없는 문예계의 통일전선을 외치고 나섰기 때문이다. 당시 루쉰은 이미 병색이 짙었으므로, 민족혁명을 위한 대중문학파의 실제 주역은 후펑이었다. 문학이 정치에 끌려 다닐 수는 없다는 후펑의 생각은 이때 이미 뿌리를 내렸다고 볼 수 있다.

하지만 그때까지만 해도 후펑과 마오쩌뚱은 그다지 나쁜 관계가 아니었던 것 같다. 둘 사이에 틈이 벌어진 때는 마오쩌뚱이 제기한 민족형식의 구 문학형식에 대하여 후펑이 반대한 1938년경이었을 것이다. 당시 마오쩌뚱은 인민 대중을 동원하여 혁명을 완수하려는 뜻을 품고 있었다. 그 때문에 그는 문인들이 농민・노동자들이 좋아하는 민요나 설화 형식에다가 공산주의 혁명 사상을 고취하는 내용을 담아 보급해주기를 바랬다. 이는 사실상 지식인들이 즐기는 현대시나 현대소설 등 신문학 형식을 포기하라는 뜻이다. 하지만 후펑의 생각은 달랐다. 그는 민족문학형식이 꼭 전통적인 구 문학 형식을 의미하는 것은 아니며 신문학 형식에도 당시 중국민족의 정서를 충분히 담을 수 있다고 말했다. 그는 또 문인 작가들이 구 문학으로 퇴행할 것이 아니라 신문학을 더욱 발전시켜 인민 대중에게 보급해야 한다고 역설하였다. 이처럼 후펑은 신문학을 지식인문학으로 축소시켜 배제하려는 마오쩌뚱에게 제동을 건 것이다.

이렇게 시작된 마오쩌뚱과 후펑의 악연은 마오쩌뚱이 내놓은 「문예강화」에 대해 후펑이 「주관론」으로 맞대응하면서부터 본격화되었다. 앞에서도 말했지만 마오쩌뚱은 「문예강화」에서 문예는 인민 대중을 위한 것이고, 그 방식은 민중이 좋아하는 구 문학형식으로 하되, 아군을 찬양하고 적군을 비난해야 한다고 했다. 또 문예는 어디까지나 정치에 봉사해야 하며 유물론과 객관론에 입각해야 한다고 했다. 하지만 후펑은 「주관론」을 발표하여, 작가를 정치가의 하위에 두고 장악하겠다는 마오쩌뚱의 기도에 제동을 걸었다. 즉 그는 작가가 주관을 가지고 생활 속에서 끊임없이 자아를 확장하여, 대상과 자기를 일치시키는 창작을 해야 한다고 주장했다. 그렇게 하지 않고 정치적 필요에 의해서 객관적으로 아군과 적군으로 갈라놓고, 아군을 찬양하고 적군을 폭로하는 작품은 문학작품이 아니라 공식이나 도표가 될 뿐이라고 했다.

일설에 의하면 이같은 후펑의 마오쩌뚱에 대한 정면도전이 1952년 그에 대한 비판운동을 일으키게 된 진짜 이유라고 한다. 아무튼 후펑 비판은 앞서 언급한 대로 후펑 자신이 길러낸 제자인 수우로부터 시작되었다. 이어서 소집된 '후펑 문예사상토론회'에서 문인들은 후펑 문예이론에 대해 하나 둘 문제를 제기했다. 하지만 후펑은 자신의 문예이론이 마르크스주의 문예이론과 사회주의 리얼리즘 문예 이론에서 벗어나지 않았다고 주장하며 끝까지 맞섰다. 그의 문예이론을 비판하는 토론회는 그해 12월까지 무려 다섯 차례나 열렸으나 후펑은 한 치도 양보하지 않고 자신의 주장을 반복했다.

그러자 이듬해인 1953년 1월 허치팡이 『문예보』에 후펑의 문예사상이 반현실주의·반마르크스주의 사상일 뿐 아니라 반공산당·반사회주의 사상이라는 요지의 글을 썼다. 이 같은 공개적인 비판에 후펑은 약 1년 6개월간 침묵하다가 1954년 7월, 장장 27만여 자에 달하는 장문의 보고서를 당 중앙에 제출하였다. 이 글에서 후펑은 허치팡이 자신의 문예 사상을 반현실주의·반마르크스주의 사상이라고 비판한 것에 대해 자세한 논거를 들며 반박했다. 이어서 허치팡 등이 사회주의리얼리즘의 창작실천 방안으로 제시한 다섯 가지 조항에 대해서도 하나하나 반박하였다.

당시 사회주의현실주의의 창작실천 방안으로 제시된 다섯 가지 조항은 다음과 같다. 즉 첫째, 작가는 반드시 공산주의 세계관을 가져야 한다. 둘째, 작품에는 반드시 농민·노동자·병사들의 생활이 담겨야 한다. 셋째, 작가들은 마르크스 문예이론으로 사상개조를 해야 한다. 넷째, 작품은 반드시 민족 형식, 즉 구문학형식으로 씌어져야 한다. 다섯째, 작품의 주제와 소재를 인민 대중의 사회주의 혁명으로 제한해야 한다. 후펑은 이 보고서에서 이상 다섯 가지 창작실천 방안의 허구성을 하나하나 지적한 다음, 이 다섯 가지 방안이야말로 작가와 독자의 머리에 꽂는 다섯 자루의 칼이라고 통박하였다. 마지막으로 그는 문인 작가들을 정치적 선전과 선동에서 해방시켜, 그들에게 사상의 자유와 창작의 자유를 주어야 진정한 문예발전이 있을 것이라고 결론지었다.

이 같은 후펑의 보고서에 대해 침묵하던 당 중앙은 이듬해인 1955년 2월 또 다시 후펑의 제자였던 수우를 시켜 후펑을 공격하게 한다. 그러자 수우는 스승인 후펑이 마오쩌뚱의 「문예강화」와 당의 문예정책에 대하여 반대하고 당의 지시를 계속 어겨 왔다고 공격했다. 뿐만 아니라 수우는 옛날 후펑으로부터 받은 사적인 편지 100여 통을 증거물로 공개하기까지 했다. 이 같은 비열한 공격에 이어서 연일 후펑 비판대회가 열리는 등 사태가 심상치 않은 방향으로 진행되었다.

결국 막다른 골목으로 몰리고 있다고 판단한 후펑은 3월에 비로소 자아비판을 했다. 하지만 당은 그를 용서하지 않고 계속해서 그를 반공산당·반혁명분자로 몰아붙였다. 마침내 1955년 5월 17일 후펑은 반혁명집단의 괴수이자 국민당의 간첩이라는 죄명으로 체포되었다. 이와 함께 후펑에게 동조했던 작가 78명이 체포되었고, 이들과 연루된 약 1000명의 지식인이 자아비판대에 올랐다. 체포된 후펑은 재판을 거쳐 투옥된 후, 20년 간 감옥에서 지내다가 1980년, 덩샤오핑 정권에 의해 복권된다. 요컨대, 후펑은 1955년 5월 17일 이후 세상을 떠난 1985년까지 약 30년 간 어떤 발언도 하지 못하고 사회적으로 매장당한 채 살아가야 했다.

3. 쌍백운동

쌍백운동雙百運動은 두 가지 백百 운동으로, 한 가지는 백화제방百花齊放이고, 다른 한 가지는 백가쟁명百家爭鳴을 말한다. 그러니까 온갖 꽃들이 다 피고 온갖 새들이 다투어 우는 운동이 바로 쌍백운동이다. 여기서 백은 무수히 많다는 뜻이고, 꽃은 문예 작품을, 새는 사상가들을 의미한다. 즉 서로 다른 온갖 문예와 사상을 자유롭게 창작하고 발표하는 운동이 바로 1956년 마오쩌뚱의 공산당에 의해 선포된 쌍백운동인 것이다.

그간 『무훈전』비판과 『홍루몽연구』비판에 이어 불과 몇 개월 전 후펑 비판을 완결한 마오쩌뚱의 당 중앙이 쌍백운동을 전개한다고 발표하자 문인 작가와 학자 등 지식인들은 어리둥절했을 것이다. 지금까지 지식인들을 사회주의현실주의라는 외길로 몰아온 당 중앙이 새삼스레 모든 길을 개방하겠다고 하니 말이다. 그렇다면 도대체 왜 공산당은 문인 등 지식인을 대상으로 쌍백운동을 일으켰을까?

그 이유는 대략 다음과 같다. 우선 대내적으로 중국은 1953년부터 합작사合作社 정책으로 농공農工의 집단화를 추구해왔다. 그 과정에서 공업과 농업 발전에 불균형이 초래되었다. 즉 중공업에 대한 정부의 집중 투자로, 중공업은 크게 발전했으나 생활필수품을 만드는 경공업과 농업 생산이 크게 감소된 것이다. 또한 합작사 간부들의 무능과 권위주의가 농민들을 질리게 했고, 이로 인해 농민들이 도시로 떠나는 이농현상이 생겼다. 게다가 앞서 소개한 각종 우파문학 비판운동으로 문인 등 지식인들은 납작 엎드려 숨죽이고 있었다. 이는 당연하게도 지식인들의 사회참여 기피로 이어졌다. 그러자 저우언라이는 1956년 1월 "지식인도 사회주의 국가 건설을 담당하는 정신노동자이다."라는 요지의 담화문을 발표하여 지식인 어르기에 나선 것이다.

또한 대외적으로 볼 때, 새로이 소련 공산당 제1서기로 선출된 후르시초프는 1956년 2월 열린 당 대회에서 스탈린의 혁명 노선을 전면 수정하는 이른바 수정주의 노선을 선포했다. 그는 스탈린이 자본주의와의 전쟁이 불가피하다고 한 것을 부인하고, "사회주의는 자본주의와 전쟁하지 않고도 평화적으로 경쟁하여 승리할 수 있다."고 했다. 이어서 비밀리에 스탈린 비판이 이루어졌다. 비판의 명분은 사회주의의 발전을 위해서 스탈린의 고립주의를 탈피하여 서방의 자본주의 국가와 평화적으로 공존해야 한다는 것이었다. 그런 다음 후루시초프는 스탈린 시대에 핍박받던 문인 작가들을 해방시키고 복권시켰다.

이 같은 후루시초프의 스탈린 비판과 문인 작가들에 대한 유화 정책은 그간 계속되는 우파 비판으로 숨죽이고 있던 중국의 문인 작가들에게는 희소식이었을 것이다. 또한 마오쩌뚱 노선에 은근히 반대하던 당 간부들도 변화한 소련의 정치 상황을 접하고 술렁임이 있었을 것이다. 바로 이 시점에 마오쩌뚱은 "소련에서 발생한 문제를 거울삼아 각종 모순을 명확하게 처리해야 한다"고 전제하고 "자유로운 토론과 비판 작업을 거쳐 강대한 사회주의 국가를 건설하자."고 말했다. 이어서 그는 지식인들에게 창작과 비평 및 사상 표현의 자유를 보장하는 쌍백운동을 선포한 것이다.

하지만 처음부터 쌍백운동에 부응하는 문인 작가들은 거의 없었다. 그도 그럴 것이 비록 소련에서는 이미 죽은 스탈린이 비판을 받았지만, 스탈린과 정치적 노선이 비슷한 마오쩌뚱은 아직 살아 있을 뿐 아니라, 권력의 정점에 있으니 말이다. 더욱이 마오쩌뚱이 선포한 쌍백운동의 진의가 어디에 있는지 모르는 판국에 문인들이 선불리 입을 열 수 없었을 것이다. 1942년 「문예강화」반포 직후 왕스웨이 비판을 비롯하여, 『무훈전』비판과 『홍루몽연구』비판을 거쳐, 1년 전인 1955년에 비로소 마무리된 후펑 비판에 이르기까지 수많은 비판운동이 남긴 상처가 아직도 생생했기 때문에 문인 작가들이 이 같이 냉담한 반응을 보인 것이다.

하지만 공산당 중앙은 문인과 지식인들을 향해 끊임없이 문예창작과 사상표현의 자유를 공포한다. 특히 동유럽 공산국가의 하나인 폴란드에서 인민 폭동이 일어나던 1956년 6월 경부터 당 중앙은 더욱 적극적으로 쌍백운동 독려에 나선다. 심지어 전국의 연극인들을 한자리에 모아놓고 과거에 공연을 금지했던 희곡작품을 마음대로 공연할 수 있다며 판을 만들어주기까지 한 것이다. 그러자 대도시와 지방의 극단들이 음란하고 폭력적인 연극과 심지어 귀신이 나오는 연극까지 공연하기 시작했다. 이는 당과 정부가 부추기지 않으면 할 수 없는 공연이었음은 두 말할 필요가 없다.

그럼에도 불구하고 문인 작가들이 선뜻 나서려 하지 않자 그해 9월에 개최된 공산당 전국대표대회에서 이번에는 리우샤오치劉少奇가 백화제방과 백가쟁명의 쌍백운동에 참여하자고 나섰다. 이처럼 벌써 몇 개월 째 끊임없이 쌍백운동이 계속되자, 드디어 문예계가 서서히 움직이기 시작했다. 하지만 이 움직임은 그간 마오쩌뚱 치하에서 쓴 맛을 톡톡히 본 기성작가들이 아닌 젊은 신진 작가들 사이에서 일어났다.

먼저 왕멍王蒙이 「조직부에 온 젊은이 組織部來了的年輕人」라는 단편소설을 써서 공산당 내의 관료주의를 비판했다. 또한 평론가 허즈何直는 「현실주의, 그 광활한 길 現實主義-廣闊的道路」을 써서 그간 당의 문예정책인 사회주의현실주의가 어떻게 문인 작가들을 속박해왔는지 토로했다. 영화평론가 종디엔페이鍾惦棐도 「영화의 바라와 북 電影的鑼鼓」에서 영화계의 숨통을 조이는 당의 영화정책을 비판했다. 이밖에도 많은 젊은 문인 작가들이 그간 금기시되었던 개인의 이야기,

남녀의 사랑, 가정의 행복 등을 주제로 작품을 쓰기 시작했다.

그러자 저우보周勃 · 친자오양秦兆陽 등 쌍백운동 반대자들이 나와 "사회주의 현실주의라는 창작방법은 변할 수 없다."고 주장했다. 이들은 왕멍을 비롯한 젊은 작가들의 무절제한 비판의식과 방만한 작품 활동을 비판하며, 당 중앙에 쌍백운동의 철회를 요구했다. 하지만 마오쩌뚱의 태도에는 변함이 없었다. 그해 10월 헝가리 내전이 일어나는 등 동유럽 공산국가의 요동이 계속되는 가운데, 이듬해인 1957년 2월 마오쩌뚱은 또 성명을 내어 쌍백운동이 결코 일시적인 운동이 아님을 다음과 같이 밝혔다. 즉 쌍백운동은 당의 기본적인 운동인 동시에 장기적인 운동이지, 결코 일시적인 운동이 아니다. 그러니 모두 서슴없이 각자의 의견을 과감히 말하고 과감히 비평하고 과감히 논쟁하라는 것이다.

이쯤 되면 문인들이 가만히 침묵하기가 어려웠을 것이다. 이제 뭐라 말하지 않고 있으면 오히려 몰릴 지도 모르는 상황이니까 말이다. 그러자 저명한 미학자 주광치엔朱光潛이 다음과 같이 조심스럽게 말문을 연다 :

> "백가쟁명"의 구호가 나오기 5 · 6년 전부터 나는 예술적인 글은 단 한 편도 쓰지 못했다. 미학에 관한 괜찮은 책도 한권도 읽지 못했고, 미학에 관한 어떤 문제도 진지하게 생각할 수 없었다. 그 까닭은 내가 원하지 않았기 때문이 아니라 감히 할 수가 없었던 것이다…… '백가쟁명'의 구호가 나온 이후, 나는 크게 안도의 숨을 쉬었다. 나 한 사람만이 아니라 내가 아는 모든 유심주의의 낙인이 찍힌 옛 지식분자들이 다 이 "복음"을 이야기 하며 얼굴에 기쁨을 나타냈다. 솔직히 말해서 그때부터 비로소 우리는 심리적으로 공산당을 향해 큰 걸음을 내딛었다. 우리가 기쁨을 나타낸 것은 결코 유심주의가 다시 머리를 치켜들 수 있다고 해서가 아니라 우리들의 유심주의 보따리를 가장 합리적으로, 또 가장 효과적으로 내려놓을 수 있게 되었기 때문이다. 또 앞으로 남은 여생에 모두가 똑같이 사랑하는 조국을 위하여 학술적인 힘을 낼 수 있게 되었기 때문이다.

> 在"百家爭鳴"的号召出來之前, 有五 · 六年的時間我沒有寫一篇學術性的文章, 沒有讀一部像樣的美學書籍, 或者是就美學裏的某個問題認眞地作一番思考. 其所以如此, 并非由于我不願, 而是由于我不敢……"百家爭鳴"的号召

出來了，我就松了一大口氣．不但是我一個人如此，凡是我所認識的有唯心主義烙印的舊知識分子一見面談到這個“福音”，沒有一個不喜形于色的．老實說，從那時起，我們在心理上向共產黨邁進了一大步．我們喜形于色，并不是慶幸唯心主義從此可以抬頭，而是慶幸我們的唯心主義的包袱從此可以用最合理最有效的方式放下，我們還可以趁有用的餘年在學術上替大家一樣心愛的祖國出一把力．

짜이“바이지아정밍”더하오자오추라이즈치엔, 여우우・리우니엔더스지엔워메이여우시에이피엔쉬에수싱더원장, 메이여우두이부샹양더메이쉬에수지, 후어저스찌우메이쉬에리더머우거원티런전디쭈어이판쓰카오. 치쑤어이루츠, 삥페이여우위워부위엔, 얼스여우위워뿌간……“바이지아정밍”더하오자오추라이러, 워찌우쑹러이따커우치. 부딴스워이거런루츠, 판스워쑤어런스더여우웨이신주의더라오인더지우즈스펀즈이지엔미엔탄따오저거“푸인”, 메이여우이거뿌시싱위써더. 라오스수어, 총나스치, 워먼짜이신리상샹꽁찬당, 마이진러이따부. 워먼시싱위써, 삥부스칭싱웨이신주의총츠커이타이터우, 얼스칭싱워먼더웨이신주의더빠오푸총츠커이용쭈이허리쭈이여우샤오더팡스팡샤, 워먼하이커이천여우용더위니엔짜이쉬에수상티따쟈이양신아이더주구어추이바리.

주광치엔의 이 글은 먼저 자산계급 유심주의자로 몰렸던 학계와 문예계 인사들이 영화『무훈전』비판이 시작된 이래 얼마나 고통 속에 침잠되어 있었는지 잘 보여준다. 그런데 이제 쌍백운동으로 인하여 자신을 비롯한 많은 유심주의 지식인들이 앞으로 활동을 재개할 수 있게 되어서 기쁘다는 것이다. 물론 주광치엔은 아주 마음을 놓지는 않는다. 이는 “우리가 기쁨을 나타낸 것은 결코 유심주의가 다시 머리를 들 수 있다고 해서가 아니라, 우리들의 유심주의 보따리를 가장 합리적으로, 또 가장 효과적으로 내려놓을 수 있게 되었기 때문이다.”에 잘 드러나 있다. 또한 마지막에 애국심과 공산당에 대한 충성의 다짐을 해놓은 것에도 잘 나타나 있다.

이 즈음에 빠런巴人・치엔구룽錢谷融・왕수밍王淑明도 문학이 인정人情과 인성人性 및 인도주의를 이야기해야 한다는 요지의 글을 썼다. 재미있는 점은 이들이 말하는 인성이나 인도주의가 사회주의의 옷을 입고 있다는 사실이다. 즉 이들은 무산계급이 계급투쟁을 하는 것은 인류에게서 계급을 없애고 인간의 본성을 회복하는 것으로, 이것이 바로 인도주의이고 이것을 위해 봉사하는 것이 문학의 본분이라고 주장했다. 사실 인도주의는 무산계급의 계급투쟁과는 거리가 있는 주의주장이다. 그럼에도 불구하고 이들이 그 둘을 무리하게 연결시킨 것을 볼 때, 당시 많은 문인 작가들은 쌍백운동을 벌이는 마오쩌뚱의 진의에 대해 반신반의했음을 알 수 있다.

마오쩌뚱은 문인 작가들에 대한 쌍백운동 독려에 이어 원로 정치가들과 지식인 등을 상대로도 쌍백운동을 펼쳤다. 정치 원로들의 모임인 동맹회同盟會 회원들에게도 공산당과 정부의 시책에 대한 의견을 묻고 대학 교수들의 의견을 경청하겠다고 나선 것이다. 그러자 처음에는 마오쩌뚱의 저의를 의심하던 이들도 그가 여러 차례 강력하게 요구하자 하나 둘 의견을 표시하기 시작했다. 이들의 의견은 어느새 공산당의 독재에 대한 비판으로 치달았다. 즉 공산당의 무리한 중공업정책으로 경제가 파탄지경에 이르렀으므로, 이제 융통성 있고 실용적인 인사들이 나서서 정치와 경제의 균형 있는 발전을 추구해야 한다고 주장했다. 이 무렵 북경의 각 대학에는 공산당을 비판하는 벽보가 나붙고, 급기야 북경대학의 한 집회에서 “후펑 선생의 의견은 정당했다. 지금 당이 주도하는 쌍백운동이 후펑 선생의 의견과 같지 않은가?”라고 말하는 대학생도 있었다.

그러자 대략 1956년 9월부터 1957년 5월까지 이어진 쌍백운동은 6월부터 급냉각된다. 그간 쌍백운동의 방침에 따라 자유롭게 비판의 목소리를 냈던 문인·지식인 등이 마오쩌뚱의 손짓 한번으로 몽땅 덫에 걸려든 것이다. 그 신호탄은 6월 6일 열린 중국작가협회 회의에서 터졌다. 이 회의에서 그간 당을 비판하고 창작과 사상 표현의 자유를 주장한 문인 작가들을 비판하기 시작했는데, 제일 먼저 거론된 ‘우파’작가가 띵링이었다.

이렇게 시작된 반우파문학투쟁은 연말까지 지속되었고, 다시 이듬해까지 이어졌다. 1958년 1월에는 1942년 연안 시절 공산당의 정책에 반기를 들었던 왕스웨이·아이칭·샤오쥔蕭軍 등에 대한 재비판까지 벌어진다. 또한 그해 2월 『인민일보』에 “띵링 등은 억지로 민주혁명의 관문을 지나왔으나, 사회주의혁명이라는 관문을 통과할 수는 없었다. 이들이 반마르크스주의적이고 반사회주의적인 문예노선을 견지하고 있기 때문이다.”라는 요지의 글이 실렸다. 이어서 반우파투쟁은 학계, 정치계로 확산되어 연일 지속되었다. 결국 그해 10월 약 55만 명이 우파로 낙인 찍혀 당적을 박탈당하거나 기관에서 축출당하고, 심지어 투옥되거나 하방되었다. 이처럼 마오쩌뚱은 1942년 연안에서 그랬던 것처럼 지식인과 문인들에게 쌍백운동이라는 판을 먼저 깔아주고 자유로운 발언을 하게 해놓은 다음, 막후에서 내 편과 네 편을 가른 후, 일거에 반대파를 제거하는 데 성공했다. 요컨대, 쌍백운동은 당의 정책을 비판하는 문인·지식인 등을 색출하기 위하여 마오쩌뚱이 깔아놓은 거대한 덫이었다고 할 수 있다.

4. 대약진운동과 신민가

북한의 천리마운동을 연상시키는 중국의 대약진운동大躍進運動은 일종의 자력갱생운동이다. 마오쩌뚱의 공산당은 한편으로는 문인과 지식인을 상대로 반우파투쟁을 하고, 다른 한편으로는 농민을 대상으로 이 운동을 펼쳤다. 이는 새벽별을 보고 출근하여 온 종일 들에서 일하고, 해가 지면 공장에서 일하다가 역시 별을 보고 귀가하는 노동운동이다.

사실 대약진운동은 1957년 11월 모스크바에서 열린 12개국 공산당회의에서 마오쩌뚱이 후루시초프와 결별하고 돌아온 이후 생각해낸 자구책이었다. 그간 스탈린식 경제개발 5개년 계획을 추진해온 마오쩌뚱은 후루시초프가 이 계획을 수정하고 미국 등 서방세계와 평화공존정책을 펴기 시작한 것을 받아들일 수 없었다. 그는 스탈린의 개발계획을 수정하고 서방세계와 평화공존할 뜻이 전혀 없었기 때문이다.

소련과 다른 공산 국가들과의 사이가 벌어지게 된 중국은 외교적인 고립을 핵 개발로 돌파할 계획을 세웠다. 한편으로는 핵 개발에 착수하고 다른 한편으로는 국방력을 확충했다. 급기야 1958년 8월, 마오쩌뚱의 공산당은 발악하듯 대만해협의 금문도에 포격을 가했다. 최대의 방어는 공격이라고 믿은 것일까? 이 같은 도발에 미국은 물론 전 세계가 중국에 대한 경계를 강화했음은 물론이다. 심지어 소련까지 중국을 고립시켰다. 후루시초프는 그간 중국에 파견했던 핵과학 기술자들까지 도로 다 데려갔다.

이처럼 대외적으로 죽의 장막을 친 마오쩌뚱은 대내적으로 인민 대중을 총동원하는 대약진운동에 매달렸다. 하지만 농민과 노동자를 새벽부터 밤늦게까지

일하게 하려면 명령과 세뇌만 가지고는 부족했다. 이들이 자발적으로 신명나게 일할 수 있는 무엇인가가 필요했다. 인민이 신명나게 생산할 수 있는 추진력은 이들의 감정을 움직이는 그 무엇이 있어야 하는데, 마오쩌뚱은 그것이 바로 사회주의 혁명을 고취하는 민요라고 판단한 듯하다. 1958년 3월, 마오쩌뚱은 문인 작가들에게 바로 이 같은 새로운 민요, 즉 신민가新民歌를 지으라고 요구했다. 그에 따르면 신민가는 사회주의현실주의에다가 혁명적 낭만주의의 옷을 입힌 형식이 되어야 한다는 것이다.

문예사조상으로 볼 때 현실주의와 낭만주의는 엄연히 다른 것으로, 이 둘을 결합하라는 마오쩌뚱의 요구는 문인 작가들에게 다소 난감한 일이었다. 이처럼 문인 작가들이 어찌 할 줄 모르고 있을 때, 마오쩌뚱이 1958년 4월 『문예보』에 자신이 지은 신민가 「접련화蝶戀花」를 실었다. 나비가 꽃을 그리워한다는 뜻의 「접련화」는 인민 대중이 잘 아는 옛 노래의 제목으로, 이 노래에다가 마오쩌뚱이 새로운 가사를 붙여 만든 것이 바로 「접련화」이다 :

> 나는 자랑스런 양카이후이를 잃었고, 그대는 리우즈쑨을 잃었다.
> 양카이후이와 리우즈쑨은 가뿐히 날아올라 하늘나라로 가버렸다
> 달의 신선 오강에게 이들이 어디 있느냐 물으니
> 오강이 월계화 술을 받쳐 든다
>
> 쓸쓸한 달의 요정 항아가 넓은 소매 펼쳐들고
> 만리 창공에서 이 두 충성스런 영혼을 위해 춤을 춘다
> 문득 인간세상에서 호랑이를 제압했다는 보고를 듣고
> 억수 같은 눈물이 비가 되어 흩날린다
>
> 我失驕楊君失柳 워스쟈오양쥔슬리우
> 楊柳輕飄直上重霄九 양리우칭퍄오즈상충샤오지우
> 問訊吳剛何所有 원쉰우강허쑤어여우
> 吳剛捧出桂花酒 우강펑추꾸이화지우
>
> 寂寞嫦娥舒廣袖 지모창어수광시우
> 萬里長空且爲忠魂舞 완리창콩치에웨이중혼우
> 忽報人間曾伏虎 후빠오런지엔청푸후
> 淚飛頓作傾盆雨 레이페이돈쭈어칭펀위

양카이후이楊開慧는 마오쩌뚱의 첫 번째 아내로, 1930년 국민당에 붙잡혀 살해되었다. 또 리우즈쓴柳直荀은 양카이후이의 절친한 친구 리수이李淑一의 남편으로, 역시 국민당 손에 목숨을 잃었다. 그러니 첫 행의 '그대'는 마오쩌뚱의 죽은 아내의 친구 리수이를 가리킨다. 그러니까 이 노래는 아내를 잃은 마오쩌뚱이 남편을 잃은 리수이에게 주는 것이다. 마오쩌뚱과 리수이는 똑같이 혁명 중에 사랑하는 반쪽을 잃은 슬픔을 간직한 사람으로서의 공감대가 있었다. 그래서 마오쩌뚱은 인민들이 잘 알고 있는 노래 「접련화」에다가 이렇게 혁명 전사였던 자신의 아내 양카이후이와 역시 혁명 투사였던 리수이의 남편 리우즈쓴을 기리는 가사를 붙인 것이다.

여기까지는 사회주의 현실주의적인 수법인데, 하늘나라로 간 양카이후이와 리우즈쓴의 행방을 달의 남신 오강에게 묻자, 그가 대답 대신 승리를 뜻하는 월계화 술을 받쳐 드는 대목은 대단히 낭만주의적이다. 또 달의 여신 항아가 넓은 소매를 펼쳐들고 양카이후이와 리우즈쓴이라는 충성스런 영혼을 위하여 춤을 추는 대목도 낭만 그 자체다. 그러다가 다시 호랑이로 비유되는 국민당을 제압했다는 낭보를 듣고 마오쩌뚱이 억수 같은 기쁨의 눈물을 흘린다는 대목에 이르면, 과연 낭만주의와 현실주의 기법이 손을 잡고 있음을 알겠다. 여기서 중요한 점은 마오쩌뚱이 하늘에서 달의 남신 오강과 대화를 나누고, 달의 여신 항아의 춤을 관람한다는 대목이다. 이는 마오쩌뚱 자신도 어느새 신이 되어 있다는 뜻으로, 그런 의미에서 「접련화」는 훗날 그에 대한 우상화의 시작이라고 볼 수 있다.

아무튼 인민 대중이 좋아하는 노래나 신화를 이용하여 혁명적인 남녀의 충성심을 칭송한 「접련화」는 마오쩌뚱이 제시한 신민가의 본보기 작품이다. 이 작품에 대해 작가 꾸어모루어는 사회주의혁명이라는 현실세계와 달의 남신과 여신이라는 낭만세계가 잘 조합된 신민가라고 극찬했다. 그에 따르면 마오쩌뚱의 「접련화」야말로 현실주의와 낭만주의를 성공적으로 결합시킨 대표작이라는 것이다.

사실 이 같은 현실주의와 낭만주의의 기이한 결합은 일찍이 양사오쉬엔楊紹萱의 『신천하배新天下配』라는 연극에서 시도되었다. 이 작품은 인민들이 잘 아는 견우와 직녀의 전설을 바탕으로 한국전쟁을 묘사한 것이다. 즉 한반도에서 육이오전쟁이 일어나 중공군이 개입하고 있던 1951년에 발표된 이 연극에서는 견우와 직녀를 만나게 해주는 까치를 비둘기로 바꿔 중공군을 상징하고, 견우와 직녀의 만남을 방해하는 부엉이를 등장시켜 이를 미군에 비유하였다. 즉 중국 공산당은 중공군을 평화의 수호자인 비둘기로 정하고 미국 군대를 침략자 부엉이로 정한 다음, 비둘기가 부엉이를 물리치고 난 뒤 견우와 직녀는 마침내 결혼하게 되는 것으로 끝을 맺은 것이다. 여기서 견우와 직녀는 당연히 인민 남녀를 상징한다. 요컨대, 인민 남녀의 사랑도 중국 공산당이 나서야 비로소 행복한 결실을 맺게 된다는 것이 이 작품의 주제이다.

이처럼 인민 대중이 잘 아는 전설을 소재로 사회주의혁명을 고취하는 새로운 민요를 짓자는 신민가운동은 꾸어모루어와 저우양 등에 의해 지속적으로 펼쳐졌다. 이에 따라 허징즈賀敬之 등 많은 작가들이 이 운동에 동참했다. 문인 작가뿐만 아니라 많은 농민과 노동자도 옛날부터 전해오는 익숙한 민요 가락에다가 사회주의 혁명과 노동을 찬양하는 내용의 가사를 붙여 노래하기도 했다.

물론 마오뚠·허치팡·비엔즈린卞之琳 등 시인들은 이처럼 목적이 분명한 신민가가 문학적으로 문제가 있다고 이의를 제기하기도 했다. 하지만 작가협회 주최로 1960년 7월에 개최된 제3차 전문대회에서 신민가는 혁명문학의 새 장르로 공식 채택된다. 중공 수립 이후 부동의 자리를 차지하고 있던 사회주의 현실주의 창작방법이 신화적 또는 전설적 애정이 가미된 혁명적 낭만주의 작법에 슬그머니 자리를 내준 것이다.

하지만 신민가로 북돋운 대약진운동은 실패의 길을 걷고 있었다. 그 과정은 대략 다음과 같다. 즉 1953년경부터 합작사合作社라는 소규모의 집단생활을 하던 인민들을 공산당은 1958년 8월경부터는 인민공사人民公社라는 대규모 단체에 소속시켰다. 크게는 5천명의 인민들이 한 인민공사에 소속되어 공동경작·공동생활·공동분배를 하는 인민공사제도는 농촌에서 시작되어 도시에까지 확장되었다. 도시의 공장들도 인민공사별로 공동작업·공동생활 및 공동분배를 한 것이다.

각 인민공사는 당에서 파견된 지도원이 관리하였는데, 이들은 설정된 생산목표를 달성하기 위해 무리수를 썼다. 꼭두새벽부터 밤늦도록 농민과 노동자들을 생산현장으로 몰아붙여 인민의 원성을 산 것이다. 또한 능력에 따라 일하고 필요에 따라 분배한다는 원칙을 지키다보니, 열심히 일한 사람이 게으름을 피운 사람보다 덜 받는 경우도 비일비재했다. 그러다 보니 점차 노동력이 저하되고 인민들 사이에 갈등도 커졌다. 게다가 중공업 중심의 당 정책에 따라 농업 생산으로 얻은 이익이 대부분 공업자원으로 돌려지는 바람에 농민의 불만이 고조되었다. 또한 생활필수품을 생산하는 경공업이 제대로 돌아가지 않아서 생필품 부족이 심각한 상태였다. 뿐만 아니라 1960년을 전후하여 닥친 천재지변으로 인하여 먹을 것이 없어 굶어죽는 사람들이 많아졌다. 무기 생산을 위해 전국 각처에 설치된 재래식 용광로는 기술자들의 부족으로 쓸모없는 폐철만 쌓였다. 또한 연료가 부족하여 인민들이 산의 나무들을 함부로 베어서 땔감으로 쓰느라고 산림은 나날이 훼손되었다.

이러한 형편을 딱하게 여긴 사람이 많았다. 그 가운데 한 사람이 펑더화이彭德懷로, 그는 당의 간부로서 마오쩌뚱에게 대약진운동의 재고를 요청한다. 펑더화이는 대약진운동이 무리하게 목표를 설정하여 인민을 혹사시켰다고 지적한 것이다. 몇몇 당 간부들도 펑더화이의 의견을 지지했다. 하지만 마오쩌뚱은 펑더화이를 우파 기회주의자로 몰아 실각시키고, 대약진운동에 박차를 가하였다. 그럼에도 불구하고 앞서 말한 대로 전국의 산하가 피폐해지고 이에 따라 인민 대중의 삶도 피폐해지는 최악의 상황에 이르렀다. 그렇게 되자 마오쩌뚱의 당내 입지가 좁아지기 시작했다. 결국 1960년 말 마오쩌뚱은 스스로 실패를 자인한다. 이로써 1958년부터 강행해온 대약진운동은 1961년 1월 당 대회에서 공식적으로 종결된다. 이후 마오쩌뚱은 리우샤오치와 덩샤오핑 등 실용파에게 경제정책권을 넘겨주고 잠시 낙향한다. 신민가운동도 이와 함께 점차 유명무실해진다.

제5장

중국현대문학의 쇠퇴

문화혁명문학

10년 재앙이라고 부르는 문화혁명기간 동안 중국인들은 극도의 고립 상태에서 계급투쟁의 극한을 경험한다. 흔히 문화혁명은 1966년부터 1976년까지 10년을 말하는데, 실은 1961년 초, 리우샤오치와 덩샤오핑에게 밀려 상해로 내려온 마오쩌뚱의 머리 속에 이미 씨를 심었다고 볼 수 있다. 이후 1・2년의 암중모색 끝에 1963년 경 뿌리가 내렸고, 싹이 나기 시작한 해가 1966년이라고 말해도 좋을 것이다. 이때부터 약 10년간 중국의 문예계는 그때까지 경험하지 못한 전혀 새로운 상황을 경험한다. 한마디로 기존의 문학이 철저히 파괴되고 새로운 문학의 이론을 세우고 실천한 것이다. 비록 문혁 후반기에 젊은 문인들이 지하에서 현대문학의 불씨를 다시 일으키기는 하지만, 문화혁명 시기의 문학은 쇠잔할 대로 쇠잔했다고 볼 수 있다.

1. 문화혁명

문화혁명(1966-1976)은 중국현대문학사에 앞서 중국현대사에 있어서 매우 특별한 사건이다. 이 기간 동안 군대가 아닌 홍위병이 공식적으로 활개치고, 각급 학교가 문을 닫고, 문화재가 파손되고, 무엇보다 수 천만 명이 비판투쟁 끝에 죽음을 당했기 때문이다. 도대체 누가 무엇 때문에 이 같은 엄청난 일을 벌였을까? 즉 문혁은 어떤 배경에서 어떻게 전개되었고, 또 어떻게 끝을 맺었을까? 문혁 시기의 문학은 이 같은 의문에 대한 답을 찾은 후에야 좀 더 확연히 이해될 것이다.

1) 문혁의 배경

1961년 전반기, 중국은 리우샤오치와 덩샤오핑 등이 중심이 되어 대약진운동의 폐해를 개선해나가고 있었다. 하지만 문인 작가들을 비롯한 지식인들은 그간의 각종 비판운동으로 납작 엎드린 채 일어날 줄 몰랐다. 그도 그럴 것이 불과 얼마 전까지만 해도 쌍백운동의 덫에 걸려 너무도 많은 문인 지식인들이 된서리를 맞았기 때문이다. 리우샤오치는 어떤 정책도 문인 작가들의 협조 없이는 불가능한 줄을 잘 알고 있었기에 지식인들의 존경을 받고 있는 저우언라이를 앞세워 문인들의 회유에 나섰다. 이에 따라 그해 6월 21일부터 중앙선전부가 주최하는 문예좌담회에서 저우언라이는 문예 창작에 있어서의 다시 한번 민주와 자유를 강조한다. 이 자리에서 저우언라이는 마오쩌뚱이 제기한 쌍백운동의 내용을 거의 똑 같이 되풀이함으로써, 언제 닥칠지 모를 마오쩌뚱의 재등장에 대비하였다.

마오뚠과 저우양 등도 이듬해인 1962년 8월에 열린 농촌소설창작좌담회에서 문인 작가들의 숨통을 터주는 발언을 했다. 특히 마오뚠은 작가들에게 그간 인민의 영웅만을 묘사해야 한다는 강박관념을 떨쳐버리고 보통사람들을 주인공으로 소설을 쓰자고 주장했다. 그는 과거에 발표된 우수한 농촌소설들이 대부분 영웅의 이야기가 아니라 보통사람들의 이야기였음을 상기시키고, 영웅이나 낙오자 같이 양 극단에 있는 사람들은 적으니, 중간에 있는 많은 평범한 사람들을 부각시키자고 역설하였다. 마오뚠의 주장 또한 저우언라이와 마찬가지로 사실상 쌍백운동 때 마오쩌뚱이 이미 제기한 내용을 재확인한 것이다. 이처럼 극소수의 작가들이 조심스럽게 주어진 자유를 음미한 반면에 대다수의 문인과 지식인들은 전혀 입을 열지 않고 있었다. 쌍백운동 이후에 닥쳤던 반우파투쟁이 언제 또다시 재연될지 알 수 없었기 때문이다.

그도 그럴 것이 대약진운동의 실패를 자인하고 사실상 당권을 리우샤오치에게 넘겨준 마오쩌뚱은 호시탐탐 재기의 기회를 엿보고 있었다. 이때 그에게 힘을 실어준 사람이 상해 연극계를 이끌고 있던 그의 아내 지앙칭江靑이었다. 지앙칭은 캉성康生 등과 함께 1961년과 1962년에 열린 당 대회에서 마오쩌뚱이 계급투쟁을 강조하는 각종 구호·비판·학습의 필요성을 부각시킬 수 있게 분위기를 잡았다. 여세를 몰아 1963년 4월에는 지앙칭이 끌어들인 야오원위엔姚文元·장춘챠오張春橋 등 상해 문예계 대표가 많은 글을 발표함으로써 북경의 당 중앙선전부를 집중 공격하였다. 이 같은 공격에 중앙선전부 지도자인 저우양 등이 적절히 대처하지 못하는 사이에 마오쩌뚱은 그해 말부터 잇달아 모임을 갖고, "자산계급이 준동하고 있다." "계급투쟁을 잊지 말자." 등의 원색적인 구호를 내걸고 당에 대한 공격을 계속하였다.

이 같은 공격이 가능했던 것은 비록 마오쩌뚱이 국내 정책 결정권을 리우샤오치 등 실용주의자에게 넘겨줬지만 그때까지도 그는 외교권 등 중요한 권한을 가지고 있었기 때문이다. 더욱이 1964년 10월 15일, 소련의 후루시초프가 실각하고, 다음날인 16일, 중국은 최초로 원자탄 실험에 성공하면서 핵무기를 보유할 수 있게 됨으로써 마오쩌뚱의 입지가 강화되었다. 비록 그 무렵 미국은 수소폭탄 보유 단계로 접어들어, 원자폭탄은 낡은 무기가 되었으나 당시 중국이 핵무기를 보유하게 되었다는 것은 대단한 사건이었다. 이로서 일찍이 1960년, 그 어려웠던 시기에 막대한 자금을 들여 우라늄 농축 공장 건설을 강행한 마오쩌뚱의 정책이 빛을 발하게 된 것이다.

강화된 국내 입지를 더욱 확고히 하기 위하여 마오쩌뚱은 앞서 말한 각종 모임을 활성화시키며 서서히 당 중앙에 다시 등장했다. 다른 한편으로는 핵무기 보유를 바탕으로 미국과 소련 그 어느 쪽에도 들어가지 않는 제3세계의 맹주가 될 꿈을 꾸었다. 그 무렵인 1965년 1월, 인도네시아의 수카르노가 유엔을 탈퇴하자 마오쩌뚱은 이를 크게 환영하며 그와 함께 제2의 국제연맹을 만들 작정을 한 것이다. 그래서 그는 미국의 월남 침공 직후, 소련의 코시킨이 북경에 와서 함께 월맹을 돕자고 한 제의를 거절한다. 그리고는 그해 6월, 저우언라이를 앞세워 제2회 아시아 아프리카 회의에 참여하여 제3세계의 영도자가 되려고 했다. 하지만 회의 개최국인 알제리에서 뜻밖의 쿠데타가 발생하여 벤베라 대통령이 실각하는 바람에 회의가 무산되었다. 또한 설상가상으로 인도네시아의 수카르노가 친미파인 수하르토에 의하여 실각되고 만다.

이에 굴하지 않고 마오쩌뚱은 이듬해인 1966년 3월, 일본 공산당과 회의를 가졌다. 하지만 공동성명서에 소련의 수정주의 노선을 비판하는 내용을 담자는 마오쩌뚱의 제의를 일본 공산당이 받아들이지 않아 또 다시 난관에 봉착했다. 사실 소련과의 관계가 악화되면서부터 마오쩌뚱은 계속되는 경제 위기에도 불구하고 아시아 공산국가들에게 원조를 제공해왔다. 한 통계에 따르면 1964년 중국이 인도네시아·파키스탄·스리랑카·월맹 및 북한에게 제공한 원조액이 12억 4천만 위엔이었고, 1965년에는 33억 7천 4백만 위엔이었다. 이 가운데 순수한 무상 원조만도 20억 8천만 위엔으로, 이 액수는 당시 중국 재정의 4.4 퍼센트였다. 이로서 볼 때 마오쩌뚱이 아시아 아프리카 공산주의 국가의 맹주가 되기 위해 물심양면으로 얼마나 노력했는지 알겠다.

2) 문혁의 전개

이처럼 대외적인 환경이 뜻대로 되지 않자 마오쩌뚱은 대내적으로 에너지를 총집중하여 리우샤오치 등으로부터 권력을 탈환하기 위해 이른바 문화혁명을 일으킨다. 문혁의 시작은 역시 문예비판투쟁이었다. 역사극 『해서파관海瑞罷官』에 대한 비판이 바로 문화혁명의 도화선이 된 것이다. 비판의 시작은 1965년 11월 10일 상해의 『문회보文匯報』에 실린 야오원위엔의 「역사극 『해서파관』을 평함」이었다. 이 글에서 야오원위엔은 『해서파관』이 인민에게 해를 끼치는 역사극이라고 맹비난을 퍼부었다. 해서가 관직에서 파면되다라는 뜻의 이 역사극에 나오는 주인공 해서는 극에서처럼 청백리가 아니라 사회주의 혁명을 반대하는 자산계급이라는 것이 그의 비판 요지였다.

다음달인 12월에는 마오쩌뚱이 야오원위엔의 비판을 지지하며 다음과 같이 말했다 : 이 역사극에서 명나라 가정嘉靖 황제, 즉 세종世宗이 해서의 관직을 파면했듯, 우리가 1959년에 펑더화이를 파면했으니 펑더화이가 바로 해서라는 뜻 아닌가? 이 말은 이 역사극이 일찍이 마오쩌뚱에게 대약진운동의 문제점을 제기한 펑더화이를 마오쩌뚱이 숙청한 것을 비난하기 위하여 씌어진 것이라는 뜻이다. 더 나아가 마오쩌뚱은 『해서파관』의 저자 우한吳含이 몸담고 있는 북경시 당위원회가 자신을 공격하기 위하여 이 역사극을 대대적으로 공연하도록 부추겼다고 주장했다.

『해서파관』의 해서는 원래 명나라의 관리였다. 그는 명나라의 세종이 사교에 빠져 정사를 돌보지 않자, 상소를 올려 충언을 했다가 도리어 황제의 진노를 사서 관직에서 파면된 후 투옥당한다. 그 후 해서는 목종 때 석방되어 복직이 된다. 복직된 후에도 그는 탐관오리들을 색출하여 이들에게 빼앗긴 토지를 농민들에게 돌려주는 등 선정을 베풀어 백성들로부터 추앙을 받는다. 하지만 해서는 강직하고 청렴한 성품으로 인하여 주위의 모함을 받아 관직에서 물러나는 등 시련을 겪는다. 아무튼 해서는 언제나 가난한 백성의 편에 서서 그들을 위해 최선을 다한 훌륭한 관리로 기록되어 있다.

마오쩌뚱은 일찍이 1961년에 경극으로 만들어진 『해서파관』을 본 후, 해서는 훌륭한 충신이었으므로, 모두 해서를 배워야 한다고 칭찬했었다. 그랬던 만큼 약 4년 후 그의 『해서파관』에 대한 돌발적 비판은 어이없는 일이기도 했다. 일설에 의하면 마오쩌뚱의 이 같은 태도변화는 부인 지앙칭의 건의 때문이라고 한다. 그녀는 이 역사극의 작가가 북경 시 당 위원인 우한임을 포착하고, 그가 쓴 극본을 공격함으로써 북경 시 공산당위원회를 무력화해야 한다고 마오쩌뚱에게 진언했다는 것이다.

여기서 잠시 마오쩌뚱의 세 번째 부인인 지앙칭에 대해 소개한다. 연극배우 출신인 지앙칭은 1937년에 연안에 가서 처음에는 마오쩌뚱의 비서로 있다가, 1938년부터 그와 동거하기 시작하여 1940년에 딸을 낳았다. 앞에서 언급했듯 마오쩌뚱의 첫 번째 아내는 1930년 국민당에 피살된 양카이후이로, 마오쩌뚱은 대약진운동 시기에 「접련화」라는 신민가를 써서 그녀를 추모하기도 했다. 마오쩌뚱의 두 번째 아내는 허즈전賀子珍으로, 그녀는 마오쩌뚱과 함께 대장정을 마치고 병석에 있었다. 마오쩌뚱이 병석에 있던 아내 허즈전을 요양이라는 명목으로 소련에 보낸 시기가 지앙칭과 만나기 전인지 아니면 그 후인지는 모른다. 아무튼 지앙칭은 연안 시절부터 마오쩌뚱의 부인으로 알려져 왔는데, 허즈전은 1984년까지 살아 있었다고 전한다.

다시 1965년으로 돌아오자. 『해서파관』을 정치적으로 이용하자는 지앙칭의 건의에 마오쩌뚱은 처음에는 망설인 듯하다. 그러나 그는 중앙당의 분위기가 자신에게 불리하게 돌아가자 결국 지앙칭의 건의를 받아들여 1965년 11월 야오원위엔에게 『해서파관』에 대한 비판문을 쓰게 한다. 이어서 마오쩌뚱의 인가를 얻은 지앙칭은 반 마오쩌뚱 세력이 북경 시 당위와 중앙당 선전부 및 리우샤오치 · 덩샤오핑 등 실권파임을 포착하고, 1966년, 제일 먼저 북경 시 당위를 공격한다. 그 첫 번째 조치로, 작가 우한의 북경시 당 위원 자격을 박탈하고, 『해서파관』공연에 참여한 모든 연극인들을 체포하여 투옥했다. 또한 이 극의 총 연출자를 핍박하여 죽음에 이르게 하였다. 문혁은 이렇게 시작되었다.

칼과 코란으로 이슬람 세력을 확장했던 것처럼, 문화혁명도 문예계와 군대를 중심으로 세력을 확장하였다. 문예계는 앞서 소개했듯 지앙칭이 맡았고, 군대는 린빠오林彪가 맡았다. 지앙칭이 어떻게 문예계에 폭풍을 몰고 와서 문예계를 장악하고 재편해가는 지는 다음 절에서 본격적으로 다루기로 하고, 여기서는 먼저 마오쩌뚱으로부터 모든 권한을 물려받은 린빠오를 비롯한 문혁 주도 세력의 활약을 소개한다.

1966년 5월 18일, 린빠오는 무산계급의 문화대혁명이라는 깃발을 높이 들고 먼저 당내의 반당분자들을 숙청한 다음 반사회주의 문인과 학자들을 철저히 비판하여 이들의 지도권을 탈취한다고 선언했다. 문화혁명이라는 용어는 이때부터 비롯되었다. 문화혁명의 제1표적은 북경 시 당위와 당 중앙선전부였다. 이에 따라 제일 먼저 북경 시 당위의 서기 덩투어鄧拓가 체포되어 살해되었다. 일주일 후인 25일에는 캉성의 사주를 받은 북경대학 철학과 조교 등 7명이 대자보를 붙였다. 북경대학 캠퍼스 안에 붙은 이 대자보는 북경대학 총장 루핑陸平이 반당 · 반사회주의의 반동분자라는 내용을 담고 있었다. 청화대학 캠퍼스에도 일부 교수들을 비판하는 대자보가 붙었다.

상해에 있던 마오쩌뚱은 대학생들의 이 같은 소동을 보고 받고 이를 높이 평가한 후, 이 대학생들의 의거를 전국에 널리 알리라고 지시했다. 얼마 후 마오쩌뚱은 북경으로 돌아왔다. 리우샤오치 등 중앙정부의 지도자들이 북경대학과 청화대학 학생들의 시위를 진압했다는 소식을 들은 후였다. 북경으로 돌아온 마오쩌뚱은 8월 5일 「사령부를 포격하라-나의 대자보」를 다음과 같은 내용으로 발표했다 : 중앙정부의 영도자가 북경대학과 청화대학에서 반당 · 반사회주의의 반동 교수들을 공격하는 학생들을 무자비하게 진압한 것은 옛날 군벌이나 국민당이 애국 청년들에게 가했던 행위와 같다. 이는 리우샤오치와 덩샤오핑이 북경대와 청화대 학생들의 과격한 행동을 자제시킨 것을 비판한 말이었다. 이로써 리우샤오치와 덩샤오핑에 대한 비판토론이 시작되었다.

비록 리우샤오치와 덩샤오핑에 대한 비판토론이 진행되고는 있었지만 당권은 아직 이들의 수중에 있었고, 이들을 지지하는 세력 또한 만만치 않았다. 게다가 리우샤오치와 덩샤오핑과 뜻을 같이 하는 지방 당과 정부의 세력도 많이 있었다. 이를 잘 알고 있던 문혁 주도 세력은 일찍부터 이들을 효과적으로 공격할 방안을 강구하였는데, 이때 나온 방안이 바로 홍위병紅衛兵을 양성하여 이들에 대적하자는 것이었다. 비록 린뺘오가 군대를 장악하고는 있었지만 국방에 전념해야 할 군인을 동원하면 많은 문제가 따름을 알고 있었기에, 군인이 아닌 홍위병 양성이라는 획기적인 착상을 한 것이다.

홍위병은 마오쩌뚱을 지지해온 당 간부의 자녀들을 주축으로 하고 거기다가 노동자・농민・군인의 자녀들을 끌어들여 조직되었다. 이렇게 양성된 중 고등학생 및 대학생 홍위병의 숫자는 전국적으로 약 백만 명에 달했다. 1966년 8월 18일 천안문 광장에서 문화대혁명을 경축하는 대 집회가 열렸을 때, 붉은 완장을 차고 『마오주석어록毛主席語錄』이란 빨간 소책자를 손에 든 백만의 홍위병들이 "무산계급 문화대혁명 만세!" "마오쩌뚱 주석 만세!"를 외쳤다. 이 자리에는 군복 차림의 마오쩌뚱과 린뺘오 등 문혁의 지도자들이 나와 홍위병들을 환영하였고, 마오쩌뚱은 홍위병 대표에게 휘장을 수여했다. 이어서 린뺘오는 리우샤오치 등을 겨냥하여 낡은 사상・낡은 문화・낡은 풍속 등 모든 낡은 구습을 타파하자고 기염을 토했다.

마오쩌뚱과 린뺘오의 인가를 얻은 홍위병들은 광란하였다. 이들은 북경의 번화가인 왕푸징王府井으로 행진하여 왕푸징이라는 표지판을 뜯어냈다. 왕푸징은 원래 원나라 귀족들이 살던 곳이기 때문에 반사회주의의 봉건주의 잔재라는 것이다. 대신 홍위병들은 그 자리에 혁명대로革命大路라는 표지판을 세웠다. 이어서 명나라와 청나라 황궁이었던 자금성 등 유서 깊은 사적지와 골동품점・고서점에 침입하여 함부로 파괴하였다. 공자묘・불교사원・기독교교회도 반공산당・반사회주의 소굴이라고 하여 파괴하였다.

또한 홍위병들은 대학교수·문인·과학자·예술가·종교인 등 사회 저명인사들의 집에 침입하여 이들을 잡아다가 '소귀신 뱀귀신'이라는 뜻의 '우귀사신牛鬼蛇神'이라는 팻말을 목에 씌웠다. 그 뿐만이 아니라 이들을 끌고 다니며 침을 뱉는 등 모욕을 가하고, 즉석에서 인민재판을 하기도 했다. 이 와중에서 『낙타시앙즈』의 작가 라오셔 등 많은 저명인사들이 목숨을 잃었다.

무고한 인민들 사이에서도 많은 해프닝이 있었다. 이에 관해서는 다음 장에 소개될 '문혁의 상처를 다룬 소설들'에 소개될 것이다. 여기서는 위화余華의 『허삼관매혈기 許三觀賣血記』에 묘사된 몇 가지 어이없는 광경을 소개한다. 즉 만약 누가 "위대한 원수元帥이시며 위대한 스승이시며 위대한 조타수이신 모주석 만세 만세 만만세!"라는 구호를 외울 때 한 글자라도 빼거나 잘못 외치면 엄청난 비판을 받았다. 또 누가 인민을 못살게 굴었다는 대자보가 붙으면, 그 즉시 동네 사람들이 몰려가 그 사람을 마구 때리고 끌어다가 비판대에 올렸다. 허삼관의 아내 허옥란도 기생이라는 대자보가 붙었기 때문에, 인민들에 의해 머리카락을 반 쪽 밀려, '기생 허옥란'이라는 팻말을 목에 걸고 의자 위에 올라가 하루 종일 먹지도 못하고 비판을 당한다.

이처럼 홍위병의 기세가 하늘을 찌르고 전국이 그야말로 무법천지가 되었을 때, 린뺘오가 리우샤오치와 덩샤오핑에게 직격탄을 날린다. 이들이야말로 자산계급 반동노선의 총 대표라고 선언하며 공격한 것이다. 생명의 위협을 느낀 리우샤오치와 덩샤오핑은 드디어 모든 권력을 내놓고 자아비판을 하였다. 그럼에도 불구하고 이들은 홍위병의 비판투쟁대회에 끌려가 잔혹하게 비판을 당한 후 이듬해에 투옥되었다. 『해서가 관직에서 파면되다』로 비판을 받은 펑더화이 또한 이 무렵 홍위병에게 붙잡혀 투옥된다.

홍위병의 수는 천안문에서 집회를 거듭하면 할수록 늘어 모두 2백 5십만 명에 달했다. 홍위병과는 별도로 각 지방에서는 또 다른 학생·노동자·농민들이 적위대赤衛隊를 조직하여 대도시에서 홍위병과 무력 충돌하는 사태가 벌어지기도 했다. 이밖에도 도시의 일용직 노동자들이 스스로 조직한 노동자 반란파도 있었다. 어떤 지방에서는 공산당의 지부와 지방 정부가 이들을 사주하여 홍위병과 대치시키기도 했다. 노동자 반란파 가운데는 상해 노동조합 출신의 왕홍원王

洪文이 규합한 반란파가 가장 막강했는데, 그는 일용직 노동자의 신분을 정규직으로 바꾸고 월급을 받게 하라고 요구하여 많은 노동자들의 지지를 얻었다. 왕홍원은 지앙칭의 지지 하에 중앙의 홍위병이 미치지 못하는 상해 시 당위와 시 정부를 무력으로 접수하였다.

그러자 군대도 흔들리기 시작했다. 홍위병 · 적위대 · 노동자 반란파에다가 군인들까지 거리로 쏟아져 나와 혼란스럽기 짝이 없는 상황이 곳곳에서 벌어졌다. 이러한 와중에 1967년 1월, 무한에서 홍위병이 군대와 충돌하여 약 18만 4천 명의 사상자를 내는 일대 사건이 벌어졌다. 이와 함께 홍위병 · 적위대 · 노동자 반란파 등이 무료승차 · 무료급식을 하며 몰려다니는 바람에 전국 각지의 행정은 말할 것도 없고, 전국의 기간산업마저 업무가 정지되다시피 하였다.

중국의 국내가 이렇듯 들끓자, 중국에 연고가 있는 아시아 각국에서 중국을 규탄하는 소리가 높아졌다. 버어마 · 인도 · 인도네시아 등지에서 화교들이 각 나라의 젊은 학생들과 함께 반 중국 데모를 벌인 것이다. 특히 인도네시아에서는 데모자들이 중국대사관을 습격했다. 그런가 하면 영국 영토인 홍콩에서는 중국인 노동자들의 소동으로 인하여 영국정부가 중국정부에 경고하는 지경에 이르렀다. 이 같은 소식이 중국에 전해지자 홍위병들은 즉시 영국과 인도네시아 대사관을 습격했고, 중국정부는 대사관 습격을 항의하는 인도네시아와 국교를 단절했다.

이때 쯤 마오쩌뚱은 언제 어디로 튈지 모르는 홍위병 등의 난동을 불안하게 여기기 시작했다. 홍위병을 앞세워 리우샤오치와 덩샤오핑 등을 투옥시키고 당 중앙의 권력을 되찾았지만, 이제 더 이상 맡길 일이 없는 이들의 난동이 수위를 넘고 있었기 때문이다. 결국 마오쩌뚱은 손대지 않고 코푸는 식으로 당 중앙에게 홍위병 해산을 명했다. 하지만 당 중앙이 군대를 동원하여 홍위병 등을 해산시키려 하였지만 역부족이었다. 결국 마오쩌뚱이 직접 자신의 친위부대와 마오쩌뚱사상선전대를 이용하여 이들을 강제해산시켰다. 이 과정에서 적지 않은 사상자가 생겼지만, 마오쩌뚱이라는 최고 권위에 홍위병 등은 마침내 항복했다. 1966년부터 양성된 홍위병은 1968년말까지 약 3년간 전국을 활개치다가 결국 이렇게 뿔뿔이 흩어지게 된다.

중앙 권력을 되찾은 마오쩌뚱은 1969년 리우샤오치가 감옥에서 향년 71세로 옥사하자 완전히 여유로워졌다. 대외적으로도 그간 미국과 소련에 대항하는 제3세계의 맹주가 되려는 꿈보다 더 여유 있는 꿈을 꾸기 시작한다. 이는 1967년, 비밀리에 수소폭탄 실험에 성공한 중국이 1970년에 중거리미사일을 개발하고 인공위성을 발사하는 데 성공했기 때문에 가능했을 것이다. 마오쩌뚱은 이제 중국이 군사대국으로 부상한 만큼 앞으로는 넓은 서방세계와 어깨를 나란히 경쟁하며 국제무대에서 활동해야 한다고 생각했다. 이 같은 그의 생각은 묘하게도 13년 전 소련의 후루시초프가 제기한 평화공존안과 흡사하다. 13년 전 마오쩌뚱은 후루시초프의 평화공존안을 수정주의라고 비판했었는데, 이제 그 자신이 수정주의자가 되겠다고 나선 것이다.

마오쩌뚱은 이 같은 생각을 실천에 옮겼다. 자신에게 우호적인 미국의 언론인 에드가 스노우를 초청하여 미국의 닉슨 대통령의 중국 초청을 주선해달라고 한 것이다. 마오쩌뚱과 여러 차례 인터뷰를 했던 에드가 스노우는 일찍이 마오쩌뚱을 칭송하는『중국의 붉은 별 Red Star in China』이라는 책을 쓴 저자이기도 하다. 그런 그가 마오쩌뚱의 뜻을 적극 받아들여 양국 사이를 오가며 일을 도모한 것이다. 결국 중국은 1971년 4월 일본 나고야에서 열린 세계탁구선수권대회에 출전한 미국 선수들을 북경에 초청하게 된다. 이른바 핑퐁외교가 시작된 것이다. 그해 7월, 당시 미국의 국무장관 키신저가 비밀리에 중국을 방문하여 양국의 수교는 순조롭게 진행된다.

하지만 린뺘오의 생각은 달랐다. 문혁이 시작되면서부터 마오쩌뚱의 후계자로 자리매김한 그는 마오쩌뚱의 대미 수교에 불만이었다. 린뺘오는 중국이 미국과 수교하는 것보다 소련과의 우호관계를 회복하여 국제공산주의 사회를 이끌어가야 한다고 생각했던 것이다. 마오쩌뚱 또한 린뺘오가 자신의 권위에 도전하고 있다고 판단하고, 그를 경계하는 발언을 하기 시작한다. 마오쩌뚱과 린뺘오의 이 같은 반목은 마침내 린뺘오의 마오쩌뚱 암살계획으로 이어진다. 즉 1971년, 린뺘오는 남방을 순시하고 북경으로 돌아오는 마오쩌뚱을 비행장에서 암살하도록 극비리에 지령을 내린 것이다. 하지만 비행기로 귀경하게 되어 있던 마오쩌뚱이 어떤 예감이 들었는지, 예정을 돌연 변경하여 기차로 상경하는 바람에 암살계획은 실패했다. 린빠오는 자신의 음모가 탄로난 것을 알고 미리 대기시켰던 비행기를 타고 소련으로 망명하려 했다. 하지만 비행기는 소련에 가지 못하고 몽고 상공에서 추락하였다. 1971년 9월 13일 새벽의 일이었다.

마오쩌뚱의 대미 수교에 제동을 걸었던 린빠오가 사라지자 대미수교는 순풍에 돛달 듯 진행되었다. 1971년 10월, 중국은 드디어 유엔에 가입했다. 당시 유엔 회원국들은 중국의 뜻에 따라 자유중국인 대만을 유엔에서 축출하고, 중화인민공화국을 중국의 유일한 대표로 인정하였다. 이듬해인 1972년 2월, 미국의 닉슨대통령이 중국을 방문하여 "미·중 공동성명"을 발표함으로써 양국은 정식으로 국교를 맺었다. 뿐만 아니라 그해 9월 마오쩌뚱은 또 일본의 수상 다나까田中를 중국에 초청하여 "중·일 공동성명"을 발표함으로써 일본과의 국교도 맺었다.

이처럼 국제정치무대로 당당히 진출함으로써 자신감을 얻은 마오쩌뚱은 문혁 초기에 몰아냈던 노 간부들을 복권시켜 그간 악화되었던 국내외 여론을 무마하기 시작했다. 즉 1973년 3월, 덩샤오핑의 당권을 회복시키고 그를 국무원 부수상에 복직시켰다. 덩샤오핑은 문혁 초기에 "검은 고양이든 흰 고양이든 쥐만 잘 잡으면 된다."는 반동사상을 지녔다고 해서 혹독한 비판을 받았었다. 사실 그는 대약진운동 말기에 온 나라 백성이 굶주림에 시달릴 때, 공산주의 사상에 얽매이지 말고 자본주의 경제정책이라도 써서 더 많은 생산을 하자고 했던 것뿐이었다. 하지만 마오쩌뚱은 그를 자산계급으로 몰아 투옥시킨 것이다.

이른바 '백묘흑묘론白貓黑貓論'으로 알려진 덩샤오핑의 실용주의 경제정책은 그렇게 매장되었다가 약 7년 만에 중앙 무대에 재등장한 덩샤오핑과 함께 빛을 보게 되었다. 덩샤오핑은 1966년 리우샤오치와 함께 투옥된 이래 홍위병의 공격을 받아 장남 덩푸鄧樸가 하반신 불구가 되는 수난을 당했음에도 한마디 불평도 하지 않았기 때문일까? 칠전팔기의 오뚝이라는 별명에 걸맞게 그는 다시 중앙 무대에 섰고, 이후에도 오뚝이처럼 쓰러졌다 일어나기를 반복한다.

그렇다고 해서 지앙칭·야오원위엔 등 문혁 주도파가 사라진 것은 아니었다. 사라지지 않았을 뿐 아니라 오히려 세력이 더 커졌다. 노동자 반란파 출신의 왕홍원王洪文과 교육계 문인 장춘챠오張春橋 등 새로운 인물들이 합세한 것이다.

그래서 1973년 8월 열린 당 대회에서 이들의 당 서열은 더 올랐다. 당연하게도 지앙칭 등은 국무원 수상인 저우언라이와 부수상 덩샤오핑 및 노 간부들을 제거하고 당권을 장악할 기회를 엿보고 있었다. 호시탐탐 기회를 엿보던 이들은 드디어 1974년 1월 1일자 『인민일보』와 『해방군보』에 린뺘오와 공자를 비판하는 '비림비공批林批孔'운동을 일으키자는 글을 실었다.

이 운동이 일어나게 된 배경은 이렇다. 마오쩌뚱에 대항하여 쿠데타를 일으키려다가 사망한 린뺘오는 평소에 '극기복례克己復禮', 즉 자기를 이기고 예로 돌아가자는 뜻의 공자 말씀을 좌우명으로 삼았었다. 이를 알게 된 마오쩌뚱은 린뺘오를 비판할 때는 반드시 공자도 같이 비판하라고 말했다고 한다. 이를 염두에 두었던 지앙칭 등은 저우언라이 · 덩샤오핑 등을 공격하기 위하여 비림비공운동을 일으킨 것이다. 사실 린뺘오는 이미 사라진 인물로, 새삼스레 비판할 필요도 없는데, 왜 지앙칭이 비림비공운동을 일으켰는지 의아해하는 사람들이 있을 것이다. 이는 앞서 말했듯 저우언라이 등을 비판하기 위해서였다. 당시 지앙칭 등에게는 저우언라이의 언행이 공자의 '극기복례'를 연상시켰고, '극기복례'는 반역자 린뺘오의 좌우명이었으니, 저우언라이와 린뺘오를 싸잡아서 비판하기 위해서는 비림비공운동이 필요했던 것이다.

하지만 마오쩌뚱은 지앙칭 등 4인의 저의가 무엇인지 잘 알고 있었다. 그는 지앙칭 · 야오원위엔 · 왕홍원 · 장춘챠오 등 4인을 가리켜 처음으로 '사인방四人幇'이라는 용어를 쓰면서 앞으로 행동을 자제하라고 경고했다. 마오쩌뚱으로부터 사인방, 즉 네 명의 패거리라는 뜻의 명예롭지 못한 호칭으로 불린 이들은 잠시 쓴 맛을 음미하지 않을 수 없었을 것이다.

그렇다고 물러설 사인방이 아니었다. 이들은 이듬해인 1975년 11월 청화대학의 리우빙劉冰 교수를 비롯한 교수들을 비판하는 대자보를 붙였다. 대자보의 내용은 리우빙 교수 등이 당이 추진하고 있는 무산계급 교육혁명에 반기를 들고 있다는 것이었다. 이는 리우빙이 문혁 초기부터 극도로 황폐해진 대학교육의 정상화를 위해 마오쩌뚱에게 입시제도의 개선 등 교육개혁을 건의한 것을 공개적으로 비판한 것이다.

사실 문혁 초인 1966년, 홍위병이 득세하면서 각급 학교가 폐교된 이후, 학생들은 제대로 공부할 기회가 없었다. 중 고등학생들은 학과 시간에 오직 "마오 주석 만세!" "공산당 만세!"를 외치고, 마오쩌뚱의 어록을 줄줄 외웠고, 나머지 시간은 학교 땅에서 농사를 짓는 일을 했다. 대학생들은 대부분 농촌과 공장 등지로 하방되어, 잡일을 하면서 각종 비판대회에 참석해야 했다.

홍위병이 강제 해산되고 1970년에 대학입시가 부활되었지만 입시는 필기 또는 구두시험이 아니라 추천으로 이루어졌다. 그런데 대입 추천을 받으려면 우선 출신 성분이 좋아야 했다. 그래서 주로 마오쩌뚱 사상으로 무장된 노동자와 농민의 자녀들이 마을 촌장의 추천을 받아 대학에 입학했다. 지주의 자녀들은 아예 학교에 갈 수가 없었다. 학생만이 아니라 교수 또한 추천을 받아 임용되었기 때문에 제대로 가르칠 능력이 없었다. 또한 유능한 교수들이 대부분 하방되어 교원이 부족했기 때문에, 초등학교를 막 졸업한 학생이 초등학교 선생이 되고, 중 고등학교를 갓 졸업한 학생이 중 고등학교에서 가르치는 일이 많았다. 이 같은 상황에서 학교 교육이 제대로 이루어질 수 없었다. 오죽하면 중간고사나 기말고사를 볼 때 한 농촌 출신 학생이 백지를 내자 마음이 백지처럼 깨끗하다고 하여 최고점을 주었다는 일화까지 나돌겠는가? 이 같은 어이없는 상황을 더 이상 방치할 수 없다고 판단한 리우빙은 마오쩌뚱에게 학교교육을 바로 잡는 교육개혁안을 제기한 것이다.

하지만 마오쩌뚱은 리우빙의 충고를 불쾌하게 여긴 듯 이번에는 사인방의 편을 들었다. 여세를 몰아 지앙칭은 마오쩌뚱에게 "덩샤오핑이 문화대혁명의 성과에 대해 함구하고, 다시 리우샤오치의 수정주의 노선을 따라가고 있다."고 보고하였다. 이 보고를 받은 마오쩌뚱은 덩샤오핑이 자신의 권위에 도전하는 것이라고 단정하고, 덩샤오핑의 모든 직무를 정지시켰다. 1976년 1월 마오쩌뚱은 덩샤오핑을 자산계급 사회를 향해 가고 있는 주자파走資派라고 맹렬히 비판하기까지 하였다.

이처럼 마오쩌뚱이 사인방의 편을 들어주자 지앙칭 등은 물을 만난 고기들처럼 세력을 확장해간다. 바로 그때 오랫동안 병석에 있던 저우언라이가 사망하고 수많은 인민 대중이 그의 죽음을 애도하였다. 그 무렵 마오쩌뚱도 건강이 좋지 않아 많은 사람들은 저우언라이의 뒤를 이을 후임 수상으로 지앙칭을 점쳤다.

그런데 뜻밖에 마오쩌뚱은 지앙칭 등 사인방이 아닌 화구어펑華國鋒을 수상으로 지명했다. 마오쩌뚱이 어째서 이제 갓 정치에 입문한 정치국원 화구어펑을 수상으로 임명했는지에 대해서는 다음과 같은 해설이 있다.

즉 문혁 초기에 마오쩌뚱은 린빠오나 지앙칭 같은 좌파의 건의를 적극 받아들여 자신의 최고 권력을 되찾는다. 하지만 린빠오 등 좌파의 세력이 커져서 자신이 꿈꾸기 시작한 미국 등 서방세계와 교류에 반대하기 시작한 문혁 중기에는 이들 대신 자신의 뜻을 밀어줄 저우언라이와 덩샤오핑 등을 재기용하여 지앙칭 등을 견제한다. 하지만 덩샤오핑 등의 세력이 또 자신의 권력을 넘볼 만큼 커진 문혁 말기에 마오쩌뚱은 다시 지앙칭 등 사인방의 힘을 빌어 덩샤오핑을 견제했다. 하지만 덩샤오핑의 축출과 저우언라이의 사망으로 지앙칭 등 사인방의 세력은 마오쩌뚱이 제어할 수 없을 만큼 커졌다. 이를 잘 알고 있던 마오쩌뚱은 부득이 자신이 제어할 수 있는 화구어펑을 기용했다는 것이다. 화구어펑은 마오쩌뚱을 절대적으로 숭배한 인물로, 고향인 호남성 이외의 지역에서는 권력 기반과 대중적 인지도가 거의 없는 사람이었기 때문이다.

아무튼 1976년 4월 7일, 마오쩌뚱은 정치국 회의를 소집하여 화구어펑을 당제1부주석과 국무원 수상으로 임명하고, 덩샤오핑을 모든 직무에서 공식 해임한다. 이후 얼마 지나지 않아 인민의 별 마오쩌뚱은 83세를 일기로 파란만장한 인생을 마감한다. 하지만 마오쩌뚱이 죽은 후 중국의 권력구조는 그의 소망대로 되지는 않았다. 예지엔잉葉劍英과 리시엔니엔李先念 등 군 원로와 당내 노 간부들의 지지를 얻고 있는 덩샤오핑이 사인방과 화구어펑을 차례로 물리치고 오뚝이처럼 권좌에 앉았기 때문이다. 즉 마오쩌뚱이 타계하자마자 덩샤오핑 측은 화구어펑과 만나 그를 마오쩌뚱의 뒤를 이어 당 주석으로 옹위한다는 조건으로 사인방을 제거하는 데 합의하였다. 결국 10월 6일, 화구어펑은 수상인 자신의 권력을 이용하여 사인방의 체포를 명하였고, 이튿날인 10월 7일 새벽 사인방이 일거에 체포됨으로써 문화혁명은 사실상 종결된다. 이후 화구어펑의 운명 또한 마오쩌뚱과 그 자신이 바라던 바와는 다른 방향으로 가게 된 것은 다 아는 사실이다.

문화혁명은 분명 마오쩌뚱이 잃어버린 당 권력을 되찾기 위해 벌인 일대 사건이었다. 하지만 홍위병의 난동과 무수한 사상자 등 문혁의 부정적 평가

이면에는 분명 긍정적인 측면도 있다. 문혁 기간 동안 노동자와 농민, 그리고 소수민족과 여성들에 대한 파격적인 우대가 그 좋은 예이다. 마오쩌뚱은 언제나 가장 힘없는 대중들을 자신의 권력 기반을 삼았기 때문에 이들에 대한 나름의 애정이 있었던 것이다. 또한 비록 하향 평준화라는 비난을 면하지 못한다 해도 문혁 당시 중국 인민의 경제 수준은 상당히 평등했다. 적어도 개혁개방 이후처럼 빈부격차가 크지 않았던 것이다. 그 때문에 오늘날까지도 마오쩌뚱은 많은 중국 인민들의 존경을 받고 있는지 모른다.

2. 기존문학의 철저한 파괴

사인방이 체포될 때까지 문화혁명 시기의 문학은 문학이라고 보기 어려웠다. 그래서 문학사상 이 기간의 문학은 공백으로 남아 있거나 몇 가지 이론과 몇 개의 작품 이름만이 남아 있다. 한마디로 문혁 기간 동안 문학은 거의 괴사했다고 볼 수 있다. 이는 모두 지앙칭의 눈부신 활약 덕분이다. 앞에서 언급한 대로 『해서파관』비판으로 문혁을 이끈 지앙칭은 여세를 몰아 1966년 2월, 문인 작가들을 상해로 소집하여 문예좌담회를 연다. 하지만 좌담회는 말뿐이고, 실제로는 온갖 협박과 회유 끝에 먼저 그들로부터 충성 서약을 받아낸다. 그런 다음 지앙칭은 모두 8차례에 걸쳐 이들과 개별 면담을 하고, 또 4차례의 집단 면담을 하면서 모두 13편의 영화와 3편의 연극을 함께 관람하고 토론하였다.

이 밖에도 지앙칭은 이들에게 21편의 영화를 더 보라고 지시한 후, 그간 19일 동안 감상한 34편의 영화와 연극 대본 가운데 독초毒草를 골라내라고 요구했다. 독초란 독자에게 해를 끼치는 작품을 의미한다. 이처럼 지앙칭이 소설보다 영화와 연극 대본을 문제 삼은 것은 영화와 연극이 인민 대중에게 끼치는 영향이 소설보다 훨씬 크기 때문이다. 사실 인민 대중은 대부분의 문예 작품을 영화나 연극을 통해 만나니까 말이다. 또 한 가지 이유는 지앙칭 자신이 연극배우 출신이므로, 연극과 영화의 연출과 연기가 관중에게 끼치는 영향을 잘 알고 있었기 때문이다.

그렇다면 지앙칭은 작가들에게 어떤 평가 기준을 가지고 독이 있는 작품을 골라내라고 요구했을까? 그 기준은 대체로 마오쩌뚱의 「문예강화」를 기본으로 하고, 이를 좀더 심화시킨 여덟 가지 반동 이론이었다. 이른바 흑팔론黑八論으로 불리는 여덟 가지 반동 문예이론은 다음과 같다 :

첫째, 진실을 써야 한다.
둘째, 현실주의의 지평을 넓혀야 한다.
셋째, 현실주의를 심화시켜야 한다.
넷째, 주제와 소재를 미리 결정하지 않는다.
다섯째, 보통 사람에 관해 쓸 수 있다.
여섯째, 전쟁에 반대한다.
일곱째, 시대정신을 화합시키자.
여덟째, 마르크스레닌주의 및 마오쩌뚱주의를 기계적으로 따르지 말자.

이 여덟 가지 반동 이론에 입각해서 쓴 작품은 다 독초라는 것이 지앙칭의 주장이었다. 그녀는 작가들과의 개별 면담과 집단 면담을 통해 이 같은 그녀의 주장을 작가들에게 강요했다. 사실 지앙칭은 마르크스레닌주의와 모택동 문예이론에 입각하여 모든 문예작품은 사회주의 혁명을 완수하기 위해 열렬히 투쟁하는 인민의 영웅을 묘사해야 한다고 보았다. 그런데 작가들이 마르크스레닌주의와 마오쩌뚱주의를 금과옥조처럼 따르지 않고, 혁명전쟁을 하기보다 평화와 화합을 원하고, 인민 영웅이 아닌 평범한 보통사람의 진실을 쓴다니 말이 되는가? 또 반드시 인민의 사회주의 혁명의 완수라는 주제를 미리 정해 놓아야 함에도 불구하고, 이 같은 주제를 미리 정하지 않다니 말이 되는가? 게다가 사회주의 현실주의라는 정답 대신 현실주의의 지평을 넓히고 심화시키다니? 지앙칭에 따르면 이 여덟 가지 이론들은 있을 수 없는 반동 이론들이었다.

당연하게도 이 같은 반동 이론에 의해 창작된 차오위曹禺의 『뇌우雷雨』 등 많은 작품들은 독초로 뽑혔다. 사실 차오위의 『뇌우』는 당시 대중에게 매우 인기 있는 작품이었고, 오늘날에도 연극이나 영화로 리메이크되어 공연될 만큼 유명한 작품이다. 하지만 문혁 당시에는 자산계급의 퇴폐적인 애정 행각을 그렸다고 해서 독초로 뽑힌 것이다. 또 스탈린상을 받은 띵링의 『태양이 쌍치엔강을 비춘다』도 계급투쟁을 왜곡하고 마오쩌뚱의 혁명노선을 공격한 독초로 뽑혔다. 빠진巴金의 『집』, 라오서의 『낙타 시앙즈』도 독초로 뽑혔다. 지앙칭은 독초로 뽑힌 이들 작품뿐 아니라 그간 16년간 발표된 대부분의 문예 작품이 모두 반공산당·반사회주의의 반동 문예 작품이라고 선포했다.

반동 문예 작품들이 공표되자마자, 이 같은 독초 작품을 집필한 문인 작가들에 대한 비판운동이 뒤따랐다. 재미있는 점은 제일 먼저 가장 혹독하게 비판을 받은 저우양은 실제로 작품 활동을 거의 하지 않은 문인이었다는 사실이다. 저우양은 1930년대 전반 좌익작가연맹 때부터 공산당의 지령을 받아온 정치가에 가까운 문인이었다. 하지만 마오쩌뚱의 절대적인 신임을 얻으며 수많은 우파 문인 비판운동을 주도해온 그는 1962년 경 마오쩌뚱 노선에서 벗어나 리우샤오치 노선으로 전환했다. 바로 이 때문에 지앙칭은 저우양을 제일 먼저 비판대에 올린 것이다. 그러자 지앙칭의 사주를 받은 야오원위엔이 비판대에 오른 저우양을 소련과 내통한 수정주의자이자 반공산당·반사회주의·반혁명주의자라고 단정했고, 역시 지앙칭의 사주를 받은 군중들이 그를 역적으로 몰았다.

이어서 『뇌우』의 저자 차오위와 『낙타시앙즈』의 라오서, 『한밤중』의 마오뚠 등 수많은 작가들이 비판을 받는다. 오랫동안 무산계급 문학의 창시자로 추앙받던 자오수리趙樹理도 비판의 칼날을 피하지 못했다. 중공 수립 이후 17년간 문화부장, 즉 문화부 장관을 맡아온 마오뚠도 반동분자·반혁명 수정주의자 등의 죄명으로 군중에게 끌려 나가 온갖 모욕과 구타를 당한 뒤 외양간 같은 감옥에 갇혔다. 결국 만주족 작가 라오서는 1966년 홍위병에게 죽음을 당했고, 자오수리는 1970년에 자살했다고 한다. 훗날에 나온 한 보고서에 의하면 문혁 초기에 사망한 문인 작가들의 수는 200여 명이고, 간신히 죽음을 면한 띵링·아이칭 등 작가들은 대부분 하방되거나 '외양간'에 갇혀 노동과 사상개조 학습을 하며 목숨을 부지하였다.

지앙칭 등은 반동 문예이론과 반동 작가 비판에 이어 반동 문예단체에 대한 비판을 진행시켰다. 그 결과 문련文聯과 작협作協 등 주요 문예단체가 강제 해산되었고, 각종 문예지가 모두 정간되었다. 오직 문혁 주도 세력의 입노릇을 하기 위해 『해방군문예解放軍文藝』만 남겼을 뿐이다. 이렇게 초토화된 문예계는 1972년 마오쩌뚱이 중·미 수교를 선언한 이후까지 그야말로 얼어붙어 있었다. 요컨대, 지앙칭 등 문혁 주도 세력은 마치 소몰이식으로 기존 문예이론과 작가·작품 및 문예단체에 대한 비판을 진행함으로써, 그간의 기존 문학을 철저히 파괴하였다.

3. '방파'의 집단문학

기존 문학이 사라진 자리에 새로이 정립된 문학이 바로 '방파'의 집단문학이다. 이른바 방파란 지앙칭·야오원위엔·장춘치아오·왕홍원 등 사인방 파를 줄여 부르는 이름으로, 방파 문학은 지앙칭에 의하여 주도되었다. 지앙칭은 먼저 문학의 이론을 세우고, 이에 따라 개인 작가가 아닌 집단 작가들이 창작을 주도하도록 하였다. 방파의 문학 이론은 물론 마오쩌뚱의 「문예강화」라는 바탕 위에 사인방이 약간의 가미를 한 것이다. 지앙칭 등은 한 작가가 아니라 몇몇 작가들로 구성된 '창작조'로 하여금 이 같은 문학 이론을 가지고 작품을 쓰게 하였다.

그럼 먼저 방파 문학의 창작 이론을 살펴보자. 방파 문학이론은 모두 다음 네 가지이다. 즉 근본임무론·삼돌출원칙·주제선행론·주자파와의 투쟁 묘사를 말한다. 첫째, 근본임무론이란 작가에게는 근본적으로 혁명 주체인 노동자·농민·병사의 투쟁을 묘사해야 하는 임무가 부여된다는 것이다. 이는 1942년 마오쩌뚱의 「문예강화」에서 작가는 투쟁하고 있는 노동자·농민·병사들을 표현해야 한다는 문예의 기본 방침을 심화시킨 것이다. 그러니 보통 사람의 생활이나 진실 따위를 평화롭게 쓸 수 없다는 말이다.

둘째, 삼돌출원칙은 세 인물을 단계적으로 돌출시키는 원칙이다. 돌출시킨다는 뜻은 부각시킨다는 뜻이다. 즉 긍정적인 인물을 부각시키고, 긍정적 인물 중에서도 영웅적인 인물을 부각시키고, 영웅적 인물 중에서도 중심 영웅인물을 차례로 부각시키는 것이 바로 삼돌출원칙이다. 여기서 중요한 점은 점점 부각의 강도를 높여야 한다는 것이다. 즉 긍정 인물보다는 영웅 인물이 더 강하게 부각되어야 하고, 영웅 인물보다 중심 영웅 인물이 한층 더 강하게 부각되어야 한다.

그러기 위해서는 중심 영웅인물을 여러 측면에서 되도록 많이 묘사해야 할 뿐 아니라 언제 어디서나 고상하고 완벽하게 형상화해야 한다. 한편 부정적 인물은 긍정적 인물들을 부각시키기 위해 등장은 시키되, 반드시 긍정 인물·영웅 인물·중심 영웅 인물의 기세에 압도당해야 한다는 것이다.

셋째, 주제선행론은 모든 작품은 먼저 사회주의 혁명 완수라는 주제를 미리 정해놓고 써야한다는 이론이다. 비록 시간과 공간 배경이 다르고 인물이 다르다 하더라도 주제만큼은 반드시 공산주의 혁명 투쟁의 성공으로 잡아놓아야 했다. 이 같이 사회주의현실주의에 입각한 공산혁명의 완수라는 주제를 미리 정해놓고 한 치도 벗어남이 없어야 했다. 만약 이처럼 미리 정해놓은 주제에서 조금이라도 벗어난다면 그건 반동문학이지 제대로 된 정통문학이 아니라는 것이다.

넷째, 주자파와의 투쟁 묘사는 주자파, 즉 자본주의를 향해가는 무리들과의 투쟁을 묘사해야 한다는 이론이다. 문혁 초기의 주자파는 원래 마오쩌뚱과 사인방의 정책수행에 걸림돌이 된 리우샤오치와 덩샤오핑 등과 당의 노 간부와 군 원로를 지칭하는 말이었다. 하지만 1973년, 즉 문혁 후기부터는 주로 저우언라이라는 특정 인물과의 투쟁이라는 구체성을 띤다. 저우언라이이는 미국과 국교를 맺은 직후인 1973년, 방파문학 이론에 위배되는 외국의 무표제 음악가, 즉 현대 음악가 2명을 중국에 초청하도록 허가하였다. 또 이듬해인 1974년에는 근본임무론과 삼돌출원칙을 무시하고 지식인을 긍정적 인물로 등장시킨 연극『원예사의 노래 園丁之歌』를 칭찬했다. 그 때문에 사인방은 돌연『아침노을朝霞』이라는 월간 문예잡지를 만들어 저우언라이와 덩샤오핑 등 주자파를 공격하는 문예작품을 발표하기 시작한 것이다.

요컨대, 방파문학 이론은 먼저 공산혁명의 완수라는 주제를 먼저 정해놓고, 노동자·농민·병사의 투쟁을 표현하는 근본 임무에 충실해야 한다. 또 인물 묘사에 있어서는 삼돌출원칙에 따라 긍정 인물·영웅 인물·중심 영웅 인물을 부각시키되, 점차적으로 강도를 높여가야 한다. 여기서 중심 영웅 인물은 물론 마오쩌뚱과 사인방이다. 마지막으로 이들 중심 영웅인물을 비롯한 긍정 인물들이 부정인물인 주자파와 투쟁하는 과정을 세밀히 묘사해야 하는 것이다.

이 네 가지 이론을 바탕으로 창작된 문학이 바로 방파 문학인데, 문혁 시절에는 주로 연극의 대본인 희곡이 많이 나왔다. 양판희樣板戲, 즉 모범 연극으로 불리는 이 극이 혁명적인 내용을 담고 있는 문혁의 대표 극이었던 것이다. 양판희는 경극이 가지고 있는 극적인 효과를 살린 극으로, 당연하게도 지앙칭이 주도하였다.

양판희는 근본임무론과 주제선행론을 바탕으로 삼돌출원칙과 주자파와의 투쟁을 한층 더 강화한 극이다. 즉 삼돌출원칙에 따라 중심영웅인물을 부각시키는 데서 한걸음 더 나아가 중심영웅을 우상화했다. 그래서 중심영웅인물은 인간이 아니라 신으로 묘사된다. 어떤 전쟁에서도 적군을 깡그리 섬멸하고 아군을 전원 구출하는 불사신인 것이다. 중심영웅인물이 무대에 출현하면 언제나 무대 중심에 있어야 한다. 또 주자파와의 투쟁에 있어서도 계급투쟁을 최대한 극대화시킨다. 즉 자본주의의 길을 가는 주자파 등 자산계급과 노동자・농민 등 무산계급 간의 투쟁을 극대화시키는 것이다.

앞에서 언급했던 대로 방파문학은 집단으로 이루어졌다. 양판희 뿐만 아니라 시와 소설 등도 한 사람의 작가가 쓰는 것이 아니라 두 명 이상으로 구성된 창작조에 의하여 창작된 것이다. 예를 들어 『선전宣戰』과 『성대한 명절 盛大的節日』 등 양판희는 모두 창작조에 의해 씌어졌다. 『홍남작전사虹南作戰史』 등 많은 소설 작품들도 상해대학 창작조 등 몇몇 창작조에 의해 만들어졌다. 시의 경우는 「모택동어록」의 몇 대목을 따서 부르는 「어록가」와 농민들의 모내기노래인 「앙가秧歌」가 유행했다. 이 가운데 「앙가」는 원래 들일을 독려하는 가사로 되어 있었는데, 창작조 작가들은 노동 대신 혁명을 찬양하는 가사로 바꿨다. 지앙칭 등 방파는 농민들에게 친숙한 「앙가」를 십분 이용해서, 「앙가」를 단순한 민요에서부터 혁명의 노래로 변화시킨 것이다. 또한 모내기 춤인 「앙가무秧歌舞」를 혁명 춤으로, 모내기 극인 「앙가극秧歌劇」을 혁명 극으로 발전시켰다.

오늘날 중국의 부녀회나 청년회 회원들이 북・바라・깃발・칼・창 등을 들고 일사불란하게 추는 춤을 가끔 보는데, 이것이 앙가무의 흔적이 아닐까 싶다. 만약 방파 문학이 성공했다고 한다면 이는 앙가와 앙가무 및 앙가극이라는 민간 형식 덕분이라고 할 수 있다. 오늘날에도 몇몇 유명한 농민 가수들이 있는데, 이들은 주로 문혁 시기에 발탁된 농민 가수일 가능성이 높다. 요컨대, 문화혁명

기간에 전국적으로 유행된 문학은 사인방이 주도한 집단 선전문학이었다.

4. 문혁 말기의 지하문학

아무리 억압의 시대라 하더라도 자유롭고 자발적인 문학의 생성을 막을 수는 없다. 설사 지상을 뚫고 나오지 못한다 하더라도 땅 속에서라도 뿌리를 내리기 마련이다. 그토록 잔혹한 문화혁명 기간에도 지하문학이 존재했다는 사실이 이를 증명한다. 비록 문혁 당시에는 빛을 보지 못했다 하더라도 시구詩句들이 입에서 입으로 전해지고, 소설이 손에서 손으로 베껴진 것이다. 닭의 목을 비틀어도 새벽은 온다고 하지 않는가? 문혁 말기에 은밀히 창작되고 유포된 시와 소설은 어떤 압제도 문학의 영혼을 빼앗아갈 수 없음을 말해주고 있다.

문혁 말의 지하문학은 농촌으로 하방된 젊은 학생들의 시에 의해 주도되었다. 하지만 나이가 지긋한 원로 시인들도 있었다. 이들은 주로 1955년 후평 비판 때 하방된 시인들로, 무단穆旦·꾸어샤오추안郭小川 등이 대표적이다. 무단은 중국이 공산화되기 전에 시카고대학에서 영문학 석사학위를 취득하고 천진 남개대학 교수를 지냈던 현대파 시인이다. 그는 후평 비판 당시 반동분자로 몰려 약 20년간 언로를 차단당했으나, 혼자서 남몰래 시를 썼다. 그렇게 써온 「지혜의 노래智慧之歌」「명상冥想」「우의友誼」 등 수 십 수의 시는 무단의 생전에 출판되지 못했다. 그는 문혁이 끝난 직후인 1977년에 세상을 떠났기 때문이다. 다행히 무단의 유고는 1980년대에 시집으로 엮여져 출판되었다. 또 꾸어샤오추안은 「가을노래秋歌」를 비롯한 많은 시들을 써서 몰래 간직하다가 역시 1980년대에야 비로소 햇빛을 보게 할 수 있었다.

이들 원로시인과 달리 문혁 말기의 지하문학을 주도한 청년들이 문학에 몰두하게 된 배경과 동기는 다소 다르다. 즉 문혁 초기에 중 고등학교나 대학에 재학하고 있었던 이들 청소년들은 정치 지도자들의 권유를 받거나 자진하여 학업을 접고 농촌과 공장 등지로 내려갔다. 이때까지만 해도 이들에게는 사회주의혁명을 향한 열정이 있었다. 하지만 이들은 농촌과 공장에 내려가 혁명 과업을 부여받으면서부터 문제를 느끼기 시작한다. 즉 자신들이 학업까지 중단한 채

하고 있는 일이 과연 진정한 혁명 과업인지에 대해 회의를 느끼기 시작한 것이다. 다시 말해서 시간이 지남에 따라 이들은 문화혁명이 일부 정치 지도자들의 정권유지를 위한 폭거라는 사실을 어렴풋이 깨달은 것이다. 또한 무산계급인 인민 대중과 함께 생활하면서 이들에게 배울 점만 있는 것이 아님을 깨닫게 되면서부터 지식 청년들은 무산계급혁명에 대해 실망하고 분노하기도 한다.

이 같은 지식청년들 가운데 문학 취미를 가진 청년들은 당 간부의 눈을 피해 당에 대한 실망과 분노 및 자신들의 좌절감을 시로 쓰기 시작했다. 이들의 시는 모두 비밀리에 필사되어 하북성·산서성 및 북경 등지의 지하문학 서클을 통하여 돌려가며 읽혔다. 이 가운데 베이따오北島·수팅舒婷·지앙허江河라는 필명으로 씌어진 시들이 인기가 있었다. 하지만 이들 청년들의 시 활동은 1973년 공안 당국에 발각되어 색출된 주모자들이 구금되면서 일시 정지된다. 하지만 이에 굴하지 않고 여전히 지하에서 활동하던 베이따오와 수팅 등은 문화혁명이 막을 내린 이후 이른바 몽롱시파朦朧詩派를 형성한다. 이에 대해서는 다음 장에서 보다 자세히 소개할 것이다.

한편 문혁 말기의 지하소설로는 장양張揚의 장편소설『두번째 악수 第二次握手』와 리핑禮平의 중편소설『저녁노을이 사라질 때 晚霞消失的時候』가 유명했다. 이 소설들도 저자가 손으로 쓴 원고를 다른 사람이 빌려가 읽고 난 후 다시 베껴 더 많은 사람들에게 돌려졌다. 먼저 장양의『두 번째 악수』는 띵지에치옹이라는 남자 과학자와 쑤관란이라는 여자 과학자의 애정과 애국심을 주제로 한 소설이다. 이 소설은 저우언라이가 중국의 과학기술 향상을 위해 과학자들에게 쏟는 애정을 부각시켰다. 그 때문에 1975년 초, 저자 장양은 "여러 번 써서 가장 널리 독을 퍼뜨린 반동소설가"라는 죄목으로 사인방의 공안 당국에 의해 체포되었다. 다음 리핑의『저녁노을이 사라질 때』는 공산당 간부의 아들과 국민당 간부의 손녀가 우연히 만나 좋아했는데, 서로의 신분을 안 후 헤어졌다가 다시 만나는 줄거리의 소설로, 당시 젊은 청년들 사이에 많이 읽혔다.

장양 등의 소설이 주로 남녀간의 애정을 중심으로 젊은이들의 순수한 애국심 등을 잔잔하게 다룬 반면, 베이따오 등의 시에는 좀 더 문제의식이 첨예하게 드러나 있다. 1976년 저우언라이의 사망 후 4월 5일 천안문 광장에서 있었던 그의 추도식에 나돈 시들은 더욱 그러했다. 이 시들에는 저우언라이를 추모하는 내용뿐 아니라 사인방을 비판하고 심지어 마오쩌뚱을 비난하는 내용까지 있었다. 이 시들은 대략 다음과 같은 경로를 거쳐 훗날 『천안문시가天安門詩抄』로 출판된다.

즉 저우언라이가 서거한 직후부터 사람들은 그를 추도하는 화환과 추도시 따위를 천안문에 진열하는 등 추모의 열기가 뜨거웠다. 그러자 공안 당국은 4월 4일 밤에 화환과 추도시 등을 모두 수거하려 하였다. 이 소식을 듣고 달려온 사람들이 밤을 새우며 이것들을 지켰는데, 이튿날인 4월 5일 천안문 광장에는 10만 명의 군중이 운집하였다. 이들 가운데는 즉석에서 연설을 하거나 혈서를 쓰는 젊은이들이 있어 이를 제지하는 공안 당국과 유혈충돌이 벌어졌다. 이 사건으로 젊은 여성시인 장즈신張志新이 목숨을 잃는 등 많은 사상자가 있었다. 이 같이 혼란스런 상황에서 대학생들과 대학원생들이 열심히 돌아다니며 저우언라이를 추도하는 시들을 베껴 쓰거나 수집하여 보관하였다. 이렇게 보관된 시들이 문혁이 끝난 1978년 12월 『천안문시가』3권으로 출판된 것이다.

『천안문시가』에 실린 시 가운데는 이른바 장두시藏頭詩가 있다. 장두시란 매 행의 첫 글자에 의미를 숨겨놓은 시라는 뜻으로, 예를 들면 다음과 같다.

> 강과 호수 그리고 바다에 파도가 일어, 억만 인민이 총리를 추모한다.
> 푸른 산 푸른 강이 머리를 숙이자, 괄괄하는 울음소리 구슬피 인다.
> 태산에 의지하듯 마음 든든했는데, 뉘 알았으랴 별이 지고 해와 달이 울 줄을
> 변방의 전사들은 남긴 뜻 계승하여 '백골'과 끝까지 싸우리라 맹세한다.

> 江河湖海浪濤起, 億萬人民悼總理
> 지앙허후하이랑타오치, 이완런민따오종리
> 青山綠水低下頭, 滾滾淚浪哀聲起
> 칭산뤼수이띠시아터우, 곤곤레이랑아이성치
> 靠着泰山心難移, 誰料星隕日月泣
> 카오저타이산신난이, 쉐이랴오싱윈르위에치
> 邊防戰士繼遺志, 誓和'白骨'斗到底
> 비엔팡잔스지이즈, 스허'바이구'떠우따오디

저우언라이 총리의 죽음을 애도하는 4행시다. 이 시에서 매 행의 첫 글자를 따서 이어보면 "지앙칭카오비엔江青靠邊"이 되는데, 그 뜻은 "지앙칭은 비켜서라"이다. 사인방의 우두머리인 지앙칭은 더 이상 중앙에서 설치지 말고 한쪽으로 비켜서서 자숙하라는 의미가 담겨 있다. 저우언라이 총리를 추모하는 이 시에는 이렇게 지앙칭을 배척하는 뜻이 숨어 있는 것이다. 이처럼 시의 진짜 의미를 매 행의 앞 글자에 숨겨 놓는 잠두시는 이 밖에도 여러 수가 더 있다. 그 가운데는 "저우언라이하오周恩來好", 즉 "저우언라이는 훌륭하다"도 있다.

사실 문화혁명 시기의 문학은 다른 어느 시기의 문학보다 자료가 빈약하다. 문혁 10년 자체를 정치적으로나 문학적으로 착오의 시기로 규정한 만큼, 이에 관한 많은 자료들이 사라졌기 때문이다. 그래서 문화혁명 문학이라고 하면 『천안문시가』처럼 문혁이 종결된 이후 출판된 문혁 말기의 지하문학이 거의 대부분이다. 요컨대, 문혁 10년의 문학은 중국현대문학의 쇠퇴기였다.

제 6 장

중국현대문학의 소생

신시기 문학

역사는 직선으로 발전하는가? 아니면 원으로 순환하는가? 아니면 원과 직선이 합쳐져서 나선형으로 순환하며 발전하는가? 그도 아니면 직선과 원이 합쳐져서 수레바퀴처럼 발전하면서 순환하는가? 중국현대문학은 청나라 말, 봉건문학의 족쇄를 풀고 태어나 진보문학과 좌익문학이라는 사회민주주의문학으로 발전했다. 하지만 중화인민공화국 치하에서 공산사회주의 문학이라는 족쇄를 다시 차게 되었고, 이제 덩샤오핑 정권의 출범과 함께 또 다시 족쇄를 풀고 신시기 문학으로 다시 태어나게 된다. 이처럼 중국현대문학은 발전하면서 순환하고, 순환하면서 발전해온 것이다.

1. 공산당 독재의 개혁 개방

1977년, 중앙당에 공식 복귀한 오뚝이 덩샤오핑은 중국이 앞으로 살아갈 길은 현대화와 개혁개방이라고 주장했다. 그의 주장은 당 원로인 천윈陳雲과 왕전王震의 지지를 얻어, 이듬해인 1978년 개혁개방의 선포와 농업·공업·국방·과학기술 등 4개 부문의 현대화 추진으로 가시화된다. 당 중앙위에 의해 강력히 요구된 4개 현대화 정책은 사실 1975년 저우언라이가 제창한 것이다. 사인방의 반대로 실현되지 못했던 현대화 계획이 덩샤오핑에 의해 재추진된 걸로 보아 덩샤오핑은 기본적으로 저우언라이의 노선을 따른 실용주의자라고 할 수 있다.

문예계에서는 마오둔을 비롯한 문인들이 발 빠르게 문예좌담회를 열어 사인방의 문예이론인 근본임무론·삼돌출원칙·주제선행론·주자파와의 투쟁묘사를 비판하였다. 하지만 아직 많은 문인·작가들은 비록 사인방이 타도되고 마오쩌뚱이 세상에 없지만, 화구어펑 등 좌파가 아직 수상 자리에 있음을 석연치 않게 보고 선뜻 나서지 않았다. 아니나 다를까 1979년 봄 북경 서단西單 거리에 나붙은 "민주화를 원한다." "인권을 원한다." 등의 대자보는 곧장 제거되었다. 섣부른 민주화 바람으로는 북경에 봄기운을 가져올 수 없었던 것이다. 덩샤오핑도 당내 좌파 세력에 밀렸는지 그해 3월, 이른바 네 개의 기본원칙을 고수한다고 선언했다. 네 개의 기본원칙이란 첫째, 사회주의를 견지한다. 둘째, 무산계급 독재를 견지한다. 셋째, 공산당의 영도를 견지한다. 넷째, 마르크스레닌주의와 마오쩌뚱 사상을 견지한다를 말한다. 네 개의 원칙이 모두 견지한다로 끝나기 때문에 이 원칙들은 중국에서 사개견지四個堅持, 즉 네 개의 견지라고도 불린다.

덩샤오핑은 '사개견지' 선언에 그치지 않고 작가협회 모임에 직접 참석하여 문예정책에 있어서 당의 영도를 다시 한번 공식화했다. 그의 당 영도 선언이 단순한 선언이 아님은 곧 이어 민주화 문인들의 체포와 투옥으로 증명되었다. 웨이징성魏京生을 비롯한 민주화운동 지도자들이 속속 체포된 것이다. 체포된 웨이징성은 외국 기자들에게 국가기밀을 누설했다는 죄목으로 15년의 징역형을 선고받았다. 마오쩌뚱의 사망과 사인방의 체포로 중국에도 민주주의 시대가 오리라고 기대했던 지식인들의 행동에 제동이 걸린 것이다.

하지만 다른 한편으로는 덩샤오핑의 개혁개방 및 현대화 정책이 착착 진행되고 있었다. 덩샤오핑은 광동성의 심천深圳과 주해珠海, 복건성의 하문夏門 등지에 경제특구를 설치했다. 그간 이 정책에 걸림돌이 되었던 화구어펑은 이듬해인 1980년 8월, 수상 자리에서 물러났고, 개혁개방을 가속화할 자오즈양趙紫陽이 새 수상으로 선임되었다. 곧 이어 11월에는 사인방에 대한 재판이 시작되었다. 필자는 한 외국의 영상물에서 사인방의 재판 광경을 본 적이 있는데, 재판이 끝난 후 지앙칭이 법정에서 끌려 나가며 "혁명무죄! 덩샤오핑 타도!"를 목청껏 외치던 장면이 지금도 생생하다. 아무튼 약 두 달 후인 1981년 2월 사인방 가운데 지앙칭과 장춘챠오는 사형에 집행유예 2년, 왕훙원은 무기징역, 그리고 야오원위엔은 20년형을 받았다. 2년의 집행유예를 지나 지앙칭과 장춘챠오도 무기징역으로 감형되었지만, 이로써 지앙칭 등 사인방은 돌이킬 수 없는 역사의 저편으로 사라진 셈이다.

사인방을 완전히 축출하고 당내 권력을 장악한 덩샤오핑은 1981년 7월 마오쩌뚱에 대한 당의 입장을 다음과 같이 정리한다. 즉 마오쩌뚱은 위대한 마르크스주의자이고, 위대한 무산계급혁명가이며 전략가이자 이론가이다. 그가 비록 문화혁명 중에 엄중한 착오를 범하였으나, 그의 전 생애를 볼 때 공적이 과오보다 훨씬 많다. 마오쩌뚱에 대한 이 같은 평가는 27년간 중국을 통치한 그가 37년간 진秦나라를 통치한 시황始皇이 죽인 유생보다 약 백배가 넘는 4만 6천 명의 문인·학자를 죽인 그의 과오를 축소시킨 것이라 할 수 있다.

덩샤오핑이 이렇게 밖에 할 수 없었던 이유는 만약 마오쩌뚱을 뿌리째 부정하면 공산당과 중화인민공화국의 성립 자체를 부정하는 것이고, 또 이는 결국 마오쩌뚱을 도와 중국을 건설한 덩샤오핑 자신을 부정하는 셈이 되기 때문이다. 또한 당 내외의 마오쩌뚱 추종자들의 숫자 또한 만만치 않았기에 이들을 다독일 필요도 있었을 것이다. 그러나 무엇보다 문인 등 지식인 사이에 일기 시작한 민주와 자유의 반사회주의·반공산당 바람을 잠재우기 위해서라도 마오쩌뚱은 건국의 영웅으로 남아 있어야 했다. 그 때문에 덩샤오핑은 모든 잘못을 사인방에게 떠넘기고, 마오쩌뚱을 위대한 건국의 영웅으로 모신 것이다.

덩샤오핑이 걱정한 대로 문인 등 지식인 사이에 자유화 경향은 나날이 늘어갔다. 일찍이 1979년 10월, 작가협회 회의에서 덩샤오핑이 문학에 대한 당의 영도를 전제한 뒤, 문인들에게 무산계급의 문학에서 다시 인민 대중의 문학으로 사회주의 현실주의의 지평을 넓혀준 이래 이 같은 경향이 더욱 늘어난 것이다. 우선 문혁 10년의 상처를 토로하는 소설이 봇물 터지듯 쏟아져 나왔다. 이 가운데 조국에 대한 짝사랑을 그린 바이화白樺의 소설 『짝사랑苦戀』이 특히 인기를 끌었는데, 이 소설이 1980년 말에 영화화되어 덩샤오핑의 심기를 불편하게 했다.

먼저 이 영화의 줄거리를 요약하면 다음과 같다. 즉 외국에서 화가로 성공한 주인공은 1949년 중화인민공화국이 수립되자 모든 명예를 버리고 영구 귀국했다. 하지만 조국은 그가 기대했던 것과 너무 멀었다. 문화혁명 때에 이르자 그는 부르주아 화가라는 죄명으로 체포되어 온갖 고초를 겪게 된다. 결국 그는 1976년 천안문 벽에 문혁을 비난하는 그림을 붙이고 산간벽지로 몸을 피한 후 문혁이 끝난 줄도 모르고 자살한다.

그런데 『짝사랑』의 시사회에 참석한 덩샤오핑이 영화를 보고나서 자리를 박차고 일어난 것이다. 그는 사인방과 문화혁명을 비판하는 것까지는 용인하지만 당과 사회주의를 비판하는 것은 용서할 수 없다면서 크게 화를 냈다. 영화의 마지막 장면이 문제가 된 것이다. 이 영화는 주인공이 눈 위를 뒹굴면서 눈 위에 커다란 의문부호를 그리며 죽어가는 동안, 하늘에 떠 있던 붉은 태양이 빛을 잃어가다가 마지막 남은 다섯 개의 붉은 점이 종소리와 함께 하나둘 사라져가면서 끝난다. 어찌 보면 매우 아름다운 영상미가 돋보이는 마무리다. 하지만 붉은 태양이 서서히 이지러지면서 마지막 다섯 개의 붉은 점이 하나둘 사라져가는 장면이 중국 국기인 오성홍기에 그려진 붉은 별이 하나둘 사라지는 것으로 보일 수는 있다. 어쩌면 덩샤오핑도 이 장면이 공산당의 쇠망을 암시하고 있고, 주인공이 눈 위에 그려놓은 의문부호도 사회주의 조국에 짙은 회의를 나타낸 것으로 받아들였을 것이다.

영화 『짝사랑』이 나온 무렵인 1980년 11월, 따이허우잉戴厚英의 소설 『사람아 사람人啊人』이 나와 문예계의 화제가 되었다. 등장인물들의 자아 찾기와 인도주의를 노래한 이 소설에는 분명 사회주의 사회의 소외현상과 사회주의혁명에 대한 회의가 담겨 있다. 이 같이 공산당과 사회주의에 의문을 품는 문인 작가들이 점차 늘어나자 덩샤오핑은 이들의 행태에 일침을 가하는데, 그 시작은 『짝사랑』 비판이었다. 결국 1981년 말, 이 영화의 원작자 바이화가 자아비판함으로써 일단락되었다. 하지만 덩샤오핑이 문인 작가들에 대해 쥐고 있던 고삐를 완전히 풀어준 것은 아니었다. 1983년 10월경부터 일으킨 이른바 정신오염제거운동이 이를 증명해준다.

일설에 의하면 덩샤오핑이 일으킨 정신오염제거운동은 양날의 칼이라고 한다. 그 하나는 물론 사회주의 공산당 자체에 의문을 제기하는 이른바 민주화 문인 작가들을 향하고 있고, 다른 하나는 당내 원로 보수파를 향해 있다는 것이다. 실제로 1980년 이후 개혁개방의 후유증으로 통화가 팽창하고 물가가 폭등하자 덩샤오핑의 개혁개방정책이 당내 보수파로부터 거센 비판을 받는다. 이를 효과적으로 잠재우기 위해 그가 빼든 칼이 바로 이 운동이라는 것이다. 이 또한 일리가 있는 것이 이 운동을 일으킨 후 덩샤오핑은 마오쩌뚱에 대한 충성심 위주로 당 간부를 선출했던 기존의 방식을 전문성 위주로 바꿈으로써 당내 보수파들을 긴장시켰다.

여세를 몰아 자오즈양 수상은 마오쩌뚱이 공들여 만든 인민공사제도를 비판했다. "세계에서 가장 부지런하다는 중국 민족이 인민공사제도로 인하여 가장 게으른 민족으로 전락했다."고 일갈을 가한 것이다. 모든 국토를 인민공사 소유로 하고 모든 인민을 인민공사에 귀속시켜, 능력에 따라 일하고 필요에 따라 분배받는 이 제도가 인민들의 노동 의지를 꺾고 있다는 것이다. 이에 따라 덩샤오핑의 중국 정부는 인민공사제도를 서서히 없애기 시작했다. 농민이 일정한 세금을 내면 나머지 수익은 사유재산으로 인정하는 제도를 도입하고 시장을 개방하여 농산품 가격도 자율화했다. 이 같은 제도는 농민들의 호응을 얻었다. 농업부문에서 개혁개방이 성공하기 시작한 것이다.

개혁개방정책이 어느 정도 정착하자 덩샤오핑은 1985년 경 다시 작가협회 모임에 참석하여 문예계에 대한 완전한 신뢰를 표시하고, 그간 정신오염제거운동의 지나친 점을 인정하기까지 했다. 다만 작가들에게 앞으로도 계속 사회주의를 견지하며 자신의 개혁개방 정책을 지지하는 인물을 형상화해줄 것을 당부하였다. 이에 따라 지앙즈롱蔣子龍과 장지에張潔 등 작가들이 이른바 개혁소설을 썼다. 이에 대해서는 다음 소절에서 좀 더 자세히 소개하기로 한다. 아무튼 덩샤오핑은 자오즈양과 후야오방胡耀邦 등 개혁 성향의 젊은 정치인들과 함께 개혁개방 정책을 가속화하면서 문예계에는 더 이상 개입하지 않았다. 문예계에 숨통을 틔워준 것이다.

숨통이 트인 문예계와 학술계는 1986년 후반부터 또 다시 민주화와 사상해방을 위한 토론을 시작했다. 이 같은 토론회는 안휘성 합비合肥에 있는 과학기술대학 학장인 팡리즈方勵之와 언론인 겸 작가 리우빈옌劉賓雁 및 문학평론가 왕루어왕王若望 등에 의해 주도되었다. 작가 까오싱지엔高行健 등 많은 진보적인 문인도 이에 동조하였다. 더 나아가 그해 12월, 합비과학기술대학 학생들이 시위를 했다. 학생대표를 선출하는 선거에 안휘성 당 위원회가 개입하여 선거가 비민주적으로 진행된 것을 항의하는 데모였다. 시위는 수 일 간 계속되었고, 이 소식이 퍼지면서 북경 · 상해 · 광주 · 곤명 같은 대도시에서도 민주화를 촉구하는 학생 시위가 열렸다. 이들은 "자유 만세" "민주화를 촉구한다." "개혁을 지지한다."

따위의 구호를 외치면서 격렬하게 시위하였다.

공산당 주도의 사회주의 중국이 이를 좌시할 리 없었다. 결국 왕전을 비롯한 보수파 당 원로들이 학생 시위에 대한 책임을 지워 후야오방 서기와 자오즈양 수상을 사임시키고, 새 총리로 보수적인 리펑李鵬을 선임하였다. 하지만 가장 중요한 당 서기 직에는 덩샤오핑의 뜻대로 개혁 성향의 자오즈양이 선임되었다. 이어서 1987년 10월, 덩샤오핑은 스스로 정치 일선에서 물러난다고 선언함으로써 당내 보수파 원로들을 동반 사임하도록 하였다. 이는 보수파 원로들을 당에서 퇴진시키고 자오즈양을 막후에서 후원함으로써 개혁개방을 가속화하겠다는 덩샤오핑의 의도였다고 할 수 있다. 이렇게 하여 개혁개방 정책은 순조롭게 진행되는 듯 하였다.

하지만 민주화를 추구하는 진보 학생들은 이 정도로 만족하지 않았다. 그 때문에 1989년 4월 15일 후야오방이 사망하자 북경대학에 "죽어야 할 사람은 죽지 않고 죽지 않아야 할 사람이 죽었다"는 대자보가 붙었다. 수많은 학생들과 시민들이 후야오방을 추모하며 천안문으로 향했고, 천안문 곳곳에는 리펑 총리 등 보수파를 공격하는 대자보가 나붙었다. 이들의 행렬은 연일 계속되었고, 4월 27일에는 50여 만 명의 군중이 천안문에 운집하여 자유와 민주 및 리펑 총리의 사임을 요구했다.

사태가 심각해지자 자오즈양은 시위 학생들의 대표를 면담하며 해산을 종용하였으나 뜻을 이루지 못했다. 계엄령이 선포되었다. 그럼에도 불구하고 시위대의 대오가 흩어지지 않자 6월 3일 계엄군은 탱크를 앞세우고 천안문 광장에 진입하여 최루탄으로 시위 군중을 해산시켰다. 하지만 잠시 피했던 시위대는 다시 몰려들었다. 시위 군중의 수는 더욱 증가했고 시위도 더욱 격렬해졌다. 결국 이튿날인 6월 4일, 위기를 느낀 당 지도부가 계엄군에게 발포 명령을 내렸고, 많은 시위 군중이 총탄에 쓰러졌다.

이 광경은 북경 주재 외국 기자들에 의해 촬영되어 세계 각국에서 방영되었는데, 필자 또한 이 광경을 본 기억이 아직도 생생하다. 세계의 언론인들은 6월 4일을 '피의 일요일'이라 불렀고, 당시 시위를 주도하였던 학생들은 모두 체포되거나 해외로 도피하였다. 또한 이 사건의 책임을 지고 자오즈양 당서기가 해임되고 후임에 지앙저민江澤民 상해 시 당서기가 선임되었다. 이후 지앙저민 서기와 리펑 총리 치하에서 더 이상 민주와 자유를 요구하는 대규모 시위는 용납될 수 없었다. 요컨대, 1989년 6월 4일의 천안문 사태는 1980년대의 개혁 개방이 자유와 민주를 받아들일 수 없는 공산당 독재의 사회주의 개혁개방임을 일깨워 준 일대 사건이었다.

2. 몽롱시

1980년대 중국의 정치 상황은 덩샤오핑의 개혁개방과 현대화라는 열림과 함께 자유와 민주의 억제라는 닫힘이 혼재하고 있었다. 자연히 이 시기의 문예계 상황도 닫힘과 열림이 혼재했다고 볼 수 있다. 그 때문에 이 시기의 시는 어느 만큼은 열려 있고 또 어느 만큼은 닫혀 있었다. 문혁 말기에 시를 쓰기 시작한 베이따오 · 수팅 · 지앙허 등의 시가 몽롱시로 불리는 이유가 여기 있다.

원래 몽롱시라는 용어는 1980년 전반기에 발간된 간행물 『오늘今天』에 수록된 시들을 통틀어 지칭했다. 주로 베이따오 · 꾸청顧城 · 수팅 등이 쓴 몽롱시는 이름 그대로 의미가 애매하고 모호하다는 뜻에서 붙여진 이름이다. 사실 이 시들을 직접 감상해보면 시들이 뭐 그다지 애매모호한 것은 아니다. 시라면 당연히 갖춰야 할 상징과 은유, 의인과 활유 같은 수사가 있을 뿐이다. 어찌 보면 1920 · 30년대 리진파李金髮나 따이왕수 같은 현대파 시인의 상징주의 기법과도 비슷하다. 오늘날 한국과 일본 등 자유민주주의 나라에서 활동하는 시인들의 기법과도 비슷하다.

하지만 1980년대의 중국 시단은 중공 수립 이후 약 30년간 지속된 사회주의현실주의라는 틀 속에서 아직 완전히 벗어나지 못한 상황이었다. 언제나 혁명의 영웅을 묘사해야 하는 근본임무론 · 삼돌출원칙 · 주제선행론 등 문혁의 문예이론이 아직도 귀에 생생한데, 이 같은 이론에서 벗어나 개인의 생각과 느낌을 현대적 기법으로 쓴 시들이 낯설 수밖에 없었을 것이다. 그래서 당시 문단에서는 몽롱시가 도대체 무엇을 의미하는지에 대하여 한동안 매우 새삼스러운 논쟁이 벌어졌다.

몽롱시 논쟁은 몽롱시라는 명칭을 가장 먼저 사용한 장밍章明으로부터 시작되었다. 그는 몽롱시가 너무 난해하고 이상해서 이해할 듯 말 듯 하기 때문에 이를 잠정적으로 몽롱체 시라고 부르겠다고 했다. 이후 평론가들은 몽롱의 의미와 탄생 배경 등에 관해서 많은 토론을 했는데, 이를 정리하면 대략 다음과 같다.

먼저 몽롱의 의미에 대한 토론이 있었다. 이는 몽롱이 난해·괴벽이냐 아니면 함축·운치냐로 갈렸는데. 장밍은 난해와 괴벽으로 보았고, 시에미엔謝冕은 함축과 운치로 보았다. 시에미엔은 몽롱시에 '구름 속의 달'이나 '안개 속의 꽃' 같은 아련한 아름다움이 있다고 한 반면, 장밍은 그런 아름다움이 없다고 잘라 말했다. 다음 몽롱시의 탄생배경에 대해서도 시에미엔은 몽롱시가 중국 내에서 자연스럽게 탄생된 시체라고 했고, 장밍은 외래사조의 영향을 받아 생긴 것이라고 했다.

이렇듯 몽롱시 논쟁은 장밍·띵리丁力 같은 부정적 입장을 가진 평론가와 시에미엔 같은 긍정적 입장을 가진 평론가들 사이의 설전이 되었다. 그 때문에 한쪽은 난해·괴벽·억측·왜곡 같은 부정적 평가를 하고 있고, 다른 한쪽은 함축·여운·운치 같은 긍정적 평가를 하고 있는 것이다. 또 몽롱시의 탄생 배경에 대해서도 긍정적인 쪽은 중국 내에서 자연스럽게 탄생되었다고 본 반면 부정적인 쪽은 외국에서 무리하게 들여왔다고 보았다. 이 같은 입장 차이는 당연하게도 당시 평론가들의 정치적인 입장 차이와 맞물려 있다. 즉 현실주의의 지평을 넓히려는 진보적인 평론가들은 몽롱시를 긍정적으로 본 반면, 사회주의 현실주의의 틀을 강조하는 보수적인 평론가들은 이를 부정적으로 본 것이다.

하지만 따지고 보면 몽롱시에 긍정적인 측면과 부정적인 측면이 다 있다. 시인에 따라서 시어를 보다 아름답게 승화시킨 경우가 있고, 매우 복잡하게 늘어놓은 경우도 있기 때문이다. 또 몽롱시의 탄생 배경을 중국 내의 자생 문화에서 찾느냐 아니면 외래사조에서 찾느냐의 논쟁도 동전의 앞면이냐 뒷면이냐를 따지는 것처럼 옹졸한 일이다. 어차피 동전이 앞면과 뒷면으로 이루어져 있듯, 몽롱시의 발생도 국내외적 동기가 다 있기 마련이기 때문이다. 즉, 중국 내의 문예 상황이 무르익어 있을 때 해외의 문예사조가 들어와 몽롱시라는 시체가 나온 것이다.

몽롱시는 분명 마오쩌뚱의 신민가新民歌나 어록가語錄歌와는 다른 시이다. 사회주의현실주의 시와는 사뭇 다른 시체가 바로 몽롱시인 것이다. 즉 시인의 관심이 사회주의 혁명에 있지 않고 평범한 개인의 생각과 느낌에 있다. 주관심사가 사회가 아니라 개인인 것이다. 그 때문에 몽롱시인은 대체로 객관적이고 보편적인 이성을 거부하고 주관적이고 개별적인 감정을 중시한다. 그럼 먼저 몽롱시의 선구자라고 할만 한 베이따오의 시 「대답回答」의 한 대목을 보자 :

그대에게 고한다 세계여!
나는 믿지 않는다고
그대의 발 아래 천 명의 도전자가 있다면
나를 천 한 번째 도전자로 삼아주오

나는 하늘이 쪽빛임을 믿지 않는다
나는 천둥이 메아리임을 믿지 않는다
나는 꿈이 거짓임을 믿지 않는다
나는 죽은 후 인과응보가 없음을 믿지 않는다

告訴你吧, 世界 까오수니바 스지에
我-不-相-信 워-뿌-샹-신
如果你脚下有一千名挑戰者 루구어니쟈오샤여우이치엔밍탸오잔저
那就把我算作第一千零一名 나찌우바워쏴안쭈어띠이치엔링이밍

我不相信天是藍的 워뿌샹신티엔스란더
我不相信雷的回聲 워뿌샹신레이더후이성
我不相信夢是假的 워뿌샹신멍스지아더
我不相信死無報應 워뿌샹신쓰우빠오잉

세계를 향하여 절규하는 베이따오의 함성이 들리는 듯하다. 얼마나 사회가 개인을 억압했으면 쪽빛 하늘을 믿지 않고, 천둥이 메아리 되어 울리는 자연현상조차 믿지 않는다고 절규하는가. 오랫동안 사회주의 중국에서 꿈은 한낱

거짓이고 오직 현실만이 진실이라고 세뇌당했던 시인은 이제 꿈도 거짓이 아닐 수 있고 현실도 진실이 아닐 수 있음을 알게 된 것이다. 또 "죽은 후 인과응보가 없음을 믿지 않는다."는 대목에는 육체가 소멸하면 끝이라는 마르크스주의의 유물론을 거부하는 몸짓이 숨어있다. 무엇보다 '나'라는 자아형상이 매우 강렬하다. 주관적인 생각과 느낌이 강조되어 있는 것이다.

베이따오의 이 시는 상징이 매우 다의적이어서 여러 가지 다른 해석이 가능하다. 그 때문에 시적인 함의에 익숙하지 않은 사람들에게 그의 시는 괴상하고 복잡하게 보일 수 있다. 더욱이 수 십 년간 사회주의 현실주의라는 틀 안에서 단순하고 명료하게 표현된 시들에 익숙한 독자들에게 이 시는 낯설 수밖에 없을 것이다. 그래서 평론가 띵리는 몽롱시를 '문학의 암세포'라는 극단적인 용어를 사용하여 맹비난하였다.

베이따오의 시가 이렇게 공격적이고 단도직입적이라면 다음으로 소개할 수팅의 「자화상自畫像」은 변죽을 울리며 우회적으로 저항한다 :

그녀는 그의 어린 음모가

대답해달라고 빌 때는 한마디도 안하다가
침묵해야 할 때는 도리어 웃고 떠들어서
사람을 아찔하게 한다.
그녀는 평형을 파괴하고
그녀는 개념을 경시하고
그녀는 제멋대로 사는 숲의 요정처럼
괴상한 춤을 추며 그의 주위를 맴돈다

그녀는 그의 어린 음모가

그가 자나깨나 구하는 것을 그녀는 주지 않고
그가 전혀 원하지 않는 것을 억지로 받으라 한다
부드러운 마음에 끌리면서도 표현하지 않고
아직 얻지도 못한 것을 잃을까 두려워한다
자기 자신이 하나의 소용돌이인데
또 무수한 소용돌이를 만들어내는

그녀의 마법은 아무도 알 길이 없다

그녀는 그의 어린 음모가

불러도 오지 않고 가라 하면 가지 않고
가까운 듯하나 가깝지 않고 끝내려 해도 끝내기 어렵다
때로는 얼음산 같고
때로는 불바다 같다
때로는 가사 없는 노래와도 같이
귀 기울여도 참인지 거짓인지 알 수가 없고
음미해 봐도 달콤한지 매운지 분간할 수 없다

그의, 그의,
그녀는 그의 어린 음모가

她是他的小陰謀家 타스타더샤오인머우쟈

祈求回答她一言不發 치치우후이다타이옌부파
需要沈默時她却笑呀鬧呀 쉬야오천모스타취에샤오야나오야
叫人頭暈眼花 쟈오런터우윈옌화
她破壞平衡 타포화이핑헝
她輕視概念 타칭스까이니엔
她像任性的小林妖 타샹런싱더샤오린야오
以怪誕的武步繞着他 이꽈이딴더우부라오저타

她是他的小陰謀家 타스타더샤오인머우쟈

他夢寐以求的她却拒不給與 타멍매이이치우더타취에쥐부게이위
他從不想望的她偏要求接納 타총뿌샹왕더타피엔야오치우지에나
被柔情吸引又躲避表示 뻬이러우칭시인여우두오삐뺘오스
還未得到就已害怕失去 하이웨이더따오찌우이하이파스취
自己是一個漩渦 쯔지스이거쉬엔워
還制造無數漩渦 하이즈자오우수쉬엔워
誰也不明白她的魔法 쉐이예뿌밍바이타더모파
她是他的小陰謀家 타스타더샤오인머우쟈

招之不來揮之不去 자오즈뿌라이후이즈부취
似近非近欲罷難罷 스진페이진위바난바
有時像氷山 여우스샹삥산
有時像火海 여우스샹후어하이
時時像一支無字的歌 스스샹이즈우즈더거
聆聽時不知是眞是假 링팅스뿌즈스전스지아
回味裏莫辨是甛是辣 후이웨이리모비엔스티엔스라

他的, 他的 타더타더
她是他的小陰謀家 타스타더샤오인머우쟈

이 시는 수팅 자신의 자화상이면서도 '나'를 쓰지 않고 '그녀'를 쓰고 있다. 왜일까? 이는 어쩌면 나 자신에게 거리를 두고 객관적으로 보겠다는 노력이기도 하고, 또 어쩌면 자신을 감추고 싶은 심리일 수도 있다. 베이따오가 나를 전면에 내세워 과감히 도전하는 반면, 수팅은 그를 헛갈리게 하는 그녀의 뒤에 숨어 있는 것이다.

이 시에서 그녀는 청개구리처럼 그의 요구를 무시하고 그가 원하지 않는 방향으로 나아간다. 이처럼 그녀는 변덕스럽기 짝이 없는 철부지 여자로 그려져 있지만, 사실 그녀가 음모하고 있는 것은 그에 대한 도전이다. 변화 없는 원칙적 이성에 대한 변화무쌍한 유동적 감정의 도전인 것이다. 그 때문에 그녀는 숲 속 요정처럼 또는 마술사처럼 상식과 과학의 세계에 갇혀있는 그에게 덤벼든다. 또 얼음산의 차가움과 불바다의 뜨거움으로 언제나 미지근한 그를 자극한다. 뿐만 아니라 그녀는 가사 없는 노래를 부름으로써 언제나 한 가지로 정해진 가사의 노래를 부르는 그를 어리둥절하게 한다. 이 시는 이처럼 그녀의 그에 대한 도전을 애정으로 표현하고 있다. 왜냐하면 후렴구 "그녀는 그의 어린 음모가"를 보면 그녀는 어디까지나 그에게 속하여 그의 사랑과 보호를 받고 싶어 하기 때문이다.

하지만 이 시는 여자의 남자에 대한 투정 어린 사랑이라는 제1주제 외에 개인의 국가에 대한 저항적 사랑이라는 제2의 주제를 담고 있다. 즉 객관과 이성에 입각한 사회주의 중국을 '그'로 보고 주관과 감정이 풍부한 개인을 '그녀'

로 보는 것이다. 여성의 남성에 대한 사랑을 통해 나의 조국에 대한 사랑을 노래한 이 같은 형식은 정철의 「사미인곡」이나 한용운의 「님의 침묵」과도 비슷하다. 물론 「사미인곡」이나 「님의 침묵」이 님에 대한 간절한 사랑을 표현했다면 이 시는 돌출적인 언행으로 오히려 님을 혼란시킨다. 그럼에도 불구하고 이 시의 맨 마지막 구절에 나와 있듯 개인은 어디까지나 국가에 소속되어 있는 어린 음모가인 것이다.

「자화상」을 비롯한 수팅의 시들을 몽롱시라 부르는 이유는 바로 위와 같은 주제의 이중성 또는 다중성이다. 그런 의미에서 수팅의 시들은 1930년대의 따이왕수의 상징주의 시들과 일맥상통한다. 다만 다른 점이 하나 있다. 그것은 따이왕수의 시가 베를렌느 등 프랑스 상징주의 시인들의 시처럼 인간 실존의 어찌할 수 없는 절망의 심연을 표현했다면, 수팅의 시는 절망적인 시어들 안에 희망의 대안을 교묘하게 숨겨놓았다는 점일 것이다. 다시 말해서 수팅 · 베이따오 등 이 시기의 몽롱파 시인들은 자신들의 시 안에 희망과 대안을 교묘하게 숨겨놓고 숨은 그림을 찾아줄 독자를 기다리고 있다고 할 수 있다.

3. 다양한 소설의 출현

1980년대 전반기 소설로는 '상흔소설', 즉 문혁의 상처를 토로하는 소설이 많았다. 마치 꽁꽁 얼었던 물이 해빙되어 녹아내리듯, 꽁꽁 싸매어 마음 깊은 곳에 숨겨 놓았던 문혁의 상처가 하나둘 드러난 것이다. 이밖에도 문혁 시절에 대한 비판과 반성이 담긴 소설들과 덩샤오핑의 개혁개방 정책에 힘을 실어준 개혁소설도 있다. 또한 중국민족의 뿌리를 찾는 이른바 뿌리 찾기 소설도 나왔다. 1980년대 후반기에도 이 같은 경향은 지속되었다. 아울러 이 시기에는 환상적 현실주의와 마술적 사실주의 소설 등 사회주의 현실주의의 틀을 넘는 소설들이 출현하였다. 심지어 아방가르드와 전위 문학 같은 후현대주의 또는 탈현대주의 소설까지 나왔다.

1) 상흔소설과 개혁소설

문혁의 깊은 상처를 드러내는 소설로는 무엇보다 복단대학 학생 루신화盧新華가 쓴 「상흔傷痕」을 꼽는다. 1978년 8월에 발표된 루신화의 이 소설은 단란했던 한 가정이 문화혁명이라는 회오리 속에서 어떻게 풍비박산되는지 세세히 묘사하고 있다. 또한 이 소설은 문혁이 젊은이들에게 얼마나 고통스런 상처를 남겼는지 토로함으로써, 상흔소설의 대명사가 되었다. 「상흔」은 사회주의 중국의 어두운 면을 쓸 수 없다는 문혁 시대의 금기사항을 어긴 작품으로, 발표 후 "인민의 상처를 너무 깊이 드러내어 인민의 정서를 우울하게 한다."는 비판이 있었지만, 대부분의 평론가들이 이를 시대의 추세로 받아들였다.

이듬해인 1979년에 발표된 왕멍王蒙의 「아득한 한 조각 마음 悠悠寸草心」도 문혁의 상처를 토로한 소설로 꼽힌다. 순박한 한 이발사의 시각으로 씌어진 이 소설에서는 문혁이 어떻게 사람들의 마음을 왜곡시켜 서로에게 상처를 입히는지를 잘 보여준다. 예를 들어 반혁명분자로 몰려 감옥 독방에 갇혀있는 탕지우위엔唐久遠은 간수가 반동분자를 편하게 자게 할 수 없다며 독방의 문살을 부수는 바람에 한겨울에 폐렴으로 고생한다. 하지만 문혁이 종결되어 시 위원회 서기로 영전된 탕지우위엔 또한 어려울 때 자기를 도와준 이발사 친구의 충고를 무시한 채, 권력의 단맛에 빠져 있다.

1980년에 발표된 천롱諶容의 중편소설 『중년이 되어人到中年』도 여의사 루원팅陸文婷의 성실하고 헌신적인 삶이 문혁 10년을 거치면서 얼마나 헛되이 소모되는지 잘 보여준다. 이 소설에는 수술실로 몰려 들어온 홍위병들이 반동분자는 수술을 받을 수 없다며 수술대에 누워 있는 환자를 끌어내려 하는 기막힌 장면이 나온다. 다행히 여의사 루원팅의 당당한 저항에 홍위병들이 굴복하기는 하지만 말이다. 이 소설에는 이 보다 더 기막힌 상황이 많이 벌어진다.

천롱의 또 다른 단편소설 「퇴색한 편지 褪色的信」에는 문화혁명 시기에 농촌으로 내려간 젊은 학생 장샤오쥐엔章小娟이 다음과 같이 문제제기하는 대목이 있다 :

현에서 농촌에 배치되어 온 도시의 지식청년들을 환영하는 환영회를 열었는데, 현 위원회 서기가 개막사를 하면서 특별히 이렇게 말했다 : "성 위원회의 장章 부서기의 딸도 우리 여기에 배치되었답니다." 그는 나의 이름조차 거명하지 않고, 다만 내가 "장 부서기의 딸"이라고 말했을 뿐이다. 나는 강단 아래서 이 말을 듣고 속으로 매우 언짢았다. 나는 공산주의청년단의 단원이고 농촌에 배치되어 온 지식청년이다. 나는 맨발의 의사이며 나의 이름은 장샤오쥐엔이다. 이 같은 사실이 가장 중요한 것이지, 내가 누구의 딸이라는 것이 도대체 나와 무슨 상관이란 말인가?

縣裏開歡迎知識青年插隊落戶的大會, 縣委書記在開幕詞中特別提到 "省委章副書記的女兒就在我們這裏插隊嘛!" 他連我的名字都沒有提, 只說我是章副書記的女兒. 我在臺下聽了, 心裏眞不是滋味. 我是一個共靑團員, 一個插隊的知識青年, 一個赤脚醫生, 我的名字叫章小娟, 這是最主要的. 至于我是誰的女兒, 這根本毫不相干.

시엔리카이환잉즈스칭니엔차뚜이루어후더따후이, 시엔웨이수지짜이카이무츠중터비에티다오 "성웨이장푸수지더뉘얼찌우짜이워먼저리차두이마" 타리엔워더밍즈떠우메이여우티, 즈수어워스장푸수지더뉘얼. 워짜이타이시아팅러, 신리전부스즈웨이. 워스이거꽁칭투안위엔, 이거차뚜이더즈스칭니엔, 이거츠쟈오이성, 워더밍즈쨔오장샤오쥐엔, 쩌스쭈이중야오더, 즈위워스쉐이더뉘얼, 저껀번하오뿌샹간.

사회주의 공산당의 간부가 지식청년들을 환영하는 자리에서 한 청년을 그 자신이 아닌, 그 청년의 아버지의 딸로 거론한 것이다. 봉건주의를 극복했다고 큰소리치는 문화혁명 시기에도 이 같은 전근대적인 사고방식과 행동양식이 있었다. 「퇴색한 편지」에서는 이처럼 당 간부의 전근대적 언행으로 상처받은 장샤오쥐엔이 이번에는 서로 사랑했던 농촌의 젊은 남성에게 깊은 상처를 주고 도시로 떠난다. 피해자가 가해자가 되고 가해자가 다시 피해자가 되는 셈이다.

한국에 번역되어 큰 반향을 일으킨 따이허우잉戴厚英의 『사람아 사람』 또한 이 무렵에 나온 대표적인 상흔소설이다. 쑨위에를 비롯한 모두 11명의 주인공이 저마다의 시각으로 문혁 10년을 반추한 이 소설에서도 가해자와 피해자가 따로 없기는 마찬가지다. 이 소설에는 쑨위에가 반동분자로 몰린 상관 시리우를 변호하다가 "시리우의 첩 쑨위에"라는 패를 목에 걸고 대중 앞에서 조롱당하는 장면이 나온다. 이 같은 상황에서 쑨위에는 남편으로부터 이혼을 통고받는데, 사실 그녀의 남편 또한 부득이한 상황이었던 것이다.

하지만 1981년 앞에서 언급한 대로 덩샤오핑이 영화 『짝사랑』의 시사회장을 박차고 나온 이후부터 쏟아져 나오던 상흔소설이 잠시 주춤했다. 이 영화 중에는 주인공의 딸이 아버지에게 "아버지는 조국을 사랑한 나머지 외국에서 부귀영화를 뿌리치고 조국으로 돌아왔는데, 이 나라는 아버지를 사랑했나요?"라고 절규하는 대목이 있다. 그런데 바로 이 대목이 조국을 사랑한 화가를 조국이 보듬어 안지 않았음을 지나치게 꼬집은 것이라는 비판을 받았다. 또 이 영화에는 절에서 신도들이 향을 너무 많이 피워서 금동 불상이 그을린 나머지 새까맣게 변해버린 장면이 있는데, 이 또한 마오쩌뚱 숭배를 꼬집은 것이라는 비판을 받았다. 결국 이 영화는 사회주의 중국의 미래에 대한 절망감과 국가 영도자에 대한 환멸을 부채질하는 해로운 영화로 판정되었고, 작가 바이화는 자아비판을 통하여 자신의 과오를 인정할 수밖에 없었다.

이처럼 상흔소설들이 단순히 문화혁명과 사인방을 비판하는 데 그치지 않고, 마오쩌뚱을 비판한다거나 문혁 이후 덩샤오핑 시대에도 여전히 사라지지 않는 관료주의와 부정부패까지 비난하자, 덩샤오핑은 정신오염제거운동을 일으킨 것이다. 그에 따르면 작가들의 이 같은 자유화 경향은 자산계급의 정신에 물든 오염의 결과이므로 제거되어야 마땅하다는 것이었다. 그 때문에 덩샤오핑은 문인 작가들에게 공산당의 영도를 받아 사회주의 현실주의에 입각하여 작품 활동을 해줄 것을 당부하였다. 아울러 그는 문혁과 사인방은 비판하되, 거기에 머물지 말고 한 걸음 더 나아가 새로운 중국을 일으킬 개혁의 일꾼들을 긍정적으로 묘사해줄 것을 주문했다.

이 같은 요구에 부응하여 이른바 개혁소설들이 나왔다. 예를 들어 개혁의 일꾼을 형상화한 지앙즈롱蔣子龍의 「챠오 공장장 취임기 喬廠長上任記」가 대표적인 개혁소설이다. 이 밖에도 장지에張潔・장시엔량張賢亮・리구어원李國文 등도 일상생활에 있어서 드러나는 제도의 모순을 지적하고 개혁을 촉구하는 일종의 개혁 촉구 소설을 썼다. 이 소설들은 분명 단순히 문혁의 상처를 토로하는 데 그치지 않고, 개혁을 통하여 대안을 제시한다는 점에서 긍정적인 측면이 있다. 하지만 덩샤오핑이 기대했던 대로 당시의 문인들이 추호의 의심도 없이 신중국의 미래에 낙관한 것 같지는 않다. 중공 수립 이후 수 십 년 간 작가들을 한 길로 몰아왔던 무산계급 독재의 사회주의 중국이라는 망령이 아직 이들을 괴롭히고 있었던 것이다. 그래서 덩샤오핑의 공산당은 중국이 다시 1920・30년대의 초급사회주의 단계로 돌아갔다고 선언함으로써 문인들의 짐을 덜어주었지만, 작가들의 반응은 여전히 반신반의였다.

1980년대 중반에 들어서면서 젊은 작가들 가운데 심근소설尋根小說, 즉 뿌리찾기 소설이 나오기 시작한 것도 이 같은 배경에서다. 즉 지아핑아오賈平凹・한샤오공韓少功・리투어李陀 등 작가들은 정치적인 입장을 배제하고 중국문화의 뿌리를 찾는 소설을 썼다. 이들은 문학의 뿌리가 민족의 전통적 토양에 놓여있음을 알고 향토문학에 다시 관심을 돌린 것이다. 예를 들어 지아핑아오는 자신의 고향인 섬서성 상주商州의 전통 문화를 찾아 「섣달과 정월 臘月正月」이란 단편소설을 썼다. 이 소설은 사실 1930년대 경파京派 작가 선총원의 향토소설과 비슷한 것이다. 그 때문인지 선총원의 제자인 원로작가 왕정치汪曾祺도 바로 이 시기에 자신의 고향인 강소성 고우高郵의 풍속과 풍물을 그린 단편소설 「계를 받다 受戒」를 썼다.

하지만 심근소설을 곱지 않은 시선으로 보는 평론가들도 있었다. 대체로 중국 사회주의현실주의 전통을 고수하자는 입장을 가진 이들 평론가들은 심근소설이 자본주의 미국의 뿌리 찾기 문학을 흉내 낸 것이라고 비난했다. 이들에 따르면 1976년 미국의 흑인작가 알렉스 헤일리의 소설 『뿌리roots』의 영향으로 중국에 뿌리 찾기 소설이 나왔다는 것이다. 실제로 『뿌리』가 1977년 퓰리쳐상을 받고 텔레비전 드라마로 연속 방영되면서 미국에서 뿌리 찾기 문학이 크게 유행되었다. 바로 이 같은 붐을 타고 중국의 젊은 작가들이 심근소설을 쓰기 시작했다는 이들의 주장은 정황적으로 볼 때 일리는 있다.

그렇지만 일찍이 1930년에 선총원 등 경파 작가들도 뿌리찾기 문학과 비슷한 향토문학을 했다. 또한 위에서 언급했듯이 선총원과 함께 향토소설을 썼던 왕정치는 1980년대에도 비슷한 소재와 주제의 향토소설을 썼다. 다만 80년대에 쓴 그의 향토소설이 지아핑아오 등 젊은 소설가들의 소설과 함께 심근소설이란 다른 명칭을 얻었을 뿐이다. 그런 의미에서 볼 때, 심근문학이라는 용어는 어쩌면 미국의 뿌리 찾기 문학에서 따왔을 수 있다. 하지만 내용적으로 볼 때 중국의 심근문학은 사실상 1930년대 향토문학의 맥을 이었다고 볼 수 있다.

2) 신현대주의와 신현실주의 소설들

1980년대 중후반의 중국은 개혁개방과 현대화 정책에 힘입어 1930년대와 비슷하게 서양의 문예사조들에 열려 있었다. 이에 따라 30년대의 모더니즘, 즉 현대주의가 여러 가지 다른 형태로 발전하여 중국 문단에 영향을 끼치게 된다. 의식의 흐름 · 황당파 희극 · 전위 소설 · 실험극 등의 이름으로 불리는 이 새로운 현대주의를 어떤 사람들은 포스트모더니즘, 즉 후현대주의 또는 탈현대주의로 부른다. 하지만 이 시기의 중국문학을 기술하는 데 있어서 필자는 후현대주의나 탈현대주의가 아닌 신현대주의라는 용어를 쓰기로 한다. 이유는 간단하다. 이어서 다루게 될 신현실주의와 균형을 맞추기 위함이고, 또 중국의 문예 상황을 서양 여러 나라의 문예 상황과 구분하기 위해서다.

하지만 당시 중국이 서양 여러 나라와 비슷한 상황에 있었던 것도 사실이다. 즉 1930년대 현대주의가 절대적인 이성을 추구했다면, 1980년대 신현대주의는 상대적인 감정을 추구한다. 또 30년대 현대주의가 전체적인 구조를 중시했다면 80년대 신현대주의는 부분적인 해체를 중시한다. 30년대 현대주의에는 조리가 있고 정답이 있지만 80년대 신현대주의에는 조리도 없고 정답도 없다. 물론 30년대의 작품 중에도 황당한 부조리극이 있고 80년대 작품 중에도 조리 있고 목표가 뚜렷한 소설도 있다. 노벨문학상을 받은 사무엘 베케트의 부조리극 『고도를 기다리며』도 분명 신현대주의 작품이지만 60년대 말에 나왔다. 그 때문에 심지어 어떤 학자는 현대주의와 신현대주의를 아예 구분하지 않기도 한다.

이처럼 다소 애매한 개념이기도 한 신현대주의 작가로 중국에서 가장 대표적인 사람은 까오싱지엔高行健이다. 2000년도 노벨문학상 수상자이기도 한 까오싱지엔은 소설 「붉은 부리라고 부르는 비둘기가 있다네 有隻叫紅嘴的鴿子」와 희극 「정거장 車站」 등 신현대주의 경향의 작품을 썼다. 하지만 잘 나가다가 삼천포로 빠지는 식의 황당한 실험으로 일관함으로써 인생에 근본적인 문제를 제기하는 이 같은 작품들이 당시 얼마나 많은 민중들의 공감을 얻었을지는 의문이다.

사실 이 같이 심각한 작품은 오늘날의 독자에게도 편하게 받아들이기 어렵기 때문이다.

이에 비해 신현실주의 작품은 비교적 보편적인 공감대를 형성하고 있다. 사실 현실주의, 즉 리얼리즘은 20세기 초부터 중국뿐 아니라 한국에도 유입되어 많은 작가와 독자의 환영을 받았다. 하지만 중국이 공산화된 이후 현실주의 사조는 사회주의 현실주의라는 좁은 감방으로 밀려들어갔다. 그래서 중국의 문인 작가들은 오로지 사회주의를 부각하는 이상적인 현실만을 부각해야 했다. 좋든 나쁘든 있는 그대로의 현실을 있는 그대로 묘사하는 현실주의는 사라진 것이다. 원래 서양문학사상 사실주의의 대표 소설로는 19세기 중반 영국의 챠알즈 디킨즈 Charles Dickens가 지은 『올리버 트위스트 Oliver Twist』를 꼽는다. 한국에서는 흔히 현진건의 「빈처」를 대표적 사실주의 소설로 꼽고, 중국에서는 인력거꾼의 참혹한 삶을 그린 나온 라오서의 『낙타 시앙즈』를 대표적인 사실주의 소설로 친다. 하지만 앞에서 언급했듯 라오서는 문화혁명 때 홍위병에게 죽음을 당했고, 그의 『낙타 시앙즈』는 압수되어 소각되었다.

그러다가 1980년 후반, 중국에 다시 사실주의 작품이 등장한 것이다. 하지만 이 시기의 사실주의, 즉 현실주의는 신현실주의로 불리는 다소 색다른 모습이다. 이 새로운 현실주의는 현실주의에 환상이 가미된 환상적 현실주의다. 이 환상성 때문에 매직 리얼리즘 Magic Realism, 즉 마술적 현실주의라고도 불리는 신현실주의는 현실주의가 갖는 처참한 현실을 환상적으로 처리하는 특징을 갖는다.

예를 들어 1960년대 호북성 한구漢口의 한 빈민촌을 배경으로 쓴 팡방方方의 「풍경風景」은 죽은 사람의 시점으로 산 사람들의 이야기가 펼쳐진다. 즉 태어난 지 보름 만에 죽어서 창 밑에 묻혀 있는 '나'는 살아남은 부모와 9남매의 생생한 삶을 적나라하게 표출한다. 죽은 이의 시선으로 산 이들의 욕망과 좌절을 마치 한 폭의 풍경화를 그리듯 담담하게 그려가는 것이다. 이 점에서 이 소설은 분명 환상적인 일면을 지닌다. 하지만 중국의 신현실주의 소설은 영국·미국이나 한국의 환상적 사실주의 소설들에 비해 상대적으로 환상성이 덜한 듯하다.

예를 들어 한국의 소설 가운데 최인석의 「내 사랑 나의 귀신」이라든지 신경숙의 「오래전 집을 떠날 때」에는 귀신과 사람, 사람과 사슴·거위·염소 등이 서로 소통하는 환상적 장면이 있다. 또 이창동 감독의 영화 『오아시스』에서도 주인공 남자가 장애인 여자를 업고 방안에서 빙빙 돌 때, 갑자기 인도 소년이 나타나 꽃을 뿌리고, 인도 처녀가 춤을 추고, 아기 코끼리가 나타나 빙빙 돈다. 요컨대, 이야기 자체는 지극히 현실적이지만 곳곳에 환상적인 일면이 가미되어 현실의 암담한 상황을 무색하게 만드는 수법이 바로 신현실주의 작법이라고 할 때, 중국도 이미 신현실주의 소설의 단계에 진입했다고 하겠다.

4. 배제되는 민주화 문인들

중국에서 신현대주의와 신현실주의 작품이 나오기 시작했다는 것은 1980년대 후반 중국 문예계와 학술계에 민주화 바람이 분 것과도 관계가 있다. 비록 1989년 6월 4일 천안문 유혈사태로 일단락되기는 하지만 20세기 말 중국에 불어온 민주와 자유의 바람은 은근하게 지속되었던 것이다. 앞에서도 언급했지만 1986년경 안휘성 합비과학기술대학 학장 팡리즈와 작가 리우빈옌 및 문학평론가 왕루어왕 등이 민주화에 관한 토론을 활발히 전개하였다. 또한 일찍이 1985년부터 중국사회과학원 문학연구소 소장 리우짜이푸劉再復는 문학의 주체성을 주장한 평론문을 잇달아 발표했다. 그는 문학에서 정치적 이념을 배제하고 인간을 사유의 주체로 삼아야 한다고 주장했다. 그에 따르면 중국 문단이 사회주의 혁명문학이라는 좁은 틀에서 벗어나 세계문학이라는 드넓은 광장에서 문학의 틀을 구축해야 미래가 있다는 것이다. 당시 많은 평론가들이 그의 의견에 찬동했음은 물론이다.

하지만 팡리즈・리우빈옌・왕루어왕 등이 주도한 민주화토론은 1986년 말경에 끝이 났다. 공산당 당원이었던 이들은 체포되어 당적 또한 모두 박탈당했다. 1987년 3월, 당에서 축출당한 리우짜이푸도 얼마 후 홍콩으로 향한다. 이밖에도 많은 지식인들이 박해를 받아 당을 떠나거나 해외 망명길에 오른다.

그럼에도 불구하고 사회주의 중국이라는 좁은 틀에서 벗어나려는 중국인들은 날로 늘어났다. 이는 1988년 6월 14일, 중국 중앙 텔레비전 방송국이 방영한 6부작 다큐멘타리 『황하의 요절 河殤』에 대한 중국인들의 열광적 반응으로 증명된다. 『황하의 요절』이란 제목은 황하가 일찌감치 죽었다는 뜻으로, 이는 중국인의 황하에 집착하는 마음이 서서히 사라지고 있음을 의미한다. 이 다큐멘타리는 중국이 진정한 문명의 신기원을 열려면 황하문명이라는 과거에 집착하지 말고 대외개방을 통하여 외래문명을 받아들여야 함을 강조한다. 『황하의 요절』은 만리장성을 배경으로 용이 뛰노는 황하를 펼치면서, 그간 홍수 같은 천재天災와 문화혁명 같은 인재人災 등 적지 않은 우환을 겪은 황하는 이제 그 모든 어려움을 뛰어 넘어 전진해야 한다고 말한다. 그리하여 중국은 황색의 황하로부터 벗어나 청남색의 바다인 세계로 뻗어나가야 한다는 것이다.

원래 이 다큐멘타리는 덩샤오핑의 개방정책을 홍보하기 위해 제작되었다. 하지만 뜻하지 않게 젊은이들은 『황하의 요절』에서 이 작품을 기획하고 제작한 감독의 의도에서 한 걸음 더 나아가 민주와 자유의 메시지를 읽었다. 그 때문에 다큐멘타리 『황하의 요절』은 중국의 지식인들을 격동시켰다. 이에 따라 '사상해방' '민주화' '개방의 가속화'를 요구하는 목소리가 또 다시 높아졌다. 앞에서 언급한 대로 젊은 지식인들의 민주화 시위도 잇따랐다. 급기야 민주화 운동을 하다가 투옥된 문인 웨이징성魏京生의 석방을 요구하는 목소리까지 나왔다.

이 같은 상황은 보수적인 정치가들을 긴장시켰고, 문인들의 체포가 잇따랐다. 그러자 문화계의 요시찰 인물이 되었던 까오싱지엔은 프랑스로 망명했다. 한해 전인 1987년 독일의 한 예술재단의 초청을 받아 출국한 그는 본국의 상황이 심상치 않자 귀국하지 않고 프랑스에 눌러 앉은 것이다. 프랑스 시민이 된 까오싱지엔은 계속 중국어로 작품을 썼고, 그의 중국어 소설 『영혼의 산 靈山』이 그에게 2000년 노벨문학상을 안겨주었다.

요컨대, 1989년 6월 4일 천안문 사태 이후 팡리즈·리우짜이푸·까오싱지엔 등 민주화 운동에 앞장섰던 문인·작가들은 대부분 체포되어 투옥되거나 해외로 도피하였다. 그해 8월 모든 출판물에 대하여 검열이 시작되었고, 그간 문인·작가들에게 우호적이었던 왕멍王蒙 문화부장도 사퇴하였다. 이로써 중국의 때이른 민주화운동은 일단 막을 내렸고, 민주화 문인들은 배제되었다.

제 7 장

중국현대문학의 재성장

상업주의 시대의 대중문학

1990년대 중국의 문단은 그 어느 때보다 왕성한 활동을 한다. 비록 1991년 까오싱지엔의 작품 「도망逃亡」의 중국 공연이 금지되고, 그의 북경 집이 봉쇄되고, 해외에 있는 팡리즈 등 민주화 인사들도 귀국할 수 없게 되었지만 말이다. 적어도 90년대부터는 공산당이 문예좌담회를 주최하여 이른바 우파 작가들을 비판하지는 않은 듯하다. 다만 모든 출판물에 대한 검열과 이에 따른 압수 등의 행정적 조치를 취하고 있을 뿐이다.

이 같은 문예정책의 변화는 90년대 들어 자리 잡기 시작한 중국의 사회주의 시장경제와 관계가 있다. 아직도 토지는 국가가 소유하고 있지만 아파트 등 건물의 매매는 이미 자유로이 이루어지고 있다. 말만 사회주의 시장경제지 실제로는 자본주의 시장경제와 비슷한 자유로운 경제체제가 운용되기 시작한 것이다. 이제 사람들은 오직 공산당만 반대하지 않으면 거의 모든 활동을 자유롭게 할 수 있게 되었다. 하지만 공산당이 허용하지 않는 종교·집회 및 사상의 자유는 여전히 제한되고 있어 사회주의 중국을 실감하게 한다.

아무튼 중국은 시장경제 정책의 강화로 1990년대부터 경제대국으로 급부상하기 시작했다. 이와 함께 황금만능의 배금주의와 상업주의가 서서히 고개를 들었다. 이제 중국인들은 더 이상 혁명과 계급투쟁에 관심을 가지지 않고, 재물에 관심을 가지게 된 것이다. 문예계 또한 과거의 순수하고 고상한 문학으로부터 점차 통속적이고 대중적인 문학으로 무게중심이 옮겨갔다.

물론 중국의 지식인들 가운데는 미국 중심으로 확산되고 있는 신 식민주의를 경계해야 한다는 목소리도 있다. 이들은 미국이 아닌 중국·한국·일본 중심의 동아시아문화권을 만들어, 아프리카와 남아메리카 여러 나라들과 연대하여 새로운 제삼세계문화권을 형성해야 한다고 역설한다. 이 같은 동아시아문화연대에 대해서는 한국과 일본의 지식인들도 일찍부터 매우 적극적인 활동을 하였다.

아무튼 이미 중국은 세계문화에 편입되었고, 중국의 문예계 또한 드라마와 영화를 통해 세계적 문학 추세인 대중문학의 길을 따라 가고 있다.

본 장에서는 먼저 사회주의 시장경제를 간단히 소개한 후, 시장경제의 문을 열고 문학 속에 깊이 파고든 상업주의와 대중문학 풍토를 소개한다. 다음으로는 대중 속으로 파고드는 왕수어王朔의 유희적인 건달소설과, 노골적인 성 묘사로 물의를 일으킨 웨이후이衛慧와 지우단九丹의 이른바 신체소설身體小說을 소개한다.

1. 사회주의 시장경제

비록 1989년 천안문 사태 이후 지앙쩌민이 당 총서기에 올랐지만 중국은 여전히 덩샤오핑의 영향력 아래에 있었다. 이는 개혁개방 정책이 힘을 받고 있다는 것을 의미한다. 이에 따라 1992년 8월 25일, 거의 50년의 장벽을 뚫고 한국과 중국이 국교를 맺는다. 중국은 이미 1988년 서울 올림픽이 열린 이래 경제발전에 박차를 가하고 있는 한국에 주목했고, 한국 또한 중국이라는 넓은 시장에 진출할 수 있을 뿐 아니라 중국을 이용하여 북한을 견제할 수 있다고 보았기 때문에 양국의 수교는 순풍에 돛 달 듯 진행되었다.

한중수교 직전인 1992년 초, 덩샤오핑은 이미 시장경제체제로의 일대 전환을 언급하였다. 그가 말한 사회주의 시장경제는 그해 10월, 지앙쩌민에 의해 정식으로 공포되었고, 이에 따라 그때까지 국가의 통제 하에 있던 대부분의 경제활동이 해방되어, 개인의 경제 활동이 허용되었다. 이는 개인이 본격적으로 사유재산을 갖게 됨을 의미한다. 일찍이 백묘흑묘론白貓黑貓論, 즉 검은 고양이든 흰 고양이든 쥐만 잘 잡으면 된다는 이론을 가졌던 덩샤오핑이 마침내 자신의 뜻을 관철한 것이다. 자본주의 사상을 갖고 있는 사람이라 하더라도 이익 창출만 잘 하면 된다는 덩샤오핑의 실용주의 노선은 일찍이 마오쩌뚱으로부터 여러 차례 철퇴를 맞았었다. 하지만 덩샤오핑은 오뚝이처럼 다시 일어나 마침내 자신의 소신을 펼친 것이다.

1997년 덩샤오핑의 서거 이후, 그의 정책을 이어받은 지앙쩌민은 영국으로부터 홍콩을 반환받고, 싱가포르와 대만과도 활발한 경제교류를 지속했다. 뿐만 아니라 지앙쩌민은 서부대개발이라는 구호를 앞세우며 서장성과 청해성까지 철도를 놓는 등, 경제개발에 박차를 가하였다. 2001년 12월, 중국은 드디어 WTO, 즉 세계무역기구에 가입하고 세계를 무대로 나아가기 시작했다.

지앙쩌민의 뒤를 이은 후진타오胡錦濤 총서기도 세계를 무대로 경제대국의 길을 착착 걸어가고 있다. 중국은 이제 경제대국뿐만 아니라 정치대국, 나아가 문화대국의 길을 걷고 있다. 특히 2008년 북경 올림픽을 성공적으로 개최한 후 더욱 자신감을 갖게 된 중국은 미국을 비롯한 세계 여러 나라로 향한 문을 활짝 열어놓고 매진하고 있다. 비록 국내적으로 신강성 위구르족과 서장성 티베트족의 인권문제 같은 불씨를 안고 있기는 하지만, 중국은 지금 세계를 이끄는 주도국으로 맹활약 중이다.

2. 상업주의 시대의 문학

중국의 시장경제정책은 문예정책에도 획기적인 변화를 가져왔다. 과거 모든 출판사와 작가들은 국가의 통제 하에서 제한적인 활동을 하는 대신 생활을 보장받았다. 즉 출판사가 작품을 출판을 하려면 사전에 당과 정부의 허락을 받아야 했고, 일단 허락을 받아 출판을 하면 그 비용은 모두 국가가 담당했다. 또 작가들도 국가가 지정해주는 직장에서 작품 활동을 한 대가로 국가로부터 봉급을 받았다.

하지만 1993년부터는 시장경제 원칙에 따라 출판사는 국가의 도움 없이 스스로 수지타산을 맞춰야 했다. 작가들 또한 국가로부터 급여를 받는 대신 스스로 출판사와 거래하여 원고료나 인세를 받아야 했다. 한마디로 한국이나 서양 여러 나라들의 상황과 비슷해진 것이다. 물론 1993년부터 중국의 모든 출판 상황이 하루아침에 변한 것은 아니지만 대도시부터 시작된 이 같은 분위기는 현재 거의 중국 전역에 확산되고 있다고 할 수 있다.

이처럼 중국에서도 책이 서점에서 판매되는 상황이 되었기 때문에 문인・작가들도 이제 더 이상 가만히 앉아서 작품을 쓰는 특수한 신분이 아니다. 작가들은 소비자인 독자를 만족시켜야 하는 생산자가 되어 잘 팔리는 상품을 만들어 내야하는 것이다. 잘 팔리는 상품을 만들어내기 위해서는 작가 뿐 아니라 출판사와 광고회사 및 유통회사의 역할도 중요하다. 즉 잘 쓴 원고를 가지고 출판사가 잘 꾸미고 엮어서 출판하면 광고회사가 이 작품을 널리 홍보하고, 유통회사가 각 서점에 이를 원활히 유통시켜야 하는 것이다. 이는 앞서도 언급했지만 한국 등 서양 여러 나라들에서 문학작품이 만들어지고 배포되는 상황과 크게 다르지 않다. 그 때문에 이제 중국의 작가도 생존을 위해서 책을 쓸 수밖에 없다. 즉 생산자인 작가는 출판과 홍보 및 유통 전략을 총동원하여 자신의 생산품을 독자의 구미에 맞춰야 하는 것이다.

1990년대에 "산문열"이라는 말이 돌 정도로 많은 산문이 쏟아져 나온 것도 이처럼 작가와 출판사 및 광고회사 등이 독자의 구미에 영합한 결과이다. 여기서 말하는 산문은 1920 · 30년대 루쉰의 잡문처럼 날카로운 정치풍자나 사회비판의 산문이 아니다. 오히려 개인의 사사로운 경험과 신변잡기, 또는 흔히 "비하인드 스토리"라고 말하는 뒷이야기나 속사정 같은 여담을 쓴 것이 이 시절의 산문이다. 그래서 수팅 같은 시인이나 티에닝 같은 소설가도 산문에 집중했다. 수팅의 산문집 『마음의 연기 心烟』와 티에닝의 산문집 『긴 거리 짧은 꿈 長街短夢』이 나온 것도 이 무렵이다.

이 시절에는 시인과 소설가뿐 아니라 위치우위余秋雨 같은 학자도 『문명의 파편 文明的碎片』 같은 산문집을 낼 만큼 산문이 각광을 받았다. 물론 이들 학자들의 산문은 사사로운 경험과 신변잡기가 아니라 상당히 심오하고 난해하기도 하여 그리 많이 팔렸을 것 같지는 않다. 그럼에도 불구하고 "산문열"이 일어난 까닭은 문인 · 작가 · 학자들이 형식의 구속을 받지 않고 자유롭게 하고 싶은 말을 풀어내기에 산문이라는 장르가 안성맞춤이었다는 점과, 이들이 출판사와 유통회사의 요구에 부응한 점을 꼽을 수 있다.

하지만 이 시기에 무엇보다 각광을 받은 장르는 소설이고, 그것도 장편소설이었다. 작가들은 텔레비전 드라마나 영화의 대본으로 각색되어 독자들에게 쉽게 다가갈 수 있고 돈도 벌 수 있는 소설에 관심을 갖은 것이다. 작가 자신의 자전적인 소설과 통속적인 소설이 많이 나온 것도 이 때문이다. 그 예로는 『뉴욕에 사는 북경인 北京人在紐約』이나 『맨하탄의 중국 여인 曼哈頓的中國女人』처럼 당시 중국인이 꿈꾼 아메리칸 드림에 관한 소설을 들 수 있다.

이처럼 장편소설의 붐이 일어난 이유로는 대략 다음 세 가지를 든다. 첫째, 독자들이 힘 들이지 않고 재미있게 읽을 수 있다는 점이다. 내용 자체도 쉬울 뿐 아니라 여기저기 재미있는 요소들을 많이 갖추고 있기 때문이다. 둘째, 앞에도 언급했듯 장편소설은 대부분 텔레비전 드라마나 영화의 대본으로 각색되어 독자는 읽는 불편을 덜고 시청하기만 해도 된다는 점이다. 마지막으로 소설이 길수록 작가가 원고료를 더 받을 수 있고, 출판사와 서점은 책값을 더 받을 수 있다는 점이다. 그렇게 되면 생산자인 작가의 수입은 원천적으로 늘어나고 출판사나 서점은 더 많은 돈을 벌 수 있으니 이야말로 누이 좋고 매부 좋은 일이 아니겠는가.

중국 문예계와 출판계의 이 같은 경향은 2000년대 말인 지금까지도 지속되고 있다. 예를 들어 위화余華의 장편소설 『형제兄弟』의 경우, 저자 자신이 고백했듯 줄거리를 원래 계획보다 다섯 배 이상 늘렸다고 한다. 그 때문에 『형제』는 위화의 다른 소설들, 예를 들어 『살아간다는 것 活着』이나 『허삼관매혈기 許三觀賣血記』에 비해 긴장감이 떨어진다. 그럼에도 불구하고 날로 상업화하는 중국의 상황을 볼 때, 장편소설 붐은 당분간 지속될 것 같다.

1990년대 잘 팔리는 장편소설의 주제는 대부분 돈과 성의 추구 및 자아실현이다. 그 때문에 왕수어王朔 · 지아핑아오賈平凹 · 린바이林白 · 웨이후이衛慧 등의 자전적 소설에는 대부분 돈과 성을 추구하기 위해 도덕을 내팽개치는 주인공들이 등장한다. 이들은 때로는 폭력을 불사하고 또 때로는 쾌락을 추구하느라 불륜도 마다하지 않는다. 이들이 사용하는 언어도 속어나 은어, 심지어 욕설이 섞여 있는 경우도 많다. 사실 한국을 비롯하여 많은 서양 작가들이 이 같은 작품을 쓰고 출판하는 일은 익숙한 일이지만, 사회주의 중국에서 이런 일이 벌어진다는 건 낯선 감이 있다. 그런 의미에서 볼 때, 90년대 중국의 장편소설 붐은 늦바람 난 중년 남녀처럼 아슬아슬한 느낌을 준다.

이 같은 작가들의 변화와 함께 평론가들도 변화했다. 상당수의 문학평론가들은 예전처럼 사회성이나 문학성 또는 예술성 같은 작품 자체에 대한 평가보다는 작품이 얼마나 많이 팔렸는지, 얼마나 많은 독자를 사로잡았는지 등과 같은 작품 외적인 기준으로 평가하기 시작한 것이다. 이는 문학평론가들조차 상업주의에 물들어가고 있다는 뜻이다. 이 또한 한국 등 서양 여러 나라의 평론가들에게는 익숙한 일이다. 하지만 사회주의 중국에서 이런 일이 벌어지리라고는 미처 생각하지 못한 사람들이 많을 것이다.

물론 중국의 평론가들이 오로지 베스트셀러 소설들만 극찬하고 있는 것은 아니다. 해체주의·다원주의·여성주의 등 다양한 포스트모더니즘 이론들을 끌어들여 문학평론의 지평을 넓힌 것도 이들이기 때문이다. 이들은 이처럼 새로운 평론 방법으로 문학작품을 분석함으로써 문학평론을 독립적인 문학의 장르로 격상시키는 데 기여하였다. 이들 가운데는 문학비평을 문화비평으로 확장하여 상업주의 소비문화에 찌들어가는 세태를 개탄하는 등 활발한 활동을 하는 평론가도 생겼다.

문학평론가들의 이 같은 활동 가운데 주목할만한 것이 있다면 1993년부터 1995년까지 대략 2년간 지속된 "인문정신人文精神" 토론일 것이다. 당시 중국의 문학 비평가들은 이 토론을 통해 상업주의에 시들어가는 인문학의 불씨를 되살릴 길을 모색하였다. 이들은 문학을 비롯하여 철학·역사 등 인간과 삶의 본질을 탐구하는 인문정신이 왜 실종되고 있는지, 그리고 어떻게 하면 꺼져가는 인문학의 불씨를 되살릴 수 있는지에 대해서 토론했다.

토론에 참가한 문학평론가들은 1990년대 중국의 작가들이 황금만능과 배금주의의 영향으로 작가의식이 몽롱해지고 있다고 진단하였다. 이들에 따르면 90년대 작가들의 이 같은 몽롱한 의식 상태는 작가들이 각자 뿔뿔이 흩어져 비관적이고 불확실한 내일을 걱정할 뿐, 다른 대안을 찾지 못하기 때문이라는 것이다. 이는 1980년대 작가들이 보이지 않는 끈으로 단합하여 희망에 찬 목소리로 과거의 상처를 치유하고 미래를 설계했던 것과 전혀 다른 양상이기도 하다.

이 같은 90년대 문예계의 문제를 극복하기 위해서 평론가들은 작가들이 먼저 나는 누구인가? 삶이란 무엇인가? 개인과 사회, 나아가 개인과 국가의 관계는 무엇인가? 등 인문학의 근본적인 문제 제기부터 다시 시작해야 한다고 주장했다. 이를 위하여 작가들과 평론가들은 무엇보다 문학에 행해지는 상업적 조작을 경계하고 멀리해야 하는 과제를 안고 있다고 보았다.

작가들도 평론가들의 이 같은 주장에 호응하며 배금주의와 상업주의를 통렬히 비판하는 작품들을 발표하였다. 왕안이王安憶·한샤오공韓少功·스티에성史鐵生·쉬쿤徐坤·츠즈지엔遲子建 등 작가들이 황금만능의 상업주의를 직접 간접으로 비판하는 소설들을 써냈다. 이들은 단순히 물질만능의 배금주의를 비판하는데 그치지 않고, 인간의 가치라든가 존재의 의미를 심각하게 추구했다. 그 결과, 이들은 종교·역사·민속 등을 포괄하는 정신문화 함양이야말로 지나친 물질문명을 극복할 대안이라는 결론에 도달했다.

이들 가운데 흑룡강성 출신의 작가 츠즈지엔을 간략히 소개한다. 츠즈지엔은 하얼빈에 살면서 고향의 전설과 농어민의 전통적인 삶 등 민간의 아름다운 이야기를 소설로 썼다. 천진한 농촌 소년이 소를 사랑한 나머지 소들과 함께 외양간에서 기거하는 단편「안개 낀 달밤의 외양간 霧月牛欄」과 츠즈지엔 자신의 어린 시절을 소재로 한 단편「북극촌동화北極村童話」 등이 그 예이다.

2001년 겨울, 중국 텔레비전에서 츠즈지엔을 인터뷰하는 광경을 본 적이 있다. 그녀를 인터뷰하는 장소는 따뜻한 스튜디오가 아니라 황량하기 그지없는 흑룡강성의 겨울 들판이었다. 츠즈지엔은 화장기 하나 없는 얼굴에 생머리를 질끈 묶고 있었으며, 몸에는 패딩 파카를 입고 있었다. 인터뷰는 밭고랑을 걸으면서 진행되었는데, 인터뷰 내용보다는 진지한 표정으로 야무지게 대답하는 그녀의 모습이 인상적이었다. 개혁개방 이후 이미 많은 작가들이 수도인 북경으로 몰려드는 상황에 비추어 볼 때, 고향인 흑룡강성을 꿋꿋이 지키고 있는 그녀의 모습은 비장하고 아름다웠다.

그럼 츠즈지엔의 단편소설「서천逝川」에 나오는 루어, 즉 우는 물고기의 전설을 소개한다:

> 우는 물고기인 루어는 서천에만 있는 어종이다. 루어의 생김새는 동글납작하고 붉은 색의 지느러미와 파란 색의 비늘을 지녔다. 매년 첫 눈이 오고난 후에만 나타나는데, 이들이 올 때면 서천에서 온통 우우우 하는 소리가 난다.
>
> 이 물고기는 잡히면 두 눈에서 주옥같은 눈물을 방울방울 흘리며, 짙은

붉은 색 꼬리를 살살 흔든다. 그윽한 남색 비늘은 감국 빛깔의 광택을 띠고, 부드러운 아가미는 마치 풀무처럼 후타후타 소리를 내며 열었다 닫았다 한다. 어부의 아내들은 이 때 재빨리 남편들이 잡은 루어를 물을 담은 커다란 나무통에 옮겨 넣고 이들을 위로한다. 마치 반복해서 기도하듯이 이렇게 말하는 것이다 : "됐어. 울지 마, 됐어, 울지 마, 됐어, 울지 마……" 그러면 서천에서 잡혀온 루어들은 과연 더 이상 울지 않고, 강 언덕에 놓인 나무통 안에서 이리저리 헤엄쳤다. 흡사 뜻밖의 따스함을 얻은 듯 편안해진 것이다.

淚魚是逝川獨有的一種魚. 身體呈扁圓形, 紅色的鰭, 藍色的鱗片. 每年只在第一場雪降臨之後才出現, 它們到來時整條逝川便發出嗚嗚嗚的聲音.
這種魚被捕上來時雙眼總是流出一串串珠玉般的淚珠, 暗紅的尾輕輕擺動, 藍幽幽的鱗片泛出馬蘭花色的光澤, 柔軟的鰓風箱一樣呼嗒呼嗒地翕動. 漁婦們這時候就赶緊把丈夫捕到的淚魚放到碩大的木盆中, 安慰它們, 一遍遍祈禱般地說着 : "好了, 別哭了 : 好了, 別哭了 : 好了, 別哭了……" 從逝川被打撈上來的淚魚果然就不哭了, 它們在岸上的木盆中游來游去, 彷佛得到了意外的溫暖, 心安理得了.

레이위스스추안두여우더이종위. 선티청비엔위엔싱, 홍써더치, 란써더린피엔. 메이니엔즈짜이띠이창쉬에지앙린즈허우차이추시엔. 타먼따오라이스정탸오스추안비엔파추우우우더성인.

쩌종위뻬이푸상라이스수앙옌종스리우추이추안추안주위반더레이주, 안홍더웨이칭칭바이동, 란여우여우더린피엔판추마란화써더광저, 러우루안더싸이펑시앙이양후타후타디허동. 위푸먼쩌스허우찌우간진바짱푸푸따오더레이위팡따오수어따더무펀중, 안웨이타먼, 이비엔비엔치다오반디수어저 : "하오러, 비에쿠러 : 하오러, 비에쿠러 : 하오러, 비에쿠러……" 총스추안뻬이따라오상라이더레이위구어란찌우뿌쿠러, 타먼짜이안상더무펀중여우라이여우취, 팡푸더따오러이와이더온누안, 신안리더러.

이렇게 밤새 달래준 루어들을 이튿날 서천에 다시 놓아주면 루어들은 더 이상 울지 않고 편안히 제 갈 길을 가고, 마을에도 풍년이 든다는 것이다. 츠즈지엔은 이 소설을 통해 상업주의의 대안으로 진실한 마음, 생명의 연계성을 이야기한다. 간절한 한마음이라면 사람과 물고기도 소통할 수 있다는 것이다. 이처럼 사람과 동물과의 소통도 가능한데, 사람과 사람간의 소통이 불가능하겠는가? 이 같이 순수하고 천진한 츠즈지엔의 소설은 물질만능 사회의 대안으로 정신문화 함양을 강조하는 많은 작가·평론가 및 독자들의 환영을 받고 있다.

3. 떠오르는 대중문학

1990년대 중국의 문예계는 영화와 드라마의 대본이 주도했다고 해도 과언이 아니다. 이미 1988년 베를린영화제에서 그랑프리를 받은 장이머우張藝謨 감독의 『붉은 수수 紅高粱』와 1992년 베니스영화제에서 황금사자상을 받은 『쥐떠우菊豆』가 그 예이다. 2000년대 전반에도 장이머우 감독은 문화계에 장이머우 열풍을 일으켰고, 2008년에는 북경올림픽 개막식의 총감독으로 또 한번 명성을 떨쳤다. 요컨대, 장이머우를 비롯한 몇몇 유명 영화감독이 영화화한 시나리오가 90년대 중국의 대중문학을 선도했다.

텔레비전 드라마 극본도 중국인들을 매혹시키는 대중문학의 장르이다. 마약과 폭력을 다룬 드라마 『검은 얼음 黑氷』과 역사극 『굴원屈原』 등등, 많은 중국인들이 저녁마다 텔레비전 앞에 모여 앉아 드라마 시청에 열중한다. 한류의 바람을 타고 한국의 드라마 『모래시계』 『사랑이 뭐 길래』 『대장금』 등이 중국에 들어가 많은 중국의 시청자들을 사로잡기도 했다. 웬만한 중국인들은 한국 탤런트 이영애나 김희선, 또는 안재욱 등의 이름을 다 알고 있을 정도다. 『엽기적인 그녀』를 비롯한 많은 한국 영화도 중국에서 날개 돋친 듯 팔리고 있다.

영화와 드라마 외에 잘 나가는 또 하나의 대중매체는 인터넷이다. 한국에서 일찍이 귀여니라는 필명으로 나온 인터넷 소설이 초·중·고등학생들에게 인기를 얻었듯이 중국도 그러하다. 채팅 문체로 가볍게 씌어진 인터넷 소설이나 시의 저자는 결코 유명한 작가들이 아닌, 중·고등학생, 심지어 초등학생이다. 이들 청소년들은 한때 중국 중학생들 사이에서 큰 인기를 얻었던 시인 왕구어전汪國眞의 달콤한 서정시와 비슷한 작품들을 인터넷에 띄운다. 그래서 이들이 즐겨 인용하는 구절들은 대중가요의 노랫말이나 개그, 또는 기발한 광고 문안 같은 것들이다. 이것들을 적당히 엮어 자기들의 애정이나 고민을 채팅하듯이 쓴 것이 바로 인터넷 문학이다. 어떤 의미에서 이 같은 인터넷 문학은 이미 국제적인 청소년 문화가 되었다고 해도 과언이 아니다.

하지만 가장 많은 시청자를 보유하는 영화와 드라마의 대본이 대부분 소설을 바탕으로 만들어지기 때문에, 소설은 여전히 가장 중요한 문학 장르의 자리를 지키고 있다. 허나 1990년대 이래 소설은 당연하게도 그 어느 때보다 통속적이고 대중적인 성격을 띤다. 그래야만 영화나 드라마의 대본으로 안성맞춤이기 때문이다. 그래서 중국에도 헐리웃 영화처럼 개인의 애정과 권력 또는 재물의 추구를 주제로 한 소설들이 쏟아져 나온다. 사실 수 십 년간 개인적인 자아를 사회주의 중국에 저당 잡히고 살아온 중국인들에게 자아실현은 매우 매력적인 목표일 것이다. 1990년대 이래 2009년 현재까지 중국에서 개인의 자아실현을 목표로 한 자전적인 소설이 많이 나온 것도 바로 이 때문이다.

이 시기 자전적인 소설을 선도한 작가로는 왕수어・지아핑아오・웨이후이・지우단 및 미엔미엔棉棉을 들겠다. 성장소설이라고도 할 수 있는 이들의 자전적인 소설들은 대부분 작가 자신의 삶을 개척하는 과정을 보여준다. 한때 '왕수어열', '지아핑아오열', '웨이후이열'. '지우단열'을 불러일으키기도 했던 이들의 소설은 1920년대 원앙호접파 소설을 연상시킬 만큼 남녀의 애정을 중시한다. 하지만 20년대 원앙호접파 작가들의 사랑 이야기가 미남미녀의 꿈같은 사랑을 문어체로 쓴 것이라면, 이들의 이야기는 대부분 작가 자신이 몸소 겪은 생생한 삶과 사랑을 구어체로 썼다. 이들 가운데 왕수어와 웨이후이 및 지우단과 이들의 소설을 소개한다.

1) 왕수어의 유희소설

왕수어는 1956년에 태어난 만주족 작가이다. 한 평론가에 따르면 그는 매우 곱상하고 천진한 얼굴을 하고 있지만, 한번 웃게 되면 교활한 표정이 삐져나온다고 한다. 마치 얇은 천으로 씌운 예쁜 인형의 얼굴을 확 꼬집으면 천이 찢어지면서 웃는 모습도 찢겨지듯이 그렇게 구겨진다는 것이다. 이는 왕수어가 사람들 앞에서 자신의 이중성을 감추지 않고 드러낸다는 것을 뜻한다. 실제로 그의 소설을 보면 주인공의 교활하고 약삭빠름이 분명히 보인다. 도대체 왕수어는 무슨 생각으로 웃을 때뿐 아니라 자신의 소설 속 인물에도 교활함과 약빠름을 심어 놓았을까? 건달소설・깡패소설, 심지어 범죄소설이라는 그리 명예롭지 못한 별칭을 달고 다니는 왕수어의 소설이 각광을 받게 된 배경은 또 무엇일까? 이 같은 의문을 풀기 위해 잠시 그의 생애를 거슬러 올라가 본다.

경찰의 아들로 태어난 왕수어는 어린 시절 장난꾸러기였다고 한다. 그가 태어난 이듬해인 1957년부터 본격화된 반우파운동을 거쳐 문화혁명이 시작된 1966년, 장난꾸러기 왕수어는 초등학교 2학년이었다. 그는 훗날 이때를 회상하면서 어린 나이였음에도 너무나 철저히 뒤집힌 세상을 보고 놀랬다고 고백한다. 어느 날 갑자기 형들과 누나들이 교문을 박차고 뛰어나가 마오쩌뚱만 빼고는 누구에게나 욕하고 공격할 수 있다고 하니 말이다. 실제로 왕수어는 형들이 붉은 완장을 두른 홍위병이 되어 교장 선생님에게 고깔을 씌우고, 때리면서 질질 끌고 다니는 광경을 보고 충격을 받는다. 뿐만 아니라 왕수어 자신의 아버지도 중공 수립 이전에 공산당이 아니라 국민당과 일본에 충성한 '괴뢰 경찰'이었다는 비판을 받는 것을 보고 더 큰 충격을 받는다.

이처럼 소년 시절부터 가치관의 혼란과 감정의 폭풍을 경험한 왕수어는 중·고등학교에 다닐 무렵부터 유치장을 들락거렸다. 한번은 친구들과 벌인 패싸움 때문이었고, 다른 한번은 1976년 저우언라이 총리의 추모식에 가서 경찰의 모자를 벗겼기 때문이었다. 스무 살이 된 청년 왕수어가 저우 총리의 서거를 애도하는 군중을 강제로 해산하려는 경찰에게 달려가 모자를 벗기며 대항한 것이다. 그러나 철창 속에서 매일 자아비판서를 쓴 덕분에 그는 다행히 정치학습만 받고 풀려난다.

돌아온 왕수어는 아버지의 엄명에 따라 해군에 입대한다. 감방살이를 통해 나름대로 인생의 쓴맛을 본 그였기에 인민의 해군으로서 자신의 새 삶을 일구기로 한 것이었으리라. 하지만 입대 후 사병이었던 그가 끼니때마다 빵과 장아찌를 씹고 있을 때, 연대장은 식탁 가득 요리와 술을 차려놓고 땀까지 흘리며 포식하는 광경을 보고 왕수어는 분노를 느낀다. 더욱이 명절 연회를 위해 병사들이 어렵게 마련한 자리를 부대 시찰차 방문한 두 명의 장교에게 내어주라는 명을 받자, 그는 그만 폭발하고 만다. 현역 군인 신분임에도 불구하고 멋대로 부대를 나와 밤늦도록 여자들과 어울리는 등 일탈행위를 한 것이다. 그 후에도 왕수어는 성실한 군인생활 대신 틈만 나면 거리에 나가 여자들과 손을 잡고 해변을 배회하거나 수영을 했다.

그러면서도 그는 틈틈이 글쓰기를 즐겼다. 그는 자신이 쓴 소설 가운데 「기다림等待」이라는 단편을 『해방군문예解放軍文藝』에 기고했는데, 이 소설이 『해방군문예』 편집장의 눈에 띄게 된다. 이 소설은 한 여자가 어떻게 가정이라는 굴레에서 벗어나게 되는지를 그린 작품인데, 이는 어쩌면 왕수어 자신이 어떻게 군대라는 굴레를 벗어날지를 고민하면서 기다리는 심정을 대변했을지 모른다. 아무튼 이 소설로 그는 문학적 재능을 인정받아, 북경으로 전출되어 『해방군문예』의 편집 일을 하게 된다.

하지만 일정한 시간에 출근하여 남의 원고를 봐야 하는 편집 일이 그다지 맘에 들지 않았던 왕수어는 다시 북경의 밤거리를 떠돌았다. 그러다가 그는 현역 군인의 신분임에도 불구하고 전자제품 암거래에 손을 댔다. 그는 대담하게도 편집 일을 하는 군인이라는 신분을 이용하여 상해 등지에서 싼 값으로 텔레비전과 휴대용 녹음기 따위를 사다가 북경에서 비싸게 팔았다. 암거래로 번 돈으로 그는 여자들과 어울려 다녔다.

1980년 초, 4년 만에 군에서 제대한 왕수어는 한 제약회사 판매원으로 발령받는다. 하지만 샐러리맨 체질이 아닌 그가 이 일에 전념할 리가 없었다. 약 3년간 재직하면서 그는 출근부에 도장만 찍고 밖에 나와 영화를 보거나 사람들과 어울려 시간을 보냈다. 다행인지 불행인지 몰라도 국영기업체인 제약회사에서는 당시 아무도 그의 이러한 행위를 문제 삼지 않았다. 하지만 왕수어는 1982년 공산당 중앙이 벌인 경제사범에 대한 일제 단속에 걸려든다. 그가 해군에 있던 시절에 저질렀던 암거래 전력이 들통 났던 것이다. 결국 왕수어는 재판을 통해 1천 위엔의 벌금형을 받는다.

제약회사에서도 쫓겨난 그는 작은 식당을 차렸다. 하지만 뜻대로 잘 되지 않자 그는 다시 암거래에 손을 댄다. 이번에는 대담하게도 암거래 상품과 돈을 교환하는 위험한 일을 도맡는다. 이처럼 불법적인 일을 하며 건달생활을 하던 왕수어는 한 여객기 여승무원을 만나 동거하면서부터 다시 소설을 쓰기 시작한다. 그런 의미에서 그는 천사를 만났다고 할 수 있다. 먹고 살 걱정 없이 소설을 쓸 수 있게 되었기 때문이다. 단편 「스튜어디스空中小姐」는 동거녀와의 이야기를 쓴 작품이다.

왕수어는 스튜어디스와 동거하면서 몰래 한 무용가와 사랑하게 되는데, 훗날 그의 아내가 되는 이 무용가와의 사랑 이야기가 바로 「해면에 떠오르기 浮出海面」이다. 이 소설은 나중에 『윤회輪廻』라는 영화로 제작되어 큰 성공을 거둔다. 아무튼 이렇게 그의 소설 창작은 본격화된다. 이제 아내와 딸을 둔 왕수어는 그간 쌓아온 자신의 다양한 경험을 바탕으로 소설을 생업으로 삼는다. 암거래 · 사기 · 매매춘 등 범죄로 살아온 자신의 건달 생활이 모두 소설의 소재가 된 것이다. 그 때문에 「고무인간 像皮人」 · 「건달 頑主」 등 그가 발표한 소설을 평론가들은 유희소설 · 범죄소설 · 건달소설 등으로 부른다.

왕수어의 유희소설은 더욱 기발한 유희로 발전되는데, 그 대표적인 소설이 바로 『노는 것은 곧 가슴 뛰는 것 玩的就是心跳』이다. 이 소설은 「스튜어디스」나 「해면에 떠오르기」와는 확연히 다른 엉뚱한 유희성이 있다. 이전의 소설들이 왕수어의 자전적인 소설로, 그 속에서는 그의 건달 생활과 함께 진실한 사랑을 추구하는 최소한의 성실성을 엿볼 수 있다면, 『노는 것은 곧 가슴 뛰는 것』은 독자의 예상을 뛰어 넘는다.

이 소설은 건달 팡옌方言과 그 패거리들 및 세 여인 등이 등장하여 한 살인 사건을 추적하는 것으로 시작된다. 추리소설의 형태로 진행되는 이 소설은 가면 갈수록 오리무중에 빠진다. 우선 주인공인 팡옌은 성격이 수시로 분열되면서 자기 안에서 또 다른 자기를 만들어낸다. 그런가 하면 그가 만난 세 여자들은 어느새 세 여자가 아니라 한 여자로 합해진다. 또한 이 세 여자들은 모두 아픈 과거를 가지고 있는 피해자이면서 동시에 남자들을 기만하는 가해자이다. 이 점에 있어서는 팡옌과 그 패거리들도 마찬가지다. 이들은 모두 금전과 성을 추구하면서도 동시에 그것들에 의미를 부여하지 않는 듯한 태도를 취한다. 심지어 삶 자체가 그들에게는 의미 없어 보인다. 다시 말해서 인생은 그 자체가 엄청난 농담인 것이다. 결국 마지막에 이르면 소설의 시작인 살인사건도 조작된 허구이고, 살인사건을 말해온 화자도 실은 아무것도 모르는 독자임이 드러난다. 한마디로 소설 자체가 날조된 허구이고 농담인 것이다.

이처럼 살인조차도 농담으로 치부하는 왕수어의 『노는 것은 곧 가슴 뛰는 것』에 대한 평론가들의 평가는 가혹하다. 어떤 평론가들은 왕수어가 느물느물한 표현으로 건달 생활을 미화하고 있다고 비난했고, 많은 독자들도 그가 시종일관 거짓말로 독자를 우롱했다고 분개하였다. 밀란 쿤데라 Milan Kundera의 『농담』이나 『참을 수 없는 존재의 가벼움』이 생각나는 왕수어의 이 소설은 인간과 삶에 대한 조롱으로 일관함으로써 순진한 독자와 평론가를 당혹하게 한다.

그럼에도 불구하고 이 소설은 독자에게 한두 가지 깨달음을 던져준다. 첫째, 많은 사람들이 당연하게 받아들이는 국가 권력과 윤리 및 도덕이 사실은 모래 위의 집처럼 허물어지기 쉬운 허구라는 점이다. 모두가 실상으로 믿고 있는 이 같은 가치가 물거품 같은 허상이라는 점을 밝힌 것이다. 이는 미셸 푸코 Michel Foucault 같은 해체주의자들의 관점과 같은 것이다. 푸코는 가정에서부터 학교·국가, 심지어 교회에 이르기까지 인간이 전적으로 믿고 의지할 만한 진정한 권력은 없으므로, 이 같은 보편적 가치는 마땅히 해체되어야한다고 주장했다.

다소 극단적인 이 같은 관점은 물론 수 천 년 간 사람들이 만들어 놓은 질서를 허물어버리는 위험성을 내포하고 있다. 학교나 군대, 나아가 국가라는 질서 체계를 대안도 없이 해체하고 붕괴하면 그 결과는 어찌 되겠는가? 당연히 문화혁명 초기의 홍위병의 난동 같은 무질서의 혼란이 일어날 것이다. 그런 의미에서 아무런 대안도 없이 기존의 가치를 일거에 허물어버리는 일은 천부당만부당한 일이다. 그렇지만 왕수어는 이 소설을 통해 질서 유지라는 명분으로 공적인 조직 뒤에 얼굴을 숨긴 채 합법적으로 금전과 권력을 추구하는 탐욕스런 기득권자들에게 통쾌한 펀치를 날렸다고 볼 수 있다.

둘째, 왕수어는 자기 자신을 포함한 모든 사람들이 기본적으로 동일하다고 본다. 잘났다고 하는 사람도 실은 못난 사람과 별반 다를 게 없다는 것이 그의 이른바 인간평등론인 것이다. 그에 따르면 사람들은 모두 다 상대적인 존재로, 절대적인 도인이나 신인이 따로 존재하지 않는다. 굳이 이 세상 사람들을 두 부류로 나누자면, 그 하나는 자신의 잘못된 점을 솔직하게 드러내는 사람들이고, 다른 하나는 자기의 잘못은 덮은 채 다른 사람들의 잘못을 들추는 솔직하지 않은 사람들이라는 게 그의 생각인 듯하다.

왕수어는 자신의 소설이나 산문에 자기 자신을 탐욕스럽고 파렴치하며 교활한 사람이라고 솔직히 고백하고 있다. 그는 자신이 사리사욕을 위해 사기도 치고 감옥에도 갔다고 말한다. 한 인터뷰에서 그는 아내와 딸을 먹여 살리기 위해 출판사의 뜻대로 자신이 쓴 소설의 끝부분을 해피엔딩으로 고쳐주었다고 토로한 적도 있다. 하지만 왕수어는 온갖 부정과 부패를 저지르면서도 교묘히 법망을 피해가는 권력가들이나 재력가들보다 자기가 더 악하다고는 생각하지 않는다. 적어도 자기는 자신의 잘못을 만천하에 고백하고 있기 때문이다.

이처럼 왕수어는 스스로 잘못을 드러낼 줄 아는 사람으로서, 잘못을 숨긴 채 남의 잘못을 들춰내는 사람들을 비판한다. 자기 눈의 들보는 보지 않고 다른 사람의 눈 속에 있는 티를 문제 삼는 사람들의 행태를 비난하는 것이다. 인간은 크건 작건 많건 적건 다 선악을 겸비하고 있는 사람들인데, 누가 누구를 비판할 수 있느냐는 게 그의 입장이다. 하지만 왕수어 자신도 남을 비판하고 있기는 마찬가지다. 자기 잘못을 돌아볼 줄 모르고 다른 사람을 비판하는 사람들을 비판하기 때문이다. 어쩌면 그는 남을 비판하기 앞서 자기 스스로 자아비판을 하기 때문에 괜찮다고 생각할지 모른다. 물론 자기 잘못은 숨기면서 남의 잘못만 들추는 사람들보다는 그가 나을지 모른다. 하지만 자기 자신을 비판했기 때문에 남을 비판해도 좋다는 법은 없는 것 아닐까?

2) 웨이후이와 지우단의 신체소설

대략 1990년대 말부터 2000년대 초까지 중국문단을 뜨겁게 달군 소설이 이른바 신체소설이다. 신체사작身體寫作, 즉 몸으로 글쓰기라는 용어는 당시 상해와 북경의 문학평론가들이 쓴 표현이다. 이들은 신체소설을 쓰는 작가들을 대체로 1970년대에 출생한 2·30대의 여성작가로서, 주로 자전적인 성 체험을 쓰는 사람들로 정의했다. 사실 이들 평론가들이 정의한 신체소설은 그들이 만들어낸 용어가 아니라 웨이후이의 소설 『상하이베이비 上海寶貝』의 여주인공이 고백하는 다음 대목에서 따온 것이다 :

한 격렬한 장면을 절묘하고 핍진하게 묘사하기 위해서 나는 시험 삼아 발가벗고 글을 썼다. 많은 사람들은 신체와 두뇌 사이에 필연적인 관계가 존재한다고 믿는다. 미국의 시인 루터가 백 년 된 저택에서 거울을 보고 옷을 입었다 벗었다 하면서 자신의 나체춤이 가져다주는 계시를 받았듯이. 이 이야기가 믿을만한 것인지 아닌지는 모르지만 나는 줄곧 '글쓰기'와 '몸' 사이에 은밀한 관계가 있다고 생각했다.

爲了精妙傳神地描寫出一個激烈的場面, 我嘗試着裸體寫作. 很多人相信身體和頭腦之間存在着必然的關係, 就像美國詩人羅特克住在他的百年祖宅裏, 對着鏡子穿穿脫脫, 不斷感受自己的裸舞帶來的啓示.這故事可信與否不得而知, 但我一直認爲寫作與身體有着隱秘的關係.

웨이러징먀오추안선디먀오시에추이거지리에더창미엔, 워창스저루어티시에주어. 헌뚜어런샹신선티허터우나오즈지엔촌자이저삐란더관시, 찌우샹메이구어스런루어터커주짜이타더바이니엔주자이리, 뚜이저징즈추안추안투어투어, 부뚜안간서우쯔지더루어우따이라이더치스. 쩌꾸스커신위퍼우뿌더얼즈, 단워이즈런웨이시에주어위선티여우저인미더관시.

위 글의 맨 마지막 행에 나오는 '글쓰기寫作'와 '신체身體'를 평론가들이 연결시켜 신체사작이 된 것이다. 웨이후이는『상하이베이비』의 또 다른 대목에서 주인공의 입을 빌어 실제로 몸으로 글쓰기가 어떻게 가능한지 다음과 같이 설명한다:

내 몸의 액즙이 먹물로 화하여 졸졸 붓끝으로 흘러들어가 소설의 한 글자 또 한 글자, 한 문장, 또 한 문장으로 콸콸 흘러넘친다.

身體的汁液化作墨水汩汩流進了筆尖, 流淌到了小說的字字句句.

선티더즈예화쭈어모수이구구리우진러삐지엔, 리우탕따오러샤오수어더즈즈쥐쥐.

대략 1990년대 후반부터 중국의 작가들, 그 중에서도 여성작가들이 왜 이렇게 노골적으로 몸을 문제 삼기 시작했는지에 대해서 이상하게 생각할 독자들이 있을 것이다. 자본주의와 상업주의 바람을 탄 대중문화가 성 담론을 양산하고 있는 서방 세계라면 이 같은 상황이 이해가 된다. 하지만 문화혁명을 겪은 사회주의 중화인민공화국의 이 같은 현상은 의외로 여겨질 것이다. 그러나 중국도 이미 1980년대 개방이 시작되어 90년대에는 부분적인 시장경제 체제로 변모했다. 이제 중국에서도 애정과 성에 대해 말할 수 있게 된 것이다. 그러자 마음과 몸 깊숙이 숨겨놓았던 중국인들의 애정과 성에 대한 갈망이 봇물 터지듯 쏟아져 나왔다. 문화혁명의 십 년 간, 성은 고사하고 남녀간의 사랑을 말하는 것조차 반동분자의 낙인이 찍혔던 풍토였기에, 그 해방감은 말로 표현할 수 없을 정도였을 것이다.

이처럼 마음과 몸에 관한 표현이 어느 정도 자유로워진 중국의 문단에서 남녀작가들은 앞 다투어 애정소설을 썼다. 그런데 주목할 점은 몸의 표현에 있어서 여성작가들의 관심이 더욱 뜨거웠다는 사실이다. 이는 남성 작가들에 비해서 여성작가들이 성적으로 더욱 억압을 느껴왔음을 의미한다. 웨이후이의 『상하이베이비』, 지우단九丹의 『까마귀烏鴉』, 린바이林白의 『한 사람의 전쟁 一個人的戰爭』, 미엔미엔棉棉의 『캔디糖』, 춘수春樹의 『베이징 인형 北京娃娃』, 홍잉虹影의 『굶주린 딸 饑餓的女兒』 등이 쏟아져 나온 것은 바로 이 같은 배경에서이다. 이들의 소설은 모두 자전적인 신체소설로, 이 작품들은 그간 금기시되었던 여성의 성적 욕망을 과감히 묘사하고 있다.

어떤 면에서 볼 때 웨이후이 등의 신체소설은 남녀평등과 자유연애가 유행했던 1920년대와 30년대의 띵링丁玲이나 40년대의 장아이링張愛玲의 애정소설과 비슷하다. 하지만 2·3·40년대의 애정소설의 성 표현이 은근한 우회였다면 1990년대와 2000년대 초의 애정소설은 성 표현에 있어서 매우 직접적이고 노골적이라는 점이 다르다. 이들 작가들의 신체소설 가운데, 특히 2000년대 초 인터넷을 뜨겁게 달군 웨이후이의 『상하이베이비』와 지우단의 『까마귀』를 소개한다.

먼저 지우단의 『까마귀』는 싱가포르에 유학 간 20대 중국 여성 하이룬에 관한 이야기이다. 이 소설은 하이룬이 싱가포르 영주권을 획득하기 위하여 싱가포르 남성과의 결혼을 꿈꾸지만 뜻을 이루지 못하고 결국 창녀로 전락하는 과정을 그리고 있다. 2001년 여름 중국에서 '기생문학'논쟁을 불러일으킨 『까마귀』

는 한때 베스트셀러 소설이었다. 홍콩에서는 중국 당국의 검열에서 삭제되었던 노골적인 성 묘사 부분을 복원시킨 원본 『까마귀』가 날개 돋친 듯 팔렸다, 이에 대해 한 문학평론가는 『까마귀』가 잘 팔리는 것은 과장된 허구이기 때문이라고 했다. 하지만 작가 지우단은 이 소설이 결코 과장된 허구가 아니라 본인이 직접 겪은 일과 남자친구들로부터 직접 들은 사실이라고 반박한다. 실제로 그녀는 싱가포르에 약 4년 간 머무르면서 영국의 피아니스트나 돈 많은 60대 싱가포르 남자들과 사귀었고, 50대 국회의원과 동거했다고 고백한 바 있다.

웨이후이의 자전 소설인 『상하이베이비』도 명문 대학 출신의 여주인공 코코가 성 불능의 남자친구와 동거하면서 독일인 유부남과 불륜을 저지르는 등 자유분방한 삶을 그리고 있다. 이 소설은 출판 직후 동성연애 · 성 갈망 · 적나라한 성행위의 묘사 · 마약복용 따위의 내용을 담았다고 해서 판매 금지되었다. 그럼에도 불구하고 서점들이 은밀히 이 소설을 팔자, 중국 당국은 전국 서점에서 수 만 권을 압수하여 폐기시켰다. 또한 국영 방송을 통해 소설가 웨이후이를 퇴폐적이고 음란한, 외국문화의 노예라고 비난하였다. 그럼에도 불구하고 웨이후이의 『상하이베이비』는 미국 · 영국 · 프랑스 · 독일 · 일본 및 한국 등 30여 개 국에서 번역되어 출판되었다. 일본의 아사히신문에 따르면 『상하이베이비』가 이미 수 백 만 부 이상 팔려나갔다고 한다.

『상하이베이비』와 『까마귀』는 둘 다 여성의 몸을 적극적으로 표현했다는 점과 잘 팔리는 소설이라는 점에서 공통점이 있다. 하지만 성에 대한 의식에 있어서 웨이후이와 지우단은 각각 서로 다르다. 겉으로 보면 웨이후이는 자유롭고 당당한 여성의 성 의식을 지니고 있는 반면 지우단은 속박되고 왜곡된 성 의식을 가지고 있다. 즉 『상하이베이비』의 코코는 전 남자친구로부터 당한 성적 학대와 스토킹을 효과적으로 극복하였고, 부모가 잡아준 안정된 직장도 마다하고 가출하여 자유롭게 연애하고 동거한다. 이처럼 그녀는 하고 싶은 일을 하고 사귀고 싶은 남자를 사귀는 데 거침이 없다.

하지만 『까마귀』의 하이룬은 남자를 생존의 발판으로 보고, 남자의 사랑을 얻으려고 온갖 짓을 한다. 이름과 신분을 속이고 남의 옷을 훔쳐 입는 것은 기본이고, 매를 맞고 심지어 남자 앞에서 자해自害까지 한다. 그녀는 처음에는 결혼이라는 합법적인 방법으로 안정된 자리를 확보하려 하지만 뜻대로 되지 않자 이번에는 애인을 만들어 후원을 받으려 한다. 그러나 이조차 뜻대로 되지 않자, 그녀는 아예 몸을 파는 길을 선택하고 만다. 이에 대하여 그녀는 다음과 같이 스스로를 합리화한다 :

> 예전에 한 여자가 한 남자의 면전에서 시를 낭송했다면 그건 그 남자의 감정을 얻기 위함이었다. 하지만 지금은 돈을 긁어내기 위함이다. 만약 내가 이 사람의 면전에서 시를 낭송한다면 이 사람은 과연 충동적으로 내게 많은 돈을 줄까? ……나는 고개를 떨구고 얼굴이 다시 화끈거림을 느꼈다. 결코 이 같은 자기비하적인 생각이 두려워서가 아니라 여자가 남자의 돈을 갈취하는 일이 마치 인류의 오래된 시처럼, 온 대지에 자라나는 들풀처럼 앞으로도 영원토록 끝나지 않을 것이기 때문이다.
>
> 過去一個女人如果要在一個男人面前朗誦詩歌, 那是爲了獲得這個男人的情感, 現在是爲了騙出錢來. 如果我眞的在他面前朗誦了, 他會不會一時衝動而多給我錢? …… 我低下頭, 感到臉再次發燙. 我并不是怕面對自己這些卑下的想法, 而是因爲騙男人錢的事情在整個大地上像野草一樣無止無境, 永遠沒有終結, 猶如人類綿長的詩歌.
>
> 꾸어취이거뉘런루구어야오짜이이거난런미엔치엔랑송스거, 나스웨이러후어더쩌거난런더칭간, 씨엔자이스웨이러피엔추치엔라이. 루구어워쩐더짜이타미엔치엔랑쏭러, 타후이부휘이스충동얼뚜어게이워치엔?……워띠시아터우, 간따오리엔짜이츠파탕. 워삥부스파미엔뚜이쯔지저시에비시아더샹파, 얼스인웨이피엔난런치엔더스칭짜이정거따디상샹예차오이양우즈우징, 용위엔메이여우종지에, 여우루런레이미엔창더스거.

이 대목은 몸을 파는 입장에 처한 하이룬이 동창생을 고객으로 만나 독백하고 있는 내용이다. 이로서 볼 때, 지우단은 자신의 몸을 파는 일이 두려운 것이 아니라 여자가 남자의 돈에 의지하여 살 수 밖에 없는 영원한 운명을 가슴 아프게 받아들이고 있는 것이다. 이는 1930・40년대에 활약한 띵링과 장아이링의 목소리와 닮아 있다. 즉 30년대의 띵링은 여성에게 있어서 구식결혼은 매음과 다름없다고 말하였고, 40년대의 장아이링은 구식결혼만이 아니라 신식결혼도 장기간의 매음과 다를 바 없다고 단언했다. 이는 신식이든 구식이든 여성이 생계를 위해 결혼한다면 모두 매음이라는 분석이다.

지우단 또한 미혼 여성은 애인에게 의지하고 기혼 여성은 남편에게 의지하고, 매춘 여성은 고객에 의지해서 먹고 산다고 본다. 모든 여성이 기본적으로 남성에 의지하여 산다는 점에서 볼 때 남자의 돈을 갈취하는 창녀와 다를 바 없다고 생각하는 것이다. 그래서 『까마귀』의 하이룬은 자신의 매춘행각이 싱가포르 이민국에 발각되어 다니던 학교의 교장에게 불려가 질책을 당하자 이렇게 항변한다 :

> 저는 창녀가 아니에요. 만약 세상에 진짜로 창녀라 부르는 여인이 존재한다면, 그렇다면 저 뿐만이 아니라 당신도 창녀이고, 당신 엄마도 그렇고, 당신 언니도 그렇고, 당신 여동생도 그렇고, 당신 딸도……
>
> 我不是小龍女. 如果說世界上眞的有一種女人叫小龍女, 那麽不僅我是, 你也是, 你媽媽是, 你姐姐是, 你妹妹也是, 你女兒……
>
> 워부스샤오롱뉘. 루구어수어스지에상전더여우이종뉘런찌아오샤오롱뉘, 나마뿌진워스, 니예스, 니마마스, 니지에지에스, 니메이메이예스, 니뉘얼……

이처럼 하이룬은 전 여성이 창녀라는 무리한 강변을 하다가 듣다 못한 여교장에게 빰을 얻어맞는다. 하지만 그녀의 이 말은 남성 중심적인 사회에서 살아남기 위해서는 어떤 여성도 얼마간은 남성의 비호를 받지 않으면 안된다는 점을 시사하고 있다. 소설가 왕수어와 문학평론가 바이예白燁·리투어李陀 등이 『까마귀』를 중국 사회의 각계각층에 시사하는 바가 많다고 호평한 것도 이 때문이다.

특히 리투어는 지우단의 이 소설이 오늘날 전 세계의 여성들이 남성권력사회와 금전만능사회에 대하여 내지르는 함성을 대변하고 있다고 극찬하였다. 이 같은 평가는 중국문학연구가 황시우지黃修己의 관점과도 통한다. 황시우지도 여성의 성을 다루는 소설이 이 사회의 봉건적 관념을 수호하는 사람들의 허위의식을 파헤치는 효과가 있다고 보았다.

그런 의미에서 볼 때 지우단의 관점은 1930·40년대의 띵링과 장아이링의 관점과 비슷한 점이 있다. 특히 천박하고 용렬한 여성의 감정을 통해 숭고하고 고상한 정신을 비웃음으로써 이 사회의 남성 중심 문화를 해체했다는 평가를 받는 장아이링과 지우단은 상통하는 바가 있다. 지우단 소설의 여주인공도 장아이링의 여주인공들처럼 중심부 남성이 휘두르는 권력에 대해 주변부 여성 특유의 치고 빠지는 게릴라식 전략을 구사하기 때문이다. 다만 장아이링의 그윽하고 치밀한 문체에 비해 지우단의 문체는 다소 느슨하고 엉성한 느낌이 있을 뿐이다.

『상하이베이비』의 저자 웨이후이도 물론 이 사회가 남성 중심의 사회임을 잘 알고 있다. 하지만 웨이후이는 지우단의 우회적인 요격과 달리 직접적인 정공으로 대응한다. 그래서 『상하이베이비』의 여주인공 코코는 상대의 무리한 요구를 정면에서 거부하고, 자신이 필요한 것도 정면에서 요구한다. 실제로 이처럼 할 말은 하고 취할 행동은 취하는 웨이후이 같은 여성들도 적지 않다. 웨이후이보다 약 20년 선배인 여성 작가 왕안이王安憶의 『장한가』에 등장하는 여주인공처럼 대범하고 당당한 여인들도 많은 것이다. 중국뿐 아니라 전 세계적으로 증가하는 이혼율과 감소하는 출산율이 이를 증명하고 있지 않은가?

하지만 지우단은 웨이후이 등 여성작가들이 묘사하고 있는 당당한 여성 인물상은 허구라고 말한다. 그녀는 이들이 그럴 듯하게 형상화하고 있는 당당한 여성상이 실은 근사하지만 생명이 없는 플라스틱 여성 인형일 뿐이라고 비난한다. 지우단은 또 왕안이나 웨이후이 같은 당당한 여성 작가들이 자신들의 문제를 솔직히 털어놓는 대신 언제나 다른 사람 또는 시대나 사회의 문제를 들추어 탓한다고 비꼰다. 예를 들어 『상하이베이비』의 코코가 남자친구의 성 불능과 마약복용이 어린 시절 그를 버리고 재가한 그의 어머니 탓이라고 비난하고, 또 그녀 스스로 발가벗고 음탕한 춤을 추면서도 도리어 상하이의 번화함이 자신을 최음시켰다고 비난하는 등 자신의 잘못을 인정하지 않는다는 것이다. 그녀에 따르면 이들 여성 작가들은 언제나 문제를 남에게 돌리고 자신들은 당당함으로 위장된 허영의 옷을 입고 있다는 것이다.

이들과 달리 지우단 자신은 그 허영의 옷을 벗어버렸다고 주장한다. 그녀는 허영의 옷을 벗었을 뿐 아니라 자신의 적나라한 상처를 보여주면서, 그 상처가 자신의 잘못으로 말미암은 것이라고 말한다. 이처럼 자기 자신의 잘못을 선선히 고백한 지우단은 실제로 참회하는 심정으로 그간 남자들에게 갈취한 돈을 모두

다 싱가포르에 놓아 둔 채, 자신은 무일푼으로 중국에 돌아왔다고 토로했다. 그런 자신과 달리 많은 여성들이 한 남자 또는 많은 남자들을 상대로 단기 또는 장기 매음을 하면서도 부끄러워할 줄 모른다는 것이 그녀의 생각이다. 이점에서 볼 때, 지우단은 왕수어와 비슷하다. 왕수어가 사람들을 분류할 때 잘못을 아는 사람과 잘못을 모르는 사람으로 나눈 후, 자기 자신을 잘못을 아는 사람 쪽에 놓았듯이, 그녀 또한 그러하니까 말이다. 그래서인지 왕수어는 지우단의 『까마귀』를 매우 높이 평가했는데, 이 또한 어쩌면 두 작가의 동질성에서 비롯되었을지 모른다.

하지만 많은 중국 여성 문인들과 독자들은 지우단의 주장에 동의하지 않는다. 『까마귀』가 출판되자 언론 매체나 인터넷에서 많은 여성 작가와 평론가들 및 여성 독자들이 반발하고 나선 것이다. 싱가포르의 한 여성 편집자는 이 소설이 부분적으로 진실을 담고 있음은 인정하지만, 이는 싱가포르 중국 유학생 전체의 진실은 아니라고 전제하고, 자신을 비롯한 싱가포르 문인들은 『까마귀』를 문학으로 보지 않는다고 잘라 말한다. 비록 중국 사회가 남성 중심의 사회이기는 하지만 여성이 언제 어디서나 남성에게 의지하며 사는 것은 아니기 때문이다, 그녀에 따르면 웨이후이나 왕안이를 비롯하여 많은 중국 여성들이 직장은 필수이고 결혼은 선택으로 여기며 자아실현에 몰두하고 있다는 것이다.

하지만 여전히 많은 여성들이 남성들과 함께 살아갈 때 코코식의 직접적인 정공법보다 하이룬식의 게릴라식 유격법을 선호하는 것은 사실이다. 이들은 남성과 논리적으로 대화하거나 토론하는 것을 피하고 “끼어들기” 또는 “초치기” 식으로 기습한 후 살짝 빠져나간다. 여성은 남성과 마주앉아 합리적이고 논리적인 토론을 하는 것보다 감정적이고 성적인 접근을 통하여 남성을 사로잡는 편이 낫다고 보는 것이다. 이 같은 여성의 전략은 때로는 남녀 모두에게 매우 위험한 결과를 초래하기도 한다. 흔히 연애나 결혼을 잘못 하면 패가망신한다고 하는데, 이는 바로 그 위험성을 말한 것이다. 그 단적인 예가 바로 『까마귀』의 결말 부분이다. 즉 하이룬은 리우와의 사랑을 이루지 못하게 되자, 자신을 배반한 리우의 손을 잡고 깊은 물속으로 간 후, 그를 죽음에 이르게 한다. 하이룬은 리우가 수영을 하지 못하는 줄 뻔히 알면서도 그를 안심시키며 파도치는 바다로 들어간 후, 갑자기 그의 손을 놓고 파도에 삼키어지는 그의 모습을 바라보는 것이다.

요컨대, 웨이후이와 지우단은 둘 다 대중문학의 빛나는 주제인 애정과 성을 직접체험을 통해 묘사하고 있다는 점에서 공통점이 있다. 또한 둘 다 상업적으로 성공했다는 여성 작가라는 점에서도 비슷하다. 하지만 이들의 신체소설에 드러나는 성 의식은 서로 매우 다르다. 이는 실제로 중국 사회에서 살고 있는 여성들의 서로 다른 성 의식을 대변하고 있다고도 할 수 있다.

4. 넓어지는 소설의 지평

2009년 현재 중국의 소설은 그 어느 때보다 다양하고 다채롭다. 중국 대륙은 물론이고 대만 · 미국 · 영국과 프랑스 등지에서도 적지 않은 작가들이 활발한 작품 활동을 하고 있기 때문이다. 현대중국의 소설은 내용적으로도 나날이 세계화하고 있다. 그간 필자가 살펴본 작가들의 연배를 보면 소수를 제외하고 대부분 중국이 공산화된 이후인 1950년대와 60년대 출생하였다. 1950년대 이전에 출생한 작가로는 1940년생인 까오싱지엔 高行健이 있을 뿐이다. 또 1960년대 이후에 출생한 작가로는 1972년생 샨사 정도이다. 그 때문에 이들은 대부분 반우파운동과 문화혁명, 그리고 개혁개방과 시장경제를 거치면서 스스로 겪거나 보고 들은 것들을 소재로 소설을 썼다. 대부분은 앞서 소개한 왕수어의 유희소설과 웨이후이 · 지우단의 신체소설과 같은 계열의 대중소설이지만 이들과는 조금 다른 점이 있다. 즉 왕수어 · 웨이후이와 지우단의 작품이 작가 개인의 생활, 그것도 애정생활에 집중되었다면, 다음에 소개할 작가들의 작품에는 개인의 생활에 끼치는 시대성과 사회성이 보다 중시된다는 점에서 그렇다.

그럼 현재 중국에서 활동하는 몇몇 작가들과 작품들을 살펴보자. 먼저 『살아간다는 것』과 『허삼관매혈기』로 우리에게 친숙한 위화余華는 최근에 『형제兄弟』라는 장편소설을 냈다. 이 소설은 폭력이 난무하는 문화혁명 시절과 돈과 성을 추구하기 바쁜 시장경제 시절을 살아온 형제의 이야기이다. 내용을 한마디로 요약하면, 모범적이며 진실한 형은 성실하게 일하고 사랑했음에도 모든 것을 잃은 후 자살을 하는 반면, 탐욕스럽고 건달 같이 살아온 동생은 엄청난 돈과 사랑 속에서 허우적댄다는 것이다. 『비가 오지 않는 도시 無雨之城』의 작가인 티에닝의 소설 『목욕하는 여인들 大浴女』도 문란하고 왜곡된 성이 주제이다. 티에닝 자신이 '부서진 마음들'이라고 표현했듯, 이 소설에서는 딸이 외도하는 엄마를 고발하고, 유부남이 불륜을 저지르고, 불륜 끝에 투신자살하는 등 온통 비정상적인 사건 투성이다.

루쉰문학상과 라오서문학상 등 수상경력이 화려한 옌롄커閻連科의 『인민을 위해 복무하라 爲人民服務』도 사단장 부인과 취사병의 왜곡된 성과 사랑이 주제다. 원래 "인민을 위해 복무하라"는 1944년 마오쩌뚱이 지시한 것으로, 이후 수 십 년 간 국민적 구호가 되었다. 하지만 사단장의 집에 배속된 취사병에게 이 구호는 "사단장의 가정을 위해 봉사하는 것이 바로 인민을 위해 봉사하는 것"으로 인식된다. 그래서 결국 그는 사단장 부인을 위해 성적으로 봉사하고, 그 대가로 자신의 처자식을 도시로 이주시킬 수 있게 되는 것이다. 이 소설은 사단장 사택에 걸려 있던 "인민을 위해 복무하라"는 현판이 떨어져서 깨지고 짓밟히는 장면 때문에 문제가 되어 정부 당국으로부터 판매가 금지되었다. 하지만 단순히 그 장면뿐 아니라 여러 가지 점에서 마오쩌뚱과 공산당을 모욕했다고 해서 한때 서점에 있던 소설들이 모두 회수되기도 했다.

뚱시東西의 장편소설 『후회록後悔錄』도 부부간의 성욕조차 금기시되었던 문화혁명 당시에, 성욕으로 인하여 패가망신하거나 죽음에 이르는 이야기이다. 이 소설에는 불륜뿐 아니라 수간獸姦, 즉 동물과의 성교와 계속되는 성욕 억압으로 인한 성 불능 등, 왜곡된 성 표현이 끝없이 펼쳐진다. 리우전윈劉震雲의 장편 『핸드폰手機』도 닭털같이 사소한 성 담론의 연속이다. 아무도 책임지지 않는 떠도는 말들인 것이다. 어떤 의미에서 이 소설은 왕수어의 유희소설 또는 건달소설과 비슷한 점이 있다.

이밖에도 자전적이거나 전기적인 소설들이 쏟아져 나왔는데, 이 가운데 한국어로 번역된 작품들을 열거하면 다음과 같다. 차오원쉬엔曹文軒의 『빨간 기와』, 한샤오공韓少功의 『마교사전』, 리얼李洱의 『감언이설』, 비페이위畢飛宇의 『청의』, 주원朱文의 『나는 달러가 좋아』, 황휘黃暉의 『마오쩌뚱』, 리우헝劉恒의 『수다장이 왕따민의 행복한 생활』 등등. 이 중에서도 시나리오 작가 출신 황휘의 『마오쩌뚱』과 리우헝의 『수다장이 왕따민의 행복한 생활』은 텔레비전 연속극으로 만들어져 인기를 끌었다. 특히 가난한 도시 서민이자 대가족의 장남인 낙관주의자 장따민의 가족애를 그린 『수다장이 왕따민의 행복한 생활』은 2000년대 초 중국의 안방극장에서 대히트를 했다. 이처럼 공산화된 중국에서 태어나 문혁과 개혁개방 및 시장경제체제를 살아온 중국 대륙의 작가들은 긍정적이든 부정적이든 자신이 살아온 세상을 매우 사실적으로 묘사했다.

공산화 이전 시기, 즉 청나라 말이나 반식민지 중국을 배경으로 소설을 쓴 작가들, 즉 모옌莫言이나 쑤통蘇童이 선택한 문예사조 역시 대부분 현실주의다. 예를 들어 모옌의 『박달나무 형벌 檀香刑』을 보면 중일전쟁 당시 한 농촌에서 벌어지는 끔찍한 형벌이 너무도 생생하다. 그 형벌보다 더 끔찍한 건 인간성의 참혹함이다. 비록 그것이 봉건적인 인습과 제도에 의해 어쩔 수 없이 표출된 것이라 해도 이 소설이 가져다주는 인간성에 대한 잔인한 여운은 사라지지 않는다. 이는 장이모우 감독에 의해 영화화된 모옌의 또 다른 소설 『붉은 수수紅高粱』에서도 이미 드러났다. 역시 장이모우 감독이 『홍등紅燈』이라는 영화로 만든 쑤통의 『아내와 첩들 妻妾成群』 또한 축첩제도 하에서 미쳐버리거나 스스로 목숨을 끊는 첩들의 처참한 삶을 그리고 있다.

이처럼 소설가들의 눈에 보이는 현대 중국 사회는 대부분 비극적이다. 이는 작가들이 개인주의와 상업주의라는 시류에 맞서 싸울만한 굳건한 가치를 아직 찾지 못하고 있다는 뜻이다. 『수다장이 왕따민의 행복한 생활』에서처럼 가족애, 즉 가족간의 사랑으로 맞서기에는 현실의 질곡이 너무 모진 것이다. 그래서 작가들은 자꾸 아름다운 과거로 돌아가는지 모른다. 중국의 훌륭한 영웅을 그리는 역사소설들이 많이 나오는 이유가 바로 여기에 있다. 가까이는 공산혁명의 영웅을 그린 황휘의 『마오쩌뚱』이 있다. 또 멀리는 한나라 무제武帝의 명을 받고 서역으로 원정을 간 장건張騫의 전기소설인 량위에梁越의 『서쪽으로 간 사절 西去的使節』이 있다. 춘추시대 월나라의 책사 범려范蠡의 전기소설인 시에스쥔謝世俊의 『상업의 성자 商聖』 또한 마찬가지다.

하지만 최근 소수민족인 장족藏族, 즉 티베트족 작가인 아라이阿來가 써서 발표한 소설들을 보면 마르크스레닌주의와 마오쩌뚱사상의 유물론이 싹 쓸어버렸던 유심론의 싹을 느낄 수 있다. 아라이阿來의 중단편집『소년은 자란다 格拉長大』에 드러나는 라마불교 수행자의 아름다운 삶과 죽음이 그 예이다. 아라이의 소설에 묘사된 티베트 소년과 라마승의 모습에서 독자는 사회주의 공산혁명이 헤쳐놓은 자리에 또아리를 튼 상업주의의 늪을 헤어날 수 있는 한줄기 빛을 볼 수 있다. 그 빛은 청장靑藏고원의 순수한 자연을 그린 양즈쥔楊志軍의『사자개 藏獒』에서도 볼 수 있다. 양즈쥔도 아라이와 마찬가지로 물질이 아닌 영혼을 노래하기 때문이다. 이들 소수민족의 소설들은 1930년대 중국 묘족의 민속을 그린 선총원沈從文의 향토소설과도 같이 오늘날 중국소설계에 반짝이는 별이 되고 있다.

현대중국문학의 지평은 중국대륙 뿐 아니라 대만을 비롯하여 프랑스·영국·미국 등으로 넓혀졌다. 먼저 대만 작가로는 한국에서 텔레비전 드라마『금잔화』로 만들어져 선풍적인 인기를 얻은 바 있는『채색 노을 하늘 가득 彩霞滿天』의 작가 치옹야오瓊瑤가 있다. 한국어 번역소설로는 어쩌면 가장 많은 부수를 냈을 치옹야오는 1938년 대륙에서 태어나 11살인 1949년, 중국이 공산화된 이후 대만으로 이주한 작가이다. 그녀는 애정전도사라는 별칭이 붙을 만큼 성공적인 애정소설을 썼다. 도저히 이루어질 수 없을 듯한 남녀의 사랑이 천신만고 끝에 행복한 결실을 맺는 치옹야오의 소설은 가벼우면서도 극적인 반전이 거듭되는 이야기 구성으로 수많은 독자를 사로잡았다.

또 한 사람의 대만 소설가로는 종자오정鍾肇政이 있다. 그는 1925년 대만에서 태어난 대만 1세대 작가로, 그의 소설『로빙화魯冰花』는 차밭을 배경으로 펼쳐지는 한 폭의 수채화다. 가난하지만 천재적인 소년 화가와 그를 격려하는 초등학교 선생님의 이야기인 이 소설은 1960년 중화문예상을 수상한 작품이다. 종자오정 자신이 청각장애자로서 초등학교 교사를 한 경험이 있었기에, 이 소설은 더욱 생생한 감동을 준다. 하지만 종자오정의 이 소설은 거의 4·50년 전 작품으로, 현재 그는 이미 소설을 더 이상 쓸 수 없는 상태이다. 이 점에 있어서는 앞서 소개한 치옹야오의 경우도 거의 비슷하다. 다만 이들의 고전적인 사랑과 진실이 담긴 소설들이 2000년대에 재출판되어 새삼스레 중국과 한국 독자들을 사로잡고 있을 뿐이다.

이들에 비해 왕원화王文華는 현재 대만에서 왕성한 활동을 하는 작가이다. 소설을 통해 젊은 남녀의 사랑 찾기를 추구하고 있는 왕원화는 1967년 대만에서 태어나 미국 스탠포드 대학에서 MBA를 한 작가로서, 실제로 영화사 마케팅 매니저로 일하기도 했다. 그런 그가 『단백질 여자애 蛋白質女孩』를 신문에 연재하여 젊은이들 사이에 인기를 얻은 것이다. 이 작품은 두 남자가 추구하는 성과 사랑을 담고 있는데, 이 소설을 읽다보면 참을 수 없는 가벼움을 느끼게 된다. 그 만큼 두 남자의 수다를 통해 드러나는 연애와 결혼에 대한 계산이 도를 넘는다고나 할까. MBA인 그에게는 어쩌면 사랑 또한 거래인지도 모른다. 그런 의미에서 왕원화의 이 소설은 중국대륙의 소설가 리우전윈의 『핸드폰』과 비슷한 점이 있다.

이밖에 유럽과 미국 등지에서 현지 언어로 소설을 쓰는 작가들도 생겼는데, 이들은 대략 두 부류로 나뉜다. 그 하나는 이른바 반체제 작가로 중국 대륙에서 더 이상 활동할 수 없어 해외로 망명한 작가들이다. 까오싱지엔과 마지엔馬建 등이 이들이다. 다른 하나는 외국 유학을 가서 그곳에 정착한 작가들이다. 따이쓰지에戴思杰・장룽張戎・하진・샨사 등이 이 부류에 속한다. 반체제 작가로 프랑스에 살면서 중국어로 집필하여 노벨문학상까지 받은 까오싱지엔에 대해서는 앞 장에서 언급한 바 있으므로 여기서 다시 소개하지 않겠다. 또한 반체제 작가로 영국에 가서 살면서 영어로 집필활동을 하고 있는, 『국수 만드는 사람 Noodle Maker』의 작가 마지엔에 대해서도 다음 기회에 상술하기로 한다.

그럼 지금부터 프랑스와 영국, 그리고 미국에 정착하여 프랑스어나 영어로 작품을 쓰고 출판한 소설가들을 간략히 소개한다. 먼저 프랑스에 있는 샨사와 따이쓰지에 가운데 따이쓰지에의 『발자크와 바느질하는 중국소녀』를 보자. 이 소설은 프랑스어로 쓰였지만 그 내용은 문화혁명과 개혁개방을 배경으로 하는 많은 대륙 작가의 소설과 크게 다르지 않다. 다만 이 소설의 제목에 발자크 같은 서양의 작가가 나오고, 소설의 내용 중에도 바이얼린・자명종 따위가 경외의 대상이 되는 것으로 보아, 서구문물에 대한 저자의 호감이 감지된다. 이 같은 저자의 호감은 단순한 호감이 아니라, 낙후된 중국이 서구화되어야 한다는 저자의 친서구적인 가치관을 담은 호감이다. 그 때문에 소설의 내용도 바느질하던 한 농촌 소녀가 농촌으로 내려온 도시 학생이 들려주는 발자크의 소설을 통해 문명의 눈을 뜨고 도시로 떠나가는 것으로 마무리된다. 한마디로 이 소설의 메시지는 중국이 발전하려면 서구화해야한다는 것이다.

또 한 사람의 재 프랑스 작가인 샨사는 1990년, 18세의 어린 나이로 프랑스에 유학을 갔다. 철학을 전공하며 프랑스어를 배운지 7년만인 1997년, 그녀는 프랑스어로 『천안문』이라는 소설을 썼다. 그런데 이 소설이 프랑스에서 콩쿠르데리쎄앙 상을 받음으로써 샨사는 일약 세계적인 명망을 얻게 된다. 『천안문』은 1989년 천안문사태를 기점으로 삼아, 쫓고 쫓기는 군 장교와 시위 여대생의 미묘한 관계를 그린 작품이다. 소설 속에서 남녀 주인공은 단순한 남녀로서만이 아니라 개인과 국가와 역사적 진실을 탐색하는 진정한 개인으로 그려져 있다. 그런 점에서 소설은 진지하고 심오하다. 또한 이 소설은 시적인 문체와 신화적인 환상이 곁들여진 환상적 현실주의 색채를 띠고 있다. 샨사가 쓴 또 하나의 소설 『바둑 두는 여자』에서도 중일전쟁 당시 한 일본군과 중국 여인이 천안문 앞에서 바둑 상대로 마주 앉는 것으로 시작된다. 이 소설에도 『천안문』에서처럼 남녀가 아군과 적군 또는 가해자와 피해자의 자격으로 만나 묘한 감정을 나누는 독특함이 있다.

다음 영어로 출판된 소설로는 장롱의 자전적 소설 『중국의 세 딸들 Three Daughters of China』이 있다. 이 소설은 영국에서 출판된 후, 중국어와 한국어 등으로 번역되었는데, 문화혁명 등을 배경으로 한 가족, 즉 아버지와 세 딸의 삶을 그리고 있다. 비슷한 제목인 『중국의 딸 A Daughter of HAN』은 아이다 프루잇이라는 미국 거주 화교에 의해 씌어진 영어 소설로, 역시 자전적인 소설이라 할 수 있다. 굴곡 많은 현대사 속에서 여성의 삶은 종종 남성들보다 훨씬 드라마틱한 것인지, 여성들을 소재로 한 소설들이 무척 많다. 역시 미국에서 영어로 출판된 판위의 『밍과 옌 February Flowers』도 그 중의 하나로, 이 소설은 밍과 옌이라는 두 중국 여인의 신산스런 삶을 그린 소설이다.

이밖에 미국에서 영어로 작품을 쓰는 중국 작가로 하진을 빼놓을 수 없다. 그는 1956년 요령성에서 태어나 산동대학을 졸업하고 미국에 건너가 영문학

박사가 되었다. 하지만 하진 소설의 무대는 중국이고, 시대 배경 또한 문화혁명 전후이다. 인물들은 대부분 중국 농민이나 서민으로, 그는 이들의 삶을 세밀하고 사실적으로 묘사하는 데 성공했다. 특히 특유의 우직하고 단순한 문체로 하진은 미국 내에서 이미 헤밍웨이상과 포크너상 같은 유명한 상을 받은 바 있다.

그의 단편소설 「남편 고르기」는 두 남자를 놓고 저울질한 끝에 한 남자를 선택한 여주인공이 자기가 선택한 남자가 출세하지 못하는 바람에 우물에 빠져 자살을 기도하는 내용이다. 또 하나의 단편 「팔자」의 남주인공은 자신이 장군이 될 팔자인데, 아들의 기가 세서 장군이 되지 못한다는 점장이의 말을 믿고 비극의 주인공이 되는 이야기이다. 즉 그는 아들의 이름만 바꾸면 된다는 점장이의 뜻에 따라 아들의 이름을 바꾸려 한다. 하지만 뜻밖에도 아들이 이름 바꾸기를 거절하자 우여곡절 끝에 그는 아들을 살해하고 만다. 이처럼 비극적인 중국의 현실을 절대로 우회하지 않는 정공법으로 몰고 가는 하진의 소설은 어떤 면에서 모옌이나 쑤통의 소설과 비슷한 점이 있다.

이처럼 중국현대문학 작품은 중국 대륙뿐 아니라 대만을 비롯하여 영국·미국·프랑스 등에서 현지 언어로 출판되고 있다. 뿐만 아니라 최근에는 미국 국적의 작가가 중국에 돌아와 살면서 작품 활동을 하는 경우까지 생겼다. 중국에서 출판된 하닝의 『멜라니의 바이얼린 米拉尼的小提琴』의 경우가 그 예이다. 요컨대, 중국현대소설은 나날이 넓어지고 또 깊어지고 있다. 과거 수 십 년 간 묶여 있던 사회주의현실주의라는 좁은 문예사조에서 벗어나 새로운 개인주의현실주의와 현대주의로 지평을 넓혀 온 것이다.

결론

지금까지 중국현대문학이 탄생·성장하면서 발전·분열·위축·쇠퇴를 거쳐 다시 소생·재성장하는 과정을 기술하였다. 기본적으로 중국현대문학의 시작은 중국현대정치와 깊은 관련이 있다. 즉 아편전쟁의 패배 이후 청나라 말, 막강한 서양 세력의 영향 하에 현대화, 즉 서구화의 바람이 강하게 불어 닥쳤고, 이 같은 서양 문화의 강풍을 타고 중국현대문학이 탄생되었다. 이처럼 중국현대문학은 19세기 후반, 양계초·황준헌 등이 다져놓은 근대문학 위에서 1910년 중반 후스·천뚜시우 등 해외유학파에 의해 탄생된 것이다.

이렇게 탄생된 현대문학은 삥신·꾸어모루어·쉬즈모 등 진보적인 문인들에 의해 성장된다. 물론 이 당시 국수파·문선파·학형파·원앙호접파 등 전통적인 문학을 계승 발전시키자는 보수파 문인들도 만만치 않았다. 하지만 이들 보수파 문인들조차 대부분 진보적인 구어체 문학을 무시하지 않았다. 단지 이들 보수파 문인들은 문학연구회·창조사·신월사 등 진보 문학단체 소속의 문인들이 중국문화의 정수인 문어체 고문을 깡그리 무시한 채 서구화 일변도의 구어체 문학에 제동을 건 것뿐이다. 이 또한 개국과 함께 불어 닥친 서방문화의 영향이다.

1920년대에 진보파와 보수파로 나뉘었던 문인 작가들은 1930년대에 이르러서는 공산당을 지지하는 좌파와 국민당을 지지하는 우파로 나뉜다. 이 또한 양당에 대한 문인들의 정치적 입장 차이에 따른 것이다. 물론 문인들 중에는 좌파도 우파도 아닌 중도파 문인들도 있었다. 즉 친공산당적인 '좌익작가연맹'과 친국민당적인 '신월파'뿐 아니라 중도적인 '자유인'이 비교적 자유롭게 논쟁하면서 공존한 것이다. 그래서 1937년 제2차 국공합작이 시작되면서부터는 친공산당 작가와 친국민당 작가들이 대거 참여하는 문협이 조직되어, 좌련 출신 작가들과 신월파 출신 작가들이 제휴하기도 했다.

하지만 국민당과 공산당의 합작이 깨지는 1942년부터 좌·우·중도파 문인들은 국민당통치지구와 공산당통치지구, 또는 외세점령지구를 각자의 삶의 토대로 선택하면서 분열하기 시작한다. 이 무렵인 1942년 5월, 공산당 지구인 연안에서는 마오쩌뚱이 「문예강화」를 발표하여 문예를 정치의 하위에 두었다. 그러자 약 2년 후 국민당 지구인 중경에 남아 있던 후펑은 「주관론」을 발표하여 정치의 속박을 받지 않는 문인의 독립성을 강조했다. 그런가 하면 외세 점령 지구인 상해에서 활동하던 장아이링 등은 어떤 정치적 조직과도 무관한, 개인적인 애정소설에 몰두했다.

마침내 1949년, 그간의 열세를 딛고 공산당이 중국을 통일하였다. 이후 약 17년간 중국현대문학은 당연하게도 공산당 중심으로 획일화된다. 이 시기에는 마오쩌뚱이 주도하는 각종 비판, 즉 영화 『무훈전』 비판·문학연구서 『홍루몽연구』 비판 및 후펑 비판 등으로 문학은 위축된다. 더욱이 1956년 이른바 쌍백운동 이후 본격화된 반우파문학운동으로 문인 작가들의 문학 활동은 급격히 움츠러들게 된다.

이후 대략 1966년부터 1976년까지 약 10년 지속된 문화혁명은 문학이 거의 쇠퇴한 시기였다. 이 시기에는 지앙칭 등 사인방의 눈부신 활약으로 기존의 문학이 깡그리 파괴되고, 오직 공산혁명의 영웅을 칭송하는 집단문학만 남는다. 특히 문혁 전반기에는 모든 문인 작가들을 혁명의 영웅을 찬양하는 사회주의현실주의라는 좁은 감옥으로 몰아넣음으로써 문학은 고사 직전까지 갔다. 주제선행론·삼돌출원칙·근본임무론 등 문혁문학의 족쇄는 문인들을 아프게 죄었고, 이를 견디다 못해 죽음에 이른 작가들이 많았다.

1970년대 말 경 덩샤오핑의 등장과 함께 중국현대문학은 새롭게 소생한다. 덩샤오핑의 개혁개방 및 현대화 정책으로 문인들은 숨통이 트인 것이다. 이제 작가들은 사회주의현실주의라는 좁은 틀을 벗어나 1920년대와 30년대에 유행했던 사실주의와 현대주의 작품을 다시 쓰기 시작했다. 그 시작은 문혁 말기 지하문학을 선도한 수팅·꾸청 등의 몽롱시로부터였다. 하지만 이들의 시풍은 여전히 몽롱할 수밖에 없었다. 1989년 천안문사건에서 드러났듯 아직 중국에는 진정한 봄이 오지 않았기 때문이다. 천안문사건 직후, 수많은 민주 인사들이 투옥되거나 해외로 망명했음이 이 같은 상황을 대변한다.

그럼에도 불구하고 중국현대문학은 성공적으로 소생되어 다시 성장 중이다. 덩샤오핑의 뒤를 이은 지앙쩌민의 시장경제 정책으로 중국문학은 새로운 국면을 맞은 것이다. 이제 작가들도 더 이상 국가가 생활을 보장하는 전업 작가로 머물러 있을 수 없다. 한국·미국 등 자본주의 국가의 작가들과 마찬가지로 독자와 출판사 및 유통회사들의 구미에 맞게 작품을 쓰지 않을 수 없게 된 것이다. 대중문학이 힘차게 떠오르면서 왕수어·웨이후이·지우단 같은 소설가들의 통속소설들이 중국문단을 달구게 된 것도 이 때문이다.

1990년대에 이어 2000년대의 중국문학은 더욱 더 다양하고 다채로워졌다. 중국 내뿐만 아니라 대만·미국·영국·프랑스에서 활동하는 작가들까지 생긴 것이다. 한마디로 중국문학의 지평이 넓어진 것이다. 중국 내의 경우, 옌롄커·비페이위·리우헝 등 소설가는 현실주의를 보다 심화시킨 작가들로 인정받고 있고, 양즈쥔·아라이 등 티베트족 소설가는 중국소설의 깊이를 더 해주고 있다. 프랑스에서 활동하는 작가로는 까오싱지엔 말고도 프랑스어로 소설을 출판한 샨사·따이쓰지에 등이 있다. 그런가 하면 반체제 작가 마지엔을 비롯하여 장룽·하진·판위·이윈리 등이 영국 또는 미국에 살면서 영어로 소설을 출판했다. 요컨대, 중국문학은 세계화의 길에 들어선 것이다.

나가는 글

이제까지 중국문학을 한 줄기의 강으로 상정하고, 고대문학이라는 상류에서 중·근대문학이라는 중류를 거쳐, 현대문학이라는 하류까지 흘러왔다.

하지만 실은 20세기 초까지 중국은 없었다. 1911년 중화민국이라는 국호가 생기기 전까지 중국이라는 국호가 없었다는 뜻이다. 오직 은·주·노·제·오·월·추·초·진·한·위·양·수·당·송·원·명 및 청 등의 나라가 있었을 뿐이다. 중국 민족 또한 없었다. 오직 동이족·화하족·예맥족·조선족·한족·흉노족·오환족·호족·말갈족·당족·원(몽고)족 및 청(만주)족 등이 있었을 뿐이다. 이 나라들과 민족들이 있었던 지역, 즉 각각의 영토 또한 저마다 달랐다. 가장 크게는 원나라 때로, 이 시기에는 서쪽으로 유럽의 동부까지 넓혔고, 동쪽으로는 한반도까지 세력을 넓혔다. 또 가장 작게는 이른바 춘추전국시대나 남북조 시대의 나라들이 차지했던 영토로, 이들 나라 중에는 한국보다 훨씬 작은 영토를 지닌 나라도 있었다.

중국만 없었던 것이 아니라 문학도 따로 없었다. 고대에는 글자로 된 모든 책을 공부하는 것이 문학이었기 때문이다. 고대의 문학은 한마디로 문화 전체를 포괄했다. 그래서 시·소설·희곡·평론만이 아니라 사서삼경이나 신화전설 및 지리나 민속 등 철학·역사·지리·민속학도 다 문학의 범주에 포함되었다. 문학이 단지 시·소설·희곡·산문 따위만 의미하기 시작한 것은 대체로 남북조 시대부터인 것이다.

그럼에도 불구하고 오늘날 여전히 전 시대에 걸쳐 중국문학이라는 명칭이 사용될 수밖에 없는 것은 이 모든 나라들과 민족들 및 문화가 상당 부분 현재 중국이라는 영역 안에 있었기 때문이다. 여기에 결정적인 기여를 한 것이 바로 한자이다. 즉 현대 중국이 한자라는 문자를 자국의 문자로 쓰고 있기 때문에 한자로 된 모든 고대와 중·근대의 문헌이 다 중국문학이 된 것이다. 그 때문에 사서삼경이나 신화전설 등 한자로 기록된 모든 책들이 중국문학이라는 이름을 얻게 되었다. 그래서 어쩔 수 없이 본서에서도 이를 중국문학으로 부를 수밖에 없다. 하지만 엄밀하게 따진다면 한자로 기록된 고대 및 중·근대의 중국문학은 중국문학이라기 보다는 중국·몽골·한국·일본 등의 문화가 포괄된 동아시아의 문화라고 해야 옳다.

아무튼 수 천 년 전에 발원하여 격동의 급류를 타고 흘러온 중국문학은 이제 바다를 앞두고 있다. 이렇게 바다로 흘러들어간 중국문학은 또 다시 증발하여 구름을 만들 것이고, 그 구름은 또 비가 되어 내린 후, 어느 산골짜기엔가 모여서 다시 흐르기 시작할 것이다. 그렇다면 앞으로의 중국문학은 과연 어떤 모양으로 흐르게 될 것인가? 무엇이 중국문학의 물줄기를 추동할 것인가?

앞서도 여러 차례 말했지만 문학에 끼치는 정치의 영향은 크다. 고대 진나라의 시황이 법가사상을 나라의 근본으로 보고, 유가사상 등 다른 사상들을 추구하는 책이나 선비들을 박해했을 때, 문학의 자유가 보장될 수 있었겠는가? 이에 대한 답은 마오쩌뚱이 공산사회주의만을 중국의 사상으로 인정하고 다른 사상들을 배제함으로써, 문인 작가들을 숨 막히게 한 것을 떠올리면 자명하다. 그런 의미에서 중국문학의 장래는 중국정치의 장래와 맞물려 있다. 즉 현대 중국을 지배하고 있는 공산당이 국내외적인 어떤 변수로 인해 분열된다면 문학 또한 분열하게 될 것이다.

실제로 중국현대문학은 아편전쟁 이래 온갖 전쟁·내전과 함께 분열을 거듭했다. 즉 영국·프랑스·독일·일본 등 외세와의 전쟁과 군벌·국민당·공산당 간의 내전으로 인하여 문학은 분열되었던 것이다. 하지만 역설적으로 문학의 분열은 문학의 자유와 발전을 뜻한다. 춘추전국시대와 남북조시대 같이 사분오열되는 분열의 시대에 문학은 그 어느 통일왕조 때보다 풍성한 수확을 얻지 않았는가?

변화무쌍하게 흐르는 역사의 법칙에 비추어 볼 때 공산당이 지배하는 통일 중국도 마냥 계속될 수는 없을 것이다. 어떤 국가도 영원히 존재할 수는 없기 때문이다. 그렇다면 앞으로 무엇이 중국을 분열시킬 것인가? 첫 번째로 떠오르는 것은 민족 갈등과 종교 갈등이다. 이미 서장성, 즉 티베트의 갈등은 불거져 있다. 상당수의 장족, 즉 티베트인들이 믿고 따르는 달라이라마가 해외 체류 중이고, 티베트 내의 반 중국 체제 인사들이 줄어들기는커녕 나날이 늘어나고 있기 때문이다. 티베트 문화에 대한 관심도 더욱 높아졌다. 그래서 최근에는 아라이 같은 티베트족 작가가 라마불교 등 티베트 문화를 소재로 쓴 소설이 좋은 반응을 얻고 있다.

신강성의 위그르족 또한 만만치 않다. 일찍부터 독립운동을 일으켜온 이들은 최근에도 신강의 우루무치에서 큰 시위를 일으켜 주모자들이 체포되고, 체포된 이들은 대부분 사형선고를 받았다. 원래 신강의 위그르족은 대부분 무슬렘, 즉 회교도로서, 이들은 지금도 아프가니스탄 · 파키스탄의 무슬렘과 연합하여 세력을 키우고 있다. 그 때문에 내란의 불씨는 여전히 잠재해 있다고 보아야 한다. 종교의 자유를 제대로 인정하고 있지 않은 중국 공산당은 이들 무슬렘 말고도 파룬공을 믿는 신자들도 박해하고 있어, 앞으로 이들이 힘을 모아 문제를 일으키지 말란 법도 없다.

이 같은 민족 갈등과 종교 갈등을 더욱 부채질한 것이 바로 빈부의 차이다. 소련이 해체되고 대부분의 공산주의 국가가 자본주의 국가에 꼬리를 내린 오늘날, 빈익빈부익부 현상은 이제 중국뿐 아니라 전 세계적인 현상이다. 하지만 해마다 급성장을 거듭하고 있는 중국에 있어서의 빈부간의 격차는 더욱 심각하다. 수도인 북경과 상해 · 광주 · 천진 · 중경 등 주요 대도시와 동부 지역 부자들의 금고는 날마다 묵중하게 채워지는데, 농촌과 서부 지역 인민들의 주머니는 나날이 가벼워지고 있는 것이다. 이 같은 부의 편중 현상을 해소하기 위하여 중국 공산당 정부는 서장성과 청해성을 잇는 철도를 부설하는 등, 서부 대 개발에 박차를 가하고 있기는 하다. 하지만 빈부간의 격차는 쉽게 좁혀지지 않고 있다.

허나, 설사 이 같은 빈부의 차이와 민족 갈등 및 종교 갈등으로 중국 공산당이 해체되고 소수 민족이 독립하는 분열의 시대가 온다 하더라도, 중국문학은 여전히 더욱 다양하고 다채롭게 발전할 것이다. 춘추전국시대와 남북조 시대 같은 분열의 시대에 문학이 가장 활짝 꽃피웠듯이 말이다.

참고문헌

中國社會科學院文學研究所 中國文學史編寫組,『中國文學史』, 人民文學出版社, 北京, 1995
毛子水 校訂本,『中國文學發展史』, 華正書局, 台北, 1982
羅根澤,『中國文學批評史』, 學海出版社, 台北, 1980
梁容若 著,『中國文學史研究』, 三民書局, 台北, 1970
塩谷溫,『中國文學概論』, 講談社, 東京, 1989
魯迅,『中國小說史略』, 北新書局, 北京, 1930
高有鵬,『中國民間文學史』, 河南大學出版社, 開封, 2001
段寶林 著,『中國民間文學概要』, 北京大學出版社, 北京, 1998
胡適,『白話文學史』, 安徽教育出版社, 合肥, 1999
吉川幸次郎 等 編,『中國詩史』, 筑摩書房, 東京, 1982
朱寨 主編,『中國當代文學思潮史』, 人民文學出版社, 1987.
張仁青 著,『中國駢文發展史』 下冊, 臺灣中華書局, 台北, 1970
金柄珉, 金寬雄 主編,『朝鮮文學的發展與中國文學』, 延邊大學出版社, 延吉, 1994
陳蒲清,『古代中朝文學關係史略』, 湖南人民出版社, 長沙, 1999
呂思勉 童書業 編著,『古史辨』, 上海古籍出版社, 上海, 1982
逄振鎬,『東夷文化史』, 中國社會科學出版社, 北京, 1995
張傳珍 著,『中國古代史綱』, 北京大學出版社, 北京, 1992
高明 主編,『群經述要』, 黎明文化事業公司, 台北, 1979
黃侃 句讀,『周易正義』, 上海古籍出版社, 上海, 1990
王忠林 註譯,『荀子讀本』, 三民書局, 台北, 1977
李福淸(B. Riftin) 著,『神話與鬼話』, 社會科學文獻出版社, 北京, 2001
朱熹 集注, 陳戍國 標點,『四書集注』, 岳麓書社, 長沙, 1987
何建章 譯,『白話戰國策』, 岳麓書社, 長沙, 1992
傅錫壬 註譯,『楚辭讀本』, 三民書局, 台北, 1982
卜憲群 編著,『世說新語』, 北京燕山出版社, 北京, 1995
祖保泉 著,『文心雕龍解說』, 安徽教育出版社, 合肥, 1993
李志鈞 校點,『玩籍集』, 上海古籍出版社, 上海, 1978
葉楚傖 主編,『先秦文學選』, 正中書局, 台北, 1976

董森 等 編輯,『吳歌』, 中國民間文藝出版社, 北京, 1984
劉麟生 著,『中國騈文史』, 臺灣商務印書館, 台北, 1970
陳柱 著,『中國散文史』, 臺灣商務印書館, 台北, 1980
成惕軒 選注,『騈文選注』, 正中書局, 台北, 1974
邱燮友 註譯,『唐詩三百首』, 三民書局, 台北, 1976
郭紹虞 主編,『中國歷代文論選』, 中華書局, 北京, 1963
程應穆,『南北朝史話』, 北京出版社, , 北京, 1992
李國祥 等 譯註,『尙書選擇』, 巴蜀書社, 成都, 1994
龍漢宸 主編,『禮記』, 北京燕山出版社, 北京, 1995
王寧 主編,『評析本白話春秋公羊傳穀梁傳』, 北京廣播學院出版社, 北京, 1993
王寧 主編,『評析本白話論衡』, 北京廣播學院出版社, 北京, 1993
洪子誠 著,『中國當代文學史』, 北京大學出版社, 北京, 2000
郭志剛 等 主編,『中國當代文學史草稿』, 人民文學出版社, 北京, 1994
張鍾 等 著,『當代中國文學概觀』, 北京大學出版社, 北京, 1986
張鍾 等 著,『當代中國文學』, 北京大學出版社, 北京, 1988
陳伯海 袁進 主編,『上海近代文學史』, 上海人民出版社, 上海, 1993
王文英 主編,『上海現代文學史』, 上海人民出版社, 上海, 1999
唐弢 嚴家炎 主編,『中國現代文學史』, 人民文學出版社, 北京, 1984
凌宇 等 主編,『中國現代文學史』, 湖南師範大學出版社, 長沙, 1993
十四院校編寫組 編著,『中國現代文學史』, 雲南人民出版社, 昆明, 1980
黃修己 著,『中國現代文學發展史』, 中國青年出版社, 北京, 1993
劉心皇 著,『中國現代文學史話』, 正中書局, 台北, 1979
馮光廉 等 編著,『中國現代文學史題解』, 山東教育出版社, 濟南, 1984
傅子玖 主編,『中國新文學』, 華東師範大學出版社, 上海, 1994
陳敬之 著,『中國新文學的誕生』, 成文出版社, 台北, 1980
張志忠 主編,『中國當代文學藝術主潮』, 中國社會科學出版社, 北京, 1994
洪子誠 劉登翰 著,『中國當代新詩史』, 人民文學出版社, 北京, 1994
陳美蘭 著,『文學思潮與當代小說』, 武漢大學出版社, 武漢, 1996
王志健 著,『現代中國詩史』, 臺灣商務印書館, 台北, 1975
蕭蕭 著,『現代詩學』, 東大圖書公司, 台北, 1987
嚴家炎,『中國現代小說流派史』, 人民文學出版社, 北京, 1995
溫儒敏 著,『中國現代文學批評史教程』, 北京大學出版社, 北京, 1997
殷國明 陳志紅 著,『中國現當代小說中的知識女性』, 廣東高等教育出版社, 廣州, 1990

朱自清,『新詩雜話』, 三聯書店, 北京, 1984
李黎陸 評著,『新詩的審美特徵』, 遼寧大學出版社, 沈陽, 1988
謝冕 楊國漢 主遍,『中國新詩萃』, 人民文學出版社, 北京, 1988
譚正璧 著,『中國女性文學史』, 百花文藝出版社, 天津, 2001
閻純德 著,『二十世紀中國女作家硏究』, 北京言語文化大學出版社, 北京, 2000
黃元起 主編,『中國現代史』, 河南人民出版社, 開封, 1984
周良沛,『丁玲傳』, 北京十月文藝出版社, 北京, 1993
舒蘭 著,『抗戰時期的新詩作家與作品』, 成文出版社, 台北, 1980
蔣洛平 楊業瑞 主編,『中國現代文學作品選』, 四川大學出版社, 成都, 1986
黃子平 李陀 編,『中國小說一九八八』, 三聯書店, 香港, 1989
中華文學選刊編輯部 編選,『一九九三短篇小說選』, 人民文學出版社, 北京, 1994
金宏達 于青 編,『張愛玲文集』 第二卷, 安徽文藝出版社, 合肥, 1995
柯靈 主編,『張愛玲小說留情』, 上海古籍出版社, 上海, 2000
遲子建,『遲子建』, 中國當代作家選集叢書, 人民文學出版社, 北京, 2000
瓊瑤,『女朋友』, 瓊瑤全集 23, 皇冠叢書, 皇冠雜誌社, 1990
柯靈 主編,『陳衡哲小說西風』, 上海古籍出版社, 上海, 1997
林呐 等 主編,『陳衡哲散文選集』, 百花文藝出版社, 天津, 1992
諶容,『諶容小說選』, 北京出版社, 北京, 1981
張潔,『張潔』, 人民文學出版社, 北京, 1993
柯靈 主編,『鐵凝隨筆長歌短夢』, 知識産業社, 上海, 1995
艾靑,『艾靑全集』, 花山文藝出版社, 石家庄, 1991
舒婷,『心烟』, 上海文藝出版社, 上海, 1988
喩大翔 劉秋玲 編選,『朦朧詩精選』, 華中師範大學出版社, 武昌, 1987
肖鳳 編,『廬隱』, 三聯書店香港分店 人民文學出版社, 香港, 1983
高行健 著,『靈山』, 天地圖書, 香港, 2000
徐坤,『小靑是一條魚』, 中國文聯出版社, 天津, 2001
衛慧,『上海寶貝』, 春風文藝出版社, 沈陽, 2000
九丹 著,『烏鴉』, 長江文藝出版社, 武漢, 2001

曹雪芹,『紅樓夢』 언해본 권45, 文獻複寫서비스
金學主,『中國文學事』, 新雅社, 서울, 1990
鄭範鎭 河正玉 共著,『中國文學史』, 東亞學硏社, 서울, 1982
李秀雄 金經一,『中國文學史』, 대한교과서(주), 서울, 1994
金學主,『中國文學概論』, 新雅社, 서울, 1981

胡雲翼 著, 張基根 譯, 『中國文學史』, 대한교과서(주), 서울, 1961
許世旭, 『中國古代文學史』, 法文社, 서울, 1986
金學主, 『中國古代文學史』, 民音社, 서울, 1987
許世旭, 『中國近代文學史』, 法文社, 서울, 1996
劉若愚 著, 李章佑 譯, 『中國詩學』, 同和出版公社, 서울, 1984
朝鮮史學會 編, 『支那史料抄』, 景仁文化社, 서울, 1982
錢穆 著, 李鍾燦 譯, 『中國文化史』, 東文社, 서울, 1979
全海宗 著, 『韓中關係史研究』, 一潮閣, 서울, 1982
申采浩 著, 『朝鮮上古史』, 三星文化文庫, 서울, 1980
崔棟, 『朝鮮上古民族史』, 東國文化社, 서울, 1969
梁啓超 著, 李民樹 譯, 『中國文化思想史』, 正音社, 서울, 1976
文定昌 著, 『百濟史』, 栢文堂, 서울, 1975
朴鍾淑 著, 『百濟 百濟人 百濟文化』, 知文社, 서울, 1988
李能和 輯選, 李鍾殷 譯注, 『朝鮮道教史』, 普成文化社, 서울, 1983
鹿島氏 譯, 『桓檀古記』, 圖書出版民族文化, 부산, 1982
강수원 옮김, 『桓檀古記』, 온누리, 청주, 1985
北崖 著, 申學均 譯, 『揆園史話』, 大同文化社, 서울, 1974
黃維翰 撰, 『渤海國記』, 遼海書社, 서울, 1987
朴堤上 原著, 金殷洙 譯, 『符都誌』, 가나출판사, 서울, 1986
김백현 지음, 『도가철학연구』, 동녘출판기획, 강릉, 2002
金敬琢 譯著, 『周易』, 明文堂, 서울, 1974
車相轅 譯著, 『書經』, 明文堂, 서울, 1974
金學主 譯著, 『詩經』, 明文堂, 서울, 1974
南晚星 譯註, 『禮記』, 平凡社, 서울, 1981
李錫浩 譯註, 『春秋左傳』, 平凡社, 서울, 1982
朱自淸 著, 全寅初 譯, 『經典常談』, 乙酉文化社, 서울, 1977
金凡父 校閱, 表文台 譯解, 『論語』, 玄岩社, 서울, 1966
具本明 校閱, 安炳周 譯解, 『孟子』, 玄岩社, 서울, 1966
趙芝薰 校閱, 李東歡 譯解, 『大學中庸』, 玄岩社, 서울, 1966
동양고전연구회, 『논어』, 지식산업사, 서울, 2002
김용옥 지음, 『도올논어』, 통나무, 서울, 2000
金敬琢 譯註, 『老子』, 玄岩社, 서울, 1982
宋志英 譯解, 『莊子』, 東西文化社, 서울, 1978
宋貞姬 譯, 『楚辭』, 明知大學出版社. 서울, 1983

劉勰 著, 崔信浩 譯註,『文心雕龍』, 玄岩社, 서울, 1975
司馬遷 著, 南晩星 譯,『史記列傳』, 乙酉文化社, 서울, 1993
李漢祚 編譯,『杜甫詩選』, 中央日報社, 서울, 1981
金富軾 著, 李丙燾 譯註,『三國史記』, 乙酉文化社, 서울, 1982
一然 著, 李丙燾 譯註,『三國遺事』, 廣曺出版社, 서울, 1984
梁柱東 著,『古歌硏究』, 一潮閣, 서울, 1983
王力 저, 이종진 이홍진 공역,『중국언어학사』, 계명대학출판부, 대구, 1983
성동호 역해,『신역 千字文』, 홍신문화사, 서울, 1986
許世旭 著,『中國現代文學史』, 法文社, 서울, 1999
권철 김제봉 編著,『中國現代文學史』, 한겨레, 서울, 1989
黃修己 著, 高大中國語文硏究會 譯,『中國現代文學發展史』, 범우사, 서울, 1992
김시중,『中國當代文學思潮史硏究1949-1993』, 서울대학교출판부, 서울, 2001
치우란 지음, 중국어문연구회 옮김,『중국당대문학사(1949-1987)』, 고려원, 서울, 1994
김종수 최건 지음,『중국당대문학사1949-1984』, 청년사, 서울, 1991
金喆洙 譯註,『中國新文學史話』, 同和出版公社, 서울, 1983
朱德發 등 엮음, 임춘성 옮김,『중국현대문학운동사』, 도서출판 전인, 서울, 1989
임춘성 편역,『중국근현대문학운동사』, 한길사, 서울, 1997
김양수 편역,『중국신시기문학입문』, 토마토, 서울, 1995
陳思和 지음, 한국외대중국현대문학연구회 옮김,『20세기중국문학의 이해』, 청년사, 서울, 1995
許世旭 著,『中國現代詩硏究』, 明文堂, 서울, 1992
류성준 저,『중국현대시의 이해』, 한국외국어대학교출판부, 서울, 1997
조총 지음, 박재연 옮김,『중국현대작가론』, 온누리, 서울, 1988
馬南邨 지음, 박재연 옮김,『천안문강좌』, 이땅, 서울, 1988
姬田光義 外 지음, 편집부 옮김,『中國近現代史』, 일월서각, 서울, 1984
辛勝夏 著,『中國現代史』, 大明出版社, 서울, 1992
조너선 스펜스 지음, 정영무 옮김,『천안문』, 이산, 서울, 2001
전형준 엮음,『루쉰』, 문학과 지성사, 서울, 1997
『Sources of Chinese Tradition』, compiled by Wm. Theodore de Bary and others, Columbia University Press, New york, 1964
張賢亮 지음, 박재연 옮김,『黃河의 아들』, 들꽃세상, 서울, 1990
왕수어 지음, 박재연 옮김,『노는 것만큼 신나는 것도 없다』, 빛샘, 서울, 1992
왕수어 지음, 박재연 옮김,『물위의 연가』, 빛샘, 서울, 1992

린바이 장편소설, 박난영 옮김, 『한 여자의 전쟁』, 문학동네, 서울, 1998
루쉰 외, 류성준 옮김, 『중국현대단편선』, 혜원출판사, 서울, 1999
라오서 지음, 최영애 옮김, 김용옥 풀음, 『루어투어시앙쯔』, 통나무, 서울, 2001
다이호우잉 지음, 신영복 옮김, 『사람아 아 사람아』, 다섯수레, 서울, 1992
꾸청 시선집, 김태성 옮김, 『나는 제멋대로야』, 실천문학사, 서울, 1997
수팅 시선, 김태성 옮김, 『상수리나무에게』, 시평사, 서울, 2003
여화(余華) 장편소설, 백원담 옮김, 『살아간다는 것』, 푸른 숲, 서울, 1997
위화 장편소설, 최용만 옮김, 『허삼관매혈기』, 푸른 숲, 서울, 2003
저우웨이후이 지음, 김희옥 옮김, 『상하이베이비』, 집영출판사, 서울, 2001
하진 지음, 왕은철 옮김, 『남편고르기』, 현대문학, 2006
샨사 지음, 이상해 옮김, 『바둑 두는 여자』, 현대문학, 2006
쑤통 지음, 김택규 옮김, 『이혼지침서』, AGORA, 2006
옌롄커 지음, 김태성 옮김, 『인민을 위해 복무하라』, 웅진 지식하우스, 2008
류전윈 지음, 김태성 옮김, 『핸드폰』, 황매, 2007
모옌 지음, 박명애 옮김, 『탄샹싱』, 중앙 M&B, 2003
왕원화 지음, 신주리 옮김, 『단백질소녀』, 솔, 2006
중자오정 지음, 김은신 옮김, 『로빙화』, 양철북, 2004
량위에 지음, 김기협 옮김, 『장건』, 아이필드, 2007
진빙후 지음, 방창식 역, 『화엄』, 이인북스, 2008
한샤오공 지음, 심규호 유소영 옮김, 『마교사전』, 민음사, 2007
리얼 지음, 박명애 옮김, 『감언이설』, 문학과 지성사, 2009
비페이위 지음, 김은신 옮김, 『청의』, 문학동네, 2008
황휘 지음, 황선영 홍민경 이성희 옮김, 『마오쩌뚱』, 아리샘, 2007
차오원쉬엔 지음, 전수정 옮김, 『빨간 기와』, 새움, 2007
류헝 지음, 홍순도 옮김, 『수다쟁이 장따민의 행복한 생활』, 비채, 2007
주원 지음 김택규 옮김, 『나는 달러가 좋아』, 황매, 2008
뚱시 지음, 홍순도 옮김, 『미스터 후회남』, 은행나무, 2008
아라이 지음, 전수정 양춘희 옮김, 『소년은 자란다』, 아우라, 2009
양즈쥔 지음, 이성희 옮김, 『사자개』, 황금여우, 2005
하닝 지음, 김은신 옮김, 『멜라니의 바이올린』, 자유로운 상상, 2008
아이다 프루잇 지음, 설순봉 옮김, 『중국의 딸』, 루덴스, 2007
이윈리 지음, 송경아 옮김, 『천년의 기도』, 베리타스북스, 2006
마젠 지음, 이은선 옮김, 『국수 만드는 사람』, 문학동네, 2008
장융 지음, 황의방 이상근 오성환 옮김, 『대륙의 딸』, 까치, 2007

다이시지에 지음, 이원희 옮김, 『발자크와 바느질하는 중국 소녀』, 현대문학, 2004
『중어중문학』 제12집, 한국중어중문학회, 1990. 12
『중어중문학』 제25집, 한국중어중문학회, 1999. 12
『중어중문학』 제31집, 한국중어중문학회, 2002. 12
『중어중문학』 제33집, 한국중어중문학회, 2003. 12
『중어중문학』 제36집, 한국중어중문학회, 2005. 12
『중어중문학』 제39집, 한국중어중문학회, 2006. 12
『중국학연구』 제15집, 중국학연구회, 1998. 12
『중국학연구』 제23집, 중국학연구회, 2002. 12
『중국학연구』 제42집, 중국학연구회, 2007. 12
『중국현대문학』 제26호, 중국현대문학학회, 2003.
『중국학논총』 제5집, 중국문화학회, 1996. 2

찾아보기

ㄱ

ㅂ

ㅅ

ㅇ

ㅋ

ㅌ

ㅍ

ㅎ

저 자 : 박종숙

전북 전주 출생
한국외국어대학교 중국어과 졸업
경향신문 기자
미국 피츠버그대(Uni. of Pittsburgh) 동아시아연구(East Asian Studies) 석사
고려대학교 민족문화연구소 중한사전편찬실 연구원
한국외국어대학교 중국어과 박사
현 호서대학교 중어중국학과 교수

저 서 :

『百濟, 百濟人, 百濟文化』(1988, 지문사)
『중국문학사의 한국적 고찰』(2003, 지문사)
『한국인이 읽는 中國現代文學史』(2004, 도서출판 한성문화)
『한국여성의 눈으로 본 중국현대문학』(2007, 신아사)

역 서 :

샤오홍『후란강이야기』(2007, 신성출판사)

공 저 :

『中國現實主義文學論』(1996, 법문사)
『중국현대문학의 세계』(1997, 현암사)
『중국이 보인다』(1998, 일빛)
『중국시의 전통과 모색』(2003, 신아사)
『중국문학의 전통과 모색』(2008, 신아사)
『짜오! 차이나』(2000, 해냄)

공 역 :

이사벨라 버드 비숍,『양자강을 가로질러 중국을 보다』(2005, 효형출판)

한권으로 흐르는 중국문학 수 천 년

1판 1쇄 발행 • 2010년 2월 28일
1판 2쇄 발행 • 2012년 2월 29일

저　　자 • 박 종 숙
발 행 인 • 정 현 걸
발　　행 • 신 아 사
인　　쇄 • 예지인쇄
출판등록 • 1956년 1월 5일 (제9-52호)
주　　소 • 서울특별시 은평구 녹번동 28-36번지 2F
전　　화 • 02) 382-6411 • 팩스 02) 382-6401
홈페이지 • www.shinasa.co.kr
E-MAIL • shinasa@chol.com

ISBN 978-89-8396-680-3(93820)

정가 *17,000* 원